경제이론과
현실경제

김현석, 박수남, 장지용, 정경숙, 조준현, 최성일 지음

∑ 시그마프레스

경제이론과 현실경제

발행일 | 2019년 1월 2일 1쇄 발행

저　자 | 김현석, 박수남, 장지용, 정경숙, 조준현, 최성일
발행인 | 강학경
발행처 | (주)시그마프레스
디자인 | 김은경
편　집 | 문수진

등록번호 | 제10-2642호
주소 | 서울특별시 영등포구 양평로 22길 21 선유도코오롱디지털타워 A401~403호
전자우편 | sigma@spress.co.kr
홈페이지 | http://www.sigmapress.co.kr
전화 | (02)323-4845, (02)2062-5184~8
팩스 | (02)323-4197

ISBN | 979-11-6226-135-4

이 도서의 국립중앙도서관 출판예정도서목록(CIP)은 서지정보유통지원시스템 홈페이지(http://seoji.nl.go.kr)와 국가자료공동목록시스템(http://www.nl.go.kr/kolisnet)에서 이용하실 수 있습니다. (CIP제어번호 : CIP2018039153)

머리말

철학이나 물리학 같은 다른 학문들에 비해 경제학의 역사는 매우 짧은 편이다. 경제학의 아버지라 불리는 애덤 스미스(Adam Smith)의 『국부론』이 발표된 지 아직 250년도 지나지 않았으니 말이다. 하지만 이 짧은 기간 동안 경제학은 다른 어떤 학문보다도 눈에 띌 만큼 발전했다. 여기에는 학문으로서나 이론으로서의 발전뿐 아니라 사회적으로나 대중적인 의미에서의 발전도 포함된다. 우리나라만 보더라도 거의 대부분의 대학에 경제학과나 유사한 학과가 설립되어 있고, 전공으로서든 교양으로서든 경제학 과목을 개설하지 않는 대학은 거의 없다. 대학에서만이 아니다. 서점에 가 보면 '○○○ 경제학'이나 '경제학 ○○○'이라는 제목의 책들을 찾아보기 어렵지 않다. 사람들은 왜 경제학을 공부하려 하는 것일까.

대학입시가 국가적 행사가 되고 입시에 관련된 사건이면 크든 작든 전 국민적인 논란이 되는 나라는 아마 지구상에서 우리나라가 유일할 것이다. 그러다 보니 수학능력시험이 끝나면 거의 예외 없이 시험문제를 둘러싼 논란이 빠지지 않는다. 시험문제에 오류가 있다는 것이다. 물론 이런 문제 제기가 최종적으로 오류로 결정되는 일은 드물다. 설령 오류가 발견되더라도 대개는 채점이 완료되기 이전에 발견되어서 큰 혼란이 일어나지는 않았다. 그런데 몇 해 전 대법원이 이미 채점이 끝난 수능시험문제에 오류가 있다는 판결을 내리면서 엄청난 혼란이 일어난 적이 있다. 대법원은 피해 학생들을 구제해주라고 판결했지만 학생들이 잃어버린 소중한 시간과 그동안의 고통을 어떻게 보상하겠는가.

굳이 지나간 이야기를 꺼내는 이유는 하필이면 이 문제가 유럽연합(EU)과 북대서양자유무역협정(NAFTA)의 총생산 가운데 어느 쪽이 더 큰가를 묻는 문제였기 때문이다. 그나마 경제학 전공자로서 조금이라도 덜 민망한 일은 이 문제가 경제 과목이 아닌 다른 과목에서 출제되었다는 것이다. 하지만 어쨌든 이 사건은 공저자들로 하여금 경제학을 가르치는 사람으로서 경제를 또는 경제학을 공부한다는 것은 무엇을 의미하는가에 대해 깊이 고민해보게 하는 계기가 되었다. EU의 총생산이 얼마인가처럼 경제에 관해 더 많은 지식을 갖는다면 당연히 좋은 일일 터이다. 하지만 우리가 경제학을 공부한다는 것이 단순히 그런 지식들을 암기하는 일을 의미하는가? 솔직히 고백하자면 "○○년도 EU의 총생산이 얼마입니까?" 하고 물었을 때 곧바로 얼마라고 정확하게 대답할 수 있는 경제학자는 공저자들을 포함하여 그리 많지 않을 것이다. 학생들에게 가르쳐야 할 것은 EU의 총생산이 얼마이며 NAFTA의 총생산이 얼마인가 하는 단편적인 지식이 아니라, 왜 여러 국가가 지역무역협정을 맺으며 또 지역무역협정의 긍정적인 효과와 부정적인 효과는 무엇인가에 대한 올바른 이해여야 한다. 물론 대학에서 경제학을 공부하는 일과 중·고등학교에서 경제를 공부하는 일이 같지는 않다. 그렇더라도 경제학을 공부한다는 것, 그리고 경제학을 가르친다는 일이 무엇을 의미하는가에 대해서는 더 많이 고민해보아야 옳을 것이다. 이미 수많은 경제학 교과서들이 있음에도 공저자들이 새로운 교과서를 쓰고자 하는 이유도 바로 여기에 있다.

기존의 경제학 교과서들과 비교했을 때 이 책의 새로운 점은 다음 세 가지 정도라고 생각한다. 첫째, 이 책은 경제이론들을 병렬적으로 서술하기보다 경제학적 사고방식을 학습하는 데 용이하도록 구성되었다는 점이다. 흔히 나무는 보면서 숲은 보지 못한다는 말처럼, 많은 학생들이 경제이론을 학습하면서도 정작 경제학이 어떤 체계로 구성되어 있으며, 경제현상을 어떤 방식과 논리로 해석하는지에 대해 잘 이해하지 못하는 경우가 많다. 그러다 보니 자신이 학습하는 이론이나 개념들이 어떤 의미를 가지고 있으며, 다른 이론이나 개념들과 어떻게 연결되는가를 이해하지 못한 채 교과서를 암기하려고만 하는 잘못된 학습 태도가 나타나곤 한다. 경제학 교과서들을 보면 시대가 바뀌면서 과거에는 중요하게 여겨졌으나 요즘은 거의 다루지 않는 이론들도 있다. 그런데 이 책에서는 그런 이론들 몇 가지를 일부러 소개하고 있다. 이 이론들이 지금은 덜 중요하게 여겨진다 하더라도, 지난 250년 동안 경제학자들이 어떤 아이디어를 가지고 어떻게 경제학을 발전시켜 왔으며 경제학의 체계와 논리가 어떤 방식으로 전개되는지를 이해하는 데 여전히 의미가 있다고 생각했기 때문이다.

둘째, 이 책은 현실경제의 관점에서 경제이론을 서술하고 있다. 표면적으로만 보면 경제학을 공부하는 목적은 다양할 수 있다. 그러나 궁극적으로 우리가 경제학을 공부하고 강의하는 근본적인 목적은 경제이론 그 자체에 있는 것이 아니라 현실경제를 더 잘 이해하는 데 두어져야 한다. 솔직히 경제학만큼 대중들로부터 의심받는 학문도 드물다. 많은 사람들이 왜 경제이론이 현실경제를 제대로 설명하지도, 예측하지도 못하느냐고 비판한다. 물론 굳이 변명하자면 철학이든 물리학이든 다른 어떤 학문도 현실을 정확하게 설명하지는 못한다. 그런데도 경제학이 유달리 많은 비난을 받는 이유는 역설적이게도 그만큼 대중들이 현실경제에 많은 관심을 가지고 있으며, 또 그만큼 경제학에 기대한 바가 크다는 뜻이기도 할 터이다. 그런데 경제학 교과서들을 보면 경제이론을 서술하는 데 급급해 정작 경제이론의 현실적 의미나 경제이론과 현실경제의 연관성에 대해서는 설명하지 못하고 지나치는 경우가 많다. 그래서 공저자들은 제목에서도 드러나듯이 처음부터 현실경제를 더 잘 이해하기 위한 도구로서 경제이론이라는 관점에서 이 책을 구상하고 서술하고자 노력했다.

마지막으로 이 책은 학생들이나 강의자의 필요에 따라 내용을 선택하여 학습할 수 있도록 편집되었다. 대학에서 경제학을 강의하다 보면 학생들이 경제학을 공부하는 목적이 매우 다양하다는 것을 알 수 있다. 경제학과 학생들은 당연히 경제학이 전공이기 때문에 학습하고, 경영학과나 무역학과 학생들은 자기 전공을 학습하는 데 기초과목으로서 필요하기 때문에 경제학을 학습한다. 더러는 전공과 상관없이 경제이론이나 현실경제에 관심이 있어 학습하기도 하고, 어떤 학생들은 이런저런 시험 준비를 위해서 경제학을 공부하기도 한다. 심지어는 한 강의실에 서로 다른 목적을 가진 학생들이 나란히 앉아 함께 공부하기도 한다. 문제는 이렇게 경제학을 학습하는 목적이 다양하다 보니 교과서가 이들의 요구를 모두 충족시키기 어렵다는 것이다. 이 책은 각 장과 절이 점차적으로 추상 수준을 높여가는 방식으로 편집되었다. 그래서 교양으로 경제학을 공부하고자 하는 학생들은 수식이나 그래프는 생략하고 각 절의 첫머리에 소개하는 현실경제의 사례와 설명들을 중심으로 학습하면 충분할 것이다. 한 학기 과정으로 개설된 강좌의 경우에는 각 장과 절의 말미에 구성된 심화 수준의 내용은 생략하고 기초적인 수식과 그래프까지 학습하면 역시 충분할 것이다. 경제학을 전공하는 학생들은 당연히 심화 과정까지 학습할 필요가 있겠다.

유난히 무더웠던 올 여름 내내 조금이라도 더 좋은 책을 쓰기 위해 공저자들 나름대로 집필과 교정 작업에 최선을 다했다. 공저자들과 함께 고생하신 (주)시그마프레스의 강학경 사장님 이하 여러 임직원들, 특히 분량도 많고 내용도 복잡해서 다른 책들보다 훨씬 힘들었을 편집 작업을 담당해주신 문수진 선생님께 감사드린다. 아무쪼록 이 책이 경제학을 학습하는 학생들과 경제학을 강의하는 교수님들 모두에게 유용하게 쓰이기를 바라마지 않는 마음이다.

2018년

공저자들 올림

차례

제 1 장

경제학의 기초

1-1 우리는 왜 경제학을 배우는가?

세상 어느 누구도 외딴 섬이 아니다. 모든 인간은 대륙의 한 조각이며 대양의 한 부분이다. 흙 한 덩이가 바닷물에 씻겨 흘러가면 유럽은 그만큼 작아질 것이며, 모래벌이 씻겨도 마찬가지, 그대나 그대 친구들의 땅을 빼앗기는 것도 마찬가지다. 그 어떤 사람의 죽음도 나를 손상시킬지니, 나는 인류 속에 존재하기 때문이다. 누구를 위하여 종은 울리나 알려고 사람을 보내지 말라. 바로 그대를 위하여 울리는 종이나니.

- 존 던(John Donne), 〈누구를 위하여 종은 울리나(For Whom The Bell Tolls)〉

경제의 뜻

동양에서 경제라는 말의 어원은 '경세제민(經世濟民)', 또는 '경국제민(經國濟民)'에서 유래한다. 중국의 옛 문헌들을 찾아보면 '경세'라는 말이 처음 나오는 책은『장자(莊子)』의 〈제물론(齊物論)〉이다. '제물'이란 만물을 가지런히 한다, 또는 만물이 모두 똑같다는 뜻으로, 흔히 도(道), 즉 진리의 절대성 앞에서 실재의 다양성은 모두 상대적일 뿐이라는 의미로 해석한다. 〈제물론〉에는 "춘추경세선왕지지(春秋經世先王之志), 성인의이불변(聖人議而不辯)"이라는 말이 나오는데, 이는 성인은 옛 임금들이 한 일의 의미를 새기지만, 옳고 그름을 따지지는 않는다는 뜻이다. 여기서 경세란 '옛 임금들이 나라를 다스리면서 한 일' 정도의 의미로 이해할 수 있다. 한편 '제민'이라는 말이 가장 처음 등장하는 옛 문헌은『상서(尙書)』, 즉 우리가 흔히 아는『서경(書經)』이라는 견해가 유력하다.『상서』의 〈무성(武成)〉 편에는 "유이유신상극상여이제조민무작신수(惟爾有神尙克相予以濟兆民無作神羞)"라는 구절이 있다. 해석하자면 "신들은 나를 도와서 백성들을 구제해 신으로서 부끄러움이 없게 하라"는 뜻이다. 여기서 '이제조민(以濟兆民)', 즉 제민이라는 말이 처음 나온다.

경세제민이란 간단히 해석하면 '세상을 다스리고 백성을 구제한다'는 의미이다. 그런데 여기서 주목해야 할 것은 '경세'와 '제민'의 관계이다. '경세'와 '제민'은 주어-술어 관계이다. 즉 세상을 다스리는 일과 백성을 구제 또는 풍요롭게 하는 일이 따로 있는 것이 아니라, 백성을 풍요롭게 하기 위해서 세상을 다스린다(administrating the state to relieve the people's suffering), 또는 세상을 다스린다는 것의 요체가 바로 백성을 풍요롭게 하는 데 있다는 것이다. 이처럼 동양의 경세제민 사상에는 백성들을 굶주림에서 벗어나게 하는 것, 떳떳이 살 수 있는 생업, 그리고 고른 분배를 충분히 고려하는 최소한의 생계를 보장한다는 윤리적인 측면이 담겨 있다.

서양에서는 '집(家)'을 뜻하는 Oikos에 '관리, 경영한다(政)'를 뜻하는 nomos가 붙어서 만들어진 okonomos가 '경제(economy)'라는 말의 어원이다. 여기서 가정관리 또는 가정경영이라는 의미의 그리스어 oikonomia가 나오고, 이것이 라틴어로 유입되어 oeconomia로 쓰였고 다시 economy라는 형태로 영어에 도입된 것이다. 그런데 주의해야 할 것은 고대 사회에서의 'oikos'는 오늘날 우리가 생각하는 단순한 집, 또는 가정의 의미가 아니라는 점이다. 고대 사회에서는 가부장을 중심으로 한 대가족이 생활의 단위일 뿐 아니라 생산활동의 단위이기도 했다. 따라서 oikos에서는 생산과 생활, 요즘 식으로 표현하면 생산-분배-유통-소비 등 모든 경제활동이 종합적으로 이루어졌다. 따라서 집을 다스린다는 것은 단순히 가사를 다스린다는 의미가 아니라 생산을 포함한 경제활동을 경영하고 관리한다는 의미가 있는 것이다.[1] 그렇다면 동양에서는 경제가 세상 또는 나라를 다스린다는 의미로 나타났던 반면에 왜 서양에서는 집을 다스린다는 의미로 나타났을까? 동양에서는 일찍부터 중앙집중적인 국가가 형성되어 왕을 중심으로 한 통치조직이나 법질서가 나타났던 반면, 서양에서는 근대국가가 출현하기 이전까지는 여전히 가족이 경제활동의 기본단위였기 때문이다.

경제학을 배우는 이유

경제학을 처음 공부하는 학생들 가운데는 더러 경제학은 왜 배우느냐고 교수들에게 묻는 이가 있다. 하지만 이 질문은 오히려 교수가 학생들에게 해야 옳을 것이다. 여러분은 왜 경제학을 공부하려 하는가? 어떤 학생은 지적인 호기심 때문에 경제학을 배우려 할 수도 있고, 또 어떤 학생은 취업에 도움이 될까 하여 경제학을 배우려 할 수도 있다. 물론 단순히 학점을 채우려고 경제학을 듣는 학생도 있을 것이고, 친구 따라 강남 가듯 얼떨결에 수강하는 학생도 있을 것이다. 이처럼 경제학을 선택한 이유는 서로 다를지라도, 지금 경제학 강의실에 앉아 있는 학생들 모두 경제학을 선택

---

1 생태학(ecology)의 어원도 집을 뜻하는 '오이코스(oikos)'에 학문을 의미하는 접미사 '-logia'가 결합한 독일어 'okologie'에서 유래했다. 환경과 생태를 파괴하는 가장 심각한 주범이 바로 경제개발이라고 생각하는 사람이 많지만, 실은 경제학과 생태학은 그 뿌리가 같다. 경제학과 생태학은 모두 주어진 한정된 자원을 어떻게 아끼면서 사용할 것인가 하는 고민에서 나왔기 때문이다. 경제학의 갈래 가운데에도 생태경제학(ecological economics)이라는 분야가 따로 있기도 하다.

했다는 그 사실만은 똑같다.

그렇다면 질문을 바꾸어보자. 우리는 왜 철학을 배우는가? 또 우리는 왜 과학을 배우는가? '우리는 왜 경제학을 배우는가' 하는 질문은 과연 왜 철학을, 또는 왜 과학을 배우는가 하는 질문과 같은 질문인가, 다른 질문인가? 나는 '왜 경제학을 배우는가'라는 질문은 '왜 철학을 배우는가'라는 질문과 근본에서는 다르지 않다고 생각한다. 더 나아가서 나는 '우리는 왜 경제학을 배우는가'라는 질문은 '우리는 왜 사랑을 하는가'라는 질문이나, 좀 더 원초적으로 '우리는 왜 맛있는 음식이나 재미있는 놀이를 찾는가'라는 질문과도 다르지 않다고 생각한다.

노벨 문학상을 받은 미국 작가 어네스트 헤밍웨이(Ernest Miller Hemingway, 1899-1961)의 소설 『누구를 위하여 종은 울리나(For Whom The Bell Tolls)』는, 실은 영국의 시인이자 성직자인 존 던(John Donne, 1572-1631)의 시에서 제목을 빌려 왔다. 이 시의 제목이 된 마지막 구절에서 던은 이렇게 말한다. "누구를 위하여 종은 울리는가 묻지 말라. 그것은 바로 너를 위하여 울리나니." 비유하자면 '누구를 위하여 경제학을 배우는가 묻지 말라'는 뜻이다. 우리가 경제학을 배우는 이유는 바로 자기 자신을 위해서다.

헤밍웨이의 소설 『누구를 위하여 종은 울리나』는 에스파냐 내전(Guerra Civil Española, 1936~1939)에 참가하여 목숨을 잃은 젊은 미국인 교수의 이야기다. 그런데 안락한 삶을 살던 미국의 대학교수가 왜 자신의 직업과 가정을 버리고 지구 반대편에 위치한 남의 나라에서 일어난 내전에 참가한 것일까? 실제로 에스파냐 내전에는 미국을 비롯한 세계 각국에서 청년들과 언론인, 작가들을 포함하여 여러 분야의 지식인들이 참가했다. 전체주의를 비판한 소설 『동물농장(Animal Farm)』과 『1984』의 작가로 유명한 조지 오웰(George Orwell, 1903-1950)도 그런 참전자 가운데 한 사람이다.

『누구를 위하여 종은 울리나』의 주인공처럼 많은 이들이 스스로 목숨을 버리면서까지 에스파냐 내전에 참가한 이유는 국적과 인종, 신앙이나 직업, 나이와 성별을 떠나 자유와 민주주의라는 인류 공동의 소중한 가치를 지키고자 하는 숭고한 의지와 열정 때문이었다. 민주주의를 위하여 자신을 희생하는 선택은 참으로 숭고하다. 하지만 그렇다면 취업이나 학점을 위하여 경제학을 배우는 학생들의 선택은 저속한 것일까? 당연히 그렇지는 않을 터이다. 경제학을 배우려는 선택이든 철학을 배우려는 선택이든 자유와 민주주의를 위하여 투쟁하는 선택이든 우리의 선택은 모두 소

영화 '누구를 위하여 종은 울리나(For Whom The Bell Tolls, 1943)'의 한 장면

중하다. 우리가 자신의 선택에 최선을 다하기만 한다면 언제든 말이다.

선택의 의미

프랑스의 철학자 장 폴 사르트르(Jean Paul Sartre, 1905-1980)는 "인생은 탄생(Birth)과 죽음(Death) 사이의 선택(Choice)"이라는 유명한 말을 남겼다. 우리의 삶은 탄생에서 죽음까지 선택의 연속이라는 뜻이다. 그렇다면 우리는 왜 언제나 선택하는 것일까? 당연히 더 나은 삶을 향한 끝없는 추구가 아니면 다른 무슨 이유가 있겠는가? 그리스의 철학자 아리스토텔레스(Aristoteles, B.C.384-B.C.322)는 유명한『니코마코스 윤리학(Ethika Nikomacheia)』의 첫 장에서 "인생의 목적은 행복에 있다"고 말했다. 우리가 경제학을 배우는 이유도 철학을 공부하는 이유도 맛있는 음식을 좋아하는 이유도 자유를 위하여 투쟁하는 이유도 모두 더 행복한 삶을 위해서가 아니겠는가? 내가 모든 선택은 소중하다고 생각하는 이유도 우리의 선택은 어떤 것이든 간에 우리의 삶을 더 행복하게 만들기 위한 노력이라고 믿기 때문이다.

그런데 잠시 덧붙여 이야기하자면, 아리스토텔레스가 말한 '행복(eudaimonia)'은 우리가 일상적으로 사용하는 행복이라는 말보다 더 적극적인 의미를 가지고 있다. 아리스토텔레스가 행복이라고 부르는 것은 자기 자신에게 충실한 삶의 상태를 가리킨다. 우리는 왜 언제나 선택하지 않으면 안 되는가? 우리 자신에게 더 충실하고 더 행복한 삶을 위해서이다. 그리고 철학과 마찬가지로 경제학은 행복을 위한 우리들의 선택이 최선을 다할 수 있도록 도와주는 학문이기 때문에 우리는 경제학을 배운다.

예전에 썼던 책의 머리글에서 '만약 무인도에 단 한 가지만을 가지고 갈 수 있다면 무엇을 가지고 가겠는가'라는 질문을 던진 적이 있다. 강의시간에 학생들에게 같은 질문을 해보면 쌀이나 물부터 가장 사랑하는 사람까지 다양한 대답이 나온다. 스마트폰을 가지고 가겠다는 대답도 있다. 당연히 정답이 따로 있을 수 없는 질문이지만, 나에게 묻는다면 나는 배(船)라고 답하고 싶다. 무인도에 간다는 말을 대부분의 사람들은 무인도에서 영원히 살 수밖에 없는 주어진 운명으로 받아들인다. 하지만 더 행복한 삶을 추구하는 사람이라면 당연히 무인도를 벗어나 새로운 운명을 개척하고자 해야 옳을 것이다. 물론 망망대해를 항해하는 일은 결코 쉽지 않을 것이다. 하지만 그래서 우리의 선택이 더 가치 있는 것이 아닐까? 삶은 망망대해를 항해하는 것이나 다를 바 없다. 경제학은 이 험한 항해에서 오디세우스(Odysseus)를 이타카(Ithaca)까지 실어다 줄 배와 같은 것이다.

1-2　자원의 희소성

※ 그림의 대화를 통해 추론한 내용으로 적절한 것을 〈보기〉에서 모두 고른 것은? (2007학년도 대학수학능력시험 사회영역)

ㄱ. 위 작품의 진품의 공급곡선은 수직이다.

ㄴ. 위 작품의 진품 가격은 희소성과 관련이 있다.

ㄷ. 위 작품의 진품 소유자는 진품의 공급을 독점하고 있다.

ㄹ. 모방한 작품의 가격이 낮은 이유는 수요곡선이 비탄력적이기 때문이다.

경제학은 선택의 학문

경제학이란 무엇인가? 말을 조금 바꿔서 다시 질문해본다면, 우리는 왜 경제학을 배울까? 여러 가지 대답이 가능하겠지만 그 가운데 가장 현실적인 대답을 하자면, 우리의 일상생활에서 많은 부분이 경제활동으로 이루어지기 때문일 것이다. 모든 사람에게는 기초적인 생활을 영위하고 또 그때그때 여러 가지 욕망을 충족시키기 위해 다양한 재화와 서비스가 필요하다. 그런데 필요한 재화와 서비스를 모두 자급자족할 수는 없으므로 이것들을 다른 사람에게서 구해야 한다. 그런데 다른 사람에게서 내게 필요한 물건들을 얻으려면 대가를 지불해야 하고 거기에 필요한 소득이 있어야 한다. 그래서 사람들은 직업을 가지고 생산활동에 참여하며, 이렇게 생산한 상품이나 서비스는 시장을 통해 거래되어 필요한 사람에게 분배되는데, 이런 일들이 모두 경제활동이다. 다시 말해서 옷이나 음식, 냉장고, 자동차 등과 같은 재화나 관광, 금융, 오락과 같은 서비스를 생산, 분배, 소비하는 것을 모두 경제활동이라고 할 수 있다. 경제학은 우리가 이러한 경제활동들을 보다 효율적으로 실천하는 데 많은 도움이 된다.

경제학은 흔히 '선택의 학문'이라고 한다. 꼭 경제활동만이 아니라 우리는 일상생활에서 숱한 선택의 기로와 마주친다. 그 가운데서도 특히 경제활동은 선택의 연속이라고 말해도 틀리지 않는다. 직장인들이 점심시간에 김치찌개를 먹을까 순두부찌개를 먹을까 하는 선택에서부터, 기업이 새로운 사업에 투자할 것인가 말 것인가 하는 선택이나, 정부가 어느 도시에 새 공항을 건설할 것인가 하는 선택까지, 경제활동을 하면서 우리가 만나는 어려움의 대부분은 바로 이 선택의 문제와 관련된 것들이다. 따라서 경제학이 효율적으로 경제활동을 할 수 있도록 도와준다는 말은 결국 이러한 선택의 기로에서 우리로 하여금 보다 현명한 선택을 하도록 도와준다는 뜻이다. 그런데 우리는 왜 순간순간마다 선택하지 않으면 안 될까? 바로 자원의 '희소성' 때문이다.

희소성의 원리

희소성 한 사회가 가지고 있는 자원의 유한성

희소성의 원리 사람들의 욕구를 충족하는 데 필요한 재화의 양은 한정되어 있다는 원리

모든 경제문제는 자원의 **희소성**(scarcity) 때문에 나타난다. 경제학에서 희소성이란 매우 희귀한 무엇을 가리키는 것이 아니라 모든 경제재가 가지고 있는 유한성을 의미한다. 인간의 욕구는 무한하지만, 그것을 실현하기 위해 필요한 자원의 양은 유한하다. 경제학에서는 이를 **희소성의 원리**(principle of scarcity)라고 부른다. 우리가 언

Shutterstock

세상에 하나밖에 없는 그림. 그런데 왜 그 희소성만큼의 가치는 없을까? 희소성은 욕구에 비
례한다. 세상에 하나밖에 없는 그림이지만 비슷한 가치를 가진 그림은 매우 많기 때문이다.

제나 선택의 고민에 빠지는 이유도 바로 이 희소성의 원리 때문이다. 만약 자원이 무
한하다면 우리는 굳이 선택의 고민을 할 필요가 없을 터이다. 자원이 유한하기 때문
에 한정된 자원을 어디에 사용할 것인가, 또 어떻게 사용할 것인가, 그리고 누구를
위해 사용할 것인가 하는 문제가 나타나는 것이다.[2] 그래서 희소성은 모든 경제문제
의 근본이라고 불린다.

자유재와 경제재

물론 우리가 사용하는 자원 가운데는 유한하지 않은 것도 있다. 가령 햇빛이나 우
리가 숨 쉬는 공기나 바람 등과 같은 자원은 무한하다. 이런 자원들은 **자유재**(free
goods)라고 부르는데, 다른 대가나 비용을 지불하지 않고도 자유롭게 사용할 수 있
다는 뜻이다. 그러나 우리가 사용하는 대부분의 자원은 이처럼 무한하지 않다. 따라
서 우리는 그것들을 사용하기 위해 대가를 지불하지 않으면 안 된다. 이런 자원들은

자유재 공기와 같이
거의 무한으로 존재하여
인간의 욕망에 대한 희
소성이 없으며, 각 개인
이 대가를 치르지 않고
자유롭게 처분할 수 있
는 재화

---

2 미국의 경제학자 폴 새뮤얼슨(Paul Samuelson, 1915-2009)은 무엇을 얼마나 생산할 것인가(What
many?), 어떻게 생산할 것인가(How?), 누구를 위하여 생산할 것인가(For whom?)를 경제의 세 가
지 기본문제라고 불렀다. 그런데 왜 하필이면 이 세 가지인가 하는 질문에 대해 새뮤얼슨은 이 세
가지 문제는 모두 계량화할 수 있기 때문이라고 대답했다.

무인도에 혼자 남겨졌을 때 당신에게 빵 한 덩이와 돈 1억 원을 선택할 기회가 주어진
다면 당신은 무엇을 선택할 것인가? 아마 현실주의자라면 빵을 선택할 것이고 낙관주
의자라면 돈을 선택할 것이다.

대니얼 디포(Daniel Defoe, 1660-1731)의 소설 『요크의 선원 로빈슨 크루소의 일생과
이상하고 놀라운 모험(The Life and Strange Surprising Adventures of Robinson
Crusoe, of York, Mariner, 1719)』의 삽화와 속표지.
오늘날에는 어린이 문학으로 알려져 있지만 『로빈슨 크루소』는 자본주의로 이행하는 과정
에 있던 영국 사회의 변화를 비유적으로 묘사한 작품이다. 크루소의 난파 생활은 중상주의
적 모험상인, 토지의 종획, 근대적 경영, 해외진출 등 초기 자본주의의 전개 과정을 그대로
묘사하고 있다.

경제재 인간의 욕망을 만족시키는 데 도움이 되고, 동시에 그 존재량이 한정되어 있기 때문에 그것을 얻기 위해서는 어떤 경제적 보상이 필요한 재화

경제재(economic goods)라고 부른다.

그런데 희소성이라는 개념을 특별히 희귀한 것만으로 잘못 이해하는 경우가 많
다. 가령 단원(檀園) 김홍도(金弘道)의 그림이나 추사(秋史) 김정희(金正喜)의 글씨는
매우 희귀한 예술작품이다. 그러나 단원의 진품 그림은 진품인 만큼 희소하고 가품
그림은 가품인 만큼 희소하다. 우리가 생존을 유지하고 생활하는 데 필요한 모든 재
화와 서비스는 유한한 만큼 희소하다는 뜻이다. 그래서 어떤 이는 1억 원을 주고 단
원의 진품 그림을 사서 거실에 걸어 놓기를 선택하지만, 또 다른 이는 1만 원을 주고
복사한 단원의 그림을 거실에 걸어 놓기를 선택하는 것이다.

1-3 비용과 편익

자녀 1명이 대학을 졸업할 때까지 3억 원이 넘는 돈이 필요한 것으로 조사됐다. 보건복지부와 한국보건사회연구원이 10일 발표한 지난해 '전국 결혼 및 출산동향조사'와 '전국 출산력 및 가족보건복지실태조사' 결과에 따르면, 자녀 1인당 대학졸업까지 22년간 총 3억 896만 4,000원의 양육비가 들어가는 것으로 나타났다. 2009년 2억 6,204만 4,000원에 비해 5,000만 원 가까이 증가했다. 이 조사는 전국 1만 8,000가구의 남녀 1만 3,385명을 대상으로 이루어졌다. 조사에 따르면 각 가정은 자녀 1명의 양육비로 월평균 118만 1,000원을 지출했다. 이 가운데 주거비 등 가족 전체에 해당하는 항목을 제하고 오직 자녀만을 위해 쓴 식료품비·의복·교육비 등은 월평균 68만 7,000원으로 조사됐다. 사교육비로는 월평균 22만 8,000원을 지출했다. 월평균 양육비는 2003년 74만 8,000원에서 2006년 91만 2,000원, 2009년 100만 9,000원 등으로 해마다 늘어나는 추세였다. 한편 시기별로 살펴보면 대학교 4년간 양육비가 7,708만 8,000원으로 가장 높았으며 다음이 초등학교 재학 기간(7,596만 원)으로 나타났다. '자녀 1명 양육비 3억' 조사결과를 접한 누리꾼들은 "자녀 1명 양육비 3억, 훨씬 더 드는 것 아녀?", "자녀 1명 양육비 3억, 내가 결혼할 때쯤에는 얼마가 더 늘까", "자녀 1명 양육비 3억, 정말 많이 드는구나" 등의 반응을 보였다. (〈한국경제TV〉, 2013. 4. 10)

비용의 의미

중동 지역에서 오랫동안 구전되어 온 민담들을 모은 『천일야화』에는 세 형제의 이야기가 있다. 아버지의 유언에 따라 세 형제는 세상에서 가장 진귀한 보물을 찾아 따로 여행을 떠난다. 약속한 날에 다시 만난 형제는 각자 구해 온 보물을 내놓았다. 첫째가 가져온 것은 천리 밖을 보는 망원경이었다. 둘째는 하늘을 나는 양탄자를 가져왔다. 셋째는 무슨 병이든 고치는 마법의 사과를 내놓았다. 세 형제가 서로 자기가 가져온 보물이 가장 진귀하다고 자랑하다가, 문득 첫째가 망원경을 보니 이웃 나라의 공주가 병에 걸려 거의 죽기 직전이었다. 형제들은 둘째의 양탄자를 타고 단숨에 이웃 나라의 궁전으로 가서 셋째의 사과로 공주의 병을 고쳤다. 왕은 공주를 살려주는 사람을 사위로 맞겠다고 약속했다. 과연 세 형제 가운데 누가 공주와 결혼해야 옳을까? 기회비용이 가장 큰 사람이다.

요즘 우리나라의 가장 심각한 문제는 낮은 출산율이라고 한다. 대부분의 언론을 비롯하여 정치가들이나 학자들도 낮은 출산율을 걱정한다. 과연 출산율이 더 높아

져야 옳은가, 또 더 높아져야 한다면 얼마나 더 높아져야 할까에 대해서는 다른 의견
도 있지만, 일단 그 문제는 미뤄 두자. 도대체 요즘 우리나라의 출산율은 왜 낮은 것
일까? 여러 분야의 전문가들이 이런저런 분석을 내놓고 있지만, 경제학자들이 보기
에 이 문제는 의외로 단순하다. 아이를 낳아 기르는 데 드는 비용(cost)이 아이로부터
얻는 편익(benefit)보다 크기 때문이다. 실제로 아이를 갖지 않는 부부들에게 그 이유
를 물었더니 절반 이상이 아이를 양육하는 데 드는 비용, 특히 교육비가 부담스럽기
때문이라고 대답했다. 그렇다면 자녀 1명을 낳아 대학까지 양육하는 데 드는 비용
은 과연 얼마나 될까? 한 조사에 따르면 자녀 1명을 양육하는 데 드는 비용이 무려 3
억 900만 원이라고 한다. 자녀 3명을 낳아 양육한다면 무려 10억 원에 가까운 비용
이 드는 셈이다. 몇 해 전의 조사이니 지금은 아마 그 비용이 더 커졌을 것이다. 그렇
다면 자녀를 낳아 키우는 편익도 그만큼 커졌을까? 솔직히 그렇다고 말할 수 없으니
우리나라의 출산율이 낮아질 수밖에 없는 것이다.

비용과 편익

우리의 삶이 선택의 연속이라면 과연 좋은 선택의 기준은 무엇일까? 우리가 경제학
을 배우는 목적을 한 마디로 말한다면 경제학적으로 생각하는 법을 연습하는 것이
다. 그리고 경제학적으로 생각한다는 말은 바로 비용과 편익을 계산하라는 것이다.
편익은 선택의 결과로 우리가 얻게 되는 그 무엇을 가리킨다. 편익은 돈일 수도 있고
재화일 수도 있지만 눈에 보이지 않는 무형의 즐거움이나 만족감일 수도 있다. 그리
고 비용은 그 선택을 위하여 우리가 지불해야 하는 대가이다. 많은 경제학 교과서의
첫머리에는 '공짜 점심은 없다'는 이야기가 나온다. 모든 선택에는 반드시 대가, 즉
비용이 따른다는 뜻이다. 왜 우리의 선택에는 반드시 그 대가가 따르는 것일까? 이
미 이야기한 것처럼 우리가 이용하는 자원들은 대부분 유한하기 때문이다. 물론 숨
쉬고 햇볕을 쬐는 데는 대가가 필요하지 않다. 그러나 한정된, 즉 희소한 자원을 이
용하려면 그에 상응하는 대가를 지불해야 한다. 돈이든, 일이든, 다른 재화든 간에
말이다.

올림픽이나 월드컵 같은 체육대회가 열릴 때마다 정부나 전문기관들에서는 'OO
의 경제적 효과'라는 자료를 발표한다. G20이나 아시아태평양경제협력체(Asia-
Pacific Economic Cooperation)와 같은 국제행사가 열릴 때도 마찬가지다. 그런데 이
런 보도자료들을 읽다 보면 솔직히 미심쩍을 때가 많다. 우리나라가 이제 막 개발도

상국을 벗어났을 때는 이런저런 국제행사가 우리나라에서 열린다는 사실만으로도 국민적인 자부심을 느끼기도 했던 것이 사실이다. 또 그런 행사를 통해 우리나라를 세계에 알리는 일이 필요하기도 했다. 하지만 우리나라가 선진국들의 모임이라는 경제협력개발기구(Organization for Economic Cooperation and Development) 회원국이 된 지 20년이 훨씬 더 넘은 지금도 그러한지는 모르겠다. 그런데도 이런 자료를 보면 구체적인 근거도 없이 국가브랜드 제고효과가 몇 조 원이라는 식의 편익을 나열하고 있다. 더 한심한 일은 편익만 나열할 뿐 그 행사에 국민의 세금으로 조달되어야 할 비용이 얼마나 들어가는지에 대해서는 모르는 척한다는 것이다. 그러나 외국의 예를 보면 올림픽이나 국제행사를 유치했다가 재정이 파탄난 사례가 드물지 않다. 그래서 나온 말이 '메가 이벤트의 저주'이다.

경제학에서 합리적인 선택이라고 부르는 것은 편익이 비용보다 큰 선택이다. 만약 비용이 편익보다 크다면 그 선택은 과연 올바른 선택일까? 당연히 아니다. 올바른 선택은 비용보다 편익이 더 큰 선택이다. 그런데 만약 비용보다 편익이 더 큰 선택이 여러 가지가 있다면 어떨까? 그 가운데서도 비용과 편익의 차이가 가장 큰 선택이 올바른 선택이다. 이것을 경제학에서는 간단히 **'비용–편익 분석**(cost-benefit analysis)'이라고 한다. 우리가 경제학적 사고방식이라고 부르는 것은 바로 이 비용–편익 분석을 의미한다고 해도 거의 틀리지 않는다. 그런데 여기서 자칫 오해해서는 안 될 일은, 경제학이 이야기하는 비용이나 편익이 반드시 물질적인 것만을 의미하

비용–편익 분석 경제 주체들이 의사결정을 할 때 비용과 편익을 따져 여러 대안 가운데 최적의 대안을 선정하는 기법. 여러 대안의 비용이 동일하다면 편익이 가장 큰 대안을 선택하고, 반대로 편익이 같다면 비용이 가장 적게 드는 대안을 선택한다.

Shutterstock

비용–편익 "이걸 나한테 지불하라고?"

는 것은 아니라는 점이다. 아리스토텔레스가 『니코마코스 윤리학』에서 자신의 삶에 충실함으로써 얻는 만족감을 '행복(eudaimonia)'이라고 부른 것처럼, 우리의 선택에 따르는 비용과 편익에는 물질적인 것과 함께 심리적이거나 정서적인 가치들도 포함된다. 다만 경제학에서는 흔히 비교를 쉽게 하기 위해 비물질적인 편익도 종종 화폐 단위로 계산하기도 한다.

1-4 기회비용

"금이다!"

1998년 1월 중순 즈음일 겁니다. 터파기 공사가 한창이던 서울 마포의 한 아파트 재건축 현장에서 한 인부가 놀라서 눈을 커다랗게 뜨며 이렇게 소리를 쳤죠. 삽시간에 현장에 몰려든 사람들은 자신의 눈부터 의심했습니다. 돌더미에는 진짜 금이 반짝반짝 빛을 내고 있는 것이 아니겠습니까. 감정 결과 돌에 포함된 금은 톤당 14.5g의 순금을 만들 수 있는 것이었습니다. 우리나라 최대 금광산 중 하나인 무극광산에서 나오던 금덩이와 맞먹는 수준이었던 셈이죠. 졸지에 낡아빠진 재건축 아파트 부지가 황금 광산으로 변할 수 있는 순간이었습니다. 그런데 더 황당한 일은 한 달이 채 지나지 않아 벌어졌습니다. 현장을 시멘트로 덮어버린 겁니다. 황당하지만 당시로서는 이해 못할 일은 아닙니다. 금은 얼마나 묻혀 있을지 알 수 없지만 공사는 한 달 늦어질 때마다 발생하는 이자 비용이 수십억 원입니다. 또 아파트 재건축은 지었다 하면 가구당 수억 원씩 돈을 벌어들일 수 있었던 시기였죠. 재건축은 반짝이는 금덩이보다 더 금밭이었던 셈입니다. (〈매일경제〉, 2012. 11. 22)

가지 않은 길

미국의 계관시인 로버트 프로스트(Robert Frost, 1874-1963)의 작품 가운데 〈가지 않은 길(The Road Not Taken)〉이라는 유명한 시가 있다. 중·고등학교의 교과서에도 자주 실리는 작품이니 아마 읽어 보지 않은 이가 거의 없을 터이다. 숲 속에 두 갈래 길이 나 있는데, 그 가운데 한 길을 선택했기 때문에 다른 길을 가지 못했고 그래서 내 인생도 달라졌다는 내용이다. 그 길을 가지 못한 이유는 당연히 두 길을 모두 갈 수는 없기 때문이다. 하나의 길을 선택한다면 다른 하나의 길은 포기해야 한다는 뜻이다. 경제학은 이때 포기한 다른 하나의 길을 **기회비용**(opportunity cost)이라고

기회비용 무엇을 얻기 위해 포기한 다른 것들 중 가치가 가장 큰 것

부른다.

비용이라는 개념에 대해서는 이미 이야기했다. 그런데 경제학을 배우려는 사람들이 시작부터 어려움을 겪는 이유 가운데 하나가, 실은 이 비용의 개념이 일상에서 쓰는 의미와 다른 경우가 많기 때문이다. 미국의 경우기는 하지만, 심지어는 경제학을 전공하는 대학생들에게 물어보았더니 기회비용의 개념을 제대로 이해하는 학생이 절반이 채 안 된다고 한다. 우리나라 중 · 고등학교에서 사회나 경제를 가르치는 교사들도 가장 기본적이지만 가장 가르치기 어려운 개념이 바로 기회비용이라고 한다. 거꾸로 말하면 경제학 공부의 첫걸음은 바로 이 기회비용의 올바른 개념을 제대로 이해하는 것에서 시작된다.

기회비용

앞에서 이야기한 것처럼 비용이란 우리가 선택한 편익의 대가로 지불해야 하는 것을 의미한다. 그런데 경제학에서 사용하는 비용의 개념은 어떤 선택으로 직접 발생하는 '명시적 비용(explicit cost)'뿐 아니라 그 선택에 따른 '암묵적 비용(implicit cost)'까지도 포함한다. 명시적이란 말 그대로 겉으로 드러난, 장부상에 직접 나타나는 비용이다. 다른 말로는 직접적 비용 또는 회계적 비용이라고도 부른다. 이에 반해 암묵적 비용이란 드러나지 않는 비용을 뜻한다. 도대체 어떤 비용이기에 드러나지 않는 것일까? 바로 다른 선택의 기회를 포기함으로써 발생하는 비용이다. 직접 돈을 지불하지는 않았지만, 선택할 기회를 포기했으니 그만큼 비용을 지불한 것이나 다름없다는 뜻이다. 앞에서 설명했던 비용의 정의를 이용하면, 여러 대안 가운데 하나를 선택하기 위해서는 다른 대안들을 모두 포기해야 한다. 이렇게 포기한 대안들 가운데 가장 큰 것이 바로 우리의 선택에 따른 대가, 즉 기회비용이다. 기회비용은 "사느냐 죽느냐 그것이 문제로다(To be or not to be, that's the question)"라는 햄릿의 독백과 같다. 삶과 죽음은 동시에 선택할 수 없으므로 반드시 어느 하나는 포기해야 하니까 말이다.

이제 예를 들어 기회비용을 설명해보자. 이제 막 고등학교를 졸업한 청년이 대학을 진학할까 직장을 구할까를 두고 고민한다고 가정하자. 청년이 가고자 하는 대학의 등록금은 4년 동안 1,000만 원이다. 물론 대학 등록금이 이렇게 싸지는 않지만 어차피 가정이니 넘어가기로 하자. 대학에 진학하기 위해 취업을 포기할 경우 이 청년이 자신의 선택을 위해 지불한 비용은 대학 등록금 1,000만 원뿐일까? 이 청년은 등록금과 함께 취업의 기회, 다시 말해 취업했을 경우 얻게 될 금전적 수입과 직업상의 경력, 사회생활의 경험 등을 모두 포기했다. 다른 말로 하면 이 모든 것을 직접적 비용은 아니지만 기회비용으로 지불한 것이다. 이처럼 경제학에서는 직접적인 비용보다 그 선택을 위해 포기한 기회를 더 중요하게 고려한다. 그래서 경제학적 비용은 기회비용이라고 부르는 것이다.

경제활동을 하면서 우리는 끊임없이 기회비용을 지불하고 있다. 직장인이 점심으로 된장찌개를 선택했다면 순두부찌개는 포기해야 한다. 시장에 간 주부가 저녁 반찬을 위해 싱싱한 생태를 선택했다면 그 대가로 돼지고기를 두툼하게 썰어 넣은 김치찌개는 포기해야 한다. 부모님께 받은 용돈으로 야구 경기 보러 가기를 선택한다면 대신에 맛있는 피자는 포기해야 한다. 물론 무엇을 소비할 것인가만 경제적 선택의 문제가 되는 것은 아니다. 소비할 것인가, 저축할 것인가도 하나의 경제적인 선택이다. 어려울 때를 대비하거나 목돈을 만들기 위한 저축은 결과적으로 미래의 소비생활에 쓰인다. 따라서 저축은 미래의 소비와 현재의 소비 사이에서의 선택행위라고 할 수 있다. 오늘의 **효용**(utility)을 얻기 위한 소비행위의 기회비용은 저축으로 얻게 될 미래의 효용인 것이다.

효용 재화를 소비함으로써 얻는 개인의 주관적 만족의 정도

비용과 이윤

기회비용의 문제는 당연히 기업의 경영활동에서도 나타난다. 소비자에게 효용이 편익이라면 기업에게는 이윤(profit)이 편익이다. 다른 말로 하자면 이윤의 획득이 기업활동의 목표라는 뜻이다. 이윤은 기업이 얻은 수입에서 비용을 뺀 나머지를 의미한다. 여기에서도 **회계적 이윤**과 **경제적 이윤**은 다르다. 가령 내가 1억 원의 명시적 비용을 들여 1억 3,000만 원의 수입을 얻었다고 가정하자. 회계적으로 보면 나는 3,000만 원의 이윤을 얻었다. 그러나 만약 내가 1억 원을 은행에 저금해 2,000만 원의 이자를 얻을 기회가 있었음에도 이를 포기했다면, 나는 2,000만 원이라는 암묵적 비용을 지불한 셈이다. 따라서 나의 기회비용은 명시적 비용 1억 원과 암묵적 비용 2,000만 원을 더한 1억 2,000만 원이 된다. 결국 나의 경제적 이윤은 3,000만 원이 아니라 1,000만 원에 불과하다. 이제 가정을 바꾸어 1억 원의 암묵적 비용, 즉 은행의 이자가 4,000만 원이라면 나는 이윤을 얻은 것이 아니라 오히려 1,000만 원의 손실을 본 셈이다. 중·고등학생들을 위한 참고서 가운데 국민경제의 발전이나 사회복지에의 공헌 등을 기업의 목표라고 서술해 놓은 경우가 적지 않다. 그러나 기업

회계적 이윤 수입에서 명시적 비용을 뺀 나머지

경제적 이윤 수입에서 기회비용을 뺀 나머지

의 목표는 국민경제의 발전이나 사회적 기여가 아니라 이윤이다. 이는 소비자의 목
표가 효용이지 국민경제의 발전이나 사회적 기여 등에 있지 않은 것과 마찬가지이
다. 물론 그렇다고 해서 기업이 이윤을 얻기 위하여 비윤리적이거나 불법적인 활동
을 해도 좋다는 뜻은 아니다. 소비자들이 효용을 얻기 위하여 남의 물건을 훔쳐서는
안 되는 것처럼 말이다.

　기업이 1억 원을 들여 새로운 사업을 시작하면, 최소한 은행이 주는 이자만큼의
기회비용은 이미 지불하고 있는 셈이다. 그 새로운 사업이 빵을 만드는 일이라면 운
동화를 만들기로 한 사업의 계획은 포기해야 한다. 정부도 마찬가지다. 한때 우리나
라에서는 무상급식을 둘러싸고 사회적 논란이 한동안 진행되었다. 무상급식을 반
대하는 이들의 근거 가운데 하나는 무상급식에 쓸 돈이 없다는 것이다. 그러나 정확
하게 말하면 돈이 없는 것이 아니라 한정된 돈, 즉 자원을 급식에 쓸 것인가 도로를
건설하는 데 쓸 것인가의 선택이라고 해야 옳다. 가끔 정부가 아무 일도 안 하는 것
보다는 효율성이 낮은 사업이라도 벌이는 것이 더 낫다고 생각하는 사람들도 있다.
그러나 효율성이 낮은 사업에 돈을 쓰면 효율성이 더 높은 사업에는 돈을 쓸 수 없
다. 정부가 한정된 자원으로 도로를 건설하고자 한다면 도서관을 짓는 일은 포기해
야 한다. 국민경제 전체적으로도 마찬가지다. 정부가 실업률을 낮추기 위해 지나치
게 성장을 추구하면 인플레이션이 발생한다. 반대로 물가 상승을 막기 위해 지나치

Shutterstock

기회비용 "기회비용을 생각하면 강의 때마다 이만큼은 열심히 공부해야…"

게 긴축정책을 쓰면 생산활동이 둔화되어 실업자가 늘어날 수 있다. 가계든 기업이든 정부든 모든 선택에는 그에 합당한 대가를 감수할 줄 알아야 하며, 무언가를 선택하기 위해서는 다른 무언가를 포기하지 않으면 안 되는 것이다.

미국의 유명한 사립대학인 하버드대학의 등록금은 평균 1년에 4만 5,000달러가 넘는다고 한다. 시간당으로 나눠보면 1시간에 150달러, 우리 돈으로 계산해보면 15만 원이 넘는 큰 금액이다. 그런데 미국 학생들의 결석률은 무려 20%에 이른다고 한다. 길거리에 1만 달러를 버릴 사람은 아무도 없을 것이다. 그런데 미국의 대학생들은 거의 1만 달러에 가까운 등록금을 버리고도 깨닫지 못하고 있는 것이다. 그렇다면 우리나라의 대학생들은 과연 미국의 대학생들과 다를까? 지금 이 강의를 듣는 학생들 가운데도 내일 있을 경제학 시험의 공부를 하는 대신 친구들과 유흥을 즐기기를 선택한 학생들이 있을 터이다. 오늘 친구들과 즐긴 유흥의 명시적 비용은 1~2만 원에 불과할 수도 있다. 하지만 그 때문에 내일 시험을 망치고 그래서 만족스러운 학점을 받지 못하고 혹시라도 그 때문에 졸업을 못하거나 취업의 기회를 놓친다면 과연 여러분 선택의 기회비용은 과연 얼마일까?

1-5 매몰비용

안상수 인천시장은 사회적 비용 논란을 빚은 2014년 인천아시안게임 주경기장 건설과 관련, "문학경기장이 20억 원 적자라고 매년 기사가 나는데, 경기장을 이용하는 사람이 연 300만 명 정도 된다"면서 "체육시설을 수익개념으로만 보면 안되고 시민들의 레저, 체육공간이라는 공익창출 효과도 봐야 한다"고 말했다. 경인운하 사업과 관련해서는 "내가 10년 전에 국회의원을 거기서 했는데, 그때는 반대했다"면서 "그런데 지금은 너무 많이 나갔다. 지금 그만두면 매몰비용이 너무 많다"고 밝혔다. 안 시장은 경인운하 사업을 통해 세계 10대 일류 명품도시가 되겠다고 강조한 바 있지만 반대 여론도 적지 않은 상황이다. 그러나 그는 "지금은 뒤로 갈 수 없다"면서 "뒤로 갈 수 없으면 앞으로 가야 한다"고 밝혔다. 그는 "그동안 반대하는 목소리가 정책적 고려에 많은 도움이 됐다고 보고, 지금은 지혜를 모아서 환경 친화적인 시설로 갈 수밖에 없다는 것이 내 결론이다"고 밝혔다. (〈오마이뉴스〉, 2009. 2. 27)

뷔페의 행복

처음 듣는 분들에게는 좀 의외일지도 모르겠지만 우리가 즐겨 가는 뷔페는 실은 바이킹(Viking)족의 풍습에서 나온 것이다. 게르만족의 한 갈래로 중세의 북유럽 지역에서 활동하던 바로 그 바이킹 이야기이다. 바이킹이라고 하면 흔히 해적이나 약탈자라는 말을 떠올리지만 꼭 그렇지만은 않다. 바이킹도 여름에는 농사를 짓거나 물고기를 잡으면서 생활했다. 그러나 아무래도 자연환경이 열악하다 보니 겨울이 되면 먹을 것이 떨어지기 일쑤였고, 그래서 주변 나라들로 노략질을 갔던 것이다. 그런데 바이킹들은 그렇게 얻은 전리품들은 한 군데 모아 놓고 원하는 대로 가져가도록 하는 풍습이 있었다. 누구는 많이 가지고 누구는 적게 가지면 당연히 불평불만이 나오고 다툼이 일어날 수밖에 없으니, 나름 공동체의 단결과 평화를 유지하기 위한 지혜였던 셈이다. 바로 이 풍습을 부르는 말이 뷔페이다. 그런데 뷔페만 가면 과식을 하고는 후회하는 사람들이 많다. 우리가 뷔페에서 선뜻 접시를 내려놓지 못하는 것은 바로 이미 지불한 돈이 아깝기 때문이다. 뷔페는 미리 정해진 가격을 지불하고 들어가니, 더 먹어도 같은 가격 덜 먹어도 같은 가격이다. 그러니 소위 본전 생각이 나서 과식을 하고 마는 것이다. 그래서 식당 문을 나설 때마다 괜히 욕심을 부렸다고 후회하면서, 또 다음 날이 되면 어제 좀 더 먹을 걸 그랬나 하고 아쉬워지는 것이 뷔페이다.

흔히들 이미 비용을 지불했기 때문에 많이 먹을수록 더 이익이 아닌가 하고 생각한다. 그러나 더 많이 먹는다고 해서 내가 더 행복해지는 것이 아니라면, 이미 지불한 비용에 얽매여 욕심을 부리는 짓은 어리석을 뿐이다. 경제학에서는 이처럼 이미 지불했기 때문에 미래의 행복에 영향을 미치지 못하는 비용을 **매몰비용**(sunk cost)이라고 부른다. 합리적인 선택을 위해서는 반드시 비용과 편익을 제대로 계산하라는 것이 경제학이 말하고자 하는 교훈이다. 물론 여기에서 비용이란 기회비용을 말한다. 반대로 합리적인 선택을 위해서 계산하지 말아야 할 비용도 있다. 바로 매몰비용이다. 매몰비용이란 이미 매몰되어서 다시 되돌릴 수 없는 비용이라는 뜻이다. 좀 더 자세히 설명하면 이미 발생한 비용 가운데 회수할 수 없는 비용으로, 미래의 비용이나 편익에 영향을 미치지 못하는 비용을 의미한다. 가령 친구들과 모임을 갖기로 했는데, 가능한 장소로 실내식당과 야외식당이 있다. 두 식당의 비용은 동일하지만 만족은 야외식당 쪽이 훨씬 크다. 그래서 야외식당에서 모임을 갖기로 결정했으나

매몰비용 지불되고 난 뒤 회수할 수 없는 비용

그날 비가 올지 어떨지 알 수가 없다. 비가 올 경우를 대비해 실내식당을 예약했더니 예약금으로 3만 원을 요구한다. 드디어 모임 날이 되었는데 날씨가 매우 화창하다. 그러나 막상 야외식당에서 모임을 가지려니 이미 지불한 예약금 3만 원이 아깝다는 생각이 든다. 과연 우리는 어디서 모임을 가져야 옳은가? 정답은 당연히 야외식당이다. 이미 지불한 예약금 3만 원이 실내식당의 효용을 야외식당보다 더 크게 만들어주지는 않기 때문이다.

매몰비용은 잊어라

그런데 현실에서는 이 매몰비용이라는 개념이 그리 쉽지 않다. 다시 뷔페의 예를 들어보자. 이미 지불한 비용은 생각하지 말라는 것이 매몰비용의 의미인데, 정작 뷔페에서는 반대로 이미 비용을 지불했으므로 많이 먹으면 먹을수록 이익이라고 생각하기 쉽다. 하지만 배는 부른데 아직 음식이 남았을 때, 과연 억지로 그 음식을 다 먹는 것이 현명할까 아니면 그만 먹고 일어서는 것이 현명할까? 억지로 먹는 음식이 나의 만족감을 증가시킨다면 계속 먹는 것이 옳다. 하지만 음식을 먹을수록 이제는 행복이 아니라 고통만 늘어나는데도 계속 음식을 먹는 것은 어리석은 짓일 뿐이다. 매몰비용은 우리 주변에서 훨씬 더 자주, 훨씬 더 심각하게 나타난다. 노름꾼들이 계속 돈을 잃으면서도 그 자리를 떠나지 못하는 이유도 매몰비용을 생각하기 때문이다. 하지만 이미 잃은 돈은 조금이라도 빨리 잊어버리는 것이 현명하다. 이미 잃은 돈이 내가 돈을 따도록 해주지는 않기 때문이다. 심지어 노름판에 오래 앉아 있을수록 본전을 되찾기보다 더 많은 돈을 잃을 가능성이 훨씬 높다. 그러니 이미 잃은 돈은 잊어버리고 이제 그만 집에 갈지, 아니면 그래도 본전 생각에 더 많은 돈을 잃을지를 현명하게 판단하라는 것이 바로 매몰비용이 말하는 교훈이다.

정부나 지방자치단체들이 이것저것 부실한 사업들을 마구 벌였다가 국민의 혈세를 낭비하는 것도 매몰비용을 잊지 못하기 때문이다. 한동안 우리 사회를 논란에 빠뜨린 4대강 사업이나 경인운하 사업과 같은 국책 사업들은 물론이거니와, 지방자치단체마다 경쟁적으로 유치해 온 각종 축제와 박물관, 전시관, 드라마 촬영장들의 대부분은 흑자는커녕 해마다 엄청난 적자만 지역주민들의 부담으로 떠넘기고 있는 실정이다. 이미 해놓은 사업이 아까우니까 더 손해가 나더라도 사업을 계속 밀어붙이자는 판단이 더 큰 실수를 반복하게 한다. 깨진 독에 계속 물을 부으면서 지금까지 부은 물을 아까워하는 어리석음은 하루라도 빨리 접어야 옳다.

매몰비용은 경제학이란 무엇인가 하는 제법 심오한 문제를 생각하게 한다. 경제학이 사람을 정의하는 말이 바로 '호모 에코노미쿠스(homo economicus)'이다. '경제인'이라고 번역하기도 한다. 당연히 경제인이 따로 있고 정치인이 따로 있을 리 없다. 호모 에코노미쿠스는 경제학이 바라보는 인간의 본성이라고 생각하면 된다. 호모 에코노미쿠스의 가장 중요한 특징은 바로 합리성이다. 경제학은 사람들이 언제나 합리적으로 행동한다고 가정한다. 비용과 편익을 계산하여 편익이 더 큰 대안을 선택하는 사람은 분명히 합리적이다. 그리고 일상 속에서 우리는 거의 대부분의 선택 앞에서 합리적으로 행동한다. 그런데 비용과 편익을 비교할 때 매몰비용은 계산하지 말라는 말은 역설적이게도 많은 사람들이 매몰비용을 계산함으로써 실수를 저지른다는 의미이기도 하다. 경제학이 사용하는 모형이나 이론들이 현실과 맞지 않다고 지적하는 사람들도 많다. 경제이론은 합리적인 사람은 당연히 매몰비용을 계산하지 않는다고 가정하지만 현실의 사람들은 매몰비용을 계산함으로써 잘못된 선택을 하는 경우가 많기 때문이다.

1-6 인센티브

만성 백혈병 환자들의 모임인 새빛누리회 회원들과 인도주의 실천의사협의회원 등 40여 명은 13일 오전 서울 여의도 ㈜한국노바티스사 앞에서 최근 고가(高價) 논란을 빚고 있는 만성 골수성백혈병 치료제 글리벡의 시판가격 인하와 보험적용 확대를 요구하는 시위를 벌였다. 환자복 차림으로 시위에 나선 이들은 "글리벡이 만성 백혈병 환자에 사용할수 있는 사실상 유일한 약제인 점을 악용, 개발사인 스위스 노바티스사는 경제수준을 고려해 국가별로 약값을 차등 책정하는 기존 관행을 무시한 채 전세계적으로 동일한 고가 약가 방침을 고수하고 있다"고 주장했다. 참석자들은 "한국노바티스가 글리벡에 대해 캡슐당 2만 5,674원, 월 300만~450만 원인 약가를 건강보험으로 인정해 달라며 건강보험심사평가원에 요구했다"면서 "이럴 경우 약값은 보험이 적용된다 하더라도 월 150만~225만 원에 달해 환자들이 실질적 치료혜택을 볼 수 없다"고 밝혔다. 이들은 또 "성인 희귀 난치성 질환 환자들에 대한 치료비 본인부담률은 보건복지부 장관의 인하 약속에도 불구하고 50%를 그대로 유지하고 있어 약값이 어느 정도 인하된다 하더라도 부담이 커 환자들은 치료를 계속할 수 없다"며 환자 본인부담률 20%의 적용범위 확대를 촉구했다. (〈한국일보〉, 2001. 7. 14)

이기심의 의미

애덤 스미스(Adam Smith, 1723-1790)가 경제학의 아버지로 불리는 이유는 바로 『국부론(An Inquiry into the Nature and Causes of the Wealth of Nations)』이라는 책 때문이다. 근대 경제학의 출발점이 된 이 책에서 스미스는 "우리가 식사할 수 있는 것은 정육점 주인, 양조장 주인, 빵집 주인의 자비에 의한 것이 아니라 자기 자신의 이익에 대한 그들의 관심 때문이다"라는 유명한 구절을 남겼다. 그래서 경제인, 즉 호모 에코노미쿠스는 합리적인 인간인 한편 이기적인 인간이다. 그런데 이 때문에 종종 경제학은 이기심을 조장한다는 오해를 받기도 한다. 일상에서 우리가 이기심이라거나 이기적이라고 말할 때는 대개 부정적인 의미이다. 그런데 경제학의 아버지가 우리는 이기심으로 산다고 말했으니 사람들이 경제학을 이기심의 학문이라고 생각하는 것도 충분히 있을 법한 일이다. 하지만 여기에는 대단히 중요한 오해가 있다. 우리가 흔히 이야기하는 이기심과 애덤 스미스가 말하고자 한 이기심은 전혀 다른 의미이기 때문이다.

인센티브　어떤 행동을 하도록 부추기는 것을 목적으로 하는 자극

애덤 스미스가 이기심이라고 부른 것은 사람들이 경제적 유인에 반응한다는 뜻이다. 사람이 어떤 행동을 하는 동기를 경제학에서는 유인, 즉 **인센티브**(incentive)라고 부른다. 가령 대학에서는 성적이 우수한 학생에게 장학금을 준다. 장학금은 학생들이 더 열심히 공부하도록 하는 유인이다. 직장에서도 성과가 높은 직원에게 상여금을 준다. 상여금이 더 열심히 일하도록 하는 유인이라는 뜻이다. 이처럼 우리는 언제나 유인에 반응한다. 그래서 칭찬은 고래도 춤추게 한다는 것이다. 칭찬은 고래도 춤추게 한다고 말할 때는 칭찬이 유인이 된다. 그런데 우리가 어떤 경제행위를 선택할 때는 대체로 경제적이고 물질적인 유인이 가장 좋은 유인이다. 생산자의 경우를 예로 들어보자. 사과 가격이 떨어지고 토마토 가격이 오르면 농부는 당연히 사과보다 토마토를 더 많이 심을 것이다. 쇠고기 가격이 떨어지고 돼지고기 가격이 오르면 축산업자들은 더 많은 돼지를 사육할 것이다. 기업이 상품을 생산하는 이유는 이윤이 발생하기 때문이다. 만약 이윤이 없다면 어느 기업도 물건을 생산하지 않을 것이다.

나라 경제에서도 같은 원리가 작용한다. 가령 늘어나는 복지비 지출로 재정적자가 누적되어 정부가 재정균형을 위해 소득세와 법인세의 세율을 인상하면 단기적으로는 세수가 증가한다. 그러나 세율을 인상하면 점차 국민의 근로 의욕과 투자 의욕이 감퇴할 수 있다. 경우에 따라서는 세율 인상이 나라의 총생산물을 줄어들게 해 오히려 세수를 감소하게도 한다. 따라서 경제적 선택을 하는 데 중요한 고려 요소가 되

는 각종 규제, 조세제도 등의 유인을 변화시킬 때는 이 변화에 따른 다양한 경제주체들의 반응을 미리 염두에 두어야 한다. 물론 어느 정도가 과연 적절한 조세 수준인가에는 여러 의견이 있다.

칭찬은 고래도 춤추게 만든다

경제주체들이 유인에 반응한다는 사실은 경제현상을 이해하는 데 매우 중요하다. 그런데 어떤 이들은 사람이 경제적, 물질적 인센티브에 따라 행동하고 선택한다는 사실을 거북하게 받아들이기도 한다. 만물의 영장인 인간은 그보다 좀 더 고귀한 무엇에 반응한다는 것이다. 이런 생각의 바탕에는 물질적, 경제적 유인을 경시하고 그러한 유인에 반응하는 이기적 선택이 옳지 않다는 편견이 깔려 있다. 그렇다면 인간이 이기적이라는 말은 과연 인간성을 부정적으로 평가하는 것일까? 이해하기 쉽게 예를 들어보자. 훌륭한 빵집 주인은 과연 어떤 사람일까? 배고픈 사람들에게 공짜로 빵을 나눠주는 사람일까? 이런 식으로 생각한다면 훌륭한 구둣방 주인은 공짜로 구두를 나눠줘야 하고, 훌륭한 양복쟁이는 공짜로 옷을 나눠줘야 한다. 그러나 과연 이 훌륭한 빵집 주인은 도대체 어디서 그 빵을 가져올까? 역시 훌륭한 밀가루 장사한테 공짜로 얻어 올까? 그렇다면 훌륭한 밀가루 장사는 또 어디서?

모든 것을 공짜로 나눠준다면 사람들은 반드시 필요하지 않은데도 빵을 달라고 요구하고, 힘들여 일하기보다 놀면서 더 많은 빵을 얻으려고 할 것이다. 우리 사회에 빵이나 구두가 무한하다면 아무런 문제가 없을지도 모른다. 그러나 이미 이야기한 것처럼 모든 경제문제의 근원은 희소성에 있다. 우리가 이용할 수 있는 자원이 유한한데도 빵을 공짜로 나눠준다면 결국에는 빵이 절대적으로 부족해질 수밖에 없다. 빵을 만들든 옷을 만들든 우리가 열심히 일하는 이유는 그것을 통해 어떤 대가를 얻기 때문이다. 당연히 사람들은 더 많은 이익을 얻기 위해 경쟁자들보다 더 좋은 물건을 만들고 더 많이 일한다. 인류 사회가 물질적으로 발전해 온 것은 바로 이런 욕구 때문이었다. 모든 물건을 공짜로 주고받는 사회에서는 발전이 있을 수 없다.

지금 세계에서 가장 부자는 잘 알다시피 마이크로소프트(MicroSoft)를 창업한 빌 게이츠(Bill Gates)이다. 그는 많은 컴퓨터 이용자들이 사용하는 윈도우나 익스플로러 같은 프로그램들을 개발함으로써 세계 최고의 부자가 되었다. 거의 대부분의 나라에서 이런 프로그램들의 지적 재산권은 법으로 보호받는다. 빌 게이츠가 부자가 될 수 있었던 것도 그가 개발한 프로그램들의 재산권이 보호받았기 때문이다. 페이

인센티브 "몸과 마음, 물질과 영혼, 돈과 사랑 가운데 당신을 춤추게 하는 인센티브는 무엇인가?"

Shutterstock

스북이나 구글의 개발자들이 부자가 된 이유도 마찬가지다. 만약 아무리 유용한 프로그램을 개발하더라도 적절한 인센티브를 받지 못한다면 굳이 시간과 비용을 투자하면서 그런 프로그램을 개발하려는 사람도 없을 것이다. 제약회사들이 신약 개발에 애쓰는 이유도 당연히 다르지 않다. 그런데 때로는 이런 신약들의 가격이 너무 비싸서 사회적으로 논란이 되는 경우도 있다. 환자들은 사람의 생명을 두고 제약회사들이 이익만 추구한다고 비판한다. 하지만 제약회사들은 적절한 보상이 없다면 누가 엄청난 비용을 들여 신약을 개발하겠느냐고 반박한다. 신약의 개발비용은 경우에 따라 1조 원에 이르기도 한다고 한다. 또 개발에 비용을 들였다고 반드시 성공한다는 보장도 없다. 그러니 제약회사들의 주장에도 일리가 있는 셈이다. 하지만 기업에 주어지는 유인이 지나치면 그 부담이 소비자들에게 돌아갈 수밖에 없다. 지적 재산권의 보호에 기한을 두는 이유이다.

1-7 교환의 이익

4만 년 전까지만 해도 네안데르탈인은 유럽을 지배하고 있었다. 하지만 동아프리카에서 시작된 현생 인류인 호모 사피엔스 사피엔스(크로마뇽인)가 유럽으로 오면서 네안데르탈인은 점차 밀려 역사에서 사라지고 말았다. 도대체 네안데르탈인은 크로마뇽인에 비해 어떤 점이 부족했을까. 여러 해석이 있지만 최근 들어 일부 경제학자들은 크로마뇽인이 분업·협력·교역에서 능력이 탁월한 것을 그 이유로 꼽는다. 크로마뇽인들은 능력에 따라 할 일을 나눴다. 숙련된 사냥꾼들은 수렵에 전념하고 사냥은 잘 못해도 무엇을 만드는 데 재주가 있는 사람은 집에서 도구나 옷을 만들었다. 그런 다음 사냥꾼과 기능공은 각자 필요한 것을 서로 교환했더니 동물을 더 많이 잡을 수 있어 인구가 계속 늘어났다. 하지만 전체 동물의 수가 제한되어 있기 때문에 동물을 많이 잡지 못한 네안데르탈인은 고기를 구할 수 없어 결국 멸종을 당한 것이다. (〈한경BUSINESS〉, 2014. 10. 14)

암표의 경제학

가끔 신문이나 TV에서 짝사랑하는 여성이나 헤어진 여자친구를 스토킹하다가 더 큰 범죄를 저지르는 뉴스를 본다. 참으로 끔찍한 일이다. 그런데 스토킹을 하다가 적발되면 어떤 처벌을 받을까? 경범죄 위반으로 8만 원의 벌금형을 받게 된다. 그런데 더 놀라운 일은 야구장에서 암표를 팔다가 적발되면 벌금이 그 두 배인 16만 원이라는 사실이다. 벌금만 보면 암표 판매는 스토킹보다 두 배나 무서운 끔찍한 범죄인 것이다. 그런데 우리나라에서도 적지 않게 팔린 미국의 경제학 교과서를 보면 재미있는 이야기가 나온다. 암표는 범죄가 아니라 자원을 효율적으로 배분하는 유용한 수단이라는 것이다. 돈은 많으나 시간이 없어서 표를 사기 위해 줄을 설 수 없는 사람을 대신해서 돈은 없으나 시간은 많은 사람이 표를 구매해서 약간의 웃돈, 굳이 표현하자면 적당한 정도의 수수료를 덧붙여 판매한다면 두 사람 모두에게 이익이기 때문이다. 실제로 뉴스에 나온 어느 암표상은 자신들의 일을 '서비스업'이라고 주장하기도 했다. 물론 암표를 효율성의 관점에서만 보아서는 안 된다고 주장하는 사람들도 많다. 여러 명의 아르바이트 직원을 고용하여 대량으로 입장권을 구매해서 판매하는 기업형 암표상은 반드시 단속해야 옳은 것 같기도 하다. 하지만 모든 경우의 암표 판매가 범죄라면 우리가 항공사가 아니라 여행사에서 좀 더 싸게 항공권을 구매하는 일은 과연 무엇인가?

아무튼 암표상의 비유는 교환의 이익을 설명해 주는 좋은 예이다. 교환은 돈이 많은 사람과 시간이 많은 사람이 서로 자신에게 풍부한 자원을 교환하여 자신에게 부족한 자원을 얻게 해 준다. 교환이 없다면 사람들은 필요한 재화를 모두 스스로 생산하지 않으면 안 된다. 스스로 농사를 지어 식량을 구하고 스스로 길쌈을 해 베를 짜고 산에 올라가 땔감을 구하고 바다에 나가 물고기를 잡아야 한다. 어쩌면 스스로 중동의 사막에 가서 석유를 채굴해 와야 할는지도 모르겠다. 당연히 이런 일은 불가능하며, 혹시 부분적으로 가능할지라도 사람들이 누릴 수 있는 재화의 종류와 양은 극히 제한적일 수밖에 없다. 교환이 제한적이었던 시대일수록 사람들의 생활이 풍요로울 수 없었던 이유이다. 반면에 교환은 대부분의 경우에 교환에 참가하는 사람들 모두를 더 풍요롭게 해 준다.

교환의 전제조건

교환에는 두 가지 전제가 필요하다. 첫째는 사회적 분업이다. 애덤 스미스의 『국부론』은 핀(針) 공장의 이야기로부터 시작한다. 스미스에 의하면 예전에 장인들이 혼자서 핀을 만들 때는 아무리 솜씨 좋은 장인도 하루에 10개를 만들기 힘들었다. 그러나 한 사람은 철사를 길게 늘이고 다른 사람은 철사를 끊고 또 다른 사람은 철사 끝을 뾰족하게 가는 방식으로 분업을 도입하자 평범한 노동자 10명이 하루에 48,000개, 한 사람당 4,800개의 핀을 만들 수 있게 되었다는 것이다. 물론『국부론』에 묘사된 분업은 한 작업장 안에서 여러 노동자들이 하나의 상품을 생산하기 위해 공정을

교환 사람이 사는 곳에서는 어디든지 교환이 일어난다. 어떤 사람들은 염소와 화폐를 교환하고, 다른 사람들은 염소를 화폐로 사용하기도 한다.

나누는 기술적 분업의 예이므로 서로 다른 재화를 생산하는 여러 생산자들이 각자의 생산물을 교환하는 사회적 분업과는 다르다. 다만 분업이 얼마나 효과적인가를 보여주는 좋은 예인 것은 맞다. 분업의 정도가 발달하면 발달할수록 생산량은 증가하고 재화의 종류는 다양해지며 사람들은 더 많은 재화를 소비할 수 있게 된다. 특히 현대 사회로 올수록 분업은 더욱 세분되고 확대된다. 이는 전문화와 분업을 이용해 생산량을 증대시킨 다음 서로 교환하는 것이 자원의 희소성으로 발생하는 경제문제를 해결하는 데 가장 유용한 수단이기 때문이다. 말하자면 스미스는 분업이야말로 자본주의적 생산력의 가장 중요한 부분이라고 보았던 것이다.

교환이 발달하기 위한 두 번째 전제는 사유재산이다. 교환은 당연히 내가 가진 재화를 상대방이 가진 재화와 교환한다는 뜻이다. 물론 사유재산제도가 아직 발달하지 않은 시대에도 교환은 존재했다. 이 경우에는 내가 가진 재화가 아니라 우리가 가진 재화를 서로 교환했던 셈이다. 그래서 교환이 존재하기는 했지만 교환되는 재화의 양이나 종류는 언제나 제한적이었다. 이런 사회에서는 구성원들 사이에서의 교환이든 다른 공동체와의 교환이든 간에 교환이란 우연적인 사건에 불과했다. 반면에 우리가 살고 있는 시장경제에서는 교환이 일상적으로 이루어진다. 시장(market)이란 수요자와 공급자가 만나서 서로가 원하는 것을 교환하는 기구이다. 사유재산제도가 전면적으로 발달한 자본주의 경제체제에서 시장경제가 발달한 이유이다.

1-8 비교우위

전설의 농구선수 마이클 조던의 아버지가 화제다. 2014년 방송된 MBC '신기한 TV 서프라이즈'에서는 갑작스럽게 은퇴를 선언했던 마이클 조던의 이야기가 전파를 탔다. 마이클 조던은 최정상 농구선수 생활 중 1993년 돌연 은퇴선언으로 전 세계를 충격에 빠트렸으며, 이후 연봉까지 낮춰가며 아버지가 이루지 못한 꿈이었던 마이너리그의 야구선수로 다시 등장해 더욱 놀라움을 안겼다. 이는 1993년 7월 마이클 조던의 아버지 제임스 조던이 고속도로에서 강도를 만나 사망했다는 비보에서 시작됐다. 범인은 10대 소년으로 제임스 조던의 금품을 노렸다고 자백했다. 아버지의 죽음으로 큰 슬픔에 휩싸인 마이클 조던이 더 놀란 사실은 범인 두 명이 마이클 조던의 팬이었다는 것. 또한 그 소년들이 자신의 신발을 얻기 위해 범행을 저지른 사실도 밝혀졌다. 이에 마이클 조던은 자신 때문에 아버지가 죽음을 맞이했다고 생각해 큰 충격을 받았다. 그리고 어렸을 적 야구선수가 되라고 한 아버지의 말을 생각했다. 하지만 너무 늦은 시작 때문이었는지 마이클 조던은 부진한 성적으로 비난을 면치 못했고, 결국 마이클 조던은 자신의 아버지가 야구 선수가 아닌 농구선수로서의 모습을 자랑스러워했다는 사실을 깨닫고 1995년 3월 다시 농구선수로 복귀해 팀에 우승을 안기며 화려한 부활에 성공했다. (《조선일보》 2015. 10. 30)

천국이란?

서양에는 이런 농담이 있다. 천국이란 요리사는 프랑스인, 기술자는 독일인, 경찰은 영국인, 애인은 이탈리아인, 그리고 이 모든 조직을 스위스인이 관리하는 곳이라고 한다. 그렇다면 지옥은 어떨까? 요리사는 영국인, 기술자는 프랑스인, 경찰은 독일인, 애인은 스위스인, 그리고 이 모두를 이탈리아인이 관리하는 곳이란다. 물론 농담은 농담일 뿐이다. 이 농담에서 우리가 알 수 있는 사실은 바로 프랑스인은 요리에, 독일인은 기술에, 스위스인은 조직 관리에 탁월하다는 것이다. 경제학에서는 이를 비교우위의 원리로 설명한다.

이미 이야기한 것처럼 애덤 스미스의 『국부론』은 핀 공장에서의 분업에 관한 묘사로부터 시작한다. 그런데 애덤 스미스는 분업의 이익에 대해서는 적극적으로 강조하면서도 정작 사람들이 왜 교환을 하는가에 대해서는 명확하게 설명하지 않았다. 스미스에 의하면 사람들이 교환을 하는 이유는 교환 본능이 있기 때문이라고 했다. 하지만 이런 설명은 자칫 순환논리에 그칠 가능성이 높다. 사람들이 교환하는 것은 식욕이나 성욕과 같은 본능 때문이 아니라 교환에서 얻는 이익 때문이다. 교환의 이익을 경제학적으로 명료하게 처음 설명한 사람은 바로 애덤 스미스의 계승자이자 고전학파의 완성자로 불리는 데이비드 리카도(David Ricardo, 1772-1823)이다.

무역의 이익

교환이 국경을 넘어 이루어지는 일을 무역이라고 부른다. 애덤 스미스의 무역이론은 절대우위이론이라고 부른다. 가령 한 국가는 포도주 생산에 유리하고 다른 국가는 자동차 생산에 유리하다면 두 나라는 각각 포도주와 자동차 생산에 '절대우위(absolute advantage)'를 가진다고 말한다. 그런데 만약 한 나라가 포도주와 자동차 생산 두 가지 모두에 유리하다면 어떻게 될까? 우위를 가진 나라가 포도주와 자동차를 모두 생산해야 할까? 그렇다면 다른 나라는 무엇을 생산하는가? 이 경우에는 두 나라 사이에서 무역, 즉 교환이 일어날 수 없다. 이에 대해 리카도는 설령 한 나라가 두 가지 상품 모두에 절대우위를 가지고 있더라도 두 나라는 서로 '비교우위

분업 여러 사람이 서로 다른 노동을 하는 경우를 분업이라 부르고, 동일한 노동을 나누어 하는 경우는 단순협업이라고 부른다.

(comparative advantage)'를 가진 상품의 생산에 특화하여 교환한다고 설명했다.

사전적으로 정의하자면 비교우위란 특정 상품을 다른 생산자에 비해 더 적은 기회비용으로 생산할 수 있는 능력을 가리킨다. 포도주와 자동차 두 가지 상품만 존재한다고 가정할 때, 한 나라가 두 가지 상품의 생산 모두에 절대우위를 가지고 있거나 반대로 두 가지 상품 모두에 절대우위가 없을 수도 있다. 하지만 한 나라가 두 가지 상품의 생산 모두에 비교우위를 가질 수는 없다. 비교우위는 두 가지 상품의 생산 가운데 우위가 더 큰 상품을 가리키기 때문이다. 마찬가지의 원리에 따라 두 가지 상품의 생산 모두에 절대우위가 없는 나라라 하더라도 그 가운데 한 가지 상품의 생산에 대해서 비교우위는 가질 수 있다. 이처럼 비교우위이론은 원래 리카도가 서로 다른 국가들 사이에서 일어나는 무역을 설명하기 위해 나온 이론이지만, 시장경제에서 사람들이 교환을 통해 더 큰 만족을 얻는 이유를 설명해 주기도 한다. 비교우위의 원리는 개인과 개인 사이에서든 나라와 나라 사이에서든 똑같다. 다만 국가와 국가 사이의 무역에서는 같은 나라 안에서의 교환과 달리 환율과 관세 등을 고려해야 하므로 조금 더 복잡할 따름이다.[3]

---

3 무역이론으로서 절대우위이론과 비교우위이론에 대해서는 이 책의 제13장에서 자세히 보기로 한다.

비교우위

이제 비교우위의 예를 들어보자. 무인도에 로빈슨 크루소와 프라이데이가 함께 살고 있다. 이 섬에는 먹을거리가 물고기와 산딸기밖에 없다. 그런데 로빈슨은 물고기를 잡는 데 더 능력이 크고 프라이데이는 산딸기를 따는 데 더 능력이 크다면 당연히 로빈슨은 물고기를 잡고 프라이데이는 산딸기를 따서 서로 교환하면 된다. 하지만 만약 로빈슨이 물고기를 잡는 일과 산딸기를 따는 일 모두에 더 큰 능력을 가지고 있다면 어떻게 해야 할까? 얼핏 생각하면 로빈슨의 처지에서는 자기 혼자서 두 가지 생산활동을 모두 하면 최상의 결과를 얻을 수 있을 것 같다. 물론 프라이데이도 굶어 죽지 않으려면 조금이나마 물고기를 잡고 산딸기를 따서 배를 채워야 할 것이다. 그런데 문제는 자원의 희소성과 마찬가지로 로빈슨이 가진 시간과 능력도 유한하다는 사실이다. 따라서 로빈슨은 어떻게 하면 주어진 시간과 능력을 더 효율적으로 사용할 수 있을지를 고민해야 옳다.

이제 구체적인 예를 가지고 비교우위의 원리를 설명해보자. 로빈슨과 프라이데이는 모두 8시간의 노동이 가능하다. 로빈슨은 1시간에 물고기 5마리를 잡거나 산딸기 3바구니를 딸 수 있으며, 프라이데이는 같은 시간에 물고기 3마리를 잡거나 산딸기 1바구니를 딸 수 있다. 물고기와 산딸기 모두 로빈슨이 절대우위를 가지고 있는 것이다. 그래서 서로 특화하지 않고 각자 생산에 종사한다면 로빈슨은 물고기에 3시간, 산딸기에 5시간을 투입하여 물고기 15마리와 산딸기 15바구니를 딸 수 있다. 마

표 1-1　비교우위

	로빈슨	프라이데이	사회총생산물
각자가 보유한 노동량	8시간	8시간	
1시간에 잡을 수 있는 물고기	5마리	3마리	
1시간에 딸 수 있는 산딸기	3바구니	1바구니	
특화 이전의 생산량	물고기 15마리 산딸기 15바구니	물고기 6마리 산딸기 6바구니	물고기 21마리 산딸기 21바구니
특화 이후의 생산량	산딸기 24바구니	물고기 24마리	물고기 24마리 산딸기 24바구니
교환의 결과 (산딸기 1바구니=물고기 2마리)	물고기 18마리 산딸기 15바구니	물고기 6마리 산딸기 9바구니	물고기 24마리 산딸기 24바구니

찬가지로 프라이데이는 물고기에 2시간, 산딸기에 6시간을 투입하여 물고기 6마리와 산딸기 6바구니를 딸 수 있다. 사회 전체적으로는 물고기 21마리와 산딸기 21바구니가 생산된다. 그런데 만약 로빈슨은 비교우위가 더 큰 산딸기에, 프라이데이는 물고기에 특화하면 얼마나 생산할 수 있을까? 프라이데이는 물고기 24마리를 잡을 수 있고 로빈슨은 산딸기 24바구니를 딸 수 있다. 사회 전체적으로 더 많은 생산이 가능해진 것이다. 물론 이렇게 생산한 물고기와 산딸기를 어떤 비율로 교환할 것인가 하는 문제는 여전히 남는다. 그러나 시장에서 합리적으로 가격, 즉 교환 비율이 결정된다면 그 비율이 어떻든 로빈슨과 프라이데이 모두 특화하기 이전보다 더 많은 재화를 소비할 수 있게 된다.

 이처럼 비교우위이론에 따르면 프라이데이를 위해서는 물론이거니와 로빈슨을 위해서도 두 가지 먹을거리를 모두 생산하기보다 더 우위가 큰 한 가지 생산활동에만 특화하는 편이 더 이익이 된다. 가령 산딸기 생산 포기량으로 측정한 물고기 생산의 기회비용이 로빈슨은 3/5이고 프라이데이는 1/3이므로 프라이데이의 기회비용이 로빈슨보다 적어서 프라이데이는 물고기 생산에 비교우위가 있다. 반면에 물고기 생산 포기량으로 측정한 산딸기 생산의 기회비용은 로빈슨이 5/3, 프라이데이가 3/1이므로 로빈슨이 산딸기 생산에 비교우위를 가지게 된다. 이 경우 로빈슨은 비

무역 재화가 국경을 넘어가느냐 아니냐의 차이가 있을 뿐 교환의 이익은 한 국가 안에서든 국가들 사이에서든 똑같다.

교우위가 있는 산딸기에만 특화하고 프라이데이 역시 비교우위가 있는 물고기에 특화하여 서로 교환하는 편이 훨씬 이득이 된다는 뜻이다.

모든 경제문제의 근원이 희소성의 원리에서 나오듯 비교우위의 원리도 자원 ─ 여기서는 시간과 능력 ─ 의 희소성과 기회비용의 원리에서 나온다. 다만 로빈슨과 프라이데이가 두 재화의 생산에 투입한 자원의 비율이 다르므로, 두 사람 사이에서 산딸기와 물고기가 어떤 비율로 교환될지는 알 수 없다. 다시 말해서 교환 비율에서 한 사람이 다른 사람보다 더 많은 이득을 얻을 가능성은 언제나 있다. 이러한 문제는 경제학의 한 분야인 분배이론에서도 다루지만, 더러는 경제학보다는 오히려 정치학에 속하는 문제가 되기도 한다. 그러나 많든 적든 비교우위에 따른 분업이 두 사람 모두에게 이익이 된다는 사실만은 분명하다.

농구 황제로 불리는 마이클 조던이 한때 야구선수로 메이저리그에서 활동해 화제가 된 적이 있다. 하지만 그는 곧 농구선수로 돌아갔다. 아무리 마이클 조던이 야구에 소질을 보인다고 하더라도 농구만큼 소질이 있지는 못하다. 따라서 그가 야구를 선택하면 농구선수로서 받을 수 있는 더 많은 연봉과 명성을 포기해야 한다. 그래서 두 가지 모두에 재능이 있지만 조던은 야구선수를 포기하고 더 큰 비교우위를 가지고 있는 농구선수가 된 것이다. 마찬가지로 축구 황제 메시가 아무리 다른 스포츠에 소질이 있더라도 축구를 포기하는 일은 없을 것이다. 조던은 농구에, 메시는 축구에, 그리고 우사인 볼트는 달리기에 더 큰 비교우위를 가지고 있기 때문이다. 프랑스인은 요리를 하고 독일인은 기술자가 되고 스위스인은 조직을 관리하는 것이 모두를 위해 이익이 되는 것도 같은 이치이다.

애덤 스미스(Adam Smith, 1723-1790)

애덤 스미스는 세관 관리의 유복자로 태어나 평생을 독신으로 살았다. 1737년 글래스고대학에 입학하여 허치슨(Francis Hutcheson, 1694-1746) 교수로부터 큰 영향을 받았고, 1740년에는 옥스퍼드대학의 밸리올 칼리지에서 공부했다. 1751년에 글래스고대학의 교수가 되어 허치슨 교수의 후임으로 도덕철학의 강의를 맡았다. 1759년 『도덕감정론(Theory of Moral Sentiments)』이라는 저서를 내 명성을 떨쳤다. 1764년 청년 공작 바클루의 개인교사로서 프랑스 여행에 동행하여 계몽주의 사상가인 볼테르(Francois-Marie Arouet Voltaire, 1694-1778)와 중농주의 경제학자 케네(François Quesnay, 1694-1774), 튀르고(Anne Robert Jacques Turgot, 1727-1781) 등과 알게 되었는데, 특히 케네에게서 경제학적으로 큰 영향을 받았다. 귀국 후에는 『국부론』 집필에 몰두하여 1776년 발표했다. 이 책에서 스미스는 중상주의에 대한 비판을 통하여 국부는 금·은이 아닌 생산물이라고 규정하고, 노동의 생산성 향상이 국민의 부의 증대라고 보아 생산에서의 분업을 중시했다. 근대인의 이기심을 경제행위의 동기로 보고, 이에 따른 경제행위는 '보이지 않는 손(invisible hand)'에 의해 궁극적으로는 공공복지에 기여하게 된다고 생각했다. 또 생산과 분배에는 자연적 질서가 작용하여 저절로 조화되어 간다는 자연법에 의한 예정조화설을 설파하기도 했다.

데이비드 리카도(David Ricardo, 1772-1823)

데이비드 리카도는 부유한 유대인 상인의 가정에서 태어나, 부친이 경영하는 증권중개업에 종사하면서 큰 성공을 거두었다. 정식 교육은 받지 못했으나 우연히 애덤 스미스의 『국부론』을 읽고 본격적으로 경제학을 연구하기 시작했다. 당시의 저명한 경제학자이던 제임스 밀(James Mill, 1773-1836)의 후원과 격려를 받아『정치경제학과 과세의 원리에 대하여(Principles of Political Economy and Taxation, 1871)』를 발표했다. 투하노동가치설, 차액지대론, 비교우위이론 등 애덤 스미스의 경제학에서 제대로 설명되지 못한 부분들을 정리함으로써 고전학파의 완성자라는 명성을 얻었다. '지금(地金) 논쟁'과 '곡물법 논쟁' 등 당시의 정치적 논쟁들에도 적극 참여했다. 리카도의 학설 가운데 특히 노동가치설은 카를 마르크스(Karl Heinrich Marx, 1818-1883)와 존 스튜어트 밀(John Stuart Mill, 1806-1873)에 의해 대조적으로 계승되었다.

🖋 **주요 개념**

경제의 세 가지 기본 문제	경제재
교환의 이익	기회비용
매몰비용	비교우위
비용-편익 분석	이기심
인센티브	자유재
절대우위	편익
합리적 선택	희소성

🖋 **확인 학습 - 기초편**

---

1. 다음 재화들 가운데 자유재와 경제재를 각각 구분하라.

   ① 학교식당의 정식　　　　　② 지금 독자들이 보고 있는 경제학 교과서

   ③ 한강공원의 햇볕　　　　　④ 남산을 등산하면서 맞는 시원한 바람

   ⑤ 해운대 해수욕장의 모래　　⑥ 불법으로 다운로드 받은 프로그램

2. 회계적 비용과 기회비용에 대한 설명 가운데 옳지 않은 것은 무엇인가?

   ① 회계적 비용은 실제 지출한 비용만을 의미한다.

   ② 기회비용을 구하려면 회계적 비용에서 암묵적 비용을 뺀다.

   ③ 기회비용은 눈에 보이지 않는 비용을 포함한다.

   ④ 일반적으로 기회비용은 회계적 비용보다 크다.

3. 다음 중 회계적 비용에는 포함되지 않으나 기회비용에는 포함되어야 하는 비용은 무엇인가?

   ① 은행에서 빌린 대출금의 이자

   ② 창고에 재고상품을 보관하는 비용

   ③ 경영자가 출자한 자금에 대한 이자

   ④ 경영자가 다른 직장을 구했을 경우의 임금

4. 기회비용에 대해 예를 들어 설명하라.

5. 매몰비용에 대해 예를 들어 설명하라.

6. 변학도는 식당을 개업하기 위해 다음과 같은 비용들을 지불했다. 다음 비용들

가운데 매몰비용인 것과 아닌 것을 구분해보라.

① 부동산 임대를 위한 보증금 1억 원

② 식당에서 사용할 주방 비품과 집기 5,000만 원

③ 식당 개업을 홍보하기 위한 광고비 1,000만 원

④ 주방장을 고용하면서 지불한 선불금 500만 원

7. 이몽룡은 성춘향과 고급 레스토랑에서 식사를 하기로 하고 10만 원의 예약금을 미리 지불했다. 그런데 마침 그날 성춘향이 좋아하는 아이돌 가수의 콘서트가 있어서 두 사람은 한 장의 가격이 6만 원인 입장권 2장을 구입하여 콘서트를 관람했다. 레스토랑에서는 취소된 예약에 대해 3만 원만 돌려주었다. 콘서트 관람을 위해 이몽룡이 지불한 기회비용은 얼마인가?

8. 어떤 기업의 지난 1년 동안의 손익계산서가 다음과 같다면, 이 기업의 회계적 이윤과 경제적 이윤은 각각 얼마인가?

총매출액 : 100억 원

재료비 : 25억 원 임대료 : 30억 원

광고비 : 15억 원 임금 : 20억 원

이 기업의 경영자가 다른 직업을 선택했을 경우의 임금 : 2억 원

이 기업의 경영자가 투자자금을 은행에 예금했을 때의 이자 : 5억 원

이 기업의 경영자가 다른 사업에 투자했을 경우의 수입 : 10억 원

---

9. 절대우위와 비교우위에 대해 비교하여 설명하라.

10. 〈표 1-1〉에서 프라이데이가 1시간에 잡을 수 있는 물고기가 10마리이고, 1시간에 딸 수 있는 산딸기가 5바구니일 경우 특화 이전의 생산량과 특화 이후의 생산량이 어떻게 달라지는지, 교환에 의한 이득은 무엇인지 설명하라.

✏️ 확인 학습 – 논술편

---

1. 경제학을 '선택의 학문'이라고 부르는 이유를 설명하라.

2. 희소성이 모든 경제문제의 근본문제인 이유를 설명하라.

3. 경제적 선택에서 가장 중요한 판단 기준은 무엇인가?

4. 교환의 이익은 무엇인가? 교환은 어느 한쪽에 이익인가, 아니면 양쪽 당사자 모

두에게 이익인가?

5. 편익과 유인은 같은 것인가, 다른 것인가?

6. 심청은 좋아하는 가수의 콘서트를 보려고 5만 원을 주고 티켓을 구입했다. 그러나 콘서트장 입구에서 그만 입장권을 잃어버린 사실을 알았다. 심청이 생각하기에 5만 원을 주고는 볼 만한 공연이지만 10만 원을 주고 볼 만하지는 않은 공연이다. 그래서 심청은 공연을 포기하고 집으로 돌아갔다. 심청의 행동은 합리적인가, 아닌가?

제 2 장

수요와 공급

2-1 수요

프로야구팀 롯데 자이언츠가 지난해 야구장 입장료 수입 급증 등으로 100억 원에 가까운 순이익을 올렸지만, 지난해에 이어 올해 사직구장 입장료를 3.4% 인상했다. 이 때문에 열성적인 부산 팬들의 성원을 담보로 지나치게 장삿속을 차리고 있다는 지적을 받고있다. 22일 전자공시시스템에 게시된 롯데 자이언츠의 결산 실적을 보면, 롯데는 지난해 447억 6,454만 원의 매출을 올려 2011년도 400억 5,975만 원에 비해 11.7% 증가한 것으로 나타났다. 영업이익은 111억 3,319만 원, 당기순이익은 95억 152만 원을 각각 기록해 전년도보다 각각 295.5%, 158.9%나 늘어났다. 롯데 자이언츠의 지난해 매출액 대비영업이익률은 24.9%로, 2011년도 기준 전국 제조업체의 영업이익률이 평균 5.6%인 점을 감안할 때 매우 뛰어난 수준이다. 롯데 자이언츠 매출액을 구체적으로 보면 입장 수입, 광고 매출, 상품 매출, 회원 매출 등 주요 4대 항목이 모두 늘어났다. 특히 지난해 사직구장 입장료를 올려 팬들의 원성을 샀던 롯데는 입장 매출이 94억 7,468만 원으로 전년도 86억 2,839만 원보다 9.8% 증가했다. 하지만 지난 13일 롯데가 확정한 올 시즌 입장료는 프리미엄석 4만 원, 지정석 R석 3만 원, 지정석 S·A석 각 1만 2천 원이다. 지정석 B·C석은 각 1만 원이며 외야 자유석 7천 원, 중앙 가족석 1인당 3만 원, 3루 가족석 1인당 2만 5천 원이다. 특히 프리미엄석과 지정석 R, 중앙 가족석, 3루 가족석은 지난해보다 각각 5,000원 올랐다. 나머지는 지난해와 같지만 평균 인상률은 3.4%에 이른다. 이에 야구팬들은 "롯데 측이 흑자에도 불구하고 팬들의 강한 반발을 살 수 있는 일반석을 피해 쉽게 알아차리기 힘든 일부 좌석 입장료를 크게 올리는 꼼수를 부렸다"고 지적하고 있다. 롯데는 지난해의 경우 관객이 많이 찾는 내야 지정석을 좌석별로 20~25%나 인상, 부산경실련 등 시민단체로부터 "야구장 입장료가 전년도 대비 평균 21.2%나 올라팬들의 부담이 크게 높아졌다"는 지적을 받았다. (〈부산일보〉, 2013. 3. 22)

다른 조건들이 일정하다면

프로야구에서 가장 인기 있는 구단 가운데 하나는 롯데 자이언츠이다. 그런데 몇 해전 다른 야구장에서는 관중이 만원을 이루었는데 롯데 팀의 홈구장에서만 그렇지못해서 화제가 된 적이 있다. 야구 전문가들은 그 이유를 여러 가지로 분석했다. 가령 그 전년에 롯데 자이언츠의 성적이 좋지 않았던 일도 주요한 이유 가운데 하나일것이다. 같은 지역에 NC다이노스라는 다른 팀이 생겨서 연고지를 나눈 것도 역시주요한 이유일 것이다. 롯데 팀에서 가장 인기 있는 이대호 선수가 일본으로 진출했기 때문이라고 분석한 전문가도 많다. 이런 설명들이 모두 타당하지만 경제학이 보

경제학과 다른 사회과학의 차이는? 세상을 좀 더 단순하게 볼 것인가, 아니면 좀 더 복잡하게 볼 것인가의 문제이다.

는 롯데 팀의 관중이 줄어든 이유는 좀 더 단순하다. 롯데 팀의 입장권 가격이 올랐기 때문이다. 재화의 가격 변화는 소비자의 선택에 영향을 미친다. 일반적으로 가격의 상승은 그 재화에 대한 소비자들의 수요량을 감소시키고, 가격의 하락은 수요량을 증가시킨다. 다만 여기에는 '다른 모든 조건들이 일정하다면(ceteris paribus)'이라는 가정이 전제되어 있다. 다른 모든 조건이 동일하다고 가정하면 가격의 변화는 소비자들의 선택과 행복을 결정하는 가장 중요한 요인이 된다.

의사와 능력

소비자 선택을 설명하면서 이미 가격과 수요의 관계에 대해서 본 바 있다. 이제 그 내용을 좀 더 자세히 보기로 하자. 수요(demand)란 소비자가 어떤 재화나 서비스를 구매하고자 하는 의사를 의미한다. 물론 이때의 '의사(willingness)'는 그 재화를 구매할 수 있는 '능력'을 가정한 것이다. 지불능력 없이 재화를 구매하겠다는 의사는 진정한 수요로 간주하지 않는다는 뜻이다.[1]

---

1 경제학의 초기에는 이러한 가정이 당연한 것으로 받아들여졌다. 그런데 1930년대 세계 대공황이 일어나고 비자발적 실업자들이 대량으로 발생하면서 경제학자들은 재화를 구매하고자 하는 의사,

그렇다면 소비자가 어떤 재화를 얼마나 구매할 것인가 하는 의사는 어떻게 결정될까? 가장 먼저 소비자는 그 재화의 가격을 고려할 것이다. 가격이 비싸면 재화에 대한 수요량은 적을 것이고 가격이 싸면 수요량은 많을 것이다. 둘째로 소비자의 소득이 얼마인가에 따라 수요는 달라질 것이다. 소득이 많은 소비자는 당연히 수요가 클 것이고 소득이 적은 소비자는 수요가 작을 것이다. 셋째, 소비자의 기호도 수요에 영향을 미친다. 탄산음료를 좋아하는 사람과 과일음료를 좋아하는 사람의 수요는 당연히 다를 터이다. 넷째, 다른 재화의 가격도 수요에 영향을 미친다. 가령 평소에 과일음료를 즐기는 소비자도 과일음료의 가격이 상승하면 상대적으로 비싸진 과일음료 대신 상대적으로 더 싸진 탄산음료의 소비를 늘릴 수 있기 때문이다. 나중에 더 자세히 이야기하겠지만 이런 관계에 있는 재화들을 **대체재**(substitutional goods)라고 부른다. 반대로 커피와 설탕처럼 함께 소비되는 재화들은 **보완재**(complementary goods)라고 부른다. 대체재의 가격 상승은 다른 재화의 수요를 증가시킨다. 반면에 보완재의 가격 상승은 다른 재화의 수요를 감소시킨다. 이밖에도 개인의 선호나 유행의 변화, 가격 변화에 대한 소비자들의 예상 또는 기대

대체재 한 재화의 가격이 하락함에 따라 다른 한 재화의 수요가 감소하는 경우의 두 재화의 관계

보완재 한 재화의 가격이 하락함에 따라 다른 한 재화의 수요가 증가하는 경우의 두 재화의 관계

Shutterstock

수요 상품시장에서는 가계가 수요자이다.

즉 수요와 실제로 그 재화를 구매하는 데 필요한 능력이 반드시 일치하지 않을 수 있다는 사실에 주목하게 되었다. 케인스의 '유효수요(effective demand)' 이론이 대표적이다.

(expectation), 인구의 규모와 구성 등도 수요에 영향을 미치는 요인들이다.

$$D = f(가격, 소득, 대체재 및 보완재의 가격, 유행\cdots) \qquad \langle 식\ 2\text{-}1 \rangle$$

수요함수와 수요곡선

그런데 이처럼 많은 요인들을 모두 한꺼번에 고려하려 하면 너무 복잡해질 것이다. 따라서 설명의 편의를 위해서는 이 가운데 가장 중요한 변수인 가격만 고려하고, 잠정적으로 나머지 요인들은 모두 변하지 않는다고 가정할 필요가 있다. 그래서 경제학은 **세테리스 파리부스**(ceteris paribus)라는 가정을 하는 것이다. 이미 본 것처럼 다른 모든 조건이 동일하다면 소비자의 수요량은 그 재화의 가격에 의해서 결정된다는 뜻이다. 이때 가격은 내생변수이고 소득이나 보완재 및 대체재의 가격, 유행과 기호 등은 상수 또는 외생변수가 된다. 가격의 함수인 수요함수(demand function)는 다음과 같이 표현된다.

세테리스 파리부스
'다른 모든 조건이 동일하다면'이라는 의미의 라틴어로 경제학에서 자주 사용하는 가정이다.

$$D = f(P) \qquad\qquad \langle 식\ 2\text{-}2 \rangle$$

일반적으로 수요량은 가격이 상승하면 감소하고 가격이 하락하면 증가한다. 이러한 현상을 '수요의 법칙(law of demand)'이라고 부른다.

〈그림 2-1〉은 개인의 수요함수를 그린 것이다.[2] 그러나 사회 전체의 수요함수도 다르지 않다. 사회 전체의 수요함수는 그 재화에 대한 모든 개인들의 수요함수를 합산하면 쉽게 얻을 수 있다. 편의상 소비자는 보니(Bonnie)와 클라이드(Clyde) 두 사람밖에 없다고 가정하자. 백설공주와 일곱 난쟁이의 구두회사에서 생산한 구두에 대한 보니와 클라이드의 수요가 〈그림 2-2〉의 (a) 및 (b)와 같을 때, 사회 전체의 구두에 대한 수요 (c)는 두 사람의 수요를 더함으로써 구할 수 있다.

수요곡선의 이동

이제 일정하다고 가정했던 가격 이외의 변수들이 변화하는 경우를 가정해보자. 가

---

2 수학에서 사용하는 그래프는 횡축(X축)에 독립변수를, 종축(Y축)에 종속변수를 표시하는 것이 일반적이다. 그런데 〈그림 2-1〉을 보면 독립변수인 가격(P)이 종축에, 종속변수인 수요량(Q)이 횡축에 표시되어 있다. 이는 앨프레드 마셜이 자신의 저서 『경제학원론(Principles of Economics, 1890)』에서 처음 사용한 이후로 이러한 표시방식이 경제학 교과서의 관행이 되었기 때문이다.

그림 2-1 수요곡선

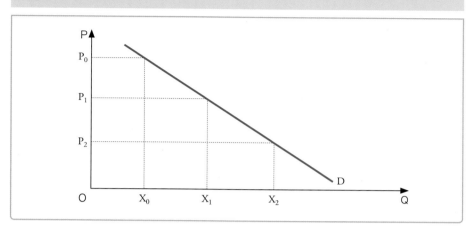

그림 2-2 개별 수요곡선과 사회 수요곡선

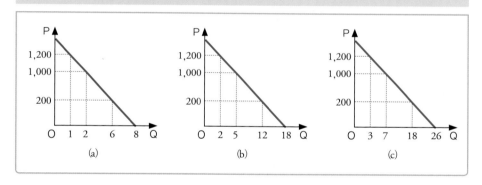

령 소득의 증가는 동일한 가격수준에서 더 많은 재화를 수요하게 할 것이다. 이 경우 수요함수는 〈그림 2-3〉의 D_0에서 D_1으로 이동하게 된다. 반대로 소득의 감소는 동일한 가격수준에서 더 적은 재화를 수요하게 할 것이다. 이 경우 수요함수는 〈그림 2-3〉의 D_0에서 D_2로 이동하게 된다.

〈그림 2-1〉에서처럼 가격이 변화함에 따라 수요량이 수요곡선 위에서 결정되는 것을 '수요량의 변화' 또는 '수요곡선 위에서의 변화(movements along the demand curve)'라고 부른다. 이에 대해 〈그림 2-3〉에서처럼 가격 이외의 변수들이 변화하여 수요곡선 자체가 이동하는 것을 '수요의 변화' 또는 '수요곡선의 이동(shift of the demand curve)'이라고 부른다. 얼핏 단순해 보이지만, 많은 학생들이 이 두 가지 변화를 착각하곤 한다.

그림 2-3 수요곡선의 이동

P

D₁
D₀
D₂

O   Q

〈표 2-1〉은 수요곡선을 이동시키는 여러 가지 요인을 정리한 것이다.

2-2 공급

공급함수와 공급곡선

수요함수를 이해하면 공급함수를 이해하기는 쉽다. 수요의 경우를 거꾸로 생각해
보면 공급함수의 특성이 도출되기 때문이다. '공급(supply)'이란 공급자가 어떤 재화

표 2-1 수요곡선을 이동시키는 요인

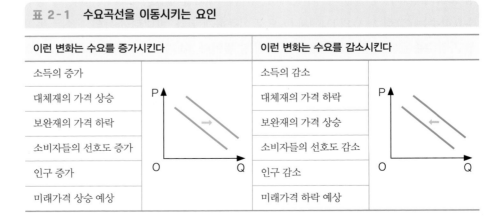

이런 변화는 수요를 증가시킨다		이런 변화는 수요를 감소시킨다	
소득의 증가		소득의 감소	
대체재의 가격 상승		대체재의 가격 하락	
보완재의 가격 하락		보완재의 가격 상승	
소비자들의 선호도 증가		소비자들의 선호도 감소	
인구 증가		인구 감소	
미래가격 상승 예상		미래가격 하락 예상	

나 서비스를 판매하고자 하는 의사를 말한다. 공급자가 그 재화를 얼마나 공급할 것인가를 결정하는 요인은 어떻게 결정될까? 우선 공급자는 그 재화의 가격을 고려할 것이다. 수요의 경우와 반대로 가격이 비싸면 그 재화에 대한 공급량은 많을 것이고 가격이 싸면 공급량은 적을 것이다. 둘째로 그 재화를 생산하는 데 드는 생산요소의 가격도 주요한 요인이 될 것이다. 생산요소의 가격이 비싸면 공급자들은 그 재화를 덜 생산하려 할 것이고 생산요소의 가격이 싸면 더 많이 생산하려 할 것이기 때문이다. 셋째, 기술진보도 공급을 결정하는 데 영향을 미친다. 기술진보가 이루어지면 동일한 비용으로 더 많은 재화를 생산할 수 있기 때문에 공급은 증가하게 된다. 이밖에도 가격 변화에 대한 공급자들의 예상이나 경쟁자들의 수도 공급에 영향을 미치는 요인들이다. 이렇게 많은 요인들 가운데 공급에 영향을 미치는 가장 중요한 요인은 역시 가격이다. 그래서 다른 조건들이 모두 일정하다고 가정하면 공급은 가격의 함수로 표현할 수 있다.

$$S = f(P) \qquad \qquad 〈식 2-3〉$$

일반적으로 공급량은 가격이 상승하면 증가하고 가격이 하락하면 감소한다. 이러한 현상을 '공급의 법칙(law of supply)'이라고 부른다. 공급함수를 그래프로 그려보면 〈그림 2-4〉와 같다. 수요와 마찬가지로 사회 전체의 공급함수는 개별 공급자들의 공급함수를 합산함으로써 얻을 수 있다.

그림 2-4 공급곡선

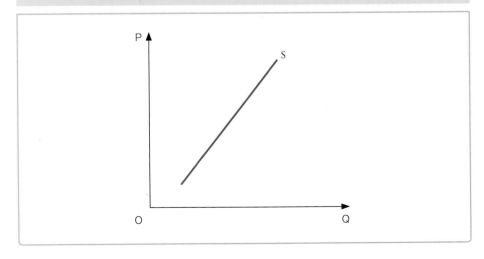

공급곡선의 이동

이제 일정하다고 가정했던 다른 변수들, 가령 생산요소의 가격이 변화하는 경우를 가정해보자. 빵의 재료인 밀가루의 가격이 상승하면 빵을 생산하는 기업은 공급을 감소시킬 것이다. 같은 가격수준에서 이윤이 감소하기 때문이다. 이 경우 공급함수는 〈그림 2-5〉의 S_0에서 S_1으로 이동하게 된다. 반대로 밀가루 가격이 하락하면 이 기업은 더 많은 빵을 생산하려 할 것이다. 이 경우 수요함수는 〈그림 2-5〉의 S_0에서 S_2로 이동하게 된다.

〈표 2-2〉는 공급곡선을 이동시키는 여러 가지 요인을 정리한 것이다.

〈그림 2-3〉에서처럼 가격이 변화함에 따라 공급량이 공급곡선 위에서 결정되

그림 2-5 공급곡선의 이동

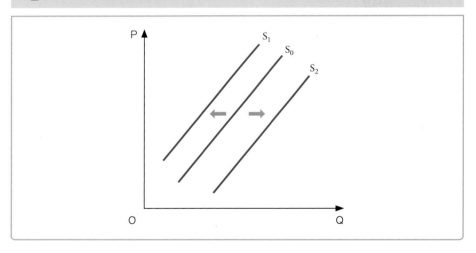

표 2-2 공급곡선을 이동시키는 요인

이런 변화는 공급을 증가시킨다		이런 변화는 공급을 감소시킨다	
생산요소의 가격 하락		생산요소의 가격 상승	
대체재의 가격 하락	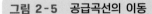	대체재의 가격 상승	
보완재의 가격 상승		보완재의 가격 하락	
새로운 기술진보		기술 사용의 제한	
미래가격의 하락 예상		미래가격의 상승 예상	

Shutterstock

공급 상품시장에서는 기업이 공급자이다. 그런데 경제학에서 말하는 기업은 우리가 일상적으로 이야기하는 회사와 다르다. 가령 주부가 텃밭에 채소를 키워 시장에서 팔 경우에는 이 주부도 기업이 된다.

는 것을 '공급량의 변화' 또는 '공급곡선 위에서의 변화(movements along the supply curve)'라고 부른다. 이에 대해 〈그림 2-5〉에서처럼 가격 이외의 변수들이 변화하여 공급곡선 자체가 이동하는 것을 '공급의 변화' 또는 '공급곡선의 이동(shift of the supply curve)'이라고 부른다.

2-3 균형

장마철 폭우로 인해 평창·인제·정선·진부 등 도내 관광 지역 상당 부분이 쑥대밭이 된 강원도가 또 다른 '재난'을 당했다. 이번엔 '천재'가 아니라 '인재'다. 폭우로 인한 예기치 않은 숙박에 대한 '바가지 요금 논란' 때문이다. 피서철 바가지 요금은 어제오늘 일은 아니지만, 누리꾼들은 바가지 요금을 척결하자는 의지를 불태우고 있다. 논란은 지난 20일 누리꾼 '하늘동감'이 토론 사이트인 다음 '아고라'에 '지난 주 강릉 다녀오고 성질나서 한 마디'란 글을 올리면서 시작됐다. '하늘동감'은 글에서 "15일 속초에서 휴가를 보내고 서울로 상경하던 도중 폭우 때문에 길이 막혀 강릉에 숙박을 하게 되었는데 역 근처 모텔은 방 하나에 12만 원을 요구했고 그나마 구한 민박집은 에어컨도 없고 회전도 안 되는 벽걸이 선풍기 한 대만 있었는데 숙박료를 10만 원이나 받았다"고 주장했다. '하늘동감'은 "아침 식사를 하면서 또 한 번 기절할 뻔했다"며 "아침 식사를 하러 간 식당에는 무조건 5만 원짜리 매운탕을 시켜먹으라고 강요했다. 울며 겨자 먹기로 먹고 나왔다"고 분통을 터뜨렸다. 글을 본 누리꾼들의 반응은 폭발적이었다. 휴가철 바가지 요금에 시달렸던 '성난 민심'이 터진 셈이다. 누리꾼들은 수백 개의 댓글을 통해 "바가지 요금 너무 심하다. 휴가철에 강원도에 안 가겠다"며 발끈했다. 누리꾼 '니OO'은 "아무리 수요가 많아도 적정선이라는 게 있는데 수요가 많으면 100만 원이라도 받을 거냐"며 "전에도 수해 나서 강원도로 휴가를 오는 게 도와주는 거라고 해놓고 가면 바가지 씌웠다"고 분통을 터뜨렸다.(〈한겨레신문〉, 2006. 7. 26)

바가지 요금의 이유

여름 휴가철만 되면 빠지지 않는 뉴스가 있다. 바로 관광지의 바가지 요금이다. 휴가철 관광지의 숙박요금은 왜 비쌀까? 당연히 숙박시설의 공급량은 한정되어 있는데 관광지를 찾은 피서객들의 수는 크게 늘었기 때문이다. 하지만 그렇다고 민박집의 숙박요금이 하룻밤에 10만 원이나 하고 아침식사로 5만 원짜리 매운탕을 억지로 먹어야 한다면 좀 심하다는 생각이 든다. 그렇다면 과연 아무리 수요가 많아도 적정선이 있어야 옳은 것일까? 아니면 반대로 수요가 많으면 100만 원이라도 받을 수 있는 것일까? 그런데 매년 바가지 요금에 화를 내면서 다시 휴가철이 되면 또 바가지 요금을 찾아가는 그 마음은 또 무엇 때문일까?

시장에는 수요자와 공급자가 있다. 그런데 수요량과 공급량이 언제나 반드시 일치하는 것은 아닐 터이다. 그렇다면 수요와 공급의 불일치를 시장은 어떻게 조정할까? 시장에서는 수요와 공급이 스스로 일치할까 아니면 정부가 나서서 수요와 공급을 조정해 주어야 할까?

먼저 〈그림 2-6〉에서 가격이 P_2인 경우를 생각해보자. 이 가격수준에서는 판매하고자 하는 공급자는 많은 반면에 수요자는 적다. 즉 적정한 양보다 공급이 과잉인 것이다. 따라서 팔리지 않는 상품들이 남게 되고 공급자들은 재고를 처분하기 위하여 가격을 인하할 것이다. 반대로 가격이 P_1인 경우에는 이 가격수준에서 판매하고자 하는 공급자보다 구매하고자 하는 수요자의 수가 더 많다. 이렇게 공급이 부족하고 수요가 과잉인 경우에는 공급자들이 가격을 인상할 것이다. 이제 가격이 P_0에 도달하면 공급자의 수와 수요자의 수가 일치하고, 어떤 공급자나 수요자도 가격을 변화시킬 이유가 없다. 이러한 상태를 균형(equilibrium)이라고 부르고, 이때의 가격을 균형가격(equilibrium price), 이때의 수요공급량을 균형수급량(equilibrium quantity)

그림 2-6 가격과 균형

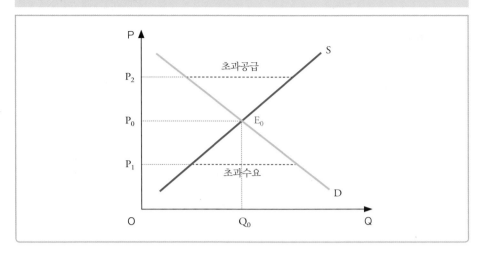

이라고 부른다. 균형가격은 시장청산가격(market clearing price)이라고 부르기도 한다. 그 가격을 지불하고자 하는 모든 구매자가 그 가격을 받고자 하는 판매자들을 만날 수 있고, 마찬가지로 그 가격을 받고자 하는 모든 판매자는 그 가격을 지불하고자 하는 구매자들을 만날 수 있으므로 초과수요도 초과공급도 남지 않고 모든 거래가 청산되기 때문이다.

균형

〈그림 2-6〉은 수요와 공급이 일치하는 지점에서 균형가격과 균형수급량이 결정됨을 보여준다. 처음의 균형 상태에서 수요곡선이나 공급곡선이 이동하면 새로운 균형가격과 균형수급량이 결정된다.

　〈그림 2-6〉에서 보듯이 정상적인 상품들의 경우에 수요곡선은 우하향하고 공급곡선은 우상향한다. 그런데 상품들 가운데는 가격이 상승할 때 오히려 수요량이 증가하는 특별한 경우도 있다. 이런 상품을 기펜재(Giffen's goods)라고 부르는데, 기펜재에 대해서는 다음 절에서 자세히 설명하기로 한다. 주목해야 할 일은 기펜재의 수요곡선은 우상향한다는 점이다. 이런 경우에

균형　영화 '이퀼리브리엄(Equilibrium, 2002)'은 감정은 금지되고 이성만 허용되는 미래 사회를 묘사하고 있다. 영화에서 주인공은 난생 처음 베토벤의 〈9번 교향곡〉을 듣고는 눈물을 흘린다. 시장에서 수요와 공급의 균형이 필요하듯이, 사람에게는 이성과 감정의 균형이 필요하다.

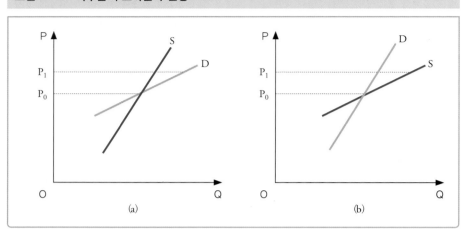

그림 2-7   특수한 수요곡선의 균형

(a)

(b)

도 균형은 성립할까?

〈그림 2-6〉의 (a)와 (b)는 모두 수요곡선이 우상향하는 경우이다. 그런데 가격이 균형가격인 P_0보다 높은 경우에 (a)는 초과수요가 존재한다. 따라서 가격은 더 상승할 것이고 균형은 존재하지 않는다. 반면에 (b)에서는 가격이 균형가격보다 높을 때 초과공급이 존재한다. 따라서 가격은 하락하게 되고 균형이 존재한다.

이러한 조건의 균형은 가격이 독립변수라는 전제에서만 성립한다. 요즘은 모든 교과서가 가격을 독립변수로 설명하고 있지만, 사실 가격과 수요공급은 상호적이어서 수요를 가격의 함수로 설명하는 대신 가격을 수요의 함수로 설명할 수도 있다. 이런 경우에는 본문의 설명과 반대로 〈그림 2-7〉의 (a)는 균형이 성립하지만 (b)는 균형이 성립하지 않는다. 한동안 경제학자들은 이를 두고 서로 논쟁하기도 했다. 마셜이 그래프의 종축에 가격이 아닌 수량을 표시한 이유도 수량을 독립변수로 생각했기 때문이다. 그래서 (a)를 마셜 균형(Marschalian equilibrium), (b)를 발라 균형(Walrasian equilibrium)이라고 부르기도 한다.

거미집이론

〈그림 2-8〉은 가격의 변화에 대한 공급자들의 대응에 시간이 걸리는 경우이다. 가령 농산물과 같은 상품들은 시장에서 가격이 상승하더라도 당장 공급량을 증가시키기 어렵다. 이런 경우에는 수요와 공급이 균형을 이루는 데 시간이 필요하다. 이처

럼 가격의 변화에 대해 수요와 공급이 시간차를 가지고 대응하는 과정을 구명한 이론이 **거미집이론**(cobweb theorem)이다.

〈그림 2-8〉의 (a)에서는 공급곡선의 기울기의 절댓값이 더 크고 수요곡선의 기울기의 절댓값은 작다.[3] 이런 경우에는 시간차를 두고 수요와 공급이 균형으로 수렴하게 된다. 그러나 (b)처럼 수요곡선 기울기의 절댓값이 더 크고 공급곡선 기울기의 절댓값이 작은 경우에는 수요와 공급이 발산하므로 균형은 성립하지 않는다. 수요곡선과 공급곡선의 기울기가 같으면 수렴도 발산도 아닌 반복적으로 순환하는 결과가 나타난다.

수요와 공급 종이를 자르는 것은 가위의 윗날인가 아랫날인가? 가격을 결정하는 것은 수요인가 공급인가?

균형의 이동

다른 조건들이 변하지 않는 이상 균형은 매우 안정적인 상태이다. 그러나 현실경제에서는 수요와 공급 두 측면 모두에서 여러 조건이 언제나 변화하기 마련이다. 먼저

거미집이론 가격의 변화에 대해 수요와 공급이 시간차를 가지고 대응하는 과정을 구명한 이론

그림 2-8 거미집이론

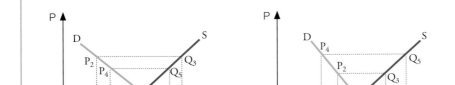

---

3 이에 대해 수요곡선이 더 탄력적이고 공급곡선은 비탄력적이라고 표현하기도 한다. 다만 탄력성에 대해서는 아직 학습하지 않았으므로 뒤에서 자세히 보기로 한다.

〈그림 2-6〉에서 소비자들의 소득이 변화한 경우를 생각해보자. 소득이 증가하면 수요곡선은 〈그림 2-9〉의 D_0에서 D_1으로 이동하게 된다. 소비자들은 P_0의 가격수준에서 수요를 Q_0에서 Q_2로 증가시킬 것이다. 그러나 수요의 증가는 가격을 상승시킴으로써 다시 수요가 감소함에 따라 최종적인 수요량은 Q_1으로 결정된다. 이러한 변화에 따라 균형점도 E_0에서 E_1으로 이동하게 되고 균형가격은 P_0에서 P_1으로 이동하게 된다.

〈그림 2-9〉에서 주의할 것은 여기서 변화한 것은 수요이며 공급은 변하지 않았다는 점이다. 더러 학생들은 균형점이 E_0에서 E_1으로 이동하고 공급량이 Q_0에서 Q_1으로 이동한 것을 공급의 변화라고 혼동하는 경우가 많다. 그러나 여기서 변한 것은 소득과 수요이며, 공급은 단지 수요의 변화에 따라 공급곡선 위에서 이동하여 공급량만 변화했을 뿐이다. 수요가 D_0에서 D_1으로 증가할 때 수요량이 Q_2가 아니라 Q_1만큼만 증가하는 이유는 수요의 증가로 가격이 P_0에서 P_1으로 상승하기 때문이다. 가격의 상승은 수요량을 Q_2에서 다시 Q_1으로 감소시킨다. 그래서 수요곡선이 D_0에서 D_1으로 이동할 때 수요량은 최종적으로 Q_0에서 Q_1으로 증가한다.

그렇다면 이제 가격 이외의 다른 요인들이 변화하여 공급곡선이 이동하는 경우를 살펴보자. 〈그림 2-10〉은 밀가루 가격이 하락했을 때 빵의 공급 변화를 그린 것이다. 생산요소의 가격이 하락하면 동일한 상품가격에서 기업들은 더 많은 이윤을 얻을 수 있다. 따라서 기업들은 공급곡선을 S_0에서 S_1으로 이동시킬 것이다. P_0의 가격

그림 2-9 수요곡선의 이동과 새로운 균형

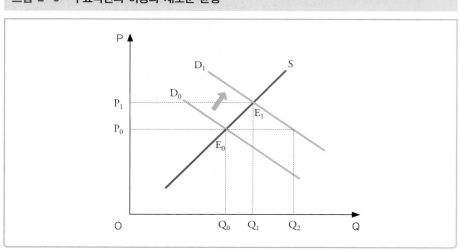

그림 2-10 공급곡선의 이동과 새로운 균형

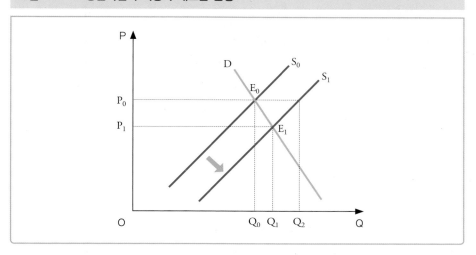

수준에서 공급량은 먼저 Q_0에서 Q_2로 이동하게 된다. 그런데 공급의 증가는 가격을 P_0에서 P_1으로 하락시킴으로써 공급량은 Q_2에서 다시 Q_1으로 감소하게 된다. 균형점은 E_0에서 E_1으로 이동하고 최종적으로 공급량도 Q_0에서 Q_1으로 이동하게 된다. 그러나 이 경우에도 변한 것은 수요가 아니라 공급만이며, 소비자들은 균형점의 이동에 대응하여 수요곡선 위에서 수요량만을 변화시켰을 뿐이다.

우리나라의 경제문제 가운데 많은 이들이 관심을 가지는 것이 바로 주택문제이다. 우리나라의 주택 공급률은 100%가 넘지만, 전체 가구 가운데 50%는 자기 집을 가지고 있지 못한 실정이다. 주택가격이 너무 비싸서 서민들로서는 내 집 마련이 쉽지 않다. 그래서 정부도 주택가격을 안정화시키기 위해 여러 가지 정책을 시행해 왔다. 가령 과거 노태우 정부 때의 주택 200만호 공급정책은 공급을 증가시킴으로써, 즉 공급곡선을 오른쪽으로 이동시킴으로써 주택가격을 하락시키려는 정책이다. 반면에 노무현 정부 때의 종합부동산세는 주택에 대한 세금을 인상해 수요를 감소시킴으로써, 즉 수요곡선을 왼쪽으로 이동시킴으로써 주택가격을 하락시키려는 정책이다. 경제이론으로는 두 가지 모두 좋은 정책들이다. 다만 어느 정책이 옳고 그른가는 이론이 아니라 현실경제의 문제이기도 하다.

소비자잉여

시장에서 균형을 가장 바람직한 상태라고 부르는 이유는 공급자와 수요자 모두가 만족하는 상태이기 때문이다. 가령 빵의 균형가격이 2,000원으로 결정되었다고 가정하자. 그런데 매우 굶주린 첫 번째 소비자는 빵 하나에 100만 원이라도 지불할 의사가 있을 것이다. 하지만 시장에서는 언제나 한 가지 상품에 한 가지 가격만 존재하므로 이 소비자는 2,000원만 지불하면 빵을 구매할 수 있다. 비유하자면 이 소비자는 99만 8,000원의 이익을 얻은 셈이다. 마찬가지로 두 번째 소비자는 빵 하나에 10만 원을 지불할 의사가 있더라도 2,000원만 지불하면 된다. 역시 비유하자면 9만 8,000원의 이득을 본 셈이다. 이처럼 소비자들이 자신의 효용보다 낮은 균형가격만을 지불함으로써 얻는 이득을 **소비자잉여**(consumer's surplus)라고 부른다.

〈그림 2-11〉의 삼각형 ABP가 바로 소비자잉여이다. 빵을 소비함으로써 소비자들이 얻은 효용의 합계는 사각형 ABCO와 같다. 그러나 소비자들이 실제로 지불한 가격은 사각형 PBCO와 같다. 따라서 삼각형 ABP만큼 소비자들이 이득, 즉 소비자잉여를 얻은 것이다. 물론 이렇게 질문해볼 수도 있다. 균형가격보다 위에 위치한 소비자들은 자신이 얻은 효용보다 작은 가격을 지불했으므로 이득이지만 균형가격보다 아래에 위치한 소비자들은 반대로 손해를 본 것이 아닌가? 하지만 이런 걱정은 할 필요가 없다. 시장에서는 누구도 자신의 의사와 다른 선택을 강요당하지 않으므로 균형가격보다 효용이 작은 소비자들은 빵의 구매를 포기해 버리면 된다. 이득을 얻은 것도 없지만 그렇다고 손실을 본 것이 아니기에 불만을 가질 이유도 없으니 시장에서는 모든 소비자가 만족한다고 말하는 것이다.

소비자잉여 구입자가 지불할 용의가 있는 금액에서 실제로 지불한 금액을 뺀 나머지

그림 2-11 소비자잉여

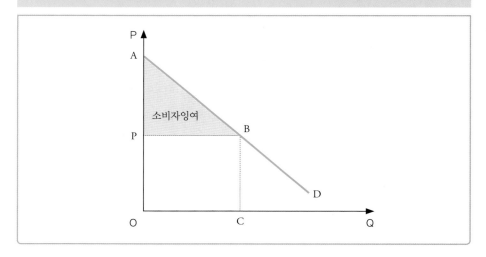

생산자잉여

그렇다면 시장에서 균형이 성립함으로써 생산자들에게는 이득이 없을까? 같은 방식으로 첫 번째 공급자는 빵 하나를 균형가격보다 낮은 500원에 판매할 의사를 가지고 있다. 하지만 이 공급자는 소비자로부터 2,000원을 지불받는다. 빵 하나를 1,000원에 판매할 의사를 가지고 있는 두 번째 공급자도 소비자로부터 균형가격인 2,000원을 지불받는다. 이렇게 생산자가 얻는 이득을 **생산자잉여**(producer's surplus)라고 부른다. 소비자잉여와 생산자잉여를 합하여 총잉여 또는 경제잉여라고 부르기도 한다.

소비자잉여와 생산자잉여는 시장에서 경제주체들이 얻는 후생(welfare)의 크기를 측정하거나 후생의 변화를 평가할 때 중요한 기준이 된다. 일반적으로 총잉여가 작은 상태보다는 큰 상태가 사회 전체적으로 더 바람직할 것이다. 그러나 만약 생산자잉여는 늘어나고 소비자잉여는 줄어든다면, 총잉여가 더 커진다 하더라도 소비자의 처지에서는 더 바람직한 상태라고 할 수 없을 것이다. 물론 반대로 총잉여가 늘어나더라도 소비자잉여는 늘어나고 생산자잉여는 줄어든다면, 생산자의 처지에서는 더 바람직한 상태라고 할 수 없다. 어떤 상태가 사회적으로 더 바람직한가 아닌가를 판단하는 데는 총잉여의 크기뿐 아니라 누구에게 더 이익이 되는가 그렇지 못한가도 중요한 기준이 된다.

생산자잉여 공급자가 실제로 받은 금액에서 공급자비용을 뺀 나머지 금액

그림 2-12 소비자잉여와 생산자잉여

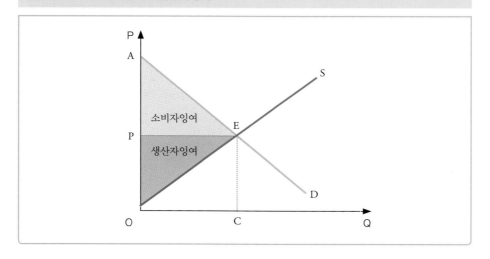

Shutterstock

소비자잉여 시장이 좋은 이유는 시장에서는 이익을 얻는 사람만 있고 손해를 보는 사람은 없기 때문이다. 그 이유는 시장에서는 선택할 권리만 있는 것이 아니라 선택하지 않을 권리도 있기 때문이다.

2-4 시장의 역습

1920년대는 미국인들에게 '굿 올드 데이즈(good old days)'였다. 번영과 풍요의 시대였다. 제1차 세계대전은 유럽엔 폐허를, 미국엔 전쟁 특수를 남겼다. 거리엔 영화 포스터와 재즈 음악, 그리고 자동차가 넘쳤다. '주식과 여자의 스커트는 올라가기만 한다'는 말이 유행했다. 그러나 금주령(禁酒令)이 내려졌던 1920년대는 또한 '광란의 시대'이자 '무법의 10년'이기도 했다. 술은 '공식적으로' 사라졌다. 하지만 6,000여 년을 거슬러 올라가는 음주 습관이 하루아침에 바뀔 수는 없었다. 몸이 말을 듣지 않았다. 금주령을 비웃듯 대도시에서는 무허가 술집들이 독버섯처럼 번져갔다. 캐나다와 멕시코에서 들여온 밀주가 범람했다. 금주법의 최대 수혜자는 알 카포네였다. 마피아는 밀주 제조와 밀매, 밀송을 통해 밤을 지배했다. 검은 돈은 부패한 정치인과 경찰의 주머니로 흘러들어갔다. 이권을 둘러싸고 갱들 사이에 총격전이 난무했다. 경제는 흥청거렸으나 정치는 무력했다. 일주일에 두 번씩 백악관 도서관에서 포커판을 벌였던 워런 하딩 대통령. 그의 정부에서는 잇따라 사건이 터져 나왔다. 전시의 금주령은 식량을 비축하기 위한 것이지만 미국의 경우는 달랐다. 제1차 세계대전으로 미운털이 잔뜩 박힌 독일인에 대한 히스테리가 다분히 작용했다. 미국 내 맥주업계는 독일계가 장악하고 있었다. 여기에 음주를 죄악시하는 종교 단체의 입김도 가세했다. 그러나 알코올 중독은 '도덕적 실패'가 아니라 '질병'

일 뿐이었다. 금주령하에서 음주는 점차 특권층과 부유층의 상징이 되어 갔다. 비싼 술 값 때문에 가난한 노동자들은 술을 마실 엄두를 내지 못했다. 금주법은 술에 계급적 성격을 부여했다. 점잖은 여성들이 술을 마시기 시작했다. 술을 마시는 것이 사교의 품위를 돋보이게 했다. 청소년들도 술잔을 높이 들었다. 법으로 금지된 음주는 스릴 넘치는 것이었다. "금주법은 천사가 되려다 악마가 되었다."(〈동아일보〉, 2004. 1. 16)

재난지의 물값

개혁군주로 잘 알려진 정조(正祖) 임금 때의 일이다. 심한 기근이 들어 한양의 싸전에 쌀이 떨어지고 쌀값이 천정부지로 치솟자 한성부윤, 지금의 서울시장이 임금에게 쌀값을 통제하고 쌀 거래량을 제한해야 한다고 상소를 올렸다. 임금이 그 말을 듣고 옳다 하여 쌀값을 제한하고 비싸게 파는 상인은 잡아들여 목을 치라고 어명을 내렸다. 그러자 연암(燕巖) 박지원(朴趾源)이 반대 상소를 올려 이렇게 말했다. "지금 전국에서 상인들이 한양의 쌀값이 몇 갑절이나 뛰었다는 소식을 듣고 너도나도 쌀을 싣고 한양으로 달려오는 길인데, 전하께서 비싼 값에 파는 자를 목을 치신다고 하시니 다들 돌아가지 않겠사옵니까? 그들이 쌀을 싣고 오면 자연히 값은 떨어질 터, 전하께서는 정녕 백성들을 굶겨 죽이실 작정이십니까?" 임금이 그 말을 듣고는 또 옳다 하여 앞에 내린 어명을 취소했더니 아니나 다를까 얼마 지나지 않아 쌀값이 안정되고 기근도 해결되었다고 한다.

　미국의 남부 지역에서 재해가 일어나 생필품이 부족해지자 상인들이 생수값을 5배나 올려 받았다 하여 큰 비난을 받은 적이 있다. 재난에 빠진 사람들을 도와주지는 못할망정 재난을 이용하여 폭리를 취하다니 참으로 몹쓸 사람들이다. 그러나 잠시 생각을 돌려보면, 그 생수는 어디서 왔을까? 재난 지역에 생수가 남아 있을 리 없다. 상인들도 나름 위험을 무릅쓰고 재난 지역까지 생수를 싣고 온 것이다. 만약 생수값이 5배까지 오르지 않았다면 과연 그 상인들은 생수를 싣고 재난 지역까지 갔을까? 그냥 동네 슈퍼에서 팔고 말았을 것이다. 재난 지역의 주민들은 깨끗한 마실 물을 구하지 못해 흙탕물을 마셔야 했을 것이다.

암시장

우리 사회의 문제점들 가운데서 많은 이들이 가장 심각한 문제로 꼽는 것이 지나치게 높은 사교육비 부담이다. 사교육비 문제는 어제오늘의 일이 아니어서 과거 1980

년대에는 과외가 '망국병'으로 불리며 법으로 금지된 적이 있다. 그러다 집안 형편이 어려워 옆집 중학생을 가르쳐 준 대가로 받은 적은 보수를 모아 등록금을 마련하려 던 여대생이 구속된 적도 있다. 그렇다면 〈과외금지법〉으로 정말 과외가 근절되었 을까? 확실히 수적으로는 과외가 다소 줄어든 것이 사실이다. 그러나 그 대신 나타 난 것이 불법적인 고액과외이다. 과외금지로 인해 오히려 일부 계층을 중심으로 비 밀 고액과외가 만연하게 되었던 것이다.

시장이 정부에 의하여 규제받게 되면 가장 먼저 나타나는 변화는 자연스럽게 은 밀하게 거래되는 암시장이 생기고, 정상적인 시장에서는 생각할 수도 없을 만큼 비 싼 가격에 거래가 이루어진다. 수요는 그렇게 감소하지 않는 반면에 공급량이 현격 하게 줄어들었고, 게다가 위험부담이 고스란히 가격에 반영되어 엄청난 가격 상승 으로 나타나기 때문이다. 이런 암시장은 우리 주위에서 흔히 찾을 수 있다. 극장과 야구장 등에서 볼 수 있는 암표상이 그것이다. 이러한 현상은 〈금주법〉이나 〈과외금 지법〉과 같이 굳이 특정한 상품을 불법화할 경우에만 나타나는 것이 아니라, 가격기 구가 수요와 공급에 따라 원활히 움직이지 못하게 규제한 경우에는 모두 나타나는 현상이다. '가격규제(price regulation)'의 대표적인 예는 최고가격제와 최저가격제, 그리고 단일가격제 등이다.

최고가격제

최고가격제 인플레이 션에 대한 규제나 소비 자 보호 등을 목적으로 정부가 일정한 수준 이 상의 가격으로 거래가 이루어지는 것을 제한하 는 제도

최고가격제(maximum price system) 또는 가격상한제(ceiling price system)는 판매가가 어느 수준 이상의 가격을 받지 못하도록 지정하는 제도다. 아파트 분양가격의 규제 가 좋은 예이다. 최저가격제는 반대로 어느 수준 이하의 가격은 받지 못하게 하는 것 으로 최저임금제, 농수산물의 가격지지제도가 그 예이다. 한편 단일가격제는 모든 점포에서 동일한 가격을 받도록 하는 제도로서, 담배가격이 좋은 예이다.

정부가 서민들에게 필수품인 빵 가격이 너무 비싸다고 판단하여 빵 가격을 제한 하는 경우를 생각해보자. 이런 규제를 가격상한제 또는 최고가격제라고 부른다. 시 장에서 빵의 균형가격은 2,000원이다. 그러나 정부는 빵 가격을 1,000원으로 제한 했다. 소비자들은 과연 싼 값에 더 많은 빵을 소비하게 되었을까? 1,000원의 가격 에서는 빵을 구매하고자 하는 수요량은 많은 반면에 공급량은 부족하다. 즉 초과수 요가 발생하는 것이다. 공급이 없으면 소비자들은 구매하고자 해도 빵을 구할 수 없 다. 〈그림 2-13〉에서 보듯이 정부가 가격을 P_1으로 제한할 경우 새로운 균형은 E_1이

그림 2 - 13   최고가격제

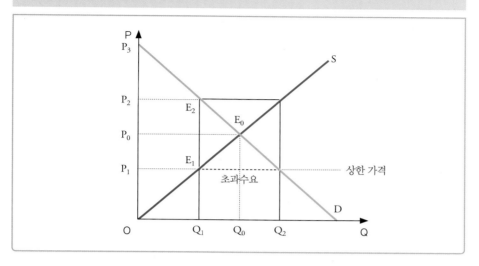

되고, 공급량은 오히려 Q_1으로 줄어든다. 가격제한으로 생산자만이 아니라 소비자들도 불이익을 당하는 것이다. 여기서 주목할 것은 생산자잉여와 소비자잉여의 변화이다. 가격제한으로 생산자잉여는 OE_1P_1로 축소되고, 소비자잉여도 $P_1E_1E_2P_3$로 변한다. 사회 전체적으로 총잉여는 $E_1E_0E_2$만큼 감소한다. 이렇게 상실되는 후생을 자중손실 또는 사중손실(dead-weight loss)이라고 부른다.

이제 빵의 수요를 충족시키지 못한 소비자들이 암시장을 이용한다고 가정해보자. 암시장에서는 당연히 빵 가격이 더 비싸질 것이다. 빵 가격은 먼저 P_1에서 P_0로 상승할 것이다. 과연 빵의 가격 상승은 P_0에서 멈출까? 암시장에서 공급자들은 위험을 무릅쓰고 판매한다. 정조 임금의 어명에 비유하자면 목이 날아갈 위험을 감수해야 하는 것이다. 당연히 공급자들은 그러한 위험에 대한 보상을 요구할 것이다. 시장가격 P_1에서의 공급량이 Q_1일 때 소비자가 지불할 용의가 있는 가격은 P_2이다. 암시장에서 빵의 가격은 P_2까지 상승한다는 뜻이다. 더 싼 가격에 더 많은 빵을 소비하게 하겠다는 정부의 의도와는 정반대로 소비자들은 더 비싼 가격에 더 적은 빵을 소비하게 된 것이다.

최저가격제

이제 반대로 정부가 가격을 내리지 못하게 제한하는 가격하한제(floor price system)

또는 최저가격제(minimum price system)의 경우를 생각해보자. 가격하한제는 가격 상한제를 거꾸로 생각해보면 되므로 이해하기 어렵지 않을 것이다. 시장에서 쌀의 가격이 한 가마에 10만 원이라고 가정하자. 그런데 정부가 농민들의 어려움을 고려하여 쌀 가격을 균형가격보다 비싼 20만 원으로 규제한다면 어떻게 될까? 이번에는 당연히 쌀을 구매하고자 하는 수요량은 작아지고 반면에 팔고자 하는 공급량은 증가할 것이다. 농민들은 팔고자 해도 쌀을 팔 수 없게 되고, 〈그림 2-14〉와 같이 Q_1 과 Q_2 차이만큼의 초과공급이 발생한다. 가격제한으로 소비자잉여는 $P_3E_2P_2$로 축소되고, 생산자잉여는 $P_2E_2E_1O$가 된다. 사회 전체적으로는 $E_1E_0E_2$만큼 총잉여의 자중손실이 일어난다.

우리나라에서는 매년 노사정 대표들이 모여 최저임금을 얼마로 할 것인가를 결정한다. 당연히 노동자 대표들은 최저임금을 더 많이 인상하려 하고 사용자단체의 대표들은 덜 인상하거나 동결하려고 한다. 신문기사를 보니 지난 10년 동안 노사정 회의에서 사용자단체의 대표들이 최저임금의 인상을 주장한 적이 단 한 번도 없다고 한다. 최저임금의 인상에 반대하는 이유 가운데 가장 자주 이야기되는 것이 바로 가격하한제의 부작용이다. 최저임금제는 수요의 감소, 즉 고용의 감소를 가져온다는 것이다. 그런데 여러 경제학 교과서들을 보면 최저임금의 인상이 오히려 고용의 증가를 가져온다는 이야기가 나온다. 실제 통계를 보아도 최저임금의 상승은 오히려

그림 2-14 최저가격제

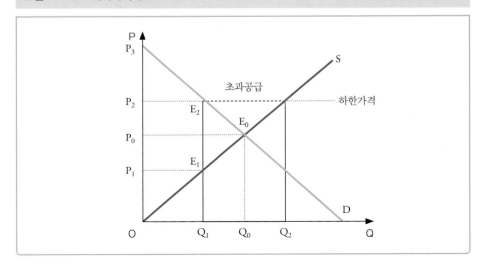

고용의 증가를 가져온다는 증거가 많다. 현실경제는 그만큼 복잡하고 오묘하다는 뜻이다.[4]

단일가격제(one price policy) 또는 가격정찰제(fixed price system)도 마찬가지다. 판매업자가 부당하게 가격을 책정하는 것을 막기 위해 실시되는 이러한 가격제도는 소비자들의 입장에서는 대안이 될 수 있지만, 최선의 대안은 아니다. 기업은 명목가격은 그대로 두고 편법을 동원하여 사실상 가격을 인상할 수 있다. 예를 들어 과자나 라면 등에서 한때 유행했던 것처럼 내용량을 줄이거나, 사실은 동일한 제품을 이름만 약간 바꾸는 식으로 가격을 올릴 수 있기 때문이다. 아주 전형적인 예를 버스나 택시요금 등의 공공요금에서 볼 수 있다. 가까운 일본의 경우 택시의 친절함은 이미 잘 알려진 사실이다. 그 대신 일본의 공공요금은 매우 비싼 편이다. 반면 우리나라의 경우 물가를 고려하면 다른 선진국에 비해 공공요금이 낮은 편이다. 이런 상황에서는 자연히 내용물, 즉 서비스의 질이 떨어진다. 우리나라 버스와 택시의 불친절을 경제학적으로 보면 국민성 때문도 아니고 일부 택시기사들의 인격적 문제 때문은 더더욱 아니며, 단지 지나치게 낮은 요금 때문인 것이다. 그렇다면 공공요금 인상 때마다 되풀이되어 온 서비스 개선의 약속은 언제 지켜지느냐고 묻는다면 뭐라고 대답할 말이 없지만 말이다.

수량규제

정부가 시장에 개입하는 방식은 가격규제만이 아니라 수량규제도 있다. 신문기사를 보니 서울의 개인택시면허가 거의 1억 원에 거래된다고 한다. 도대체 개인택시가 무엇이기에 면허증 한 장에 1억 원이나 한단 말인가? 개인택시면허가 이토록 비싼 이유는 당연히 그것을 얻고자 하는 수요자는 많으나 정부가 아무에게나 발급해주기 않기 때문이다. 이처럼 과당경쟁이나 과잉공급을 막기 위하여 정부가 공급량을 제한하는 일을 '수량규제(quantity regulation)'라고 부른다.

수량규제는 공급곡선이 수직선인 경우와 거의 같다. 차이는 정부가 인위적으로 수량을 제한하느냐 시장에서 자연적으로 수직선 형태의 공급곡선이 만들어지느냐 하는 데 있다. 〈그림 2-15〉를 보면 수요와 공급이 균형을 이루는 가격은 P_0이고 그때 균형수급량은 Q_0이다. 그런데 어떤 이유에서든 정부가 공급량을 Q_1으로 제한하

---

4 최저임금제에 대한 자세한 내용은 이 책의 제6장에 있다.

면 수요량에 비해 공급량이 부족하게 되고, 수요가격 P_2와 공급가격 P_1 사이에 차이가 벌어진다. 소비자들은 균형가격보다 높은 P_2를 지불하는데 정작 생산자들은 균형가격보다 낮은 P_1밖에 받지 못하는 것이다. 수량규제가 바람직하지 못한 이유는 두 가지이다. 첫째, 〈그림 2-15〉에서 보듯이 수량규제는 $E_1E_0E_2$만큼의 자중손실을 초래한다. 따라서 사회 전체적으로 후생의 손실을 가져오므로 바람직하지 못하다. 둘째, 소비자가격과 생산자가격의 차이는 $P_2E_2E_1O$만큼의 '경제적 지대'가 발생한다.

경제적 지대

경제적 지대(economic rent)는 공급이 제한되어 있거나 공급의 탄력성이 매우 낮은 생산요소의 배타적 소유로부터 발생하는 추가적 수입을 말한다. 앞서 예로 든 개인택시면허처럼 공급이 제한되어 있고 대체가 불가능한 자산은 면허를 소유한 이들에게 추가적인 소득을 제공한다. 가령 소비자들이 지불하는 택시요금이 3,000원이고 그 가운데 2,000원을 택시기사가 가져간다면 그 차액인 1,000원은 개인택시면허를 소유한 이가 가져간다는 뜻이다. 이는 소비자와 생산자 모두에게 바람직하지 못한 결과이다. 물론 대개는 택시기사가 개인택시면허를 소유하고 있는 경우가 많다. 다만 이때도 택시기사가 가져가는 3,000원 가운데 1,000원은 택시 서비스의 대가가 아니라 경제적 지대이다. 그런데 솔직히 택시기사들이야 비싼 돈을 주고 면허를 사더

경제적 지대 공급이 제한되어 있거나 공급탄력성이 극히 낮은 생산요소로부터 발생하는 추가적 수입. 과도한 행정규제와 정치적인 영향력 등에 의해 보호받는 경우가 많아 지대추구행위를 부추긴다.

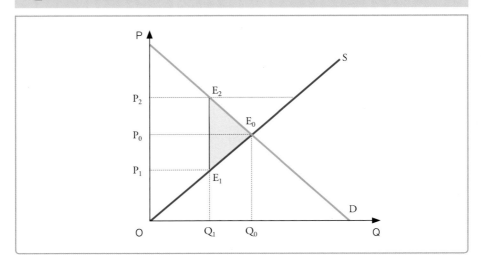

그림 2-15 수량규제

라도 그만큼의 소득을 얻고 있는지 모르겠다. 굳이 예를 들자면 의사나 변호사 같은 전문직들이 높은 소득을 올리는 이유가 바로 정부가 의사면허나 변호사면허의 공급량을 제한하기 때문이다. 만약 의과대학의 정원을 지금의 2배로 늘린다면 의료서비스의 가격은 훨씬 낮아지고 반대로 의료서비스의 만족도는 훨씬 높아질 것이다.

경제적 지대가 지나치게 큰 사회에서는 **지대추구행위**(rent-seeking behavior)가 만연하게 된다. 지대추구행위란 자신의 이익을 위해 로비나 약탈, 방어 등과 같은 비생산적인 활동에 경쟁적으로 자원을 낭비하는 현상을 말한다. 미국의 법경제학자인 털록(Gordon Tullock, 1922-2014)은 정부가 독점이나 보호무역 등을 허용함으로써 발생하는 독점적 이윤은 또 다른 형태의 사회적 비용을 유발한다고 주장했다. 이때 유발되는 사회적 비용은 기업들이 독점이나 관세부과를 위해 정부를 상대로 치열하게 로비를 전개하고 그 대가를 지불하면서 발생하는 여러 가지 자원의 손실을 의미한다. 지대추구현상은 선진국과 후진국 모두에서 다양한 형태로 나타나지만, 특히 인허가 등의 행정조치에서 공무원들의 자의적인 재량권이 지나치게 허용되는 후진국에서 더 빈번하고 광범하게 나타난다. 우리나라 경우에도 과거 경제개발시기에는 정경유착을 이용한 지대추구행위가 적지 않게 만연한 적이 있다.

> **지대추구행위** 자신의 이익을 위해 비생산적인 활동에 경쟁적으로 자원을 낭비하는 현상. 부당한 이익을 얻기 위해 로비, 약탈, 방어 등과 같은 방법을 사용하는 경우가 많다.

2-5 탄력성

담뱃값을 올리는 것이 흡연자를 금연으로 유도하는 데 별 도움이 되지 않는 것으로 나타났다. 미국 캘리포니아주립대학 피터 프랭크스 박사 연구팀이 미국의 소득 상·하위층 각각 25%를 대상으로 20년에 걸쳐 담뱃값과 흡연율의 상관관계를 분석한 결과 이 같은 사실이 확인됐다고 밝혔다고 로이터통신이 17일 보도했다. 담배 회사들은 연구기간 도중 금연 운동에 대한 재정 지원에 합의, 담뱃값을 인상했다. 합의 전 14년 동안 2.24달러이던 담배 한 갑의 평균가격은 합의 후 6년간 평균 3.67달러로 올랐다. 하지만 같은 기간 27.7%이던 저소득층의 흡연율은 28.6%로 오히려 높아졌다. 고소득층의 흡연율은 23.9%에서 21.6%로 소폭 낮아졌다. 프랭크스 박사는 "흡연자는 이미 니코틴에 중독됐기 때문에 담뱃값에 대한 저항 심리가 약하다는 사실을 보여주는 결과"라며 "담뱃값 인상에 영향을 받지 않는 사람들이 오히려 저소득층에 몰려 있다"고 지적했다. 그는 "세금 등 담뱃값 인상으로 흡연자가 담배를 끊게 만들 수 있다고 기대하기는 어려울 것"이라고 덧붙였다. 시장에서 가격이 변화하면 수요량이나 공급량이 변화한다. 일반적으로 가격이 상승하면 수요량은 줄어드는 것이 당연하다. 그런데 문제는 가격이 올랐을 때 수요량은 과연 얼마나 떨어지는가 하는 것이다. 가령 가격이 10% 상승했을 때 수요량이 각각 5%, 10%, 15% 떨어지는 것은 그 효과가 다르기 마련이다. 경제학에서는 이렇게 '충격에 대해 반응하는 정도'를 탄력성(elasticity)이라고 부른다.(〈경향신문〉, 2007. 9. 18)

수요의 가격탄력성

휴가철의 숙박시설 가격이 비싼 데는 단순히 수요가 많다는 이유 이외에 다른 이유가 있다. 소비자들의 처지에서 보면 아무리 가격이 비싸도 길 위에서 잘 수는 없다. 가격이 비싸면 수요량이 감소해야 하는데 그럴 수 없다는 뜻이다. 어떤 상품의 가격이 오르면 수요량은 줄어들기 마련이지만, 어느 정도로 줄어드는가는 상품마다 다를 터이다. 그런데 수요량의 변화를 비교할 때 가격 그 자체의 변화로 비교하는 데는 어려움이 있다. 상품마다 가격의 차이가 너무 크기 때문이다. 가령 주택은 몇 억 원이 넘는 경우가 많다. 반면에 빵은 몇백 원이나 몇천 원에 불과하다. 주택을 사고팔때는 몇백만 원 정도는 쉽게 깎아 주기도 한다. 하지만 재래시장에서 콩나물을 사면서 몇백 원을 깎는 사람은 보기 드물다. 이처럼 주택 가격의 100원과 빵 가격의 100원은 똑같이 비교할 수 없다. 그래서 가격이나 소득의 변화에 따른 수요량의 변화를 비율로 비교하자는 것이 바로 **탄력성**(elasticity)이다.

탄력성 수요량이나 공급량이 그 결정변수의 변화에 대해 반응하는 정도를 나타내는 지표

탄력성은 가격이나 소득이 변화할 때 수요량이나 공급량이 변화하는 정도를 변화량이 아니라 변화율로 측정한다는 뜻이다. 탄력성에는 수요의 탄력성과 공급의 탄력성이 있지만, 자주 사용되는 것은 수요탄력성이다. 수요탄력성은 충격의 내용에 따라 가격탄력성, 소득탄력성, 교차탄력성 등으로 구분하기도 한다. 이 가운데 가장 중요한 의미를 가지는 것은 물론 수요의 가격탄력성이다. 수요량의 변화에 가장 기본적인 요인이 바로 가격이기 때문이다.

$$\varepsilon_p = -(dQ/Q)/(dP/P) = -(dQ/dP) \cdot (P/Q) \qquad \text{〈식 2-4〉}$$

수요의 가격탄력성 가격이 한 단위 변화할 때 수요량의 변화 정도

수요의 가격탄력성(price elasticity of demand)은 가격이 한 단위, 즉 1% 변할 때 수요는 몇 % 변하는가를 측정한다. 자동차 값이 100원 올랐다고 화내는 사람은 거의 없지만, 라면 값이 100원 오르면 대부분의 소비자들이 다른 경쟁 상품을 선택하는 이유는 바로 100원에 대한 탄력성이 다르기 때문이다. 그런데 가격과 수요량은 서로 반대 방향으로 작용하기 때문에 수요의 가격탄력성 값은 음(−)이다. 그런데 음수는 비교할 때 혼동의 여지가 많아서 대개는 절댓값으로 표시한다. 탄력성의 절댓값이 1

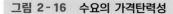

그림 2-16 수요의 가격탄력성

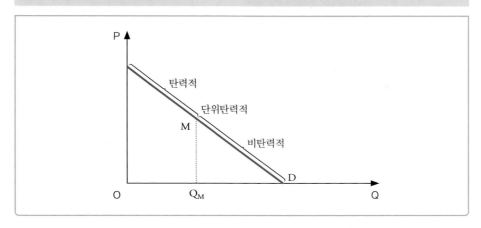

그림 2-17 여러 형태의 탄력성

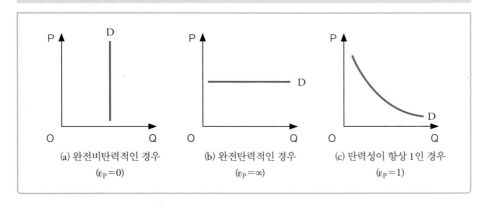

이면 단위탄력적이라 부르고 1보다 크면 탄력적, 1보다 작으면 비탄력적이라고 부른다. 탄력적이라는 말은 가격이 오르면 수요는 그보다 더 큰 폭으로 감소한다는 뜻이고, 비탄력적이라는 말은 가격이 올라도 수요는 그보다 작은 폭으로 감소한다는 뜻이다. 탄력성이 무한대일 경우에는 완전탄력적, 0인 경우에는 완전비탄력적이라고 부르기도 한다.

필수재와 사치재

탄력성의 크기를 결정하는 요인은 다음과 같다. 첫째는 필수재냐 사치재냐 하는 것

명품 사치재는 탄력적이기 때문에 가격이 오르면 수요는 더 큰 폭으로 감소한다. 그러나 명품이라고 불리는 상품들 가운데는 가격이 오를수록 더 잘 팔리는 경우도 많다고 한다. 명품을 구입하는 목적이 바로 비싼 가격을 과시하는 데 있기 때문이다.

이다. 쌀이나 주거비 같은 필수재는 가격이 오르더라도 소비량을 줄이기 어렵다. 따라서 필수재는 비탄력적이다. 반면에 사치재 하는 것은 가격이 오를 때 수요량의 변화가 크다. 다만 어떤 상품이 필수재냐 사치재냐는 시대와 사회의 변화에 따라 다르다. 가령 예전에는 소주와 맥주의 세율이 달랐는데 이는 맥주가 사치재로 간주되었기 때문이다. 2억 원이 넘는 아파트와 2,000만 원 남짓한 자동차의 세금이 비슷한 이유도 주택은 필수재, 자동차는 사치재라고 생각하기 때문이다. 하지만 등록된 자동차 수가 2,000만 대를 넘어선 지금도 자동차가 사치재인지는 모르겠다.

둘째는 대체재의 존재 여부이다. 대체재의 종류가 많고 밀접한 정도가 큰 상품은 가격이 올랐을 때 수요량의 변화가 더 크다. 가령 콜라와 사이다는 매우 밀접한 대체재이다. 따라서 콜라의 가격이 상승하면 수요량은 크게 하락할 것이다. 커피와 녹차도 대체재이기는 하지만 밀접한 정도는 콜라와 사이다보다 약하다. 따라서 커피의 가격 상승은 커피의 수요량을 조금 덜 감소시킬 것이다.

셋째는 소득에서 차지하는 비중이다. 자동차나 가전제품은 소득에서 차지하는 비중이 크다. 가령 자동차의 가격이 2,000만 원에서 10% 상승했다면 2,200만 원이 된다. 소비자의 처지에서는 과연 자동차를 구매해야 할지 말지 망설이지 않을 수 없다. 그러나 학생들이 사용하는 연필은 한 자루에 200원 정도의 가격이다. 1년에 20자루를 사용한다고 하더라도 4,000원 정도이다. 따라서 연필 가격이 10% 상승했다고 소비를 줄이는 학생은 거의 없을 것이다.

넷째는 시간이다. 같은 상품의 탄력성도 시간이 지날수록 달라진다. 가령 휘발유 가격이 상승하더라도 소비자들은 금방 소비행태를 바꾸기 어렵다. 자동차로 출퇴근하던 직장인들이 갑자기 교통수단을 바꾸기는 쉽지 않다. 그러나 시간이 지나면 점점 대중교통의 이용 빈도가 늘어날 것이다. 시간이 지날수록 자동차를 소형으로 바꾸거나 좀 더 가격이 싼 자동차로 바꾸는 일도 가능하다.

가격차별

수요의 가격탄력성을 이용하면 가격과 수입의 관계를 알 수 있다. 〈그림 2–18〉에서 보듯이 동일한 수요곡선 위에서도 가격에 따라 탄력성의 크기는 달라진다. 기업이 생산하는 어떤 제품에 대한 수요의 가격탄력성이 비탄력적인 경우, 즉 탄력성이 1보다 작은 경우에는 가격을 올릴 때 총수입이 증가하고, 가격을 내리면 총수입은 감소한다. 반대로 수요의 가격탄력성이 탄력적인 경우, 즉 탄력성이 1보다 큰 경우에는 가격을 올릴 때 총수입이 감소하고, 가격을 내릴 때 총수입은 증가한다. 탄력성이 1일 때 총수입은 극대화되고 기업은 가격을 인상할 이유도 인하할 이유도 없다. 우리가 흔히 박리다매라고 부르는 마케팅 전략도 수요의 가격탄력성이 탄력적인 상품의 성질을 이용한 것이다. 음식점에서 소주는 제법 비싼 가격으로 판매하면서 음료수는 싸게 팔거나 아예 서비스로 주는 이유도 역시 두 상품의 탄력성이 다르기 때문이다.

대중교통수단이나 영화관의 청소년 할인 등도 탄력성을 이용한 마케팅 전략이다. 이런 전략을 **가격차별**(price discrimination)이라고 부르는데, 수요의 가격탄력성이 다른 소비자들을 분리해 서로 다른 가격을 책정한다는 뜻이다. 탄력성이 큰 소비자들, 이를테면 청소년이나 학생들에게는 낮은 가격을 받고, 그 대신 탄력성이 작은 성인들에게는 높은 가격을 요구하는 것이다. 얼핏 보면 특정한 고객들에게 가격을 할인해주는 것처럼 생각되지만, 실은 소비자들에게 돌아가야 할 소비자잉여를 생산자가 가져가기 때문에 오히려 소비자들에게 불리한 전략이 될 수도 있다.

가격차별 동일한 상품이나 서비스에 대해 소비자에 따라 가격을 다르게 책정하는 것

그림 2-18 수요의 가격탄력성과 총수입

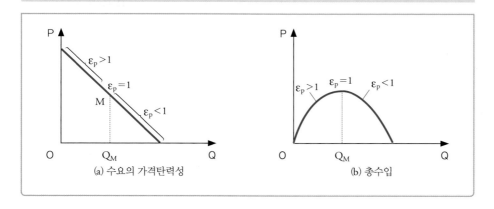

(a) 수요의 가격탄력성

(b) 총수입

수요의 소득탄력성

가격 다음으로 수요에 영향을 미치는 요인은 역시 소득이다. 소득이 변할 때 수요는 얼마나 변하는가는 **수요의 소득탄력성**(income elasticity of demand)이라고 부른다. 대개의 경우 소득과 수요는 같은 방향으로 움직이므로 소득탄력성은 일반적으로 양(＋)의 값을 가진다. 열등재는 소득탄력성이 음(－)인 경우이다. 소득이 늘어났는데도 수요는 오히려 줄어든다는 뜻이다. 열등재의 특수한 경우인 기펜재는 절댓값을 취하지 않아도 가격탄력성이 양(＋)인 경우이다.

$$\varepsilon_I = (dQ/Q)/(dI/I) \qquad \langle\text{식 } 2\text{-}5\rangle$$

정상재는 다시 필수재와 사치재로 나뉜다. 소득의 증가율보다 수요의 증가율이 높을 때, 즉 수요의 소득탄력성이 탄력적인 경우를 사치재라 부르고 반대로 비탄력적인 경우를 필수재라고 부른다. 가격탄력성의 경우와 마찬가지로 필수재는 소득이 줄었다고 소비를 줄이기도 어렵지만 그렇다고 일정량을 넘어 너무 많이 소비할 필요도 없다. 따라서 비탄력적이다. 필수재의 이런 성질을 이용하여 가계의 총지출 가운데 식료품비의 비중을 측정한 것이 **엥겔계수**(Engel's coefficient)이다. 저소득층이라도 식료품 소비는 줄이기 어려우므로 전체 지출에서 차지하는 비중이 매우 높다. 그러나 소득이 증가할수록 식료품 소비의 비중은 점점 낮아진다. 이처럼 소득이 증가할수록 엥겔계수가 낮아지는 현상을 **엥겔의 법칙**(Engel's law)이라고 부른다. 저소득층일수록 집세 등 주거비의 비중이 높아진다는 슈바베의 법칙(Schwabe's law)도 비슷한 내용이다. 엥겔의 법칙은 후진국과 선진국 사이에서도 나타난다. 경제가 성장할수록 1차 산업의 비중이 낮아진다는 클라크의 법칙(Clark's law)도 1차 산품의 소득탄력성이 낮기 때문이다.

수요의 교차탄력성

필수품은 수요의 가격탄력성이 작다. 말 그대로 필수품이란 가격이 웬만큼 오르더라도 꼭 소비해야 하는 상품이기 때문이다. 그런데 똑같은 필수품이라고 하더라도 이를 대체할 만한 상품이 많은 경우에는 다르다. 한 상품의 가격이 오르면 대체 가능한 다른 상품으로 수요가 이동하면서 원래 상품의 수요량은 그만큼 줄어들게 된다. 이처럼 어떤 상품의 수요는 그 상품의 가격뿐 아니라 관련 상품의 가격변동으로부터 영향을 받을 때도 있다. 어떤 상품의 가격이 올랐을 때 다른 상품의 수요가 줄어

Shutterstock

소주와 맥주는 대체재인가 보완재인가? 또 소주와 백세주는 대체재인가 보완재인가? 소주에 관한 글 한 토막을 소개해본다.

"공자님은 나이 쉰에 하늘의 명을 알았고(知天命), 예순에는 남의 말을 듣기만 하면 곧 이해하게 되었고(耳順), 일흔이 되어서는 무엇이든 하고 싶은 대로 하여도 법도에 어긋나지 않았다고(從心) 말씀하신 적이 있다. 나는 이 말씀이 꼭 소주의 미덕을 이르는 말씀처럼 마음에 온다. 가령 소주는 그냥 마셔도 좋지만 과일주나 약주를 담아 마셔도 좋다. 자기를 주장하지 않기 때문에 어떤 재료와도 어울리는 것이다. 천명을 안다는 이야기다. 안주도 마찬가지다. 소주만큼 더운 안주, 찬 안주 가리지 않고 어울리는 술이 드물다. 남의 이야기를 듣는데 귀가 순하다는 뜻이다. 무엇보다 막걸리든 맥주든 위스키든 와인이든 다른 모든 술에는 그것만의 빛깔과 향과 맛이 있다. 그래서 그 맛과 향을 좋아하는 사람들에게는 선호되지만 반대로 그 맛과 향을 싫어하는 사람들로부터는 거부된다. 그러나 소주는 아무런 맛도 색도 향도 없다. 그래서 오히려 누구든 소주에서 자신이 원하는 맛과 향을 발견하는 것이 아닌가 싶다. 마음을 좇는다는 이야기다." – 조준현, 「소주의 발견」

드는지 늘어나는지 나타내는 것을 **수요의 교차탄력성**(cross elasticity of demand)이라고 한다.

$$\varepsilon_c = (dQ_Y/Q_Y) / (dP_X/P_X) \qquad \langle \text{식 2-6} \rangle$$

앞에서 학습한 보완재는 교차탄력성이 음(−)인 상품들을 의미하며, 대체재는 교차탄력성이 양(+)인 상품들을 가리킨다. 가령 커피 가격이 상승하면 커피의 수요와 함께 보완재인 설탕의 수요도 감소하고, 반대로 커피의 대체재인 홍차의 수요는 증가한다는 뜻이다. 그런데 두 상품이 서로 대체재인지 보완재인지 모호한 경우가 많다. 목적지까지 가기 위해 버스를 탈까 지하철을 탈까 고민한다면 버스와 지하철이 서로 대체재인 셈이다. 그러나 버스를 탔다가 지하철로 환승해 목적지까지 간다면 두 교통수단은 보완재가 된다. 예전의 교과서들을 보면 대체재의 예로 소주와 맥주

수요의 교차탄력성
한 상품의 가격이 변화할 때 다른 상품의 수요의 변화 정도

를 많이 들곤 했다. 그러나 요즘 교과서에는 오히려 소주와 맥주를 보완재라고 설명하는 경우가 더 많다. 한편 배추와 낚싯대, 운동화와 칠판처럼 전혀 상관이 없는 경우, 즉 교차탄력성이 0인 상품들도 있다. 이런 상품들을 서로 독립재라고 한다.

공급의 가격탄력성

공급의 가격탄력성(price elasticity of supply)은 어느 재화의 가격이 상승했을 때 공급량이 얼마나 민감하게 변하는지를 나타내는 지표이다. 공급의 가격탄력성은 주로 가격이 올랐을 때 공급자들이 생산량을 얼마나 신축적으로 늘릴 수 있는지에 좌우된다. 따라서 생산에 소요되는 기간이 공급의 가격탄력성을 결정하는 주요 요인이 된다. 예를 들어 쌀의 경우 이번 달에 가격이 올라갔다고 해도 새로운 쌀을 공급하려면 1년의 시간이 필요하므로 바로 공급을 늘릴 수 없어 비탄력적이다. 농산물 가격의 등락이 심한 이유 가운데 하나이다. 반면에 운동화나 텔레비전 같은 공산품은 가격이 오를 경우 바로 공장가동률을 높여서 공급을 늘릴 수 있기 때문에 탄력적이다.

　탄력성은 정부가 어떤 정책을 수립할 때도 중요한 고려사항이다. 누군가의 농담처럼 세상에서 가장 쉬운 일이 금연이다. 하루에도 몇 번씩 금연을 하는 사람들이 많기 때문이다. 실은 그만큼 금연이 어렵다는 뜻이다. 그래서 정부가 담뱃값 — 정확하게 말하면 담뱃값이 아니라 담배에 부과되는 세금을 인상할 때마다 담배를 끊겠다고 결심하는 사람들도 많지만 작심삼일인 경우가 많다. 만약 정부가 담배세를 10% 인상했을 때 금연을 하는 사람들이 10% 이상이라면 정부의 조세수입은 오히려 감소할 것이다. 그러나 그만큼 금연이 어렵다 보니 담배세가 인상될 때마다 정부의 수입도 증가한다. 물론 정부가 국민들의 건강보다 조세수입을 더 중하게 여겨서 꼭 담배세를 인상하는 것은 아닐 것이다.

조세의 전가

조세의 전가　납세의무자에게 부담된 조세가 납세의무자의 부담이 되지 않고 다른 사람에게 전가되는 것

어떤 재화에 대해 물품세나 소비세를 부과하면 소비자와 생산자 가운데 누가 실제로 세금을 내게 되는가를 **조세의 전가**(shifting of taxation) 또는 조세의 귀착(tax incidence)이라고 한다. 조세의 귀착은 수요와 공급의 가격탄력성을 비교해보면 알 수 있다. 예를 들어 원래 상품의 가격이 1만 원이고 정부가 생산자에게 세금을 100원 붙인다고 가정해보자. 생산자는 추가된 조세만큼 공급을 〈그림 2-19〉의 S_0에서 S_1으로 이동시킬 것이다. 그러나 새로운 균형가격은 반드시 100원만큼 더 상승하지

그림 2-19   조세의 전가

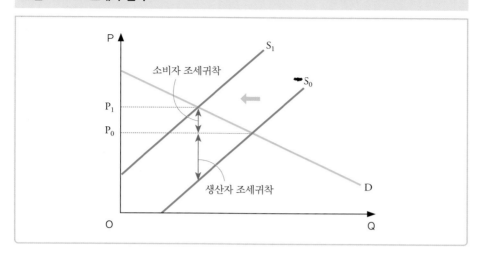

는 않는다. 가격이 얼마나 더 상승할지는 수요와 공급의 탄력성에 따라 정해진다. 수요가 공급보다 탄력적이면 가격은 조금만 상승하고 그만큼 공급자가 더 많은 몫의 세금을 부담한다. 반대로 수요의 탄력성보다 공급의 탄력성이 더 크면 가격은 더 많이 상승하고 수요자가 세금 가운데 더 많은 몫을 부담한다. 극단적으로 수요는 완전탄력적이고 공급은 완전비탄력적이라면 상품의 가격은 1만 원 그대로 유지되고, 기업은 1만 원 가운데 100원을 세금으로 납부하게 되어 전보다 100원 만큼의 이윤 손실을 보게 된다. 반대로 공급은 완전탄력적이고 수요는 완전비탄력인 경우에는 가격은 100원 상승하고 기업은 세금 100원을 모두 소비자에게 전가할 수 있다. 기업은 전과 같은 판매량을 유지할 수 있고, 세금만큼 가격을 올렸으므로 이윤도 전혀 영향을 받지 않는다.

조세의 귀착은 소비자와 생산자 가운데 누가 더 세금을 많이 부담하는가를 나타낸다. 그런데 누가 더 많이 부담하는가와 상관없이 조세는 비효율적이다. 물론 정부가 교육, 국방, 치안, 복지 등 여러 가지 정책을 실행하기 위해서는 재정이 필요하고, 따라서 반드시 조세를 거두어야 한다. 하지만 시장의 관점에서 보면 조세는 소비자잉여와 생산자잉여를 감소시킬 뿐 아니라 사회 전체적으로도 후생을 감소시킨다.

〈그림 2-20〉에서 P_0는 조세가 부과되기 이전의 가격이며, 이때 균형수급량은 Q_0이다. 조세부과 이전의 소비자잉여는 A + B + C이며, 생산자잉여는 D + E + F이다. 이제 생산자에게 조세가 부과되어 공급곡선이 S_0에서 S_1으로 이동하면 가격은 P_1으

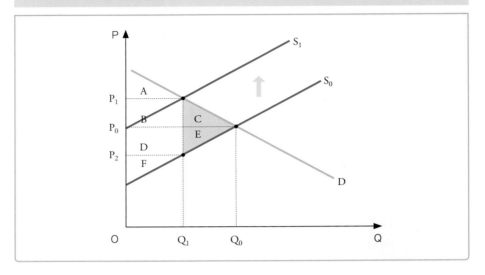

그림 2-20 조세와 경제잉여

로 상승하고 균형수급량은 Q_1으로 감소한다. B + D는 조세로서 정부가 가져가며 이때 소비자잉여는 A, 생산자잉여는 F이다. 소비자잉여와 생산자잉여 모두 감소했음을 알 수 있다. 여기에 C + E는 조세부과로 인한 자중손실로서 사회 전체의 후생도 감소한다. 아무도 좋아하지 않지만 반드시 필요한 것이 바로 세금이다.

앨프레드 마셜(Alfred Marshall, 1842-1924)

앨프레드 마셜은 독실한 복음파의 가정에서 태어나 어려서는 성직자가 되고자 했다. 케임브리지대학에서 수학과 물리학을 전공하다가 경제학 연구를 시작한 이후 성직자의 길을 포기하고 학자가 되기로 결심했다. 신고전학파라는 이름은 오랫동안 마셜과 케임브리지학파를 가리키는 의미로 사용되었다. 마셜은 고전학파의 전통을 계승하면서 제번스(William Stanley Jevons, 1835-1882) 등에 의해 발견된 한계효용이론을 수용하여 근대경제학의 체계를 수립했다. 수요와 공급, 장기와 단기, 소비자잉여, 탄력성 등 경제학 교과서에 나오는 많은 개념과 이론들을 정의한 이도 마셜이다. 오늘날에는 너무 당연한 것처럼 생각되지만, 수요가 가격을 결정하는가 공급이 가격을 결정하는가 하는 문제는 오랫동안 경제학자들 사이에서 중요한 논란이었다. 이에 대해 마셜은 "종이를 자르는 것은 가위의 윗날인가 아랫날인가?" 하는 말로 수요와 공급의 원리를 설명했다. 이를 '마셜의 가위'라고 부른다. '차가운 머리와 뜨거운 가슴(cool head, warm heart)'이라는 유명한 말은 경제학에 대한 마셜의 태도를 잘 보여준다. 마셜의 경제학체계에는 그가 젊은 시절에 연구했던 철학과 윤리학은 물론 당시에 활발하게 발전하고 있던 생물학, 특히 진화론의 대두에서 기인한 과학연구방법상의 새로운 성과들이 근저에 놓여 있었다. 마셜이 자신의 경제학을 '경제생물학(economic biology)'이라고 불렀던 것도 이러한 이유에서였다.

레옹 발라(Marie Esprit Léon Walras, 1834-1910)

레옹 발라는 경제학자인 오귀스트 발라 (Auguste Walras, 1801-1866)의 아들로 부친의 영향을 받아 경제학을 전공했다. 그러나 대학을 졸업하고 한동안은 기술자, 언론인, 사업가, 금융가 등 다양한 직업에 종사하다가 1870년 스위스로 가서 로잔대학의 정치경제학과 교수가 되었다. 발라는 경제학의 수학적 기초를 확고히 하는 데 가장 중요한 기여를 한 경제학자 가운데 한 사람으로 평가받는다. 그런데 정작 발라 자신은 그다지 수학에 익숙하지 못했다고 한다. 훌륭한 수리경제학자가 되는 데 정작 더 중요한 자질은 남보다 뛰어난 수학 실력이 아니라 남들이 생각하지 못한 아이디어를 생각하는 창의력이라는 사실을 잘 보여준다. 발라는 마셜과 함께 현대 신고전학파 경제학의 두 조류 가운데 하나를 형성했다. 발라의 이름에는 일반균형이론(general equilibrium theory)의 창시자라는 말이 함께 다닌다. 경제학의 역사에서 발라가 차지하는 지위는 시장경제의 여러 부문들 사이의 상호의존성을 개념화했기 때문이다. 발라가 제시한 일반균형의 개념은 앨프레드 마셜과 케임브리지학파의 부분균형적 접근법과 대조되면서, 신고전학파 경제이론의 중요한 핵심을 이루고 있다.

🖊 주요 개념

거미집이론	경제재 지대
공급	공급의 가격탄력성
균형	균형가격
생산자잉여	소비자잉여
수량규제	수요
수요의 가격탄력성	수요의 교차탄력성
수요의 소득탄력성	엥겔계수
조세의 귀착	최고가격제(가격상한제)
최저가격제(가격하한제)	탄력성

🖊 확인 학습 – 기초편

1. 수요곡선에 대한 설명으로 적절하지 않은 것은 무엇인가?
   ① 가격이 오르면 수요량이 줄어드는 현상을 수요의 법칙이라고 한다.
   ② 수요곡선은 대개 우하향하는 모양을 갖는다.
   ③ 소비자의 소득이 변화하면 수요곡선은 이동한다.
   ④ 상품의 가격이 변화하면 수요곡선은 이동한다.

2. 수요곡선의 이동을 가져오는 요인이 아닌 것은 무엇인가?
   ① 소비자의 소득 변화
   ② 소비자의 기호 변화
   ③ 원자재 가격의 변화
   ④ 보완 관계에 있는 상품의 가격 변화

3. 최근 들어 수입 자동차의 판매가 증가하고 있다고 한다. 다음 중 수입 자동차의 수요를 변화시키는 요인으로 옳지 않은 것은 무엇인가?
   ① 국내 소비자들의 소득 증가
   ② 해외 소비자들의 소득 증가
   ③ 수입 자동차에 대한 소비자들의 선호 변화
   ④ 국내 자동차 회사들의 기술진보

4. 수요곡선 위의 이동과 수요곡선의 이동을 그림을 그려서 설명하라.

5. 공급곡선 위의 이동과 공급곡선의 이동을 그림을 그려 설명하라.

6. 수요의 가격탄력성에 대한 설명으로 옳지 않은 것은 무엇인가?

　① 가격탄력성은 가격의 변화량에 대한 수요의 변화량을 나타낸 것이다.

　② 가격탄력성이 클수록 가격의 변화에 수요량이 민감하게 반응한다는 뜻이다.

　③ 가격탄력성이 0이라는 말은 가격의 변화에 수요량이 전혀 변화하지 않는다는 뜻이다.

　④ 대체재가 많을수록 가격탄력성은 커진다.

7. 다음 각 경우의 수요곡선을 그려보라.

　1) 가격탄력성이 0인 경우

　2) 가격탄력성이 1인 경우

　3) 가격탄력성이 무한대(∞)인 경우

8. 공급곡선에 대한 설명으로 적절하지 않은 것은 무엇인가?

　① 어떤 상품의 공급량에 가장 큰 영향을 미치는 것은 그 상품의 가격이다.

　② 상품의 가격뿐 아니라 원자재의 가격도 공급에 영향을 미친다.

　③ 상품의 가격이 변화하면 공급곡선이 이동한다.

　④ 공급곡선은 대개 우상향하는 모양을 갖는다.

9. 시장의 균형에 대한 설명으로 적절하지 않은 것은 무엇인가?

　① 수요와 공급이 교차하는 점에서 시장의 균형이 나타난다.

　② 균형가격에서는 상품의 수요량과 공급량이 일치한다.

　③ 시장의 균형에서는 공급자의 이윤이 극대화된다.

　④ 다른 조건의 변화가 없다면 균형은 대체로 안정적이다.

10. 소비자잉여에 대한 설명으로 적절하지 않은 것은 무엇인가?

　① 소비자가 어떤 상품을 구입함으로써 얻는 편익의 총합을 의미한다.

　② 소비자가 어떤 상품을 구입하기 위해 지불한 금액과 지불할 용의가 있는 금액의 차이를 의미한다.

　③ 수요곡선이 수평선 모양일 경우 소비자잉여는 0이 된다.

　④ 소비자잉여와 공급자잉여를 합해 총잉여 또는 순사회편익이라고 부른다.

확인 학습 – 논술편

1. 경제학 교과서에서는 수요곡선을 직선으로 그리기도 하고 곡선으로 그리기도 한다. 직선인 수요곡선과 곡선인 수요곡선은 어떤 차이가 있는가?

2. 균형의 두 개념인 'equilibrium'과 'balance'는 같은 개념인가, 다른 개념인가? 다르다면 어떻게 다른지 설명하라.

3. 가격상한제와 가격하한제에 대해 예를 들어 설명하라.

4. 조세의 전가가 있을 때 생산자와 소비자가 각각 얼마씩 부담하는지를 탄력성을 이용해 설명하라.

5. 소비자의 서로 다른 탄력성을 이용한 가격차별에 대해 여러 가지 예를 들어 설명하라.

제 3 장

소비자선택

3-1 한계효용

최근 온라인에서는 '영혼 없는 스킨십' 사진이 화제를 모았다. 한 남성이 컴퓨터를 보면서 한 손으로 여성의 발가락을 잡고 있는 모습이다. 사진을 올린 여성은 무관심한 남자친구에게 애정 표현을 요구하자 성의 없는 스킨십을 했다고 토로했다. 이후 이 사진은 '영혼 없는 스킨십'이라며 연인의 권태기를 상징하게 됐다. 실제 미혼 남녀 80% 이상이 연인과 권태기를 느낀 경험이 있다고 털어놨다. 또 교제를 시작한 뒤 약 1년 3개월 만에 권태기를 느끼는 것으로 나타났다. 결혼정보회사 듀오가 20~39세 미혼 남녀 539명(남 305명, 여 234명)을 대상으로 지난 달 14일부터 28일까지 '연인 권태기'에 대해 설문조사를 실시한 결과를 2일 발표했다. 이에 따르면 '연인과 사귀면서 권태기를 느낀 적이 있는지'에 대한 질문에 남성 81.3%와 여성 87.6%가 '그렇다'고 고백했다. 권태기가 찾아온 시점에 대해 남성은 1년 이상~1.5년 미만(28.2%), 여성은 1.5년 이상~2년 미만(24.4%)이 가장 많았다. 이를 평균으로 합산하면 약 1년 3개월 만에 권태기가 찾아오는 셈이다. 뒤이어 남성은 권태기 없음(18.7%), 6개월 이상~1년 미만(16.1%), 1.5년 이상~2년 미만(11.8%) 등의 순이며, 여성은 6개월 이상~1년 미만(17.1%), 1년 이상~1.5년 미만(15%), 3년 이상(14.5%) 등의 순이다. 평소보다 연인과 다툼이 잦다면 권태기를 의심해 봐야 할 것 같다. 권태기를 측정하는 지표에서 다툼 횟수(48.8%)가 1위를 차지한 것. 이후 연락 횟수(16.5%), 스킨십 횟수(15.4%), 만남(데이트) 횟수(10%) 등이 뒤따랐다. (〈동아일보〉, 2013. 7. 3)

스미스의 역설

경제학의 아버지인 애덤 스미스는 상품의 가치가 그 상품을 생산하는 데 투입된 노동의 양에 의해 결정된다고 생각했다. 물론 이런 생각은 스미스뿐 아니라 그 시대 경제학자들 대부분이 가진 생각이었고, 스미스 이후에도 거의 100년 동안이나 이런 생각은 변하지 않았다. 노동의 양이 재화의 가치를 결정한다는 말은, 가령 진주가 비싼 이유는 깊은 바닷속에 들어가 진주를 채취하기 위해서는 그만큼 많은 노동량이 필요하다는 뜻이다. 그런데 100년쯤 지나서 이런 생각에 반대하는 경제학자들이 나타났다. 깊은 바다에 들어가 채취하기 때문에 진주가 비싼 것인가, 반대로 진주가 비싸기 때문에 사람들이 깊은 바다에 들어가는 것인가? 이들의 주장은 당연히 진주가 비싸기 때문에 사람들이 위험을 무릅쓰고 깊은 바다에 들어가 채취한다는 것이다. 다시 말해서 재화의 가치는 그 재화를 생산하는 데 투입된 노동의 양이 아니라

효용 소비자가 재화의
소비를 통해 얻는 행복
이나 만족의 정도

그 재화가 소비자들에게 주는 **효용**(utility)의 크기에 따라 결정된다는 것이다.[1]

효용은 재화를 소비함으로써 소비자가 얻는 만족의 정도를 의미한다. 사람들이 느끼는 덥거나 차가운 정도를 온도로 측정하고 표현하는 것과 마찬가지로, 효용이란 사람들이 소비활동으로부터 얻는 만족의 정도를 측정하고 표현하는 단위이다. 경제학에서는 설명의 편의를 위해 수학적 도구들을 이용하는 경우가 많다. 재화의 소비량과 효용의 관계를 효용함수(utility function)라고 부르는데, 다음과 같은 형태로 표현된다.

$$U = f(x_1, x_2, x_3, x_4, \cdots)$$ 〈식 3-1〉

그런데 재화의 종류가 너무 많으면 설명이 지나치게 복잡해질 수 있기 때문에 때로는 단순화를 위해 두 종류의 상품만이 존재한다고 가정하기도 한다. 이 경우의 효용함수는 다음과 같은 형태로 표현된다.

$$U = f(x, y)$$ 〈식 3-2〉

효용이론이 출현하면서 경제학은 오랫동안 해결하지 못했던 주요한 문제 한 가지를 해결할 수 있게 되었다. 재화의 사용가치와 교환가치는 왜 다른가 하는 문제이다. 애덤 스미스의 『국부론』에는 **스미스의 역설**(Smith's paradox) 또는 '가치의 역설'이라고 불리는 이야기가 나온다. 물이 없으면 사람은 살 수 없다. 물의 사용가치는 매우 크다는 뜻이다. 하지만 물의 가격, 즉 물의 교환가치는 크지 않다. 반면에 다이아몬드의 사용가치는 그리 크지 않다. 그런데도 다이아몬드의 가격은 매우 비싸다. 도대체 그 이유는 무엇일까? 경제학의 아버지로 불리는 스미스도 이러한 모순을 제대로 설명하지 못했지만 효용이론은 이 문제의 해답을 제시했다. 물론 사용가치와 효용가치라는 말을 효용과 가격이라는 말로 바꾸어도 여전히 모순은 그대로인 듯이 보인다. 물의 효용은 매우 크지만 가격은 낮고, 다이아몬드의 효용은 크지 않지만 그 가격은 매우 비싸다고 하면 똑같은 모순이 되기 때문이다. 효용이론이 이 문제를

스미스의 역설 두 재
화의 사용가치와 교환가
치가 일치하지 않는 현상

---

1 애덤 스미스와 그 이후의 경제학자들을 흔히 '고전학파(classical school)'라고 부른다. 고전학파의 노동가치이론에 대해 효용이론을 처음 주장한 것은 제번스, 멩거(Carl Menger, 1840~1921), 발라, 마셜 등의 경제학자들이다. 이들을 묶어 흔히 '신고전학파(neo-classical school)'라고 부른다. 신고전학파의 이론 가운데 가장 중요한 것이 한계효용이론이기 때문에 다른 이름으로 이들을 한계효용학파라고 부르기도 한다.

해결할 수 있었던 것은 바로 '한계원리(marginal principle)' 때문이다.

한계원리

우리가 어떤 재화를 사용함으로써 얻는 만족의 총합을 총효용(total utility)이라고 하면, 물의 총효용은 매우 크다. 그러나 시장에서 물의 가치 또는 가격을 결정하는 것은 총효용이 아니라 **한계효용**(marginal utility)이다. 경제학에서 한계란 '마지막 한 단위'를 의미한다. 따라서 한계효용이란 마지막 한 단위를 소비함으로써 얻는 효용이 된다. 재화를 소비함으로써 얻는 행복이나 만족은 재화의 소비량이 많을수록 증가한다. 여기서 만족이란 재화의 소비를 통해 얻는 효용 전체의 크기, 즉 총효용을 의미한다. 그러나 총효용이 커진다고 해서 재화의 소비량이 증가함에 따라 매번 처음과 똑같은 정도로 효용이 늘어나는 것은 아니다. 무슨 재화든지 소비가 늘어갈수록 효용의 증가 폭이 점점 줄어든다. 가령 굶어 죽기 직전의 사람에게 빵 한 조각의 효용은 매우 클 것이다. 그러나 두 번째 빵의 효용은 첫 번째보다는 작다. 세 번째는 당연히 더 작고, 빵을 먹을수록 전체 효용은 커질지라도 매번 빵에서 새로 얻는 효용은 작아진다. 경제학은 이런 이치를 **한계효용체감의 법칙**(law of diminishing marginal utility)이라고 부른다. 독일의 경제학자인 고센(Hermann Heinrich Gossen, 1810-1858)이 가장 먼저 발견했기 때문에 그의 이름을 따서 '고센의 제1법칙'이라고도 부른다.

이제 한계원리가 왜 중요한가를 〈표 3-1〉을 통해 보자. 효용의 단위는 따로 정해져 있지 않지만 편의상 화폐단위로 표현해보면, 굶어 죽기 직전의 사람에게 빵 1개의 효용은 아마 100만 원도 넘을 것이다. 당연히 이 사람은 빵 1개에 100만 원이라도 지불할 의사가 있을 터이다. 그런데 두 번째 빵을 먹을 때는 여전히 매우 굶주린 상태지만 굶어 죽을 정도는 아니다. 빵의 한계효용이 100만 원에서 10만 원으로 줄어든 것이다. 그렇다면 이 사람은 세 번째 빵 1개에 얼마를 지불할까? 이 사람에게 빵의 총효용은 110만 원이지만 당연히 빵에 100만 원을 지불하지는 않을 터이다. 55만 원을 지불하지도 않을 터이다. 이 사람이 세 번째 빵에 지불할 가격은 아무리 높아야 1만 원을 넘지 않는다. 네 번째 빵을 먹을 때가 되면 이제 빵의 한계효용은 그리 크지 않다. 이 사람에게 네 번째 빵의 효용은 그저 보통의 빵과 다르지 않다. 그렇다면 이제 이 사람은 빵 1개에 1,000원을 지불하든가, 만약 1,000원보다 빵의 가격이 더 높다면 아예 소비를 포기할 것이다.

한계효용 소비자가 소비량을 한 단위 증가 시켰을 때 발생하는 추가적인 효용

한계효용체감의 법칙 소비가 증가함에 따라 소비의 한계효용이 작아지는 현상

〈표 3-1〉은 소비자가 어떤 재화에 대해 지불하고자 하는 가격의 한도는 그 재화의 총효용이나 평균효용이 아니라 한계효용에 의해서 결정된다는 사실을 보여준다. 이처럼 합리적인 의사결정은 마지막 한 단위를 기준으로 이루어진다는 원리를 '한계원리'라고 부른다. 한계효용체감의 법칙을 이용하면 스미스의 역설도 쉽게 설명이 가능하다. 물은 흔한 재화이고 우리가 자주 소비하는 재화이다. 따라서 물을 소비함으로써 얻는 총효용은 매우 크지만 물 한 잔을 더 마시거나 덜 마실 때의 효용 차이는 그리 크지 않다. 다시 말해서 마지막 물 한 잔의 한계효용은 작다는 뜻이다. 그래서 시장에서 거래되는 물의 가격은 싸다. 반면에 다이아몬드는 매우 희귀한 재화이다. 다이아몬드로 만든 장신구를 단 한 개도 가지고 있지 못한 사람도 많다. 따라서 다이아몬드 목걸이의 총효용은 물보다 작을지라도 그 한계효용은 매우 큰 것이다. 시장에서 다이아몬드가 비싼 이유이다.

한계원리는 수학에서의 미분과 같은 개념이라고 생각하면 이해하기 쉽다. 다시 말해서 한계효용은 그 재화의 특정한 소비량에서의 총효용의 미분값이다.

$$MU_X = dTU/dX \qquad \langle식\ 3\text{-}3\rangle$$

〈표 3-1〉을 보면 한계비용이 0일 때 총효용이 가장 커지는 것을 알 수 있다. 이는 1차 미분한 값이 0일 때 극대 또는 극소값을 가지는 것과 같은 원리이다. 그것이 극소값인지 극대값인지를 확인하기 위해서는 2차 미분값을 구해야 하지만 여기서는 생략하기로 한다. 총효용과 한계효용의 관계를 그림으로 표현해보면 〈그림 3-1〉과 같다.

표 3-1 한계효용체감의 법칙

빵의 소비량	한계효용	총효용	평균효용
1	100만 원	100만 원	100만 원
2	10만 원	110만 원	55만 원
3	1만 원	111만 원	37만 원
4	1,000원	111만 1,000원	27만 7,750원
5	0원	111만 1,000원	22만 2,200원

소비자의 선택

한계효용의 원리는 서로 다른 상품들 사이에서 어느 상품을 각각 얼마나 소비할 것 인가를 결정하는 데도 유용하다. 이제 빵과 사과라는 두 가지 상품을 가정해보자. 〈표 3-2〉는 빵과 사과 두 상품의 한계효용을 나타낸 것이다. 편의상 두 상품의 가격 은 동일하다고 가정하자. 이 소비자의 소득으로 구매할 수 있는 상품의 합계가 6개 라면, (빵 1개, 사과 5개)부터 (빵 5개, 사과 1개)까지 모두 다섯 가지의 상품 묶음이 선택 가능하다. 이 가운데 소비자의 효용의 합계가 가장 큰 것은 두 상품의 한계효용 이 같아지는 (빵 2개, 사과 4개)이다.

만약 소비자가 빵 1개와 사과 5개를 선택했다고 가정하자. 이때 빵의 한계효용은 50이고 사과의 한계효용은 30이다. 그렇다면 당연히 한계효용이 더 큰 빵의 소비는 늘리고 한계효용이 작은 사과의 소비는 줄이는 것이 현명하다. 빵 1개와 사과 5개를 선택했을 때의 총효용은 300이지만, 두 상품의 한계효용이 균등해지는 빵 2개와 사 과 4개를 선택했을 때의 총효용은 310으로 더 커지기 때문이다. 마찬가지로 빵 3개 와 사과 3개를 선택하면 빵의 한계효용은 30이고 사과의 한계효용은 50이다. 이 경

그림 3-1   총효용과 한계효용

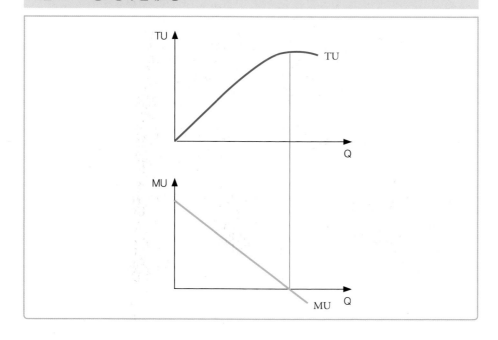

우에는 한계효용이 더 큰 사과의 소비를 늘리고 빵의 소비를 줄이는 선택이 합리적이다.

이처럼 빵의 한계효용이 사과의 한계효용보다 크다면 소비자는 당연히 사과의 소비를 줄이고 빵의 소비를 늘릴 것이다. 반대로 사과의 한계효용이 빵의 한계효용보다 크다면 그는 당연히 빵의 소비를 줄이고 사과의 소비를 늘릴 것이다. 이러한 과정을 거쳐서 소비자는 빵과 사과의 한계효용이 균등해질 때 비로소 최종적으로 소비를 결정하게 된다. 이를 **한계효용균등의 법칙**(law of equi-marginal utilities)이라고 한다. 역시 고센의 이름을 따서 '고센의 제2법칙'이라고도 부른다. 한계효용균등의 법칙은 다음과 같이 표현할 수 있다.

$$MU_X = MU_Y \qquad\qquad \langle식 3-4\rangle$$

그런데 앞에서는 재화의 가격이 동일하다고 가정했지만 서로 다른 재화의 가격은 다른 경우가 일반적이다. 따라서 이때는 두 재화의 한계효용을 그대로 비교할 것이 아니라 가격으로 가중한 한계효용을 비교해야 된다. 이를 '가중한 한계효용균등의 법칙'이라고 한다. 가격이 1,000원이고 한계효용이 10인 상품과 가격이 2,000원이고 한계효용이 20인 두 재화의 가중한 한계효용은 같다는 뜻이다.

$$MU_X/P_X = MU_Y/P_Y \qquad\qquad \langle식 3-5\rangle$$

〈표 3-3〉은 〈표 3-2〉를 확장한 것이다. 사과와 빵 두 상품의 한계효용이 다음과 같을 때 소비자는 빵 몇 개와 사과 몇 개를 소비하는 것이 가장 합리적인가? 〈표 3-2〉에는 한계효용이 균등한 상품 묶음이 하나밖에 없지만, 〈표 3-3〉에는 한계효용이

한계효용균등의 법칙
일정한 소득을 가지고 있는 소비자가 재화를 소비할 경우 만족이 극대화되기 위해서는 각 재화의 한계효용이 균등하도록 소비해야 한다는 법칙

표 3-2 한계효용균등의 법칙

빵			사과			효용의 합계
소비량	한계효용	총효용	소비량	한계효용	총효용	
1	50	50	5	30	250	300
2	40	90	4	40	220	310
3	30	120	3	50	180	300
4	20	140	2	60	130	270
5	10	150	1	70	70	220

표 3-3 확장된 한계효용균등의 법칙

상품의 개수	사과의 한계효용	빵의 한계효용
1	15	10
2	13	9
3	11	8
4	9	7
5	7	6
6	5	5
7	3	4
8	1	3

균등한 상품 묶음이 여럿이다. 정답은 소비자가 얼마의 예산을 가지고 있느냐에 따라 달라진다. 주머니 사정이 빤한 소비자라면 사과 4개와 빵 2개가 합리적 선택이다. 그보다 조금 더 여유가 있다면 사과 5개와 빵 4개를 선택하는 것도 가능해진다. 예산이 아주 많이 풍부하다면 사과 7개와 빵 8개가 합리적 선택이다.

한계원리의 응용

가중한 한계효용균등의 법칙을 이용하면 개별 소비자들의 수요곡선을 도출할 수 있다. 어느 재화의 가격이 상승하면 수요량은 감소하고, 반대로 가격이 하락하면 수요량은 증가한다. 〈식 3-4〉는 $MU_X/P_X = MU_Y/P_Y$인 지점에서 소비자의 균형이 이루어짐을 보여준다. 그런데 만약 X재의 가격이 하락하면 MU_X/P_X가 MU_Y/P_Y보다 커진다. 따라서 소비자는 새로운 균형을 찾아서 X재의 소비를 늘리게 된다. X재의 가격이 P_0일 때의 수요가 Q_0라면, X재의 가격이 P_1일 때의 수요는 Q_1이 될 것이다. 이와 같은 방식으로 연속된 가격의 변화에 대응하는 수요의 변화를 그래프로 표현하면 X재에 대한 이 소비자의 수요곡선을 그릴 수 있다.

앞에서 설명한 비용−편익 분석도 한계의 원리를 이용하여 설명할 수 있다. 빵을 한 단위 더 소비함으로써 얻는 편익을 한계편익(marginal benefit) — 여기서는 사실상 한계효용과 같은 의미이다 — 이라 부르고, 빵을 한 단위 더 소비하는 데 드는 비용을 한계비용(marginal cost)이라고 부르기로 하자. 앞에서는 편익과 비용의 차이가 가장 큰 대안을 선택하는 것이 합리적이라고 설명했다. 이때의 편익과 비용은 총편익과 총비용을 의미한다. 따라서 총편익과 총비용을 비교해보는 것도 비용-편익 분석의 한 방법이다. 그런데 총편익이나 총비용을 계산하지 않고 한계편익과 한계비용만으로도 편익과 비용의 차이가 가장 큰 대안을 찾을 수 있다. 한계편익과 한계비용이 같아지는 대안이 바로 그것이다.

〈표 3-4〉는 빵의 소비량에 따른 편익과 비용의 변화를 나타낸 것이다. 편의상 빵의 가격, 즉 한계비용은 3,000원으로 고정되어 있다고 가정하자. 물론 수요량에 따라 빵의 가격이 변화한다고 가정해도 원리는 같다. 〈표 3-4〉를 보면 빵의 수요량이 3개일 때 빵의 한계편익과 한계비용이 같아지며, 이때 총편익과 총비용의 차액이 가장 크다는 것을 알 수 있다. 만약 빵을 한 단위 더 소비함으로써 얻는 편익, 즉 빵의 한계편익이 한계비용보다 크다면 당연히 소비자는 빵의 소비를 늘리는 것이 합리적이다. 반대로 빵의 한계편익이 한계비용보다 작다면 빵의 소비를 줄이는 것이 합리적이다. 그래서 빵의 한계편익과 한계비용이 같아지는 지점이 소비자의 최적 선택이 된다.

한계효용이론의 등장은 경제학의 발전에 매우 획기적인 사건이었다. 오늘날 우리가 교과서에서 배우는 경제학의 출발점은 바로 한계효용이론이라고 해도 틀리지 않는다. 한계의 원리는 개인의 소비를 다루는 효용이론에만 적용되는 것이 아니라 기업이 얼마를 어떻게 투자해 무엇을 얼마나 생산할지를 결정하는 데도 똑같이 적용된다. 한계비용, 한계이윤, 한계생산물력 등 우리가 배우는 경제학의 주요한 분석수단들 대부분은 한계의 원리를 이용하고 있다. 한계효용이론의 출현을 '한계혁명'이라고 부르는 이유도 여기에 있다.

표 3-4 한계편익과 한계비용

소비량	한계편익	총편익	한계비용	총비용	소비자의 선택
1	5천 원	5천 원	3천 원	3천 원	MB>MC, 소비를 늘린다
2	4천 원	9천 원	3천 원	6천 원	MB>MC, 소비를 늘린다
3	3천 원	1만 2천 원	3천 원	9천 원	MB=MC, 최적 선택
4	2천 원	1만 4천 원	3천 원	1만 2천 원	MB<MC, 소비를 줄인다
5	1천 원	1만 5천 원	3천 원	1만 5천 원	MB<MC, 소비를 줄인다

3-2 무차별곡선과 소비자균형

문학 작품을 보면 기수보다는 서수가 더 자주 쓰인다. 풍부하고 질적으로 구분되게 의미를 표현하기 위해서다. 예를 들어 '그 사내는 자장면 세 그릇을 먹었다'보다는 '그 사내는 세 번째 자장면을 비웠다'는 식으로 말이다. 이렇게 서수를 사용함으로써 자장면 한 그릇마다에 좀 더 차별적인 의미가 부여된다. 그런데 일과 관련해서도 서수는 기수보다 강력하다. 영리한 주인이 운영하는 커피전문점에서 주는 이른바 '12잔 마시면 커피 1잔 공짜 쿠폰'의 처음 두 칸은 도장이 미리 찍혀 있다. 이는 손님을 계속해서 오게 하는 데 상당한 효과가 있다. 실제로 컬럼비아대학의 란 키베츠 교수 연구진은 이런 쿠폰을 받는 사람들이 그냥 10개의 빈칸을 채워야 하는 사람들보다 더 열심히 커피를 구입한다는 것을 발견했다. 여기까지는 꽤 많은 분들이 알고 있는 사실이다. 하지만 이것이 다가 아니다. 왜냐하면 마지막 남은 몇 칸을 더 빨리 채우게 하는 방법은 정반대를 필요로 하기 때문이다. 기부행위, 리포트 채점 등 다양한 일에 있어서 처음에는 이른바 '지금까지 얼마나 했나'의 메시지가 존재할 때 사람들은 더 강하게 자극받았다. 아까 그 커피 쿠폰의 미리 채워진 두 칸처럼 말이다. 예를 들어 '세 번째 기부' 혹은 '여섯 번째 채점'과 같이 상황을 서수적으로 묘사할 때는 무엇이 다른가? 기부행위나 리포트 제출 하나하나가 분명히 다르게 구분되는 것처럼 느껴진다. 같은 집합이라도 기수로 표현할 때보다 서수로 표현할 때 집합의 구성원들은 사물이나 일을 훨씬 더 독립적으로 취급하기 때문이다. 리더는 같은 목표라도 그 과정의 여러 일 각각에 서수적 개념을 부여하고 그럼으로써 질적으로 다른 일에 임하는 것처럼 느끼게 만들 수 있다. 그렇게 해서 메시지에 힘이 실린다. 'OO차 세계대전' 혹은 'OO차 경제개발' 등 기억에 남는 역사적 문구도 같은 원리다. 마찬가지 이유로 '시작이 반' 혹은 '화룡점정' 등과 같은 말 역시 초반부와 후반부를 서수로 표현한 것이다. (〈매일경제〉, 2015. 3. 26)

서수적 효용이론

모든 소비자 선호이론의 출발점은 한계효용이론이다. 그런데 한계효용이론의 단점은 과연 효용의 크기를 기수적(cardinal)으로 측정하고 계산하는 일이 가능한가 하는 것이다. 대개의 사람들은 빵을 소비하면서도 그때마다 자신의 한계효용이 정확하게 얼마이며 소비량이 변할 때마다 정확하게 얼마씩 변화하는지 알지 못한다. 2개의 상품을 비교할 때도 빵을 사과보다 더 선호한다고 해서 빵의 한계효용이 사과의 한계효용보다 정확하게 1.25배 크다는 식으로 말하지는 않는다. 이처럼 한계효용의 크기를 기수적으로 정확하게 측정하고 계산할 수 없다면 한계효용이론은 가정에서부터 비현실적인 이야기가 되고 만다. 그래서 나온 이론이 서수적(ordinal) 효용이론이다. 효용을 10, 20, 30으로 측정할 수는 없지만 빵 1개가 사과 1개보다는 낫고, 반대로 사과 2개는 빵 1개보다 낫다고 말할 수는 있다는 뜻이다. 이러한 서수적 효용이론의 대표적인 예가 바로 **무차별곡선**(indifferent curve)이다.[2]

무차별곡선 개인의 동일한 만족이나 효용을 나타내는 곡선

무차별곡선

서수적 효용이론에 따르면 우리는 각각의 상품들, 즉 여기서는 바로 빵과 사과를 소비할 때의 절대적인 효용의 크기는 알 수 없지만 효용들을 서로 비교할 수는 있다. 가령 사과 4개와 빵 4개의 효용을 사과 5개와 빵 5개의 효용과 비교하면 당연히 후자의 효용이 더 클 것이다. 그렇다면 빵의 소비를 줄이고 사과의 소비를 늘리거나 그 반대의 경우는 어떨까? 앞의 〈표 3-3〉을 다시 보면 사과 4개와 빵 4개의 상품 묶음과 사과 5개와 빵 3개의 상품 묶음의 효용은 각각 48 + 34 = 82와 55 + 27 = 82로 같다. 물론 같은 크기의 효용을 주는 상품 묶음은 얼마든지 더 많을 수 있다. 이런 식으로 동일한 효용을 주는 상품 묶음들을 연결하여 그래프 위에 그린 것이 바로 무차별곡선이다. 현실에서는 그렇지 않겠지만 상품들을 0.1개, 0.01개 등으로 필요한 만큼 미세하게 분할할 수 있다고 가정하면 무차별곡선은 매우 매끄러운 곡선으로 나타난다.

무차별곡선에는 다음과 같은 주요한 특징이 있다. 첫째, 무차별곡선은 원점에서 멀수록 효용이 크다. 둘째, 무차별곡선은 우하향, 즉 오른쪽 아래 방향으로 움직인다. 셋째, 무차별곡선은 원점에 대해 볼록하다. 넷째, 무차별곡선은 서로 교차하지 않는다. 첫 번째 특징은 매우 당연한 이야기이므로 굳이 설명할 필요가 없을 것이다. 원점에서 멀다는 것은 더 많은 재화를 소비한다는 뜻이다. 소비가 효용이 아니라 비효용, 즉 고통을 주는 경우가 아니라면, 사과 1개와 빵 1개를 소비하는 것보다 사과 2개와 빵 2개를 소비하면 당연히 효용이 더 커진다는 뜻이다. 두 번째 특징은 동일한 효용을 유지하기 위해서는, 빵의 소비를 줄인다면 사과의 소비를 늘려야

---

2 서수적 효용이론과 무차별곡선이론은 이탈리아 경제학자 빌프레도 파레토(Vilfredo Federico Damasso Pareto, 1848-1923)와 영국의 에지워스(Francis Ysidro Edgeworth, 1845-1926)에 의해 출발하여, 러시아 출신의 슬루츠키(Yevgeny Evgenievich Slutsky, 1880-1948)를 거쳐 영국의 경제학자 존 힉스(Sir John Hicks, 1904-1989)와 로이 앨런(Sir Roy George Douglas Allen, 1906-1983) 등에 의해 미시경제학의 기본적인 분석도구로 발전했다. 특히 슬루츠키와 힉스는 가격효과와 소비자균형 등의 이론을 정립함으로써 미시경제이론의 발전에 결정적인 기여를 했다.

하며, 반대로 사과의 소비를 줄인다면 빵의 소비를 늘려야 한다는 뜻이다. 이것도 직관적으로 이해하기 어렵지 않다. 세 번째 특징은 '한계대체율 체감의 법칙(law of diminishing marginal rate of substitution)'이라고 부른다.

사전적으로 정의하면 **한계대체율**(marginal rate of substitution)은 소비자가 일정한 효용수준을 유지하면서 어느 한 재화와 다른 재화를 기꺼이 대체하려는 비율이다. 가령 사과의 소비를 늘리기 위해서는 빵의 소비를 줄여야 한다. 그렇다면 빵 1개의 소비를 포기함으로써 몇 개의 사과를 얻을 수 있을까? 그것은 무차별곡선 위의 어느 위치에 있느냐에 따라 달라진다. 원점을 향해서 볼록한 무차별곡선은 오른쪽으로 이동할수록 기울기의 절댓값이 감소한다. 〈그림 3-2〉와 같이 빵의 소비가 증가할수록 ― 사과의 소비가 감소할수록 포기해야 하는 빵의 수량은 증가하고 그 대가로 얻을 수 있는 사과의 수량은 감소한다. 빵의 소비가 증가하고 사과의 소비가 감소할수록 빵의 한계효용은 체감하는 반면에 사과의 한계효용은 커지기 때문이다. 따라서 한계효용체감의 법칙이 존재하는 한 무차별곡선은 원점에 대해 볼록한 형태가 된다.

한계대체율을 수식으로 표현하면 〈식 3-6〉과 같다. 수학적으로 해석하면 한계대체율은 무차별곡선의 기울기를 의미한다. 한계대체율에 음(−)의 부호가 붙은 이유는 X재의 수량 변화와 Y재의 수량 변화가 반대 방향으로 움직이기 때문이다. 한계대체율의 크기는 두 재화의 한계효용의 비율을 뒤집은 것과 같다.

한계대체율 상품 X의 한계단위로 그 상실을 보상하는 상품 Y의 수량을 나눈 비율

그림 3-2 무차별곡선

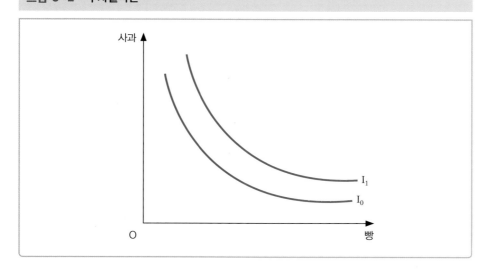

$$MRS_{XY} = -dY/dX = MU_X/MU_Y \qquad \langle 식 3-6 \rangle$$

무차별곡선의 형태는 우하향하면서 원점에 대해 볼록한 것이 일반적이지만 예외의 경우도 있다. 가령 두 재화가 완전대체재인 경우는 무차별곡선이 우하향하는 직선이 된다. 반대로 두 재화가 완전보완재인 경우에는 무차별곡선이 L자의 형태로 나타난다. 여기에 대해서는 대체재와 보완재를 학습한 다음에 다시 설명하기로 하자. 두 재화 가운데 하나가 비효용, 즉 고통을 주는 경우에는 무차별곡선이 오른쪽 아래가 아니라 오른쪽 위로 우상향할 수도 있다. 재화를 소비할수록 고통이 늘어난다는 말은 언뜻 이해하기 어려울 수도 있지만 쓰레기나 공해가 그런 예이다. 이에 대해서는 뒤에서 다시 보기로 하자.

마지막으로 무차별곡선은 교차하지 않는다는 네 번째 특성은 선호의 일관성이라는 문제와 관련된다. 〈그림 3-3〉에서 A점과 D점은 동일한 무차별곡선 위에 있다. 두 상품 묶음의 효용은 같다는 뜻이다. C점과 B점도 동일한 무차별곡선 위에 있다. 역시 두 상품 묶음의 효용은 같다. 그런데 원점에서 멀수록 효용이 더 크므로 C점에서의 효용은 A점에서보다 더 크고, 반대로 D점에서의 효용은 B점에서보다 더 커야 한다. $U_A = U_D > U_B = U_C$이면 당연히 $U_A > U_C$여야 하는데, $U_C > U_A$라는 모순된 현상이 나타나는 것이다.

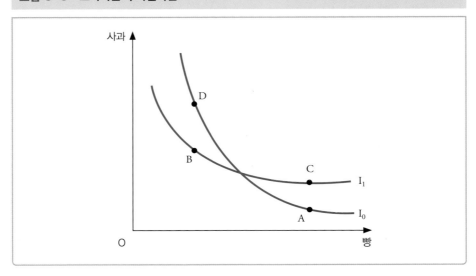

그림 3-3 교차하는 무차별곡선

합리적 선택

경제학은 모든 경제주체가 합리적이라고 가정한다. 합리적인 소비자의 선호는 당연히 일관되어야 한다. $U_A > U_B$이고 $U_B > U_C$이면 당연히 $U_A > U_C$여야 옳다. 이를 선호의 '이행성(transitivity)'이라고 한다. 그런데 무차별곡선이 서로 교차하는 경우에는 이행성의 조건이 지켜지지 않으므로 비합리적인 선택이 나타나게 되는 것이다. 물론 현실에서는 합리적인 소비자들도 더러 비합리적인 선택을 저지르기도 한다.[3]

그런데 상품의 성격에 따라서는 특수한 형태의 무차별곡선들도 존재한다. 〈그림 3-4〉의 (a)는 두 상품이 완전대체재인 경우이다. 가령 어떤 소비자가 A맥주와 B맥주의 차이를 전혀 인식하지 못한다면, A맥주를 마시든 B맥주를 마시든 효용의 차이는 없다. 따라서 두 상품의 한계대체율은 체감하는 것이 아니라 일정하고, 무차별곡선은 우하향하는 직선의 형태가 된다. 반대로 두 상품이 완전보완재일 경우, 가령 오른쪽 신발과 왼쪽 신발의 경우처럼 어느 하나만 있어서는 아무런 효용이 없는 경우에는 무차별곡선이 〈그림 3-4〉의 (b)처럼 L자 형으로 나타난다. 마지막으로 앞에서도 본 공해나 쓰레기의 경우처럼 어느 한 재화가 비효용재인 경우, 즉 그 재화의 사용이 증가할수록 효용이 감소한다면 무차별곡선은 〈그림 3-4〉의 (c)처럼 원점에 대해 볼록한 형태가 아니라 비효용재를 향해 볼록한 형태가 된다.

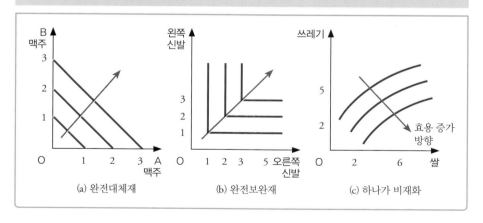

그림 3-4　특수한 경우의 무차별곡선

(a) 완전대체재　　(b) 완전보완재　　(c) 하나가 비재화

3　최근 들어 경제학의 새로운 분야로 많은 주목을 받고 있는 행동경제학(behavioral economics)에서는 서로 교차하는 무차별곡선을 가정하기도 한다. 행동경제학은 사람의 행동이 반드시 합리적이지만은 않다고 가정하기 때문이다.

예산제약

같은 무차별곡선 위의 점들이 동일한 효용을 주는 상품 묶음들을 의미하는 것과 마찬가지로 다른 무차별곡선 위의 점들은 서로 다른 효용을 주는 상품 묶음들이 존재한다는 것을 보여준다. 이미 본 것처럼 무차별곡선이 원점에서 멀면 멀수록 더 큰 효용을 의미한다. 원점에서 더 먼 무차별곡선을 선택할수록 소비자들은 더 큰 효용을 얻을 수 있다는 뜻이다. 하지만 소비자들의 선택은 무한정하지 않다. 상품들을 구매하는 데 쓸 수 있는 예산의 제약을 받기 때문이다. 우리의 선택은 언제나 우리가 가진 예산의 범위 안에서만 가능하다는 것을 예산제약(budget constraint)이라고 부른다.

〈그림 3-5〉는 주어진 예산으로 구매할 수 있는 상품의 양을 보여주므로 예산선(budget line) 또는 가격선(price line)이라고 부른다. 예산선의 기울기가 직선인 것은 두 상품의 가격이 고정되어 있다고 가정하기 때문이다. 무차별곡선과 마찬가지로 예산선은 원점에서 멀어질수록 더 많은 소득을 의미한다. 즉 그림 (a)의 예산선 2는 예산선 1보다 소득이 증가했음을 의미한다. 반면에 그림 (b)는 소득의 변화 없이 빵의 가격이 변화한 경우를 보여준다. 빵의 가격이 하락하면 더 많은 빵의 소비가 가능해지므로 예산선 1은 예산선 2로 이동하게 된다.

예산의 총액을 M이라고 할 때 주어진 예산으로 구매할 수 있는 상품의 양은 〈식 3-7〉과 같이 표현된다. 〈식 3-7〉을 Q_Y에 대해 풀어보면 〈식 3-8〉과 같다.

그림 3-5 예산선

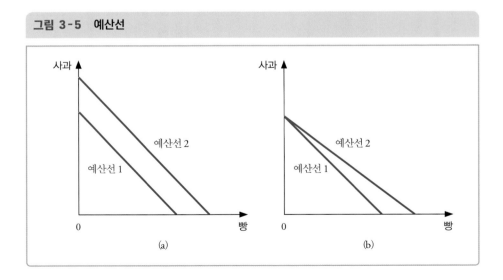

예산제약 예산제약은 반드시 돈의 문제만이 아니라 시간이나 능력의 한계 때문에 나타날 수도 있다.

$$M = P_X Q_X + P_Y Q_Y \qquad \text{〈식 3-7〉}$$

$$Q_Y = -(P_X/P_Y)Q_X + M/P_Y \qquad \text{〈식 3-8〉}$$

예산선의 기울기 P_X/P_Y는 Q_Y/Q_X와 같으며 M/P_Y은 예산 M을 모두 Y재의 구입에 사용했을 때의 수량을 의미한다. 마찬가지로 예산 M을 모두 X재의 구입에 사용하면 M/P_X을 얻을 수 있다.

소비자균형

〈그림 3-6〉의 A점과 B점은 동일한 예산선 위에 있지만 원점에서 더 멀리 위치한 A점이 B점보다 더 큰 효용을 준다. A점과 C점은 동일한 무차별곡선 위에 위치하므로 동일한 효용을 준다. 하지만 A점은 주어진 예산으로 구매가 가능하지만 C점은 예산선 밖에 존재하므로 구매할 수 없다. 따라서 소비자는 예산선과 무차별곡선이 접하는 A점을 선택하는 것이 최적의 선택이다. A점에서는 예산선의 기울기와 무차별곡선의 기울기, 즉 한계대체율이 일치한다. 따라서 소비자균형(consumer's equilibrium)은 다음과 같이 표현된다.

$$MRS_{XY} = MU_X/MU_Y = P_X/P_Y \qquad \text{〈식 3-9〉}$$

〈식 3-9〉를 다시 정리해보면 이미 보았던 특별한 결과를 얻는다. 바로 가중한 한

그림 3-6 소비자균형

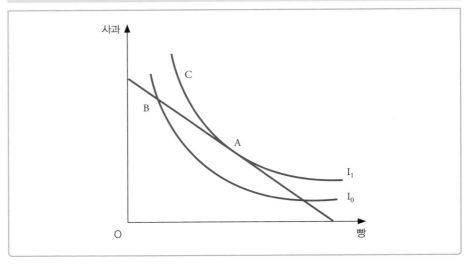

계효용균등의 법칙이다.

$$MU_X/P_X = MU_Y/P_Y \qquad \langle식\ 3-10\rangle$$

시장 소비자는 정말 합리적인가? 언제나 반드시 그렇다고 말할 수는 없지만 대체로 그렇다.

　이로써 무차별곡선을 이용한 소비자균형과 한계효용이론에 의한 소비자균형은 동일한 결과임을 알 수 있다.

3-3 소비자균형의 응용

　한 그릇에 180달러, 우리 돈으로 21만 원을 호가하는 라면이 미국 뉴욕에 등장했다. 미국 월스트리트저널은 13일(현지시간) 뉴욕 맨해튼 남쪽에 있는 일본요리 전문 식당 '코아'에 180달러를 지불해야 먹을 수 있는 라면이 출시됐다고 소개했다. 이 라면에는 일본 소고기인 와규(和牛)가 들어가고 값비싼 송로버섯도 재료로 활용된다. 무엇보다 큰 특징은 먹을 수 있는 24캐럿의 얇은 금 조각이 들어간다는 것이다. 이 요리를 먹으려면 적어도 6시간 전에 주문해야 한다. 그래야 주방장이 닭고기와 돼지고기로 라면 국물을 만들 수 있다. 요리는 일본에서 수입한 수제 그릇에 담겨 금빛 젓가락과 함께 나온다. 라면을 먹은 뒤 젓가락은 가져가도 된다. 이 신문은 "라면은 기본적으로 싼 음식"이라면서 "하지만 상위 1%만 겨냥한 새로운 라면이 나왔다"고 평가했다. 뉴욕에서는 상상을 초월하는 가격에 팔리는 식음료를 어렵지 않게 찾아볼 수 있다. '세런디피티3'에서는 1,000 달러짜리 아이스크림을 판다. 금으로 장식한 최고급 아이스크림이다. 또 '앨곤퀸 호텔'에서는 다이아몬드 반지가 붙어 있는 1만 달러짜리 마티니도 있다. 그러나 일본에서 일반 직장인이 싼 가격에 한 끼를 때울 때 자주 찾는 라면이 180달러나 하는 것은 파격적이다. 식당 측은 이번 달 초에 출시 후 지금까지 2그릇만이 팔렸다고 말했다. (〈연합뉴스〉, 2016. 5. 14)

가격효과

라면은 가장 대표적인 서민 음식이다. 흔히 '라면 한 그릇'이라는 말은 주머니 사정이 어렵거나 일이 너무 많아 제대로 음식을 차려먹을 수 없을 때, 이도저도 아니면 입맛이 없어서 음식 생각이 나지 않을 때 간단히 먹는 음식이라는 의미로 쓰는 것이 보통이다. 그런데 만약 라면 한 그릇이 20만 원이 넘는다면 어떨까? 깜짝 놀랄 사람이 대부분이겠지만, 더러는 그 정도는 되어야 라면도 먹을 만하지 하는 사람도 있을 터이다. 사람마다 소득이 다른 탓이다.

　소비자들의 소득 변화나 재화의 가격 변화는 소비자의 선택에 영향을 미친다. 소득의 증가는 일반적으로 더 많은 재화에 대한 소비를 가능하게 하고 소득의 감소는 소비를 감소시킨다. 마찬가지로 가격의 상승은 일반적으로 그 재화에 대한 소비자들의 수요량을 감소시키고, 가격의 하락은 수요량을 증가시킨다. 더 많은 재화의 소비는 소비자들의 효용을 증가시키고, 다른 사정들이 변하지 않는다면 소비자들을 더 행복하게 만들 것이다. 이처럼 가격의 변화는 소비자들의 선택과 행복에 중요한 영향을 미친다.

무차별곡선과 예산선을 이용한 분석은 주어진 예산, 즉 소득과 주어진 가격을 가정했다. 그런데 만약 소득이나 가격이 변화하면 소비자균형은 어떻게 달라질까? 소비자균형을 이용하면 재화의 가격이 변화할 때 소비자들의 수요량이 어떻게 변화하는지를 분석할 수 있다. 앞에서도 설명했지만 가격의 변화가 있기 이전에 소비자의 선택은 가중한 한계효용균등의 법칙에 의해 $MU_X/P_X = MU_Y/P_Y$인 지점에서 이루어졌다. 그러나 빵의 가격, 즉 P_X가 하락함에 따라 MU_X/P_X가 MU_Y/P_Y보다 커지게 되고, 따라서 소비자는 새로운 균형을 위해 X재, 즉 빵을 더 많이 선택하게 될 것이다. 이는 앞에서 본 한계효용을 이용한 분석과 동일하다. 이처럼 어느 재화의 가격이 하락하면 그 재화의 소비가 증가하는 현상을 **가격효과**(price effect)라고 부른다. 가격효과는 이제부터 설명할 소득효과와 대체효과를 합한 것과 같다.

가격효과 어떤 재화의 가격 변화가 그 재화의 수요(소비)량에 미치는 효과

소득효과

주어진 소득이 〈그림 3-7〉의 예산선 1과 같을 때 소비자의 최적 선택은 A점이다. 그

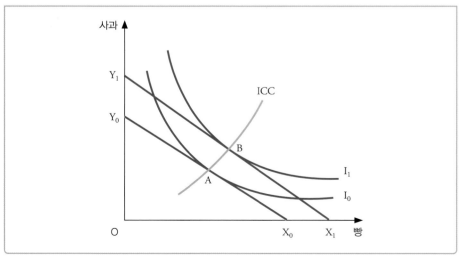

그림 3-7 소득효과

러나 가격의 변화 없이 소비자의 소득이 증가하여 예산선 2와 같이 변화한다면 소비자는 더 효용이 큰 B점을 선택할 수 있다. 이처럼 소득의 변화에 따른 소비의 변화를 '소득효과(income effect)'라고 부른다. 〈그림 3-7〉의 A점과 B점처럼 소득의 변화에 따른 소비의 변화로 얻은 소비자균형점들을 연결한 곡선을 소득-소비곡선(income-consumption curve)이라고 부른다. 소득-소비곡선은 소득이 변할 때 효용을 극대화할 수 있는 소비의 궤적을 나타낸다.

대체효과

이제 소득의 변화는 없으나 재화의 가격이 변화한 경우를 보자. 빵의 가격이 하락한다는 말은 빵과 사과의 상대가격이 달라진다는 의미이다. 한 재화의 가격이 변화하면 소비자들은 당연히 상대적으로 더 싸진 재화를 더 많이 소비하려 할 것이다. 이러한 현상을 **대체효과**(substitution effect)라고 부른다. 상대적으로 더 싸진 상품으로 더 비싸진 상품의 소비를 대체한다는 뜻이다. 사과의 가격은 변하지 않았으나 빵의 가격이 하락한 경우에 소비자는 동일한 소득으로 더 많은 빵을 소비할 수 있게 된다. 따라서 이 소비자의 예산선은 〈그림 3-8〉의 예산선 1에서 예산선 2로 이동하게 되고 소비자균형도 A점에서 B점으로 이동하게 된다.

한계효용이론에서도 본 것처럼 빵의 가격의 변화, 즉 P_0에서 P_1으로 변화에 대응

대체효과 상대가격의 변화가 상품의 수요의 변화에 미치는 효과

그림 3-8 가격효과

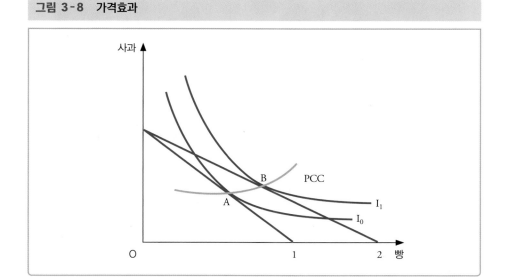

하는 빵의 수요량의 변화를 연결하면 이 소비자의 수요곡선을 도출할 수 있다. 이처럼 재화의 가격이 변함에 따라 얻어진 소비자균형점들의 궤적을 가격-소비곡선(price-consumption curve)이라고 부른다. 가격-소비곡선을 이용하면 재화의 가격과 소비의 관계, 즉 그 재화에 대한 수요곡선(demand curve)을 그릴 수 있다. 수요곡선은 주어진 가격에서 효용을 극대화하는 소비량을 의미한다.

가격-소비곡선을 이용해 수요곡선을 도출할 수 있다. 〈그림 3-9〉의 (a)는 가격-소비곡선이다. 가격이 P_0에서 P_1, P_2 등으로 변화할 때 X재의 소비는 X_0에서 X_1, X_2로 변화한다. 이제 새로운 평면에서 가격의 변화와 수요량의 변화 사이의 관계를 그려 보면 〈그림 3-9〉의 (b), 즉 수요곡선을 도출할 수 있다.

정상재와 열등재

여기서 주목할 만한 사실은 빵의 가격이 하락함으로써 빵의 소비만 증가한 것이 아니라 사과의 수요도 증가했다는 것이다. 이는 한 재화의 가격이 하락하면 그만큼 소비자가 구매 가능한 상품의 양이 늘어나므로 소득이 증가한 것과 같은 소득효과를 가져온다는 뜻이다. X재의 가격이 하락할 경우 대체효과는 X재의 수요량이 증가하고 Y재의 수요량은 감소하는 방향으로 나타난다. 반면에 소득효과는 X재와 Y재

Shutterstock

열등재 어떤 상품은 정상재이고 어떤 상품은 열등재라고 처음부터 정해져 있는 것은 아니다. 모든 상품은 상황과 조건에 따라 정상재가 될 수도 있고 열등재가 될 수도 있다.

그림 3-9 수요곡선의 도출

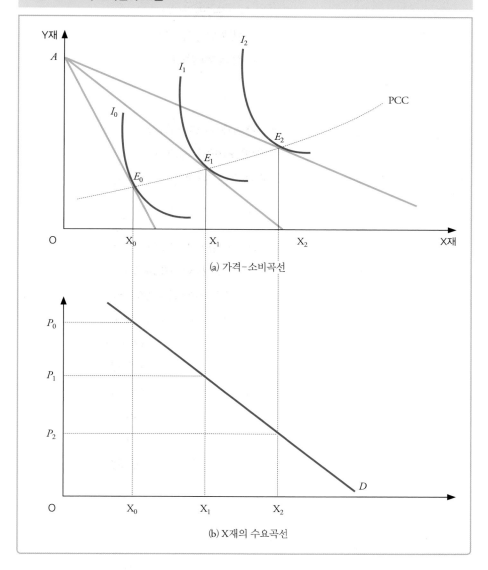

(a) 가격-소비곡선

(b) X재의 수요곡선

두 재화 모두의 수요가 증가하는 방향으로 나타난다. 그런데 예외적으로 소득이 증가했는데도 수요가 감소하는 재화도 있다. 소득이 증가할수록 수요가 늘어나는 대부분의 상품들을 정상재(normal goods)라고 부른다. 반대로 소득이 늘수록 수요가 줄어들고 반대로 소득이 감소할수록 수요가 늘어나는 예외적인 재화들을 **열등재**(inferior goods)라고 부른다. 라면이나 소주가 그 대표적인 예이다.

열등재 다른 조건이 불변일 때, 소득이 증가함에 따라 수요가 감소하는 재화라면과 스테이크, 소주와 위스키를 비교하면 라면이나 소주는 상대적으로 열등한 상품이다. 따라서 소득이 늘어나면 소비자들은 라면보다 스테이크를, 소주보다 위스키를 더 많이 선호하게 된다. 따라서 라면이나 소주는 소득이 증가했음에도 불구하고 오히려 소비가 줄어들게 된다. 반대로 소득이 줄어들수록 스테이크나 위스키 대신 라면이나 소주의 소비가 늘어날 터이다. 불황일수록 소주나 라면이 잘 팔린다는 속설은 바로 이런 이유에서 나온 것이다. 다만 여기서 유의할 점은 어떤 상품이 정상재냐 열등재냐 하는 것은 처음부터 정해져 있지는 않다는 점이다. 낮은 소득수준에서는 당연히 소득이 증가할수록 라면의 소비가 증가하므로 라면도 정상재이다. 반대로 소득수준이 매우 높은 경우에는 스테이크도 열등재가 될 수 있다.

기펜재

정상적인 재화의 경우 가격효과는 재화의 가격이 하락하면 수요가 증가하고 가격이 상승하면 수요가 감소하는 방향으로 나타난다. 그런데 어떤 재화는 가격이 상승했는데도 오히려 수요가 늘어나는 경우가 있다. 이런 상품을 **기펜재**(Giffen's goods)라고 부르는데, 이름에서 짐작했겠지만 기펜(Robert Giffen, 1837–1910)이라는 영국의 경제학자가 처음 이야기했기 때문에 그렇게 부른다.

기펜재는 열등재의 특수한 경우이다. 이야기한 것처럼 가격효과는 소득효과와 대체효과를 합한 것과 같다. 가격이 상승했는데도 소비가 증가하거나 가격이 하락했는데도 소비가 감소하는 경우는 열등재이면서 소득효과의 크기가 대체효과보다 더 큰 경우이다. 가령 쌀과 보리를 비교하면 보리는 쌀에 비해 열등재이다. 그런데 만약 보리의 가격이 상승하면 보리의 소비가 감소할까? 보리의 소비를 줄이기 위해서는 쌀의 소비를 늘려야 한다. 그러나 아무리 보리의 가격이 상승하더라도 여전히 쌀의 가격이 보리의 가격보다 비싸기 때문에 한정된 소득으로는 쌀의 소비를 늘릴 수 없다. 그래서 소득수준이 낮은 소비자들은 보리의 가격이 오를수록 오히려 쌀의 소비를 줄이고 그 돈으로 보리를 더 많이 소비하게 되는 것이다. 보리의 가격이 상승할 경우 대체효과는 상대적으로 더 싸진 쌀의 수요를 증가시키고 보리의 수요를 감소시키는 방향으로 나타난다. 그러나 보리의 가격 상승은 실질소득의 감소를 의미한다. 이때 정상재라면 보리의 수요는 감소하겠지만 보리는 열등재이기 때문에 오히려 수요가 증가하는 반대 방향으로의 소득효과가 나타나게 된다. 이때 소득효과, 즉 수요 증가의 효과가 대체효과, 즉 수요 감소의 효과보다 더 크면 보리의 가격 상승은

기펜재 가격이 상승했는데도 수요량이 증가하는 재화

표 3-5   가격의 하락과 수요의 변화

	대체효과	소득효과	가격효과	비고
정상재	수요 증가	수요 증가	수요 증가	
열등재	수요 증가	수요 감소	수요 증가	대체효과>소득효과
	수요 증가	수요 감소	수요 감소	기펜재

보리 소비의 증가로 나타나게 되는 것이다. 대체효과와 소득효과는 〈표 3-5〉에 정
리하였다.[4]

소비자균형

무차별곡선은 한 소비자가 두 재화 X재와 Y재 사이에서 어떻게 선택하는가를 보여
준다. 그런데 또 한 사람의 소비자가 더 있다면 두 사람 사이에서 자원의 배분은 어
떻게 이루어지는 것이 효율적인가 하는 문제가 발생한다. 물론 여기서는 사회에 두
사람의 소비자만 존재하며, 마찬가지로 2개의 재화 빵과 사과 또는 X재와 Y재만 존
재한다고 가정한다. 〈그림 3-10〉은 두 재화 X(빵)와 Y(사과)에 대한 두 소비자 A와
B의 소비자균형을 보여 준다.

〈그림 3-11〉은 흔히 에지워스의 박스다이어그램(box diagram) 또는 간단히 에지
워스의 상자라고 부른다. 네모 상자의 형태로 자원배분의 최적 균형을 설명했기 때
문에 그렇게 부른다. 영국의 경제학자 에지워스(Francis Ysidro Edgeworth, 1845-
1926)가 처음 발표했기 때문에 그의 이름을 딴 것이다.

〈그림 3-11〉의 T점에서 두 소비자 A와 B는 우리 사회에 존재하는 재화 X와 Y를
모두 분배하여 소비한다. 재화 X는 A가 X_A만큼, B가 X_B만큼 소비하고 재화 Y는 A
가 Y_A만큼, B가 Y_B만큼 소비한다. 소비자 A의 처지에서는 T점과 R점의 효용이 같다.

---

4 기펜재가 아닌데도 가격이 상승하면 오히려 수요가 증가하는 경우가 있다. 미국의 경제학자 베블
런(Thorstein Veblen, 1857-1929)은 유명한 저서 『유한계급론(The Leisure Class, 1899)』에서 '과시
적 소비'라는 개념을 제시했다. 부유한 소비자들은 소비를 통해 얻는 자신의 효용이 아니라 다른
사람들에게 과시하고자 하는 욕구에서 상품을 소비하는 경우가 있다는 것이다. 이런 경우에는 비
싼 상품일수록 오히려 더 선호된다. 가격이 비싸야 과시의 대상이 될 수 있기 때문이다. 이런 형태
의 소비를 그의 이름을 빌려 '베블런 효과(Veblen effect)'라고 부른다. 다만 베블런 효과는 합리적인
소비가 아니기 때문에 기펜재와는 전혀 다른 경우이다.

그림 3-10 두 소비자의 소비자균형

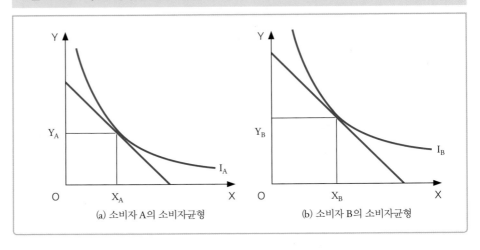

(a) 소비자 A의 소비자균형   (b) 소비자 B의 소비자균형

그림 3-11 계약곡선

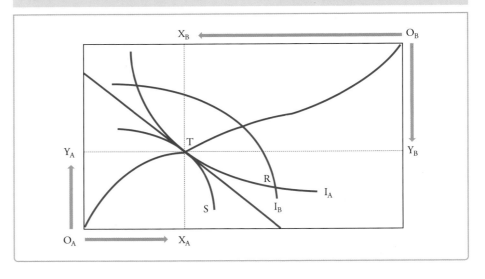

그러나 소비자 B의 처지에서는 R점보다 T점의 효용이 크다. 소비자 A의 처지에서도 R점은 T점보다 비용이 크다. 마찬가지로 소비자 B의 처지에서는 T점과 S점의 효용이 같지만 소비자 A의 처지에서는 S점보다 T점의 효용이 크다. 소비자 B의 처지에서도 S점은 T점보다 비용이 크다. 따라서 소비자 A와 소비자 B가 모두 만족하는 균형점은 T점이다. 이처럼 두 소비자가 서로 만족하는 균형점들을 이으면 〈그림 3-

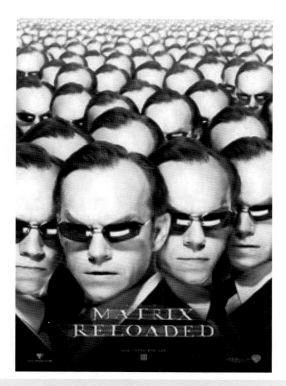

경제학의 설명방식이 익숙하지 않은 분들을 위하여 로빈슨 크루소(Robinson Crusoe) 이야기를 잠시 해보자. 흔히 경제학이라는 학문의 유용성을 비판적으로 생각하는 이들이 경제학을 풍자하는 말이 바로 '로빈슨 크루소의 학문'이다. 무인도에서 혼자 생활한 로빈슨 크루소처럼 경제학이 합리적 인간이라고 부르는 호모 에코노미쿠스(homo economicus)도 다른 사람들 속에서 살아가는 것이 아니라 혼자 산다는 뜻이다. 실제로 경제학은 모든 사람이 똑같이 합리적이라면 당연히 모든 사람의 의사결정은 똑같이 이루어질 것이라고 가정한다. 여기서 의사결정이 똑같다는 말은 무엇을 더 좋아하느냐는 기호는 서로 다를지라도 어떻게 선택하느냐는 그 의사결정의 과정은 똑같다는 뜻이다. 두 가지 상품 가운데 무엇을 선택하는가? 한계효용이 더 큰 쪽을 선택한다. 두 상품의 묶음을 어떻게 선택하는가? 한계효용이 균등해지도록 선택한다. 그래서 경제학은 오직 한 사람, 즉 로빈슨 크루소의 의사결정과정만 설명하면 모든 사람의 행동을 똑같이 설명할 수 있다고 가정한다. 그런데 한 사람만으로는 설명할 수 없는 일이 있다. 바로 교환이다. 그래서 경제학은 "여기 한 사람이 있다"에서 시작해 "여기 한 사람이 더 있다"로 나아간다. 그다음에는? "모든 사람이 있다"로 끝난다. 모든 사람의 의사결정과정은 동일하기 때문에 두 사람이 있으나 70억 명이 있으나 똑같다는 뜻이다. 상품에 대해서도 마찬가지다. 여기 한 상품이 있다. 그다음에는 여기 또 하나의 상품이 있다. 그다음에는 모든 상품이 있다. 자본이나 노동과 같은 생산요소를 설명할 때도 마찬가지다. 여기 하나의 자원이 있다. 여기 또 하나의 자원이 있다. 모든 자원이 있다. 이런 설명방식은 로빈슨 크루소보다 영화 '매트릭스(Matrix)' 시리즈에 나오는 스미스 요원에 더 가까운 것 같기도 하다. 아무튼 경제학의 이러한 설명방식이 그다지 마음에 안 들 수도 있지만, 아무튼 그것이 매우 효율적인 설명방식임에는 틀림없다. 현실에는 무수히 많은 상품들이 있는데 왜 경제학은 주구장창 빵 이야기만 하는지 궁금한 분들을 위해 드리는 말씀이다.

내가 무엇을 소비하는지가 바로 나 자신이다.

11〉의 O_A에서 T를 지나 O_B를 잇는 곡선이 나타난다. 이 곡선은 두 사람이 모두 만족하여 계약이 성립되는 선이라는 의미에서 계약곡선(contract curve)이라고 부른다. 다만 T점이 O_A와 O_B의 어느 지점에 위치할지는 두 소비자의 예산조건에 따라 결정될 것이다. 다만 O_A와 O_B 사이의 수많은 T점들 가운데 어느 분배상태가 가장 좋은지에 대해서는 말할 수 없다.

카를 멩거(Carl Menger, 1840-1921)

신고전학파의 선구자 가운데 한 사람인 카를 멩거는, 지금은 폴란드의 영토인 갈리치아에서 법률가의 아들로 태어났다. 비엔나대학과 프라하대학을 거쳐 폴란드의 야길로니언대학에서 법학박사학위를 받았다. 언론계와 정부에서 활동하다가 1873년 비엔나대학의 경제학 교수로 임명되었다. 역사학파의 거장인 슈몰러(Gustav von Schmoller, 1838-1917)와 25년간에 걸쳐 진행한 '방법론 논쟁'은 이론경제학의 대표자로서 멩거의 명성을 높이는 계기가 되었다. 『국민경제학의 기본원리(Grundsätze der Volkswirtschaftslehre, 1871)』를 발표하여 한계효용이론의 선구자 가운데 한 사람이 되었다. 멩거와 제번스의 이론은 내용적 측면에서는 거의 동일했으나 방법론에서는 큰 차이가 있었다. 제번스의 이론은 수학적이었으나 멩거의 이론은 비수학적이었고, 설명이 단순했으며, 도표도 거의 사용하지 않았다. 멩거 경제학의 출발점은 주관적 가치, 즉 개인의 욕망과 효용에 있다. 멩거의 방법론에서 가장 핵심적인 개념은 '원자론적 개인주의(atomistic individualism)'이다. 이는 개인을 분석의 중심에 놓고, 경제사회는 자유로운 개인들 간의 교환관계의 집합에 불과한 것으로 간주하는 이론이다. 경제현상은 어떤 사회적 힘의 표현이 아니라 개인행위의 결과이며, 따라서 전체 경제 과정을 이해하기 위해서는 개인의 경제행위를 분석해야 한다는 것이다. 멩거는 이러한 개인을 '경제인(Wirtschaftender mensch)'이라고 불렀다.

존 힉스(Sir John Hicks, 1904-1989)

존 힉스는 20세기의 가장 영향력 있는 경제학자 가운데 한 명이다. 옥스퍼드대학에 입학하여 처음에는 수학을 공부하다가 경제학으로 전공을 바꾸었다. 런던정치경제대학을 거쳐 케임브리지대학과 맨체스터대학의 교수를 지냈다. 처음에는 노동경제학 분야를 연구했으나 점점 수학적 분석으로 관심분야를 바꾸었다. 노동경제학자로서 힉스의 업적은 『임금의 이론(The Theory of Wages, 1932)』에 잘 정리되어 있다. 이 책은 지금까지도 노동경제학의 고전으로 평가받는다. 힉스의 업적 가운데 가장 유명한 것은 『가치와 자본(Value and Capital, 1939)』이다. 이 책에서 설명된 대체효과, 소득효과, 소비자선택, 비교정태분석 등의 개념은 현대경제학의 기본이론이 되었다. 힉스의 업적은 미시경제학뿐 아니라 거시경제학 분야에서도 중요하다. 존 메이너드 케인스(John Maynard Keynes, 1883-1946)의 거시경제이론에 대한 해석을 구체화한 IS-LM 모형은 오랫동안 케인스주의 거시경제분석의 기본도구로 이용되었다. 이 모형에서 힉스는 국민경제를 화폐, 소비, 투자의 균형으로 설명했다. 일반균형이론과 후생경제학에 대한 기여로 1972년에 노벨 경제학상을 받았다. 상금을 모두 런던정치경제대학의 도서관에 기증한 일도 유명하다.

주요 개념

가격–소비곡선	가격효과
계약곡선	기펜재
대체효과	무차별곡선
소득–소비곡선	소득효과
소비자균형	열등재
예산선	정상재
한계대체율	한계원리
한계효용	효용

확인 학습 – 기초편

1. 효용에 관한 설명으로 가장 올바른 것은 무엇인가?

   ① 소비자가 어떤 상품 또는 상품 묶음을 소비함으로써 얻는 만족을 효용이라고 한다.

   ② 소비자가 반드시 효용이 더 큰 상품 또는 상품 묶음을 선택하는 것은 아니다.

   ③ 상품의 소비량이 늘어날수록 효용은 반드시 증가한다.

   ④ 상품의 가격이 비쌀수록 효용은 더 크다.

2. 한계효용에 관한 설명으로 적당하지 않은 것은 무엇인가?

   ① 상품 한 단위를 더 소비할 경우에 증가하는 효용을 한계효용이라고 부른다.

   ② 일반적으로 상품의 소비량이 증가할수록 한계효용은 체감한다.

   ③ 두 재화의 한계효용이 균등한 지점에서 소비를 결정하는 것이 합리적이다.

   ④ 합리적인 소비를 위해서는 한계효용보다 총효용이 더 중요하다.

3. 무차별곡선에 대한 설명으로 적당하지 않은 것은 무엇인가?

   ① 같은 무차별곡선 위의 모든 점은 동일한 크기의 효용을 의미한다.

   ② 일반적으로 무차별곡선이 원점에서 멀수록 효용은 더 크다.

   ③ 무차별곡선은 서로 교차할 수도 있다.

   ④ 일반적으로 무차별곡선은 원점에 볼록한 형태를 갖는다.

4. 한계대체율에 대한 설명으로 옳은 것은 무엇인가?

　① 한계대체율은 무차별곡선 위의 한 점에서 잰 기울기의 절댓값과 같다.

　② 한계대체율은 모든 소비자에게 동일하다.

　③ 무차별곡선 위의 같은 점에서 두 상품을 대체하더라도 한계대체율은 달라질 수 있다.

　④ 한계대체율은 소비자의 소비량이 증가할수록 체증한다.

5. 다음과 같은 특수한 경우의 무차별곡선은 어떤 모양일지 그려보라.

　1) 공급자는 다르지만 전혀 차별성이 없는 두 가게의 쇠고기

　2) 어느 한 가지만으로는 사용할 수 없는 시계와 시곗줄

　3) 라면은 좋아하지만 초밥은 전혀 좋아하지 않는 소비자에게 주어진 라면과 초밥

　4) 겨울철 집 앞 길에 내린 눈을 치우느라 좋아하는 TV 프로그램을 보지 못하는 소비자

6. 예산선에 대한 설명으로 옳은 것은 무엇인가?

　① 예산선의 기울기는 소비량에 따라 달라진다.

　② 한 상품의 가격이 달라지면 예산선은 평행이동한다.

　③ 두 상품의 가격이 동일한 비율로 변화할 경우 예산선은 이동하지 않는다.

　④ 예산선의 두 절편은 주어진 예산으로 각각의 상품을 구입할 수 있는 양을 의미한다.

7. 가격효과에 대한 설명으로 옳은 것은 무엇인가?

　① 가격효과는 소득효과와 대체효과의 두 부분으로 나누어 생각해볼 수 있다.

　② 가격효과의 절대적 크기가 반드시 소득효과의 절대적 크기보다 큰 것은 아니다.

　③ 가격이 하락했는데도 소비량이 증가하는 상품도 있을 수 있다.

　④ 두 상품의 가격이 동일한 비율로 변할 경우 두 상품의 소비량에는 변화가 없다.

8. 소득효과와 대체효과에 대한 설명으로 옳지 않은 것은 무엇인가?

　① 대체효과는 두 상품이 서로 대체관계에 있을 때 나타나는 현상이다.

　② 소득효과는 상품의 가격이 변할 때 나타나는 현상이다.

　③ 소득효과의 절대적 크기보다 대체효과의 절대적 크기가 더 크면 수요곡선은 우하향하는 모양을 가진다.

　④ 소득효과는 반드시 양(+)의 방향으로 작용하지만 대체효과는 그렇지 않다.

9. 기펜재에 대한 설명으로 옳지 않은 것은 무엇인가?

① 모든 상품은 조건에 따라서 기펜재가 될 수 있다.

② 모든 기펜재는 열등재이고, 모든 열등재는 기펜재이다.

③ 기펜재는 쌀과 보리처럼 두 가지 상품을 결합 소비할 때 나타난다.

④ 기펜재는 열등재 가운데 소득효과의 절대적 크기가 대체효과의 절대적 크기
보다 큰 경우에 나타난다.

10. 어떤 상품이 열등재일 때 이 상품에 대한 설명으로 적절하지 않은 것은 무엇인가?

① 소득이 증가할수록 이 상품에 대한 수요는 감소한다.

② 어떤 상품이 열등재가 되는 이유는 그 상품의 품질이 나쁘기 때문이다.

③ 이 상품의 소득탄력성은 마이너스(−)의 값을 갖는다.

④ 열등재 가운데 소득효과의 절대적 크기가 대체효과의 절대적 크기보다 큰 경
우를 기펜재라고 부른다.

확인 학습 – 논술편

1. 쌀의 가격은 1kg에 5만 원이고 옷의 가격은 한 벌에 8만 원일 때, 두 상품의 한
계대체율이 다음과 같다면 이 소비자는 합리적인 소비를 하고 있는가? 그렇지
않다면 어떻게 소비량을 바꾸어야 합리적인가?

$$MU_옷/MU_쌀 = 2$$

2. 한 달 소득이 40만 원인 소비자가 1kg에 5만 원인 쌀과 한 벌에 8만 원인 옷을
구입하고자 한다.

1) 이 소비자의 예산선을 그려보라.

2) 이 소비자의 소득이 60만 원으로 증가할 경우의 예산선을 그려보라.

3) 정부가 쌀 소비를 장려하기 위해 쌀 1kg마다 1만 원의 보조금을 줄 경우 이
소비자의 예산선을 그려보라.

3. 쌀과 감자를 함께 소비하는 가족이 있다. 이 가운데 감자가 기펜재라면 감자 가
격의 하락에 따라 이 가족의 소비는 어떻게 달라질지 설명하라.

4. X재와 Y재 두 가지 재화를 소비하는 소비자의 효용극대화에 대해 다음 각각의
경우 무엇을 잘못 서술했는지 설명하라.

1) X재의 가격이 하락하면 X재의 소비량은 반드시 증가한다.

2) X재의 가격이 상승하면 Y재의 소비량은 반드시 증가한다.

3) 소득이 증가하면 X재와 Y재의 소비량은 모두 증가한다.

4) 가격과 상관없이 두 재화의 한계효용이 균등해지는 지점에서 소비량을 결정한다.

제 4 장

생산과 비용

4-1 생산

2008년 글로벌 금융위기 이후 미국과 유럽, 일본 등 선진국 경제의 생산성 성장세는 큰 폭으로 둔화했다. 언뜻 당연한 결과처럼 보일 수도 있지만, 실리콘밸리를 비롯한 글로벌 기술 허브에서 시시각각으로 기술 혁신이 이루어지는 것을 생각하면 이해하기 쉽지 않다. 우리가 살아가는 '혁신의 황금기'에 생산성과 삶의 질, 업무 환경이 큰 폭으로 개선될 것이라는 기대는 당연한 것으로 보인다. 그렇다면 왜 기술발전과 혁신이 경제 생산성 향상으로 이어지지 않는 걸까? 이 시대의 혁신은 에너지·생명공학·정보통신·제조업·금융·보안 등 6개 영역에서 활발하다. 이런 혁신은 대단히 고무적이지만 거시경제학자에게는 여전히 해결하지 못한 의문을 남긴다. '우리 생활을 급속도로 바꾸는 다양하고 광범위한 혁신이 왜 의미 있는 생산성 증대로 이어지지 못하느냐'는 것이다. 우리는 이를 '생산성 수수께끼(productivity puzzle)'라 부른다. (《이코노미 조선》, 2016. 6. 19)

생산함수

국민경제에서 기업은 생산의 주체이다. 생산(production)이란 우리가 생활하는 데 필요한 재화나 서비스를 만드는 활동을 의미한다. 흔히 생산이라고 하면 기업에서 재화를 생산하는 일만을 생각하기 쉽다. 그러나 생산이란 농사를 짓고 가축을 기르는 일 등을 포함해서 더 광범한 개념이다. 운송이나 보관, 유통 등과 같은 서비스 활동들도 생산의 개념에 포함될 수 있다. 경우에 따라서는 노동이나 토지와 같은 생산요소의 양을 증가시키는 일도 더 넓은 의미에서는 생산활동이다.

생산을 위해서는 자본, 노동, 토지 등과 같은 투입물(input)들을 필요로 한다. 이런 투입물들을 **생산요소**(factor of production)라고 부른다. 전통적으로 생산요소는 자연자원인 토지, 인적자원인 노동, 생산된 물적자원인 자본으로 분류한다. 토지에는 좁은 의미의 토지 그 자체 외에 광석·석유·산림 등 일체의 자연자원이 포함된다. 노동은 근대적 기술을 기반으로 하는 생산 과정에서 불가결의 능동적 역할을 하는 인간의 능력과 의지를 포함한다. 자본에는 건물·기계·시설 등의 고정설비 외에 원료·반제품 또는 완제품의 재고가 포함된다. 토지와 노동은 공급이 경제 시스템의 외부에서 결정된다. 그런 뜻에서 이들을 본원적 생산요소(original means of production)라고 부른다. 반면에 자본은 경제 시스템 내부에서 생산되는 물적자원이다. 그런 의미에서 이를 생산된 생산수단(produced means of production) 또는 제2차

생산요소 재화의 생산 과정에 투입되고 결합되는 경제적 자원

적 생산요소라고 부른다.

특정한 생산물을 생산하는 데 필요한 생산요소들의 조합을 '생산함수(production function)'라고 한다. 설명의 편의를 위하여 노동(L)과 자본(K)이라는 두 가지 생산요소만 투입된다고 가정하면 생산함수는 다음과 같이 표현된다.

$$Q = f(L, K) \qquad \qquad \langle 식 4-1 \rangle$$

생산함수는 기술적 효율성이 달성된 상태에서 생산요소의 투입량과 생산물의 산출량 사이의 관계이다. 생산함수가 구체적으로 어떠한 형태인지는 기업마다 다를 것이다. 경제학에서는 다음과 같은 형태의 생산함수를 가정하는 경우가 많다.[1]

$$Q = AL^\alpha K^\beta \qquad \qquad \langle 식 4-2 \rangle$$

그런데 생산함수의 정의에는 '일정한 기간 동안에'라는 단서가 붙는 경우가 많다. 생산활동이 이루어지는 기간은 단기(short-run)와 장기(long-run)로 구분하는데, 이를 구분하는 기준은 생산요소의 가변성이다. 가령 생산량을 증가시키고자 하는 기업은 먼저 노동의 투입을 증가시킬 것이다. 그러다가 노동의 투입만으로 생산량을 증가시키는 일이 한계에 이르면 공장이나 기계를 새로 구입하는 등 자본의 투입을 증가시킬 것이다. 이처럼 일정한 기간 동안 생산량에 관계없이 변하지 않는 생산요소를 고정요소(fixed factor), 생산량에 따라 변화하는 생산요소를 가변요소(variable factor)라고 부른다. 두 가지 생산요소 가운데 한 가지, 즉 자본의 투입량은 고정되어 있고 노동의 투입량만 임의로 조정할 수 있을 때를 단기라 부르고, 두 가지 생산요소가 모두 가변적일 때를 장기라고 부른다. 단기생산함수는 다음과 같이 표현될 수 있다.

$$Q = f(L, \overline{K}) = f(L) \qquad \qquad \langle 식 4-3 \rangle$$

기술

모든 생산자들은 더 적은 투입물로 더 많은 산출물(output)을 생산하고자 한다. 그런

---

1 이런 형태의 함수를 콥-더글러스 함수(Cobb-Douglas function)라고 부른다. 미국의 경제학자 더글러스(Paul Howard Douglas, 1892-1976)가 수학자인 콥(Charles Wiggins Cobb, 1875-1949)의 도움을 받아 완성했기 때문에 그렇게 부른다. 콥-더글러스 함수는 여러 가지 편리한 장점들을 가지고 있어서, 경제학에서는 생산함수뿐 아니라 효용함수나 비용함수 등에서도 다양하게 사용된다.

생산 기업이 재화를 만들어 공급하는 일만 생산이 아니라, 유용한 재화를 만들어 공급하는 일은 모두 생산이다.

데 어떤 기업은 똑같은 노동과 자본을 투입하고서도 더 많은 산출물을 생산하는 반면 어떤 기업은 더 적은 산출물을 생산한다. 이는 두 기업의 '기술(technology)'이 다르기 때문이다. 간단히 정의하면 기술이란 투입량과 산출량의 수량적 관계이다. 〈식 4-2〉에서 상수 A는 바로 그 기업의 기술수준을 의미한다. 생산함수가 안정적이기 위해서는 분석기간 동안에는 기술수준이 일정하다는, 다시 말해서 분석기간 동안에는 기술진보가 없다는 가정이 필요하다.

기업이 단기적으로 노동의 투입량을 증가시키면 생산량도 늘어날 것이다. 그렇다면 생산물은 과연 노동량에 비례하여 증가할까? 앞에서 학습했던 효용함수의 경우 재화의 소비량을 증가시킬 경우 총효용은 증가하기는 하되 반드시 비례적으로 증가하지는 않는다는 것을 보았다. 마찬가지로 생산함수의 경우에도 노동의 투입량을 증가시키면 생산량은 증가하되 반드시 비례적으로 증가하지는 않는다. 소비에서의 한계효용이 그랬듯이, 노동 한 단위가 추가될 경우의 생산량을 의미하는 한계생산물(marginal product)은 체감한다는 뜻이다. 이를 '한계생산물 체감의 법칙(law of diminishing marginal product)' 또는 **수확체감의 법칙**(law of diminishing return)이라

수확체감의 법칙 기술수준이 고정되어 있을 경우 노동이나 자본 등 생산요소를 더 투입하더라도 생산의 증가분은 생산요소의 증가분에 비례하지 않고 점점 감소하는 현상

고 부른다.[2]

〈그림 4-1〉은 노동의 투입량을 증가시킬 경우 총생산물(total product)과 한계생산물의 변화를 그린 것이다. 그런데 〈그림 4-1〉을 보면 노동의 한계생산물(MP_L)은 처음부터 체감하는 것이 아니라 일정한 단계에서는 체증하다가 어느 지점을 통과하면서부터 체감하는 것을 알 수 있다. 효용함수의 경우와 달리 노동생산성은 노동을

그림 4-1　총생산물과 한계생산물

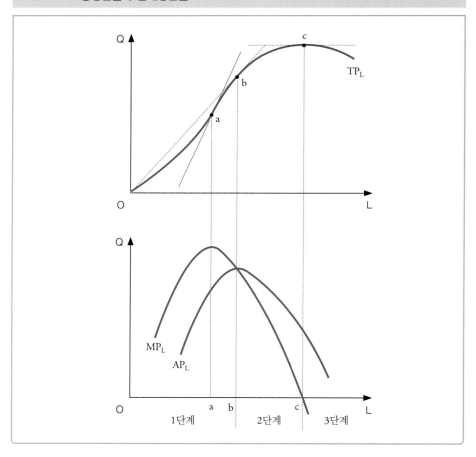

2 수학에서는 흔히 변수와 상수라는 용어를 사용하지만 경제학에서는 내생변수(endogenous variable)와 외생변수(exogenous variable)라는 용어를 사용하는 경우가 많다. 내생변수란 어떤 경제모형을 연립방정식 체계로 나타낼 때 모형의 내부에서 결정되는 변수를 가리키며, 외생변수란 반대로 그 경제모형 외부에서 결정되는 변수를 의미한다.

Shutterstock

한계생산물 체감의 법칙을 다른 말로 '수확'체감의 법칙이라고 부르는 이유는 산업혁명 이후에도 그때까지는 아직 농업이 중요한 산업이어서 경제이론을 설명할 때 농업의 예를 많이 이용했기 때문이다.

시작하고 나서 일정한 시간이 지나야 본격적으로 나타나기 때문이다. 〈그림 4-1〉의 a점은 노동의 한계생산물이 체감하기 시작하는 지점이다. 그런데 a점에서 b점 사이에서는 MP_L이 체감하되 노동의 평균생산물(average product)보다는 여전히 높기 때문에 AP_L은 계속 상승한다. b점은 AP_L이 가장 큰 지점으로서 기업의 처지에서는 가장 생산성이 높은 지점이기도 하다. c점은 MP_L이 음($-$)으로 떨어지는 지점으로서 이 점에서부터 총생산물(TP_L)은 오히려 감소하기 시작한다.

기업의 생산활동이 합리적으로 이루어지는 영역은 〈그림 4-1〉의 b점과 c점 사이의 구간이다. b점 이전의 구간, 즉 〈그림 4-1〉의 1단계에서는 노동의 투입량을 증가시키면 증가시킬수록 평균생산물이 증가하므로 기업으로서는 생산활동을 이 구간 내에서 중단할 이유가 없다. c점 이후의 영역, 즉 3단계에서는 노동의 투입량을 증가시켜도 생산량은 오히려 감소하므로 기업으로서는 더 이상 생산활동을 계속해야 할 이유가 없는 지점이기도 하다. 따라서 생산함수의 분석도 b점과 c점 사이의 2단계에서만 이루어진다.

4-2 비용

시즌 세 번째 부상자 명단에 오른 추신수(34·텍사스)에 대해 미국 현지 언론이 비난의
목소리를 높였다. 미국 포트워스 스타텔레그램은 22일(한국시간) 추신수와 프린스 필더
에 대해 높은 연봉에 비해 제 역할을 하지 못한다고 꼬집었다. 추신수는 전날(21일) 허리
염증 증세로 올 시즌 세 번째 부상자 명단에 올랐고, 필더는 시즌 아웃 부상을 입었다.
2013시즌 뒤 텍사스와 7년간 1억 3,000만 달러라는 거액 FA 계약을 맺은 추신수는 올
해 2,000만 달러의 연봉을 받는다. 하지만 올 시즌 부상으로 33경기에 나와 타율 0.260,
7홈런 17득점에 그치고 있다. 이 매체는 "추신수와 필더는 많은 돈을 받고 있지만 생산
성이 전혀 없다"며 "추신수는 2014년 입단한 뒤 305경기 출전에 그쳤다. 올해만 세 번
째 부상자 명단에 올랐다. 첫해를 제외하고 계속해서 크고 작은 부상에 시달리고 있다"
고 지적했다. '고비용 저효율'의 활약에 그친 추신수에 대한 실망감은 에이전트 스캇 보
라스에게까지 이어졌다. 이 매체는 "추신수와 필더는 부진과 부상으로 팀에 도움을 주지
못한다. 에이전트 보라스의 FA 선수들은 가능한 한 피하는 게 좋다. 그들은 너무 많은
돈을 받는다"고 비난했다. (《한국스포츠경제》, 2016. 7. 22)

비용함수

이제 생산활동의 다른 측면에 대해서 생각해보자. 과연 기업의 목적은 최대의 생산
물을 생산하는 것일까? 기업은 당연히 한편에서는 생산량을, 다른 한편에서는 그것
을 생산하는 데 드는 비용을 함께 고려한다. 생산량을 증가시키기 위해서는 생산요
소의 투입을 증가시켜야 하고 따라서 생산요소를 구입하는 데 드는 비용도 증가할
것이다. 따라서 비용함수(cost function)는 다음과 같은 수식으로 표현된다.

$$C = f(Q) \qquad \langle 식 4-4 \rangle$$

앞에서 생산에는 한계생산물 체감의 법칙이 적용됨을 보았다. 생산량을 증가시킬
수록 한계생산물이 체감한다는 말은 동일한 양의 생산물을 추가로 한 단위 더 생산
하기 위해서는 더 많은 비용이 필요하다는 뜻이다. 다시 말해서 생산량을 증가시킬
수록 추가되는 비용, 즉 한계비용(marginal cost)은 더욱 커진다. 이를 '한계비용 체증
의 법칙(law of increasing marginal cost)'이라고 부른다. 기업이 동일한 비용으로 어떻
게 더 많은 산출물을 생산할 것인가 하는 고민과, 동일한 산출물을 생산하기 위해 어
떻게 더 적은 비용을 사용할까 하는 고민은 사실상 동전의 양면과 같다.

한계생산물과 한계비용의 관계를 보기 위해 〈식 4-5〉와 같은 비용함수를 가정해 보자.

$$TC = rK + wL \qquad \langle 식 4\text{-}5 \rangle$$

단기적으로 자본의 투입량은 고정되어 있으므로 자본의 한계비용이 0이다. 따라서 한계비용은 가변비용, 즉 노동비용의 변화만 보면 된다. 〈식 4-5〉를 미분하면 다음과 같은 한계비용을 얻는다.

$$MC = \Delta TC/\Delta Q = w \cdot \Delta L/\Delta Q = w/MP_L \qquad \langle 식 4\text{-}6 \rangle$$

〈식 4-6〉은 한계비용(MC)과 한계생산물(MP_L)이 서로 쌍대적임을 보여준다. 쌍대적이라는 말은 한계생산물이 체감하면 한계비용은 체증한다는 뜻이다. 마찬가지로 평균비용(average cost)과 평균생산물(AP_L)도 서로 쌍대성을 가진다.

$$AC = TC/Q = rK/Q + wL/Q = FC/Q + w/AP_L \qquad \langle 식 4\text{-}7 \rangle$$

〈그림 4-2〉에서 보듯이 비용함수의 모양은 생산함수를 뒤집어 놓은 것과 같다.

그런데 〈그림 4-2〉를 보면 총비용함수가 원점(O)에서 시작하지 않는 것을 볼 수 있다. 이미 설명했듯이 단기에는 자본량을 마음대로 변화시키기 어렵다. 따라서 단

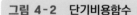

그림 4-2　단기비용함수

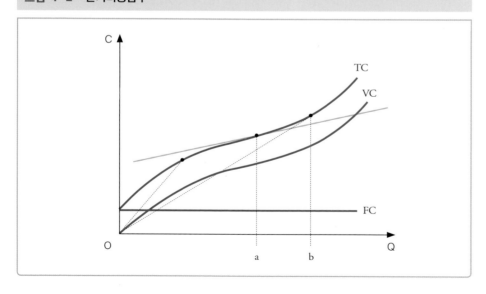

비용 수학에서의 미분과 적분, 경제학에서의 생산과 비용과 같은 관계를 쌍대성(duality)
이라고 부른다.

고정비용 생산량의 변
동 여하에 관계 없이 불
변적으로 지출되는 비용

가변비용 생산량의
증감에 따라 변동하는
비용

기에서의 총비용(total cost)은 건물임대료나 기계의 구입비용 등과 같이 산출량과 관
계없이 일정한 **고정비용**(fixed cost)과 임금, 재료비 등과 같이 산출량과 비례해서 증
가하는 **가변비용**(variable cost)으로 구성된다. 고정비용은 생산량이 0이더라도 이미
지출된 비용이다. 그래서 비용함수는 원점이 아니라 FC선에서부터 출발하는 것이다.

$$TC = FC + VC(Q) \qquad \langle식\ 4-8\rangle$$

평균비용과 한계비용

이제 백설공주와 일곱 난쟁이가 경영하는 구두회사의 예를 들어 총비용과 한계비용
의 관계를 보자. 〈표 4-1〉에서 보듯이 생산량이 0이더라도 고정비용은 지출되어야
한다. 그러나 단기에는 생산규모가 고정되어 있으므로 고정비용은 더 이상 늘어나
지 않는다. 다시 말해서 한계고정비용은 0이다. 따라서 한계비용은 한계가변비용과
같다. 생산량이 증가할수록 한계비용이 체증하는 이유는 이미 설명한 것처럼 한계
생산물이 체감하기 때문이다.

　평균비용은 우리가 흔히 생산단가(unit price of production)라고 부르는 바로 그것
이다. 기업들은 평균비용에 관심을 가진다. 판매가격과 생산단가의 차이가 바로 단

표 4-1 총비용과 한계비용

생산량	자본량	노동량	고정비용	가변비용	총비용	한계고정비용	한계가변비용	한계비용
0	1	0	10,000	0	10,000	–	–	–
1	1	1	10,000	1,000	11,000	0	1,000	1,000
2	1	4	10,000	4,000	14,000	0	3,000	3,000
3	1	9	10,000	9,000	19,000	0	5,000	5,000
4	1	16	10,000	16,000	26,000	0	7,000	7,000
5	1	25	10,000	25,000	35,000	0	9,000	9,000
6	1	36	10,000	36,000	46,000	0	11,000	11,000
7	1	49	10,000	49,000	59,000	0	13,000	13,000
8	1	64	10,000	64,000	74,000	0	15,000	15,000
9	1	81	10,000	81,000	91,000	0	17,000	17,000
10	1	100	10,000	100,000	110,000	0	19,000	19,000

위당 이윤이기 때문이다. 평균비용은 생산 초기에는 빠른 속도로 체감하는 것이 보통이다. 생산의 초기에는 평균고정비용이 빠르게 체감하기 때문이다. 그러나 생산규모가 커질수록 평균고정비용의 체감속도는 느려지고, 반대로 가변요소의 한계생산물이 체감하면서 한계가변비용이 빠르게 증가하므로 평균비용도 체증한다. 그래서 평균비용곡선은 〈그림 4-3〉처럼 U자 형태로 그려진다.

이제 다시 한계비용과 평균비용의 관계를 살펴보기로 하자. 앞에 나온 〈그림 4-2〉에서 비용함수 위의 한 점에서 그은 접선의 기울기는 한계비용($\Delta C/\Delta Q$)을, 비용함수 위의 한 점과 원점을 이은 선의 기울기는 평균비용(C/Q)을 나타낸다. 〈그림 4-4〉는 한계비용과 평균비용의 관계를 더 자세히 나타낸 것이다. 〈그림 4-4〉의 a점의 왼편에서는 총비용이 증가하지만 그 속도는 완만하다. 반대로 a점의 오른편에서는 총비용이 증가하는 속도가 가속적이다. 이는 a점의 왼편에서는 한계비용이 체감함을, 오른편에서는 한계비용이 체증함을 의미한다. 〈그림 4-4〉의 b점은 평균비용이 최저가 되는 지점이다. 평균고정비용이 계속 감소하고 있으므로 평균비용곡선의 최저점은 평균가변비용곡선의 최저점보다 오른쪽에 위치한다. 〈그림 4-4〉에서 매우 중요한 사실 한 가지는 바로 한계비용곡선이 반드시 평균비용곡선과 평균가변비용곡

그림 4-3 평균비용곡선

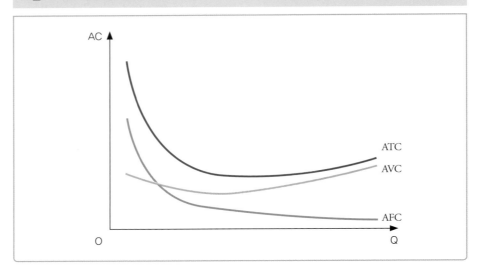

표 4-2 평균비용과 한계비용

생산량	고정비용	가변비용	총비용	평균고정비용	평균가변비용	평균비용	한계비용
0	10,000	0	10,000	–	–	–	–
1	10,000	1,000	11,000	10,000	1,000	11,000	1,000
2	10,000	4,000	14,000	5,000	2,000	7,000	3,000
3	10,000	9,000	19,000	3,333	3,000	6,333	5,000
4	10,000	16,000	26,000	2,500	4,000	6,500	7,000
5	10,000	25,000	35,000	2,000	5,000	7,000	9,000
6	10,000	36,000	46,000	1,666	6,000	7,666	11,000
7	10,000	49,000	59,000	1,428	7,000	8,428	13,000
8	10,000	64,000	74,000	1,250	8,000	9,250	15,000
9	10,000	81,000	91,000	1,111	9,000	10,111	17,000
10	10,000	100,000	110,000	1,000	10,000	11,000	19,000

선의 최저점을 지난다는 것이다.

한계비용과 평균비용의 분석은 앞에서 학습한 한계생산물과 평균생산물의 분석

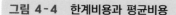

그림 4-4 한계비용과 평균비용

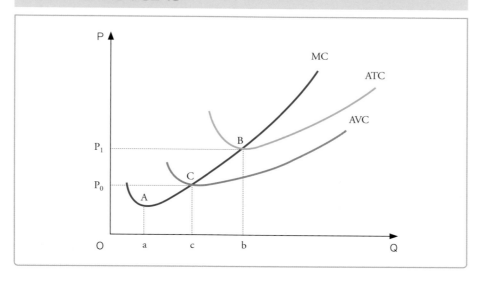

을 응용하면 좀 더 쉽게 이해할 수 있다. 한계비용은 생산이 시작되자마자 체증하는 것이 아니라 한계생산물이 체증하는 초기 구간에서는 체감하다가 생산이 본격화되면 체증하기 시작한다. 〈그림 4-4〉의 a점이 바로 한계비용이 가장 낮은 지점이다. b점은 평균비용이 가장 낮은 지점으로 기업의 처지에서는 가장 생산성이 높은 지점이다. b점의 왼쪽에서는 한계비용이 체증하고 있지만 아직 평균비용보다는 낮기 때문에 평균비용은 감소한다. 그러나 한계비용곡선이 평균비용곡선보다 큰 b점의 오른쪽에서는 평균비용이 증가한다.

평균비용곡선과 한계비용곡선을 이용하면 공급곡선을 도출할 수 있다. 〈그림 4-4〉에서 가격이 평균가변비용곡선의 최저점 수준인 P_0보다 낮다면 기업은 굳이 생산하려 하지 않을 것이다. 따라서 C점은 조업중단점이 된다. 가격이 P_0보다 높으면 기업은 가격, 즉 한계수입과 한계비용이 같아지는 산출량을 생산할 것이다. 따라서 C점 위의 한계비용곡선이 바로 이 기업의 단기공급곡선이 된다. 물론 C점과 B점 사이에서도 고정비용이 지출되고 있으므로 이 기업은 아직 손실을 입고 있다. 그러나 이때 지출되는 고정비용은 매몰비용이다. 따라서 C점과 B점 사이에서는 생산을 계속하는 편이 생산을 중단하는 편보다 손실이 적다. 가격이 평균비용의 최저점인 P_1 수준을 넘어서면 이 기업은 비로소 이윤을 얻게 된다. 따라서 B점은 이 기업의 손익분기점이 된다.

〈그림 4-5〉는 비용함수와 생산함수의 쌍대성을 보여준다. 한계생산물곡선이 평균생산물곡선의 최고점을 지난다는 것은 앞의 〈그림 4-1〉에서 이미 보았다. 한계생산물곡선의 최고점은 한계비용곡선의 최저점과 일치한다. 평균생산물곡선의 최고점은 역시 평균가변비용곡선의 최저점과 일치한다.

단기와 장기

생산이 장기에 들어가면 공장이나 기계와 같은 생산규모를 변화시킬 수 있다. 〈그림 4-6〉은 세 가지 생산규모에 대한 단기평균비용곡선(short-run average cost curve)과 이들을 모두 포함하는 장기평균비용곡선(long-run average cost curve)을 보여준다. 〈그림 4-6〉에서는 생산규모가 증가할수록 평균비용이 하락했다가 다시 상승하는 것으로 나타난다. SAC_1에서 SAC_2로의 변화처럼 생산규모를 증가시켰을 때 평균비

그림 4-5 비용함수와 생산함수

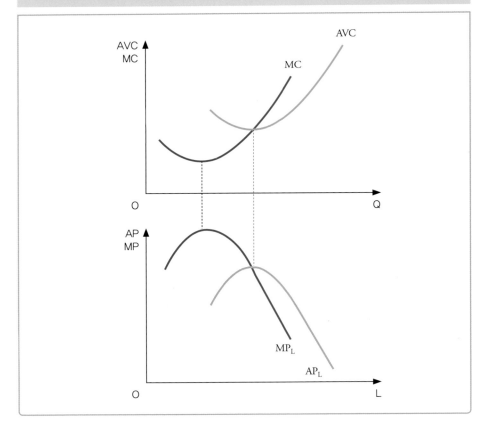

용이 감소하고 산출량이 증가하는 현상을 '규모에 대한 보수증가(increasing return to scale)'라고 부른다. 반대로 SAC$_2$에서 SAC$_3$로의 변화처럼 생산규모를 증가시켰을 때 평균비용이 증가하고 산출량이 감소하는 현상을 '규모에 대한 보수감소(decreasing return to scale)'라고 부른다. 규모에 대한 보수증가를 '규모의 경제(economy of scale)', 규모에 대한 보수감소를 '규모의 불경제(diseconomy of scale)'라고 부르기도 한다.[3] 그러나 장기평균비용곡선이 반드시 U자형인지는 알 수 없다. 경우에 따라서는 생산규모가 달라져도 비용과 산출량이 변하지 않는 '규모에 대한 보수불변(constant return to scale)'의 장기비용곡선도 가정해볼 수 있다. 일정한 규모까지는 규모에 대한 보수증가 현상이 나타나다가 그 이후에는 규모에 대한 보수불변 현상이 나타나는 L자 형의 장기평균비용곡선이 현실적이라고 주장하는 학자들도 많다.

〈그림 4-6〉에서 특별히 주목할 것은 장기비용곡선, 즉 LAC가 SAC$_2$의 최저점을 지나지만 SAC$_1$이나 SAC$_3$의 최저점을 지나지는 않는다는 것이다. 이러한 형태의 곡

그림 4-6 단기비용곡선과 장기비용곡선

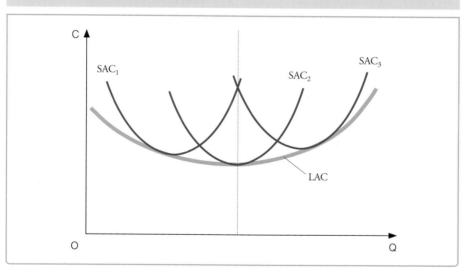

---

3 규모의 경제와 수확체감의 법칙은 혼동하기 쉬우나 다른 개념이다. 즉 수확체감의 법칙은 다른 생산요소들은 변하지 않은 채 한 가지 생산요소만을 증가시킬 때, 예를 들어 동일한 면적의 토지에서 더 많은 노동자가 일하게 될 때 적용된다. 반면 규모의 경제는 모든 생산요소를 비례적으로 증가시키는 것을 말한다. 규모의 경제는 기업의 경영전략에서 주요한 요소이다. 최근에는 '범위의 경제(economy of scope)'와 '속도의 경제(economy of speed)'를 중시하는 기업들도 많다.

Shutterstock

장기 단기적으로 최선인 선택이 반드시 장기적으로도 최선인 것은 아니며, 장기적으로 최선인 선택이 반드시 단기적으로도 최선인 것은 아니다.

선을 '포락선(envelope curve)'이라고 부르는데, 단기적으로 최선인 선택이 반드시 장기적으로 최선은 아니라는 것을 보여준다. 즉 낮은 규모의 생산에서는 SAC_1의 최저점에서 생산하는 것이 더 효율적일지라도, 장기적인 관점에서 생산규모를 증가시킬 계획을 가지고 있다면 다른 선택이 더 효율적일 수도 있다는 뜻이다.

4-3 이윤극대화

대한항공은 지난 25일 서울 삼성동 '유익한 공간 삼성점'에서 제29회 '대한항공 사랑나눔 일일 카페' 행사를 열었다고 26일 밝혔다. 이날 행사에는 대한항공 임직원과 SNS 회원 등 100여 명이 참여했다. 대한항공 항공우주사업본부 직원이 직접 항공기 운항원리를 설명하는 등 다양한 이벤트가 마련됐다. '사랑나눔 일일 카페'는 지난 2011년 1월 시작해 29회째를 맞은 나눔경영 활동이다. 행사를 통한 수익금 전액은 '국제아동돕기연합'을 통해 기아 등으로 고통 받고 있는 전 세계 어린이들을 돕는 데 기부한다. 대한항공은 몽골, 중국지역 식림사업, 재난현장 구호품 지원은 물론 몽골 컴퓨터 교실 기증과 중국 도서관 기증 사업을 지속하는 등 소외계층을 위한 글로벌 나눔 활동을 통해 기업의 사회적 책임을 다하고 있다. (〈파이낸셜 뉴스〉, 2016. 6. 26)

기업의 목적

불미스러운 사건으로 국민들에게 지탄을 받았던 어느 항공회사가 기업의 사회적 책임을 다하기 위해 노력하고 있다는 기사가 나왔다. 백혈병 치료제를 높은 가격으로 판매하여 환자들의 비난을 받은 어느 다국적 제약회사도 지역사회에 대한 기여로 사회공헌대상을 받은 적이 있다. 기업들의 두 얼굴이 참으로 묘하다. 그렇다면 과연 기업의 목적은 무엇일까? 현대 경영학의 대가로 꼽히는 미국의 경영학자 피터 드러커(Peter Drucker, 1909-2005)는 기업의 목적은 이익의 극대화가 아니라 고객만족에 있다고 주장했다. 중·고등학교의 경제 교과서 가운데도 기업의 목적을 국민경제의 발전이나 사회적 책임에 있다고 기술하는 예가 적지 않다. 기업의 사회적 책임이나 고객만족 등은 모두 소중한 가치들이다. 하지만 과연 기업의 목적이 사회적 책임에 있을까?

앞에서도 이야기한 것처럼 경제학의 아버지인 애덤 스미스는『국부론』에서 "우리가 식사할 수 있는 것은 정육점 주인, 양조장 주인, 빵집 주인의 자비에 의한 것이 아니라 자기 자신의 이익에 대한 그들의 관심 때문이다"라고 갈파했다. 스미스에 의하면 빵집 주인은 오직 자기 이익에 대해서만 관심이 있을 뿐 국가경제의 발전이나 고객들의 만족에 대해서는 전혀 관심을 두지 않는다. 그러나 빵집 주인이 자신의 목적을 달성하기 위하여 최선을 다하면, 설령 그가 의도하지 않더라도 시장의 **보이지 않는 손**(invisible hand)은 개인의 이기심이 사회의 발전과 풍요에 기여하도록 작동한다는 것이다. 빵집 주인만이 아니다. 현대의 기업들도 오직 그들 자신의 이익을 위해 최선을 다하면 충분하지 국가경제의 발전이나 사회적 책임에 자신의 목적을 둘 필요는 없다. 굳이 기업들이 그런 가치들에 목적을 두지 않더라도 기업들이 이윤(profit)을 극대화하기 위해 최선을 다한다면 국가경제의 발전에 충분히 기여할 것이기 때문이다.

어떤 전문가들은 기업이 이윤극대화가 아니라 매출액이나 시장점유율, 때로는 기업 자신의 생존 등을 목적으로 한다고 주장하기도 한다. 부분적으로는 타당한 지적이다. 하지만 매출액이나 시장점유율도 결국은 이윤 획득을 위한 수단이라고 보아야 옳을 것이다. 기업의 목적에 관한 오해는 기업이 이윤극대화를 위해 노력한다는 말을 이윤을 위해서 어떤 짓이든 저지른다는 말과 혼동하기 때문이다. 여기서 이윤을 추구한다는 말은 당연히 정당하고 합리적인 경영활동을 의미한다. 몰래 강물에 오염물질을 버리고 하청기업과 중소 자영업자들을 부당하게 착취하며 노동자들을

보이지 않는 손 시장에서는 개개인의 모든 이해관계가 궁극적·자연적으로 조화를 이룬다는 사상. 애덤 스미스가 『국부론』에서 주장했다.

애덤 스미스가 주장한 '보이지 않는 손'의 원래 의미는 시장에서는 모든 사람이 행복해진다는 것이 아니라, 시장에서는 개인의 이익과 사회 전체의 공익이 일치한다는 것이다.

산업재해로 내모는 그런 짓들은 이윤추구를 위한 기업활동이 아니라 범법행위이다.

이윤극대화의 조건

이윤이 어디에서 창출되는가 하는 문제는 근대 경제학의 초기부터 경제학자들 사이의 주요한 논쟁거리였다. 하지만 지금까지도 이윤의 본질에 대한 명확한 합의는 아직 나오지 못하고 있다. 경영과 자본의 구분이 명확하지 않았던 초기 자본주의 시대에는 이윤과 이자도 서로 혼동되는 경우가 많았다. 그래서 이 시기에는 이윤에 대한 이론과 이자에 대한 이론이 서로 뒤섞여 나타났다. 대부자본의 대가가 이자, 기업의 경영활동 또는 경영활동에 따르는 위험(risk)의 대가가 이윤이라는 개념으로 정리된 것은 경제학의 역사에서 비교적 최근의 일이다. 그러나 이윤의 본질에 대한 질문은 여전히 유보적이다. 다만 이윤이 임금이나 이자, 지대 등과는 다른 성격의 소득이라는 정도만이 명확하게 이해되고 있을 뿐이다. 임금이나 지대는 기업이 설령 적자를 보더라도 지불해야 한다. 기업의 생산량이나 수입이 결정되기 이전에 임금이나 지대의 지불은 이미 결정되어 있기 때문이다. 그러나 이윤은 기업의 수입에서 다른 비용들을 모두 지불하고 남은 잔여소득이다.

간단히 정의하면 이윤(profit)은 기업의 총수입(total revenue)에서 총비용(total cost)을 뺀 나머지를 의미한다. 비용에 대해서는 이미 본 바 있다. 그러므로 여기서는 수입에 대해서 생각해보자. 총수입은 기업이 생산한 재화와 서비스를 판매하여 얻는 수입의 총합으로서, 판매량에 가격을 곱함으로써 얻을 수 있다.

$$TR = P \times Q = P(Q) \times Q \qquad \langle 식\ 4\text{-}9 \rangle$$

만약 가격이 일정하다면 가격이 평균수입 및 한계수입이 될 것이며, 총수입은 판매량에 비례하게 된다. 그러나 판매량, 즉 공급량이 증가할수록 가격이 하락한다고 가정하면, 판매량이 증가할수록 기업의 수입은 증가하되 그 속도는 체감할 것이다. 그러다 어느 시점에서 가격의 하락율이 판매량의 증가율보다 커지면 한계수입은 음(−)으로 떨어지고 총수입도 감소하게 된다. 〈표 4-3〉은 기업의 판매량과 총수입 및 한계수입의 관계를 예로 든 것이다.

〈그림 4-6〉은 총수입과 한계수입의 관계를 그림으로 그린 것이다.

기업의 총수입에서 총비용을 뺀 나머지가 이윤이라는 것을 수식으로 표현하면 다음과 같다.

$$\pi = TR - TC \qquad \langle 식\ 4\text{-}10 \rangle$$

그런데 앞에서 설명한 한계원리는 이윤의 분석에도 매우 유용하다. 이윤이 극대화되는 것은 바로 한계이윤이 0이 되는 지점에서이다. 따라서 〈식 4-10〉을 미분함으로써 다음과 같은 결과를 얻을 수 있다.

$$MR - MC = 0 \qquad \langle 식\ 4\text{-}11 \rangle$$

표 4-3 기업의 판매량과 수입

판매량	가격	총수입	평균수입	한계수입
1	20,000	20,000	20,000	20,000
2	18,000	36,000	18,000	16,000
3	16,000	48,000	16,000	12,000
4	14,000	56,000	14,000	8,000
5	12,000	60,000	12,000	4,000
6	10,000	60,000	10,000	0
7	8,000	56,000	8,000	−4,000
8	6,000	48,000	6,000	−8,000

그림 4-7 총수입과 한계수입

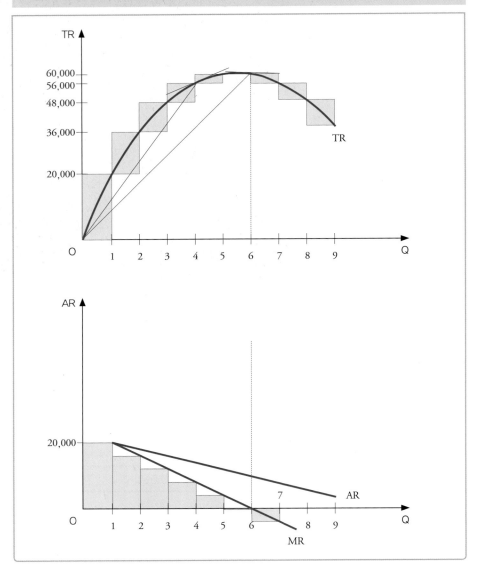

이제 〈표 4-4〉를 이용해 이윤극대화의 조건을 확인해보면, 이 기업의 이윤이 극대화되는 것은 총비용이 최소인 지점이나 총수입이 최대인 지점이 아니라 한계비용과 한계수입이 일치하는 생산량임을 볼 수 있다.

〈그림 4-8〉은 이윤극대화의 조건을 그림으로 보여준다. 여기서 이윤은 총수입곡

선과 총비용곡선 사이의 거리로 표현된다. 따라서 이윤이 극대화되는 것은 두 곡선 사이의 거리가 가장 먼 지점, 즉 두 곡선의 접선이 평행할 때이다. 총수입곡선의 접선의 기울기인 한계수입과 총비용곡선의 접선의 기울기인 한계비용이 일치하는 지점에서 이윤극대화가 이루어진다는 뜻이다.

정리하면 기업의 이윤은 MR = MC, 즉 한계수입이 한계비용과 일치하는 지점에서 이루어진다. 만약 MR>MC이면 생산량이 증가할 때 추가되는 비용보다 수입이

표 4-4 이윤극대화

생산량	가격	총수입	한계수입	총비용	한계비용	총이윤	한계이윤
1	20,000	20,000	20,000	11,000	11,000	9,000	9,000
2	19,000	38,000	18,000	23,000	12,000	15,000	6,000
3	18,000	54,000	16,000	36,000	13,000	18,000	3,000
4	17,000	68,000	14,000	50,000	14,000	18,000	0
5	16,000	80,000	12,000	65,000	15,000	15,000	−3,000
6	15,000	90,000	10,000	81,000	16,000	9,000	−6,000

그림 4-8 이윤극대화

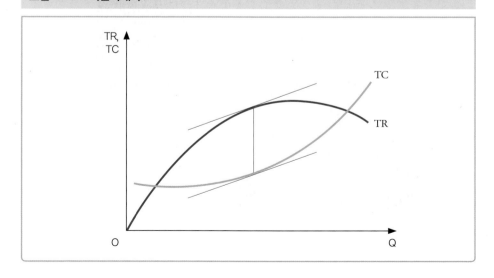

많은 경제학 교과서에서 이자는 포기한 기회비용의 대가로 설명한다. 그러나 이윤이 어디에서 오는지를 설명하기는 어렵다. 마르크스는 간단히 그것을 노동에 대한 자본의 착취의 결과라고 설명한다.

더 크다는 의미이다. 따라서 기업은 당연히 생산량을 증가시킬 것이다. 반대로 MR<MC이면 생산량을 증가시킬수록 오히려 비용이 더 커진다. 따라서 기업은 생산량을 감소시킬 것이다. 결국 기업의 이윤극대화는 한계수입과 한계비용이 일치하는 지점에서 결정된다. MR＝MC라는 이윤극대화의 원리는 처음에는 불완전경쟁시장에서의 이윤극대화 조건을 의미했으나 지금은 완전경쟁시장과 독점시장 등 모든 형태의 시장에서 이윤극대화를 분석하는 원리로 이용되고 있다. 시장의 형태가 어떠하든, 가령 완전경쟁시장이든 독점시장이든 모든 형태의 시장에서 이윤극대화의 원리는 동일하다. 다만 시장의 형태에 따라 이윤극대화의 구체적인 과정은 달라진다.

4-4 생산자균형

최근 논란이 되고 있는 치킨 값에 대해 이명박 대통령이 "비싸다"는 견해를 밝힌 것으로 전해졌다. 이 대통령은 15일 공정거래위원회 업무보고에 앞서 참석자들과 환담하는 자리에서 "(자신도) 2주에 한 번 정도 (프랜차이즈 키친을) 시켜먹는데 좀 비싼 것 같다"고 말했다고 참석한 관계자가 전했다. 이 대통령은 또 영세상인의 권리도 중요하지만 싼 값에 먹을 수 있는 소비자의 선택도 중요하지 않느냐는 취지의 발언을 한 것으로 알려졌다. 롯데마트는 지난 9일부터 프랜차이즈 치킨 업체 가격 3분의 1 수준의 치킨을 판매했으나 대기업이 영세 치킨집을 고사시킨다는 반발에 부딪혀 16일부터 판매를 중단했다. 한편, 공정위는 현재 상위 5개 프랜차이즈 업체를 대상으로 가격 담합 여부를 조사하고 있다. 이에 앞서 국회 정무위원회 민주당 이성남 의원은 지난 10월 공정위에 대한 국정감사에서 "닭고기 값을 감안하면 1마리에 1만 6,000~1만 8,000원하는 치킨 값은 과도하다"며 "유명 치킨 프랜차이즈 업체들의 가격이 언제나 비슷한 수준을 유지하는데 는 담합 의혹이 있다"고 주장했었다. (〈노컷뉴스〉, 2010. 12. 16)

등생산량곡선

한정된 예산으로 두 재화를 소비해 효용을 극대화하고자 하는 소비자와 마찬가지로, 기업은 노동과 자본 두 가지 생산요소를 사용하여 생산을 극대화하고자 한다.

이 기업은 동일한 양의 재화를 생산하기 위하여 (노동 10, 자본 5), (노동 20, 자본 3), (노동 30, 자본 1) 등과 같이 두 가지 생산요소를 다양하게 결합할 수 있다. 동일한 생산량을 생산하는 데 필요한 생산요소의 조합들을 연결한 곡선을 **등생산량곡선**(isoquants curve)이라고 부른다. 〈그림 4-9〉에서 보듯이 등생산량곡선은 소비자균형에서의 무차별곡선과 닮았다. 무차별곡선을 다른 말로 비유하면 동일한 효용을 주는 재화들의 조합을 연결한 등효용곡선이라고 불러도 틀리지 않는다. 그래서 모양만 닮은 것이 아니라 등생산량곡선과 무차별곡선의 특성은 매우 비슷하다.

등생산량곡선은 원점에서 멀수록 더 많은 상품을 생산한다는 뜻이다. 등생산량곡선의 기울기는 노동과 자본을 각각 얼마만큼씩 '기술적으로' 잘 대체해서 생산하는가를 보여준다는 의미에서 '기술적 한계대체율' 또는 '한계기술대체율(marginal rate of technical substitution)'이라고 부른다. 무차별곡선을 생각해보면 짐작하기 어렵지 않겠지만, 등생산량곡선이 원점에 대해 볼록한 이유는 기술적 한계대체율이 체감하기 때문이다. 즉 노동 1단위를 더 사용하는 대신 절약할 수 있는 자본의 양은 점점 감소한다. 노동투입량(L)이 늘어나고 자본투입량(K)이 줄어드는 데 따라 한계생산물 체감의 법칙에 의해 MP_L이 작아지고 MP_K는 커지기 때문에 기술적 한계대체율은 노동량의 증가에 대응하여 체감한다.

$$MRTS_{LK} = dK/dL = MP_L/MP_K \qquad \langle 식 4\text{-}12 \rangle$$

그림 4-9   등생산량곡선

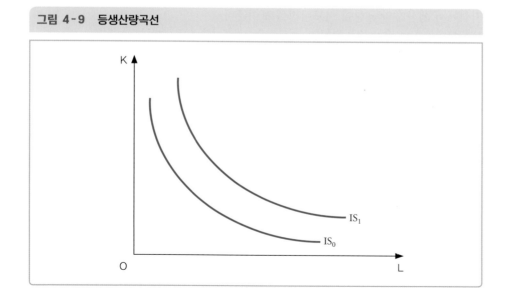

기술 가장 단순하게 설명한다면 기술이란 노동과 자본의 관계이다. 많은 기업들에서 자동화가 도입되면서 생산 과정에서 인간 노동의 역할은 점점 축소되고 있다.

등비용곡선

상품을 생산하면서 당연히 기업은 생산량뿐 아니라 생산비용도 함께 고려해야 한다. 기업은 한정된 비용으로 노동과 자본을 구입하는데, 노동의 구입량을 늘리면 자본의 구입량을 줄여야 하고, 자본의 구입량을 늘리면 노동의 구입량을 줄여야 한다. 기업이 동일한 비용으로 구입할 수 있는 노동량과 자본량의 조합을 등비용선(isocosts curve)이라고 부른다. 〈그림 4-10〉은 등생산량곡선과 등비용선이 접하는 지점에서 생산자의 균형이 이루어짐을 보여준다.

기업의 비용은 노동을 구입하는 비용과 자본을 구입하는 비용으로 구성된다.

$$C = rK + wL \qquad \text{〈식 4-13〉}$$

위 식을 변형시키면 등비용곡선의 기울기를 구할 수 있다.

$$K = -\left(\frac{w}{r}\right)L + \frac{C}{r} \qquad \text{〈식 4-14〉}$$

〈그림 4-9〉에서 본 것처럼 생산자균형의 조건은 등생산량곡선의 기울기와 등비용곡선의 기울기가 일치한다는 것이다. 따라서 생산자균형의 조건은 다음과 같이 구할 수 있다.

$$MP_L / MP_K = \frac{w}{r} \qquad \text{〈식 4-15〉}$$

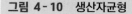

그림 4-10 생산자균형

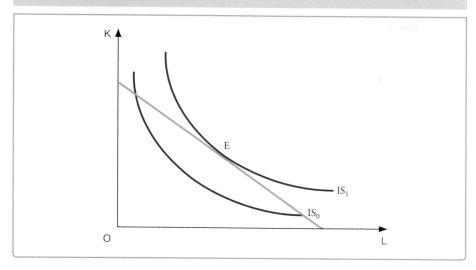

위의 식을 변형시키면 생산자균형은 노동과 자본의 가중한 한계생산물이 일치하는 지점에서 이루어짐을 알 수 있다. 이는 소비자균형이 두 재화의 가중한 한계효용이 일치하는 지점에서 이루어지는 것과 같은 이치이다.

$$MP_K/r = MP_L/w \qquad \langle식 \ 4\text{-}16\rangle$$

지금까지는 두 가지 생산요소를 이용하여 한 가지 상품을 생산하는 경우를 분석했다. 그렇다면 이제 두 가지 상품을 생산하는 경우를 분석해보자. 앞에서 로빈슨 크루소의 비유를 가지고 이야기했듯이, 경제학은 한 사람 그리고 또 한 사람 하는 방식으로 설명한다. 모든 사람은 똑같이 합리적이라고 가정하기 때문이다. 마찬가지로 경제학은 여러 재화를 다룰 때에도 한 상품 그리고 또 한 상품 하는 방식으로 분석을 확장해 간다. 교과서에서는 더 이상 다루지 않지만 이러한 방식으로 확장해 가면 수많은 종류의 상품이 존재하는 경우도 분석할 수 있다.

생산가능곡선

어떤 기업이 한정된 생산요소를 가지고 두 재화, 예를 들어 빵과 사과를 생산하는 방법은 여러 가지가 있을 수 있다. 두 가지 생산요소를 사용해 최대한 생산할 수 있는 두 가지 상품의 조합을 연결한 곡선을 생산가능곡선(production possibility curve)이라고 부른다. 생산가능곡선 안의 영역이 생산가능집합(production possibility set)이다. 생산가능곡선은 전환곡선(transformation curve)이라고도 부른다. 한 재화의 생산으로부터 다른 재화의 생산으로 전환하는 곡선이라는 뜻이다. 생산가능곡선의 기울기를 '한계전환율(marginal rate of transformation)'이라고 부르는데, 예를 들면 빵의 생산을 증가시키기 위해 포기해야 하는 사과의 생산량을 의미한다. 한 생산요소의 사용은 늘리고 다른 생산요소의 사용은 줄이면, 줄어든 생산요소의 한계생산물은 늘어나고 반대로 늘어난 생산요소의 한계생산물은 줄어들 것이다.

그렇다면 한 생산요소의 사용을 줄이고 다른 생산요소의 사용을 늘려도 생산량은 언제나 일정할까? 기술적 한계대체율이 체감하기 때문에 한 생산요소의 사용을 줄이면 다른 생산요소의 사용은 더 많이 늘려야 한다. 그러나 생산가능곡선에서는 동일한 양의 생산요소를 사용하므로 새로 얻는 상품의 양은 포기한 상품의 양보다 작아진다. 빵의 생산을 증가시키기 위해 포기해야 하는 사과의 생산량은 더 커진다는 뜻이다. 빵을 생산하기 위한 기회비용이 더 커진다고 설명할 수도 있겠다. 따라서 생산가능곡선은 원점에 대해 오목한 형태이다.[4]

〈그림 4-11〉의 E점은 생산가능곡선 밖에 위치하므로 실현 불가능한 생산량이다. D점은 실현 가능하지만 사용할 수 있는 자원을 모두 사용하지 않았으므로 최적의 상태는 아니다. 따라서 이 기업의 최적 생산은 A, B, C점 가운데서 찾을 수 있다. 이 가운데 어느 지점이 최적인가를 알기 위해서는 두 재화의 가격의 비율, 즉 가격선이 필요하다. 생산가능곡선의 기울기인 한계전환율과 가격선이 접하는 지점, 즉 두 재화의 한계전환율이 가격선의 기울기와 일치하는 지점이 최적생산점이다.

$$MRT_{XY} = dY/dX = P_X/P_Y \qquad \text{〈식 4-17〉}$$

그런데 생산가능곡선 위에서는 두 재화를 사용하는 데 필요한 총비용이 동일하므로 빵 하나를 더 생산하기 위해 추가되는 비용, 즉 $dX \cdot MC_X$와 그로 인해 사과 생산이 줄어듦에 따라 절약할 수 있는 비용, 즉 $dY \cdot MC_Y$가 동일하다. 따라서 〈식 4-17〉은 다음과 같이 바꿔 쓸 수 있다.

---

4 경제학에서는 그래프를 많이 사용하는데, 그래프의 모양을 설명할 때 오목하다거나 볼록하다는 표현을 자주 사용한다. 일반적으로 오목함수(concave function)는 극대값(maximum)을 갖고, 볼록함수(convex function)는 극소값(minimum)을 갖는다.

그림 4-11 생산가능곡선

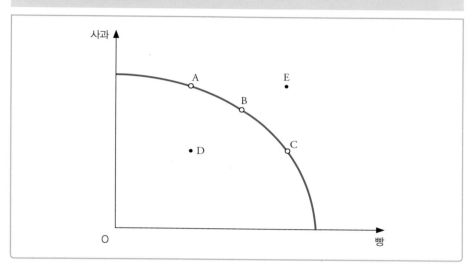

$$MRT_{XY} = dY/dX = MC_X/MC_Y = P_X/P_Y \qquad \langle식\ 4\text{-}18\rangle$$

〈식 4-18〉은 두 재화의 한계비용 대비 한계수입, 즉 MC_X/P_X와 MC_Y/P_Y가 일치하는 지점이 생산자균형임을 의미한다. 앞에서 학습한 한계원리에서 보았듯이 MC_X/P_X가 MC_Y/P_Y보다 크다면 X재의 생산을 더 줄여야 옳고, 반대로 MC_X/P_X가 MC_Y/P_Y보다 작다면 X재의 생산을 더 늘려야 옳기 때문이다.

사회적 균형

이제 분석의 범위를 사회 전체로 확장해서 생산자균형과 소비자균형을 동시에 분석해보기로 하자. 그러면 〈그림 4-12〉는 우리 사회가 가지고 있는 생산요소를 모두 사용하여 생산할 수 있는 빵과 사과의 사회생산가능곡선(social production possibility curve)이 된다. 마찬가지로 개인의 무차별곡선을 확장하면 빵과 사과에 대한 우리 사회 전체의 무차별곡선, 즉 사회무차별곡선(social indifference curve)을 그릴 수 있다. 사회적 균형이 성립하기 위해서는 사회 전체의 총공급과 총수요가 일치해야 한다. 우리 사회 전체의 사회적 균형은 〈그림 4-12〉에서처럼 사회생산가능곡선과 사회무차별곡선이 접하는 E점이 될 것이다.

〈그림 4-12〉에서 보듯이 사회적 균형점에서는 사회생산가능곡선의 기울기와 사

수요와 공급의 균형은 서로 다른 방향으로 작용하는 두 힘이 교차하는 점에서 나타나지만, 소비자균형이나 생산자균형은 마치 평행하는 두 힘이 또 다른 차원에서 만나는 것이 아닐까?

그림 4-12 사회적 균형

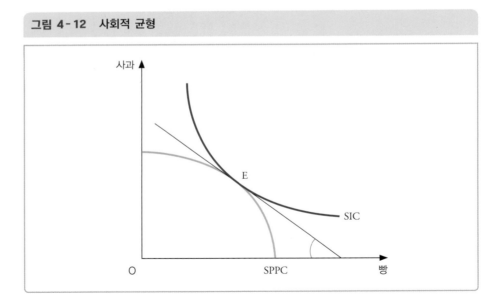

회무차별곡선의 기울기가 가격선의 기울기와 일치한다. 이를 수식으로 표현해보면 다음과 같다.

$$dY/dX = MC_X/MC_Y = MU_X/M_Y = P_X/P_Y \qquad \langle식\ 4\text{-}19\rangle$$

〈식 4-19〉는 소비자와 생산자가 모두 만족하는 우리 사회 전체의 사회적 균형을 이루기 위한 조건들을 보여준다. 소비자와 생산자가 이러한 조건들을 모두 충족시키는 선택을 한다면 경제는 사회적 균형에 도달할 수 있다. 물론 경제가 언제든지 그러한 균형에 도달할 수 있다는 가능성을 의미하지, 현실경제가 언제나 그러한 균형상태에 있다는 의미는 아니다. 현실경제는 훨씬 더 복잡하고 다양한 변수로 구성되어 있기 때문이다.

윌리엄 제번스(William Stanley Jevons, 1835-1882)

제번스는 비국교도인 부유한 상인의 아들로 태어났다. 런던의 유니버시티 칼리지에서 수학했으나 부친의 사업 실패에 따른 경제 사정으로 학업을 중단하고, 오스트레일리아의 조폐국 관리로 근무했다. 학업을 재개하여 1863년에 석사학위를 받고 맨체스터의 오웬스 칼리지와 유니버시티 칼리지의 교수가 되었다. 그러나 정작 어렵게 얻은 교수직에 연연하지 않고 자유로운 연구와 안식을 위하여 아직 젊은 나이에 스스로 강의를 그만두는 선택을 했다. 이처럼 제번스의 개성에는 다양하고 복잡한 측면이 동시에 존재했다. 근본적으로 철저한 개인주의자였던 제번스는 권위를 매우 싫어했다. 하지만 다른 한편 정치적 태도에서는 영국의 군주정치와 귀족정치의 장점을 인정하여 급진적 사상과 혁명운동을 반대하고, 민주주의를 위해서는 여러 계급들 간의 타협이 유일한 방편이라고 주장하기도 했다. 또 사회문제에 대해서는 대중의 요구를 모두 들어주게 되면 근로와 자기 향상의 의욕을 저해할 가능성이 있다는 이유로 사회보장제도의 실시를 반대했다. 제번스의 경제이론을 체계적으로 정리한 가장 주요한 저작은 『정치경제학의 기본이론』이다. 공리주의자였던 제번스에게 경제학이란 '쾌락과 고통의 계산(calculus of pleasure and pain)'을 의미했다. 따라서 경제학은 수량적으로 다루어져야 하며, 경제학의 방법은 언어가 아니라 수학적인 것이라고 주장함으로써 수리경제학의 선구자가 되었다.

조앤 로빈슨(Joan Violet Robinson, 1903-1983)

한계수입과 한계비용이 일치하는 지점에서 기업의 이윤극대화가 이루어진다는 원리를 처음 제안한 사람은 프랑스의 수학자이자 경제학자인 쿠르노(Antoine Augustin Cournot, 180-1877)이다. 하지만 쿠르노의 이론은 오랫동안 다른 경제학자들로부터 거의 주목을 받지 못했다. 이 원리가 제대로 평가받게 된 것은 영국의 경제학자 조앤 로빈슨의『불완전경쟁의 경제학(The Economics of Imperfect Competition, 1933)』이 발표되면서이다.

무슨 이유에서인지 경제학자들 가운데는 여성이 드문데, 로빈슨 여사는 경제학의 역사에서 가장 위대한 경제학자 가운데 한 사람이다. 시장의 형태에 있어서 완전경쟁과 순수독점이라는 이원론적 가정을 극복한 불완전경쟁시장의 이론을 확립했으며, 케인스의 경제이론을 장기로 확장하고자 노력했다. 마르크스주의 경제학에도 관심이 많아 마르크스와 마셜과 케인스의 장기동태이론을 상호 연결된 하나의 경제이론체계로 설명하고자 했다. 자본축적론, 경제성장론, 분배론 등 다양한 주제의 이론적 연구와 방법론에 관해 많은 저작을 통하여 다채로운 활동을 계속했다. 주요 저서로는『불완전경쟁의 경제학』,『마르크스주의 경제학에 대하여(An Essay on Marxian Economics, 1942)』,『자본축적론(The Accumulation of Capital, 1956)』등이 있다.

주요 개념

규모의 경제	기술
기술적 한계대체율	단기비용
등비용곡선	등생산량곡선
비용함수	생산가능곡선
생산함수	생산자균형
사회적 균형	수입
이윤	이윤극대화
장기비용	평균비용
포락선	한계비용

확인 학습 – 기초편

1. 생산함수에 관한 설명으로 적절하지 않은 것은 무엇인가?

   ① 생산함수에서는 생산요소의 투입량이 독립변수가 된다.

   ② 생산함수에서는 생산량이 종속변수가 된다.

   ③ 생산함수는 그 기업의 기술적 특성을 반영하고 있다.

   ④ 생산함수는 생산요소의 투입량이 증가할수록 체증하는 특성을 갖는다.

2. 총생산물곡선과 한계생산물곡선에 관한 설명으로 적절하지 않은 것은 무엇인가?

   ① 총생산물곡선은 가변생산요소가 증가할 때 총생산물이 어떻게 변화하는지를 보여준다.

   ② 총생산물곡선은 원점에 대해 오목한 형태를 갖는다.

   ③ 한계생산물이 감소하더라도 총생산물이 감소하는 것은 아니다.

   ④ 한계생산물이 음(–)의 값을 가지면 총생산물은 감소한다.

3. 한계생산물곡선에 대한 설명으로 적절하지 않은 것은 무엇인가?

   ① 한계생산물은 가변생산요소를 한 단위 더 투입했을 때 총생산물이 얼마나 증가하는지를 나타낸다.

   ② 한계생산물은 가변생산요소를 더 많이 투입함에 따라 증가한다.

   ③ 총생산물곡선의 기울기가 일정한 경우 한계생산물곡선은 수평선이다.

④ 한계생산물이 체감하는 이유는 생산요소의 투입량이 증가할수록 생산성이 떨어지기 때문이다.

4. 생산요소(투입요소)에 대한 설명으로 적절하지 않은 것은 무엇인가?

① 투입요소는 생산에 투입되는 모든 것을 통틀어 일컫는다.

② 투입요소는 생산비용과 밀접한 관계가 있다.

③ 투입요소는 가변투입요소와 고정투입요소로 나누어볼 수 있다.

④ 단기에는 가변투입요소와 고정투입요소가 모두 고정된다.

5. 등량곡선에 대한 설명으로 적절하지 않은 것은 무엇인가?

① 두 등량곡선은 서로 교차하지 않는다.

② 등량곡선은 우하향하는 형태를 갖는다.

③ 등량곡선은 원점에 대해 오목한 형태를 갖는다.

④ 원점에서 멀리 있는 등량곡선일수록 더 많은 생산량 수준을 의미한다.

6. 한계기술대체율(기술적 한계대체율)에 대한 설명으로 올바른 것은 무엇인가?

① 한계기술대체율은 두 생산요소의 한계비용 사이의 비율을 의미한다.

② 한계기술대체율은 생산과정에서 두 생산요소가 대체될 수 있는 비율을 의미한다.

③ 한계기술대체율은 등비용곡선과는 아무런 관계도 없다.

④ 등량곡선이 원점에 대해 볼록한 모양을 가지는 이유는 한계기술대체율이 체증하기 때문이다.

7. 단기비용함수가 다음과 같이 주어졌다면, 생산량이 10일 때 총비용과 평균비용은 얼마인가?

$$C = 100 + 3Q^2 \ \ (C : 비용, \ Q : 생산량)$$

8. 평균비용과 한계비용에 대한 설명으로 적절하지 않은 것은 무엇인가?

① 한계비용은 생산량을 한 단위 증가시킬 때 추가되는 비용을 의미한다.

② 고정비용이 존재하는 한 평균비용은 항상 한계비용보다 크다.

③ 한계비용과 평균비용이 서로 같아지는 점에서 평균비용은 최저가 된다.

④ 한계비용이 평균비용보다 낮은 영역에서는 평균비용이 하락한다.

9. 등비용곡선이 이동하게 되는 이유가 아닌 것은 무엇인가?

① 고정생산요소의 가격 변화　　　② 가변생산요소의 가격 변화

③ 생산량의 증가　　　　　　　　④ 예산의 증가

10. 등비용곡선의 기울기의 절댓값은 다음 중 무엇과 같다고 할 수 있는가?

① 두 생산요소 사이의 한계생산물의 비율

② 두 생산요소 사이의 한계비용의 비율

③ 두 생산요소 사이의 가격 비율

④ 두 생산물 사이의 가격 비율

✏ 확인 학습 – 논술편

1. 등생산량곡선과 등비용곡선은 어떤 관계에 있는가?

2. 장기와 단기에 대해 예를 들어 설명하라.

3. 한계비용과 평균비용의 관계를 그림을 그려 설명하라.

4. 두 생산요소 사이의 가격 비율을 경제적 한계대체율이라 부르기도 한다. 두 생산요소 사이의 기술적 한계대체율과 경제적 한계대체율은 같은가, 다른가?

5. 소비자균형 또는 생산자균형은 반드시 사회적으로 가장 바람직한 결과를 의미하는가, 아닌가?

제 5 장

경쟁과 독점

5-1 시장과 경쟁

코카콜라의 기밀 정보를 빼내 150만 달러를 받고 펩시콜라에 팔려던 이들이 4일 미국 연방 검찰에 붙잡혔다. AP통신과 CNN은 "거래를 제안받은 펩시의 제보로 수사를 벌여온 끝에 조야 윌리엄스(41, 여), 이브라힘 딤슨(30), 에드먼드 더하니(43) 등 범인 3명을 체포해 기소했다"고 보도했다. 이 가운데 윌리엄스는 애틀랜타에 있는 코카콜라 본사 임원의 비서였다. 보도에 따르면 이 사건은 펩시콜라에 날아들어 온 한 장의 편지로 시작됐다. 3명 중 한 사람인 딤슨이 '더크'란 가명으로 보낸 편지였다. 그는 "나는 코카콜라 직원"이라며 "현재 출시 준비 중인 제품에 대해 아주 상세한 기밀 정보를 주겠다"고 제안했다. 펩시는 편지를 받자마자 이 사실을 코카콜라에 알렸으며, 코카콜라가 검찰에 고발하면서 FBI의 수사가 시작됐다. 딤슨과의 거래는 펩시 직원 역할은 맡은 FBI 요원이 했다. 딤슨은 먼저 '기밀(confidential)', '근접제한(highly-restricted)'이라고 표시된 14쪽짜리 문건을 보내고 1만 달러를 대가로 받았다. 그는 "문서뿐 아니라 회사에서 5명의 임원만 본 신제품 샘플까지 빼내겠다"고 말했다. 딤슨은 6월 16일 샘플을 제공하고 3만 달러를 받았다. 나머지 4만 5,000달러는 샘플 테스트를 한 뒤 받기로 했다. 이날 돈을 건네준 FBI 요원은 딤슨을 집까지 추적했다. 결국 이들은 4일 검찰에 체포됐다. 검찰의 증거물로는 코카콜라 직원인 윌리엄스가 파일과 샘플을 빼내는 장면이 담긴 비디오테이프가 준비됐다. 검찰은 "이들이 검거된 날은 이들이 기밀을 추가로 제공하고 150만 달러를 받기로 한 날이었다"고 밝혔다. 한편 네빌 이스델 코카콜라 회장은 "정보야말로 회사의 생명줄"이라며 "지적 재산을 보호하기 위해 사내 보안을 더욱 강화키로 했다"고 밝혔다. 코카콜라 측은 펩시콜라의 제보에 고마움을 표시했다. 이에 대해 데이브 데세코 펩시콜라 대변인은 "경쟁이 아무리 치열해도 합법적이고 공정하게 겨뤄야 한다"고 말했다.(《중앙일보》, 2006. 7. 7)

여러 가지 시장

영국의 정치가 윈스턴 처칠(Winston Leonard Spencer Churchill, 1874-1965)은 촌철살인의 경구들을 많이 남긴 것으로도 유명하다. 처칠이 남긴 명언들 가운데 하나는 이렇다. "민주주의는 최악의 제도이다. 그러나 우리가 알고 있는 것 가운데서는 최상의 제도이다." 처칠을 흉내 내 본다면 아마 이럴 것이다. "시장경제는 최악의 제도이다. 그러나 우리가 알고 있는 것들 가운데서는 가장 효율적인 제도이다." 많은 한계에도 불구하고 우리가 알고 있는 여러 경제제도나 질서들 가운데서 시장이 자원을 가장 효율적으로 배분하는 제도라는 점을 부정하기 어렵다. 그런데 시장이 시장

답기 위해서, 즉 시장이 자원을 효율적으로 배분하기 위해서 꼭 필요한 조건은 무엇일까? 경제주체들의 자율성이나 재산권의 보호 등 여러 가지가 있겠지만, 그런 필수조건들 가운데 하나는 바로 '경쟁(competition)'일 것이다.

시장경제질서에서는 모든 경제주체가 다양한 경쟁을 한다. 공급자들 간의 가격경쟁을 비롯해 제품의 질을 향상시키기 위한 경쟁, 보다 앞선 서비스를 제공하기 위한 경쟁, 생산비용을 낮추기 위한 경쟁, 새로운 시장을 개척하기 위한 경쟁 등 경쟁의 종류는 무수히 많다. 노동자들도 마찬가지다. 보다 좋은 직장을 갖기 위한 경쟁이 있고, 더 많은 임금이나 승진을 위한 경쟁도 있다. 이들은 사회 전체의 효율성이나 복지의 증진 따위에는 그다지 관심이 없다. 이들의 관심은 오직 자신의 이익과 행복을 어떻게 하면 극대화하느냐에 있을 뿐이다. 하지만 이렇게 이기적인 개인들이 자신의 행복을 위해 최선을 다해 노력하면, 의도했건 의도하지 않았건 사회 전체의 개선과 진보를 가져온다는 것이 바로 애덤 스미스가 말한 '보이지 않는 손(invisible hand)'의 의미이다.

시장을 구분하는 방법은 여러 가지가 있다. 한 예로 빵 시장, 구두 시장 등은 거래되는 상품의 종류에 따라 구분하는 것이다. 이런 시장들을 모두 일러 상품시장이라고 부른다. 노동력을 사고파는 시장은 노동시장이며, 자본을 사고파는 시장은 자본시장이다. 이 둘을 함께 생산요소시장이라고 부른다. 그러나 경제학에서 여러 가지 시장이라고 말할 때는 경쟁의 정도, 즉 경쟁자의 수에 따라 구분하는 경우가 많다. 시장에서 경쟁하는 기업의 수가 많은 경우를 경쟁시장(competitive market)이라고 부르고, 소수인 경우를 과점시장(oligopoly), 그리고 오직 하나의 기업만이 존재하는 경우를 독점시장(monopoly)이라고 부른다.[1]

경쟁시장 가운데 경쟁자의 수가 무한하고 제품의 차별성이 존재하지 않는 경우가 완전경쟁시장(perfect competitive market)이다. 이밖에도 완전경쟁시장에는 진입과 퇴출이 자유롭고, 정보가 완전하다는 등의 조건들이 필요하다. 물론 이러한 조건을 모두 충족하는 시장은 현실에서는 존재하기 어렵다. 말하자면 완전경쟁시장은 순수한 추상적 논리의 결과인 것이다. 그럼에도 불구하고 경제학이 완전경쟁시장을 가

---

1 여기서는 공급자의 수가 얼마인가에 따라 시장을 구분한다. 그러나 필요한 경우에는 더러 수요자의 수가 얼마인가에 따라 시장을 구분하기도 한다. 가령 공급자가 하나인 경우를 공급독점이라고 부르고, 반대로 수요자가 하나인 경우를 수요독점이라고 부른다. 공급자와 수요자 모두 하나씩인 쌍방독점시장도 존재한다.

정하는 이유는 그것이 경제이론을 전개하는 데 편리할 뿐만 아니라, 여러 형태의 시장들을 비교할 때도 기준이 되기 때문이다.

완전경쟁시장의 반대편에 있는 것이 독점시장이다. 독점시장에서는 공급자가 단 하나의 기업만 존재한다. 독점시장은 완전경쟁시장처럼 현실경제에서 전혀 불가능한 경우는 아니지만 그리 흔히 볼 수 있는 경우도 아니다. 그래서 과점기업들까지 포함하여 독점기업이라고 부르거나 독점과 과점을 함께 독과점이라고 부르는 경우도 많다. 그래서 독점시장을 따로 강조하여 순수독점이라고 부르기도 한다. 독점시장은 경쟁자의 수만 아니라 여러 측면에서 완전경쟁시장과 대비된다. 무엇보다도 독점시장에서는 새로운 경쟁기업들이 진입하지 못하도록 막는 진입장벽이 있다.

과점시장에서는 경쟁자가 무수히 많지도 않지만 그렇다고 오직 하나의 기업만 존재하지도 않는다. 과점시장은 완전경쟁시장과 독점시장의 중간 형태이다. 현실경제에서 완전경쟁시장은 거의 존재하지 않고 순수독점시장도 흔하지 않으므로 과점시장이 오히려 보편적인 경우라고 할 수 있다. 과점시장 가운데서도 특히 경쟁기업이 2개인 경우를 복점시장(duopoly)이라고 부른다.

독점적 경쟁시장(monopolistic competitive market)은 완전경쟁시장과 독점시장이 혼재하는 경우이다. 독점적 경쟁시장에서는 경쟁자의 수가 무수히 많다. 하지만 완전경쟁시장에서는 모든 상품이 동일한 반면에 독점적 경쟁시장에서는 상품들이 서로 차별적이다. 따라서 상품들의 차별성을 분명하게 인지하는 소비자에게는 그 상품이 독점적인 지위를 차지하는 반면에 그렇지 못한 소비자에게는 모든 상품들이 경쟁적이다. 상품의 차별성이 없는 완전경쟁시장에서는 공급자들이 가격을 통해 경

Shutterstock

경쟁 경쟁자의 수가 많다는 것이 반드시 경쟁이 더 치열하다는 의미는 아니다.

쟁한다. 그러나 상품의 차별성이 크면 기업들은 자신의 차별성을 더 강하게 인지시키고자 하는 비가격경쟁을 벌인다. 그런데 진입장벽이 존재하지 않는다면 특정 상품이 가진 차별성은 시간이 지남에 따라 다른 기업들에 의해 이용될 것이므로 장기적으로 독점적 경쟁시장은 완전경쟁시장으로 전환된다.

시장과 경쟁

여러 가지 시장을 구분할 때 공급자의 수가 가장 중요한 기준이 되는 이유는, 공급자의 수에 따라 개별 공급자가 가격에 얼마나 영향을 미칠 수 있는지가 결정되기 때문이다. 경쟁시장에서는 개별기업이 가격에 영향을 미칠 수 없고 시장에서 형성된 가격을 그대로 받아들인다. 만약 시장가격보다 가격을 높이면 상품이 팔리지 않고, 가격을 낮추면 이윤이 줄어들기 때문이다. 이런 공급자들을 '가격수용자(price-taker)' 또는 '가격순응자'라고 부른다. 그러나 독점기업은 시장에서 유일한 공급자이므로 가격에 상당한 영향력을 행사한다. 독점기업은 사회 전체의 효율성이나 복지가 극대화되는 지점이 아니라 자신의 이윤이 극대화되는 지점에서 생산량을 결정하고, 그 생산량에서 받을 수 있는 가장 높은 가격으로 판매한다. 말하자면 기업이 '가격결정자(price-maker)'가 되는 것이다. 독점기업이 이렇게 가격을 마음대로 결정하는 이유는 물론 경쟁기업이 없기 때문이다. 〈표 5-1〉은 여러 형태의 시장들의 특징을 비교하여 정리한 것이다.

이미 이야기한 것처럼 시장이 시장다우려면, 즉 시장이 한정된 자원을 효율적으로 배분하려면 적절한 경쟁이 필요하다. 그런데 경쟁이 있어야 시장이 시장다울 수 있는 것과 마찬가지로 경쟁이 제 역할을 다하기 위해서는 경쟁 또한 경쟁다워야 한다. 경쟁이 자유롭고 공정하게 이루어질 때에만 경쟁의 효과를 기대할 수 있다는 뜻이다. 자유로운 경쟁이란 자유로운 시장참여와 경쟁 그리고 자율적 의사에 의한 거래를 의미한다. 경쟁이 공정하다는 것은 경쟁이 가격, 품질, 서비스 등을 수단으로 합리적으로 이루어져야 함을 의미한다. 가령 거래를 할 때 강매, 기만, 우월적 지위의 행사 등이 있다면 공정한 경쟁이라고 말할 수 없다. 만약 가격기구가 시장지배력을 가진 몇 개의 기업에 의해서만 정해진다면 가격은 자원의 상대적 희소성을 나타내주는 신호의 역할을 하지 못하게 된다. 이렇게 되면 효율적이지 않은 기업과 산업이 번성하는 반면 유망한 산업은 발전하지 못해 결과적으로 자원을 비효율적으로 배분하게 된다. 경쟁은 또 기술진보와 생산성 향상을 유도한다는 점에서도 중요하

표 5 - 1 여러 가지 시장의 특성

	완전경쟁시장	독점적 경쟁시장	과점시장	독점시장
공급자의 수	무수히 많다	매우 많다	소수	1개 기업만 존재
상품의 동질성	동질적	차별적	동질적이거나 차별적	비교할 수 없음
시장지배력	없음	작음	다소 큼	큼
가격통제력	없음(가격순응자)	작음	작음	큼(가격결정자)
진입과 퇴출	자유로움	거의 자유로움	어려움	매우 어려움
경쟁의 형태	가격경쟁	비가격경쟁	가격경쟁과 비가격경쟁을 동시에 벌임	없음
이윤	기회비용인 정상이윤만 가능	단기적으로는 초과이윤이 가능하나 장기적으로는 정상이윤만 가능	초과이윤	독점이윤
기타	소비자의 후생이 가장 큼	제품의 다양성	담합 가능성 큼	가격차별화

다. 경쟁이 없고 독점이윤을 장기적으로 누리는 기업이나 산업은 기술 개발의 필요성을 별로 느끼지 못하기 때문이다.

이처럼 치열한 경쟁이 인적자원의 개발과 기술진보를 가져와 경제발전에 지대한 공헌을 한다는 것은 선진국의 사례에서는 물론 우리나라의 경제개발 경험에서도 찾아볼 수 있다. 그렇다면 경쟁은 과연 언제나 최선의 결과만 낳을까? 실은 그렇지만

Shutterstock

'경쟁'이 아니라 '공정한 경쟁'이 있어야 시장은 제대로 작동한다.

도 않다는 것이 문제이다. 경쟁은 단지 시장을 더 공정하게 만들기 위한 수단일 뿐이지 경쟁 그 자체가 목적은 아니다. 그런데도 우리는 곧잘 목적과 수단을 혼동하는 경쟁의 '물신화'에 빠진다. 많은 사람들이 시장을 윤리나 도덕은 없고 오직 이익과 탐욕만 넘친다고 생각하는 이유도 바로 시장에서 경쟁이 물신화되고 있기 때문이다. 그렇다면 현대사회를 살아가는 우리 앞에 놓인 진정한 과제는 어떻게 하면 경쟁이 인간의 얼굴을 하도록 만들 것인가 하는 문제일 듯싶다.

5-2 완전경쟁시장

정부가 수서발 고속철도(KTX) 경쟁체제 도입 방식으로 민간 참여가 아닌 '제2철도공사'를 설립하는 쪽으로 가닥을 잡고 있는 것으로 20일 알려졌다.

이명박 정부는 코레일의 철도 독점운영에 따른 비효율성을 해소하기 위해 2015년에 개통하는 수서발 KTX 노선의 운영권을 민간에 이양하는 경쟁체제 도입을 추진해 왔다. 그러나 대기업 특혜, 철도 민영화 논란 등 반대가 거셌고, 당사자인 코레일도 공공연하게 정부 입장에 반기를 들면서 갈등을 빚어 왔다. 이런 가운데 서승환 국토해양부 장관이 지난 12일 취임식에서 "(KTX의 민간 이양 대신) 다른 방식을 찾아보겠다"고 밝히면서 민영화 추진 포기를 기정사실화했다. 이후 정부가 제2공사 설립 검토로 방향을 선회한 것은, 민간 이양 대신 공기업 간의 경쟁체제를 도입해 효율성과 공공성을 동시에 만족시키는 방법을 찾으려는 것으로 풀이된다. 제2공사가 설립될 경우 민간기업 특혜라는 시비도 원천적으로 차단하면서 코레일의 비효율적 경영에 대한 견제와 동시에 경쟁체제 도입에 따른 운임료 인하 등의 효과도 기대할 수 있다는 것이다. 국토부는 제2공사를 설립할 경우 필요한 자본금에 대해 초기에는 정부가 전액 출자하는 방식을 고려하고 있는 것으로 알려졌다. 현재 제2공사의 설립에 필요한 자본금은 약 3,500억 원가량으로 추산된다. 그러나 제2공사 설립에 대해서도 우려의 목소리가 없는 것은 아니다. 무엇보다 코레일의 비효율성과 철도 구조개혁을 위해 경쟁체제를 도입한다면서 또 다른 공사를 설립한다는 것은 오히려 문제를 키우는 것이라는 지적이다. 시민단체인 바른사회시민회의 김영훈 경제실장은 "요금 인하 효과로 국민에게 돌아가는 혜택보다 정부가 제2공사 설립에 쏟을 막대한 예산으로 인한 국민 부담이 더 클 것"이라며 "정부가 추진한다는 경쟁체제는 사실상 후퇴한 것"이라고 말했다. (〈한국일보〉, 2013. 3. 21)

완전경쟁시장의 조건

경쟁시장 가운데서도 경쟁이 가장 완전한 형태로 이루어지는 시장을 **완전경쟁시장**(perfect competitive market)이라고 부른다. 어떤 시장을 완전경쟁시장이라고 말하기 위해서는 다음과 같은 조건들이 모두 갖추어져야 한다. 첫째, 개별 경제주체가 가격에 영향력을 행사할 수 없을 정도로 수요자와 생산자의 수가 많아야 한다. 즉 모든 시장참가자가 가격을 주어진 대로 받아들이는 가격수용자여야 한다. 둘째, 모든 시장참가자가 거래와 시장여건에 관해 완전한 정보를 가지고 있어야 한다. 물론 정보 수집과 이용에 따른 어떠한 시간적, 금전적 비용도 없어야 한다. 셋째, 모든 시장참가자의 자유로운 진입과 이탈은 물론 생산요소의 자유로운 이동이 보장되어야 한다. 마지막으로 생산과 거래대상이 되는 상품의 품질이 같아야 한다. 품질에 차이가 있으면 당연히 가격이 달라지고 동일한 상품으로 취급할 수 없기 때문이다.

완전경쟁시장 동일한 상품을 취급하는 수많은 공급자와 수요자로 구성되어 있어서 모든 사람이 가격수용자인 시장

그러나 이름에서 짐작하듯 현실에서 완전경쟁시장은 존재하기 어렵다. 그래서 완전경쟁시장은 아니더라도 시장에서 공급자들 사이에서 경쟁이 적절히 이루어지는 경우를 **유효경쟁시장**(effective competitive market)이라고 부르기도 한다. 유효경쟁시장은 사업자 수나 시장구조의 측면에서는 과점적인 시장이더라도 기존 사업자들 간 경쟁이 상당히 치열하거나 잠재적 진입에 의한 경쟁압력이 커서 특정 사업자가 시장지배력을 보유하거나 행사하기 어려운 시장상태를 말한다. 유효경쟁의 조건으로는 첫째, 상당한 수의 공급자와 수요자가 있고, 둘째, 공급자와 수요자 어느 쪽도 시장의 대부분을 점유하고 있지 않으며, 셋째, 공급자들 사이에 담합이 없어야 하고, 마지막으로 새로운 기업에 의한 시장참여의 가능성이 있어야 한다는 것 등이다.

유효경쟁시장 현실적으로 존재하지 않는 완전경쟁을 대신해 실제적인 경제분석 및 경제정책의 기준으로 사용되는 개념

완전경쟁시장의 이윤극대화

기업의 이윤극대화를 위한 조건은 한계수입(MR)과 한계비용(MC)이 일치한다는 것이다. 다만 그 구체적인 형태는 시장의 구조에 따라 달라진다. 그렇다면 이제 완전경쟁시장에서 기업의 이윤극대화가 어떻게 결정되는지를 보자. 완전경쟁시장에서 모든 기업은 가격수용자이다. 다시 말해 모든 기업은 주어진 가격을 고정된 조건으로 전제하고 시장에 참여한다. 따라서 완전경쟁시장에서 개별기업의 수요곡선은 수평선이 된다. 가격이 고정되어 있으므로 이 기업의 수요곡선은 동시에 한계수입곡선이자 평균수입곡선이 된다. 따라서 이윤극대화의 조건인 MR = MC는 완전경쟁시장에서는 P = MC로 표현하는 것이 보통이다.

〈그림 5-1〉을 보면 이 기업의 한계수입곡선과 한계비용곡선이 일치하는, 즉 MR ＝MC인 지점에서 가격이 평균비용(AC)보다 크다. 따라서 그 차이만큼의 수입은 이 기업의 초과이윤이 된다. 이처럼 완전경쟁시장에서도 단기적으로는 기회비용으로서의 정상이윤을 초과하는 이윤을 얻을 수 있다. 그러나 어느 한 기업이 초과이윤을 얻으면 당연히 다른 기업들이 새로이 진입하고자 할 것이다. 완전경쟁시장에서는 기업의 진입이 자유로우므로 새로운 기업의 진입은 시장공급곡선을 오른쪽으로 이동시킬 것이고 가격은 그만큼 하락할 것이다. 새로운 경쟁자의 진입은 한 번으로 그치지 않고, 가격이 평균비용보다 높고 초과이윤이 있는 한 계속될 것이다. 그래서 드디어 가격이 평균비용곡선의 최저점과 일치하여 더 이상 초과이윤이 없어지면 새로운 기업의 진입은 그치고 완전경쟁시장의 장기균형이 성립하게 된다. 〈그림 5-2〉는 장기한계비용(long-run marginal cost)과 장기평균비용(long-run average cost)을 이용해 이러한 과정을 보여준다.

완전경쟁시장에서는 가격기구의 자원배분기능이 시장참가자들 간의 경쟁을 통해 이루어진다. 시장에서는 수많은 수요자와 공급자의 경쟁을 통해 균형가격과 수량이 결정된다. 시장에서 결정된 균형가격 수준에서 기업은 계속 생산할 것이고, 수요자는 원하는 만큼 소비를 결정한다. 또 이 과정에서 자원이 가장 필요한 곳으로 잘 배분되어 경제문제가 해결된다. 이처럼 자원을 효율적으로 배분하기 위한 가격의 신

그림 5-1　완전경쟁시장의 단기균형

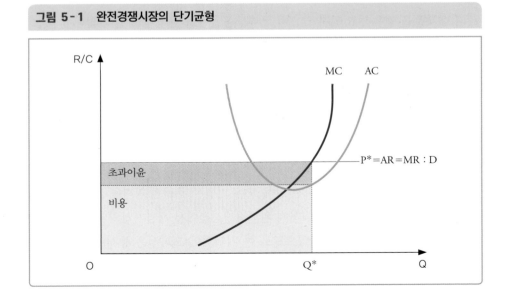

그림 5-2　완전경쟁시장의 장기균형

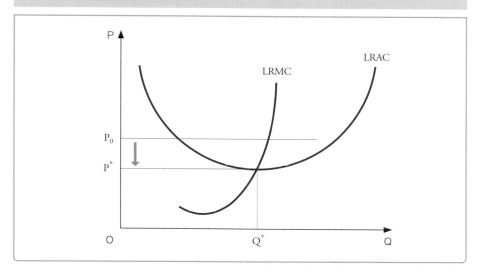

호(signal) 기능은 완전경쟁시장에서 가장 잘 작동한다.

시장이 한 번 균형상태에 들어갔다고 해서 경쟁이 끝나는 것은 아니다. 어느 한 기업이 기술개발을 통해 같은 상품을 시장가격보다 훨씬 싸게 공급하면 많은 고객이 그 기업으로 몰릴 것은 당연하다. 이런 때 다른 기업들은 생산을 중단하거나 자신의 고객을 유지하기 위해 가격을 같이 내릴 수밖에 없다. 결국 동질의 제품을 가장

Shutterstock

유효경쟁 완전경쟁시장은 현실에서 존재하지 않는다. 그래서 완전경쟁시장은 아니지만 경쟁자 수가 어느 정도 많고, 진입이 자유로우며, 정보가 충분히 공개되어 있는 경우를 유효경쟁시장이라고 한다.

싸게 공급할 수 있는 기업만 시장에 남고, 그렇지 못한 기업은 퇴출되어 자기가 비교우위를 가진 다른 사업을 찾게 된다. 이처럼 시장경제는 제품이 가장 싸게 생산되도록 함으로써 자원을 가장 효율적으로 사용하게 만든다. 시장이 자원을 가장 효율적으로 배분하는 제도라는 이유도 바로 이런 의미에서이다.

5-3 독점시장

노대래 공정거래위원장이 아시아나항공 여객기 사고 등 최근 잇따른 참사에 대해 독과점 등 잘못된 시장구조가 사고의 근본원인일 수 있다는 진단을 내놓았다. 노 위원장은 지난 8일 페이스북에 올린 글에서 "원인 규명 절차가 남아 있지만 아시아나항공의 참사는 우리의 '리스크 매니지먼트(안전관리)'에 경각심을 일깨워주고 있다"며 "최근 한국의 내로라하는 간판기업에서 이런 일들이 벌어지니 뭔가 불안하게 느껴진다"고 했다. 그는 항공기 추락사고와 함께 제철공장 화재, 원전 불량품, 불산 유출사고 등을 안전불감증의 예로 들었다. 노 위원장은 "효율경쟁이 안전투자의 소홀을 초래한 것은 아닌지, 아니면 장기독점을 하다 보니 방심으로 흐른 것은 아닌지 걱정된다"고 썼다. 최근 발생한 대기업 안전사고들의 원인이 잘못된 시장구조에서 비롯된 것일 수도 있다는 지적으로 풀이된다. 극심한 경쟁에 노출된 기업들은 효율성만을 추구하다 보니 당장의 수익과 관련 없는 안전 분야에 투자할 여력이 줄어들고 반대로 수익이 보장되는 독점기업은 경영이 해이해져 안전에 무관심할 수 있다는 것이다. 실제 대형 사고들은 포항제철(화재), 삼성전자(불산 유출), 한국수력원자력(원전 불량품) 등 주로 독점 지위를 누리고 있는 대기업이나 공공기관에서 일어났다. 노 위원장은 또 독일 재경관으로 근무하던 1996년 자신이 한국에 초청했던 한 독일 교수가 안전을 이유로 우리 국적기 이용을 거부해 애를 먹은 일화를 언급하면서 "그 후 우리 항공사는 뼈를 깎는 노력으로 국제민간항공기구(ICAO) 안전도평가에서 매년 1위를 차지했고 기내 서비스도 세계 최고 수준으로 올렸다"고 평가했다. 노 위원장은 "안전관리는 기업의 핵심 경쟁요소"라며 "우리가 세계 톱(top)에 갈수록 한 치의 오점도 남겨서는 안 된다"고 했다.(《서울경제》 2013. 7. 10)

독점의 의미

연암 박지원의 『열하일기(熱河日記)』에 나오는 〈허생전(許生傳)〉 이야기는 워낙 잘 알려져 굳이 덧붙여 설명할 필요가 없을 것이다. 경제학자들은 허생의 이야기를 독점시장에 관한 이야기로 해석한다. 과일이나 말총 따위를 매점매석해 비싸게 파는 것이 바로 독점이다. 다만 허생의 이야기에는 우리가 흔히 아는 **독점시장**(monopoly market)과 다른 점이 많기는 하다. 가령 허생은 가격이 쌀 때 많은 상품을 구매했다가 비쌀 때 되파는 방법으로 돈을 번다. 가격이 쌀 때 수요가 늘면 가격은 오를 것이고, 가격이 비쌀 때 공급이 늘면 가격은 떨어질 것이다. 말하자면 허생의 매점매석 행위가 오히려 가격을 안정시키는 역할을 하기도 한 것이다. 변부자가 허생에게 삼남에서 한양으로 올라오는 쌀을 모두 매점하면 더 큰 돈을 벌지 않겠느냐고 하자 허생은, 과일이야 없으면 안 먹어도 그만이지만 쌀이 없으면 백성들은 무엇을 먹느냐며 꾸짖는다. 시장에 이(利)만 있는 것이 아니라 의(義)도 있다는 좋은 예이다.

경쟁자의 수 이외에 진입장벽이 있는지 여부도 시장을 구분하는 중요한 기준 가운데 하나이다. **진입장벽**(entry barrier)이란 특정한 상품시장에 새로운 공급자가 참여하는 데 방해가 있다는 뜻이다. 독점이 생성되고 유지되는 진입장벽은 대개 다음과 같은 다섯 가지 이유에 의해 발생한다. 첫째는 어떤 상품을 만드는 데 쓰이는 원재료를 독점적으로 소유하는 경우이다. 예를 들어 알루미늄 원광인 보크사이트를 독점으로 소유하면 알루미늄을 독점적으로 생산하는 독점기업이 될 수 있다.

둘째는 규모의 경제이다. 앞에서 본 것처럼 규모의 경제란 생산량을 증가시킬수록 생산에 들어가는 평균비용이 감소하는 경우를 말한다. 만약 시장수요량을 충족시키고도 남을 만큼의 대규모 생산에 이르기까지 규모의 경제가 있으면, 하나의 기업이 시장수요량을 모두 생산하는 것이 여러 기업이 나누어 생산하는 것보다 비용이 적게 든다. 이렇게 규모의 경제 때문에 생성되는 독점을 **자연독점**(natural monopoly)이라고 부른다. 법률적으로 독점권이 인정된 것은 아니지만, 후발기업이 새롭게 시장에 진입하더라도 기존 독점기업이 가지는 규모의 경제를 통해 낮은 평균비용이라는 경쟁상의 우위를 가지고 있으면 후발기업은 견뎌낼 수가 없다. 이런 경우에 자연적으로 발생하는 독점 상태가 바로 자연독점이다. 철도, 가스, 전기 등 막대한 규모의 기반투자가 필요한 사업의 초기 단계에서 자주 발생한다.

셋째는 정부가 특허권, 판매권, 인허가 등을 한 기업에만 내줌으로써 법적으로 독점의 지위를 누리는 경우이다. 대부분의 나라에서는 기술 혁신을 유도하기 위해 발명가에게 몇 년간 특허권을 부여하는데, 이 기간 동안에는 특허권을 사용해 해당 상품을 독점적으로 공급한다. 물론 특허의 독점 기간이 지난 다음에는 새로운 기업이 진출해 경쟁시장으로 바뀔 수도 있다.

넷째로 정부가 민간부문에 독점권을 주는 경우뿐 아니라, 특수한 목적을 위해 직

독점시장 밀접한 대체재가 없는 상품의 유일한 공급자만 존재하는 시장구조

진입장벽 독과점기업이 지배하는 시장에 새로운 경쟁자가 자유로이 진입하는 데 어려움을 주는 요인들

자연독점 단일공급자를 통한 재화의 생산 및 공급이 최대효율을 나타내는 경우에 발생하는 경제현상. 규모의 경제라는 기술적 요인이 시장에서 독점적 지위로 이어질 때 나타난다.

접 독점력을 행사하기도 한다. 가령 재정수입을 목적으로 소금을 전매하거나 담배와 홍삼을 원료로 하는 제품을 독점해 전매하는 것이 바로 그 예이다.

마지막으로 기업의 시장전략을 들 수 있다. 기업의 입장에서는 독점시장을 가지면 이윤을 극대화하기가 매우 수월해진다. 다른 기업의 눈치를 볼 것 없이 가격과 생산량을 결정할 수 있기 때문이다. 따라서 기업이 독점의 지위를 획득하거나 유지하기 위해 경쟁기업이 도산할 정도나 새로운 기업이 진입하지 못할 정도의 낮은 가격전략을 일시적으로 편다거나 또는 독점기업이 되기 위해 경쟁기업을 합병하면 독점이 만들어진다.

독점시장의 이윤극대화

독점시장에서는 시장 전체의 수요곡선이 이 기업의 수요곡선과 같다. 따라서 독점기업의 수요곡선은 〈그림 5-3〉에서 보듯이 시장수요곡선과 똑같이 우하향하는 형태이다. 수요곡선이 우하향하므로 공급량이 증가하면 반대로 가격이 하락하게 된다. 가격 하락으로 인한 총수입이 감소하는 것을 가격효과라 부르고, 판매량의 증가에 따라 총수입이 증가하는 것을 수량효과라고 한다. 한계수입이 체감하더라도 한계수입이 양($+$)인 구간에서는 수량효과가 가격효과보다 크다. 따라서 총수입은 한계수입이 0이 될 때까지 증가한다. 독점기업의 총수입은 한계수입이 0인 C점에서 극대화된다. 독점기업의 이윤이 극대화되는 수요곡선 위의 B점을, 처음 이를 밝힌 프랑스의 경제학자 쿠르노의 이름을 따 '쿠르노의 점(Cournot's point)'이라고 부른다.

그런데 〈그림 5-3〉에서 주목해야 할 것은 한계수입곡선이 수요곡선보다 아래에 위치한다는 점이다. 시장에서는 언제나 일물일가의 법칙이 적용된다. 따라서 가격이 하락하면 더 낮은 가격이 아니면 그 상품을 구매할 의사가 없는 마지막 소비자만이 아니라 보다 높은 가격을 지불할 의사를 가지고 있던 이전의 소비자들도 하락한 가격에 상품을 구매하게 된다. 따라서 기업의 한계수입은 가격의 하락보다 더 큰 폭으로 하락하게 된다.

〈그림 5-4〉에서 이 기업의 한계수입과 한계비용이 일치하는 생산량은 Q_0이다. 따라서 이 기업은 Q_0에서 생산을 결정할 것이고, 그때의 가격은 Q_0에 대응하는 수요곡선 위의 점 E_0에 따라 가격 P_0가 된다. 생산량 Q_0에서 이 기업의 평균비용은 E_1, 즉 P_1과 같다. 따라서 이 기업은 $E_0 P_0 P_1 E_1$만큼의 독점이윤을 얻게 된다. 진입장벽이 존재하므로 이 독점기업은 다른 변화가 없는 한 장기적으로 독점이윤을 얻을 수 있다.

그림 5-3 독점기업의 수요곡선

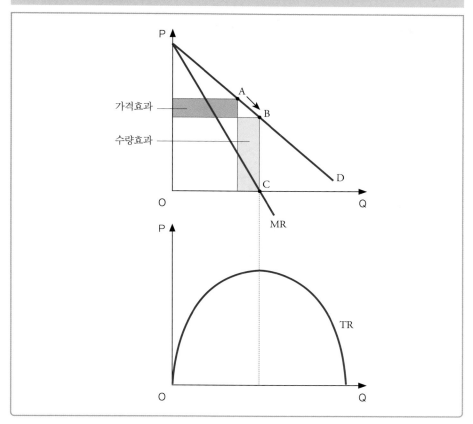

독점시장과 경쟁시장

〈그림 5-5〉는 완전경쟁시장과 독점시장을 비교한 것이다. 완전경쟁시장에서는 한계수입, 즉 수요곡선과 한계비용, 즉 공급곡선이 일치하는 E_0가 균형점이 되고 그때의 생산량과 가격은 각각 Q_0와 P_0가 된다. 그러나 독점시장에서는 한계수입과 한계비용이 일치하는 생산량 Q_1에 대응하는 E_1이 균형점이 되고 그때의 가격은 P_1이다. 완전경쟁시장에서는 독점시장에서보다 더 많은 생산물이 더 낮은 가격으로 공급된다는 뜻이다.

이제 소비자잉여 등 경제잉여의 변화를 이용하여 완전경쟁시장과 독점시장을 비교해보자. 〈그림 5-6〉에서 한계비용곡선이 수평선의 형태를 취하는 것은 한계비용이 일정하다는 뜻이다. 따라서 평균비용도 한계비용과 동일한 수준에서 일정하다.

그림 5-4 독점시장의 균형

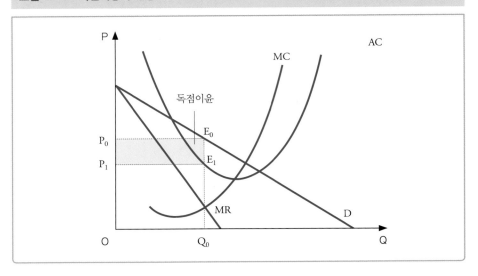

그림 5-5 독점시장과 경쟁시장의 비교

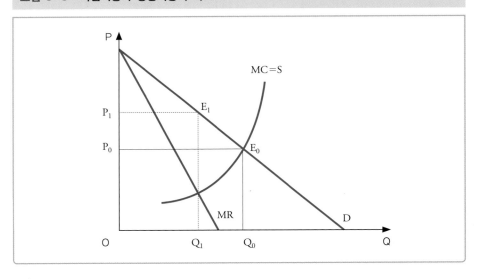

〈그림 5-6〉의 (a)에서는 경제잉여가 모두 소비자잉여로 주어진다. 완전경쟁시장에
서는 기회비용을 초과하는 이윤이 존재하지 않으므로 생산자잉여도 없다. 그런데
〈그림 5-6〉의 (b)를 보면 독점시장에서는 A만큼만 소비자잉여가 되며 B는 독점이
윤으로 독점기업에게 주어진다. 소비자가 누려야 할 경제잉여가 기업에게 주어진

것이다. 더 나쁜 일은 사회 전체적으로 보더라도 소비자잉여와 독점이윤을 제외한 C만큼의 자중손실이 발생했다는 것이다. 따라서 독점은 소비자들에게 불이익이 될 뿐만 아니라 사회 전체적으로도 바람직하지 않다.

이처럼 독점기업의 처지에서만 본다면 독점이윤을 얻을 수 있는 독점시장이 매우 바람직한 형태의 시장일 수 있지만 소비자들을 포함하여 사회 전체적으로는 매우 비효율적이다. 왜냐하면 완전경쟁시장에서는 기업이 평균비용이 최저가 되는 가장 사회적으로 효율적인 지점에서 생산을 결정하지만, 독점시장에서는 가격은 더 높고 생산량은 더 적은 지점에서 생산을 결정하기 때문이다. 독점기업의 이윤을 위해 다른 경제주체들이 모두 손실을 입어야 하는 곳이 바로 독점시장이다.

사전적으로만 보면 경쟁과 독점은 반대말이다. 독점이란 다른 경쟁자가 없다는 뜻이다. 그렇다면 독점시장에서는 경쟁이 없을까? 꼭 그렇지는 않다. 독점기업에도 경쟁자가 있다. 가령 탄산음료 시장의 독점기업에는 과일음료를 만드는 다른 기업들이 경쟁자가 된다. 뿐만 아니라 기회만 있으면 탄산음료 시장에 진출하려는 잠재적 경쟁자들도 있다. 이들의 진입을 막기 위해 독점기업들은 비싼 비용을 치르면서 진입장벽을 쌓는다. 완전경쟁시장과 독점시장을 구분할 때 교과서에서는 경쟁자의 수가 가장 중요한 기준이라고 설명한다. 그러나 경쟁자의 수가 무수히 많다는 가정은 비현실적이다. 따라서 현실경제에서는 진입장벽이 얼마나 존재하는지, 반대로 말하면 새로운 기업들의 진입이 얼마나 자유로운지가 오히려 시장을 구분하는 데

그림 5-6 독점시장과 경쟁시장의 경제잉여

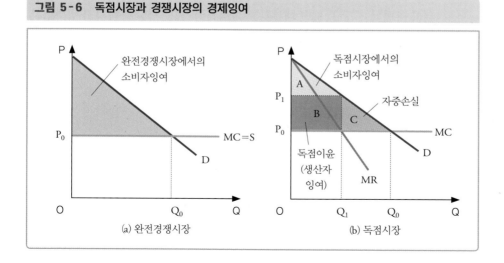

(a) 완전경쟁시장 (b) 독점시장

독점 독점시장에도 경쟁자가 있다.

가장 중요한 기준이 된다.

경쟁시장에서는 언제든 참여할 의사와 생산요소를 갖추고 있으면 아무런 제한 없이 진입할 수 있다. 그러나 독점시장에서는 독점기업의 전략에 의해서건 제도에 의해서건 진입장벽이 존재해 새로운 기업의 진입기회가 전혀 없다. 반면에 과점시장에서는 경쟁과 독점의 중간 정도의 진입장벽이 존재한다. 자원의 효율적 배분이라는 관점에서 볼 때 당연히 완전경쟁시장이 사회 전체적으로 가장 바람직하다. 그러나 정작 우리 주변의 시장을 보면 대부분 독과점시장이다. 시장에 독과점기업이 존재한다는 것은 그 시장에 다른 기업들의 진입을 막는 장벽이 있다는 것을 의미한다. 이윤이 크게 생기는 것을 다른 경제주체들이 뻔히 알면서도 그 시장에 새로 진입하지 못하기 때문에 독점시장이 유지되는 것이다. 문제는 이러한 진입장벽을 유지하기 위한 비용들조차도 독점시장에서는 소비자들에게 전가되는 경우가 많다는 것이다.

5-4 과점시장

대한항공이 미국 소비자로부터 집단 소송을 당했다. 다른 항공사와 운임을 담합한 사실이 밝혀졌으니, 담합으로 인해 손해를 본 승객에게 배상해야 한다는 게 소송을 제기한 측의 주장이다. 대한항공에 화물을 맡겼던 화주에 이어 승객까지 소송에 가세한 것이다. 미국 시애틀에 있는 로펌인 '하겐스 버먼 소벌 샤피러'는 대한항공의 여객운임 담합에 따른 손해배상을 요구하는 집단 소송을 8일(현지 시간) 시애틀 연방지방법원에 제기한 것으로 15일 확인됐다. 이 로펌의 스티브 버먼 변호사는 "대한항공 승객이었던 제임스 반 혼이 자신을 포함해 2000년 1월부터 지난해 7월 16일까지 대한항공을 이용한 소비자를 대신해 집단 소송을 제기했다"고 밝혔다. 이번 소송은 최근 미국 법무부가 대한항공에 3억 달러의 벌금을 부과한 데 따른 것이다. 법무법인 태평양의 김갑유 변호사는 "미국의 〈반독점법〉에는 담합에 따른 피해액의 3배까지 손해배상이 가능하기 때문에 소송 규모가 커질 것"이라고 전망했다. 2005년 D램 가격 담합으로 3억 달러의 벌금을 낸 삼성전자는 소비자의 손해배상 청구소송 합의금으로 6,700만 달러를 지급한 바 있다. 대한항공 관계자는 "눈치를 봐가며 암묵적으로 가격을 올리는 것도 처벌하는 엄격한 미국의 〈반독점법〉을 제대로 이해하지 못해 벌금을 받았다"고 말했다. 김정원 세종대 석좌교수(미국 변호사)는 "미국은 2004년부터 벌금과 징역형의 상한선을 늘리는 등 〈반독점법〉을 갈수록 엄하게 적용하고 있다"면서 "직원들이 무심코 나눈 말, 관례나 문화라고 믿었던 것도 불법의 단서가 될 수 있으므로 더욱 철저한 교육과 법적 대응이 필요하다"고 강조했다.(〈중앙일보〉, 2007. 8. 16)

과점의 의미

경쟁자가 무수히 많지도 않으면서 그렇다고 독점도 아닌 시장 형태를 **과점시장**(oligopoly)이라고 부른다. 과점은 현실경제에서 가장 흔하게 발견되는 시장 형태이다. 특히 자동차나 가전제품 등과 같은 내구성 소비재처럼 어느 정도 이상의 규모의 경제를 요구하는 산업일수록 과점시장이 일반적이다. 앞에서 이야기했듯이 과점시장 가운데서도 특히 경쟁기업이 2개인 경우를 **복점시장**(duopoly)이라고 부른다. 과점시장의 경우 경쟁자의 수를 특정하기 어렵기 때문에 복점시장을 가정하고 이론을 전개하는 경우가 많다.

과점시장의 가장 중요한 특징은 경쟁자가 제한되어 있기 때문에 기업들이 서로 상대방의 행동을 주시한다는 것이다. 가령 일정 지역에 위치한 주유소들의 경우 한 가게가 가격을 인하하면 다른 가게도 동시에 가격을 인하하는 경우가 많다. 또 한 가게가 생수나 휴지를 선물로 주면 다른 가게도 똑같은 선물을 주는 경우도 흔히 본다. 서로 경쟁자가 어떤 행동을 하는지 알 수 있기 때문에 일어나는 현상이다.

독과점시장에서도 이윤극대화를 위한 기본 조건은 MR = MC이다. 그런데 과점

과점시장 유사하거나 동일한 상품을 공급하는 소수의 공급자가 존재하는 시장구조

복점시장 경쟁기업이 2개인 과점시장

시장의 수요곡선은 매우 특별하다. 가령 과점에서 한 기업이 더 많은 소비자들을 차지하기 위하여 가격을 인하하면 당연히 경쟁자들도 덩달아 가격을 인하할 것이고, 이 기업은 그다지 더 많은 매출을 올리지는 못할 것이다. 이런 경우 이 기업의 수요곡선은 비탄력적이다. 그러나 반대로 이 기업이 비용 상승 등의 이유로 가격을 인상할 때는 다른 경쟁자들이 함께 가격을 인상하지 않을 가능성이 많다. 왜냐하면 낮은 가격을 유지할 경우 먼저 가격을 인상한 기업의 소비자들을 자기 고객으로 데려올 수 있기 때문이다. 이때는 혼자 가격을 인상한 기업의 소비자만 큰 폭으로 줄어들 것이다. 다시 말해서 수요곡선의 탄력성이 매우 큰 것이다. 이 때문에 과점시장에서는 〈그림 5-7〉에서 보듯이 수요곡선이 현재의 가격에서 꺾인 형태로 나타난다. 이를 **굴절수요곡선**(kinky demand curve)이라고 부른다.

굴절수요곡선 기업의 개별수요곡선이 현재의 가격에 대응하는 점에서 굴절하는 것

〈그림 5-7〉에서 P_0는 현재의 가격 수준이다. D_0는 이 기업이 가격을 인상했을 때의 탄력적인 수요곡선이며 D_1은 이 기업이 가격을 인하하고 다른 경쟁자들도 함께 가격을 인하할 때의 비탄력적인 수요곡선이다. MR_0는 수요곡선 D_0에 대응하는 한계수입곡선이며, MR_1은 수요곡선 D_1에 대응하는 한계수입곡선이다. 그런데 과점시장에서는 원래의 균형점 E_0에서 수요곡선이 굴절되어 있기 때문에 2개의 한계수입곡선 MR_0와 MR_1 사이가 단절되어 있다는 점에 주목해야 한다. 〈그림 5-7〉에서는 이윤극대화의 조건인 MR = MC가 MC_0와 MC_1, 즉 그림의 A점과 B점 사이의

그림 5-7 굴절수요곡선

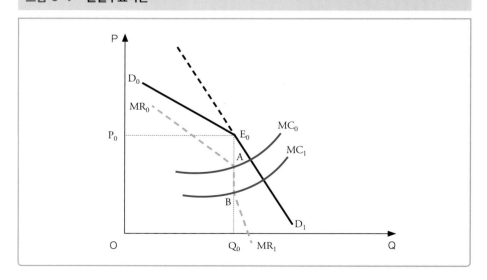

과점 우리가 현실에서 목격하는 시장은 대부분 과점시장이다.

모든 한계비용에 대해서 성립하며, 이때의 균형점은 언제나 E_0이고 균형가격도 E_0로 움직이지 않는다. 기업이 비용 상승 등의 요인이 있더라도 쉽게 가격을 인상하지 못하는 이유가 바로 여기에 있는 것이다.

비가격경쟁

얼핏 매우 복잡한 것처럼 보이지만 굴절수요곡선의 원리는 사실 단순하다. 이미 설명한 것처럼 과점시장에서는 경쟁자들이 서로 상대방의 행동을 주시하고 있으므로 어느 한 기업이 먼저 가격을 변화시키기 어렵다. 만약 내가 먼저 가격을 인상하면 나만 손해를 볼 가능성이 높다. 하지만 반대로 내가 먼저 가격을 인하하더라도 경쟁자들이 덩달아 인하하면 모두 손해를 볼 뿐이다. 따라서 과점시장에서는 가격이 경직적이고, 공급자들은 **비가격경쟁**(non-price competition)을 더 주요한 경쟁 형태로 삼는 경우가 많다.

비가격경쟁이란 말 그대로 가격 이외의 측면에서 전개되는 경쟁을 말한다. 가령 제품을 차별화하거나 부가 서비스를 제공하는 것 등도 과점시장에서 자주 나타나는 경쟁 형태이다. 광고는 비가격경쟁의 주요한 수단이다. 그러나 광고나 부가서비스의 제공에는 그만큼의 추가비용이 들기 마련이다. 특히 과점기업들 간의 경쟁이 치열할수록 추가비용은 더 커진다. 경쟁자의 수는 적지만 과점시장이야말로 실은 가장 경쟁이 치열한 시장이다. 어떻든 독점시장에서는 드러난 경쟁기업이 없다. 완전경쟁시장에서는 경쟁자가 너무 많으니 아예 무시하면 그만이다. 그런데 과점시장에서는 경쟁자가 무슨 짓을 하는지 그대로 보이니 일일이 대응하지 않을 수 없다. 그만

비가격경쟁 광고, 제품차별화, 판매계열화 등 가격 이외 측면에서 행해지는 경쟁의 형태

큼 경쟁에 따르는 비용도 많이 든다.

비가격경쟁의 비용뿐만 아니라 독점기업과 마찬가지로 과점기업들에 가장 중요한 관심은 다른 경쟁자들이 새로 진입하는 것을 막는 데 있다. 세계 다이아몬드 시장의 80% 이상을 차지하고 있는 드 비어스(De Beers)는 "다이아몬드는 영원히(A Diamond is Forever)"라는 광고문구로 유명하다. 이 문구는 영화 '007' 시리즈의 제목으로 인용될 정도이다. 그런데 시장점유율 80%의 기업이 왜 광고를 할까? 드 비어스의 광고는 실은 다른 다이아몬드 판매업자들을 겨냥한 것이 아니라 잠재적인 경쟁자들, 즉 루비나 사파이어 같은 유색 보석의 판매업자들을 겨냥한 것이다. 다이아몬드는 보석 가운데서도 가장 비싼 보석이다. 따라서 우리는 흔히 다이아몬드가 가장 희귀한 보석일 것으로 생각한다. 그러나 매장량이나 산출량만을 놓고 비교하면 다이아몬드는 다른 유색 보석들보다 희귀하지 않다. 다만 사람들이 희귀하다고 생각할 뿐이다. 드 비어스의 광고는 소비자들이 그렇게 인식하도록 하는 데 중요하게 기여했다.

이처럼 독과점시장에서는 이미 시장에 진입해 있는 공급자들 사이의 경쟁보다 잠재적인 경쟁자들을 더 경계하는 경향을 보인다. 독과점기업들은 한편에서는 서로 경쟁하면서 다른 한편으로는 기존의 시장구조를 유지하기 위해 협력한다. 그래서 과점기업들은 서로 **담합**(collusion)하여 마치 하나의 독점기업인 것처럼 행동하기도 한다. 담합은 같은 종류의 공급자들이 협약·협정·의결 또는 다른 방법으로 부당하게 경쟁을 제한하는 행위를 말한다. 기업은 아니지만 석유수출국기구(Organization of Petroleum Exporting Countries, OPEC) 회원국들이 원유가격을 높게 유지하기 위해 생산량을 제한하는 것이 담합의 대표적인 예이다. 담합에서 주도적인 역할을 하는 기업을 **선도기업**(leading company)이라고 부른다. 선도기업은 명시적 담합과 암묵적 담합 모두에서 나타나지만 암묵적 담합의 경우를 말할 때가 많다.

그런데 담합에는 다른 측면이 존재한다. 담합은 참가자들 모두에게 이익을 준다. 그러나 만약 한 기업이 담합을 위반하면 어떻게 될까? 가령 경쟁자들 모두가 생산량을 제한하기로 담합해 놓고 한 기업만 그 약속을 깨고 생산량을 증가시키면, 담합을 위반한 기업이 더 큰 이익을 얻게 된다. 그래서 과점시장에서는 명시적으로든 묵시적으로든 끊임없이 담합이 시도되지만 또 그 뒤에서는 끊임없이 담합을 위반하려는 시도가 이루어지는 것이다. 게임이론에서 자주 인용되는 '죄수의 딜레마(prisoner's dilemma)'는 담합의 이러한 모순된 성격을 잘 보여준다.

담합 사업자들이 협약, 협정, 의결 또는 다른 어떤 방법으로 물건의 가격이나 생산량 등을 조정하는 방법으로 제3의 경쟁자들에 대해 부당하게 경쟁을 제한하거나, 이를 통해 부당한 이익을 챙기는 행위

선도기업 과점시장에서 담합을 주도하는 기업

함께 범죄를 저지른 두 죄수가 있다. 그들의 이름이야 아무래도 좋지만, 그냥 보니(Bonnie)와 클라이드(Clyde)라고 부르기로 하자.[2] 경찰은 두 죄수를 검거했지만, 증거가 부족하자 그들을 따로 불러놓고 형량 협상을 한다. 만약 두 죄수가 모두 자백하면 모든 죄가 인정되어 똑같이 10년형을 받고, 한 사람만 자백하면 자백한 사람은 석방되지만 다른 한 사람은 모든 죄를 덮어쓰고 25년형을 받게 되며, 두 사람 모두 자백하지 않으면 일부 범죄만 유죄가 인정되어 똑같이 1년형을 받게 된다. 죄수들의 처지에서 보면 두 사람 모두 자백하지 않는 것이 가장 좋으며, 두 사람 모두 자백하는 것이 가장 나쁜 결과이다. 과연 두 죄수는 어떤 선택을 할까? 딜레마에 빠진 두 사람은 결국 모두 자백한다. 왜 그럴까?

첫 번째 죄수, 즉 보니의 처지에서 보면 그는 공범이 자백하든 자백하지 않든 간에 자백하는 것이 합리적이다. 공범이 자백할 때 자신이 자백하지 않으면 25년이지만 자백하면 10년이고, 공범이 자백하지 않을 때 자신도 자백하지 않으면 1년이지만 자백하면 무죄이기 때문이다. 따라서 그는 공범이 어떤 선택을 하든 자백하는 것이 합리적이다. 두 번째 죄수, 즉 클라이드도 마찬가지로 공범이 어떤 선택을 하든 자백하는 것이 합리적이다. 요컨대 죄수의 딜레마에서는 두 사람 모두 비합리적인 선택을 했기 때문이 아니라 오히려 합리적인 선택을 했기 때문에 전체적으로는 가장 나쁜 결과가 나타난 것이다. 경제주체들이 "합리적으로 행동했음에도 불구하고"가 아니라 "합리적으로 행동했기 때문에" 오히려 비합리적인 결과가 나타난 것이다.

죄수의 딜레마에서 자백과 부인 대신 배신과 협력이라는 용어를 넣어보면 왜 과점기업들이 담합을 위반하려는 유혹에 그토록 쉽게 빠지는지 금방 이해된다. 가령

표 5-2 죄수의 딜레마

		클라이드의 선택	
		범죄 자백	범죄 부정
보니의 선택	범죄 자백	(10년, 10년)	(무죄, 25년)
	범죄 부정	(25년, 무죄)	(1년, 1년)

---

2 보니(Bonnie)와 클라이드(Clyde)는 미국에서 실제 있었던 유명한 은행강도 사건을 저지른 남녀 범죄자의 이름이다. 이 사건은 아메리칸 뉴 시네마를 대표하는 아서 펜(Arthur Penn) 감독의 영화 '우리에게 내일은 없다(Bonnie & Clyde, 1967)'의 소재가 되기도 했다.

〈표 5-3〉에서 두 기업 애플(Apple)과 구글(Google)은 담합을 지킬 경우 각각 8억 달러의 이익을 얻을 수 있다. 하지만 애플의 처지에서는 구글이 담합을 지킬지 배신할지 알 수 없다. 그런데 구글이 담합을 지키는 경우에도 애플은 배신하는 편이 더 이익이며, 구글이 배신하는 경우에도 배신하는 편이 더 이익이다. 따라서 애플은 배신을 선택한다. 구글도 마찬가지이다. 따라서 두 기업은 서로 배신한다는 것이 죄수의 딜레마, 즉 담합의 딜레마이다.[3]

이처럼 담합을 유지하는 데 따르는 곤란을 해결하기 위해 기업들은 **카르텔**(cartel)이나 **트러스트**(trust) 등을 결성하여 담합을 조직화하고자 시도한다. 카르텔 가운데서도 특히 가입한 기업들이 하나의 공동판매소를 두고 제품을 공동으로 판매하거나 구입하는 조직을 신디케이트(syndicate)라고 부른다. 신디케이트는 담합을 어긴 기업에 대해서 원료의 판매를 거부하는 등 강력하게 처벌하는 경우가 많다. 미국의 마피아들을 신디케이트라고 부르고, 멕시코의 마약조직을 카르텔이라고 부르는 이유도 실은 범죄조직의 본성과 더 많은 초과이윤을 추구하는 과점기업들의 본성이 그다지 다르지 않기 때문이다.

기업들은 담합을 통하여 독점이윤을 분배받을 수 있지만 그 손실은 그대로 소비자들에게 전가될 수밖에 없다. 따라서 대부분의 나라에서는 인위적으로 독과점을 만드는 행위를 법으로 규제하고 있다. 이렇게 독과점을 규제할 목적으로 입법된 법률을 총칭하여 〈반독점법〉이라고 부른다. 미국의 〈셔먼법(Sherman Anti-Trust Act)〉이 대표적이며, 우리나라도 〈독점규제 및 공정거래에 관한 법률(공정거래법)〉을 시행하고 있다. 대부분의 나라에서 독과점을 규제하는 이유는 독과점이 사회적으로

카르텔 기업연합. 같은 업종의 기업들이 서로 독립성을 유지하면서 경쟁의 제한 또는 완화를 목적으로 가격, 생산량, 판로 따위에 대하여 협정을 맺는 행위 및 그러한 조직

트러스트 기업합동. 같은 업종의 기업들이 경쟁을 피하고 보다 많은 이익을 얻을 목적으로 자본에 의하여 결합하는 행위 및 그러한 조직. 트러스트에 가입한 기업들의 독립성은 유지되지 않는다.

표 5-3 담합의 딜레마

		구글의 선택	
		배신	담합
애플의 선택	배신	(2억, 2억)	(10억, 1억)
	담합	(1억, 10억)	(8억, 8억)

---

3 '죄수의 딜레마'는 게임이론 가운데 가장 잘 알려진 내용이다. 게임이론에 대해서는 제7장에서 자세히 보기로 한다.

비효율을 초래하기 때문이다.[4]

일반적으로 독점기업의 이윤을 극대화하는 공급량은 완전경쟁시장보다 적으며, 가격은 완전경쟁시장보다 높다. 결국 소비자는 필요한 것보다 적은 양에 더 큰 비용을 지급하게 되어 사회 전체의 후생은 줄어들게 된다. 과점시장에서의 가격 수준은 담합이나 경쟁의 정도에 따라 달라지므로 한마디로 말하기 어렵지만, 독점시장보다는 낮고 경쟁시장보다는 높은 것이 일반적이다. 공급량은 독점에 비해 많지만 경쟁시장보다는 적다. 따라서 사회 전체의 후생도 독점시장보다 높지만 경쟁시장보다는 여전히 낮다. 또한 충분한 이윤이 보장된 독과점시장에서는 기술개발이나 생산성 향상에 대한 유인이 작아서 비효율을 유발할 가능성이 매우 높다. 다만 기술진보와 관련해서는 독점기업이 오히려 유리하다는 의견도 있기는 하다. 국제경쟁력이라는 측면에서도 국내에서 독점을 보호해야 한다는 주장이 있다. 전혀 일리 없는 주장들은 아니지만, 문제는 그러한 기술진보나 국제경쟁력에서의 성과가 과연 국민경제 전체에 공평하게 분배되느냐는 것이다.

5-5 독점적 경쟁시장

캠핑의 계절이 돌아왔다. 식품업계에서는 간편식이 이럴 때 가장 유용하게 잘 팔린다. 1981년 3분 요리 시리즈를 시장에 선보이면서 국내 레토르트 식품 시대를 열었던 ㈜오뚜기는 최근 차별화된 관련 신제품을 잇따라 출시하며 소비자들의 관심을 모으고 있다. '진짬뽕'으로 프리미엄 라면 시장을 주도하고 있는 ㈜오뚜기는 이 같은 흥행 돌풍을 '아라비아따'와 '볶음진짬뽕(용기면)'을 통해 이어갈 방침이다. 올해 6월 새롭게 선보인 '아라비아따'는 상큼하고 신선한 토마토 소스에 할라피뇨와 청양고추, 하늘초를 넣어 고급스럽고 은은하게 매운맛이 특징이다. 국내 라면 액체스프 중 최대 중량(45g)으로 구성한

---

4 〈반독점법〉이란 시장독점을 강화하는 행위나 가격담합 등 소비자와 다른 기업의 이익을 침해하는 각종 불공정행위를 금지하는 여러 가지 법을 총칭하는 말이다. 미국과 우리나라를 포함해 80여 개 나라에서 시행되고 있다. 1890년 미국에서 동종업체의 기업연합(카르텔)이나 기업합동(트러스트) 행위를 처벌하기 위해 만들어진 〈셔먼법(Sherman Anti-Trust Act)〉이 근대적인 〈반독점법〉의 효시이다. 그 후 미국에서는 1914년 불공정행위에 대해 민사적 손해배상을 인정한 〈클레이튼법(Clayton Anti-Trust Act)〉과, 1936년 가격 등 각종 수단으로 소비자를 차별하는 행위와 경쟁을 현저히 감소시킬 우려가 있는 기업합병이나 상호주식취득을 금지한 〈로빈슨-패트먼법(Robinson-Patman Act)〉 등이 잇따라 발효되었다. 이러한 반독점법들에 의해 석유(Standard Oil)와 담배(American Tobacco) 산업의 거대 트러스트들이 분할되었다.

액체스프와 고소한 풍미의 마늘볶음유를 적용한 프리미엄 제품이다. 4㎜의 넓은 면을 사용해 페투치네 파스타면을 재현했다. 조미고추 엑기스를 사용해 붉은 색을 띠는 면발은 소스의 매운 맛과 잘 어우러져 시각적인 효과를 살린다. 또 면을 삶고 소스를 따로 끓여야 하는 기존 파스타와 달리 끓는 물에 4분간 삶아 건져내고 액상스프와 유성스프에 잘 비비기만 하면 이탈리안 레스토랑에서 먹는 파스타를 집에서도 간편하게 즐길 수 있다. 지난 5월 출시한 '볶음진짬뽕'은 넓은 면발인 4㎜의 '극태(極太)면'을 사용해 소스가 면에 잘 배어들고 면발이 더욱 쫄깃하다. 물을 쉽게 따라버릴 수 있도록 고안된 '간편콕 스티커'를 적용해 더욱 편리하게 용기면을 조리할 수 있다. (《국민일보》, 2016. 6. 27)

제품차별화

과점시장에서는 기업들이 가격경쟁과 함께 비가격경쟁을 벌이고, 그래서 제품차별화에 많은 노력을 기울인다. 그런데 제품차별화가 가장 주요한 경쟁수단이 되는 것은 바로 독점적 경쟁시장이다. 독점적 경쟁시장이란 완전경쟁과 독점의 중간적인 시장 형태로서, 단기에는 기업들이 독점과 같이 행동할 수 있지만 장기에는 다른 기업들이 시장에 진입해 오기 때문에 점점 완전경쟁의 형태에 가까워져 독점적인 지위를 누릴 수 없게 되는 시장이다. 여러 경제학 교과서들은 독점적 경쟁시장에서는 경쟁자의 수가 완전경쟁시장처럼 무수히 많다고 설명한다. 그러나 독점적 경쟁시장에서 더 중요한 것은 경쟁자의 수가 아니라 제품의 차별성이다. 문제는 실제로 제품들 사이의 차이가 더 중요한가 아니면 소비자들이 그 차이를 얼마나 인지하는지가 더 중요한가 하는 것이다.[5]

우리가 경쟁시장이라고 부르는 곳에서는 언제나 같은 상품을 전제한다. 가령 두 가지 모두 자동차이기는 하지만 에쿠스와 모닝은 같은 상품이 아니다. 에쿠스를 살까 모닝을 살까 하고 고민하는 소비자는 없기 때문이다. 그렇다면 모닝과 스파크는

---

5 독점적 경쟁시장의 이론은 미국의 경제학자 체임벌린(Edward Hastings Chamberlin, 1899-1967)이 1933년에 출판한 『독점적 경쟁의 이론(The Theory of Monopolistic Competition: A Re-orientation of the Theory of Value)』에 의해 처음 발표되었다. 이 해는 앞서 이야기한 로빈슨 여사의 『불완전 경쟁의 경제학』이 발표된 해이기도 하다. 요즘은 독점시장, 과점시장, 독점적 경쟁시장 등을 함께 불완전경쟁시장(imperfect competitive market)이라고 부르는 것이 보통이다. 그런데 로빈슨 여사가 처음 불완전경쟁시장의 이론을 발표했을 때는, 독점적 경쟁시장과 마찬가지로 완전경쟁과 독점시장 사이에 존재하는 특수한 시장 형태에 관한 이론이었다. 두 시장의 가장 큰 차이는 체임벌린의 독점적 경쟁시장에서는 상품들 사이에 차별성이 강하지만 로빈슨 여사의 불완전경쟁시장에서는 그렇지 않다는 점이다.

같은 상품일까 아닐까? 어떤 소비자들에게는 같은 상품이고, 또 어떤 소비자들에게는 다른 상품이다. 좀 더 쉬운 예를 들어보자. 콜라와 사이다는 같은 상품일까, 다른 상품일까? 내 주변을 보아도 콜라만 마시거나 사이다만 마시는 사람이 있고, 아무것이나 주는 대로 마시는 사람도 있다. 전자에게는 콜라와 사이다가 다른 상품이지만 후자에게는 같은 상품이다. 심지어는 콜라 가운데도 코카콜라만 마시는 사람과 펩시콜라만 마시는 사람이 있다. 소주를 마셔도 참이슬만 마시는 사람과 처음처럼만 마시는 사람이 있고, 톡 쏘는 맥주만 마시는 사람과 목 넘김이 부드러운 맥주만 마시는 사람이 있다. 당연히 없어서 못 먹지 주면 주는 대로 먹는 사람도 많다.

    톡 쏘는 맥주와 목 넘김이 부드러운 맥주의 차이를 경제학에서는 **제품차별화**(product differentiation)라고 부른다. 그런데 이런 차이는 가격처럼 명확하고 객관적인 것이 아니어서, 어떤 소비자는 그걸 크게 인식하는 반면 또 다른 소비자는 전혀 인식하지 못하기도 한다. 그 차이를 인식하지 못하는 소비자는 상품을 선택할 때 당연히 가격을 기준으로 한다. 이 경우에 그 시장은 경쟁시장이다. 따라서 기업들도 어떻게 하면 가격을 더 많이 내릴 수 있는가를 두고 경쟁한다. 그러나 제품의 차이를 인식하는 소비자라면 반드시 특정한 상품만을 선택한다. 독점이 이루어지는 것이다. 따라서 어떤 기업이 소비자들에게 자기 상품을 더 많이 차별적으로 인식시킬수록 그 기업은 시장에서 유리한 지위에 설 수 있다. 이처럼 경쟁과 독점이 동시에 존재하는 시장을 **독점적 경쟁시장**(monopolistic competition market)이라고 부른다.

    기업이 제품차별화를 위해 노력하는 이유는, 현실의 시장이 많은 경우에 동질적 시장(homogeneous market)이 아니라 이질적 시장(heterogeneous market)이고, 고객들도 소득이나 기호가 달라서 서로 독특한 욕구를 가지고 있기 때문이다. 따라서 기업은 서로 상이한 고객들의 욕구에 대응하여 다양한 제품들을 제공함으로써 경쟁우위를 확보할 수 있게 된다. 제품을 차별화하는 구체적인 방법으로는 첫째, 제품 자체의 외관, 품질, 성능 등 물리적 특성을 변경시키는 것과 둘째, 제품 자체의 물리적 특성은 거의 차별하지 않지만 제품에 대한 고객의 신뢰도, 이미지, 제품에 대한 이해도나 호의적 태도 등 심리적 특성을 변화시키는 방법이 있다.

독점적 경쟁시장의 이윤극대화

〈그림 5-8〉은 〈그림 5-3〉과 같은 내용의 그림이다. 단기적으로 독점적 경쟁시장의 수요곡선은 독점시장과 같다는 뜻이다. 독점적 경쟁시장에서 소비자들이 어느 기업

제품차별화 기업이 고객으로 하여금 자기 제품을 다른 경쟁 제품들과 구별하게 함으로써 수요를 통제하고 경쟁에서 유리한 위치를 차지하려는 수단

독점적 경쟁시장 완전경쟁시장과 독점시장의 특징이 동시에 존재하는 시장

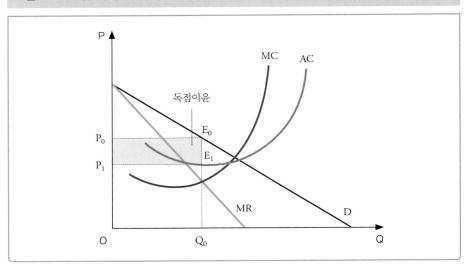

그림 5-8 독점적 경쟁시장의 단기균형

의 제품을 다른 기업의 제품들에 대해 차별적으로 인지한다면 그 기업은 독점시장과 같은 독점이윤을 얻는다. 가령 톡 쏘는 맥주 맛을 구별하는 소비자들이나 반대로 목 넘김이 부드러운 맥주 맛을 구별하는 소비자들이 그렇다. 이런 소비자들에게는 맥주 시장이 독점시장이 된다. 하지만 맥주 맛이 거기서 거기라고 생각하는 소비자들에게는 맥주 시장이 경쟁시장일 뿐이다. 그래서 독점적 경쟁시장인 것이다.

그런데 독점적 경쟁시장에서는 독점시장에서만큼 진입장벽이 존재하지 않는다. 다시 말하면 다른 기업들도 톡 쏘는 맛이나 부드러운 목 넘김을 충분히 모방할 수 있다. 따라서 장기적으로는 그 기업이 누리던 제품 차별화의 이점이 사라지고 시장은 경쟁적으로 된다. 〈그림 5-9〉는 이러한 변화에 따른 독점적 경쟁시장의 장기균형을 보여준다. 〈그림 5-9〉에서는 새로운 기업들의 진입에 따라 수요곡선이 평균비용곡선과 일치하는 지점까지 이동한다. 여기서는 가격과 비용이 일치하므로 기업은 더이상 독점이윤을 얻을 수 없다. 완전경쟁시장과 유사한 결과에 이르게 된 것이다. 하지만 독점적 경쟁시장의 장기균형과 완전경쟁시장이 다른 점은, 완전경쟁시장에서는 사회적으로 가장 효율적인 평균비용곡선의 최저점에서 균형이 성립하지만 독점적 경쟁시장에서는 그보다 낮은 생산량과 높은 가격에서 균형이 이루어진다는 것이다. 따라서 독점적 경쟁시장도 완전경쟁시장만큼 효율적이지는 못하다.

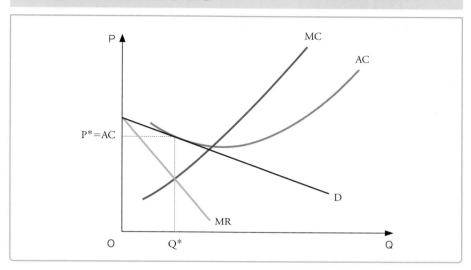

그림 5-9 독점적 경쟁시장의 장기균형

광고

그런데 독점적 경쟁시장의 주요한 경쟁수단이 제품차별화라면, 소비자들은 제품의 차별성을 어떻게 인지할까? 소비자들이 제품의 차이를 인식하는 가장 주요한 방법은 바로 광고이다. 소비자들은 정작 상품을 마셔보고 톡 쏘는 맛을 인식한 것이 아니라 광고에서 톡 쏜다고 이야기하니까 그렇게 여길 뿐이다. 과거에 펩시콜라가 경쟁회사인 코카콜라에 대응하기 위하여 거리에서 대규모로 블라인드 테스트를 벌인 적도 있지만, 대개의 경우에는 맥주든 소주든 섞어 놓으면 구분하는 사람이 거의 없다. 여성들의 화장품은 과연 얼마나 다를까? 내가 직접 사용해보지 않았으니 알 도리가 없지만, 남성 화장품의 경우는 차이를 거의 모르겠다. 실은 자신이 사용하는 로션이나 샴푸의 상표명조차도 모르는 남성들이 대부분일 것이다. 그런데도 늘 그 로션을 사용하는 이유는 바로 광고에서 보았기 때문이다. 상품명은 기억하지 못하면서 빨간 포장지만 기억할 뿐이다.

광고계에는 '3B의 법칙'이라는 말이 있다. 미녀(beauty), 어린이(baby), 동물(beast)이 나오는 광고는 성공한다는 것이다. 인기 높은 한류 스타들의 광고 모델료는 우리 같은 서민들은 상상도 할 수 없을 만큼 비싸다고 한다. 그런데 정작 톱스타를 출연시킨 광고의 효과는 기대만 못한 경우가 많다고 한다. 그 이유는 전지현이나 김태희 같은 미녀들이 광고에 나오면 소비자들은 미녀에 정신이 팔려 정작 그 광고가 팔려

Shutterstock

광고 이 모델은 어떤 상품을 광고하는 것일까? 소비자들이 모델에 너무 관심을 가지게 되면 정작 기업이 판매하려는 상품들에 대해서는 무관심해질 수도 있다.

는 상품이 무엇인지 관심이 없기 때문이다. 반대로 가장 효과가 높은 광고는 기업주가 직접 출연하거나 옆집 아저씨처럼 평범한 모델이 나와서 제품의 장점과 효과에 대해 자세히 설명하는 광고라고 한다. 한때 "남자한테 참 좋은데…"라는 말을 유행시킨 광고처럼, 기업주가 직접 출연하면 제품에 대한 신뢰도가 높아지기 때문이다. 그렇다면 몇 억 원 또는 몇십억 원이라는 많은 돈을 지급하면서 톱스타를 모델로 쓰는 기업들은 이런 사정을 모를까? 당연히 알고 있다. 그런데도 기업들이 경쟁적으로 톱스타를 모델로 쓰는 이유는 다른 기업들이 모두 그렇게 광고하기 때문이다. 죄수의 딜레마가 여기서도 나타나는 것이다. 결국 과점시장이든 독점적 경쟁시장이든 불완전한 시장에서는 누구도 그 딜레마에서 벗어날 수 없다는 이야기다.

앙투안 오귀스탱 쿠르노(Antoine Augustin Cournot, 1801-1877)

쿠르노는 프랑스의 수학자이자 경제학자이며 철학자이다. 파리의 에콜 노르말에서 수학하고, 1834년 리옹대학의 수학과 교수가 되었다. 여러 공직을 거친 다음 1862년 이후는 일체의 공직에서 은퇴하고 저작에 전념했다. 『부에 관한 이론의 수학적 원리에 관한 연구(Recherches sur les principes mathématiques de la théorie des richesses, 1838)』를 비롯한 여러 저작에서 가격과 수요의 법칙, 독점가격의 원리, 과점시장의 이론 등을 밝혀 수리경제학의 발전에 큰 기여를 했다. 그러나 오랫동안 다른 경제학자들의 주목을 받지 못하다가 신고전학파의 선구자인 제번스와 발라 등에 의해 소개됨으로써 비로소 높이 평가받게 되었다. 쿠르노의 이론은 마셜에게도 중요한 영향을 주었다. 쿠르노에서 시작된 과점시장의 분석은 독일의 경제학자 슈타켈베르크(Heinrich Freiherr von Stackelberg, 1905-1946)와 프랑스의 수학자 베르트랑(Joseph Louis François Bertrand, 1822-1900) 등에 의해 발전한다. 복점이론은 산업조직론뿐 아니라 게임이론 등 경제학의 여러 부문의 발전에 중요한 역할을 했다.

에드워드 체임벌린(Edward Hastings Chamberlin, 1899-1967)

에드워드 체임벌린은 20세기의 가장 영향력 있는 미국 경제학자 중 한 사람이다. 독점적 경쟁시장의 이론은 체임벌린이 1933년에 출판한 『독점적 경쟁의 이론(The Theory of Monopolistic Competition: A Re-orientation of the Theory of Value)』에 의해 처음 발표되었다. 체임벌린은 아이오와대학에서 시카고학파의 창설자 가운데 한 사람인 프랭크 나이트(Frank Hyneman Knight, 1885-1972)의 지도로 경제학 연구를 시작해 하버드대학에서 박사학위를 받았다. 1937년 하버드대학의 교수가 된 이후 경력의 대부분을 여기서 보냈다. 체임벌린은 미시경제학 가운데서도 경쟁이론과 소비자선택이론의 발전에 중요한 기여를 했다. 그는 특히 기업들 사이의 경쟁에서 소비자들로 하여금 특정한 제품을 선호하게 하는 제품차별화의 중요성을 강조했다. 같은 시기에 케임브리지대학의 조앤 로빈슨도 비슷한 이론을 발표하여, 두 사람은 서로 이론의 독창성과 타당성을 두고 오랫동안 논쟁을 벌이기도 했다.

✎ 주요 개념

경쟁	과점시장
담합	독점
독점시장	독점적 경쟁시장
복점시장	비가격경쟁
완전경쟁시장	유효경쟁시장
진입장벽	카르텔

✎ 확인 학습 - 기초편

1. 여러 가지 시장 형태 중에서 개별기업이 가격에 미칠 수 있는 영향력이 가장 적은 시장은 무엇인가?

   ① 유효경쟁시장　　　　　　　　② 독점적 경쟁시장

   ③ 복점시장　　　　　　　　　　④ 완전경쟁시장

2. 여러 가지 시장 형태에 대한 설명으로 옳지 않은 것은 무엇인가?

   ① 완전경쟁시장에서는 진입장벽이 존재하지 않는다.

   ② 독점시장에서는 다양한 상품들이 존재한다.

   ③ 과점시장에서는 비가격경쟁이 일어날 가능성이 높다.

   ④ 독점적 경쟁시장에서는 제품차별화가 일어난다.

3. 다음 중 완전경쟁시장의 조건이 아닌 것은 무엇인가?

   ① 다수의 공급자　　　　　　　　② 진입과 퇴출이 자유로움

   ③ 정보가 완전히 공개됨　　　　　④ 제품이 다양하게 차별화됨

4. 완전경쟁시장의 단기균형으로 적절하지 않은 설명은 무엇인가?

   ① 한계비용(MC)과 한계수입(MR)이 일치하는 점에서 균형이 성립한다.

   ② 시장 전체의 수요량과 공급량이 동일하다.

   ③ 완전경쟁시장에서도 단기적으로는 초과이윤이 존재한다.

   ④ 모든 기업의 이윤이 0이다.

5. 완전경쟁시장의 장기균형으로 적절하지 않은 설명은 무엇인가?

   ① 모든 기업의 이윤이 극대화된다.

② 모든 기업의 극대화된 이윤이 0이다.

③ 모든 기업의 생산량이 동일하다.

④ 시장 전체의 수요량과 공급량이 동일하다.

6. 불완전경쟁이 일어나는 이유로 적절하지 않은 것은 무엇인가?

　　① 정보의 부족　　　　　　　　② 규모의 경제

　　③ 정부의 정책　　　　　　　　④ 소비자의 선호

7. 독점시장의 특성으로 옳지 않은 것은 무엇인가?

　　① 공급자가 하나이다.

　　② 대체재가 존재하지 않는다.

　　③ 진입장벽이 없다.

　　④ 언제나 양(+)의 독점이윤을 갖는다.

8. 독점시장의 균형에 대한 설명 가운데 옳은 것은 무엇인가?

　　① 가격이 한계비용보다 크다.

　　② 한계비용과 평균비용이 일치하는 점에서 균형이 이루어진다.

　　③ 장기균형에서는 이윤이 0이 된다.

　　④ 단기균형에서는 이윤이 음(−)이 될 수 있다.

9. 가격차별화의 예로 적당하지 않은 것은 무엇인가?

　　① 휴가 중인 군인에게 극장요금을 할인

　　② 등급이 낮은 쇠고기의 가격을 할인

　　③ 중 · 고등학생과 근로청소년에게 대중교통요금을 할인

　　④ 외국인 관광객에게 고궁 입장료를 할인

10. 과점시장의 기업들이 완전경쟁시장이나 독점시장의 기업들과 구별되는 가장 큰 특징은 무엇인가?

　　① 항상 경쟁기업들의 행동을 관찰하면서 대응적으로 행동한다.

　　② 우하향하는 수요곡선을 갖는다.

　　③ 항상 한계비용보다 더 높은 가격을 설정한다.

　　④ 서로 담합할 수 있는 가능성이 적다.

11. 독점적 경쟁시장이 다른 형태의 시장들과 구별되는 가장 중요한 특징은 무엇인가?

　　① 다수의 공급자가 경쟁한다.　　　　② 진입장벽이 존재한다.

③ 정보가 완전히 공개되어 있다.   ④ 제품차별화가 나타난다.

12. 독점적 경쟁시장에 대한 설명으로 적절하지 않은 것은 무엇인가?

    ① 개별기업의 수요곡선은 우하향한다.

    ② 개별기업은 한계수입과 한계비용이 일치하는 점에서 생산을 결정한다.

    ③ 개별기업은 평균비용곡선의 최저점에서 생산한다.

    ④ 장기적으로 개별기업의 이윤은 완전경쟁시장에서처럼 0이 된다.

✎ 확인 학습 – 논술편

1. 경쟁과 독점은 반드시 대립적인가, 아니면 조건에 따라 공존하는가?

2. 가장 바람직한 시장 형태는 무엇인가? 경쟁이 반드시 시장을 효율적이게 하는가?

3. 완전경쟁시장에서 개별기업의 수요곡선이 수평선의 모양을 갖는 이유를 설명하라.

4. 현실에서 독점이나 과점시장이 나타나는 이유는 무엇인가?

5. 광고를 비롯한 비가격경쟁은 사회적으로 비효율적인가?

제6장

생산요소시장과 소득분배

6-1 생산요소의 수요

10일 한국고용정보원은 2009년 8월과 2010년 2월 전문대학과 4년제 대학 졸업자 총 1만 8,078명을 추적해 분석한 '2011년 대졸자 직업이동 경로조사' 결과를 발표했다. 이 조사에 따르면 대학생들이 졸업하는 데까지 걸린 시간은 평균 5.2년이었다. 4년제 대학 은 남성은 7.3년, 여성은 5년이 걸려 졸업까지 평균 6.1년이 소요됐다. 전문대학은 남성 은 4.9년, 여성은 2.6년으로 졸업까지 평균 3.7년이 걸렸다. 고용정보원은 "대졸자들이 어학연수, 취업 준비 등을 위해 휴학을 함으로써 졸업 시점이 유예되고 있는 것으로 보 인다"고 설명했다. 대학 졸업 후 첫 취업까지 걸리는 기간은 평균 11.4개월로 나타났다. 2009년 졸업자들의 구직기간인 12.2개월보다는 다소 짧아진 수치다. 4년제 대학 졸업자 들은 11.6개월, 전문대학 졸업자들은 10.9개월이 걸렸다. 첫 취업이 가장 빠른 전공계열 은 의약계열로 10.7개월이 걸렸다. 이어 예체능계열(10.9개월), 사회계열(10.9개월) 순으 로 나타났고 교육계열은 12.4개월로 가장 늦었다. 취업에 성공한 대졸자들을 조사한 결 과 졸업 전 취업한 비율은 10명 중 4명꼴인 41.5%로 나타났다. 취업한 대졸자 가운데 첫 직장에 정규직으로 들어간 경우는 64.7%였다. 정규직 취직 비율은 남성(69.3%)이 여성 (60.3%)보다 높았다. 전공별로는 공학계열이 73.7%로 정규직 취직률이 가장 높았고 예 체능계열(43.2%), 사회계열(42.4%)이 뒤를 이었다. 과외교사 등 프리랜서 교습 관련 직 업이 많은 교육계열의 정규직 취업률이 56%로 가장 낮았다. 연봉을 살펴보면 대졸자의 졸업 전 희망연봉은 2,604만 원이었으나 실제 첫 직장에서 받는 연봉은 2,208만 원으로 나타났다. 전문대학 졸업자는 월 160만 원, 4년제 대학 졸업자는 월 198만 원을 받아 대 졸자들의 월평균 임금은 184만 원인 것으로 조사됐다. (〈한국대학신문〉, 2013. 4. 11)

상품시장과 생산요소시장

국민경제의 가장 중요한 두 경제주체는 가계와 기업이다. 기업과 가계의 역할에 대 해서 흔히 기업은 생산자, 가계는 소비자라고 말한다. 그러나 이는 빵이나 자동차 를 사고파는 상품시장(commodity) 또는 생산물시장(product market)에서의 이야기 이다. 국민경제에는 상품시장 이외에 노동력이나 자본을 사고파는 생산요소시장 (production factor market)이 있다. 앞에서 본 것처럼 생산요소란 재화의 생산 과정에 투입되고 결합되는 경제적 자원을 총칭하는 말이다. 생산요소시장에서는 가계가 생 산한 자본과 노동력이 기업에 의해 소비된다. 생산요소시장에서는 가계가 공급자이 고 기업이 수요자인 것이다.

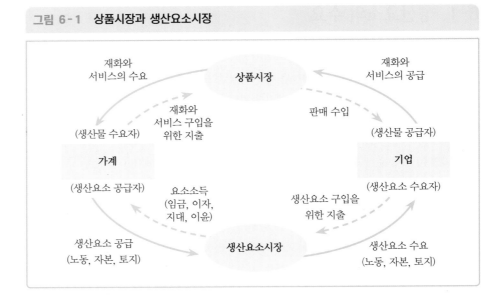

그림 6-1 상품시장과 생산요소시장

생산요소시장에서 생산요소의 가격이 결정되는 과정은 상품시장의 경우와 크게 다르지 않다. 다만 생산요소에 대한 수요는 파생수요(derived demand)라는 점에 특징이 있다. 어떤 상품을 생산하는 데 필요한 생산요소에 대한 수요는 그 상품의 수요로부터 파생된다는 뜻이다. 소비자가 어떤 상품을 선택할 때 그 상품의 가격과 한계효용을 비교하듯이, 기업은 어떤 생산요소를 선택할 때 그 생산요소의 가격과 그 생산요소를 이용함으로써 얻는 편익을 고려한다. 생산요소의 편익은 그 생산요소를 사용하여 생산한 상품을 판매함으로써 얻는 수입이다.

빵을 만드는 기업이 노동자를 1명 더 고용함으로써 추가로 생산 가능한 빵의 개수가 10개이고 빵의 가격이 2,000원이라면 노동자 1명을 더 고용함으로써 얻는 추가적인 편익은 2만 원이 된다. 이를 '한계생산물가치(value of marginal product)'라고 부른다.

$$\mathrm{VMP_L = MP_L \times \overline{P}} \qquad \qquad \langle\text{식 } 6\text{-}1\rangle$$

그런데 엄밀히 말하면 한계생산물가치에 의해 생산요소의 수요가 결정되는 것은 가격이 고정된 완전경쟁시장의 경우이고, 생산량의 변화에 따라 가격이 영향을 받는 다른 형태의 시장에 대해서는 반드시 올바른 설명이 아니다. 따라서 정확하게 설명하자면 생산요소 한 단위를 더 구입해서 생산량에 따라서 가격이 변화하는 상품을 생산해 얻는 수입, 즉 한계수입(MR)을 이용하여 계산해야 옳다. 이를 '한계수입생산물(marginal revenue product)'이라고 부른다. 다만 경제학에서는 완전경쟁시장을 가정하여 이론을 전개하는 경우가 많으므로 한계생산물가치로 설명하더라도 잘못된 것은 아니다.

$$MRP_L = MP_L \times MR \qquad \langle식\ 6\text{-}2\rangle$$

한편 기업이 생산요소를 한 단위 더 구입함으로써 발생하는 총비용의 증가분은 '한계요소비용(marginal factor cost)'이라고 부른다. 생산요소시장이 완전경쟁시장이라면 한계요소비용은 생산요소의 가격과 같다. 다른 형태의 시장에서는 한계요소비용이 생산요소의 가격보다 높은 경우가 일반적이다. 생산요소시장의 균형은 그 생산요소의 한계수입생산물(MRP)과 한계요소비용(MFC)이 일치하는 지점에서 결정된다. 이는 상품시장에서 기업의 이윤극대화가 한계수입과 한계비용이 일치하는 지점에서 결정되는 것과 같은 원리이다. 생산요소의 한계수입생산물이 그 생산요소의 한계요소비용보다 더 크다면 기업은 당연히 생산을 증가시킬 것이다. 반대로 생산요소의 한계비용보다 한계수입생산물이 더 작다면 기업은 당연히 생산을 감소시킬 것이다. 따라서 생산요소의 한계요소비용과 한계수입생산물이 일치하는 지점에서 기업은 더 이상 생산규모나 생산요소의 구입량을 변화시킬 이유를 찾지 못하므로 이 지점에서 생산요소의 수요가 결정된다.

〈그림 6-2〉에서 보듯이 상품의 생산량이 증가할수록 한계생산물이 체감하므로 생산요소의 한계생산물가치도 체감한다. 한계수입생산물은 체감하는 한계생산물에 역시 체감하는 한계수입을 곱한 것이므로 더 큰 폭으로 체감한다. 따라서 생산요소에 대한 기업의 수요곡선은 상품시장에서처럼 우하향하는 형태가 된다. 형태뿐 아니라 그 특성도 상품시장의 수요곡선과 생산요소시장의 수요곡선은 크게 다르지 않다. 노동시장을 예로 들면 임금의 변화로 인한 노동수요량의 변화는 '수요량의 변화' 또는 '수요곡선 위에서의 변화(movements along the demand curve)'가 나타난다. 임금 이외의 변수들이 변화하여 노동수요곡선 자체가 이동하게 되면 '수요의 변화' 또는 '수요곡선의 이동(shift of the demand curve)'이 나타나게 된다.

생산요소의 수요에 영향을 주는 또 하나의 요인은 생산요소의 대체가 가능한지 여부이다. 가령 가변투입요소가 하나인 경우, 즉 자본의 투입량은 고정되어 있고 노동의 투입량만 가변적일 때는 생산량에 대응하여 생산요소의 투입량과 생산비용이

그림 6-2 생산요소의 수요

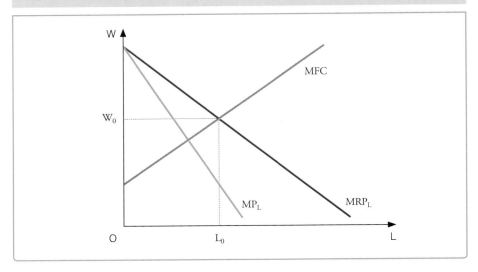

결정되므로 생산방식을 변화시켜 비용을 줄일 수 없다. 그러나 가변투입요소가 둘 이상인 경우에는 생산요소의 대체가 가능하므로 기업들은 가격의 변화나 기술의 변화에 대응하여 생산요소의 조합을 변화시킴으로써 비용을 줄일 수 있다.

노동시장 노동력이 상품이 되는 것은 자본주의 사회뿐이다.

Shutterstock

6-2 생산요소가격의 결정

심상정 정의당 상임대표가 민간기업 및 공공기관 임직원, 국회의원 및 고위 공직자의 임금을 제한하는 최고임금법(안)을 발의했다. 양극화 및 소득격차 해소가 시급한 국가 과제로 떠오른 만큼 이 법안 발의를 계기로 불평등 문제에 대한 정치사회적 논의와 해결책 모색이 활발해지길 기대한다. 법안은 민간기업 임직원은 최저임금의 30배, 공공기관 임직원은 10배, 국회의원과 고위 공직자는 5배가 넘는 임금은 받을 수 없도록 했다. 올해 최저임금(시간당 6,030원)을 기준으로 하면 민간기업 최고경영자(CEO)라도 연봉이 4억 5,000만 원을 넘을 수 없다. 언뜻 임금 상한선이 지나치게 엄격하고, 현실과 동떨어진 것처럼 보일 수도 있으나 유난히 심한 우리 사회의 불평등 정도를 생각하면 꼭 그렇게 볼 것만도 아니다. 심 대표에 따르면 2014년 기준 10대 그룹 상장사 78곳의 경영자 보수는 일반 직원의 35배, 최저임금의 180배에 달했다. 임금소득도 상위 10%가 하위 10%에 비해 11배나 많은데 이는 경제협력개발기구(OECD) 국가 평균인 5~7배에 비해 월등히 큰 격차다. 이기권 고용노동부 장관조차 "일부 대기업 CEO의 연봉은 지나친 감이 있다"고 말했을 정도다. 이 법안에 대해 사회 일각에서는 기업 활동이 위축되고 인적자본이 유출될 것이란 우려가 제기됐다고 한다. 민간기업의 임금을 입법으로 제한할 수 있느냐를 두고도 논쟁이 일 법하다. 그러나 외국에 유사 사례가 있는 것을 보면 법안을 부정적으로만 바라볼 이유도 없다. 실제로 스위스에서는 경영진의 연봉을 최저연봉의 12배 이내로 제한하는 이른바 '살찐 고양이법'이 발의되기도 했다. 살찐 고양이는 고액의 연봉을 받는 기업가를 뜻하는데 이들은 특히 2008년 금융위기 당시 회사의 어려운 형편에도 아랑곳하지 않고 거액의 상여금을 챙겨 비판을 받은 바 있다. 더욱이 이 법안은 최고임금을 최저임금에 연동시키고 있다. 최저임금이 오르면 최고임금도 따라 오르도록 했으니 경영자와 종업원이 서로를 의식하고 상대의 권익을 보호하려 할 가능성을 높여 노사 갈등 완화라는 또 다른 결과를 낳을 수도 있다. 국회는 최고임금법의 취지와 목표를 누구보다 잘 알 만하다. 최근의 교섭단체 대표연설에서 여야 3당이 입을 모아 날로 심화하는 양극화나 소득격차를 해소하기 위한 사회적 대타협이나 제도적 장치의 도입을 촉구했다. 사회적 불평등을 더 이상 방치하지 않겠다는 각오만 있다면, 국회가 정파를 넘어 얼마든지 법안을 진지하게 검토할 수 있다. (〈한국일보〉, 2016. 6. 30)

노동과 임금

일본과 미국 리그에서 활약하다 돌아온 야구선수 이대호는 다른 선수들에 비해 10배 또는 그 이상의 연봉을 받는다. 물론 이대호가 다른 선수들보다 홈런을 많이 치는 것은 사실이다. 하지만 이대호가 10배의 연봉을 받는다고 10배의 홈런을 치는 것은 아니다. 프로 스포츠 선수들의 연봉은 왜 이렇게 차이가 나는 것일까? 스포츠 스타들만 그런 것이 아니다. 미국 대기업 최고경영자들의 평균 연봉은 230억 원에 이르며, 그 가운데 최고 연봉은 무려 1,119억 원이라고 한다. 이보다는 못하지만 우리나라 대기업들의 경영자 가운데도 100억 원이 넘는 연봉을 받는 이가 없지 않다. 도대체 노동력의 가격은 왜 이렇게 차이가 날까? 정말 대기업 경영자와 일반 노동자들의 한계생산물가치가 그만큼 차이가 나기 때문일까?

이제 노동시장의 예를 통해 생산요소시장에서 생산요소의 균형가격과 수요공급량이 어떻게 결정되는지를 보자. 먼저 노동의 수요를 결정하는 데 가장 중요한 변수는 역시 노동의 가격인 임금(wage)이다. 이미 설명한 것처럼 상품생산에 투입되는 노동량이 증가할수록 노동의 한계생산물가치가 체감하므로 노동의 수요곡선은 우하향한다. 임금 이외에 상품에 대한 수요의 변화, 다른 생산요소의 가격 변화, 기술진보 등도 노동의 수요에 영향을 미친다.

$$L_D = f(w) \qquad \text{〈식 6-3〉}$$

노동의 공급을 결정하는 데 가장 중요한 변수도 임금이다. 소비자들이 빵과 사과 사이에서 선택하듯이 노동자들은 일의 대가, 즉 임금과 여가 사이에서 선택한다. 일반적으로 임금이 상승하면 노동자들은 상대적으로 더 비싸진 노동을 선택한다. 이 경우에는 소득효과와 대체효과가 모두 정상적인 방향으로 나타난다. 그러나 임금이 일정한 수준 이상으로 상승하여 소득효과가 역의 방향으로 나타나는 경우에는, 임금이 상승할수록 노동의 공급이 줄어드는 후방굴절 형태의 노동공급곡선이 나타나기도 한다. 임금 이외에 노동의 공급에 영향을 주는 변수로는 인구의 변화, 여성노동자의 진출과 같은 노동시장의 구조변화, 노동과 여가에 대한 노동자들의 의식변화 등이 있다.

$$L_S = f(w) \qquad \text{〈식 6-4〉}$$

〈그림 6-3〉에서는 노동시장의 균형을 설명하고 있다. 여기서는 노동공급곡선이 후방굴절하는 것으로 가정했지만 모든 노동공급곡선이 반드시 후방굴절한다는 뜻은 아니다. 노동에 대한 수요가 D_0에서 D_1으로 증가하면 고용량은 L_0에서 L_1으로 증가하고 임금도 w_0에서 w_1으로 상승한다. 그런데 〈그림 6-3〉처럼 노동공급곡선이

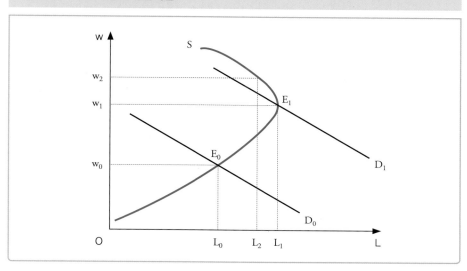

그림 6-3 노동시장의 공급곡선

후방으로 굴절하는 경우에는 임금이 상승해도 노동의 공급량이 감소하고, 수요의 증가에도 오히려 고용량은 감소할 수 있다.

이자와 이윤

일상에서 자본이라는 말은 기업을 설립하거나 자영업을 시작하는 데 필요한 자금을 의미하는 경우가 많다. 이때의 자본은 대개 화폐 형태의 자산을 가리킨다. 그러나 경제학에서 자본이라고 부르는 것은 화폐가 아니라 기계나 설비와 같은 실물자본, 즉 자본재(capital goods)를 의미한다. 그리고 자본재의 양을 증가시키는 행위를 투자(investment)라고 부른다. 노동과 토지는 별도의 생산 과정을 거치지 않고도 사용할 수 있다는 의미에서 본원적 생산요소라고 부른다. 이에 반해 자본은 일정한 생산 과정을 거쳐야 한다는 의미에서 '생산된 생산요소'라고 부른다.

　엄밀히 말하면 자본의 수요와 공급은 자본재 그 자체가 아니라 일정한 기간 동안 자본재를 사용함으로써 얻을 수 있는 자본 서비스(capital service)에 대한 수요와 공급을 의미한다. 자본의 수요와 공급은 자본의 가격, 즉 이자율(interest rate)에 의해 결정된다. 자본을 공급한다는 말은 내가 가진 자금을 타인에게 빌려준다는 뜻이다. 타인에게 빌려줄 수 있는 자금을 대부가능자금(loanable funds)이라고 부른다. 이자율은 대부자금시장에서 대부가능자금에 대한 수요와 공급에 의해 결정된다. 기업이 노동의 한계생산물가치와 임금이 같아지는 지점에서 노동의 수요를 결정하는 것과 마찬가지로 기업은 자본의 한계생산물가치와 자본 서비스의 가격, 즉 이자율이 같아지는 지점에서 자본에 대한 수요를 결정한다.

이자는 기업이 자본을 사용하는 대가로 지불해야 할 비용이지만 이윤은 자본을 사용함으로써 얻는 수입이다. 이자는 현재의 소비를 포기하고 사용 가능한 자금을 타인에게 빌려주는 데 대한 기회비용이다. 그런데 앞에서도 이야기한 것처럼 자본과 경영의 구분이 명확하지 않았던 높았던 초기 자본주의 시대에는 이윤과 이자가 서로 혼동되는 경우가 많았다. 그러나 최근에는 대부가능자금의 공급에 대한 대가를 이자, 기업의 경영활동에 대한 대가를 이윤이라고 부른다. 다만 이윤의 본질에 대해서는 여전히 논란이 많다. 임금은 노동에 대한 정당한 대가인 반면 이윤은 불로소득으로 생각하는 이들도 있다. 그러나 이윤이 없으면 아무도 기업을 경영하려 하지 않을 것이다. 이윤에 관한 가장 유력한 학설로 어떤 이는 이윤을 경영활동에 따르는 위험의 대가로 본다. 또 다른 이는 이윤을 기업가의 노력, 특히 기업가가 수행한 혁신(innovation)에 대한 보수라고 보기도 한다. 그러나 모든 기업이 혁신을 수행하지는 않는다. 그래서 이윤에 대한 정의는 어렵다.

자본이 노동이나 토지와 구분되는 생산된 생산요소이듯이 이윤도 임금이나 지대와 구분되는 특징을 가지고 있다. 이윤은 기업의 수입에서 다른 비용들을 모두 지불

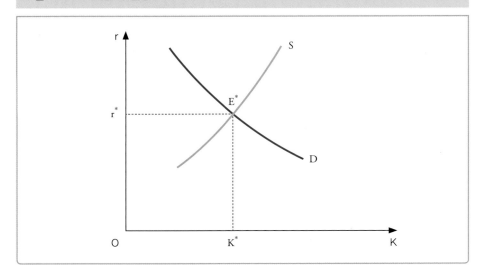

그림 6-4 이자율의 결정

하고 남은 잔여소득이다. 임금이나 지대는 기업의 수입이 얼마든 미리 결정된다. 반면에 이윤은 기업의 수입이 얼마인가에 따라서 달라진다. 기업이 설령 적자를 보더라도 임금과 지대는 반드시 지불하지 않으면 안 된다. 그러나 이윤은 경우에 따라서는 기대보다 적거나 없을 수도 있다. 이윤을 위험에 대한 대가로 보는 이유도 이 때문이다.

토지와 지대

자본의 수요와 공급이 자본재 그 자체가 아니라 자본 서비스에 대한 수요와 공급을 의미하는 것처럼, 엄밀히 말하면 토지에 대한 수요와 공급도 일정한 기간 동안 토지를 이용하는 토지 서비스에 대한 수요와 공급을 의미한다. 토지 서비스에 대한 대가를 지대(rent)라고 부른다. 노동자의 능력이 서로 다른 것처럼 토지의 비옥도도 서로 다르다. 지대는 토지의 비옥도에 따라 달라진다. 이를 차액지대(differential rent)라고 부른다. 물론 옛날에는 토지의 비옥도가 얼마나 많은 농산물을 수확할 수 있느냐는 의미였다. 요즘은 부동산으로 얼마나 많은 수입을 올릴 수 있느냐는 의미로 사용된다. 현실에서는 비옥도가 가장 나쁜 한계토지에서도 지대는 발생한다. 이를 절대지대(absolute rent)라고 부른다.

토지의 공급이 다른 생산요소의 공급과 가장 구분되는 점은 공급량이 제한되어

그림 6-5　토지시장에서 지대의 결정

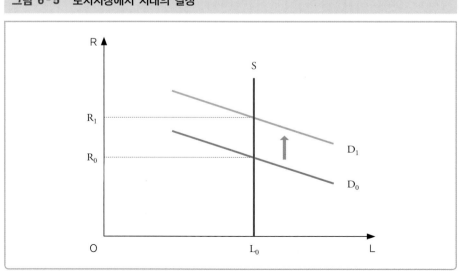

있다는 것이다. 토지는 자연의 산물이므로 임의로 증가시키기 어렵기 때문이다. 물론 한 사회가 사용할 수 있는 노동이나 자본의 양도 무제한적이라고 말할 수는 없다. 마찬가지로 토지의 공급도 완전히 비탄력적이라고 말할 수는 없다. 토지 전체의 공급량은 제한되어 있을지라도 토지의 용도가 다르므로 어떤 용도의 토지에 대한 수요가 증가하면 다른 용도의 토지를 수요가 증가한 용도로 전용할 수 있다. 그러나 노동과 자본의 공급이 비교적 탄력적인 반면 토지의 공급은 매우 비탄력적이라는 사실은 분명하다.[1]

경제적 지대 생산요소에 지급되는 비용 가운데 전용수입을 초과하여 지급되는 비용

전용수입 어떤 생산요소를 현재의 용도에 사용하기 위해 지불해야 하는 최소한의 비용

토지처럼 공급이 제한되어 있는 생산요소를 사용하기 위해서는 추가적인 보수가 필요하다. 이를 **경제적 지대**(economic rent)라고 부른다. 〈그림 6-6〉을 보면 어떤 생산요소를 w_0의 가격으로 L_0만큼 사용할 경우 $Ow_0E_0L_0$의 보수를 지불해야 한다. 이 가운데 공급곡선 아래의 부분은 이 생산요소를 현재의 용도에 사용하기 위해 지불해야 하는 비용이다. 이를 **전용수입**(transfer earnings)이라고 부른다. 반면에 공급곡선 위의 부분은 굳이 지불하지 않아도 되는 비용이다. 그런데도 이 비용을 지불하는 이유는 생산요소의 공급이 비탄력적일 경우 다른 사용자가 이 생산요소를 사용하지

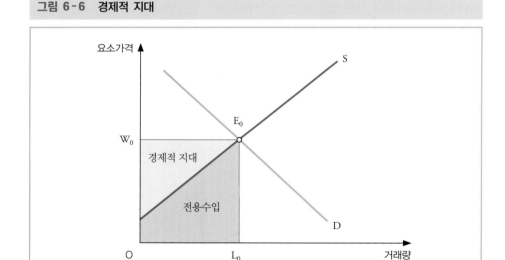

그림 6-6 경제적 지대

---

1 토지의 공급곡선이 수직선 형태로 고정되어 있다고 가정하는 것은 토지의 공급을 저량(stock)으로 파악할 경우이다. 토지의 공급을 유량(flow)으로 가정한다면 토지의 공급곡선도 우상향하는 형태가 될 수 있다.

Shutterstock

토지의 비옥도는 꼭 농산물에 대해서만 쓰는 말이 아니라 부동산으로 얼마나 많은 수입을 올릴 수 있느냐는 의미로 사용되기도 한다.

못하도록 하기 위해서는 추가적인 보수를 지불할 필요가 있기 때문이다. 이를 지대에 빗대어 경제적 지대라고 부른다.

6-3 생산요소시장과 소득분배

생산요소시장이 중요한 이유 가운데 하나는 여기서 경제주체들의 소득이 결정되기 때문이다. 가계는 생산요소시장에서 노동력이나 자본, 토지 등을 제공함으로써 그 대가로 소득을 얻는다. 다시 말해서 한 사회의 소득분배(income distribution)는 바로 생산요소시장에서 결정된다. 흔히 소득분배라는 용어는 두 가지 의미로 사용된다.

소득분배의 첫 번째 의미는 기능적 소득분배로, 이미 본 것처럼 생산요소시장에서 그 생산요소에 대한 수요와 공급에 의해 결정된다. 노동과 자본 두 가지 생산요소만 있다고 가정하면 상품시장에서의 모든 생산물, 즉 국민소득은 노동소득과 자본소득으로 분배된다. 노동소득은 노동의 가격, 즉 임금에 노동량을 곱한 것과 같고, 자본소득은 자본의 가격, 즉 이자율에 자본량을 곱한 것과 같다. 따라서 총생산물이 모두 경제주체들에게 소득으로 분배된다고 가정하면 국민소득은 다음과 같이 분배된다.

$$PY = wL + rK \qquad \langle식\ 6\text{-}5\rangle$$

〈식 6-5〉에서 L은 노동량, K는 자본량을 의미하며, w는 임금률, r은 이윤율을 의미한다. 임금률은 노동의 한계수입생산물(MRP_L)에 의해서 결정되며, 이윤율은 자본의 한계수입생산물(MRP_K)에 의해 결정된다. 이것이 기능적 소득분배이다. 기능적 소득분배는 우리나라의 총소득이 자본과 노동 사이에서 어떻게 분배되느냐만 보여주는 것이 아니라, 노동자들 사이에서 나타나는 임금격차에 대해서도 설명해준다. 이제 서로 다른 생산성을 가진 노동자 1과 노동자 2가 있다고 가정하자. 노동자 1과 노동자 2의 임금은 그들의 한계수입생산에 의해 다음과 같이 결정된다.

$$노동자\ 1의\ 임금 = w_1 = P \cdot dY/dL_1 = 노동자\ 1의\ MRP_1 \qquad 〈식\ 6-6〉$$

$$노동자\ 2의\ 임금 = w_2 = P \cdot dY/dL_2 = 노동자\ 2의\ MRP_2 \qquad 〈식\ 6-7〉$$

대기업의 CEO는 100억 원의 연봉을 받는 반면에 그 회사의 비정규직 노동자는 월급 100만 원을 받는 이유를 수식으로만 설명한다면 바로 MRP_1과 MRP_2의 차이이다. 하지만 정말 대기업 CEO와 비정규직 노동자의 한계수입생산이 그만큼 차이 나는지는 궁금하다. 높은 연봉이 CEO들의 능력에 대한 보수일 뿐 아니라 다른 구성원들로 하여금 자신들의 생산성을 높이도록 격려한다는 주장도 있다. 하지만 미국에서든 한국에서든 최고경영자의 연봉이 지나치게 높은 이유는 바로 최고경영자들 자신이 임금을 결정하는 위치에 있기 때문인 경우가 많다. 설령 최고경영자와 현장 노동자의 생산성에 차이가 있다 하더라도 CEO들의 보수가 반드시 정당화되는 것은 아니다. 미국의 경영학자 피터 드러커는 CEO의 최고보수와 노동자들 임금 사이의 격차가 20배를 넘지 않아야 한다고 주장했다. 이 격차가 20배를 넘으면 구성원들 사이에 갈등과 좌절감을 불러 생산성을 하락시킨다는 것이다.

최저임금제

우리나라의 임금격차가 심화되는 이유 가운데 하나는 저임금 직종일수록 임금이 오르지 않고 있기 때문이다. 우리나라에서 매년 겪는 논란 가운데 하나가 최저임금을 얼마로 할 것인가 하는 문제이다. 노동자 대표들은 최저임금의 인상을 주장하고 경영자 대표들은 동결을 주장한다.[2] 최저임금의 인상을 반대하는 논리 중 가장 주요한

---

2 그런데 다른 나라들과 비교하면 우리나라의 최저임금 수준은 과연 얼마나 될까? 이럴 때 편리한 비교수단이 빅맥이다. '빅맥지수(BigMac index)'는 여러 나라의 환율이나 물가를 비교할 때도 많이

하나는 바로 임금 인상이 고용의 감소를 가져온다는 것이다. 앞에서 본 것처럼 인위적으로 가격을 시장의 균형가격보다 높은 수준으로 제한하면 초과공급 현상이 나타나고 수요는 오히려 감소하는 현상이 나타난다. 하지만 경제이론은 모든 경우에 무조건적으로 똑같이 적용되는 것이 아니라 시장의 형태와 조건에 따라 다르게 나타난다는 사실에 유의해야 한다. 가령 최저임금제가 오히려 고용을 증가시킨다는 통계자료도 많다. 그 이유는 〈그림 6-7〉에서 볼 수 있다.

〈그림 6-7〉은 상품시장에서의 독점시장처럼 수요독점인 노동시장을 가정한다. 실제로 노동시장에서는 기업이 수요독점자인 경우가 많다. 노동시장에서 기업의 이윤극대화는 이미 설명한 것처럼 노동의 한계수입생산과 한계요소비용이 일치하는 지점에서 결정된다. 한계요소비용곡선이 공급곡선보다 위에 위치하는 이유는 상품시장에서 한계수입곡선이 수요곡선의 아래에 위치하는 것과 같다. 즉 노동의 사용량이 늘어나면 임금이 상승하게 되고, 인상된 임금은 마지막 노동 한 단위만이 아니

그림 6-7 최저임금제

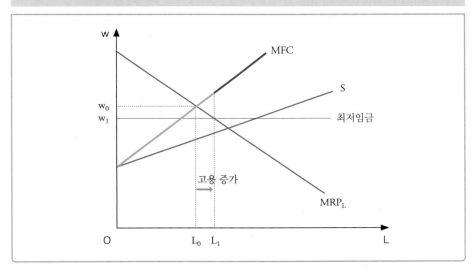

사용되지만 최저임금을 비교할 때도 편리하다. 하필 빅맥인 이유는 빅맥이 여러 나라에서 팔리는 상품이면서 어느 나라를 가더라도 상품의 내용이 거의 동질적이어서 비교하기에 편리하기 때문이다. 2016년의 경우 덴마크에서는 빅맥 하나를 먹기 위해서 16분을, 네덜란드에서는 24분을, 프랑스는 25분, 독일과 영국은 26분을 일해야 한다. 일본은 빅맥 하나를 먹기 위해 32분, 미국은 41분 동안 일해야 한다. 그렇다면 우리나라는? 46분이다. 선진국들보다는 많이 낮지만, 중국의 56분이나 인도의 173분보다는 높은 수준이니 그것으로 스스로를 위로해야 할까?

라 모든 노동량에 대해 적용되므로 기업의 한계비용은 임금 상승보다 더 큰 폭으로 증가하게 된다. 이제 한계요소비용과 한계수입생산물이 일치하는 지점에서 기업의 이윤극대화가 결정되고 이때의 고용량은 L_0, 임금은 w_0이다.

그런데 최저임금제가 실시되어 임금이 w_1으로 결정되면 노동공급곡선은 w_1의 수준에서 하방경직적인 형태가 된다. 새로운 공급곡선과 한계요소비용곡선에 의해 고용량은 L_1으로 증가한다. 최저임금제가 오히려 고용을 증가시키는 것이다. 이런 현상이 일어나는 이유는 고용 증가의 필요가 있어도 임금 상승보다 한계요소비용의 증가폭이 더 크기 때문에 추가적인 고용을 미루던 기업들이, 최저임금제가 실시되면 더 이상 그럴 이유가 없어지므로 고용을 증가시키기 때문이다. 물론 앞에서 학습한 가격하한제가 모든 경우에 적용되지 않는 것처럼 최저임금제의 효과도 모든 경우에 적용되는 것은 아니다.

비정규직 문제를 다루어 우리나라에서 크게 인기를 모았던 드라마 '미생'이 일본에서 리메이크되었다고 한다. 그런데 일본에서는 이 드라마가 그다지 큰 반향을 일으키지 못하고 있다고 한다. 똑같이 비정규직의 문제를 소재로 하고 있지만, 비정규직의 현실이 서로 다르기 때문이다. 일본에는 '프리터족'이라는 말이 있다. 프리터 (フリーター)는 'free'와 'arbeiter'를 합성한 말로 직장에 얽매이지 않고 슈퍼마켓 점원, 주유소 급유원과 같은 파트타임 아르바이트에 생계를 의존하면서 자유를 만끽하는 사람들을 말한다. 그런데 과거에는 프리터족이라고 하면 고등학교나 대학을

무엇이 우리의 알바생들을 힘들게 하는가?

졸업하고도 취업하지 않는 청년층이 대부분이었으나 요즘은 중·장년층 프리터족이 이미 130만 명을 넘어섰다고 한다. 어떻게 이런 일이 가능할까? 일본에서는 정규직과 비정규직의 임금격차가 우리나라만큼 크지 않기 때문이다. 8시간 일하는 정규직으로 받는 임금보다는 못하지만 그래도 4시간짜리 아르바이트를 2개 하면 거의 비슷한 수준의 임금을 받을 수 있으므로, 직장에 얽매이는 대신 자유롭게 살기를 선택하는 것이다. 더군다나 부족한 생활비 부분은 정부가 복지제도로 보조해주기도 한다.

프리터족이 늘수록 국가와 사회의 차원에서 보면 노동력의 낭비고 불필요한 복지비용을 증가시킨다. 따라서 바람직한 현상이라고 말하기는 어렵다. 그러나 정규직이 아니더라도 행복할 수 있다는 사실은 참으로 부럽다. 우리나라에도 이런 프리터족이 28만 8,000명에 이른다고 한다. 그러나 일본의 프리터족이 자발적이라면 우리나라의 프리터족은 대부분 어쩔 수 없어서 알바로 생계를 유지한다는 점과, 일본의 프리터족은 알바로 어느 수준의 생활을 유지하면서 자유를 누리지만 우리나라의 프리터족은 최저생계선 이하의 삶에 허덕이며 노동하고 있다는 점이 다르다.

6-4 소득분배의 이론

2017년 최저임금을 결정하는 최저임금위원회가 진행 중인 가운데 알바노조는 "사용자 위원 측이 10년 연속 최저임금 동결을 주장하고 있다"며 한국경영자총협회를 규탄했다. 알바노조는 28일 오전 서울 마포구 대흥동 경총회관 앞에서 '한국경영자총협회 규탄항의 집회'를 벌였다. 이들은 '최저임금 1만 원으로', '소금보다 더 짠 최저임금, 알바들은 화가 난다', '2017년 최저임금 6,030원? 너부터 이 돈으로 살아봐' 등의 피켓을 들고 경총 앞에서 규탄발언 및 퍼포먼스를 선보였다. 내년도 최저임금안은 법적으로 이날까지 제출되어야 한다. 하지만 노사 양측의 의견이 평행선을 달리며 기한을 지키지 못할 전망이다. 노동자 측은 최저임금 1만 원을, 사용자 측은 동결을 주장하는 상황이다. 알바노조는 "사용자 측은 2007년부터 10년째 최저임금 동결을 주장하고 있다"며 "재벌의 사내유보금은 역대 최고이고 가계부채는 날로 늘어나는 상황에서 저주나 다름없는 주장"이라고 강조했다. 또 "경총은 이번 최저임금위원회에서 노동자 월 생계비를 103만 원으로 주장했다"며 "특정 업종에 대한 최저임금 차등지급을 요구하고 시급·월급 병기 문제에서 시급만 단독으로 기재할 것을 주장하는 등 철저히 최저임금제도를 무시하는 점은 규탄돼야 마땅하다"고 목소리를 높였다. 알바노조는 이날 기자회견이 끝난 뒤 경총 회장과의 면담 요청 및 질의서를 전달하려 했으나 경총 측의 거부로 성사되지 못했다. 한편

이들은 최저임금 1만 원을 주장하며 현재 국회 앞에서 단식농성을 벌이고 있다. 이 과정에서 박정훈 위원장이 단식 끝에 쓰러져 병원으로 옮겨졌고 용윤신 사무국장과 우람, 이가현 조합원이 단식을 이어가고 있다. (《뉴시스》, 2016. 6. 29)

난쟁이의 행렬

네덜란드의 경제학자 얀 펜(Jan Pen, 1921-2010)이 쓴 『소득분배 : 사실, 이론, 정책 (Income Distribution: facts, theories and policies, 1971)』이라는 책을 보면 현실의 소득불평등 상태를 잘 말해주는 아주 재미있는 내용이 있다. 펜은 가상의 가장행렬을 연출한다. 그 행렬에는 소득을 가진 모든 사람이 출연한다. 흥미로운 것은 출연하는 사람들의 키가 각자의 소득에 비례한다는 점이다. 소득이 많은 사람은 키다리로, 평균의 소득을 가진 사람은 평균 신장(170cm)으로, 소득이 적은 사람은 난쟁이로 출연한다. 원래 펜의 저서에서는 이 가장행렬이 영국에서 1시간 동안 벌어지지만, 좀 더 이해하기 쉽도록 오늘의 대한민국으로 장소를 옮겨보자.

대한민국의 모든 인구 모델이 1시간 동안에 모두 출연해야 하므로 이 가장행렬은 빠르게 진행된다. 가장행렬에 처음 등장하는 사람들은 머리를 땅 속에 파묻고 거꾸로 나타난다. 거꾸로 서 있다는 것은 소득이 생활비에 못 미친다는 뜻이 아니라 가계 부채에 대한 이자 등으로 소득이 실제로 마이너스(-)라는 뜻이다. 파산한 자영업자나 가계 채무로 쫓기는 사람들이다. 거꾸로 선 사람들이 지나가고 나면 마치 개미처럼 땅바닥에 붙어 선 사람들이 등장한다. 편의점에서 아르바이트하는 청소년들, 대형 마트에서 시급제 계산원으로 일하는 주부들처럼 소득이 아주 적은 사람들이다. 이들은 소인국 사람들처럼 키가 몇 cm밖에 되지 않는다. 이들이 지나가고 나서 한참 뒤에 키가 1m가 채 안 되는 난쟁이들이 등장한다. 정부가 주는 보조금으로 살아가는 노약자와 장애인, 장사가 안 되는 노점상 등이 그들이다. 그다음에는 1m가 조금 넘는 사람들이 등장한다. 청소부, 지하철 집표원 등 저임금 노동자들이다. 그런데 이때도 여성들은 남성들보다 먼저 등장한다. 평균적으로 여성 노동자들의 임금이 남성보다 적다는 의미이다. 이렇게 30분이 지나도록 계속 난쟁이들만 등장한다. 그래서 펜은 이를 '난쟁이의 행렬'이라고 불렀다. 우리 사회에 빈곤한 사람들이 그렇게 많다는 것, 바꿔 말하면 그만큼 우리 사회의 소득분배가 불평등하다는 뜻이다.

가장행렬이 시작된 후 48분이 지났을 때에야 비로소 평균 신장인 170cm의 사람들이 등장한다. 30분이 중위소득이라면 48분은 평균소득을 의미한다. 우리 사회의 대다수가 평균소득에도 미치지 못하는 사람들이라는 뜻이다. 그러나 170cm, 즉 평균소득을 넘어서는 순간부터 등장하는 사람들의 키는 급속히 커진다. 54분이 되면 키가 2m가 되는 키다리들이 등장한다. 대졸 대기업 사원, 중학교 교장 등이다. 그다음에는 5m가 되는 거인들이 등장하는데, 이들은 군 대령, 국영기업 기술자, 성공 못 한 변호사 등이다. 59분이 되면 8~12m나 되는 거인들인 대학교수, 대기업 중역, 고등법원 판사 등이 등장하며, 그다음에는 20m가 넘는 수입 좋은 회계사, 의사, 변호사들이 등장한다. 마지막 몇십 초를 남겨 놓고는 수십 m의 초거인들, 즉 대기업의 최고경영자들이 등장한다. 마지막 몇 초에 등장하는 사람들은 키가 너무 커서 얼굴이 구름에 가려져 있으며, 그들의 키를 재려면 m가 아니라 km 단위가 필요하다. 맨 나중에 등장하는 이건희 삼성그룹 회장은 그 키를 알 수 없다. 그렇다면 지금 이 글을 읽고 있는 당신의 키는 과연 몇 m일까? 당신이 이 가장행렬에 등장하는 시간은 과연 언제일까?

소득분배의 두 번째 의미는 계층적 소득분배이다. 기능적 소득분배에 의해 노동자들에게 주어진 소득이 만약 최저생계를 유지하기에도 부족하다면 이러한 소득분배는 과연 옳은가? 기능적 소득분배에서는 최저생계까지는 아니더라도 노동소득과 자본소득의 차이가 지나치게 크다면 과연 정당한가 하는 문제가 뒤따른다. 그래서 나타난 것이 계층적 소득분배이다. 한 나라의 계층적 소득분배가 어떠한가를 전체

그림 6-8 로렌츠곡선

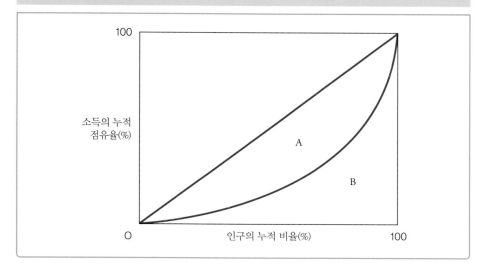

적으로 보여주는 지표로 가장 많이 사용되는 것은 로렌츠곡선과 지니계수이다.

로렌츠곡선(Lorenz curve)이란 미국의 통계학자 로렌츠(Max O. Lorenz, 1876-1959)가 창안한 소득분포의 불평등도를 측정하는 방법으로, 가로축에 소득액 순으로 인원수의 누적 점유율을 나타내고, 세로축에 소득액의 누적 점유율을 나타낸 곡선이다. 간단히 설명하면 소득이 가장 낮은 사람부터 차례로 누적시켜 곡선으로 나타낸 것이다. 얀 펜의 난쟁이의 행렬을 그래프로 그렸다고 생각하면 쉬울 것이다. 만약 모든 사람의 소득이 똑같다면 로렌츠곡선은 사각형의 대각선처럼 45° 직선이 될 것이다. 이를 완전평등선 또는 균등분포선이라고 부른다. 반대로 로렌츠곡선이 횡축을 따라 가다가 마지막에 종축을 따라 간다면, 단 한 사람을 제외한 모든 사람이 전혀 소득을 가지고 있지 않다는 뜻이다. 따라서 로렌츠곡선이 45°에 가까울수록 그 나라의 소득분배는 평등하며, 횡축에 가까울수록 불평등하다.

로렌츠곡선을 숫자로 나타낸 것이 **지니계수(Gini's coefficient)**이다. 지니계수는 이탈리아의 통계학자 코르라도 지니(Corrado Gini, 1884-1965)가 발견했는데, 한 나라의 소득분배를 전체적으로 보여준다. 로렌츠곡선이 완전평등선과 일치하면 0이 된다. 반대로 로렌츠곡선이 완전불평등선과 일치하면 지니계수는 1이 된다. 따라서 지니계수는 0과 1 사이에 위치하는데, 현실에서는 거의 0과 0.5 사이에 있다. 지니계수가 0.3 이하면 소득분배가 매우 평등한 수준이라는 뜻이다. 유럽의 복지국가들이 여기에 해당한다. 0.3과 0.4 사이면 대체로 평등한 편이라고 볼 수 있는데, 우리나라는 0.3 초반에 속한다. 지니계수가 0.4 이상이면 소득분배가 상대적으로 불평등한 나라이며, 미국과 중국 등이 여기에 속한다. 다른 나라들과 비교해보면 우리나라는 지니계수가 비교적 낮은 나라 가운데 하나이다. 복지국가로 불리는 스웨덴(0.23)이나 덴마크(0.23)는 우리나라보다 지니계수가 많이 낮다. 그러나 소득분배가 비교

로렌츠곡선 소득분포의 불평등도를 나타내는 곡선. 사람들을 소득에 따라 순서를 매긴 다음 가로축에는 인구의 누적 백분율을, 세로축에는 소득금액의 누적백분율을 표시한다.

지니계수 인구분포와 소득분포와의 관계를 0과 1 사이의 수치로 나타낸 지표. 0에 가까울수록 소득분포가 평등하고 1에 가까울수록 불평등하다.

표 6-1 우리나라의 지니계수

	2006	2007	2008	2009	2010	2011	2012	2013	2014	2015
전체 가구(1인 및 농가 포함)	0.306	0.312	0.314	0.314	0.310	0.311	0.307	0.302	0.302	0.295
전국 가구(2인 이상 비농가)	0.291	0.295	0.296	0.294	0.288	0.288	0.285	0.280	0.278	0.270

자료 : 통계청, 〈가계동향조사〉, 2016.

적 평등하다는 평가를 받는 일본(0.32)과 대만(0.32)은 우리나라와 비슷한 수준이다. 다른 신흥공업국들을 보면 동아시아와 남미에서는 모두 우리보다 지니계수가 훨씬 높다.

지니계수는 그 사회의 전체적인 소득분배를 보여주지만, 지니계수를 통해 어떤 계층이 얼마나 많은 소득을 얻었는지를 세부적으로 파악하기는 어렵다. 이런 단점을 보완해 계층 간 소득의 격차 정도를 잘 보여주는 것이 **10분위 분배율**(decile distribution ratio)과 **5분위 배율**(income quintile share ratio)이다. 10분위 분배율은 가구를 소득순으로 정렬한 다음 10%씩 구분한 것이다. 세계은행(World Bank)은 제1∼4분위의 40% 계층을 저소득층, 제5∼8분위의 40% 계층을 중소득층, 제9∼10분위의 20% 계층을 고소득층이라고 규정하고 있다. 10분위 분배율은 상위 20%에 대한 하위 40%의 비율을 비교한 것이다. 계층 간 소득분배의 지표로 자주 사용되는 것이 바로 이 10분위 분배율이다. 10분위 분배율이 커진다는 것은 하위 40% 계층의 상대적 소득이 증가한 것으로, 분배 상태가 개선된다는 뜻이다. 만약 모든 사람의 소득이 같다면, 즉 소득이 완전히 평등하게 분배됐다면 하위 40%의 소득은 상위 20퍼센트 소득의 2배가 되기 때문에 10분위 분배율이 2가 된다. 반대로 하위계층의 소득이 거의 0에 가깝다면 10분위분 배율도 0에 가까워진다. 따라서 10분위 분배율은 이론적으로는 0에서 2까지의 수치를 가질 수 있지만, 현실적으로는 보통 0에서 1 사이의 값으로 나타난다. 보통 0.45 이상이면 고균등분배, 0.35 미만이면 불균등분배, 그 사이는 저균등분배라고 한다.

10분위 분배율 = 하위 40%/상위 20%

$$10분위\ 분배율 = 하위\ 40\%/상위\ 20\% \qquad \langle식\ 6\text{-}8\rangle$$

한편 5분위 배율은 소득 5분위, 즉 상위 20%의 평균소득을 소득 1분위, 즉 하위 20%의 평균소득으로 나눈 값이다. 5분위 배율이 커진다는 것은 하위계층에 비해 상위계층의 상대적 소득이 증가한다는 것이다. 따라서 상위계층과 하위계층의 소득격차가 확대되고 소득분배가 악화됐다고 해석할 수 있다. 상위계층의 소득이 매우 크고 하위계층의 소득이 매우 작은 경우 소득 5분위 배율은 무한대에 가깝게 커질 수도 있다. 반대로 소득분배가 완전히 균등하게 이루어진다면 상위 20% 계층의 소득과 하위 20% 계층의 소득이 같아질 것이므로 5분위 배율은 1이 된다. 10분위 분배율은 높을수록 소득분배가 더 평등하고, 5분위 배율은 낮을수록 더 평등하다는 뜻으로 이해하면 된다. 우리나라 2인 이상 가구의 5분위 배율을 보면 무려 7.86배에 이른다.

10분위 분배율 = 하위 40%/상위 20%

5분위 배율 = 상위 20%/하위 20%

우리나라의 상위 20%는 하위 20%보다 평균적으로 8배의 소득을 벌고 있다는 뜻이다. 그런데 상하위 20% 대신 상위 10%의 소득을 하위 10%의 소득으로 나누어 비교하는 경우도 있다. 이를 **10분위 배율**(income decile share ratio)이라고 한다. 10분위 배율은 양극단 계층의 소득을 비교한 것으로 소득양극화를 나타내는 지표로 사용된다.

10분위 배율 = 상위 10%/하위 10%

$$5분위 배율 = 상위 20\%/하위 20\% \qquad \langle 식\ 6{-}9 \rangle$$

$$10분위 배율 = 상위 10\%/하위10\% \qquad \langle 식\ 6{-}10 \rangle$$

소득재분배 소득의 불평등을 개선하기 위해 조세나 사회복지제도 등을 이용하여 사회계층들 사이에서 소득을 이전시키는 정책

사회보장제도나 누진과세제 등의 도입으로 개인이나 계층 간 소득격차를 시정하는 정책을 **소득재분배**(income redistribution) 정책이라고 한다. 과거 경제개발 시대의 우리나라에서는 한정된 자원을 물적 생산요소의 투입에 집중적으로 배분하다 보니 복지문제에는 소홀했던 것이 사실이다. 다양한 복지제도와 복지정책들은 저소득계층과 노동소득자들에게 유리한 방향으로 소득을 재분배한다. 이러한 소득재분배 정책은 대체로 경제성장에 긍정적인 역할을 한다.

고소득층은 이미 소비를 많이 하고 있기 때문에 소득이 늘어나더라도 소비는 그만큼 늘어나지 않는다. 반면에 저소득층은 소득의 제한 때문에 소비를 하고 싶어도 억제한다. 소득이 늘어나면 저소득층의 소비는 고소득층의 경우보다 훨씬 높은 비율로 늘어난다. 저소득층일수록 한계소비성향(marginal propensity to consume)이 크다는 뜻이다.[3] 따라서 소득분배의 개선은 더 많이 소비를 증가시킴으로써 경제성장에 기여하는 효과가 크다. 소비 측면에서만 그런 것이 아니라 소득분배의 개선은 생산 측면에서도 경제성장에 크게 기여한다. 노동분배율이 높아지면 노동자들의 생산성이 향상되기 때문이다. 요컨대 경제성장이 소득분배의 개선에 기여하는 것처럼 소득분배가 개선되면 경제성장에도 유리한 요인이 된다는 것이다.

최근 들어 우리나라에서도 복지제도가 확대되면서 복지를 둘러싼 사회적 논의도 매우 활발하게 이루어지고 있다. 그런데 안타깝게도 아직도 복지를 단순히 비용으로만 생각하는 이들이 적지 않다. 복지정책이 경제성장을 저해한다고 주장하는 사람들이 자주 인용하는 이야기 가운데 '오쿤의 새는 양동이(Okun's leaky bucket)'라는 비유가 있다. 미국의 경제학자 아서 오쿤(Arthur Melvin Okun, 1928-1980)

---

3 한계소비성향은 소득이 한 단위 증가할 때 소비가 증가하는 비율을 의미한다. 한계소비성향에 대한 자세한 내용은 이 책의 제9장에서 보기로 한다.

은 케네디 대통령과 존슨 대통령 정부의 경제자문으로서 정책수립에 참가한 경험을 활용해『평등과 효율 : 그 상충적 관계(Equality and Efficiency: The Big Trade Off, 1975)』라는 책을 발표했다. 정부가 조세와 재정지출 등의 수단을 이용해 부유층으로부터 빈곤층으로 부를 재분배하는 정책이 필요하지만, 그러한 소득이전의 과정에서 효율의 손실이 불가피하게 발생하더라는 것이다. 이것은 결국 효율성(efficiency)과 공평성(fairness)의 상충관계에 대한 문제이다.[4]

그런데 오쿤이 이야기하고자 한 참뜻은 복지정책을 축소해야 한다는 것이 아니라 반대로 복지정책을 위해서는 어느 정도의 비용을 감수해야 한다는 데 있다. 복지의 확대를 위해서는 더 많은 세금을 납부할 용의가 있느냐는 질문에는 중산층의 대부분이 그렇다고 대답한다. 납세자들이 어느 정도의 세금 증가를 감수해야 하듯이 모든 선택에는 기회비용이 따르기 마련이다. 그러므로 어느 정도 효율의 감소가 따르더라도 복지정책은 추진되어야 한다는 것이 오쿤이 주장한 '새는 양동이'라는 뜻이다. 한국 경제도 마찬가지다. 어느 정도의 손실을 감수하더라도 소득분배를 개선하고 복지제도를 확대하여, 그러한 정책성과들을 생산성 향상을 위해 이용한다면 한국 경제의 장기적인 성장동력을 개발하는 데 더 많이 기여할 것이다.

Shutterstock

기회비용 없는 선택은 없다. 세금 때문에 복지를 포기할 것인가, 세금에도 불구하고 복지를 선택할 것인가?

---

4 효율성과 공정성에 대해서는 이 책의 제14장에서 자세히 보기로 한다.

프리드리히 폰 비저(Friedrich von Wieser, 1851-1926)

경제학의 가장 중요한 기본 개념 가운데 하나인 '기회비용(opportunity cost)'의 아이디어는 프랑스의 경제학자 프레데릭 바스티아(Frédéric Bastiat, 1801-1850)가 자신의 에세이 〈보이는 것과 보이지 않는 것(Ce qu'on voit et ce qu'on ne voit pas, 1850)〉에서 처음 이야기했다고 한다. 그러나 본격적으로 경제학 저서에서 이 개념이 사용되기 시작한 것은 오스트리아 경제학자 프리드리히 폰 비저가 발표한 『사회경제이론(Theorie der Gesellschaftlichen Wirtschaft, 1914)』에서부터이다. 비저는 뵘-바베르크와 함께 오스트리아학파를 발전시키는 데 가장 중요한 역할을 한 학자이다. 비저는 멩거가 은퇴하자 그의 뒤를 이어 비엔나대학의 교수가 되었다. '한계효용(marginal utility)'이라는 용어를 처음 사용한 것도 비저이다. 비저는 오스트리아학파의 가치이론과 분배이론을 발전시키는 데 결정적으로 기여했다. 주요 저서로는 가치와 비용의 법칙을 다룬 『자연가치론(Der Natürliche Wert, 1889)』과 한계효용의 원리를 다룬 『사회경제이론』 등이 있다. 한동안 한계효용학파라는 이름은 오스트리아학파를 가리키는 의미로 사용되었다. 그러나 20세기 들어 신고전학파 경제학의 주요한 경향이 수리적 방법에 기초한 추상적 경제이론에 기울어진 반면에 오스트리아학파는 경제사상, 법과 제도, 경제체제 등의 다양한 주제에 폭넓은 관심을 가졌다.

유진 뵘-바베르크(Eugene Böhm von Bawerk, 1851-1914)

프리드리히 폰 비저와 함께 오스트리아학파의 발전에 가장 중요한 역할을 한 뵘-바베르크는 대학을 수료한 뒤 재무부에 들어가 세 번이나 재무장관을 지내기도 했지만, 비엔나대학의 교수가 된 이후로는 연구에만 전념했다. 특히 오스트리아학파의 가격이론을 완성한 경제학자로 평가받는다. 생산요소에 대한 보수는 그 요소의 한계생산물력(marginal productivity)에 의해 결정된다는 '한계생산물력이론'과 이자는 미래재보다 현재재가 더 높이 평가되기 때문에 발생한다는 '시차선호이론' 등을 주장했다. 주요한 저서로는『자본과 이자(Kapital und Kapitalzin, 1890)』가 있다. 비엔나대학의 교수를 지낸 다음 미국으로 이주하여 신오스트리아학파의 선구자가 된 미제스(Ludwig Heinrich Edler von Mises, 1881-1973), 신자유주의 사상을 대표하는 하이에크(Friedrich August von Hayek, 1899-1992)와 '혁신(innovation)'과 '기업가정신(entreprenueship)'을 주장한 슘페터(Joseph Alois Schumpeter, 1883-1951), 그리고 게임이론(game theory)을 창안한 모르겐슈테른(Oskar Morgenstern, 1902-1977) 등이 비저와 뵘-바베르크의 제자이다.

주요 개념

10분위 배율	10분위 분배율
5분위 배율	경제적 지대
계층적 소득분배	기능적 소득분배
노동시장	로렌츠곡선
생산요소시장	소득재분배
수요독점	이윤
임금	자본시장
전용수입	지니계수
지대	최저임금제

확인 학습 - 기초편

1. 생산요소시장에 관한 설명으로 적절하지 않은 것은 무엇인가?

   ① 상품시장과 마찬가지로 수요와 공급에 의해 가격이 결정된다.

   ② 생산요소에 대한 수요는 상품에 대한 수요로부터 파생된다.

   ③ 생산요소의 공급은 이윤을 극대화하려는 기업에 의해 이루어진다.

   ④ 가계의 소득은 생산요소의 가격과 판매량에 의해 결정된다.

2. 생산요소시장에 대한 설명으로 가장 올바른 것은 무엇인가?

   ① 노동의 수요곡선이 우하향하는 이유는 노동의 한계생산물이 체감하기 때문이다.

   ② 지대는 토지에 대한 보수만을 의미한다.

   ③ 이윤은 기업가가 경영을 위해 사용한 시간에 대한 기회비용이다.

   ④ 노동시장은 공급독점인 경우가 많다.

3. 노동의 공급에 대한 설명으로 적절하지 않은 것은 무엇인가?

   ① 여가가 정상재라고 가정하면 노동자들은 여가와 노동 가운데 주어진 시간을 어떻게 배분할 것인가를 결정한다.

   ② 임금률이 상승할 때 대체효과는 반드시 노동시간을 증가시키는 방향으로 작동한다.

③ 임금률이 상승할 때 소득효과는 반드시 노동시간을 감소시키는 방향으로 작
동한다.

④ 음(-)의 소득효과가 대체효과보다 클 경우 임금률의 상승은 노동시간을 감소
시킬 수 있다.

4. 이윤극대화를 추구하는 기업은 노동의 가격이 노동의 (   )과 같아지는 수준
까지 노동을 고용할 것이다.

5. 다음 중 미래자동차회사 노동자의 임금을 상승시키는 요인은 무엇인가?

① 미래자동차회사 노동자들의 생산성이 향상되었다.

② 경기불황으로 자동차에 대한 수요가 감소했다.

③ 미래자동차회사의 자동화 설비가 개선되었다.

④ 한미자유무역협정(FTA)으로 미국산 자동차의 수입 관세가 인하되었다.

6. 생산요소로서의 자본에 대한 설명으로 적절하지 않은 것은 무엇인가?

① 생산활동에 필요한 기계나 설비 등을 자본이라고 부른다.

② 기업을 설립하거나 경영하는 데 필요한 화폐를 의미한다.

③ 자본재를 일정한 기간 동안 사용함으로써 얻는 서비스를 자본 서비스라고 부
른다.

④ 자본의 가격이란 실제로는 자본 서비스의 가격을 가리키는 경우가 많다.

7. 이윤에 대한 설명으로 적절하지 않은 것은 무엇인가?

① 자본 서비스의 가격을 이윤이라고 부른다.

② 기업가의 노력에 대한 대가이다.

③ 기업가의 위험부담에 대한 대가이다.

④ 기업의 수입에서 비용을 지불하고 남은 잔여소득이다.

8. 생산요소로서의 토지에 대한 설명으로 적절하지 않은 것은 무엇인가?

① 토지는 공급량이 완전히 고정되어 있는 생산요소이다.

② 토지를 일정한 기간 동안 사용함으로써 얻는 서비스를 토지 서비스라고 부른다.

③ 토지의 공급은 엄밀히 말하면 토지 서비스의 공급을 의미하는 경우가 많다.

④ 어떤 용도의 토지에 대한 수요가 증가해 가격이 상승하면 그 용도의 토지 공
급량도 증가한다.

9. 경제적 지대에 대한 설명으로 가장 올바른 것은 무엇인가?

① 토지 서비스에 대한 대가이다.

② 공급이 고정되어 있는 생산요소를 사용하는 데 대한 대가이다.

③ 생산요소의 공급이 고정되어 있기 때문에 발생하는 추가적인 보수이다.

④ 생산요소에 대한 보수 가운데 공급곡선의 아래 부분을 의미한다.

10. 전용수입에 대한 설명으로 가장 올바른 것은 무엇인가?

① 생산요소의 공급이 고정되어 있기 때문에 발생하는 추가적인 보수이다.

② 공급이 고정되어 있는 생산요소를 사용하는 데 대한 대가이다.

③ 어떤 생산요소를 현재의 용도에 묶어 두기 위해 지불하는 보수이다.

④ 생산요소에 대한 보수 가운데 공급곡선 위의 부분을 의미한다.

11. 기능별 소득분배에 대한 설명으로 가장 올바른 것은 무엇인가?

① 국민소득이 계층 간에 어떻게 분배되는지를 보는 것이다.

② 국민소득이 노동자의 기능에 따라 어떻게 분배되는지를 보는 것이다.

③ 국민소득이 임금, 이윤, 지대 등으로 어떻게 분배되는지를 보는 것이다.

④ 지니계수와 로렌츠곡선을 이용해서 알 수 있다.

12. 10분위 분배율은 가장 못사는 사람들 (   )%의 소득을 가장 잘사는 사람들 (   )%의 소득과 비교한 것이다.

13. 로렌츠곡선에 대한 설명으로 가장 올바른 것은 무엇인가?

① 기능별 소득분배가 어떻게 이루어지고 있는지를 보는 것이다.

② 모든 사람의 소득이 동일하면 수평선의 형태가 된다.

③ 두 나라의 로렌츠곡선은 서로 교차할 수 없다.

④ 대각선에 가까울수록 소득분배가 더욱 균등하다고 말할 수 있다.

14. 지니계수에 대한 설명으로 적절하지 않은 것은 무엇인가?

① 로렌츠곡선을 계량화한 것이다.

② 계층별 소득분배가 어떻게 이루어지고 있는지를 보는 것이다.

③ 1과 –1 사이의 값을 갖는다.

④ 지니계수의 값이 작을수록 소득분배가 균등하다는 뜻이다.

✏️ 확인 학습 – 논술편

1. 편의점을 운영하는 변학도는 최저임금의 인상으로 아르바이트생을 줄일 것인가를 고민하고 있다. 임금의 상승은 반드시 노동의 고용을 감소시키는가? 그렇다

면 또는 그렇지 않다면 그 이유는 무엇인가?

2. 이윤의 본질은 무엇인가? 이윤과 이자는 어떻게 다른가?

3. 경제적 지대가 나타나는 이유는 무엇인가?

4. 능력과 생산에 대한 기여에 따라 분배가 차별적으로 이루어지는 것은 정당한가 아닌가? 그 이유는 무엇인가?

5. 소득재분배를 위한 정부의 정책으로는 어떤 것들이 있는가? 소득재분배정책의 효과와 문제점에 대해 설명하라.

제 7 장

정보와 전략의
경제학

7-1 시장실패와 외부효과

시장실패

케냐의 국립공원에 사는 코끼리들은 종종 밀렵꾼들에 의해 남획되곤 한다. 그래서 케냐 정부는 국립공원지역 안에 사는 부락민들에게 코끼리의 소유권을 부여하는 정책을 내놓았다. 관광객들을 태운다든지 함께 사진을 찍는다든지 등으로 버는 수입을 주민들이 갖도록 한 것이다. 그러자 주민들은 스스로 코끼리를 밀렵꾼들로부터 보호하기 시작했다고 한다. 공유자원의 비극을 막는 가장 좋은 방법은 소유권을 부여하는 것이라는 이야기다. 야생의 닭은 멸종 위기에 처해 있지만 식용으로 팔기 위해 사육하는 닭은 결코 멸종할 가능성이 없다는 이야기도 같은 맥락에서 나온 것이다. 하지만 결국은 도살되기 위해 사육되는 닭이 과연 얼마나 행복할는지는 모르겠다.

시장에서는 수많은 사람들이 서로 다른 욕구와 목표를 가지고 경제활동을 하고 있다. 서울의 남대문시장이나 부산의 자갈치시장에 가보면 그곳에서 벌어지는 경제활동이 매우 무질서해 보이고 혼란스럽다는 느낌이 들지도 모른다. 그런데 놀라운 일은 이러한 경제활동이 누군가의 지시나 강요를 받지 않는데도 불구하고 나름대로의 질서와 조화를 이룬다는 것이다. 시장에서 거래되는 다양한 상품의 수요와 공급

그럴듯한 이야기이기는 하지만 코끼리 무덤은 없다. 밀렵꾼들이 자신들의 불법행위를 감추기 위해 만들어낸 이야기일 뿐이다.

이 적절히 조절되는 질서, 그리고 사는 사람과 파는 사람 사이의 서로 다른 이해가 적당히 절충되는 조화가 때로는 신비하기도 하다. 사람들은 이러한 질서와 조화를 연출하는 그 무엇인가가 시장에 존재한다고 생각했는데 앞에서 이야기 했듯이 애덤 스미스는 그것을 '보이지 않는 손'이라고 표현했다.

스미스가 보이지 않는 손이라고 부른 것은 바로 시장경제에서 희소한 자원을 효율적으로 배분하는 역할을 하는 **가격기구**(market mechanism)를 의미한다. 그러나 시장여건의 불완전성이나 재화와 서비스의 특성 등의 이유로 인해 때로는 보이지 않는 손이 제대로 작동하지 못하여 자원의 배분이 효율적으로 이루어지지 않는 경우도 생긴다. 이 같은 경우를 시장이 효율적인 자원 배분에 실패한다는 의미에서 **시장실패**(market failure)라고 한다. 원숭이도 나무에서 떨어질 때가 있다는데, 시장이라고 어찌 한 번도 실패하지 않을 수 있겠는가 하는 이야기다.

가격기구 시장이 가격을 통해 자동적으로 수급을 조절하고 자원을 배분하는 기능

시장실패 시장경제에서 가격기구가 효율적인 자원배분이나 균등한 소득분배를 실현하지 못하는 상황

외부효과

그렇다면 시장실패는 왜 일어나는 것일까? 첫째, 시장이 독점이나 과점기업에 의해 지배되는 불완전한 경쟁상태에 있게 되면 가격기구의 기능이 제대로 발휘되기 어렵기 때문에 시장실패가 일어난다. 앞에서도 보았듯이 독과점 시장에서는 시장지배력을 가진 기업이 상품의 가격과 수량을 마음대로 정할 수도 있다. 어느 한 기업이 시장을 독점하게 되면 그 기업은 더 많은 이익을 얻기 위하여 가능하면 높은 가격에 적은 공급량을 유지하려 할 것이다. 시장을 몇 개의 기업이 지배하고 있는 과점시장의 경우에도 기업들이 보다 많은 이익을 얻기 위해 담합을 하면 비슷한 문제가 나타날 수 있다. 이러한 독과점시장에서는 수많은 기업들이 경쟁할 때에 비해 상품의 가격은 높아지는 반면 공급량은 줄어들게 된다. 또한 불량품으로 소비자들을 속인다거나 자신의 우월적 지위를 이용하여 거래 상대방에게 불리한 거래를 강요하는 행위도 독과점시장에서 자주 나타나는 문제들이다. 시장참가자들의 공정한 경쟁을 제한하는 이러한 행위들은 결국 자원을 비효율적으로 배분하게 된다.

외부효과 한 사람의 행위가 제3자의 경제적 후생에 영향을 미치는 현상

둘째, **외부효과**(external effect)가 있으면 시장실패가 일어나기 쉽다. 외부효과란 어떤 경제행위가 다른 사람에게 의도하지 않은 이익이나 손해를 끼치더라도 대가를 받거나 비용을 지불하지 않는 경우를 말한다. 경제활동 과정에서 발생하는 외부효과에는 나에게 이로운 것과 손해가 되는 것이 있다. 해로운 외부효과를 외부불경제 (external diseconomy)라 하는데, 공장의 매연이나 폐수, 소음 등이 여기에 해당한다.

반대로 이로운 외부효과를 외부경제(external economy)라고 하며 새로운 첨단기술의 개발이나 교육이 여기에 해당한다.

외부경제의 예로 가장 흔히 드는 것이 과수원 옆의 양봉장과 같은 경우이다. 양봉업자는 과수원 덕분에 많은 꿀을 생산할 수 있지만 그렇다고 해서 과수원 주인에게 일정한 비용을 지불하는 것은 아니다. 이처럼 양봉업자는 시장기구를 통한 거래가 아니라 시장기구의 외부에서 발생한 효과로부터 경제적 이득을 취하고 있는 것이다. 이것이 외부경제이다. 과수원에서 생기는 사회적 이익은 사과의 생산에 의한 이득과 꿀을 생산함으로써 얻을 수 있는 이익의 합이지만, 과수업자는 사과로부터 얻는 이득밖에 없기 때문에 과수업자의 생산량은 사회적으로 최적인 사과 생산량보다 적을 것이다. 따라서 이 경우 가격기구에 의한 자원의 배분은 실패했다고 할 수 있다.

이제 반대의 경우를 생각해보자. 농지 옆에 새로 들어선 공장에서 배출하는 공해물질 탓으로 쌀 수확량이 감소했다면 농부는 불이익을 당하고 있는 것이다. 이러한 경우를 외부불경제라고 한다. 공장의 경우에는 자신이 배출하는 공해에 대한 비용을 지불해야 함에도 불구하고 사실은 지불하지 않기 때문에 생산량은 오히려 사회적으로 적절한 수준에 비해 많을 것이다. 따라서 시장실패가 일어난다. 이러한 외부효과는 어떠한 대가를 요구하거나 비용을 지불하지 않기 때문에, 해로운 외부효과를 만들어내는 개인이나 기업은 굳이 외부효과를 줄이려고 하지 않는다. 반대로 이로운 외부효과를 주는 개인이나 기업은 굳이 외부효과를 많이 만들어낼 필요를 느끼지 못하게 된다. 결국 시장기구에 전적으로 맡겨 놓을 경우 해로운 외부효과는 필요 이상으로 많이 생산되는 반면, 이로운 외부효과는 적정한 수준보다 적게 만들어질 가능성이 높은 것이다. 따라서 외부효과가 있는 경우 자원은 비효율적으로 배분될 수 있다.

〈그림 7-1〉에서 긍정적 외부효과가 있을 경우 이 재화(예 : 교육)에 대한 사회적 가치는 사적 가치보다 훨씬 크다. D_1은 이 재화의 사적 가치에 따른 수요곡선이며, D_2는 사적 가치에 외부효과에 따른 편익을 더한 사회적 수요곡선을 의미한다. 사회적 수요로 보면 이 재화의 생산량은 Q_2가 바람직하다. 그러나 사적 경제주체들은 자신의 효용에 따라 Q_1만큼만 생산하려 할 것이다. 따라서 긍정적 외부효과가 존재하는 재화의 생산은 바람직한 수준보다 낮아진다. 만약 정부가 이 재화의 생산량을 Q_2까지 증가시키고자 한다면 보조금 지급 등의 정책이 필요하다.

〈그림 7-2〉에서 S_1은 외부불경제가 있는 재화, 예를 들어 오염물질을 배출하는

그림 7-1 긍정적 외부효과

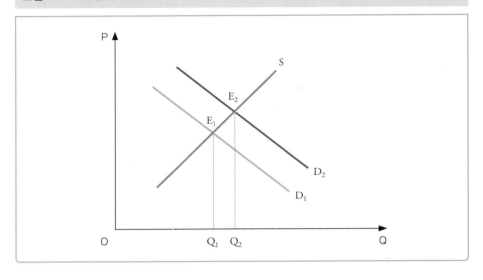

그림 7-2 부정적 외부효과

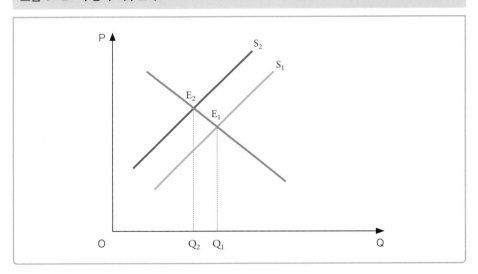

재화를 생산하는 데 필요한 사적 비용에 따른 사적 공급곡선이며, S_2는 사적 비용에 외부효과에 따른 비용을 합한 사회적 공급곡선이다. 사회적으로 보면 이 재화의 생산량은 Q_2가 적절하지만 사적 경제주체들은 자신이 지불해야 할 비용에 따라 Q_1만큼 생산하려 할 것이다. 외부불경제가 있는 재화는 사회적으로 바람직한 수준보다 더 많이 공급되는 경우가 많다는 뜻이다.

외부효과에 대한 적절한 보상이나 벌칙을 통해 시장실패를 최소화하는 경우도 있다. 예를 들어 공해에 대한 비용을 세금으로 부과하거나, 환경오염에 대한 보상을 의무화함으로써 외부불경제를 내부화하는 경향이 그 예이다. 가령 〈그림 7-2〉에서 정부가 이 재화의 생산량을 Q_2까지 감소시키고자 한다면 오염물질의 배출에 대해 조세를 부과하는 등의 정책이 필요하다. 물론 반대로 오염물질의 생산을 감소시키는 친환경기술이나 오염방지시설의 설치 등에 보조금을 주는 것도 외부불경제를 줄이는 방법 가운데 하나이다.[1]

셋째, 공공재의 존재 역시 시장실패를 초래한다. **공공재**(public goods)는 어떤 사람이 먼저 소비하면 다른 사람이 소비할 수 없는 사적 재화와 달리 여러 사람이 동시에 사용할 수 있으며(비경합성), 어떤 특정인을 소비하지 못하도록 막기도 어렵다(비배제성). 국방, 치안, 외교, 소방 등이 이에 해당된다. 이러한 공공재의 특성은 **무임승차자**(free-rider) 문제를 일으킨다. 무임승차자 문제란 사람들이 어떤 재화와 서비스의 소비를 통해 혜택을 얻지만 이에 대해 아무런 비용도 부담하지 않으려는 데서 생기는 문제를 말한다.

공공재는 수많은 사람들에게 혜택을 주기 때문에 반드시 생산되어야 한다. 그러나 공공재의 생산에는 막대한 비용이 드는데도 일단 생산되면 사람들은 아무 대가를 지불하지 않고 소비하려고 할 것이다. 따라서 공공재의 생산을 시장기능에 맡겨놓을 경우 이윤을 목적으로 하는 기업은 공공재를 생산하려고 하지 않을 것이다. 결국 공공재는 시장에서 자율적으로 생산되지 않거나 생산되어도 사회적으로 필요한 양에 훨씬 미치지 못할 가능성이 많다.

공유지의 비극

배제성(excludability)과 **경합성**(rivality)은 재화의 성격을 구분할 때 자주 사용하는 개념이다. 배제성이란 그 재화의 소유나 이용으로부터 배제한다는 뜻이다. 우리가 상품을 구입할 때 돈을 지불하는 것은 돈을 내지 않으면 배제되기 때문이다. 경합성은

---

1 외부효과, 특히 외부불경제에 대해 적절한 조세를 부과함으로써 외부효과를 내부화할 수 있다는 제안은 케임브리지학파의 경제학자인 피구(Arthur Cecil Pigou, 1877-1959)가 처음 발표했다. 이를 '피구세(Pigouvian tax)'라고 부른다. 반대로 보조금을 주어 경제주체들이 스스로 외부불경제를 줄이도록 하는 것을 '피구보조금(Pigouvian subsidy)'이라고 부른다.

공공재 모든 사람들이 공동으로 이용할 수 있는 재화나 서비스. 그 재화와 서비스에 대하여 대가를 치르지 않더라도 소비 혜택에서 배제할 수 없는 특성을 가진다.

무임승차자 어떤 재화를 소비해 이득을 보았음에도 불구하고 이에 대한 대가의 지불을 회피하는 사람

배제성 재화의 공급자가 비용을 지불하지 않은 사람은 그 재화를 소비하지 못하도록 막을 수 있는 경우

경합성 두 사람 이상이 동일한 재화 한 단위를 같은 시간에 이용할 수 없는 경우

똑같은 권리를 가졌다 하더라도 다른 사람이 먼저 그 재화를 이용하면 나는 이용할 수 없다는 뜻이다. 시장에서 거래되는 보통의 사적 재화들은 배제성과 경합성을 동시에 갖는다. 공공재는 일반적으로 배제성과 경합성 모두를 갖지 않는다. 배제성은 없으나 경합성을 갖는 재화를 공유자원이라고 부른다. 반대로 배제성은 갖지만 경합성은 갖지 않는 재화를 자연독점재화 또는 클럽재라고 부른다.

배제성과 경합성을 설명하는 데 가장 좋은 예 가운데 하나가 무료도로와 유료도로이다. 예를 들어 유료도로는 비용을 지불하지 않으면 이용할 수 없으니 배제성을 갖지만, 무료도로는 배제성을 갖지 않는다. 막히지 않는 도로는 누구든 통행에 제한이 없으니 경합성을 갖지 않지만, 막히는 도로는 다른 차가 먼저 갈 때까지 내가 이용할 수 없으니 경합성을 지닌다. 막히지 않는 무료도로는 공공재지만, 막히는 무료도로는 공유자원이다. 그래서 새치기가 나타나는 것이다. 돈을 주고 구독해야 하는 신문은 사적 재화(private goods)지만, 지하철에서 무료로 배포하는 신문은 공유자원이다. 지상파 방송은 공공재이고, 케이블 방송은 자연독점재화이다.

자연독점이란 규모의 경제에 의해 생산량이 늘어나면 늘어날수록 평균비용은 체감한다. 가령 인터넷으로 다운받는 영화나 컴퓨터 소프트웨어 같은 경우는 초기 개발비용이나 제작비용이 많이 들지만 추가로 생산량이 늘어나도 추가로 발생하는 비용은 거의 없다. 따라서 이용에 제한을 가하지 않으면 모든 사람이 무료로 이용할 수 있다. 반대로 이야기하자면 아무도 비용을 지불하려 하지 않는다는 뜻이다. 그래서 회원가입 등의 절차를 거쳐 비용을 지불한 사람만 이용하도록 한 것이 **자연독점재화**(natural monopoly goods)이다. 다른 말로 클럽재라고도 부르는데, 옛날 귀족들의 클럽처럼 아무나 회원이 될 수는 없지만 일단 회원이 되면 모든 권리를 이용할 수 있다는 뜻이다. 굳이 옛날이 아니더라도 골프 클럽이나 테니스 클럽을 생각해보면 쉽게 이해될 것이다.

여러 가지 재화들 가운데서도 경제학에서 가장 자주 이야기되는 것은 공유자원

자연독점재화 비용을 지불하지 않으면 그 재화를 소비할 수 없으나, 일단 비용을 지불한 이후에는 제한 없이 소비할 수 있는 상품. 규모의 경제 때문에 이런 현상이 나타난다.

표 7-1 여러 가지 재화

	경합성 있다	경합성 없다
배제성 있다	사적 재화	클럽재
배제성 없다	공유자원	공공재

이다. 공유자원은 누구든 이용할 권리를 가지지만 다른 사람이 먼저 이용하면 나는 이용할 수 없다는 특성 때문에 사람들이 서로 먼저 사용하려 하는 경향이 있다. 즉 그만큼 남용되고 낭비되기 쉽다는 뜻이다. 이를 '공유자원의 비극(tragedy of commons)' 또는 '공유지의 비극'이라고 부른다. 흔히 환경을 함부로 오염시키고 훼손하는 것은 환경이 공유자원이기 때문이며, 인도양의 섬 모리셔스에 살던 도도새가 멸종하고 만 이유도 역시 공유자원의 비극 때문이다.[2]

경제학자들 가운데는 공유자원의 비극을 해결하는 데 가장 좋은 방법은 소유권, 즉 배제성을 부여하는 것이라고 주장하는 경우가 많다. 공유자원의 비극은 누가 얼마만큼 소비할 것인가가 명확하게 제한되지 않은 데서 나타나는 문제이기 때문이다. 소유권은 말 그대로 누가 얼마만큼 그 재화를 소비할 수 있는가 하는 권리를 명확히 규정하고 제한하는 가장 좋은 방법이다. 실제로 대부분의 나라에서는 남획되기 쉬운 수산자원을 보호하기 위해서 정부가 어민들에게 일정한 어업권을 부여하는 경우가 많다. 어민들도 처음에는 정부의 이러한 조치가 자신들의 이익을 제한하는 것으로 여겨 반대하는 경우가 많았지만 결과적으로는 이러한 조치가 다른 누구보다 어민들에게 이익이 된다는 사실이 곧 드러났다. 가령 어업권 제한이 없는 미국 뉴잉글랜드 연안의 바닷가재는 멸종 위기에 빠졌지만, 오스트레일리아의 가재잡이 어부들은 여전히 높은 소득을 올리고 있는 사실이 그 좋은 예이다. 우리나라 남해에서 잡히는 대구도 마찬가지다.

이처럼 공유자원에 소유권을 부여하자는 주장을 경제학에서는 '공원의 논리'라고 부른다. 시내의 공원이 무료이면, 꼭 공원을 필요로 하지 않는 사람들도 들어올 것이기 때문에 정작 공원을 필요로 하는 사람들의 이용이 제한받게 된다. 이를 해결하기 위해서는 공원을 유료화하는 것이 가장 좋다는 것이다. 공원에 들어가기 위해 가장 많은 비용을 지불할 용의가 있는 사람이 당연히 가장 공원을 필요로 하는 소비자일 것이므로, 가장 많은 비용을 지불하는 사람부터 순서대로 입장시키면 가장 효율적인 자원 배분이 이루어진다는 논리이다. 이런 논리는 결국 우리가 살고 있는 시장

---

2 공유지의 비극은 공유자원을 개별 구성원들의 자율에 맡길 경우 고갈될 위험에 놓인다는 이론이다. 개인과 공공의 이익이 대립할 때 개인의 이익만을 극대화하려 하면 공동체 전체를 파국에 이르게 한다는 의미이다. 미국의 생물학자 개릿 하딘(Garrett James Hardin, 1915–2003)이 1968년 『사이언스(Science)』에 발표한 논문에서 처음 사용되었다. 미국의 정치학자인 엘리너 오스트롬(Elinor Ostrom, 1933–2012)은 공유자원의 연구로 2009년 노벨 경제학상을 받았다.

경제의 논리이기도 하다. 그러나 정말 공원을 이용하고 싶지만 돈이 없어 들어가지 못하는 사람도 있다는 사실을 시장은 가끔 잊어버리기도 한다.

시장실패는 흔히 시장에 대한 정부개입을 옹호하는 근거로 사용되기도 한다. 시장이 한정된 자원을 가장 효율적으로 배분하지 못한다면 당연히 정부가 개입하여 시장을 대체하기까지는 아니더라도 최소한 시장을 보완해야 하는 것 아닌가 하고 말이다. 하지만 시장실패는 어디까지나 시장이 언제나 완전하지는 않다는 사실을 말해 줄 뿐이지, 그렇다고 해서 정부개입이 반드시 자원을 더 효율적으로 배분해 준다는 보장은 그 어디에도 없다. 반대로 때로는 정부개입이 **정부실패**(government failure)를 가져올 가능성이 더 크다. 정부개입이 확대되면서 공무원의 수가 늘면 그들에게 지불할 임금이 증가하기 마련이다. 분쟁을 조정하고 해결하기 위해 전문가의 보조를 받아야 한다면 여기에도 추가적인 비용이 들 것이다. 그렇다면 과연 시장실패와 정부실패 가운데 어느 쪽이 더 많은 비용이 들까?

미국의 경제학자 로널드 코스(Ronald Coase, 1910-2013)는 설령 시장실패가 일어난다 하더라도 당사자들의 자발적인 조정에 맡기는 편이 더 효율적이라는 이론을 주장했는데, 이를 **코스 정리**(Coase's theorem)라고 부른다.[3] 물론 코스 정리에는 몇

정부실패 시장에 대한 정부의 개입이 자원의 최적배분 등 본래 의도한 결과를 가져오지 못하거나 기존의 상태를 오히려 더욱 악화시키는 경우

코스 정리 계량이 곤란해서 경제적 거래 대상 외의 문제로 간주되던 외부효과도 소유권에 관한 명확한 법 해석이 되어 있는 경우에는 계산이 가능하며 거래도 가능하다는 정리. 코스 정리의 적용에는 정보·교섭·규제 등의 비용을 발생시키지 않는다는 전제가 성립해야 한다.

자연에 소유권이 있다면 남획은 없어질 것이다. 그러나 소유한 자와 소유하지 못한 자 사이의 불평등은 어떻게 해결할 것인가?

---

3 '코스 정리'는 미국의 경제학자 로널드 코스(Ronald Coase, 1919-2013)가 1973년에 발표한 「기업의 본성(The Nature of the Firm)」이라는 논문에서 처음 주장했다. 코스는 경제의 제도적 구조와 기능을 위한 거래비용과 재산권의 중요성을 명시한 공로로 1991년 노벨 경제학상을 수상했다.

가지 전제조건이 필요하다. 가령 소유권이 잘 확립되어 있고, 거래비용이 없으며, 이해당사자들 사이에서 정보가 공개되어야 한다는 것 등이다. 이 때문에 어떤 이들은 코스 정리가 현실에서는 실현 가능성이 낮다고 주장하기도 한다. 그러나 코스 정리의 핵심은 이런저런 조건들의 실현 여부가 아니라, 앞에서 이야기한 처칠의 경구처럼 "그래도 우리가 아는 제도들 가운데서는 시장이 가장 효율적이다"라는 믿음이다.

7-2 정보경제학

한진해운이 조양호 한진그룹 회장의 경영권 포기를 감수하고 오는 25일 채권단에 자율협약(채권단 관리)을 신청하기로 했다. 조 회장이 2014년 4월 제수인 최은영 유수홀딩스 회장으로부터 경영권을 넘겨받은 지 2년 만이다. 그러나 앞서 최 회장은 본인과 두 딸이 보유한 한진해운 주식 약 97만 주(0.39%, 27억여 원)를 전부 매각해 '도덕적 해이' 논란이 일 전망이다. 한진해운 부실의 책임이 적지 않은 전 최고경영자이자 대주주 일가인 최 회장이 자율협약 가능성이 높아지자 손실을 피하려 주식을 매각한 것 아니냐는 의혹이 일고 있기 때문이다. 한진해운은 2014년 경영에서 물러난 최은영 회장과 두 딸 조유경·유홍씨가 한진해운 지분 전량을 매각했다고 21일 공시했다. 최 회장은 2006년 남편인 조수호 전 회장이 숨진 이후 경영권을 맡았으나 재직 기간 중 무리한 확장 경영으로 부실을 키웠다는 지적을 받아 왔다. 그럼에도 자율협약을 며칠 앞두고 보유 지분을 전량 매각한 것은 도덕적 비난을 살 여지가 충분하다. 한진해운이 채권단 관리에 들어갈 경우 대주주 감자나 채권단 출자전환 등의 자구책이 마련될 수밖에 없어 향후 주가 하락이 예상되기 때문이다. 한진해운 쪽은 "지분 처분 사실을 사전에 전혀 몰랐으며 상의된 바도 없다"고 설명했다. 이와 관련해 금융감독원은 "내부 정보 이용 의혹이 있는지 들여다보겠다"고 말했다. (《한겨레신문》, 2016. 4. 23)

레몬 시장

몇 해 전 대통령 선거에서 노무현 후보의 공약 가운데 하나가 아파트 분양원가 공개였다. 그런데 당선된 이후 노 대통령은 이 공약을 취소하겠다고 나서 논란이 되었다. 시장원리에 어긋난다는 이유에서이다. 물론 동네 빵집에서 우리는 빵의 원가를 굳이 묻지 않는다. 그저 빵의 효용이 가격보다 크면 사 먹을 것이고, 빵이 비싸다고 여겨지면 안 사면 그만이다. 하지만 동네 빵집에서는 굳이 묻지 않아도 빵의 원가가 대충 얼마이며, 단팥빵에는 단팥이 들어 있고 크림빵에는 크림이 들어 있는 줄 안다. 그래서 묻지 않는 것이다. 하지만 아파트는 다르지 않은가? 나 같은 서민들에게는 그것이 평생을 모은 전 재산인데 원가조차도 묻지도 따지지도 말라니 말이다. 어느 광고의 문구처럼 묻지도 따지지도 않는 것이 시장원리일까?

아파트를 지어 파는 건설회사는 아파트의 원가에 대한 정보를 모두 알고 있다. 하지만 소비자들 가운데 자기 아파트의 원가가 얼마인지 아는 사람은 거의 없다. 경제학에서는 이런 문제를 **정보의 비대칭성**(information asymmetry)이라고 부른다. 시장실패가 일어나는 다른 주요한 원인은 정보의 불완전성과 불확실성이다. 앞에서 보았듯이 완전경쟁시장은 정보가 경제주체들에게 완전히 공개된다는 걸 전제로 한다. 코스 정리가 전제하는 조건들 가운데 하나도 바로 정보가 이해당사자들 사이에서 완전하게 공개되어야 한다는 것이다. 그러나 현실에서는 완전한 정보를 접하기란 거의 불가능하다. 다만 정보가 불충분하더라도 이해당사자들 사이에서 정보가 공정하게 공개된다면 시장은 비교적 제대로 작동할 수 있다. 하지만 이해당사자 가운데 한 사람은 정보를 많이 가지고 있으나 다른 사람은 그렇지 못하다면, 당연히 시장실패가 일어난다. 이렇게 정보가 비대칭적인 시장을 비유하여 **레몬 시장**(market for lemons)이라고 부른다.[4]

레몬 시장이란 레몬이 오렌지보다 저급하다는 데서 나온 말로, 우리 속담의 '빛 좋은 개살구'처럼 겉은 멀쩡해 보이지만 실은 품질이 떨어지는 싸구려 제품들이 유통되는 시장을 가리키는 속어이다. 그래서 어떤 교과서에서는 '개살구 시장'이라고 옮겨 놓기도 한다. 어느 과일장수가 참살구와 개살구를 섞어 판다고 가정하자. 그런데 소비자들은 어느 것이 달고 맛있는 참살구인지, 어느 것이 시어서 먹지 못하는 개살구인지 알 수 없다. 이럴 때 나타나기 쉬운 문제가 바로 **역선택**(adverse selection)이다.

역선택은 합리적으로 행동했음에도 불구하고 의도와 반대의 결과가 나타나는 경우를 말한다. 가령 참살구의 가격이 2,000원이고 개살구의 가격은 1,000원이며, 참살구가 선택될 확률과 개살구가 선택될 확률은 각각 1/2이라고 가정해보자. 합리적인 소비자라면 살구에 대해 확률적 기댓값인 1,500원을 지불하려 할 것이다. 그러나 공급자의 처지에서 보면 1,500원을 받고 가격이 2,000원인 참살구를 공급할 수는

정보의 비대칭성 주인-대리인 문제에서 위임자와 대리인 양측이 가진 정보가 같지 않은 경우

레몬 시장 불완전한 정보에 기초해 행동하기 때문에 비정상적인 선택이 이루어지는 시장

역선택 의사결정에 필요한 충분한 정보가 없어 불리한 선택을 하는 경우

---

4 '레몬 시장'이라는 용어는 미국의 경제학자 조지 애컬로프(George A. Akerlof, 1940~)가 1970년에 발표한 논문 「레몬 시장(The Markets for Lemons)」에서 처음 사용되었다. 애컬로프는 정보의 비대칭성에 관한 연구의 공로로 2001년 노벨 경제학상을 수상했다.

Shutterstock

미국에서는 중고 자동차 시장을 레몬 시장이라고 부른다. 다만 그래서 레몬 시장 이론이 나왔는지 거꾸로 레몬 시장 이론 때문에 그런 이름이 붙었는지는 모르겠다.

없다. 결국 시장에서는 개살구만 남게 되는 것이다. 레몬 시장의 예로 더 자주 나오는 예가 중고차 시장이다. 중고차는 사고 이력이 있느냐 없느냐에 따라 가격의 차이가 크다. 사고 이력이 없는 차의 가격은 400만 원이지만 사고 이력이 있는 차는 200만 원이라고 가정하자. 판매자들은 자동차의 이력에 대해 충분한 정보를 가지고 있지만 소비자들은 그렇지 못하다. 따라서 소비자들은 확률적 기댓값인 300만 원을 제시할 것이다. 하지만 그 결과 중고차 시장에서는 사고 이력이 있는 자동차만 공급되고 소비자들은 그런 자동차를 비싼 가격으로 구매할 수밖에 없게 된다. 역선택이 나타나는 것이다.

도덕적 해이

지난 1990년대 후반 한국 경제가 외환위기를 겪을 때 언론이나 전문가들 사이에서 자주 나왔던 용어 가운데 하나가 바로 **도덕적 해이**(moral hazard)이다. 도덕적 해이란 단순히 누구에게 도덕적으로 잘못이 있다는 뜻이 아니라, 시장에서 정보의 비대칭성 때문에 나타나는 문제이다. 도덕적 해이를 이해하기 위해서는 먼저 **주인-대리인 문제**(principal-agent problem)를 이해해야 한다. 주인-대리인 문제란, 개인이나 집단이 자신의 이해에 직결되는 일련의 의사결정을 타인에게 위임하는 경우에 나타

도덕적 해이 주인-대리인 관계에서 대리인이 주인이 아닌 자신의 이익을 극대화하기 위해 노력하는 일

주인 - 대리인 문제 한 개인 또는 집단이 자신의 이해에 직결되는 일련의 의사결정 과정을 타인에게 위임할 때 일어나는 문제

나는 문제를 가리킨다. 간단히 대리인 문제라고 부르기도 한다. 이때 주인(principal)이란 의사결정이나 권한의 행사를 위임하는 자이며, 대리인(agent)이란 위임받는 자를 가리킨다. 주인-대리인 관계가 제대로 유지되기 위해서는 대리인이 주인과의 계약을 성실히 이행해야 한다. 대리인은 자신의 이익이 아니라 주인의 이익을 위해 최선의 노력을 다해야 할 의무가 있다는 뜻이다.

그러나 주인은 대리인의 모든 행위를 관찰할 수 없다. 따라서 대리인이 진정으로 주인의 이익을 위해 노력하는지, 아니면 대리인 자신의 이익을 위해 노력하는지 알기가 어렵다. 바로 여기서 정보의 비대칭성이 나타난다. 이런 정보의 비대칭성을 이용해 대리인이 주인이 아닌 자기 자신의 이익을 극대화하는 행위를 하는 경우를 도덕적 해이라고 부른다. 기업의 전문경영인이 주주가 아닌 자기 자신의 이익을 위해 어떤 의사결정을 내리는 것도 도덕적 해이다. 몇 해 전 우리 사회에서 큰 문제가 된 저축은행 사태도, 저축은행의 경영진이 예금자들이 아닌 자신들의 이익을 위해 의사결정을 내렸기 때문에 발생했다. 도덕적 해이를 명확하게 보여주는 예이다. 조금 더 확대 해석하면 공무원이나 정치가들이 국민이 아닌 자신의 이익을 극대화하기 위하여 잘못된 정책을 결정하는 행위도 역시 도덕적 해이라고 할 수 있겠다.

그렇다면 정보의 비대칭성으로 생기는 이런 문제들을 최소화할 방법은 무엇일까? 도덕적 해이는 정보의 비대칭성을 자신에게 유리한 방향으로 이용하려는 악의에서 비롯된다. 만약 시장참가자들이 모두 선의를 가지고 행동한다면 정보의 비대칭성을 어느 정도는 해결할 수 있다. 가령 공급자들은 자신이 판매하고자 상품의 장단점을 잘 알고 있으나 소비자들은 그러한 정보를 충분히 가지고 있지 못한 경우가 많다. 이때 공급자가 정보의 비대칭성을 이용하여 자기 상품의 장점을 과장하고 단점을 숨긴다면 시장은 혼란에 빠질 것이다. 그러나 반대로 공급자가 자기 상품의 장단점을 소비자에게 올바로 전달한다면 시장은 좀 더 효율적으로 자원을 배분할 수 있을 것이다. 이것이 시장신호이론(market signaling theory)이다.

영화 '인디애나 존스(Indiana Jones)' 시리즈와 '쉰들러 리스트(Schindler's List, 1993)'로 유명한 영화감독 스티븐 스필버그(Steven Spielberg)는 "25자 이내로 요약할 수 있는 영화만이 훌륭한 영화"라고 말한 적이 있다. 스필버그가 의도했든 아니든 효율적인 시장신호의 중요성을 가장 잘 표현한 말이다. 물론 시장에서 공급자나 수요자들이 보내는 신호가 반드시 정확한 것만은 아니다. 가령 고졸 회사원이 야간대학에 다니는 이유 가운데는 자신의 직무능력을 향상시키려는 목적도 있겠지만, 더 중요하게는 자신의 능력에 대한 신호를 보내려는 목적도 있을 것이다. 기업들이 고졸 구직자보다 대졸 구직자를, 같은 대졸 구직자라 하더라도 이왕이면 명문대학 출신을 선호하는 이유는, 구직자들로부터 얻을 수 있는 신호 가운데 구직자의 능력을 평가하는 데 학력이 가장 편리하기 때문이다. 하지만 학력이 그 기업이 필요로 하는 직무능력을 정확하게 반영하고 있는지는 알 수 없다. 오히려 그 때문에 우리 사회가 비용을 지불하고 있는 것인지도 모르겠다.

이미 이야기한 코스 정리는 시장경제가 가장 효율적이라는 신념에 기초한 것이다. 코스 정리가 충족되기 위해서는 정보가 가장 중요한 전제조건이라는 점은 **거래비용**(transaction cost)에서도 나타난다. 코스 정리는 거래비용이 들지 않아야 한다는 것을 중요한 조건으로 전제한다. 그런데 여기서 거래비용이란 상품을 운송하는 수송비나 창고 임대료 같은 직접비용이 아니라 상대방의 신용도나 기술 수준을 탐색하기 위한 비용, 즉 정보를 탐색하는 데 드는 비용을 의미한다.[5]

정보의 비대칭성이 있을 경우 소비자들은 빵집 주인이 단팥빵이라고 하면 그렇게 믿을 수밖에 없다. 물론 단팥빵이야 먹으면 팥이 들었는지 콩이 들었는지 금방 알 수 있다. 하지만 그 팥이 국내산인지 중국산인지, 유기농 팥인지 농약 범벅 팥인지 등은 소비자들이 쉽게 알아채기 어렵다. 이럴 때 판매자들에게 요구되는 것이 바로 '신의성실의 원칙(principle of good faith)'이다. 시장이 제대로 작동하기 위해서는 모든 경제주체가 상대방에 대해 신의와 성실을 지켜야 할 의무가 있다는 뜻이다. 그러나 시장에서는 가끔 그렇지 못한 경우도 있다.

거래비용 각종 거래에 수반되는 비용. 거래 전에 필요한 협상, 정보의 수집과 처리는 물론 계약이 준수되는지를 감시하는 데 드는 비용 등이 이에 해당한다.

몇 억 원이나 하는 물건을 사는데 시장원리 때문에 원가를 공개할 수 없다니?

---

5 코스 이후 '거래비용'의 이론이 체계적으로 제시된 것은 역시 노벨상 수상자인 윌리엄슨(Oliver Eaton Williamson, 1932~)의 저서 『시장과 위계(Markets and Hierarchies-analysis and Antitrust Implications, 1975)』에서이다. 이 책에서 윌리엄슨은 국가·정부·기업에서 벌어지는 각종 경제 현상을 거래비용의 관점에서 설명하는 거래비용이론을 주창했다. 윌리엄슨에 따르면 시장에서 일어나는 거래의 당사자인 인간은 완벽하지 못하고 거래가 일어나는 상황이 복잡하여 다양한 거래비용이 발생하며, 이러한 거래비용이 시장을 비효율적으로 만들어 시장을 대체하는 거래구조로서 위계적인 기업이 생겨난다는 것이다.

정보의 비대칭성을 해결하는 방법은 당연히 시장에서 모든 정보가 공개되도록 유도하고, 그렇지 못할 경우 정보를 제공할 의무가 있는 측이 그에 대한 책임을 지도록 하는 것이다. 공급자들이 상품에 보증서를 발급하고 하자가 있는 상품은 환불과 보상의 의무를 지도록 하는 제도 등도 도덕적 해이를 막는 방법 가운데 하나이다. 가령 아파트를 지어 파는 건설회사는 분양원가를 자세히 공개해서 소비자들이 충분히 알 수 있도록 하는 것이 올바른 시장원리이다.

7-3 불확실성과 기대

올 상반기도 대다수 증권사가 코스피 등락구간(밴드) 예측에 실패한 것으로 나타났다. 19일 상반기 증시 마감을 한 달여 앞두고 국내 10개 증권사의 올해 상반기 전망과 실제 코스피밴드(18일 기준) 1,835.28~2,022.10를 비교해본 결과 미래에셋대우와 대신증권이 맞혔다. 이들 증권사는 공히 1,700~2,150을 예측했다. 두 증권사를 제외하고 나머지 증권사들의 전망은 연초부터 빗나갔다. 1월 18일 코스피지수가 1,878.45로 마감하자 1,880포인트 이상을 하단 지지선으로 전망했던 메리츠종금증권, 미래에셋증권, 삼성증권, 신한금융투자, 한국투자증권 등이 지수 예측에 실패했다. 올해 들어 단 11거래일 만에 국내 주요 증권사 절반이 지수 전망에 실패한 셈이다. 이후 2월 12일 코스피지수가 1,835선까지 추락하자 NH투자증권, 하나금융투자, 현대증권도 실패 대열에 합류했다. 특히 삼성증권, 현대증권, 신한금융투자는 총선 전 경기부양 등의 이유로 '상고하저' 장세를 전망하기도 했다. 8개 증권사가 두 달 만에 일제히 지수 전망에 실패했던 이유는 중국 경기에 대한 낙관론 때문이다. 이들 증권사는 중국의 경기 둔화 추세와 관련해 중국 당국의 경기부양 기조를 근거로 둔화세가 늦춰질 것으로 전망했다. 그러나 예상과 달리 1월 15일 상하이종합지수는 3,000선(2,900.97)이 무너지는 등 연초부터 급락 흐름을 보였다. 중국발 리스크는 국내 증시에 악재다. 중국의 경기 둔화는 글로벌 자금의 신흥국 투자비중 축소로 이어져 증시에 타격을 안기기 때문이다. 연초 국내 증시는 중국 증시의 급락으로 인한 글로벌 경기침체 우려로 외국인 투자자들이 국내 주식을 대규모로 처분하는 등 고난의 시기를 보냈다. 하반기 증시에 대해서도 주요 증권사들의 전망은 엇갈리고 있다. 미래에셋대우는 17일 증시포럼을 열고 하반기 코스피지수 예상 밴드를 1,700~2,150으로 상반기와 동일하게 제시했다. 미래에셋대우 측은 "선진국 통화정책 효과에 대한 기대감이 현저히 줄어들었다"며 "미국 기준금리 인상 여부에 따라 달러 또한 강세를 보일 것"이라며 상반기에 이어 하반기도 비관론을 이어갔다. 반면 신한금융투자는 "달러의 약세 전환 가능성, 국제유가의 반등이 공급과잉 구조를 완화해 수요가 점진적으로 회복될 것"이라며 강세장을 예측했다. 신한금융투자는 오히려 하반기 밴드 하단지지선을 1,900에서 1,930선으로 30포인트 끌어올렸다. 미래에셋대우, 신한금융투자 등 하반기 증시 전망을 발표한 5개 증권사의 밴드는 1,700~2,300으로 나타났다. 평균값은 1,852~2,150으로 상반기에 비해 주가 상단은 평균값 기준 68포인트 내려갔다. (〈디지털타임스〉, 2016. 5. 20)

불확실성

경제학 강의 시간에 교수들이 학생들의 흥미를 유도하려고 자주 하는 질문이 있다. 바로 '투자(investment)'와 '투기(speculation)'의 차이가 무엇이냐는 것이다. 내가 하면 투자, 남이 하면 투기? 적당히 하면 투자, 과도하게 하면 투기? 내 돈으로 하면 투자, 남의 돈으로 하면 투기? 물론 모두 아니다. 경제학에서 투자란 실물자산이 늘어나는 경우만을 의미하며, 위험성과 불확실성을 가진 채 금융자산을 선택하는 행위는 모두 투기라고 부른다. 가령 일상생활에서는 주식투자라거나 부동산투자라는 말을 많이 쓰지만 경제학에서 보면 그것들은 모두 투기라는 뜻이다. 물론 일상과는 다르게 경제학에서는 투기라는 말을 꼭 부정적인 의미로 사용하지 않는다. 주식을 소유할까, 채권을 소유할까, 부동산을 구입할까, 이도저도 아니면 그냥 현금을 가지고 있을까를 선택하는 행위가 바로 투기이기 때문이다. 아무튼 모든 투기의 공통점은 위험성과 불확실성을 안은 채 선택해야 한다는 것이다.

해마다, 분기마다, 달마다, 주마다, 심지어는 매일마다 증권회사들은 다음 해, 다음 분기, 다음 주의 증권시장 전망을 내놓는다. 그런데 투자자들을 난처하게 하는 일은 증권회사나 투자분석가마다 전망이 서로 엇갈린다는 것이다. 다들 전문가라면서 전망이 다르면 도대체 누구의 말을 믿어야 할까? 그런데 차라리 누구의 전망은 맞고 누구의 전망은 틀렸을 때는 그나마 위안이 된다. 정말 고약한 일은 한 해가 지나서 누구의 말이 맞았는지 살펴보면, 누구 할 것 없이 모두 틀렸더라는 것이다. 하기야 주식가격을 전망하는 일이 그렇게 쉽다면 누군들 부자가 못 되겠는가? 하지만 모든 사람이 내일의 주가를 똑같이 정확하게 전망할 수 있다면 정말 누구나 다 부자가 될 수 있을까?

주사위를 던져서 1에서 6까지의 숫자가 나올 확률이 각각 1/6이라는 것을 모르는 사람은 없다. 하지만 막상 주사위를 던져서 어떤 눈이 나올지 정확하게 전망할 수 있는 사람은 아무도 없다. 경제학 교과서를 보면 '불확실성(uncertainty)'과 '위험성

(risk)'이라는 말이 자주 나온다. 위험성과 불확실성은 비슷한 의미로 사용되는 경우가 많다. 굳이 구분하자면 우리가 어떤 사건이 일어날 확률분포를 알고 있는 경우를 위험성, 확률분포조차 알지 못할 때를 불확실성이라고 부른다. 가령 주사위를 던져서 6이 나올 확률은 1/6이다. 우리는 그 확률은 알고 있지만 지금 주사위를 던져 과연 6이 나올지 다른 숫자가 나올지는 알 수 없다. 이것이 위험성이다. 동전을 던져 앞면이 나올 확률에 대해서도 마찬가지다. 그러나 가위바위보는 주사위나 동전 던지기와 다르다. 이것이 불확실성이다. 그렇다면 확률분포의 일부는 알고 일부는 알지 못하는 경우는 위험성일까 불확실성일까? 가령 주머니 안에 빨간 구슬과 까만 구슬이 들어 있는데, 빨간 구슬이 몇 개 들었는지는 알지만 까만 구슬이 몇 개 들었는지는 모를 때, 이런 경우는 애매모호함이라고 부른다.

경제활동에서만이 아니라 인생을 살면서 우리가 마주치는 사건들은 언제나 '확정적(deterministic)'이지 않고 '확률적(probabilistic)'이다. 그래서 우리의 경제활동은 선택의 연속이지만, 과연 그 선택이 옳은지 어떤지에 대해서 우리는 확정적으로 말할수 없다. 그래서 우리는 위험하고 불확실한 세상에서 살 수밖에 없는 것이다. 이처럼 위험하고 불확실한 세상에서 사람이 합리적으로 행동한다는 것은 결국 확률적으로 행동한다는 뜻이다. 가령 주사위를 던져 나오는 숫자만큼 상금을 받는 도박이 있다고 가정하자. 이 도박에서는 1이 나오면 1만 원을 받고 2가 나오면 2만 원, 같은 방법으로 6이 나오면 6만 원을 받는다. 그렇다면 내가 이 도박에서 딸 수 있는 상금은 얼마일까? 주사위를 던지기 전까지는 과연 어떤 숫자가 나올지 알 수 없지만, 우리는 확률적으로 우리가 받게 될 상금을 예상해볼 수는 있다. 즉 $1/6 \times 10,000 + 1/6 \times 20,000 + 1/6 \times 30,000 + 1/6 \times 40,000 + 1/6 \times 50,000 + 1/6 \times 60,000 = 35,000$원이 우리가 받을 상금의 기댓값(expectation value)이다.

기대

기대　과거의 경험과 현재의 상황에 비춰 어떤 현상이나 사건 등이 일어날 것을 예상하고 기다리는 행위나 상태

여기서 주목해야 할 것은 바로 '**기대**(expectation)'라는 용어이다. 경제학에서 기대란 주관적인 희망이나 소원이 아니라 확률적인 예상을 의미한다. 우리는 내일 물가가 어떻게 변할지, 주가가 오를지 떨어질지, 집을 사야 할지 말아야 할지, 직장을 옮겨야 할지 말아야 할지 전혀 알지 못하는 상황에 놓여 있다. 이러한 조건에서 우리의 선택은 언제나 미래에 대한 기대에 근거해서 이루어진다.

그런데 동일한 사건에 대한 사람들의 기대와 선택은 왜 서로 다른 것일까? 첫째는

사람들의 기대에 필요한 정보가 충분하지 못하기 때문이다. 불확실성이 클 경우에 사람들은 합리적으로 기대하기 어렵다. 따라서 증권 전문가들처럼 서로 다른 기대를 내놓는 것이다. 둘째는 기대가 동일하더라도 기대에 대한 태도가 다르면 선택도 달라지기 때문이다. 앞에서 예를 든 도박의 기댓값은 35,000원이다. 만약 이 도박의 비용이 35,000원 이하라면 도박을 하는 편이 더 합리적이다. 만약 그 비용이 35,000원 이상이라면 하지 않는 편이 합리적이다. 물론 이는 그 사람이 '위험중립적(risk neutral)'이라는 가정에서이다. 때로는 기댓값이 비용보다 훨씬 낮은데도 도박을 선택하는 '위험선호적(risk loving)'인 사람도 있고, 반대로 아무리 기댓값이 높아도 도박은 하지 않는 '위험기피적(risk averse)'인 사람도 있다.

사람들마다 기대가 다르고 기대에 대한 태도가 다르다는 사실은 얼핏 비합리적인 현상처럼 보이지만 실은 그 반대이다. 가령 주식시장이 존재하는 것은 주식을 사겠다는 사람과 팔겠다는 사람이 있기 때문이다. 주식을 사겠다는 사람은 주가가 오를 것으로, 팔겠다는 사람은 반대로 주가가 떨어질 것으로 기대하기 때문이다. 금융자산의 경우만 그런 것이 아니라 부동산도 마찬가지다. 만약 모든 사람이 똑같이 내일 빵 가격이 오를 것으로 기대한다면 어느 빵집 주인도 시장에 빵을 내놓지 않을 것이다. 시장에서 경제활동이 이루어지는 것은 모두 사람들의 기대가 서로 다르기 때문인 것이다.

기대는 크게 '자기실현적 기대(self-fulfilling expectation)'와 '자기부정적 기대(self-denial expectation)'로 나누기도 한다. 전자는 물가와 같이 기대와 그 결과가 일치하는 방향으로 작용하는 경우를 말하며, 후자는 그 반대의 경우를 말한다. 가령 많은 사람이 부동산 가격이 오를 것이라고 기대하면 사람들은 그만큼 부동산을 많이 수요하게 되고 따라서 부동산 가격은 실제로 오르게 된다. 이런 경우가 자기실현적 기대이다. 반대로 많은 사람이 부동산 경기가 좋아질 것으로 기대하고 주택을 많이 지어 공급하면, 주택 가격이 하락하게 되는 것이 자기부정적 기대이다. 비유하자면 나쁜 일은 반드시 일어난다는 것이 자기실현적 기대이고, 좋은 일은 결코 일어나지 않는다는 것이 자기부정적 기대이다.

불확실성과 위험성 아래에서는 선택이 어렵다. 내가 어떻게 행동할 것인가에 대한 고민은 물론이고, 다른 사람들이 어떻게 예상하고 행동할지도 고려해야 하기 때문이다. 그래서 합리적인 선택이 어려운 것이다. 심지어 다른 사람들의 행동이 반드시 합리적이라고 기대할 수 없기에 더욱 그러하다. 그렇다면 경제주체들의 기대는 과연 얼마나 객관적이고 합리적일까? 이 질문은 경제학을 공부하는 데 있어서 매우 중요하다. 왜냐하면 경제학의 다양한 학파들을 구분하는 가장 중요한 잣대 가운데 하나가 바로 그들이 미래에 대한 경제주체들의 기대 능력을 어떻게 보는가 하는 것이기 때문이다. 가령 오늘날 우리가 공부하는 경제학의 토대를 처음 만든 것은 경제학의 아버지 애덤 스미스를 비롯하여 고전학파라고 불리는 경제학자들이었는데, 그들은 경제주체들의 기대 능력을 완전한 것으로 간주했다. 물론 여기에는 '모든 정보가 완전하다면'이라는 가정이 붙는다.

그러나 현실에서 기대의 불확실성이 분명해짐에 따라 고전학파의 이론은 점점 많은 비판을 받게 되었다. 그 대표적인 사람이 바로 앞에서도 이야기한 존 메이너드 케인스이다. 그는 비교적 많은 정보를 가진 기업은 미래를 정확하게 예상하지만 노동자들은 **화폐환상**(money illusion)을 가지고 있기 때문에 미래를 전혀 예상하지 못한다고 주장했다. 화폐환상이란 화폐가 불변의 구매력을 가진다고 생각하고 화폐의 실질적 가치의 증감에 대해서는 인식하지 못하는 현상을 가리킨다. 일반적으로 노동자들이 물가에 대한 정보가 부족해 물가가 변하더라도 의사결정에 충분히 반영되지 못하는 현상이다. 물론 이는 고전학파 이론처럼 설명의 편의를 위해 하나의 극단적인 경우를 가정한 것이라고 할 수 있다.

최근의 경제학은 고전학파처럼 100%의 완전한 기대도, 케인스처럼 0%의 전무한 기대도 아닌 새로운 이론들을 제시하고 있다. 케인스의 경제이론에 반대하여 통화주의(monetarism)를 주장한 밀턴 프리드먼(Milton Friedman, 1912-2006)의 '적응적 기대가설(rational expectations hypothesis)'이나 로버트 루카스(Robert Lucas Jr. 1937~)의 '합리적 기대가설(rational expectations hypothesis)'과 같은 이론들이 그 예이다. 하지만 이들의 이론 역시 현실경제를 얼마나 올바르게 설명하고 있는가에 대해서는 많은 비판을 받고 있다는 것도 사실이다.

화폐환상 화폐는 불변의 구매력을 가진다고 생각하고 화폐의 실질적 가치의 증감에 대해서는 인식하지 못하는 현상. 일반적으로 노동자들이 물가에 대한 정보가 부족해 물가가 변하더라도 의사결정에 충분히 반영되지 못하는 현상을 가리킨다.

7-4 게임이론

'허탈과 배신, 유감, 중립적 결정 수용, 안도의 한숨.' 지난 달 21일 프랑스 파리공항공단 측이 최적 신공항 후보지는 '김해공항 확장'이라는 용역결과를 발표한 직후 대구·밀양권, 부산권, 정치권, 청와대의 대체적인 표정들이다. 5년 전 이명박 전 대통령은 특별기자회견을 통해 신공항 백지화에 대해 사과했다. 당시 박근혜 대권주자는 "정부나 정치권이 국민과의 약속을 어기면 우리나라가 예측 가능한 국가가 될 수 있겠느냐"고 비판했다. 신공항 갈등은 대표적인 '죄수의 딜레마' 현상에 해당한다. '죄수의 딜레마'는 두 당사자가 협력하면 최선의 선택을 할 수 있지만, 상대방을 불신하고 자신의 이익만 끝까지 고집하면 차선의 선택으로 서로에게 나쁜 결과를 초래하는 현상이다. 물론 김해공항 확장이 국가 전체적으로는 최선이 될 수도 있지만, 가덕도와 밀양을 주장하는 측 입장에서는 최선책이 되지는 못한다. '죄수의 딜레마'에서는 나쁜 결과에 대한 최종적인 책임을 두 공범자가 전적으로 지게 되지만, 신공항 후보지 결정과 같은 현실에서는 당사자뿐 아니라 국민 전체에게 책임이 돌아간다는 점에서 차이가 있다. 이번 신공항 후보지 선정에서 파리공항공단 측은 "법적·정치적 후폭풍도 고려해 종합적으로 판단했다"고 스스로 밝힘으로써 경제적 요인 외에 정치적 판단도 상당 부분 개입됐음을 숨기지 않았다. 과거 대선을 치를 때마다 적자운영 공항이 하나씩 생겨났다. 노태우 정부의 청주공항, 김영삼 정부의 양양공항, 김대중 정부의 울진·무안공항이었다. 이명박 정부와 박근혜 정부 역시 다르지 않아 대선공약으로 영남권 신공항을 대선 공약으로 제시했다. 김해공항은 소음 문제로 24시간 공항이 될 수 없다. 최근 착공 중인 에코델타시티까지 들어서면 소음 문제는 더욱 심각해질 것이다. 그런데도 김해공항 확장이 신공항이라면서 대선 공약 파기가 결코 아니라고 하는 청와대의 발표를 얼마나 신뢰할 수 있을까. 게임이론에서 문제가 됐던 두 공범자 간의 불신에 앞서 현실의 아웃사이더 공범자인 정부·정치권과 국민 간의 불신이 더 큰 문제가 되지는 않을까. (〈김해뉴스〉, 2016. 7. 6)

죄수의 딜레마

게임이론(Game Theory)은 경제학을 전공하지 않는 이들에게도 그리 낯설지 않다. 게임이론을 대중에게 유명하게 만드는 데 '죄수의 딜레마'가 가장 큰 기여를 했다면, 그 두 번째는 아마 노벨 경제학상을 받았을 뿐 아니라 영화 '뷰티풀 마인드(Beautiful Mind)'의 소재가 된 수학자 존 내쉬(John Forbes Nash, 1928-2015)일 것이다. 그런데 오늘날 경제학을 비롯한 사회과학의 여러 분야에서 게임이론은 그보다 훨씬 더 중요한 역할을 하고 있다.

경제학의 방법론은 '원자론적 개인주의(atomistic individualism)'라고 불린다. 앞에서 소개한 한계효용이론의 선구자 가운데 한 사람인 멩거는 "사회는 자유로운 개인들 간 교환관계의 집합이며 경제현상은 어떤 사회적 힘의 표현이 아니라 개인행위의 결과이다. 따라서 전체 경제 과정을 이해하기 위해서는 개인의 경제행위를 분석해야 한다"고 이야기했다. 그러나 현실에서 두 사람 이상이 참가하는 거래의 경우 각각의 거래는 자신의 선택뿐 아니라 다른 사람의 선택으로부터도 영향을 받을 수밖에 없다. 경제적 행위가 전략적 사고를 필요로 하는 이유이다. 이런 전략적 사고를 이론화한 것이 바로 게임이론이다.

게임이론은 헝가리 출신의 수학자 노이만(John von Neuman, 1903-1957)과 오스트리아 출신의 경제학자 모르겐슈테른(Oskar Morgenstern, 1902-1977)이 창안했다. 두 사람은 함께 쓴 『게임과 경제행동이론(Theory of Games and Economic Behavior, 1944)』에서 게임이론의 기본적인 아이디어와 주요한 개념들을 발표했다. 노이만이 이론 분야를 정리하고 모르겐슈테른이 경제분석을 맡았다고 한다. 노이만은 양자역학을 비롯하여 현대 수학과 물리학의 여러 분야에서 주요한 업적을 남겼다. 게임이론의 세 가지 요소는 경기자(player), 전략(strategy), 보수(pay-off)이다. 경기자들은 주어진 보수를 얻기 위해 각자의 전략을 선택한다.

〈표 7-2〉는 매우 익숙한 '죄수의 딜레마' 게임이다.[6] 보니가 어떤 전략을 선택하든 클라이드는 배반하는 것이 더 우월한 보수를 준다. 반대로 클라이드가 어떤 전략을 선택하든 보니 역시 배반하는 편이 더 우월한 보수를 준다. 두 사람 모두 배반이라는 **우월전략**(strategic dominance)을 가지고 있으므로 이 게임의 균형은 두 사람 모

우월전략 상대방이 어떤 전략을 사용하는지에 관계없이 항상 자신의 보수를 더 크게 만드는 전략

표 7-2 죄수의 딜레마

		클라이드	
		협력	배반
보니	협력	(3, 3)	(1, 4)
	배반	(4, 1)	(2, 2)

---

[6] '죄수의 딜레마'가 만들어지게 된 데는 잘 알려진 일화가 있다. 제2차 세계대전이 끝난 후 미국 국방부는 안보를 위한 과학적 연구를 수행하기 위하여 랜드(RAND Corporation)라는 법인을 설립했다. 랜드에서 수행한 대부분의 연구는 군사적 용도로 사용되었다. 그러나 랜드는 응용수학 연구의 중심지이기도 했으며, 또한 게임이론의 산실이기도 했다. 랜드에 소속되어 있으면서 게임이론의 발전에 지대한 공헌을 한 학자들 가운데는 폰 노이만과 모르겐슈테른, 내쉬 이외에도 플러드(Merrill Flood, 1908-1991), 드레셔(Melvin Dresher, 1911-1992) 등이 있다. 랜드의 고문이자 프린스턴대학의 수학교수이던 터커(Albert Tucker, 1905-1995)는 1950년 스탠퍼드대학의 심리학자들로부터 게임이론에 대한 강연을 요청받았다. 터커는 게임이론에 생소한 심리학자들의 이해를 돕기 위하여 플러드와 드레셔가 공동으로 행한 실험 게임에 바탕을 두고 죄수의 딜레마라는 아이디어를 만들었다.

두 배반하는 (배반, 배반)이 된다. 이러한 균형을 **우월전략균형**, 그리고 이러한 형태
의 게임을 우월전략게임이라고 부른다. 이미 이야기한 것처럼 죄수의 딜레마는 두
사람 모두 합리적으로 행동했음에도 불구하고 결과는 가장 나쁜 선택이 이루어졌다
는 것이다. 이래서는 경제학이 전제하는 합리성의 근거가 성립할 수 없다. 그렇다면
이 딜레마를 어떻게 극복할 것인가?

〈표 7-3〉은 두 경기자 가운데 한 사람만 우월전략을 가지는 게임이다. 여기서 보
니는 클라이드가 어떤 전략을 선택하더라도 배반이 우월전략이다. 그러나 클라이드
는 보니가 협력할 때는 배반이 우월한 보수를 주고 배반할 때는 협력이 우월한 보수
를 준다. 이 경우의 균형은 (배반, 협력)이 된다. 클라이드는 보니가 어떤 전략을 선
택하느냐에 따라 선택이 달라진다. 그러나 보니는 클라이드가 어떤 전략을 선택하
는가와 상관없이 배반을 선택할 것이다. 따라서 클라이드는 협력을 선택할 수밖에
없다. 말하자면 보니가 시장의 선도기업과 같은 역할을 하는 셈이다.

〈표 7-4〉에서는 두 경기자 모두 우월전략을 가지고 있지 않다. 하지만 이런 경우
에도 균형은 존재한다. 가령 (협력, 배반) 상태에서 클라이드는 협력으로 전략을 바
꿈으로써 보수가 더 나은 (협력, 협력)을 선택할 수 있다. 같은
상태에서 보니도 배반으로 전략을 바꿈으로써 보수가 더 나은
(배반, 배반)을 선택할 수 있다. 마찬가지로 (배반, 협력) 상태
도 두 경기자가 만족하는 상태가 아니다. 하지만 (협력, 협력)
이나 (배반, 배반) 상태에서는 두 경기자 모두 전략을 바꿀 이유
가 없다. 이처럼 상대의 전략이 바뀌지 않으면 자신의 전략 역
시 바꿀 유인이 없는 상태를 게임이론에서는 **내쉬 균형**(Nash
equilibrium)이라고 부른다. 좀 더 자세히 정의하면 어떤 전략 X
가 상대방의 특정 전략 Y에 대한 최적대응이 되고 상대방의 전
략 Y가 나의 전략 X의 최적대응일 때, 내가 전략 X를 사용하고
상대방이 전략 Y를 사용하면 내쉬 균형이 된다. 앞에서 본 우월
전략균형은 내쉬 균형의 한 형태이다. 하지만 모든 내쉬 균형
이 우월전략균형은 아니다. 다시 말해서 우월전략이 없어도 내
쉬 균형은 존재할 수 있다. 또 〈표 7-4〉에서 보듯이 내쉬 균형
은 반드시 하나가 아니라 여러 개일 수도 있다.

우월전략균형 모든
경기자가 우월전략을 선
택하여 이루어지는 균형

내쉬 균형 상대의 전
략이 바뀌지 않으면 자
신의 전략 역시 바꿀 유
인이 없는 상태

신의냐 배반이냐? 보니와 클라이드는 100발
이 넘는 총알을 맞고 숨진다.

표 7-3 다른 죄수의 딜레마

		클라이드	
		협력	배반
보니	협력	(3, 3)	(1, 4)
	배반	(4, 2)	(2, 1)

표 7-4 우월전략이 없는 죄수의 딜레마

		클라이드	
		협력	배반
보니	협력	(3, 3)	(1, 1)
	배반	(1, 1)	(2, 2)

이유 없는 반항

여러 가지 게임 가운데 잘 알려진 두 번째 상황은 흔히 '사슴사냥 게임'이라고 부른다. 프랑스의 계몽사상가인 장 자크 루소(Jean-Jacques Rousseau, 1712-1778)의 『인간불평등기원론(Discours sur l'origine et les fondements de l'inégalité parmi les hommes, 1755)』에는 사슴사냥에 관한 이야기가 나온다. 사슴은 사냥하기 어렵기 때문에 반드시 두 사람이 협력해야 한다. 한 사람은 사슴을 쫓고 다른 사람은 길목을 지키고 있다가 사슴을 잡는 것이다. 어렵기는 하지만 그 보수도 크다. 반면에 토끼는 쉽게 잡을 수 있다. 그러나 한 사람이 토끼를 잡으러 가면 다른 사람은 사슴을 놓치고 만다. 만약 내가 토끼를 잡으러 간다면 친구는 사슴을 놓치게 된다는 뜻이다. 그러나 반대로 내가 자리를 지키더라도 친구가 토끼를 잡으러 가 버리면 나는 사슴을 놓치고 말 것이다. 이제 당신이라면 어떤 전략을 선택할 것인가? 사슴을 잡기 위해 그 자리를 지킬 것인가, 그냥 토끼를 잡으러 갈 것인가?

〈표 7-5〉는 사슴사냥 게임의 보수행렬을 그린 것이다. 사슴사냥 게임에는 우월전략이 없다. 그러나 내쉬 균형은 (협력, 협력)과 (배반, 배반) 2개가 존재한다. 물론 (배반, 배반)보다는 (협력, 협력)이 더 나은 결과이다. 하지만 친구가 어떤 전략을 선택할지 알지 못하는 상황에서, 어느 쪽을 선택하는 것이 옳은지는 평가할 수 없다.

표 7-5 사슴사냥 게임

		클라이드	
		협력(사슴)	배반(토끼)
보니	협력(사슴)	(4, 4)	(1, 3)
	배반(토끼)	(3, 1)	(2, 2)

내쉬 균형은 현재의 상태에서 경기자들이 전략을 바꿀 이유가 없다는 뜻이지 그것이 반드시 더 좋은 상태라는 의미는 아니다. 게임이론에서만 그런 것이 아니라 흔히 경제학에서의 균형이라는 개념을 가치판단적인 것으로 오해하는 경우가 많다. 그러나 앞에서도 이야기한 것처럼 대부분의 경우에 경제학은 가치판단을 전제하지 않는다.

세 번째 경우는 흔히 치킨 게임이라고 부르는 상황이다. 제임스 딘(James Dean)을 청춘의 아이콘으로 만든 영화 '이유 없는 반항(Rebel Without A Cause, 1955)'을 보면 마음에 드는 소녀를 차지하기 위해 두 소년이 자동차를 타고 절벽을 향해 달리는 장면이 나온다. 대개 교과서에서는 두 자동차가 서로 마주 보고 달리는 내용으로 설명한다. 당연히 두 자동차가 충돌하면 두 사람 모두 죽는다. 그러나 살기 위해 충돌을 피하면 치킨, 즉 겁쟁이라는 놀림을 각오해야 한다. 이 게임에서 최선은 두 사람 모두 충돌을 피하는 것이다. 최악은 당연히 충돌하여 둘 다 죽는 것이다. 물론 상대방이 먼저 피해 준다면 더 바랄 나위가 없겠지만, 내가 먼저 피하려 하지 않는다면 상대방 역시 먼저 충돌을 피하여 겁쟁이로 불리고 싶지는 않을 것이다. 〈표 7-6〉은 치킨 게임의 보수행렬을 그린 것이다.

짐(Jim)은 버즈(Buzz)가 회피할 것이라고 확신하면 돌진을, 반대로 돌진할 것이라고 확신하면 회피를 선택할 것이다. 따라서 치킨 게임의 균형은 (돌진, 회피) 또는

표 7-6 치킨 게임

		버즈	
		협력(회피)	배반(돌진)
짐	협력(회피)	(3, 3)	(2, 4)
	배반(돌진)	(4, 2)	(1, 1)

(회피, 돌진)이 된다. 짐과 버즈 모두 자신의 보수를 가장 크게 하기 위해 충돌을 선택한다면 결과는 (배반, 배반)이 되고 만다. 그러나 두 사람이 서로 상대방의 보수가 가장 큰 경우를 선택한다면 결과는 (협력, 협력)이 된다. 치킨 게임이 주는 교훈은 이타적 행동이 최선의 결과를 가져온다는 것이다. 이 게임에서 가장 좋은 선택은 나의 효용을 계산하는 이기적 행동이 아니라 타인의 효용을 먼저 존중하는 이타적 행동에 있다.

사슴사냥 게임도 마찬가지다. 사슴사냥 게임에서 내가 어떤 전략을 선택할 것인가 하는 문제의 핵심은 거꾸로 친구가 어떤 전략을 선택할 것인가, 더 정확하게 말하면 친구가 어떤 전략을 선택할 것이라고 내가 기대하는가에 달려 있다. 만약 친구가 토끼를 잡으러 갈 것이라고 기대한다면 나도 토끼를 잡으러 가는 편이 낫다. 그러나 친구가 사슴을 몰고 올 것이라고 믿는다면 그 자리를 지키고 있다가 사슴을 잡는 편이 낫다. 결국 사슴사냥 게임에서 문제의 핵심은 친구를 얼마나 신뢰하는가에 있다. 형태는 다르지만 사슴사냥 게임의 문제가 죄수의 딜레마와 본질적으로 동일하다. 죄수의 딜레마에서도 비록 우월전략은 배반에 있지만, 두 사람 모두 신뢰를 지켜 협력하는 것이 최선의 결과를 가져온다. 사슴사냥은 그러한 신뢰의 딜레마를 더 잘 보여주는 예일 뿐이다.

이유 없는 행위는 없다. 다만 우리 자신도 그 이유를 잘 모를 뿐이다.

7-5 행동경제학

엄마가 어느 날 형에게 용돈 10만 원을 주고 동생과 적당히 나눠 가지라고 말했다. 그러면서 "돈 때문에 형제가 싸우면 10만 원을 도로 가져갈 것"이라고 단단히 일렀다. 형은 잠시 고민한 뒤 동생에게 3만 원을 건넸다. 동생이 이를 순순히 받아들이면 형은 7만 원, 동생은 3만 원을 받는다. 하지만 동생이 "왜 내 몫은 이거밖에 안 되냐"고 대들면 둘 다 한 푼도 못 갖게 된다. 경제학의 게임이론에 등장하는 '최후통첩 게임(ultimatum game)'이다. 서로 합의에 이르지 못하면 양쪽이 공멸(共滅)한다는 게 이 게임의 핵심이다. 최근 현대상선의 용선료 인하 협상이 이와 닮았다. 정부와 채권단은 외국 선주(船主)들에게 현대상선의 용선료를 약 30% 깎아주라고 요구했다. 현대상선이 지금처럼 10만 원을 계속 내다가는 망하게 생겼으니 앞으로는 7만 원만 받아 가라는 것이다. 만약 선주들이 이를 거부하면 현대상선은 사실상 파산하고 용선 계약도 해지된다. 그러면 채권단도 피해를 보지만 선주들 역시 연간 1조 원에 이르는 용선료를 포기해야 한다. 정부의 용선료 인하 요구는 "우리 제안을 거부하면 다 함께 죽을 수 있다"는 최후통첩인 셈이다. 실제 한국 정부는 협상이 난관에 빠지자 협상의 데드라인을 이달 20일에서 이달 말경으로 한 차례 연기한 상황이다. 정부가 "부실기업 연명보다 청산이 낫다"는 보다 결연한 의지를 보여주지 않는다면 이번 치킨 게임의 승자가 될 확률은 낮아 보인다. 이번 협상은 초조한 눈치 게임이 막판까지 전개될 수밖에 없다. 그리고 양측의 치열한 줄다리기 끝에 일정 수준에서 인하 합의가 되고 현대상선은 가까스로 파산을 모면할 가능성이 크다. 지금까지 살펴본 이론들에 따르면 어떻게든 합의를 하는 편이 모두에게 이롭기 때문이다. 하지만 그래 봤자 길고 지루한 구조조정 레이스에서 반 발짝 정도 나간 것일 뿐이다. 은행권의 자금 지원, 채권자 채무 동결, 해운동맹 가입, 실적 개선 등 앞길은 구만리다. 구조조정은 그렇게 힘든 작업이다. (〈동아일보〉, 2016. 5. 23)

부존효과

미국 아이비리그의 명문 가운데 하나인 코넬대학에서 이런 실험을 한 적이 있다. 학생들을 두 그룹으로 나누어 한 그룹에는 대학의 로고가 찍힌 머그컵을 주고, 다른 한쪽에는 2달러를 주었다. 그런 다음 컵의 가치가 얼마나 될 것 같으냐고 묻자, 컵을 받은 학생들은 대부분 2달러 이상이라고 대답한 반면 돈을 받은 학생들은 대부분 2달러 이하로 대답했다. 이처럼 자신이 가진 자산의 가치는 높게 평가하고 다른 사람이 가진 자산의 가치는 낮게 평가하는 성향을 두고 경제학자들은 **부존효과**(endowment effect)라고 부른다. 보유효과, 소유효과 등으로도 번역하며, '박탈회피

부존효과 사람들이 자신이 가진 자산의 가치는 높게 평가하고 다른 사람이 가진 자산의 가치는 낮게 평가하는 성향. 보유효과로 번역하기도 한다.

(divestiture aversion)'라고 부르기도 한다. 부존효과는 사람들의 행동이나 판단이 그다지 합리적이지 못하다는 예를 이야기할 때 자주 인용된다. 경제학은 경제주체들, 즉 호모 에코노미쿠스는 언제나 합리적이라고 가정한다. 하지만 정말 모든 경제주체들이 합리적이라면, 우리는 왜 그토록 자주 비합리적인 선택을 하는 것일까? 물론 사람이 전혀 합리적이지 않다는 뜻은 아니다. 때로는 합리적이지만 때로는 비합리적인, 그래서 사람은 대충 합리적인 것이 아닐까?

최근 들어 경제학에서 주목받는 분야 중 하나는 행동경제학(behavioral economics)이다. 행동경제학은 경제주체들이 반드시 합리적으로 행동한다는 경제학의 오랜 가정을 유보하고, 현실의 경제주체들이 주어진 상황에서 실제로 어떻게 행동하는지를 분석한다. 행동경제학에서 가장 유명한 실험 가운데 하나를 예로 들어보자. 바로 '최후통첩 게임'이라는 것이다. 피실험자들에게 각자 10만 원을 주고는 옆 사람과 나누도록 한다. 서로 얼마씩 나눌 것인가는 피실험자가 결정하지만, 만약 그 금액이 마음에 들지 않으면 상대방은 거절할 수 있다. 그럴 경우 10만 원은 회수되고 두 사람은 아무것도 받지 못한다. 경제적 합리성만 가지고 이야기하자면, 상대방의 처지에서는 아무것도 받지 못하는 것보다는 1만 원이라도 수락하는 편이 더 이익이다. 따라서 피실험자들도 1만 원만 제안해도 충분하다. 그러나 사람들은 그렇게 행동하지 않는다. 최후통첩 게임을 만든 사람은 이스라엘 출신의 심리학자인 대니얼 카너먼(Daniel Kahneman, 1934~)과 아모스 트버스키(Amos Tversky, 1937-1996)인데, 이들의 실험에 따르면 피실험자들은 평균 4만 원을 제안했으며, 상대방은 평균 25,000원 이하면 거절했다고 한다.

최후통첩 게임에 약간의 수정을 더한 것이 '독재자 게임(dictator game)'이다. 최후통첩 게임에서는 상대방이 제안을 거부할 수 있지만 독재자 게임에서는 거부할 수 없는 것이 차이다. 그런데 똑같은 질문을 피실험자들에게 했더니 제안한 액수의 평균이 조금 더 낮아지기는 했지만 큰 차이는 없었다고 한다. 상대방이 거부할 수 없음에도 피실험자들은 비교적 높은 금액을 제안했다는 뜻이다. 전혀 영향을 미치지 않은 것은 아니지만, 상대방의 거절 여부가 얼마를 제안하느냐에 그다지 결정적인 요인이 아니라는 뜻이다. 그런데 이 게임에서 특히 주목할 만한 사실은 경제학 강의를 들은 학생일수록 더 적은 액수를 제안하고, 또 더 적은 액수더라도 수용한다는 것이다.[7]

---

7 행동경제학에서는 이런저런 실험들을 통해 사람의 행동을 분석한다. 물론 이 실험들은 거창한 실

제한된 합리성

행동경제학의 주요한 아이디어들을 처음 제시한 사람은 미국의 사회과학자인 허버트 사이먼(Herbert Alexander Simon, 1916-2001)인데, 그가 제시한 개념이 바로 '제한된 합리성(bounded rationality)'이다. 사람들은 완전한 합리성이 아니라 한정된 합리성을 가진다는 뜻이다. 경제주체들이 그토록 합리적이라면 경제위기는 왜 일어날까? 경제학자들은 왜 위기를 예측하지 못할까? 경제위기가 일어나는 이유는 시장이 효율적이지 못하기 때문이며, 시장이 효율적이지 못한 것은 인간이 완전하게 합리적이지는 못하기 때문이다. 그렇다면 경제학자들은 왜 위기를 예측하지 못하는가? 합리적이지 않은 인간을 합리적이라고 가정하기 때문이다. 그래서 행동경제학은 경제주체들이 완전한 합리성이 아니라 제한된 합리성을 가진 존재라고 전제한다.

경제주체들이 완전한 합리성이 아니라 제한된 합리성을 가진다면, 과연 그들은 어떻게 행동할까? 이를 설명하기 위하여 카너먼과 트버스키는 '**휴리스틱**(heuristic)'이라는 개념을 만들었다. 휴리스틱은 시간이나 정보가 불충분하여 합리적인 판단을 할 수 없거나, 굳이 체계적이고 합리적인 판단을 할 필요가 없는 상황에서 신속하게 사용하는 어림짐작의 기술이다. 경제학에서는 사람이 합리적이라고 가정하지만 사이먼의 표현처럼 현실에서 사람들은 제한된 합리성을 가지고 있을 뿐이다. 뿐만 아니라 합리적인 판단을 위해서는 정보가 완전해야 하지만 현실에서는 정보가 제한적이거나 비대칭적인 경우가 많다. 따라서 사람들은 제한된 합리성과 제한된 정보를 가지고 판단하고 선택해야 한다. 말하자면 휴리스틱은 그러한 제한된 상황에서의 의사결정방식인 셈이다. 주요한 휴리스틱에는 대상을 전형화하여 판단하는 '대표성 휴리스틱(representative heuristic)', 이용하기 쉬운 정보에 의존하는 '가용성 휴리스틱(availability heuristic)', 어떤 기준점을 중심으로 판단하는 '기준점 휴리스틱(anchoring heuristic)' 등이 있다.

휴리스틱과 반대되는 사고방식이 바로 '알고리즘(algorithm)'이다. 알고리즘이란 어떤 문제를 해결하기 위해 명확히 정의된 유한 개의 규칙과 절차의 모임을 의미한

휴리스틱 시간이나 정보가 불충분하여 합리적인 판단을 할 수 없는 상황에서 사용하는 의사결정방식

험기계와 도구들을 갖춘 실험실에서가 아니라 바로 강의실에서 이루어진다. 행동경제학의 실험들은 흔히 '종이와 연필의 실험'이라고 불리는데, 말 그대로 종이와 연필만 있으면 되기 때문이다. 2002년 노벨경제학상을 받은 실험경제학의 선구자 버논 스미스(Vernon Lomax Smith, 1927~)에 의하면, 이런 실험을 처음 시도한 사람은 바로 하버드대학의 경제학과 교수로 독점적 경쟁이론을 만든 체임벌린이다.

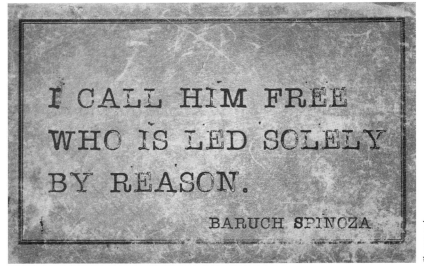

우리가 진리를 인식하는 방법으로는 이성과 경험이 있다고 한다. 그런데 네덜란드의 철학자 스피노자(Baruch de Spinoza, 1632-1677)는 직관이 이성과 경험보다 더 중요하다고 주장했다. 굳이 비유하자면 휴리스틱은 직관으로 진리를 인식하는 방법이다.

다. 간단히 설명하면 주어진 순서에 따라서 문제를 해결하는 방식이 알고리즘이다. 하지만 이렇게 문제를 해결하기 위해서는 필요한 정보를 모두 가지고 있어야 하며, 그 정보들을 모두 처리할 수 있는 연산능력을 가지고 있어야 한다. 얼마 전 전문기사와의 바둑 대결로 유명해진 알파고(Alpha Go)와 같은 인공지능은 알고리즘에 따라 사고한다. 이에 반해 휴리스틱은 한정된 정보와 한정된 연산능력을 가진 보통사람들의 사고방식이다.

만족화 원리

허버트 사이먼은 사람들이 '극대화' 원리가 아니라 '만족화(saticificing)' 원리에 따라 행동한다고 지적했다. 극대화 원리란 경제주체들이 이윤극대화나 효용극대화와 같은 목적을 충족하기 위하여 행동한다는 것이다. 그런데 이러한 목적함수들을 극대화하기 위해서는 매우 복잡하고 엄밀한 수학적 계산이 필요하다. 그것도 필요한 모든 정보가 완전하게 주어져 있다는 전제하에서만 그러하다. 그러나 현실에서 경제주체들은 완전한 정보를 가지고 있지도, 그것들을 완벽하게 처리할 만한 능력을 가지고 있지도 못하다. 그래서 현실의 경제주체들은 극대화가 아니라 만족화를 추구한다는 것이다. 가령 현실에서 대부분의 기업들은 극대이윤이 아니라 적정이윤을 추구하거나, 매출액이나 시장점유율 등과 같은 다른 목표를 추구한다. 휴리스틱이란 극대화 원리를 충족하기 위해서는 부족하지만 만족화를 추구하는 데는 충분할 수도 있는 행동방식인 것이다.

트버스키와 카너먼이 함께 발표한 '프로스펙트 이론(prospect theory)'도 행동경제학의 주요한 내용이다. 경제학에서 사용하는 효용이라는 개념은 재화의 가치에 대한 주관적 평가에 기초한 것이다. 그런데 만약 사람들의 선택이 확률적이라면 그것은 객관적으로 예측 가능하다는 뜻이다. 이에 대해 프로스펙트 이론은 불확실성에 대응하는 사람의 행동은 객관적이지 않고 주관적이라는 전제로부터 출발한다. 그래서 프로스펙트 이론은 사람들이 효용함수가 아니라 가치함수(value function)에 따라 행동한다고 가정한다. 가치함수의 가장 중요한 특성은 '준거점 의존성', '민감도 체감성', 그리고 '손실 회피성'의 세 가지이다. 손실 회피성(loss aversion)만 간단히 설명하면, 〈그림 7-3〉에서 보듯이 사람들은 같은 규모의 이익과 손실을 비교할 때 손실 쪽을 더 크게 평가한다는 뜻이다. 따라서 사람들은 가급적 손실을 최소화하는 쪽으로 행동한다.

사람들이 이익과 손실을 똑같이 평가한다면 100만 원의 손실과 100만 원의 이익은 부호만 다를 뿐 절댓값은 똑같을 것이다. 그러나 〈그림 7-3〉을 보면 사람들이 갖는 가치함수는 준거점, 즉 원점에서 (+)의 방향으로 움직일 때와 (−)의 방향으로

그림 7-3 가치함수

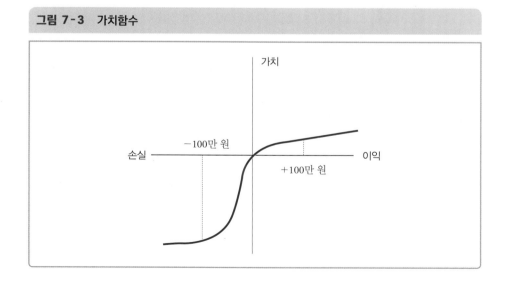

움직일 때 기울기가 다르다. 트버스키와 카너먼에 의하면 (+)의 가치함수는 기울기가 0.88인 데 반해 (−)의 가치함수는 기울기가 2.25이다. 그 의미는 간단하다. 내가 지면 100만 원을 잃는 내기를 수락하는 대가로 사람들이 받고자 하는 상금의 평균치는 225만 원이며, 반대로 100만 원을 얻기 위해 내가 지불할 용의가 있는 내기의 비용은 88만 원이라는 것이다.

이제 다시 최후통첩 게임으로 돌아가보자. 상대방에게는 1만 원만 제안하고 내가 9만 원을 가져도 될 터인데 왜 사람들은 합리적 또는 이기적으로 행동하지 않고 공평하게 나누는 편을 선택할까? 그 이유는 사람들이 '사회적 선호(social preference)'를 가지고 있기 때문이다. 사회적 선호란 사람들이 어떤 선택을 할 때 자신의 효용만이 아니라 다른 사람의 효용도 함께 고려한다는 뜻이다. 애덤 스미스는 『국부론』보다 먼저 그를 유명하게 해준 『도덕감정론(The Theory of Moral Sentiments, 1759)』에서 사람의 이러한 본성을 '동감(sympathy)'이라고 불렀다.

사람들이 타인의 감정에 동감을 느끼는 이유에 대해 스미스는 두 가지로 설명한다. 하나는 우리가 흔히 이기심으로 번역하는 자애심(self-loving)과 동류의식(fellow-feeling)의 발로에서이다. 행동경제학에서는 '상호적 이타성(reciprocal altruism)'이라고 부르기도 한다. 내가 타인의 이기심을 존중하고 그의 효용과 선호를 존중하는 이

합리성만으로 생각한다면 도박으로 잃는 돈의 효용은 도박으로 얻는 돈의 효용보다 크다. 따라서 도박은 매우 비합리적인 행위이다. 그런데도 어떤 사람들은 도박을 끊지 못한다. 담배나 약물을 끊지 못하는 이들처럼, 사람은 합리성만으로 살지는 않는다는 뜻이다.

유는 그래야만이 타인도 나의 이기심을 존중해줄 것이라는 뜻이다. 내가 타인의 사적 소유물에 함부로 손대지 않는 것도 모두 같은 이유에서이다. 물론 우리가 어떤 선택을 할 때마다 일일이 내가 이렇게 해주면 너도 나에게 똑같이 보답하겠느냐고 확인하지는 않는다. 이런 약속은 그 사회의 제도와 관습 속에 체화되어 있는 것이 보통이기 때문이다. 따라서 우리는 일일이 확인하지 않더라도 타인이 어떻게 행동하리라는 것을 예측할 수 있다. 물론 모든 사람이 반드시 그렇게 똑같이 행동하지는 않는다. 더러는 타인의 신뢰를 이용하고 배신하는 사람들도 많다. 그래서 우리가 살고 있는 이 세상은 위험성과 불확실성으로 가득한 확률적 세계라는 것이다. 다만 그 확률은 시장경제가 더 성숙하고 시장윤리가 더 존중받는 사회일수록 그만큼 높아질 것이다.

아서 세실 피구(Arthur Cecil Pigou, 1877-1959)

케임브리지대학에 처음 경제학부를 개설하고 교수가 된 앨프레드 마셜은 경제학의 역사에 남아 있는 위대한 경제학자들을 많이 배출했다. 그들 가운데서 마셜의 뒤를 이어 케임브리지대학의 경제학부 교수가 된 사람이 바로 아서 세실 피구이다. 오늘날 피구의 이름은 후생경제학의 아버지로 잘 알려져 있지만, 마셜이 그랬던 것처럼 피구의 업적도 거시경제학, 재정학, 경기변동론 등 경제학의 여러 분야에 걸쳐 있다. 피구는 특히 외부효과의 개념을 처음 경제학에 도입한 경제학자이다. 피구는 외부효과를 내부화함으로써 해결하는 방안으로 피구세(Pigovian tax)를 주장했는데, 피구세는 지금도 후생경제학과 환경경제학에서 가장 중요한 개념 가운데 하나이다. 케인스와는 절친한 선후배이면서도 경제이론에 대해서는 많은 논쟁을 벌이기도 했다. 불황기에는 정부가 개입하여 실업을 구제해야 한다는 케인스의 주장에 대해 피구는, 불황기에는 물가가 하락함으로써 소비자들이 보유한 부의 가치가 증가하고 그에 따라 소비가 증가하므로 정부의 개입 없이도 불경기를 극복할 수 있다는 피구효과(Pigou effect)를 주장했다. 이런 논쟁 때문에 케인스의 『고용, 이자 및 화폐의 일반이론』에는 경제학자들 가운데 피구의 이름이 가장 자주 등장하기도 한다. 피구도 케인스의 저서에 대한 여러 편의 비판적 논평을 발표했다. 상대적으로 덜 평가받고 있지만 노동경제학 분야에서도 피구는 임금의 경직성, 단체교섭, 내부노동시장, 인적자본 등의 개념을 창안했다. 피구의 주요한 저서로는 『후생경제학(The Economics of Welfare, 1920)』, 『산업변동(Industrial Fluctuations, 1927)』, 『실업의 이론(Theory of Unemployment, 1943)』 등이 있다.

케네스 애로(Kenneth Joseph Arrow, 1921-2017)

정보가 불완전하거나 비대칭적인 상황에서 경제주체들은 어떻게 합리적인 선택을 할 수 있는가? 정보경제학(information economics)의 발전에 가장 중요한 역할을 한 경제학자는 아마 2001년 노벨상을 함께 수상한 조지 애컬로프(George A. Akerlof, 1940~)와 조셉 스티글리츠(Joseph Eugene Stiglitz, 1943~)일 것이다. 그런데 이들에 앞서 정보의 비대칭성(information asymmetry)이라는 문제를 처음 분석한 경제학자는 바로 케네스 조셉 애로이다. 애로는 컬럼비아대학에서 학위를 받고 시카고대학을 거쳐 스탠퍼드대학에서 교수로 재직했다. 1963년 애로는 의료급여에서 정보의 비대칭성 문제를 연구하여 「불확실성과 의료급여의 후생경제학(Uncertainty and the Welfare Economics of Medical Care)」이라는 논문을 발표했다. 그의 가장 중요한 업적으로 평가받는 '애로의 불가능성 정리(Arrow's impossibility theorem)'는, 투표자들에게 3개 이상의 서로 다른 대안이 제시될 때 어떤 투표제도도 공동체의 일관된 선호순위(ranked preferences)를 찾을 수 없다는 것을 의미한다. 이밖에도 애로는 내생적 성장이론, 일반균형이론 등의 발전에 주요한 역할을 했다. 역시 노벨상을 받은 제라르 드브뢰(Gérard Debreu, 1921-2004)와 함께 만든 애로-드브뢰 모형(Arrow-Debreu model)은 위상수학을 이용하여, 제한된 조건 아래서는 시장에 있는 모든 상품에 대하여 총공급이 총수요와 같아지는 가격의 집합이 언제나 존재함을 증명했다. 애로는 1972년에 존 힉스(Sir John Hicks, 1904-1989)와 함께 노벨 경제학상을 수상했는데, 이때 애로의 나이는 51세로 지금까지 가장 젊은 나이에 노벨상을 받은 경제학자이다.

✎ **주요 개념**

게임	경합성
공공재	공유지의 비극
도덕적 해이	레몬 시장
배제성	부존효과
시장실패	역선택
외부효과	우월전략
죄수의 딜레마	정보의 비대칭성
정부실패	제한된 합리성
주인-대리인 문제	휴리스틱

✎ **확인 학습 - 기초편**

1. 시장실패에 관한 설명 가운데 적절하지 않은 것은 무엇인가?

   ① 외부효과 때문에 일어나는 경우가 많다.

   ② 정보의 부족도 원인이 된다.

   ③ 시장실패가 일어나면 정부가 개입해서 해결해야 한다.

   ④ 시장실패가 일어나도 때로는 정부개입의 비용이 더 클 수 있다.

2. 공공재에 대한 설명으로 적절하지 않은 것은 무엇인가?

   ① 정부에 의해 공급되는 재화와 서비스를 공공재라고 부른다.

   ② 공공재는 경합성을 갖지 않는다.

   ③ 공공재는 배제성을 갖지 않는다.

   ④ 공공재에서는 외부효과가 일어나지 않는다.

3. 다음 빈칸에 적절한 재화의 종류를 적어보라.

	경합성 있다	경합성 없다
배제성 있다		
배제성 없다		

4. 공유자원에 대한 설명으로 옳지 않은 것은 무엇인가?

   ① 다른 자원에 비해 남용되는 '공유지의 비극' 현상이 일어난다.

   ② 배제성은 없는데 경합성은 있기 때문에 일어나는 문제이다.

   ③ 경합성은 없는데 배제성은 있기 때문에 일어나는 문제이다.

   ④ 적절한 소유권을 부여함으로써 어느 정도 해결이 가능하다.

5. 도덕적 해이에 대한 설명 가운데 적절하지 않은 것은 무엇인가?

   ① 대리인이 정보의 비대칭성을 이용해 자신의 이익을 추구하는 행위이다.

   ② 주인-대리인 관계에서 자주 나타난다.

   ③ 대리인의 도덕적 결함에서 나타나는 문제이다.

   ④ 적절한 유인을 제공함으로써 어느 정도는 문제의 발생을 억제할 수 있다.

6. 레몬 시장에 대한 설명으로 가장 올바른 것은 무엇인가?

   ① 정보의 비대칭성에서 나타나는 문제이다.

   ② 공공재의 공급과 관련된 문제이다.

   ③ 경합성과 배제성 때문에 일어나는 문제이다.

   ④ 외부효과 때문에 일어나는 문제이다.

7. 역선택에 대한 설명 가운데 적절하지 않은 것은 무엇인가?

   ① 정보의 비대칭성 때문에 일어나는 문제이다.

   ② 역선택이 일어나기 쉬운 시장으로는 중고차 시장이 있다.

   ③ 주인-대리인 문제와 관련된 문제이다.

   ④ 역선택이 있다고 반드시 소비자가 비합리적인 것은 아니다.

8. 게임의 세 가지 요소는 (   ), (   ), (   )이다.

9. 게임에 대한 설명으로 올바르지 않은 것은 무엇인가?

   ① 자신의 선택뿐 아니라 상대방의 선택에 의해서도 결과가 달라질 수 있다.

   ② 운동경기나 도박이 게임의 좋은 예이다.

   ③ 게임이론은 전략적 상황에서 경기자들이 어떻게 행동하는가를 분석하는 이론이다.

   ④ 게임에서 이긴 사람의 이익과 진 사람의 손실의 합은 반드시 0이다.

10. 죄수의 딜레마에 대한 설명으로 적절하지 않은 것은 무엇인가?

    ① 우월전략균형의 좋은 예이다.

    ② 과점시장에서 담합에 참가한 기업들이 신의를 지키지 않고 배신하는 행위도

죄수의 딜레마라고 할 수 있다.

③ 한 사람은 자백하고 다른 사람은 부인하는 것이 균형이다.

④ 각 경기자는 합리적으로 행동하더라도 결과는 비합리적일 수 있다.

✏️ 확인 학습 – 논술편

1. 시장에서 공급자와 수요자 사이에 정보가 비대칭적이라면 어떤 문제가 일어나는가? 이 문제를 해결할 수 있는 방법은 무엇인가?

2. 공유지의 비극은 왜 일어나는가? 소유권을 도입함으로써 공유지의 비극을 해결할 수 있는가? 한 문제를 해결하는 대신 소유권으로 인한 다른 문제가 일어날 가능성은 없는가?

3. 합리적으로 어떤 선택을 결정했는데 때로 그 결과가 우리의 기대와 다른 이유는 무엇인가? 이러한 문제는 어떻게 해결할 수 있는가?

4. 사람은 합리적인가, 아니면 합리적이지 않은가? 만약 사람이 합리적이라면 합리적인 사람이 왜 때로는 비합리적인 선택을 하는가? 반대로 사람이 합리적이지 않다면 비합리적인 사람이 왜 때로는 합리적인 행동을 하는가?

5. 사람은 이기적인가, 아니면 이타적인가? 만약 사람이 이기적이라면 이기적인 사람이 왜 때로는 이타적인 행동을 하는가? 반대로 사람이 이타적이라면 이타적인 사람이 왜 때로는 이기적인 행동을 하는가?

제8장

국민소득과 물가,
경제성장

8-1 국민소득

우리나라의 행복지수가 세계 178개국 중 102위라는 조사 결과가 나왔다. 영국의 싱크탱크 신경제학재단(NEF)은 12일 삶의 만족도와 평균 수명, 생존에 필요한 면적과 에너지 소비량 등의 환경적인 여건 등을 종합해 178개국의 행복지수 순위를 발표했다고 BBC와 로이터 등 외신들이 보도했다. 행복지수는 경제력과 비례하지 않았다. 행복지수가 가장 높은 나라는 호주 부근의 작은 섬나라 바누아투가 선정됐다. 80여 개 섬으로 이루어진 바누아투의 인구는 20만 9,000명에 불과하고 소규모 농업과 관광업을 영위한다. 이 나라에서 번지점프가 유래된 것으로 유명하다. 이번 조사에서 바누아투 국민의 삶의 만족도는 7.4, 평균 수명은 68.6세, 1인당 국민 소득은 2,944달러였다. 이에 비해 한국은 평균 수명이 77세로 8년 이상, 1인당 국민 소득은 1만 7,971달러로 6배 이상 높았지만 삶의 만족도는 5.8로 크게 낮았다. 바누아투 다음으로는 콜롬비아, 코스타리카, 도미니카, 파나마 등 중미 국가들이 뒤를 이었다. 세계 경제대국 중에는 독일이 81위, 일본이 95위를 기록했으며 미국은 150위에 머물렀다. 중국은 31위로 한국보다 행복지수가 높은 반면 러시아는 최하위권인 172위를 기록했다. 행복지수가 가장 낮은 나라로는 짐바브웨가 꼽혔다. NEF의 앤드루 심스 정책국장은 "행복지수는 우리 모두가 의존하고 있는 환경적인 자원 제한을 존중하면서 해당 국가들이 자국민에게 풍족한 생활 여건을 조성하는 데 성공했는지 실패했는지에 초점을 맞춘 것"이라고 말했다.(〈국민일보〉, 2006. 7. 13)

국민소득의 개념

경제문제는 크게 미시경제와 거시경제의 두 측면에서 분석할 수 있다. 가계나 기업의 의사결정 등과 같이 개별 경제주체의 관점에서 경제행위를 분석하고 경제문제를 설명하는 것을 미시경제학(micro-economics)이라고 한다. 이는 나무 하나하나의 특성을 파악하는 것에 비유할 수 있다. 이에 반해 나라 경제의 전체적인 관점에서 국민소득, 물가, 고용, 이자율, 환율과 같은 경제변수들 간의 상호관계나 경제정책의 영향 등을 분석하는 것을 거시경제학(macro-economics)이라고 한다. 거시경제학은 숲 전체의 모양과 특성을 파악하는 것에 비유할 수 있다. 숲의 식생을 총체적으로 정확하게 파악하기 위해서는 숲과 나무의 모습을 모두 알아야 한다. 경제현상도 마찬가지이다. 경제현상은 서로 긴밀하게 연관되어 있는 수많은 경제주체들의 개별적인 의사결정으로 이루어진다. 그래서 미시적 현상과 거시적 현상을 함께 잘 파악할 필요가 있다. 미시적 방법과 거시적 방법이 구분되어야 하는 것은 개별 주체들의 행위를 결정하는 원리와 나라 경제 전체를 움직이는 원리 사이에는 '구성의 오류(fallacy of composition)'가 있기 때문이다.[1]

일상생활에서 우리는 수많은 거시경제지표들을 만난다. 물가, 실업률, 수출, 국제수지, 이자율 등 우리 주변에서 흔히 만나는 경제지표들은 한 번에 열거하기도 힘들 만큼 많다. 상당한 정도의 교육을 받은 사람들조차 경제라거나 경제학이라고 하면 어렵고 골치 아픈 것으로 치부해버리는 까닭은 바로 경제학이 이런 지표들을 자주 이용하기 때문이다. 한편으로는 그토록 골치 아프고 어렵다고 생각하면서도 많은 사람들은 이런 경제지표들에 지대한 관심을 갖는다. 경제지표들이 그만큼 우리 생활에 매우 밀접하게 관련되어 있기 때문이다. 그렇다면 사람들이 가장 큰 관심을 가지는 경제지표는 무엇일까? 역시 국민소득일 것이다.

그림 8-1 국민경제의 순환

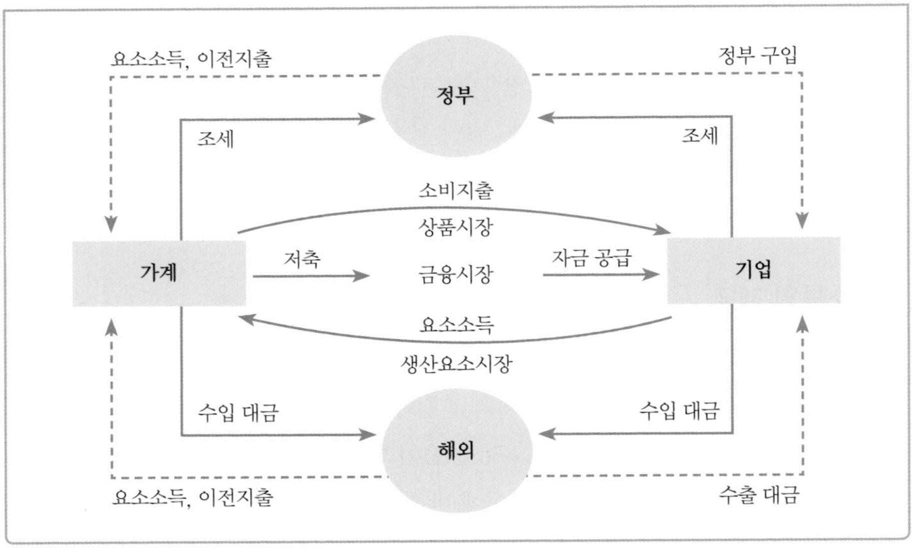

---

1 부분적으로 옳은 일이 전체적으로는 그렇지 않은 현상. 한 개인의 입장에서 보면 옳다고 생각한 행동이 구성원 전체 입장에서는 옳지 않은 행동이 되는 경우를 주로 가리킨다. 합성의 오류라고도 한다. 예를 들어 극장에서 앞줄에 앉아 있는 사람이 화면을 더 잘 보기 위하여 일어선다면 뒷줄에 앉아 있던 관객들이 모두 일어서게 되며, 결국 아무도 제대로 관람하지 못하는 현상이다. 1930년대 대공황 당시 영국의 경제학자 케인스는 저축을 많이 하면 개인적으로는 미래의 소득이 늘어나 바람직하지만 모든 국민이 소비는 하지 않고 저축만 한다면 당연히 물건이 팔리지 않아 재고가 쌓이는 등 국민소득이 감소하는 '구성의 오류'가 일어난다며 대공황의 극복을 위해서는 수요를 진작시킬 것을 주장했다.

간단히 말하면 **국민소득**(national income)이란 한 나라의 생산물 흐름의 가치를 어느 일정 기간, 대개는 1년 동안 집계한 것을 의미한다. 생산물은 한 나라의 노동력과 자본이 가동되어 만들어지는데, 그러한 생산물은 소비나 투자를 통해 노동력과 자본의 유지 확대에 충당되고, 그럼으로써 생산물의 재생산이 행해진다. 여기서 말하는 집계는 한 나라의 기업을 비롯한 모든 경제주체가 생산한 산출액을 단순히 누계한 것은 아니다. 한 기업의 생산액에는 다른 기업에서 구입한 원료 등의 소비분, 즉 중간생산물이 중복되어 계산되어 있다. 따라서 한 나라에서 생산된 순생산물가치의 합계는 생산 과정에서 소비된 중간생산물의 가치를 산출액 총계에서 뺀 최종생산물의 가치이다. 요컨대 국민소득이란 한 나라가 1년 동안 생산한 새로운 생산물의 가치, 즉 **부가가치**(value added)를 모두 합한 것이다.

국민소득지표는 대개 '명목(nominal)' 기준과 '실질(real)' 기준 두 가지로 발표된다. 여기서 '명목'이란 상품의 시장가격 그대로 집계한 국민소득을 말하고, '실질'이란 물가의 변화를 반영한 소득을 의미한다. 가령 생산량은 작년과 똑같은데 가격이 2배가 되면, 명목국민소득은 2배가 되지만 실질국민소득은 똑같다. 가계의 처지에서 보더라도 소득이 2배가 되었다고 해도 물가가 2배로 오르면 실제로 구입할 수 있는 상품의 양은 동일하다. 전자가 명목국민소득, 후자가 실질국민소득인 셈이다. 이처럼 명목국민소득이란 물가의 변동을 고려하지 않은 소득이고, 실질국민소득이란

국민소득 한 나라가 1년 동안 생산한 최종생산물의 가치를 합한 것

부가가치 개개의 기업 또는 산업이 생산 과정에서 새롭게 부가한 가치

Shutterstock

소득은 모든 경제생활의 근거이다. 소득이 없으면 우리는 의식주를 해결할 수도, 문화생활을 즐길 수도 없다.

물가의 변동을 고려한 실질적인 구매력을 의미한다. 흔히 통계지표에서는 전자를 경상가격 기준이라고 표현하고, 후자를 불변가격 기준이라고 표현하기도 한다.

$$실질국민소득 = 명목국민소득/물가지수 \times 100 \qquad \langle식 \ 8{-}1\rangle$$

$$실질경제성장률 = 명목경제성장률 - 물가 \ 상승률 \qquad \langle식 \ 8{-}2\rangle$$

실질국민소득과 명목국민소득의 관계는 〈식 8-1〉과 같이 표현된다. 명목과 실질의 구분은 국민소득만이 아니라 이자율이나 임금, 환율 등과 같은 여러 가지 경제변수들에 적용된다. 사람들은 대개 명목소득이 오르면 자신의 소득이 올랐다고 생각하지만 물가를 감안하면 실질소득은 감소했거나 제자리인 경우가 많다. 앞에서 케인스가 이야기한 '화폐환상'이 바로 그것이다. 가령 임금이 5% 오르고 물가가 7% 올랐다면 실질임금은 2% 하락한 셈인데도, 노동자들은 화폐로 수령하는 명목임금만 보고 임금이 올랐다는 착각을 한다는 것이다.[2]

여러 가지 국민소득

국민소득은 어떤 측면에서 측정하느냐에 따라 여러 개의 얼굴을 가지고 있다. 기업이 생산한 부가가치는 생산에 참가한 생산요소에 대한 지불이므로, 이는 지불을 받는 쪽에서 보면 소득이 된다. 따라서 한 나라의 순생산물 합계, 즉 생산국민소득은 임금, 이윤, 지대 등의 형태로 가계에 분배된 분배국민소득과 같아진다. 가계는 이 소득을 소비와 저축, 세금 등에 지출한다. 또한 국민소득은 가계, 기업, 정부, 해외부분을 통해 각각 지출된다. 가계는 소비, 기업은 투자, 정부는 정부지출, 해외부문은 순수출을 통해서 국민소득을 지출한다. 이를 지출국민소득이라고 부른다. 기업이 생산한 재화와 서비스는 가계 등이 사들이고 소비나 투자에 충당되는데, 이런 형태로 생산물의 흐름, 즉 소득의 흐름은 완결된다. 이처럼 국민소득은 생산 · 분배 · 지출의 세 가지 측면에서 파악되며, 그 각각을 생산국민소득, 분배국민소득, 지출국민소득이라고 한다. 이 세 가지는 모두 동일한 소득의 흐름을 다른 측면에서 측정한

---

2 국민소득에 이러한 착시현상을 일으키는 요인으로는 물가 이외에도 환율이 있다. 예를 들어 2001년 우리나라의 국민소득은 원화로 계산할 경우 약 545조로 2000년의 522조보다 증가했지만 달러화로 계산했을 경우에는 5,118억 달러에서 4,820억 달러로 감소했다. 이것은 그 사이에 원/달러의 환율이 1,131원에서 1,291원으로 올랐기 때문이다.

것이기 때문에 반드시 일치해야 한다. 이를 국민소득의 '삼면등가의 원칙'이라고 한다.[3] 삼면등가의 원칙을 간단히 요약해보면 다음과 같다.

생산국민소득(= 최종생산물의 합계 = 총부가가치의 합계)

≡분배국민소득(= 총요소소득 = 임금 + 이자 + 지대 + 이윤)

≡지출국민소득(= 소비 + 투자 + 정부지출 + 순수출)   〈식 8-3〉

지출국민소득은 국민소득이 최종적으로 어디에 지출되었는가를 말한다. 그런데 가계에 분배된 소득은 소비와 저축과 조세의 목적으로 처분된다. 따라서 이 세 가지를 처분국민소득이라고 부르기도 한다. 그런데 엄밀히 말하면 가계는 소비와 저축을 결정할 뿐이고, 조세는 가계가 아니라 정부가 결정하여 각각의 가계에 부과한다. 따라서 정확하게 말하면 가계는 소득 가운데 얼마를 어디에 지출할 것인가를 결정하는 것이 아니라, 소득에서 세금을 뺀 나머지 가운데 얼마를 소비와 저축에 각각 지출할 것인가를 결정할 뿐이다. 이처럼 소득에서 세금을 제외한 나머지, 즉 가계가 어떻게 처분할 것인가를 실질적으로 결정할 수 있는 소득을 **가처분소득**(disposable

가처분소득 가계가 마음대로 처분할 수 있는 소득. 원래의 소득에서 조세를 제한 소득을 가리킨다.

그림 8-2 국민소득 삼면등가의 원칙

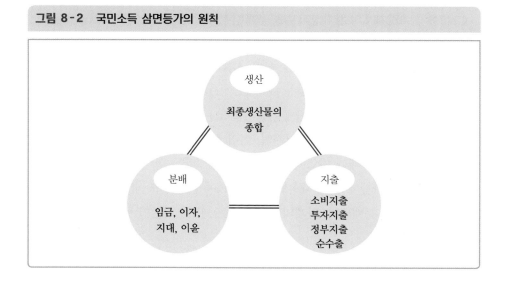

---

3 국민소득의 세 측면, 즉 생산국민소득, 분배국민소득, 지출국민소득이 반드시 일치한다는 것은 논리적인 측면에서 그렇다는 의미이다. 현실 통계에서는 생산국민소득이나 지출국민소득이 각각 따로 추계되기 때문에 세 가지 국민소득의 크기가 반드시 일치하지는 않는다. 따라서 통계를 작성할 때는 불일치하는 부분이 등가를 이룰 수 있도록 통계상의 오차를 인정한다.

income)이라고 부른다. 가처분소득이란 어느 일정 기간에 개인이 획득한 소득 가운데 그가 실제로 소비 또는 저축으로 처분할 수 있는 소득으로 개인가처분소득이라고도 한다. 일반적으로 소득분배의 기준이 되는 것은 가처분소득이다. 국민소득에는 여러 개의 이름이 있지만, 경제학 교과서에서 의미를 갖는 것은 세금을 지불하기 이전의 소득과 세금을 지불하고 난 이후의 가처분소득 두 가지뿐이다.

국민소득에는 얼굴만 여럿이 있는 것이 아니라 더 많은 이름이 있다. 국민소득은 그것을 어떤 기준에서 파악하느냐에 따라 몇 가지 지표로 구분한다.[4] 가장 자주 사용하는 지표는 국내의 모든 기업이나 정부 등이 생산한 재화와 서비스의 가치를 그대로 집계한 국내총생산(gross domestic product, GDP)이다. 이 GDP에다 해외에서의 고용자소득과 재산소득, 기업소득 등의 수취와 지불의 순계를 더한 것이 국민총생산(gross national product, GNP)이다. 간단히 설명하자면 국내총생산과 국민총생산은 '국내(domestic)' 개념과 '국민(national)' 개념의 구분에서 비롯된 것으로, 그 차이는 해외에서의 요소소득이다. 과거에는 GNP가 국민소득을 측정하는 기본 단위로 흔히 사용되었으나 근래에는 일반적으로 GDP를 사용한다. 그 이유는 GNP보다 GDP가 국내경기의 동향을 더 잘 반영하기 때문이다.

GNP에서 고정자본의 감가상각분을 공제한 것이 국민순생산(net national product, NNP)이며, 이것이 진정한 의미에서 한 나라의 순생산이라고 할 수 있다. NNP는 '시장가격 표시의 국민소득'이라고도 한다. NNP에서 해외에서의 요소소득의 순계를 뺀 것이 국내순생산(net domestic product, NDP)이다. NNP는 기업이나 정부의 생산활동에 참가한 고용 노동자에게 지불되는 고용자소득과 법인 기업이나 개인 기업의 영업 잉여 및 간접세로 이루어지며, 여러 형태의 이전을 통해 각 부문에 재분배된다. 예를 들면 가계나 기업에서 정부로 직접세라는 형태의 이전이 행해지고, 반대로 정부에서 가계에 대해 사회보장 급부가 이전된다. 또 법인기업의 영업잉여는 배당 등을 통해 분배되며, 가계의 소득이 된다. 이런 이전이 있은 다음 가계·기

---

4 국민소득을 표현하는 여러 가지 지표들은 1930년대 대공황을 계기로 개발되었다. 미국 정부는 대공황으로 인한 미국 경제의 손실을 계측하기 위하여 계량적 지표를 개발하고자 경제학자들에게 의뢰했다. 이때 처음 만들어진 것이 GNP이며 이어서 GDP와 GNI 등의 지표들이 잇달아 개발되었다. 미국 상무부는 GDP를 '20세기 최고의 발명품'이라고 불렀다. 국민소득지표들이 개발됨으로써 정부의 경제정책들을 합리적으로 수립할 수 있게 되고 또 그 성과를 계량적으로 측정하고 평가할 수 있게 되었기 때문이다.

업·정부 등에 남겨진 소득의 총계가 국민가처분소득(national dispositional income, NDI)이다. 해외로부터의 경상이전이 없다면 NNP와 NDI는 같다. 해외에서 경상이전이 있다면, 그 순액만큼 NDI가 NNP보다 커진다. 물론 반대로 해외로의 경상이전이 있으면 그 순액만큼 NDI가 NNP보다 작아진다. 가계와 정부의 가처분소득은 각각 최종소비지출과 저축에 충당된다. 법인기업의 가처분소득은 기업의 저축이다.

재화와 서비스의 생산으로 생긴 국민소득은 여러 경제주체들 사이에서 분배, 이전, 지출된다. 생산된 GNP를 지출 측면에서 측정한 것이 국민총지출(gross national expenditure, GNE)이다. 이는 민간최종소비지출, 정부최종소비지출, 국내총자본형성, 경상해외잉여로 이루어진다. 경상해외잉여는 해외로부터의 요소소득의 순계와 재화, 서비스의 수출에서 수입을 뺀 순수출(net export)의 합계이다. 국내총자본형성은 민간이나 정부에 의한 기업설비와 주택 등의 총고정자본형성과 재고품 증가, 즉 재고투자로 나뉜다. 정부최종소비란 정부가 자신의 가처분소득으로 일반적인 행정서비스를 생산하고, 이를 스스로 사들여서 무상으로 국민에게 제공하는 행동을 말한다. 해외로부터의 요소소득순계를 국민총지출에서 뺀 것이 국내총지출(gross domestic expenditure, GDE)이다.

그런데 대외거래가 많은 나라에서는 교역조건에 따라 실제의 소득수준도 달라진다. 예를 들어 수출가격은 오르고 수입가격이 내리면, 즉 교역조건이 개선되면 동일한 수출량으로 더 많은 수입품과 교환할 수 있다. 반면에 수출가격은 내리고 수입가격이 오르면, 즉 교역조건이 악화되면 동일한 수출량으로 더 적은 수입품과 교환하게 된다. 이때 무역손실이 발생하는데, 이 손실만큼 구매력은 떨어지고 국민소득도 감소한다. 이런 교역조건의 변화를 반영해 한 나라의 국민이 일정 기간 생산활동에 참여해 벌어들인 실질적인 소득의 합계를 측정하기 위한 지표가 국민총소득(gross national income, GNI)이다. 이는 GNP에 수출입 가격의 변화에 따른 실질소득의 해외 유출과 유입을 반영한 무역손익과 실질 대외순요소소득을 합친 것이다. 마찬가지로 GDP에 교역조건의 변화를 감안한 지표를 국내총소득(gross domestic income, GDI)이라고 한다.

우리나라의 국민소득

한국은행은 1999년부터 우리나라의 국민소득을 GNI를 기준으로 발표하고 있다. GNI는 경제여건이 변하면서 생산활동을 통해 벌어들인 소득에 따라 구매력도 급변

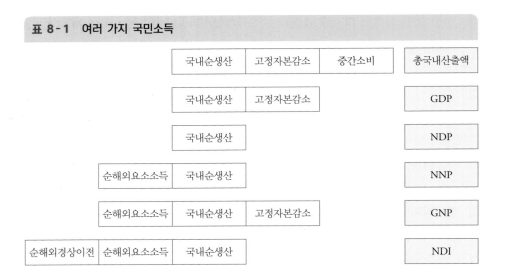

표 8-1 여러 가지 국민소득

국내순생산	고정자본감소	중간소비	총국내산출액
국내순생산	고정자본감소		GDP
국내순생산			NDP
순해외요소소득	국내순생산		NNP
순해외요소소득	국내순생산	고정자본감소	GNP
순해외경상이전	순해외요소소득	국내순생산	NDI

하므로 한 나라의 경제력을 측정하기 위해서는 생산 측면뿐 아니라 교역조건도 감안한 구매력으로 산정해야 한다는 차원에서 도입되었다. GDP는 무역손익을 감안하지 않기 때문에 생산량이나 수출량만 일정하면 실제 국민소득보다 높게 나타나는 경향이 있다. 아직은 국제비교를 위해 GDP가 더 자주 사용되고 있기는 하다. 최근에는 우리나라뿐만 아니라 여러 외국의 통계기관들이나 국제기구들에서도 점차 GNI가 GDP를 대체해가는 추세이다. 말하자면 GNI는 글로벌 시대의 국민소득지표인 셈이다.

한국은행의 발표에 따르면 우리나라의 2016년 1인당 GNI는 3,198만 원, 달러로는 2만 7,561달러이다. GDP 기준으로는 2만 7,533달러로 세계 29위이다. 2006년 처음 2만 달러를 넘어선 이후 10여 년 동안 우리나라의 1인당 국민소득은 2만 달러대에 머물고 있다. 그러나 2018년에는 1인당 국민소득이 3만 달러를 넘을 것으로 예측된다. 그런데 공식환율이 아닌 '구매력평가기준(purchasing power parity)'으로 보면 우리나라의 1인당 GDP는 3만 6,528달러이다. 구매력평가기준이란 공식환율 대신 여러 나라의 물가수준을 반영한 실질환율을 기준으로 평가한 국민소득이다. 제1차 경제개발 5개년 계획이 시작된 1962년 당시 우리나라의 GNP 규모가 3,555억 원이었고 1인당 GNP는 87달러에 불과했던 사실을 생각해보면, 지난 50여 년 동안 한국 경제가 이룩한 성과는 가히 기적이라 할 만하다. 1961년에 일어난 5 · 16 군사 쿠데타의 슬로건이 '보릿고개 해결'이었고, 1972년 10월 유신 당시 박정희 정권이 내

그림 8-3   우리나라의 국민소득

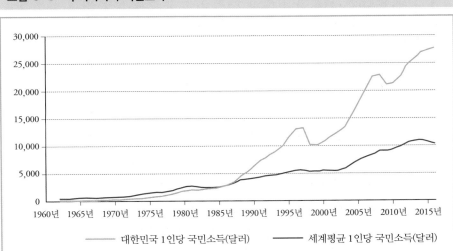

자료 : 세계은행(World Bank).

세웠던 목표가 '수출 100억 달러, 1인당 국민소득 1,000달러'였던 것을 돌이켜보면 세상이 참으로 많이 바뀌었음을 실감하게 된다.

　국민소득은 한 나라가 해마다 벌이는 경제활동의 규모를 나타내는 자료이다. 이는 그 배후에 있는 경제순환의 이론적 분석에 입각해 현상을 파악하고 장래를 예측하는 면에서 중요하다. 한편으로 국민소득은 한 나라의 경제적 복지 수준을 나타내는 지표로도 사용되어 왔다. 그러나 일부에서는 국민소득이 그 나라 국민들이 실제로 누리는 복지 수준을 정확하게 반영하지 못한다고 지적하기도 한다. 그 이유는 국민소득이 시장에서 거래되는 서비스의 부가가치만을 계산하고 거래되지 않는 서비스의 가치는 전혀 포함하지 않기 때문이다. 아무리 우리의 경제생활에 유용하게 사용되는 것이라 할지라도 시장에서 거래되지 않으면 국민소득에 포함하지 않는다. 주부가 가족을 위해 하는 요리나 빨래, 육아 등은 국민소득에 들어가지 않는다. 똑같은 일이라도 음식점이나 세탁소, 보육시설에서 이루어질 때에는 국민소득에 포함된다. 따라서 시장이 발달한 나라에서는 국민소득이 과대평가될 수 있다. 가사노동과 경우는 다르지만 밀수, 마약 등과 같은 지하경제도 국민소득에 포함되어야 하지만 실제로는 관측이 어려워 대부분 포함되지 않는다.

　또한 국민소득에는 행복한 삶을 사는 데 필수적인 여가와 개인의 문화생활 등을 포함하지 않는다. 물질적 생산에 직접 기여하지는 않지만 여가를 충분히 누린다면 삶의 질이나 생활수준이 높아진다고 할 수 있다. 가령 한 경제의 모든 사람이 휴일도 없이 일한다면 1인당 국민소득이야 늘어나겠지만 모든 사람이 행복해진다고 말할 수는 없다. 그리고 경제활동과 더불어 발생하는 부작용과 비용들도 제대로 국민소득에 반영되지 못한다. 예를 들어 산업화가 진전되면서 오염물질이 늘어나면 환경이 파괴되어 복지 수준을 저하시키지만 국민소득에는 이런 비용이 포함되지 않는다. 국민경제의 규모가 커지면서 농촌의 황폐화와 도시로의 인구집중, 교통혼잡, 공해, 범죄의 증가 등과 같은 외부불경제로 인해 효용의 감소도 발생하지만, 이 또한 국민소득에는 포함되지 않는다. 따라서 실제로 국민들이 누리는 후생 수준은 국민소득보다 낮을 가능성이 크다.

국민소득이 가진 이런 문제점들과 경제성장에 따른 환경오염이나 도시의 과밀화 등 국민소득으로는 평가할 수 없는 복지 측면에 대한 관심이 커지면서, 국민소득의 개념을 수정하고 국민후생을 나타내는 지표에 접근시키려는 시도들도 다양하게 나타나고 있다. 이를 '국민순후생(net national welfare)'이라고 한다. 폴 새뮤얼슨이 제

표 8-2 우리나라와 G7의 민생경제지표 비교

분야	지표 항목	최근 한국 수치	1인당 GNI 3만 달러 시기 G7 평균	비교	평가
임금	시간당 실질 법정 최저임금	5.84달러	7.1달러	81.7%	취약
	실질 평균임금	32.4달러	40.0달러	81.0%	취약
근로여건	연간 근로시간	2,069시간	1,713시간	120.8%	취약
	실업급여 순소득대체율	10.1%	25.2%	15.1%p	취약
분배 및 사회복지	지니계수 개선율	11.4%	31.5%	20.1%p	취약
	상대적 빈곤율	14.4%	11.8%	-2.6%p	취약
	GDP 대비 사회복지지출 비율	10.4%	20.7%	10.3%p	취약
청년실업률	청년실업률	9.8%	10.9%	1.1%	양호
경제고통지수	경제고통지수	4.7p	8.5p	3.8p	양호

자료 : 현대경제연구원.

1인당 국민소득이 3,000달러에 못 미치는 부탄이 여러 조사에서 행복지수 1위를 기록하고 있다는 사실은, 국민소득이 많다고 반드시 국민들이 행복한 것은 아니라는 증거이다. 하지만 그렇다고 국민소득이 적을수록 국민들이 더 행복할 리도 없다.

안한 신경제후생(new economic welfare)과 '토빈세(Tobin tax)'로 유명한 토빈(James Tobin, 1918-2002)과 노드하우스(William Nordhaus, 1941~)가 함께 제안한 경제후생지표(measure of economic welfare) 등이 대표적인 예이다. 이러한 지표들에는 기존의 국민소득지표들에 공해, 환경파괴, 교통 혼잡 등의 비효용 요인들이 제외되는 대신, 주부들의 가사노동과 여가 등과 같이 중요하지만 지금 사용되는 국민소득지표들에서는 계산되지 않는 요인들이 포함된다. 하지만 이러한 새로운 지표들에서도 여전히 여가활동의 가치나 관측되지 않는 경제활동의 규모를 정확히 산정하기 어렵다는 문제점이 남아 있다.

8-2 물가

110여 년 전 한양의 중산층은 친척 결혼에 현 시세로 8만 원 정도 부조했다. 관상을 보면 4만 원, 두 사람이 탁주 한잔 걸치는 것은 1만 원 미만으로 가능했다. 이자는 선이자로, 월 3푼(연리 36%)이었다. 기방(妓房)에는 8세 된 기생도 있었다. 정월 대보름날(음력 1월 15일) 밤에는 신세대들이 청계천에서 유행가를 부르며 고성을 질러댔다. 1891년 한양의 사회·생활상을 생생하게 보여주는 일기가 번역 출간됐다. 궁궐 등에 그릇을 납품하던 공인(貢人) 지(池)씨가 쓴 〈하재일기(荷齋日記)〉. 궁궐 등이 요구한 그릇을 만들던 양근분원(楊根分院) 근처에 주소지를 두고, 서울 인사동 등에서 하숙을 하던 지씨는 1891~1911년, 초서로 하루에 벌어진 일들을 꼼꼼히 기록했다. 그중 1891년 편이 번역된 것. 이 일기엔 그때 서민들의 미시적 생활상이 낱낱이 적혀 있다. 우선 그날그날의 물건 가격이 소상하다. 장국밥은 5~6전, 쌀 한 섬(180kg에 해당)은 215냥, 냉면 1냥 식이다. 동전 한 닢이 1푼이고, 그 10배가 1전, 1전의 10배가 1냥이다. 5전짜리 장국밥을 요즘 음식점에서 백반이나 된장찌개 가격 4,000원으로 친다면 1냥은 8,000원 정도로 볼 수 있다. 이에 따른다면 쌀 한 섬은 172만 원이었다. 80kg 한 가마로 치면 76만 4,000원으로, 요즘(20만원 선)보다 4배 가까이 높다. 그러나 술 한잔 걸치는 가격은 지금보다 훨씬 낮았다. 지씨는 술값을 여러 군데에 적었는데, 모두 4~5전(3,200~4,000원) 정도였다. 친척이나 지인 부조에는 10냥(8만 원)씩을 주었다. 물가에 비해 임금 수준은 낮은 편이었다. 집에서 하인을 부릴 정도로 넉넉했던 지씨는 지금의 대절 기사쯤에 해당하는 가마꾼들에게 술값과 가마 대여비까지 포함해 2냥 4전(1만 9,200원)을 주기도 했다. '신세대'에 대한 우려는 110년 전에도 마찬가지였다. 정월 대보름 밤 청계천 수표교로 야경 구경을 갔다가 "달빛과 등불빛 속에서 북과 꽹과리를 치며 장안의 청춘 남녀들이 어지럽게 떠들어대는데 구경할 것이 못 됐다"고 적었다. 뇌물 풍속도 역시 흥미롭다. 지씨는 항아리 20개를 검사한 상궁이 퇴짜를 놓자 상궁에게 퇴짜 맞은 항아리 8개를 바친다. 상궁은 꿀물과 부채 23자루를 하사한다. 사정이 이렇다 보니 출세할 법한 사람을 미리 키우기도 했다. 지씨는 여주 이생원에게 과거 보는 데 드는 비용 3,000냥(2,400만 원)을 빌려주기도 한다. 그러나 고위층과 맺은 '끈'으로 매관매직을 돕기도 했다. 아는 사람이 강원도 평해군수 자리를 알아보자 3만 3,000냥(2억 6,400만 원)이 든다는 대답이 돌아왔다. 지씨는 8세 된 기생을 만난 일도 '이례적인 일'이라며 기록했다. "이름은 금홍(錦紅). 재주와 미모를 겸비해 자라면 경성지색(傾城之色)이 될 만했다. 그를 보자 사랑스러워 노래 한 곡을 들으려 했다." 조선 말기여서 민초들의 나라 걱정이 대단했을 법하다. 일기에는 그 같은 대목은 한 줄도 없다. 그날그날 먹고사는 이야기나, 부인이 아닌 애인을 만난 이야기 등이 기록됐을 뿐이다.(〈조선일보〉, 2006. 2. 24)

한 냥의 가치

TV의 사극을 보면 시장에서 떡 하나, 막걸리 한 사발을 사 먹고는 "옛소" 하면서 동전 몇 냥을 쉽게 던져주는 장면이 나온다. 그런데 그 시대에 동전 한 냥의 가치는 과연 얼마였을까? 또 지금과 비교하면 그 가치는 얼마나 달라졌을까? 드라마에 나오는 동전의 가치를 하나로 말하기는 어렵다. 시대마다 돈의 가치는 당연히 다르며, 어떤 재화의 가치는 지금보다 높고 또 어떤 재화의 가치는 지금보다 낮기 때문에 똑같이 비교하기는 어렵다. 다만 평균적으로 보면 조선 후기, 즉 18~19세기에 동전 한 냥의 가치는 대략 지금의 1만 원과 비슷했던 것으로 생각된다. 장터 주막에서 파는 장국밥 한 그릇의 값은 대체로 반 냥, 즉 5전이었으며, 막걸리 두어 사발을 겸하면 한 냥쯤의 가격이었다고 한다. 쌀 같은 곡식의 가치는 지금보다 훨씬 높아서 쌀 한 가마니(80kg 정도)의 가격은 지금의 80만 원 정도였고, 반면에 인건비는 지금보다 싸서 하루 밭을 간 품삯이 2만 원 정도였다고 한다. 그나마 이는 19세기 후반의 일이고, 그 이전에는 사람의 가치가 훨씬 더 싸 노비 한 명의 몸값이 5~20냥에 불과했다는 기록도 있다.

우리가 필요한 재화나 서비스를 살 때 지불하는 돈의 액수를 가격이라고 한다. 가격은 상품이 가진 가치를 화폐로 환산한 것이다. 그런데 우리가 구입하는 품목에는 쌀이나 버스 요금과 같이 수시로 구입하거나 이용하는 것도 있고, 자동차처럼 가끔 구입하는 것도 있다. 또 일정 시점에서 가격이 오르는 상품이 있는가 하면 내리는 상품도 있는 등 상품가격은 매우 다양하게 변동한다. 따라서 개별 상품의 가격을 가지고는 전반적인 상품가격의 변화를 판단하기가 어렵다. 이 때문에 우리는 여러 가지 상품의 가격들을 종합해 한눈에 알아볼 수 있도록 평균적인 가격 수준을 구하게 되는데, 이렇게 만든 가격수준을 **물가**(price level)라고 한다. 그리고 이런 종합적인 물가 수준을 일정한 기준에 따라 지수로 나타낸 것이 **물가지수**(price index)이다. 기준연도의 물가지수를 100으로 놓고 어떤 시점의 물가지수와 비교해보면 물가의 변동률을 쉽게 알 수 있다. 가령 어느 해의 물가지수가 105라면 기준 연도에 비해 평균적인 물가 수준이 5% 상승했다는 것을 의미한다. 일반적으로 물가지수는 상품별로 중요한 정도에 따라 가중치를 다르게 적용해 평균을 내서 계산하는데, 가중치는 보통 상품의 거래액을 기준으로 한다.[5]

물가지수에는 크게 소비자물가지수와 생산자물가지수가 있다. 통계청이 작성하는 '소비자물가지수'는 우리가 소비생활에서 실제로 구입하고 있는 상품이나 서비스의 거래가격을 조사한 것이다. 이는 가계의 생계비 평균 또는 구매력의 변동을 측

물가 여러 재화의 개별 가격을 종합하여 평균한 것

물가지수 물가 수준을 일정한 기준에 따라 지수로 나타낸 것. 생산자물가지수, 소비자물가지수, 도매물가지수, 소매물가지수 등으로 구분한다.

---

5 통계청이 매월 소비자물가지수에 반영하는 대표품목은 5년마다 소비가 늘어나거나 줄어드는 품목을 감안해 조정한다. 2015년 기준 제외된 품목들은 대부분 한 달에 231원 이상 소비하지 않는 품목들이다. 2015년 기준 대표품목의 수는 2010년의 481개 가운데 꽁치를 비롯해 사전·케첩·커피크림 등 10개 품목이 제외되고 블루베리·도시락·안마의자 등 18개 품목이 추가되어 모두 489개이다. 꽁치가 대표품목에서 빠진 것은 1965년 통계청이 관련 조사를 시작한 이후 처음이라고 한다.

정하기 때문에 일반인은 물론 정책당국과 언론의 관심이 높다. 한국은행에서 작성하는 '생산자물가지수'는 국내에서 생산된 상품과 운수, 통신, 금융, 부동산 등 기업 서비스가 국내시장에 출하되어 1차 단계에서 기업 상호 간에 이루어진 거래가격의 변동을 측정한 것이다. 생산자물가지수는 조사대상의 범위가 넓고 전반적인 상품의 수급 동향을 반영한다는 점에서 일반적인 물가 수준을 잘 나타낸다.

물가지수에는 소비자물가지수와 생산자물가지수 이외에도 쓰임새에 따라 한국 은행에서 작성하는 수출입물가지수, 농협중앙회에서 작성하는 농가판매 및 구입가 격지수 등이 있다. '수출입물가지수'는 수출입상품에 대한 계약가격의 변동을 조사 한 것이다. 이 지수는 수출입업체의 수출채산성 변동이나 수입원가 부담을 파악하 고 대외 교역조건을 측정하는 목적으로 사용된다. '농가판매 및 구입가격지수'는 농 가가 생산한 농산물의 판매가격과 영농 및 소비생활에 필요한 재화나 서비스의 구 입가격을 조사한 물가지수이다. 이 지수는 농가의 교역조건의 산출을 통해 농촌 경 제 동향을 분석하고 농업정책을 수립하는 데 활용된다. 이밖에도 물가지수는 농산 품지수, 공업제품지수, 서비스지수 등과 같이 상품의 특성별로 분류한 지수가 있다. 경제주체들은 이런 지수들을 통해 재화의 수급 동향을 판단할 수 있다. 가령 수요가 크게 변동하지 않은 상황에서 공업제품지수가 안정적인 데 비해 농산품지수가 크게 상승한다면 농산품의 공급이 부족하다는 것을 나타내므로 이를 보고 농산품의 공급 을 원활하게 하기 위한 대책을 강구하는 것이다.

그런데 한 나라의 물가지수를 나타낼 때 가장 기본이 되는 지표는 소비자물가지수도 생산자물가지수도 아닌 **GDP 디플레이터**(GDP deflator)이다. GDP 디플레이터는 명목GDP를 실질GDP로 나눈 값을 백분율로 나타낸 것이다. 앞에서 설명했듯이 명목변수는 물가 상승분을 포함한 것이며, 실질변수는 물가 상승분을 제외한 것을 의미한다.

GDP 디플레이터 물 가 수준의 지표로서 명 목GDP를 실질GDP로 나눈 수치에 100을 곱하 여 계산한다.

$$\text{GDP 디플레이터} = \text{명목GDP}/\text{실질GDP} \times 100 \qquad \langle \text{식 8-4} \rangle$$

〈식 8-4〉가 바로 GDP 디플레이터이다. 아마 이미 눈치챈 독자들이 많겠지만 〈식 8-4〉는 바로 〈식 8-1〉과 같다. GDP 디플레이터에는 모든 가격지수가 반영되어 있 다는 점에서 다른 물가지수보다 훨씬 더 포괄적인 성격을 갖는 물가지수이다. 장기적 으로 보면 GDP 디플레이터는 생산자물가나 소비자물가와 비슷한 움직임을 보인다.

물가지수는 돈의 구매력 변화를 측정하는 수단이 된다. 물가가 오르면 동일한 화

폐로 구입할 수 있는 상품의 양은 물가가 오르기 전보다 줄어들어 돈의 가치가 떨어
지게 된다. 반대로 물가가 하락하면 이전에 비해 돈의 구매력이 증가하게 된다. 이
렇게 우리는 물가지수를 이용해 물가의 변동에 따른 돈의 실질적인 구매력 변화를
측정할 수 있다. 또 물가지수는 경기를 예상하는 지표로도 쓰인다. 사람의 몸에 이
상이 생기면 체온의 변화로 나타나는 것처럼 생산, 소비, 투자 등 경제활동이 이루
어진 결과는 물가로 반영되어 나타난다. 물가가 갑자기 큰 폭으로 오르거나 내리면
국민경제의 안정성에 이상이 있다고 판단해 그 원인을 분석하게 된다. 따라서 물가
지수는 경기지표와 함께 경제안정을 진단하는 체온계의 기능을 한다고 하겠다.

물가지수를 계산하는 방법에는 몇 가지가 있으나 가장 자주 사용되는 것은 라스
파레이스식과 파셰식이다. 두 가지 물가지수의 차이는 각 상품들에 주어지는 가중
치를 기준시점의 생산량을 기준으로 할 것인가 비교시점의 생산량을 기준으로 할
것인가에 있다. 라스파레이스식 물가지수는 기준시점의 생산량을 기준으로 계산한
다. 기준시점에서 각 상품들의 가격을 p_{a_0}, p_{b_0}, p_{c_0}…, 수량을 q_{a_0}, q_{b_0}, q_{c_0}…이라고
하면 **라스파이레스식 물가지수**(Laspeyres formula)는 다음 식으로 구할 수 있다.

라스파이레스식 물가
지수 $= \Sigma p_1 q_0 / \Sigma p_0 q_0$

그림 8-4 우리나라의 소비자물가 변화율

자료 : 통계청.

$$L = \frac{pa_1 \cdot qa_0 + pb_1 \cdot qb_0 + pc_1 \cdot qc_0 \cdots}{pa_0 \cdot qa_0 + pb_0 \cdot qb_0 + pc_0 \cdot qc_0 \cdots} = \frac{\Sigma P_1 q_0}{\Sigma P_0 q_0}$$ 〈식 8-5〉

파셰식 물가지수 = $\Sigma p_1 q_1 / \Sigma p_0 q_1$

한편 **파셰식 물가지수**(Paasche formula)는 비교시점, 즉 현재 시점의 생산량을 기준으로 다음과 같이 구한다.

$$P = \frac{\Sigma p_1 q_1}{\Sigma p_0 q_1}$$ 〈식 8-6〉

라스파레이스식 물가지수는 소비자물가지수나 생산자물가지수 등을 계산할 때 사용된다. 파셰식을 사용하는 대표적인 물가지수는 바로 GDP 디플레이터이다. 한편 이 두 가지 물가지수 이외에도 라스파레이스식과 파셰식 물가지수를 기하평균한 **피셔식 물가지수**(Fisher formula)와, 현재 구입한 상품의 양과 기준시점에서 구입한 양과의 평균만큼 구입한 경우의 물가를 나타내는 **에지워스식 물가지수**(Edgeworth formula) 등도 있으나 자주 사용되지는 않는다.

장바구니 물가

과일, 야채 등의 가격이 너무 올라 장보기가 두렵다거나 휘발유값, 지하철 요금, 대학 등록금 등이 잇따라 올라 가계에 주름살이 늘었다는 등 물가 상승을 우려하는 이야기를 자주 듣는다. 경제생활에서 물가처럼 모든 경제주체의 중요한 관심사가 되는 것도 흔하지 않다. 물가의 움직임은 가계의 소비생활이나 기업의 생산활동은 물론 국민경제의 전 부문에 걸쳐 광범위하고도 커다란 영향을 미치기 때문이다. 대개 우리는 생활 속에서 물가가 오르고 내리는 것을 직접 느끼며 살아간다. 가령 주부는 저녁 찬거리를 사는 시장바구니에서, 직장인은 점심값과 교통비 등에서, 학생들은 등록금이나 책값 등에서 주로 물가의 움직임을 감지한다. 그런데 물가지수를 작성하는 기관에서 공식적으로 발표하는 물가 상승률을 보면 우리가 일상생활에서 피부로 느끼는 물가 상승률보다 낮다는 생각을 자주 하게 된다. 물론 이런 현상은 우리나라에서뿐만 아니라 세계 여러 나라에서 거의 공통적으로 발생한다. 이런 차이 때문에 우리나라에서도 소비자물가지수를 작성할 때 서민들의 장바구니 물가에 보다 근접한 생활물가지수와 신선식품지수 등을 보조지표로 함께 만들어 발표하고 있다.

그렇다면 왜 지수물가와 체감물가가 다를까? 그 이유는 첫째, 지수물가가 여러 가지 상품을 일정한 기준에 따라 종합한 평균적인 가격 수준을 나타내는 반면, 체감물가는 소비자가 구입했던 상품가격에 대한 주관적 느낌을 나타내기 때문이다. 예를 들어 대학 등록금은 상승하고 가전제품 가격은 하락해 전체 소비자물가지수는 변동하지 않았다고 가정해보자. 이때 대학생 자녀를 둔 부모들은 교육비의 부담이 증가해 물가가 올랐다고 느끼지만, 전자제품을 구입한 가계에서는 물가가 내렸다고 느낄 것이다. 지수물가가 코끼리의 전체 모습을 보고 코끼리를 이야기하는 것이라면 체감물가는 코끼리의 일부만 만져 보고 말하는 것이라고 비유할 수 있다.

둘째, 생활수준의 향상이나 자녀의 성장 등에 따라 소비지출이 늘어난 것을 많은 소비자들이 물가가 오른 것으로 착각하기 때문이다. 가령 소득이 높아져서 살던 집을 팔고 새 집으로 이사하면 가전제품, 자동차 등을 새로 사게 된다. 대부분은 소득이나 집 크기에 비례해 소형에서 대형으로 바꾼다. 이때 가전제품 구입비는 물론 전기료, 자동차 보험료, 기름값, 아파트 관리비 등의 지출이 늘어나게 되는데, 많은 소비자는 이것을 물가 상승으로 착각한다는 것이다. 자녀가 초등학교에서 중학교, 중학교에서 고등학교로 진학하면 학원비와 식비, 용돈 등 생활비가 늘어나기 마련인데, 이것을 물가 상승으로 잘못 생각하기도 한다. 또 물가가 안정되어 있더라도 부동산 가격이나 증권 시세가 급격하게 오르면 심리적으로 물가가 상당히 상승한 것으로 느낀다고 한다.

셋째, 자기중심적으로 생각하는 사람들의 심리적인 요인이 체감물가와 지수물가의 차이를 만든다. 대체로 사람들은 적게 오르거나 하락한 품목보다 많이 오른 품목을 중심으로 물가변동을 생각하는 경향을 보인다. 이 때문에 전체 물가가 거의 변동하지 않았는데도 상승한 것으로 느낀다. 마치 은행에서 줄을 서 있을 때 다른 줄이 더 빨리 줄어드는 것 같고, 운전할 때 차로를 바꾸면 꼭 그 차로의 진행 속도가 빠른 것처럼 느껴지는 것과 같은 원리이다. 사실 자동차들의 속도가 똑같아도 자기가 추월한 차는 보이지 않는 반면 자기를 추월한 차는 오랫동안 보이기 때문에 사람들은 언제나 자기 차로가 느리다고 생각한다.

넷째, 사람들의 이런 주관적, 심리적 요인 이외에 물가지수 작성 방법상의 구조적인 한계로 인해 체감물가와 지수물가의 차이가 발생하기도 한다. 통상 물가지수는 5년마다 기준 연도를 개편하고 가중치를 조정한다. 그래서 일상생활의 소비 구조가 급격하게 바뀔 경우 이를 제때에 잘 반영하지 못할 수도 있다. 예를 들어 최근 크게 유행하고 있는 웰빙(well-being) 붐으로 가정의 소비지출 가운데 문화오락 서비스와 건강 관련 지출의 비중이 높아지고 있다. 그러나 공식 지수물가에서는 가중치가 고정

Shutterstock

물가 돈의 가치는 일정하지 않다.

되어 있어서 이런 변화를 곧바로 반영하지 못한다. 이 때문에 체감물가와 지수물가 사이에 차이가 나기도 한다.

8-3 경제성장

경제성장이 멈춘다면? 한국의 잠재성장률이 2050년 1% 이하로 떨어진다는 전망이 나왔다. 잠재성장률이란 한 나라 경제가 물가나 자원 공급 등에서 큰 문제없이 늘릴 수 있는 최대한의 생산증가율을 뜻한다. 정부 연구기관인 한국개발연구원(KDI)의 전망이라서 더 그럴듯하다. 성장률 0%대를 사는 우리 세대나 자녀 세대를 상상해본 일이 있는가? 2050년이라면 그리 멀지도 않다. 지금 20세가 57세가 되고, 50세는 87세가 되는 해다. 지난해 한국은 2.2% 성장했다. 성장률 2~3%대에서도 "힘들다"는 탄식이 나오는 상황이다. 한국은 성장률이 1% 줄면 일자리가 5~7만 개가 줄어든다는 통계도 있다. 1980년대 한국의 성장률은 평균 8.6%, 1990년대는 6.4%였다. 세계적으로는 1970년에서 2010년까지 평균 3.5%의 경제성장을 했다. '기적'에 가까운 일이다. 우리는 민주주의와 경제발전이 정체한 아프리카 국가들을 안타까워한다. 그러나 어쩌면 한국과 선진국들의 지난 50년이 인류 역사에서 이례적인 시기였다고 할 수도 있다. 앞으로가 문제다. 밤새워 일하고 경쟁하고 성장하는 데 익숙해진 사람들이 저성장 사회를 견딜 수 있을까. 미래학자들이 예상하는 미래에는 공통점이 있다. 기대 수명이 100세를 훌쩍 넘는 고령화 사회, 게이 커플과 입양아 등 다양한 형태의 가족, 클라우드 컴퓨팅과 모바일 네트워크로 촘촘

히 연결된 세계, 자원 고갈과 신재생 에너지의 발달 같은 것들이다. 이를 바탕으로 20~
30년 뒤 어떤 삶을 살게 될지 상상해본다. 많은 사람이 하루 3~4시간씩 75세까지 일한
다. 발달된 네트워크로 24시간 세계 누구하고나 대화할 수 있다. 전기료와 교통비가 비
싸 출퇴근하기보다는 재택근무를 한다. 쓰레기 처리 비용이 점점 비싸져 패스트패션보
단 좋은 제품을 사서 오래 쓰고 고쳐 쓴다. 어떤가. 그리 나빠 보이는가. 경제 사회적 조
건을 행복으로 만드느냐, 불행으로 만드느냐는 우리의 선택에 달렸다. 저성장 시대에는
사는 방식과 사회 운용 체계도 변해야 한다. 일과 여가를 적절히 안배하고, 소비로 자신
을 표현하기보다 다른 사람을 돕는 생산적 경험에서 만족을 찾으라고 전문가들은 조언
한다. 사회적으로는 일자리와 자원을 나누고 지구를 살리는 분야에 더 많이 투자하라는
것이다. 한국은 경제성장률을 높일 수 있는 여지가 많고 높여야 한다. 그럼에도 개인이
든 사회든 저성장 시대를 어떻게 살아가야 하는가에 대한 준비는 필요하다. 성장이 멈춘
다고 세상도 멈추는 건 아니다. (〈동아일보〉, 2013. 6. 15)

잃어버린 10년

불과 얼마 전까지만 해도 일본에서는 '잃어버린 10년'이라는 이야기가 곧잘 나오곤
했다. 1990년대 초반에 일어난 거품 붕괴에 이은 장기불황이 10년을 넘어 계속되었
기 때문이다. 그런데 일본은 지난 10년 동안 도대체 무엇을 잃어버렸다는 말인가?
그 기간 동안 성장했어야 할 국민소득을 잃어버렸다는 의미이다. 2002년 일본의 국
민소득은 3조 9,830억 달러로 1991년의 3조 8,570억 달러와 비슷한 수준이다. 말 그
대로 '잃어 버린 10년'인 것이다.

　신문이나 방송을 보면 정부가 올해의 성장률 목표를 얼마로 하고 있다거나 다음
분기 경제성장률이 얼마로 전망된다는 등의 기사가 종종 나온다. 사람들은 굳이 경
제학을 배우지 않았더라도 그것이 자신의 생활과 복지에 매우 중요한 연관이 있다
는 것을 금방 알아챈다. 성장률이 높게 나오면 자신의 생활이 좀 나아질 거라 기대하
고, 성장률이 낮게 나오면 미래에 대해 불안을 느낀다. 물론 경제 지식을 조금 더 갖
춘 사람이라면 경제성장률이 높아지니 이제 실업문제가 개선되겠다거나 물가가 오
르겠다거나 하는 기대와 전망을 할 것이다.

　그런데 **경제성장**(economic growth)이라는 말을 일상적으로 사용하기는 하지만 과
연 경제성장이란 도대체 무엇이 성장했다는 뜻일까? 경제가 나아진다거나 그 반대
로 못해진다는 것은 또 무엇을 의미할까? 한 마디로 경제가 성장한다는 말은 바로

경제성장　한 나라의
전체적인 생산 수준이나
국민소득이 계속해서 증
가하는 것

국민소득이 증가한다는 뜻이다. 경제성장은 국민경제의 공급량이 지속적으로 확대되는 현상이다. 모든 정부가 경제성장을 중요하게 여기는 이유는 국민경제가 성장하면 소득이 증대되고 새로운 일자리가 창출됨으로써 국민의 경제적 후생이 증진되기 때문이다.

경제성장률 국민경제가 일정 기간, 보통 1년 동안 증가한 비율

한 나라 경제가 전년도에 비해서 성장한 비율, 즉 **경제성장률**(rate of economic growth)은 〈식 8-7〉과 같이 계산한다.

$$경제성장률 = \frac{비교\ 연도\ 국민소득 - 기준\ 연도\ 국민소득}{기준\ 연도\ 국민소득} \times 100 \qquad 〈식\ 8-7〉$$

경제발전 장기적 관점에서 본 경제의 질적 진보

경제성장과 섞어 쓰기도 하고 구분해서 쓰기도 하는 개념으로는 **경제발전**(economic development)이 있다. 흔히 경제성장은 경제의 양적 증대, 경제발전은 경제의 질적 변화로 정의한다. 그런데 경제의 양적 증대란 바로 국민소득의 증가로 간단히 이해할 수 있으나 경제의 질적 변화란 구체적으로 무엇을 의미하는지 한 마디로 말하기 어렵다. 더러는 환경, 문화, 교육 등 국민생활의 질적 수준 개선을 경제발전으로 설명하기도 하고, 더러는 사회경제적 평등화, 사회조직과 행동양식의 개

Shutterstock

불황 불황이 정작 심각한 문제인 이유는 장기불황이 가져올 사회적 병리 현상 때문이다. 일본에서는 거품 붕괴 직후 주식과 부동산가격 폭락으로 충격받아 정신분열증을 겪는 사람이 증가하고, 우울증으로 인한 자살자가 매년 3만 명을 넘었다고 한다. 몇 해 전 우리나라를 깜짝 놀라게 했던 대구지하철 방화사건도 어떻게 보면 비슷한 사건이다. 무엇이 우리 사회를 이토록 각박하고 살벌하게 만드는 것일까?

선, 사회복지의 추구, 정치발전 등의 변화를 넓은 의미에서의 경제발전에 포함시키기도 한다. 선진국과 비교했을 때 후진국 경제에서 일반적으로 나타나는 후진성(backwardness)의 극복이 경제발전이라는 뜻이다.[6] 과거 경제개발 시대에 우리나라 정부가 추진한 것이 바로 '경제개발 5개년 계획'이었다. 그러나 요즘은 정부든 언론이든 경제개발이라는 표현은 거의 사용하지 않는다. 우리 경제가 선진국으로 진입함에 따라 과거와 같은 후진성의 극복이라는 과제는 거의 해결되었기 때문이다.

경제성장의 요인

한 기업의 생산함수와 마찬가지로 국민소득의 생산함수도 〈식 8-8〉과 같이 표현하는 경우가 많다. 〈식 8-8〉은 경제성장이론으로 노벨경제학상을 받은 솔로(Robert Merton Solow, 1924~)가 처음 발표했기 때문에 '솔로 모형(Solow model)'이라고 부른다. 솔로 모형은 신고전학파 경제학의 경제성장이론에서 가장 자주 사용되는 기본 모형이다.

$$Y = AL^{\alpha}K^{\beta} \qquad \qquad 〈식 8-8〉$$

앞에서도 이야기한 것처럼 경제학자들이 콥–더글러스 함수를 자주 사용하는 이유는 이러한 형태의 함수가 여러 가지 편리한 장점을 가지고 있기 때문이다. 가령 〈식 8-8〉을 미분하면 다음과 같이 어떤 생산요소의 증가가 경제성장에 얼마나 기여했는지를 쉽게 평가할 수 있다.

$$\hat{Y} = \alpha\hat{L} + \beta\hat{K} \qquad \qquad 〈식 8-9〉$$

〈식 8-9〉의 좌변은 산출량의 증가율, 즉 경제성장률을 의미하고 우변은 생산요소, 즉 노동과 자본의 투입 증가율을 의미한다. 이처럼 경제성장률에 어떤 생산요소가 얼마나 기여했는가 하는 분석을 성장회계(growth account)라고 부른다. 그런데 여러 나라의 경제성장을 분석해본 경험적 연구의 결과 좌변과 우변의 합계가 일치하

---

6 경제발전은 당연히 경제성장을 포함한다. 국민소득의 증대 없이 국민경제의 발전은 어렵다는 뜻이다. 그러나 경제발전은 경제의 양적 증가 이상의 무엇을 의미한다. 경제발전론에서는 개발도상국의 후진성 가운데 경제사회적 '이중구조(dual structure)'를 특히 주목한다. 일반적으로 개도국은 전통부문과 근대부문, 시장경제와 비시장경제, 화폐경제와 물물교환경제, 자본주의적 경제와 전(前)자본주의적 경제 등이 혼재해 있는 경우가 많다. 따라서 경제발전은 이러한 이중구조가 시장경제로 단일구조화되는 과정이라고 할 수 있다.

지 않는다는 사실을 알게 되었다. 과거에는 이 차이분을 솔로 잔차(Solow residual) 또는 솔로 생산성(Solow productivity)이라고 불렀으나, 이에 관한 연구가 발전하면서 최근에는 총요소생산성(total factor productivity)이라고 부른다. 총요소생산성이라는 개념은 경제성장에 노동과 자본 같은 개별 생산요소의 기여분 이외에 요소들의 결합에 의한 기여분이 있다는 뜻이다. 총요소생산성의 원천은 매우 다양해서 한 마디로 말하기 어렵다. 여기에는 기술진보나 교육과 같은 장기적인 요인들도 있고, 생산요소의 재배치나 규모의 경제와 같은 단기적인 요인들도 있다. 아무튼 분명한 것은 총요소생산성이 높은 나라는 동일한 양의 생산요소를 투입하고도 더 많은 산출량을 생산할 수 있다는 점이다. 일반적으로 선진국은 개발도상국보다 총요소생산성이 높다.[7]

총수요 모든 경제주체들의 상품과 서비스에 대한 수요의 총계. 가계부문의 소비지출, 기업부문의 투자지출, 정부부문의 공공지출, 해외부문의 순수출의 총합

경제성장은 단기적으로는 총수요의 변화에 가장 큰 영향을 받는다. '총수요(aggregate demand)'란 모든 경제주체의 상품과 서비스에 대한 수요의 총계로서, 가계부문의 소비지출과 기업부문의 투자지출, 정부부문의 공공지출, 해외부문의 수출을 합한 것이다. 가령 총수요 가운데 수출은 호조를 보였지만 소비와 투자 등 국내수요가 부진하면 총수요 증가가 적어 경제성장률은 그다지 높지 못할 수도 있고, 당연히 반대의 경우도 있다. 특히 실제 생산 수준이 잠재생산력 수준에 못 미치는 경우에는 총수요의 증가가 거의 대부분 경제성장으로 이어진다.

단기와는 달리 장기적인 경제성장은 주로 공급 측면의 생산능력에 좌우된다. 장기경제성장은 노동, 자본, 천연자원 등 생산요소의 투입량이 증가하거나, 기술진보를 통해 같은 양을 투입해 더 많은 산출을 얻게 되면 가능하다. 생산요소 가운데 토지를 비롯한 천연자원은 공급이 제한되어 있으므로 생산을 증가시키기 어렵다. 따라서 성장에 미치는 영향이 큰 생산요소로는 노동과 자본을 들 수 있다. 물론 자본과 노동의 투입 역시 경제가 성숙 단계에 이르면 경제성장에 한계를 보이기 마련이다. 한 나라의 장기성장률은 대체로 잠재성장률에 근접하는 경우가 많다. **잠재생산력**(potential yield)이란 한 나라가 자본이나 노동 등의 자원을 최대한으로 사용했을 때

잠재생산력 한 나라가 자본이나 노동 등의 자원을 최대한으로 사용했을 때의 생산력

---

7 미국의 경제학자 폴 크루그먼(Paul Krugman, 1953~)은 1994년 미국의 외교전문지 *Foriegn Affairs*에 발표한 「동아시아 기적의 신화(The Myth of East Asian Miracle)」라는 논문을 통해, '기적'이라 칭송받는 동아시아 신흥국가들의 경제성장이 조만간 정체의 위기를 겪을 것이라고 지적했다. 이를 계기로 동아시아 경제성장의 요인에 대한 국제적인 논쟁이 일어났는데, 크루그먼의 주장과 같은 편에 선 많은 경제학자들은 동아시아 국가들이 좀 더 지속가능한 성장을 추진하려면 총요소생산성을 상승시키는 노력이 필요하다고 지적했다.

의 생산력을 의미하며, 이때의 성장률을 **잠재성장률**(potential growth rate)이라고 부른다. 잠재성장률은 한 국민경제가 실제로 달성하는 성장률, 즉 현실성장률의 장기 추세로 볼 수 있다. 장기적으로 보면 현실성장률은 대체로 잠재성장률에 근접한다. 그러나 가끔 잠재성장률의 의미를 오해하는 경우처럼 잠재성장률이 낮아진다고 해서 현실성장률이 낮아진다는 뜻은 아니다.

잠재성장률 잠재생산력 수준의 성장률

잠재생산력이란 한 국민경제가 인플레이션을 유발하지 않고 주어진 생산요소를 사용하여 달성할 수 있는 최대의 성장능력을 의미한다. 바꿔 말하면 잠재생산력을 초과하여 국민소득을 생산하려면 인플레이션을 유발하게 된다는 뜻이다. 반대로 국민소득이 잠재생산력 이하면 국민경제는 디플레이션에 빠지게 된다. 일반적으로 현실성장률은 호경기에는 잠재성장률보다 높고 불경기에는 낮은 것이 보통이다. 현실성장률이 잠재성장률보다 낮으면 그 나라 경제가 최대한 생산할 수 있는 수준 이하에서 조업하는 상태이므로 인플레이션을 수반하지 않으면서 총수요를 증가시켜 실업률을 낮출 수 있다. 반면에 현실성장률이 잠재성장률보다 높으면 경기가 과열되어 물가 상승을 촉발할 수 있으므로 총수요를 억제할 필요가 있다. 성장률이 높다고 무조건 좋은 것만은 아니라는 이야기다. 이처럼 잠재성장률은 경제성장의 속도가 적정한지를 판단하는 데 기준이 된다.

장기적으로 경제성장을 가져오는 중요한 요인으로는 **기술진보**(technical progress)가 있다. 기술진보는 생산기술에 관한 새로운 방법을 이용하거나 새로운 생산함수를 도입하여, 동일한 양의 생산요소를 투입하면서도 더 많은 산출량을 생산할 수 있게 하는 생산기술상의 발전을 의미한다. 증기기관이나 반도체의 발명처럼 새로운 상품을 만들거나 기술을 개발하는 것은 물론, 이미 존재하는 기술을 응용해서 새로

기술진보 생산기술에 관한 새로운 방법을 이용하거나 새로운 생산함수를 도입하여, 동일한 양의 생산요소를 투입하면서도 더 많은 산출량을 생산할 수 있게 하는 생산기술상의 발전

그림 8-5 한국의 경제성장률과 잠재성장률

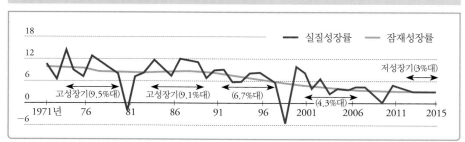

자료 : 한국은행·현대경제연구소(〈동아일보〉, 2011. 11. 2)

운 상품을 개발하는 혁신도 기술진보가 될 수 있다. 재고를 획기적으로 줄이는 방법을 고안하거나 노동생산성을 향상시키는 조직관리 방법을 찾아내는 것도 넓은 의미의 기술진보이다. 한마디로 기술진보란 생산성 향상에 기여하는 모든 변화를 포괄하는 개념이다. 기술진보는 연구·개발(R&D)과 인적 자본의 투자로 이루어진다. 다만 기술진보는 경제주체들이 노력한다고 해서 단기적으로 나타나지는 않는다.

〈그림 8-6〉에서 A점에서 B점으로의 이동은 생산요소의 투입량을 증가시킨 결과이다. 반면에 A점에서 C점으로의 이동은 동일한 양의 생산요소를 투입하고도 더 많은 산출량을 생산했다. 이러한 향상을 기술진보라고 부른다. 기술진보는 생산함수를 위로 이동시킨다. 또 기술진보는 산출-자본 비율(output-capital ratio)과 자본-노동 비율(capital-labour ratio)을 변화시킴으로써 투자율, 고용, 소득분배에 영향을 미친다. 〈그림 8-6〉의 A점에서 B점으로의 이동보다 C점으로의 이동이 훨씬 더 바람직하다는 것은 말할 필요도 없다. 기술진보가 이루어지면 노동이나 자본의 양이 늘어나지 않아도 장기적으로 경제성장이 지속될 수 있다. 자본이나 노동과 같은 생산요소의 투입은 무한정 증가시킬 수 없으므로 장기적으로 경제성장은 기술진보에 의해 결정된다. 기술진보로 경제성장이 이루어지는 경우에는 인구증가나 자본축적에 의한 경제성장과 달리 수확체감의 법칙이 적용되지 않는 특징이 있다. 경제성장이 일정 수준 이상의 성숙 단계로 접어든 선진국들이 여전히 성장하는 것도 기술진보

그림 8-6 경제성장과 기술진보

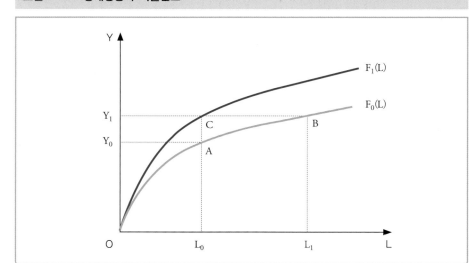

때문이다.

　이처럼 경제성장은 노동과 자본 등 생산요소의 투입량이 증가하거나 기술진보에 의해 이루어진다. 그런데 이런 요인들 가운데 국가별, 시대별로 특히 어떤 요소가 경제성장에 더 중요한 역할을 했는지를 보면 조금씩 다른 결과를 알 수 있다. 가령 제2차 세계대전 이후 선진국 경제가 높은 성장세를 기록해 전후 자본주의의 황금기로 불렸던 1948~1972년의 약 25년간 기술진보는 미국 경제성장에 42%를 기여했다. 반면 동아시아의 기적이라 불리는 1966~1990년의 25년간 우리나라와 싱가포르 등에서는 기술진보의 기여도가 미국의 절반 이하인 20%에도 못 미치는 것으로 나타난다. 경제성장의 대부분이 기술진보가 아니라 요소투입의 증가에 따라 일어났다는 뜻이다. 그러나 기술진보가 없이는 장기적으로 높은 성장률을 지속해 나갈 수 없다. 새마을운동과 같은 동원정책으로 국민소득 1,000달러의 국가로 성장하는 일은 가능할지 몰라도 국민소득 3만 달러를 달성하기는 불가능하다는 뜻이다.

성장과 분배

국민소득에서도 비슷한 문제를 지적했지만, 경제성장에 대해서도 과연 성장이 국민을 더 행복하게 해주는가 하고 의심하는 사람들이 적지 않다. 경제가 성장하고 국민소득이 증가하더라도 분배나 중산층 이하 국민의 복지, 사회정의, 환경과 같은 삶의 질을 규정하는 조건들이 더 나빠진다면 과연 우리 사회가 더 행복해졌다고 말할 수 있느냐는 것이다. 물론 국민소득이 국민의 행복이나 후생 수준을 절대적으로 반영하지는 않는다. 그러나 경제학이 늘 그렇듯 다른 조건이 모두 동일하다고 가정하면, 국민의 후생은 국민소득에 비례한다고 말해도 좋다. 아무튼 이왕이면 국민이 물질적으로 조금이라도 더 풍요로운 편이 빈곤한 것보다는 낫지 않겠는가?

　그런데 반대로 성장과 분배는 모순적이라거나 성장과 후생은 양자택일의 문제라거나 성장을 위한 환경파괴는 어쩔 수 없다고 생각하는 사람들도 있다. 하지만 정말 그럴까? 국민소득이라는 지표가 사람들의 행복에 필요한 조건들을 모두 담고 있지 못한 것은 분명하지만, 그렇다고 해서 경제성장이 반드시 이런 내용들과 배치된다고 생각하는 것도 오해일 때가 많다. 먼저 성장과 분배에 대해 생각해보자. 경제성장은 생산능력의 증대에 관한 문제인 반면 소득분배는 이미 생산된 가치를 생산에 참여한 여러 집단들 사이에서 어떻게 분배하느냐의 문제이다. 따라서 논리적으로만 본다면 성장과 분배 사이에 획일적인 상관관계는 없다. 경우에 따라서는 성장이 분배를 개선할 수도 있고 반대로 악화시킬 수도 있다는 것이다. 물론 반대로 분배의 개선이 성장을 지원할 수도 있고 저해할 수도 있다. 그렇다면 현실에서는 어떨까? 성장이 먼저냐 분배가 먼저냐 하는 논란은 성장과 분배 사이에 그러한 모순과 대립관계가 있어서라기보다는 분배를 둘러싼 사회계층들 사이의 갈등과 이해관계의 충돌이 그와 같은 방식으로 표현된 것이라고 해야 옳다.

적지 않은 사람들은 경제성장이 소득분배를 악화시킨다는 속설을 당연한 것처럼 생각한다. 그러나 본격적인 경제개발을 시작한 1960년대부터 외환위기 이전까지 우리나라의 지니계수는 장기적으로 개선되어 왔다. 경제개발의 초기에는 성장이 분배를 악화시키는 현상이 흔히 나타나기도 한다. 그러나 국민소득이 일정 수준을 넘어서면 분배의 개선은 노동의욕을 고취하고 생산성을 증대시키므로 오히려 성장에 유리한 여건을 만든다. 경제성장에 관한 연구로 노벨상을 받은 러시아 출신의 미국 경제학자 사이먼 쿠즈네츠(Simon Smith Kuznets, 1901-1985)는 경제성장의 초기에는 사회경제적 불평등의 정도가 악화되다가 성장이 어느 단계에 이르면 다시 완화된다는 **역U자 가설**(inverse U-type hypothesis)을 주장했다. 이런 현상은 후진국의 경우 투자재원이 절대적으로 부족하기 때문에 경제성장을 위하여 인위적으로 가계의 소비를 억제하고 투자를 지원한 데서 온 것이다.[8]

경제성장이 소득분배를 개선한다는 사실은 경기변동과 관련해서 생각해봐도 알 수 있다. 경제사정이 나쁠수록 저소득층이 더 큰 충격을 받는 것은 분명하다. 경제가 불황일수록 소득분배는 악화되고, 호황일수록 개선된다는 뜻이다. 경제사정이 좋아질수록 소득분배가 개선되는 이유는 저소득층에게 더 많은 소득 기회를 주기 때문이다. 반대로 경제사정이 나빠지면 저소득층이 가장 먼저 일자리를 잃거나 가게 문을 닫게 된다. 경제성장도 마찬가지로 저소득층에게 더 많은 소득기회를 주기 때문에 소득분배의 개선에 기여한다.

경제성장이 소득분배를 개선한다면 소득수준이 높은 선진국일수록 지니계수는 더 낮아야 옳다. 경험적으로 보더라도 세계 여러 나라의 장기분석은 성장과 분배가 대체로 정(+)의 상관관계가 있음을 보여준다. 다시 말해서 선진국일수록 분배가 평

역U자 가설 경제성장의 초기에는 사회경제적 불평등의 정도가 악화되다가 성장이 어느 단계에 이르면 다시 완화된다는 가설

---

8 성장과 분배 사이의 관계를 표현한 역U자 형의 그래프를 발견자의 이름을 따 '쿠즈네츠 곡선(Kuznets curve)'이라고 부른다. 쿠즈네츠 곡선은 성장과 분배뿐 아니라 성장과 환경오염의 관계를 설명할 때도 이용된다. 즉 경제성장의 초기에는 환경오염이 확대되다가 어느 단계 이후에는 성장이 오히려 환경오염을 축소시킨다는 것이다.

등하고, 한 나라 안에서도 경제가 성장할수록 대체로 소득분배의 불평등도가 개선되어 간다는 것이다. 물론 모든 나라에서 획일적으로 소득수준과 분배의 평등도가 비례하는 것은 아니다. 가령 유럽의 복지국가들은 지니계수가 매우 낮지만 미국은 경제 수준에 비해 지니계수가 매우 높은 나라 가운데 하나이다. 이는 한 나라의 소득분배가 얼마나 평등한가를 결정하는 데는 소득수준 이외에도 다른 많은 요인이 있다는 것을 의미한다. 그러나 일반적으로는 소득수준이 높은 나라일수록 분배도 평등하며, 한 나라에서는 경제가 성장할수록 분배도 개선된다. 분배 대신 복지와 성장이라는 관계를 보더라도 건강보험이나 실업보험과 같은 사회복지제도들, 노인이나 여성, 장애인 등 사회적 소수자의 권리를 보호하기 위한 제도들이 국민소득이 높은 나라와 그렇지 못한 나라 중에서 어느 쪽이 더 잘 갖춰져 있는가는 말할 것도 없다.

성장과 환경 문제도 같은 원리로 생각해볼 수 있다. 흔히 성장은 환경을 파괴하고 자원을 고갈시킨다고 생각한다. 그렇다면 일반적으로 선진국일수록 후진국보다 환경을 비롯한 삶의 질에서 우위에 있는 사실은 어떻게 설명하겠는가. 인간의 경제행위는 근본적으로 자연을 이용하는 것이기 때문에 일정 정도 환경에 파괴적 기능을 하는 것이 사실이다. 특히 산업혁명 이후 인간 사회의 생산력이 급격히 높아짐에 따라 자연을 대규모로 이용하게 되고 그 결과 환경파괴가 나타났던 것도 분명하다. 이렇게 본다면 일찍 산업화를 이룩해 경제성장의 기간이 길고 국민소득이 높은 선진국일수록 환경파괴에 대한 책임이 더 크다고 할 수 있다. 그러나 달리 보면 후진국에서는 빈곤과 낮은 기술 수준, 환경의식의 부재 등으로 무차별적인 환경파괴가 자행되고 있는 반면, 선진국에서는 자연을 이용하되 불필요한 파괴를 억제한다든가 정부와 시민사회가 환경보호를 위한 정책을 실천하고 있으며, 환경파괴 물질의 사용을 금지하고 대체자원의 개발에도 힘을 쏟고 있다. 환경보호를 위한 기술개발이나 환경에 대한 의식의 고양도 실은 국민소득수준이나 경제성장과 무관하지 않다는 것을 보여준다.

요컨대 성장과 분배, 성장과 복지, 성장과 환경 사이에 나타나는 충돌은 절대적인 것이라기보다 경제성장에 따른 사회구성원들 간의 가치관과 이해관계의 충돌이라고 보아야 한다. 그렇다면 경제성장은 왜 이런 문제들을 노출시킬까? 그것은 절대빈곤의 수준에 있을 때는 성장 그 자체가 거의 유일한 국가적, 사회적 목표가 되지만, 경제가 성장함에 따라 빈곤의 문제가 어느 정도 해결되고 나면 다양한 욕구와 다양한 가치관이 추구되기 때문이다. 1960~1970년대의 우리나라를 보더라도 고도성장은 군사정권의 정통성을 확보하기 위한 수단이기도 했지만, 국민 대다수가 절대적 빈곤의 상태에 놓여 있던 당시의 조건에서는 국민경제의 과제이기도 했다. 따라서 성장에 관해서는 광범한 국민적 합의가 형성될 수 있었다고 해도 과언이 아니다. 그러나 경제성장과 소득의 향상은 그 결과로 사회구성원들에게 보다 다양한 목표와 가치, 개성을 추구할 권리를 부여한다. 과거에는 성장이라는 사회적 합의를 통해 국민적 통합이 이루어졌다면, 이제 변화에 대응해 새로운 사회적 통합의 열쇠를 찾아야 한다. 이것이 21세기에 들어선 한국경제가 해결해야 할 가장 근본적인 과제일 것이다.

존 메이너드 케인스(Sir John Manyard Keynes, 1883-1946)

신고전학파의 주된 연구대상은 한계이론을 중심으로 한 미시경제학의 주제들이었다. 거시경제학이라는 현대경제학의 새로운 영역을 개척한 사람은 존 메이너드 케인스이다. 빅토리아 시대의 문화를 대표하는 지성적인 가정환경에서 성장한 케인스는 이튼학교를 거쳐 케임브리지의 킹스칼리지에 진학했는데, 여기서 일생의 스승인 앨프레드 마셜과 만나게 된다. 케인스가 고전학파 경제학에 대해 분명한 태도로 비판하기 시작한 것은 1920년대 중반 무렵부터이다. 1926년에 발표된 〈자유방임의 종언(The End of Laissez-Faire)〉이라는 글에서 케인스는 고전학파의 자유방임주의(lassez-faire)에 근본적인 비판을 가하면서 정부가 해야 할 일과 해서는 안 될 일을 구분하는 경제이론의 확립을 주장했다. 1930년대 대공황은 그때까지 경제학이 유지해 온 자기조절적 시장(self-adjusting market)에 대한 믿음이 이미 현실성을 상실했음을 보여주었다. 규제되지 않은 시장의 무정부성이 자본주의의 존립 그 자체를 위협했다. 그러나 신고전학파 경제학은 여전히 시장의 자동조절능력을 강조할 뿐, 정작 현실의 위기에 대해서는 아무런 처방도 제시하지 못했다. 따라서 경제학이 현실에 대해 유용성을 갖기 위해서는 먼저 경제학을 변화시키지 않으면 안 되었다. 이러한 과제를 부여받고 탄생한 것이 바로 케인스의 경제학이다. 『고용, 이자 및 화폐에 관한 일반이론(The General Theory of Employment, Interest And Money, 1936)』은 케인스 경제학의 완성을 의미할 뿐만 아니라 애덤 스미스 이후 지속되어 온 근대 경제학의 전통이 근본적으로 혁신되었음을 의미한다.

사이먼 쿠즈네츠(Simon Kuznets, 1901-1985)

현실에서의 중요성이나 사람들의 큰 관심에도 불구하고 20세기의 전반기까지 경제성장은 경제학의 주요한 연구분야가 아니었다. 경제학이 순수이론의 연구에 복무해야 한다고 생각하는 경제학자들이 많았기 때문이다. 경제성장이 경제학의 주요한 주제 가운데 하나로 인정받게 되는 데 가장 중요한 공헌을 한 사람은 바로 러시아 출신의 미국 경제학자인 사이먼 쿠즈네츠이다. 쿠즈네츠는 컬럼비아대학에서 경기변동에 관한 실증연구를 통해 독창적인 이론을 제시한 웨슬리 미첼(Wesley Clair Mitchell, 1874-1948)의 지도로 경제학 연구를 시작했다. 1931년부터 1934년 사이에 쿠즈네츠는 전미경제연구소(NBER)의 연구원으로서 미국의 국민소득에 관한 최초의 공식적인 추계를 작성했다. 쿠즈네츠가 정리한 미국의 국민소득에 관한 통계자료는 밀턴 프리드먼의 '항상소득가설(permanent income hypothesis)'이나 모딜리아니(Franco Modigliani, 1908-2003)의 평생소득가설(life cycle hypothesis)처럼, 여러 경제학자들이 새로운 경제이론을 연구하는 데 중요한 역할을 했다. 쿠즈네츠가 대공황이 미국 경제에 끼친 손실을 계측할 지표를 만들어 달라는 상무부의 요청을 받아 GNP 지표를 개발한 것도 이 무렵이다. 쿠즈네츠는 또 일본, 인도, 한국 등 여러 나라 정부의 자문을 맡기도 했다. 모교인 컬럼비아대학을 비롯해 존스홉킨스대학, 하버드대학 등의 교수를 지냈으며, 미국계량경제학회와 미국경제학회의 회장으로 선출되기도 했다. 1971년에 노벨 경제학상을 수상했다.

✏ 주요 개념

경제성장	경제성장률
국내총생산	국민소득
기술진보	물가
물가지수	부가가치
역U자 가설	잠재생산력
잠재성장률	GDP디플레이터

✏ 확인 학습 - 기초편

1. 국민소득 삼면등가의 원칙은 무엇인가?

   ① 생산국민소득 = 분배국민소득 = 지출국민소득

   ② 생산국민소득 = 분배국민소득 = 가처분국민소득

   ③ 분배국민소득 = 가처분국민소득 = 지출국민소득

   ④ 분배국민소득 = 순국민소득 = 가처분국민소득

2. 국민소득추계에서 포함되지 않는 것은 무엇인가?

   ① 수출재   ② 투자재

   ③ 중간재   ④ 최종재

3. 다음 중 국내총생산에 포함되지 않는 것은 무엇인가?

   ① 이자   ② 민간의 기존주택 매입금액

   ③ 감가상각비   ④ 조세

4. 다음 중 국민소득의 산출식에서 옳은 것은 무엇인가?

   ① NNP = GNP + 고정자본감소

   ② GNP = NNP + 고정자본감소

   ③ NI = GNP - 간접세 + 보조금

   ④ GNP = GDP - 순해외요소소득

5. 가처분소득은 다음 중 무엇을 말하는가?

   ① 요소공급자가 요소공급의 대가로 받은 소득

   ② 생산요소의 비용으로 지출된 소득의 합계

③ 가계가 소비나 저축을 위해 쓸 수 있는 소득

④ 최종생산물의 화폐가치

6. 2018년에 주식 1,000만 원어치를 매입하여 2019년에 1,500만 원에 매각했다. 이때 GDP의 변화량은 얼마인가?

① 이자율×1,000만 원만큼 증가

② 이자율×1,000만 원만큼 감소

③ GDP상의 변화 없음

④ 500만 원만큼 증가

7. 한 미혼남자가 월 200만 원의 임금을 지불하고 가정부를 고용하고 있었다. 새해에 그는 이 가정부와 결혼을 하게 되어 월 200만 원의 생활비를 지불하게 되었다. 이 경우 국민소득과 가처분소득에 어떤 변화가 생기는가?

① 국민소득과 가처분소득이 모두 증가한다.

② 국민소득은 증가하지만 가처분소득은 감소한다.

③ 국민소득과 가처분소득이 모두 감소한다.

④ 국민소득과 가처분소득이 모두 변하지 않는다.

8. 금년의 명목GDP가 1,200조 원이며 2015년 가격기준으로 본 GDP디플레이터가 150이다. 올해의 실질GDP는 얼마인가?

① 1,500조 원 ② 1,800조 원

③ 800조 원 ④ 1,000조 원

9. 기준 연도가 2010년일 때 2013년도의 소비자물가지수가 125, 2016년도의 소비자물가지수가 150이라면 2013~2016년 사이의 소비자물가의 상승률은 얼마인가?

① 20% ② 25%

③ 50% ④ 125%

※ 다음은 2015년과 2019년에 한 나라가 생산한 세 가지 최종생산물의 가격과 생산량이다. (문제 10~12번)

	2015년(기준 연도)		2019년	
	가격	생산량	가격	생산량
음료수	100	2	120	4
문구류	70	15	75	16
TV	300	5	350	10

10. 2015년도의 명목GDP는 얼마인가?

    ① 2,750   ② 3,115

    ③ 4,520   ④ 5,180

11. 2019년도의 실질GDP는 얼마인가?

    ① 2,750   ② 3,115

    ③ 4,520   ④ 5,180

12. 2019년도의 라스파이레스 지수는 얼마인가?

    ① 88.2   ② 164

    ③ 115   ④ 113

13. GDP가 한 경제의 후생지표로서 충분하지 못한 이유로서 옳지 않은 것은 무엇인가?

    ① 여가를 계상하지 않는다.

    ② 외부불경제효과를 계상하지 않는다.

    ③ 사회구조나 관습의 변화 때문에 후생의 변화 없이도 GDP가 증가할 수 있다.

    ④ 시장에서 거래된 재화와 서비스뿐만 아니라 거래되지 않은 재화와 서비스도 포함된다.

14. 다음 중 경제성장의 요인이 아닌 것은 무엇인가?

    ① 자본축적   ② 환경보존

    ③ 기술진보   ④ 인구증가

🖋 확인 학습 – 논술편

1. 다음의 예를 저량과 유량으로 구분하라.

    ① 개인의 부, 개인소득, 개인지출

    ② 실업자 수, 직업을 잃은 사람

    ③ 자본량, 투자량

    ④ 정부 재정적자, 정부부채

2. GDP 개념의 의의와 한계에 대해 설명하라.

3. 일반 사람들이 느끼는 체감물가와 물가지수가 나타내는 물가 사이에는 큰 괴리가 있다고 말한다. 그 이유를 설명하라.

4. 경제성장이 삶의 질에 미치는 긍정적인 효과와 부정적인 효과에 대해 논하라.

5. "4차 산업혁명으로 인해 최소한의 노동력으로 더욱 많은 상품을 생산하게 될 것이다. 따라서 4차 산업혁명은 노동에 대한 수요를 줄여 심각한 실업문제를 유발하게 될 것이다"라는 주장이 있다. 이 주장에 대한 당신의 생각을 밝혀보라.

국민소득의
결정

9-1 소비

지난 6일 임시 공휴일 지정으로 만들어진 3박 4일 '황금연휴' 동안 주요 소비지표가 크게 개선된 것으로 나타났다. 기획재정부는 5월 5~8일 연휴 기간과 전년 5월 연휴(2~5일)를 비교한 결과 백화점 매출액이 16% 늘어나고, 면세점(19.2%), 대형 마트(4.8%)의 매출도 크게 증가했다고 9일 밝혔다. 또 연휴 기간을 맞아 나들이족(族)이 늘어나면서 고궁, 박물관, 야구장 입장객도 각각 전년 동기 대비 70%, 17.3%, 43.9% 늘었다. 국내 여행 수요 증가로 고속도로 통행량도 8.6% 많아졌다. 특히 올해는 '어린이날', '어버이날' 특수가 겹치면서 작년 임시 공휴일(8월 14일) 지정 당시보다 소비 증가 폭이 커졌다. 정부가 경제 활성화를 위해 처음으로 임시 공휴일을 지정했던 작년 8월 14~16일에는 백화점과 대형 마트 매출이 전주 대비 각각 6.8%, 25.6% 증가했다. 하지만 이번 5~7일에는 백화점과 대형 마트 매출이 전주 대비 각각 37%, 35% 늘어나는 등 작년보다 증가 폭이 커졌다. 기재부 관계자는 "작년 한 민간 연구소의 분석에 따르면 임시공휴일을 하루 지정하면 소비지출이 약 2조 원 증가하고, 생산도 약 3조 9,000억 원 유발되는 것으로 나타났다"며 "이번에는 징검다리 연휴로 휴일이 길었기 때문에 경제적 효과가 더 컸을 것"이라고 했다. 이번 임시 공휴일 지정은 대한상의 건의를 정부가 받아들이면서 이루어졌다. 전문가들은 대체로 임시 공휴일 지정이 소비 심리 개선에 긍정적 효과가 있다고 본다. 신민영 LG경제연구원 경제연구부문장은 "연휴 기간 소비자 지출을 살펴보니, 휴일이 아니었다면 쓰지 않았을 돈을 쓰는 '수요 창출'과 향후 소비에 쓸 돈을 당겨서 쓰는 '조기 집행'이 섞여 있다"며 "다만 최근 들어 50대 이상뿐 아니라 청년층 소비 성향까지 과도하게 줄어들었던 만큼, 위축되었던 소비 심리를 끌어올렸다는 점에서 긍정적 측면이 있다"고 평했다. 이준협 현대경제연구원 연구위원은 "정부가 근래 쓴 내수 진작책 중 가장 효과가 좋았던 것이 자동차 개별소비세 인하와 임시 공휴일 지정인데, 임시 공휴일은 얼마나 많은 사람이 쉬느냐에서 성패가 갈린다"며 "이번 공휴일 지정이 급박하게 이루어지는 바람에 기업들이 휴무에 적극 동참할 수 없었던 부분은 개선해야 할 점"이라고 했다. (〈조선일보〉, 2016. 5. 10)

절대소득가설

국민소득은 어떻게 결정될까? 먼저 수요 측면에서 보면 총수요는 이미 서술한 것처럼 소비, 투자, 정부지출, 그리고 순수출 등으로 구성된다. 이처럼 총수요를 구성하는 여러 부문들 가운데 가장 중요한 것은 역시 소비(consumption)와 투자(investment)이다. 어떤 의미에서 보면 모든 경제활동의 궁극적인 목적은 소비라고 해도 틀리지 않는다. 통계적으로도 소비는 대부분의 나라에서 국민소득의 절반 내외를 차지한다. 그런데 경제학의 역사에서 소비의 중요성이 제대로 인식되기 시작한 것은 그리 오래되지 않았다. 애덤 스미스보다 한 세대 뒤에 살았던 프랑스 경제학자 장 바티스트 세(Jean-Baptiste Say, 1767-1832)는 "공급은 스스로 수요를 창출한다(Supply creates its own demand)"는 **세의 법칙**(Say's law)을 남겼다. 경제가 수급 불균형 상태에 처하더라도 이는 일시적인 현상에 불과하며, 장기적으로는 수요가 공급 수준에 맞추어 자율적으로 조정되기 때문에 항상 균형을 유지할 수 있다는 주장이다. 스미스를 비롯해서 고전학파 경제학자들이 살았던 시대는 이제 막 산업혁명이 일어나고 자본주의가 발전을 시작하던 때여서, 자본을 축적하고 공급능력을 확대하는 일이 중요한 경제적 과제였다. 따라서 이 시대에는 소비의 부족이라든가 그로 인한 수요와 공급의 불일치 같은 문제는 전혀 진지한 경제분석의 대상이 되어 본 적이 없다. 세의 법칙은 바로 그런 시대의 사고방식을 잘 표현해준다. 만들지 못해서 팔지 못할 뿐, 만들기만 하면 팔리던 시대를 대변하는 표어가 바로 세의 법칙이었던 것이다.

> **세의 법칙** 경제 전반을 볼 때 수요부족에 따른 초과공급이 발생하지 않는다는 법칙. '판로설(la théorie des débouchés)'이라고도 함

소비에 대한 경제학자들의 사고에 일대 전환을 가져온 사건은 1930년대에 일어난 대공황이다. 존 메이너드 케인스는 구매하고자 하는 능력을 갖춘 수요, 즉 **유효수요**(effective demand)라는 개념을 제시하면서, 대공황을 극복하기 위해서는 유효수요를 증가시켜야 한다고 주장했다. 케인스의 소비이론은 '절대소득가설(absolute income hypothesis)'이라고 부른다. 소비는 소득의 절대적인 크기에 의해 결정된다는 뜻이다.

> **유효수요** 재화와 서비스를 구입하는 데 필요한 구매력을 수반한 수요

$$C = a + cY \qquad \langle 식\ 9\text{-}1 \rangle$$

〈식 9-1〉에서 a는 소득이 없어도, 즉 Y = 0이어도 먹고 살아야 하는 최소한의 소비, 즉 기초소비를 의미하고, c는 소득이 증가하는 데 따라 소비가 증가하는 비율, 즉 $\Delta C / \Delta Y$를 의미한다. 이를 **한계소비성향**(marginal propensity to consume)이라고 부른다. 소득의 증가분 가운데 소비에 사용되고 남은 몫은 저축에 사용될 것이다. 소득의 증가에 대한 저축의 증가 비율, 즉 $\Delta S / \Delta Y$를 **한계저축성향**(marginal propensity to save)이라고 부른다. 한계소비성향(c)과 한계저축성향(s)을 합하면 1이 된다. 즉 $c(\Delta C / \Delta Y) + s(\Delta S / \Delta Y) = 1$이 된다. 기초소비가 없다고 가정하면 한계소비성향은 평균소비성향(average propensity to consume)과 같아진다. 절대소득가설을 그림으로 나타내면 〈그림 9-1〉이 된다.

> **한계소비성향** 소득이 증가할 때 소비가 증가하는 비율

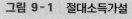

그림 9-1   절대소득가설

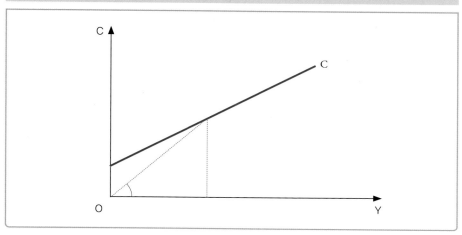

〈그림 9-1〉에서 소비함수(consumption function)의 기울기는 한계소비성향을, 원점에서 소비함수 위의 한 점까지의 기울기 C/Y는 평균소비성향(APC)을 의미한다. 한계소비성향이 일정해도 기초소비가 있기 때문에 소득이 증가할수록 평균소비성향은 감소한다.

상대소득가설

케인스의 이론이 발표된 이후 쿠즈네츠를 비롯하여 여러 경제학자들이 장기통계자료를 이용해 분석해보았더니 단기적으로는 APC가 감소하지만 장기적으로는 일정하다는 결과가 나왔다. 케인스의 소비이론은 특정 시점에서의 소득차이에 따른 소비자들의 소비행태나 단기적인 변화에 대해서는 올바로 설명하지만 장기적인 관점에서는 그렇지 못하다는 뜻이다. 이렇게 케인스의 소비이론에 대한 비판이 제기되자 미국의 경제학자 듀젠베리(James S. Duesenberry, 1918-2009)와 모딜리아니는 케인스의 절대소득가설에 대해 소비가 두 가지 개념의 상대소득에 의해 결정된다는 '상대소득가설(relative income hypothesis)'을 발표했다.

상대소득가설은 첫째, 소비행위는 자신의 소득만이 아니라 다른 사람들의 소득과도 연관된다는 것이다. 가령 자신은 소득이 적지만 주변의 친구들이 소득이 많으면, 자신도 덩달아 소비가 증가한다는 뜻이다. 이렇게 다른 사람들에게 부자친구를 가진 사람이 많이 쓴다는 것이다. 이렇게 타인에게 보여주기 위한 소비행태를 듀젠베리는 **전시효과**(demonstration effect)라고 불렀다.

둘째는 현재의 소득만이 아니라 과거의 소득도 소비에 영향을 미친다는 것이다. 과거에 부자였던 사람은 소득이 줄어든 이후로도 과거의 소비습관을 쉽게 버리지 못한다는 뜻이다. 이를 관습가설(habit hypothesis)이라고도 한다. 이런 경우에 소비는 소득의 감소에 따라 일정하게 감소하는 것이 아니라 마치 톱니바퀴처럼 일정한 간격을 두고 굴절하게 된다. 이를 **톱니효과**(ratchet effect)라고 부른다.

〈그림 9-2〉는 톱니효과를 보여준다. 현재의 소득 수준은 Y_2이며 이때의 소비 수준은 E_2이다. 이제 소득이 Y_2에서 Y_1으로 하락하면 소비자들이 아직 소득 감소에 적응하지 못한 상태이므로 소비는 기존의 소비함수에 따라 E_2에서 C_2로 감소한다. 시간이 지나면서 소비자들은 소득 감소에 적응하여 새로운 소비함수에 따라 행동하게 되고 소비는 C_2에서 E_1으로 감소한다. 이런 식으로 소득이 다시 Y_0로 줄어들면 처음에는 C_1으로 하락했다가 다시 E_0로 조정된다. 소득의 감소에 따라 소비의 감소가 E_2 → C_2 → E_1 → C_1 → E_0와 같이 톱니바퀴 모양으로 나타나는 것이다.

$$C_t/Y_t = \alpha + \beta (Y_t/Y_t^0), \ \beta < 0 \qquad \langle식\ 9{-}2\rangle$$

상대소득가설을 수식으로 표현하면 〈식 9-2〉와 같다. 여기서 Y_t^0는 과거의 최고 소득을 의미한다. 즉 현재의 소비(C_t)는 현재의 소득(Y_t)뿐 아니라 과거의 소득에도

그림 9-2 톱니효과

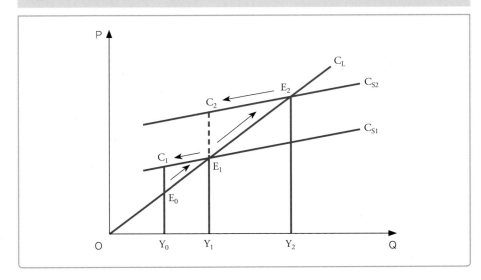

영향을 받는다는 뜻이다. 〈식 9-2〉는 〈식 9-3〉처럼 표현하기도 한다. 경기가 계속 상승하는 호황기에는 항상 Y_t-1이 과거의 최고소득, 즉 Y_t^0가 되므로 소득의 성장률이 일정할 경우 평균소비성향도 일정해진다. 그러나 불황기에는 Y_t가 Y_t^0보다 작으므로 $Y_t-Y_t^0$는 음($-$)이 되어 평균소비성향 C_t/Y_t는 상승한다.

$$C_t/Y_t = \alpha + \beta(Y_t - Y_t^0)/Y_t^0, \ \beta < 0 \qquad \text{〈식 9-3〉}$$

평생소득가설

소비에 관한 세 번째 중요한 이론은 모딜리아니와 일본 출신의 미국 경제학자 앤도(Albert Ando, 1929-2002) 등에 의해 주장된 생애주기가설(life cycle hypothesis)이다. 이는 평생소득가설이라고도 부른다. 평생소득가설은 소비가 특정 시점의 소득이 아니라 평생소득에 의해 결정된다는 이론이다. 소득은 평생에 걸쳐 일정한 수준을 유지하는 것이 아니라 증가와 감소를 겪는다. 대부분의 소비자들은 처음 소득을 벌기 이전까지는 소득 없이 소비만 한다. 이후 소득활동이 활발해짐에 따라 소득은 점점 증가하지만 노년에 이르면 다시 감소하고 은퇴 이후에는 다시 소득이 없게 된다. 따라서 노년의 소비자들은 청장년기에 저축한 소득으로 생활하게 된다. 소비자들은 평생에 걸친 소득의 변화를 예상하고 평생에 걸친 소비의 계획을 만들어 그 계획에 따라 소비하는 것이다. 이를 수식으로 나타내면 〈식 9-4〉와 같다. 이 수식에서 a는 부(wealth)에 대한 한계소비성향을, b는 소득(income)에 대한 한계소비성향을 나타낸다.

$$C = aW + bY \qquad \text{〈식 9-4〉}$$

〈식 9-5〉는 평생소득가설을 풀어서 표현한 것이다. 여기서 C_t는 현재의 소비를, Y_t는 현재의 소득을, $E(Y_t)$는 현재 이후에 예상되는 소득을, W_t-1은 현재 이전의 소득으로부터 저축한 자산을 의미한다.

$$C_t = f(Y_t, E(Y_t), W_{t-1}) \qquad \text{〈식 9-5〉}$$

항상소득가설

마지막으로 밀턴 프리드먼의 항상소득가설(permanent income hypothesis)은 소비를

소비 케인스 이전에는 소비는 악이고 저축은 선이라는 생각이 일반적이었다. 케인스는 그런 고정관념을 바꾸어 놓았다.

항상소비(C_p)와 변동소비(C_t)로 구분하고, 항상소비는 항상소득(Y_p)에만 영향을 받고 변동소득(Y_t)에는 영향을 받지 않는다는 소비이론이다.

〈그림 9-3〉에서 단기적으로 소득이 Y_0에서 Y_1으로 증가하면 소비자들은 그것을 임시소득으로 생각하여 소비를 C_0에서 C_1으로 증가시키는 것이 아니라 C_3로 조금만 증가시키게 된다. 마찬가지로 소득이 Y_0에서 Y_2로 감소하는 경우에도 소비자들

그림 9-3 항상소득가설

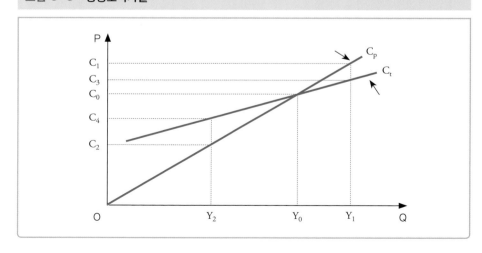

제9장 국민소득의 결정 • **297**

은 그것을 소득의 임시적인 감소로 생각하여 소비를 C_2가 아닌 C_4까지 조금만 감소시킨다. 이처럼 항상소득가설에서 장기의 항상소비는 항상소득의 변화에만 영향을 받고 단기의 임시소비만 임시소득의 변화에 영향을 받는다. 따라서 장기적으로 평균소비성향과 한계소비성향은 모두 일정하다. 그러나 단기의 한계소비성향은 장기의 경우보다 낮다.

케인스의 절대소득가설은 한계소비성향의 단기적 변화는 설명하지만 평균소비성향이 왜 장기적으로 일정한지를 설명하지 못한다. 그러나 항상소득가설에 따르면 단기적으로 소득이 증가하면 소비보다 저축을 더 늘리기 때문에 평균소비성향이 낮아지지만, 장기적으로는 일정한 수준의 소비를 유지하려 하기 때문에 일정해진다는 것을 보여준다.

9-2 투자

한국이 저성장 국면을 맞으면서 기업들이 투자할 곳을 찾지 못하고 있다. 글로벌 금융위기 때처럼 기업들은 미래에 대한 불안 속에 현금만 쌓아놓고 웅크리고 있는 형국이다. 6일 LG경제연구원은 1분기 한국경제 성장률은 전분기 대비 0.4% 증가에 그친 것으로 분석했다. 이는 메르스 여파가 닥친 지난해 1분기와 같은 수치다. 한국은행은 1분기 성장률을 0.5%로 봤다. 한은에 따르면 우리나라는 2014년 2분기부터 매 분기 0%대 성장을 이어오고 있다. 저성장 국면에 접어들면서 기업들은 투자할 곳을 잃었다. 국내 총투자율은 전기 대비 1.3%p 하락한 27.4%를 기록했다. 이는 글로벌 금융위기 직후인 2009년 2분기 이후 6년 9개월 만에 최저치다. 기계류 및 운송장비에 대한 투자가 줄면서 설비투자는 -7.4%로 급락했다. 이는 2012년 유럽발 재정위기 당시인 -8.5% 이후 최저 수준이다. 설비투자는 올해 0%대 성장을 기록할 전망이다. 산업은행은 '2016년 설비투자 전망'을 통해 50인 이상 기업 3,550개를 조사한 결과 올해 설비투자는 2015년보다 0.9% 늘어난 182조 4,000억 원에 그칠 것으로 내다봤다. 지난해 우리나라의 설비투자는 1% 증가한 바 있다. 금융권 관계자는 "성장을 기대하기 위해서는 투자가 증가하는 것이 바람직하지만 소비는 줄고 투자는 위축됐다"며 "저성장을 탈피할 방향이 보이지 않는다"고 우려했다. 산은 관계자는 "수요부진과 거시경제 불확실성이 이어지고 있다"며 "기업들은 신규투자에 소극적인 반면 내부 여유자금을 활용한 안전투자 기조 성격을 유지하고 있다"고 평가했다. 투자은행(IB) 관계자는 "전 세계적으로 경제 성장률이 낮아지면서 투자할 곳을 잃어가는 모양"이라며 "정부가 산업재편 등을 주도하고 있어 통 큰 투자결정을 내리기 어려운 측면도 있다"고 말했다. 〈〈뉴시스〉, 2016. 6. 6〉

투자와 투기

총수요에서 소비 다음으로 비중이 큰 부문은 **투자**(investment)이다. 투자란 기업이 공장을 짓거나 기계설비를 구입하는 것과 같이 생산활동에 사용될 실물자본을 증가시키기 위해 재화와 서비스를 구입하는 활동이다. 우리는 흔히 주식투자라거나 부동산투자라는 말을 쓰기도 한다. 그러나 경제학에서는 투자와 투기의 개념을 엄격하게 구분하는데, 투자란 실물자산의 증가만을 의미하며, 시세차익만을 목적으로 부동산이나 주식 같은 자산을 선택하는 행위는 **투기**(speculation)라고 부른다.

우리가 생각하기에 기업은 부자이고 대부분의 가계는 가난한 서민이다. 그런데 국민경제에서 보면 가계가 빚을 준 빚쟁이고 기업은 빚을 진 빚쟁이다. 가계는 소비하고 남은 소득을 금융기관에 저축한다. 기업은 금융기관으로부터 그 돈을 빌려 투자한다. 그러니 따져 보면 가계가 기업에 돈을 빌려 준 셈인 것이다.

투자에는 '계획된 투자'와 '계획되지 않은 투자'가 있다. 가령 이번 기에 한 기업이 자동차 100대를 생산했고 지난 기에 팔리지 않은 10대의 재고를 적정한 수준으로 가지고 있다고 하자. 그 가운데 90대를 판매했다면 10대가 추가로 남게 되어 재고(inventory)가 20대가 된다. 이때 그 기업은 이번 기의 재고투자가 +10이 되는 것이다. 그러면 이 기업은 다음 기에 100대의 주문이 들어와도 이미 20대의 재고를 가지고 있으며, 적정 재고수준은 10대이므로 100대가 아니라 90대의 생산에 필요한 자본만 투자하면 된다. 자동차 100대의 생산에 필요한 자본이 투입되었지만 그 가운데 90대에 대해서는 신규투자, 즉 계획된 투자가 이루어진 반면에 10대에 대해서는 재고투자, 즉 계획하지 않은 투자가 이루어진 것이다.

재고를 투자로 보는 것은 그것이 기업의 매출에 영향을 미치기 때문이다. 생산에 일정한 시간이 걸리는 재화의 경우 적정한 재고를 유지해야 계속적인 매출에 대응할 수 있다. 따라서 적정한 재고 수준을 넘어서 판매되면 재고투자는 음(-)이 되며 판매가 부진하면 재고투자가 양(+)이 된다. 재고는 예상치 못한 매출의 변화로 인해 발생하기 때문에 '계획되지 않은 투자'라고 부른다.

투자에 대한 수요가 어떤 원인에 의하여 어떠한 형태로 결정되느냐 하는 관계를 일정한 함수의 형태로 표현한 것을 투자함수(investment function)라 한다. 일반적으로 투자를 결정하는 요인에는 소득증가, 기술혁신, 기업의 기대수익률 및 이자율과의 관계, 내부유보액 등이 있다. 이 가운데 가장 중요한 요인은 역시 이자율(interest rate)이다. 기업이 돈을 빌려 투자를 할 때는 당연히 빌린 돈에 대해 비용, 즉 '이자(interest)'를 지불해야 한다. 물론 기업들이 스스로 축적한 자금으로 투자를 결정할 때도 있다. 이런 경우에는 이자가 기회비용이 된다. 따라서 투자함수는 이자율의 함수로 표현된다. 이자율이 높으면 투자가 감소하고 이자율이 낮으면 투자가 증가한다.

$$I = I(r) \qquad\qquad \text{〈식 9-6〉}$$

〈식 9-6〉을 그림으로 나타내면 〈그림 9-4〉와 같다.

이자가 투자의 비용이라면 투자의 편익은 무엇일까? 투자가 축적되면 자본이 된다.[1] 따라서 투자의 편익은 투자로 증가한 자본을 투입하여 생산한 생산물의 양으로 측정할 수 있다. 새로운 자본 한 단위의 투입으로 얻게 되는 추가적인 생산물을 '자본의 한계효율(marginal efficiency of capital)'이라고 부른다. 자본의 한계효율은 케인스의『고용, 이자 및 화폐의 일반이론』에서 처음 도입되었다. 가령 한 기업이 새로운 기계설비를 R이라는 비용으로 구입했다고 가정하자. 이 기계로부터 얻게 되는 매년의 예상수입을 Q_1, Q_2, … Q_n이라고 하면, 기계로부터 얻게 되는 총수입의 현재가치(present value)는 다음과 같다.

$$PV = Q_1/(1+r) + Q_2/(1+r)^2 + \cdots + Q_n/(1+r)^n \qquad \text{〈식 9-7〉}$$

할인율, 즉 이자율(r)이 얼마인가에 따라서 이 기계의 미래수입의 현재가치는 구입비용(R)보다 클 수도 있고 작을 수도 있다. 이 기계의 미래수입을 구입비용과 일치하게 해주는 이자율이 바로 자본의 한계효율(m)이다.

$$R = Q_1/(1+m) + Q_2/(1+m)^2 + \cdots + Q_n/(1+m)^n \qquad \text{〈식 9-8〉}$$

자본의 한계효율이 현실의 이자율보다 높으면 PV > R이 되므로 기업은 투자를

---

1 투자는 유량(flow), 자본은 저량(stock)이다. 경제변수들은 그 속성에 따라 크게 저량과 유량으로 구분한다. 저량은 어떤 특정 시점을 기준으로 경제주체들이나 경제조직 등이 보유한 재화의 존재량을 말하고, 유량은 일정 기간 동안 경제주체들에 의해 처리된 재화의 변화량을 의미한다. 예컨대 국민소득은 일정 기간 동안 새로 생산된 순생산물을 의미하므로 유량 개념이다. 이에 반해 국부는 특정 시점에서 한 국가에 존재하는 재화의 총량을 의미하므로 저량 개념이다. 또 기업의 손익계산서는 유량이며 대차대조표는 저량이다.

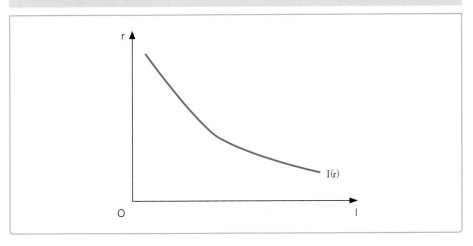

그림 9-4 투자함수

증가시킬 것이다. 반대로 자본의 한계효율이 현실의 이자율보다 낮으면 PV < R이 되므로 기업은 투자를 줄일 것이다. 자본의 한계효율이 현실의 이자율과 같아지는 지점에서 균형투자가 이루어진다. 이자율이 하락하면 투자가 늘어나고 따라서 자본량도 증가하게 된다. 자본량이 증가하면 그 자본에 의한 생산량은 체감한다. 이를 자본의 한계효율이 체감한다고 말한다. 이자율이 하락함에 따라 자본의 한계효율이 체감한다는 것은 결국 이자율이 하락함에 따라 '투자의 한계효율(marginal efficiency of investment)'도 체감한다는 뜻이다. 이처럼 자본의 한계효율과 투자의 한계효율은 같은 방향으로 움직이지만 두 개념이 동일하지는 않다. 일반적으로 투자의 한계효율은 자본의 한계효율보다 낮다. 왜냐하면 투자를 위해 자본을 조달하는 데는 추가적인 조달비용이 들기 때문이다. 투자의 한계효율을 i, 조달비용을 C라고 하면, 투자의 한계효율은 〈식 9-9〉처럼 표현할 수 있다.

$$R = -C + Q_1/(1+i) + Q_2/(1+i)^2 + \cdots + Q_n/(1+i)^n \qquad \text{〈식 9-9〉}$$

투자와 저축

기업의 투자를 위한 재원은 가계의 '저축(saving)'에 의해 조달된다. 투자에서는 이자가 비용이지만 저축에서는 반대로 편익이 된다. 가계의 처지에서 보면 이자는 임금, 지대, 이윤 등과 함께 소득의 한 원천이 된다. 기업이 자신의 이윤을 극대화할 수 있는 투자량을 선택하듯이 가계 또한 자신의 효용을 극대화할 수 있는 저축량을 결정한다. 저축이 어떠한 변수들에 의해 결정되는가를 일정한 함수의 형태로 나타낸 것을 저축함수(saving function)라고 한다. 저축은 소득 가운데 소비하지 않은 잔여분이므로 소득의 함수이기도 하다. 그러나 단기적으로는 소득이 고정되어 있다고 가정하므로 투자와 마찬가지로 저축도 이자율의 함수로 표현한다. 저축은 투자와 반대로 이자율이 오르면 증가하고 이자율이 내리면 감소한다.

$$S = S(r) \qquad \text{〈식 9-10〉}$$

〈그림 9-5〉에서처럼 대부자금시장에서 대부자금의 수요(투자)와 대부자금의 공급(저축)이 이자율을 결정한다는 이론을 '대부자금설(loanable funds theory of interest)'이라고 부른다. 고전학파의 이자율 결정이론으로서 실질이자율이 통화량과는 관계없이 대부자금시장에서 결정된다는 점에서 실물적 이자율이론이라고 부르기도 한다. 이는 유동성 선호에 의해서 이자율이 결정된다고 보는 케인스의 유동성 선호설과 함께 이자율을 설명하는 주요한 이론이다.

대부자금시장에서 이자율의 결정은 다른 모든 가격의 결정과 마찬가지로 대부자금의 수요와 공급에 의하여 이루어진다. 대부자금의 수요는 기업의 투자로 구성되며 그 공급은 곧 가계의 저축으로 구성된다. 따라서 이자율의 결정은 투자와 저축에 의하여 결정된다. 투자와 저축이 일치하는 지점에서 균형이자율이 결정된다. 현실의 이자율이 균형이자율보다 높으면 저축이 투자를 초과하게 되고, 반대로 현실의

그림 9-5 저축과 투자

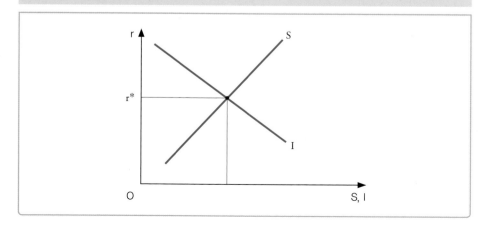

Shutterstock

투기 경제학에서는 실물자산이 증가하는 경우만을 투자라고 부른다. 부동산이나 주식 같은 금융자산을 선택하는 행위는 투기라고 부른다. 투기라는 용어가 반드시 부정적인 의미는 아니지만, 모든 투기에는 반드시 불확실성과 위험성이 따른다.

이자율이 균형이자율보다 낮으면 투자가 저축을 초과하게 된다. 이처럼 저축과 투자의 균형은 국민소득을 결정하는 데 매우 중요한 역할을 한다.

9-3 소득-지출 분석

한국이 오는 2050년에는 미국에 이어 1인당 국내총생산(GDP)이 세계 2위를 기록할 것이라는 전망이 미국 월가에서 나왔다. 19일 월스트리트저널(WSJ)에 따르면 글로벌 투자기업 프로비타스 파트너스는 최근 발간한 보고서에서 브릭스(브라질, 러시아, 인도, 중국) 국가들에 이어 멕시코와 인도네시아, 한국, 터키를 일컫는 이른바 '미스트(MIST)' 국가들이 기관투자가들의 관심을 끌고 있다고 밝혔다. 프로비타스 파트너스가 지난해 말 180명의 글로벌 투자자들을 대상으로 2011년의 투자전망을 설문조사한 결과 한국을 비롯한 4개국이 새롭게 주목을 받았다는 것이다. 보고서는 이들 국가가 특히 1인당 국민소득이 상대적으로 높아 관심을 끌었다면서 골드만삭스는 한국이 오는 2050년에 1인당 GDP 세계 2위를, 멕시코는 9위를 차지할 것으로 예상했다고 밝혔다. 하지만 이 국가들 사이에서도 인플레이션이 우려된다면서 "국제 석유가격의 꾸준한 상승은 석유보유국에는 도움이 되겠지만 그렇지 못한 나라에는 부정적인 영향을 줄 것"이라고 보고서는 예측했다. 보고서는 또 선진국에 대한 자본투자는 계속 지지부진할 것이며 반면 신흥국가들은 올해도 매력적인 투자처로 평가돼 외국자본이 많이 몰릴 것이라고 예상했다. 특히 미스트 국가들은 브릭스 이후 신흥시장을 선도하는 그룹이 될 것이라고 보고서는 내다 봤다. (《연합뉴스》, 2011. 5. 20)

총지출

만약 우리나라가 2050년에 GDP 세계 2위가 된다면? 매우 즐거운 상상이기는 하지만 과연 얼마나 가능성이 있는 이야기인지는 모르겠다. 월가(Wall street)의 투자회사들이 내놓는 보고서 가운데는 '아니면 말고' 식의 무책임한 내용도 많기 때문이다. 아무튼 국민소득은 많으면 많을수록 좋은 일이다. 그런데 국민소득은 어떻게 결정될까? 국민경제는 가계와 기업, 그리고 정부부문으로 구성된다. 여기에 해외부문을 포함하면 개방경제 모형이 된다. 단, 여기서는 설명을 단순화하기 위하여 정부부문과 해외부문은 없다고 가정하자. 그렇다면 가계는 소득을 모두 소비하거나 저축할 것이다. 그리고 가계에 의해 소비와 저축으로 처분된 소득은 최종적으로 소비와 투자에 지출될 것이다. 이를 수식으로 나타내면 〈식 9-11〉과 같다. 〈식 9-11〉에서 Y는 국민소득을, C + I는 총지출(aggregated expenditure)을 의미한다. 이처럼 국민소득과 지출을 가지고 국민소득의 결정 과정을 분석하는 방법을 소득-지출 분석(income-expenditure analysis)이라고 부른다.

$$Y = C + I = C + S \qquad \text{〈식 9-11〉}$$

〈식 9-11〉에서 국민소득의 균형을 위한 조건은 I = S, 즉 투자와 저축이 일치해야 한다는 것이다. 한 국민경제가 100조 원의 재화를 생산했는데 그 가운데 70조 원이 소비에, 30조 원이 저축에 사용되었다고 가정하자. 즉 국민소득(100조) = 소비(70조) + 저축(30조)이다. 그런데 투자가 20조 원이라면 소비와 투자를 합한 총지출은 90조 원이고, 10조 원의 재고가 남게 된다. 따라서 이 국민경제는 다음 해에 10조 원만큼을 덜 생산하게 될 것이다. 반대로 70조 원이 소비에 30조 원이 저축에 사용되었는데 투자가 40조 원이라면, 이 국민경제는 다음 해에 10조 원을 더 생산해야 한다. 이처럼 저축보다 투자가 더 크면 국민소득은 증가하고, 반대로 저축보다 투자가 작으면 국민소득은 감소한다. 이를 그림으로 그리면 〈그림 9-6〉과 같다. 〈그림 9-6〉의 45° 선은 소득과 지출이 일치하는 국민소득 수준을 의미한다.

〈그림 9-6〉의 Y^{e}는 국민소득이 균형상태에 있음을 보여준다. 그런데 〈그림 9-6〉의 Y$_1$처럼 투자가 저축보다 크면 국민소득이 증가하여 Y^{e}로 이동하여 균형을 이루게 된다. 반대로 〈그림 9-6〉의 Y$_2$처럼 투자가 저축보다 작으면 국민소득이 감소함으로써 역시 Y^{e}까지 이동하여 균형을 이루게 된다.

이제 투자의 변화가 국민소득을 어떻게 변화시키는지 보자. 〈그림 9-7〉은 투자가 원래의 I 수준에서 I + ΔI로 증가했을 경우를 보여준다. 이때 국민소득은 Y$_0$에서 Y$_1$으로 증가한다.

그림 9-6 국민소득과 총지출

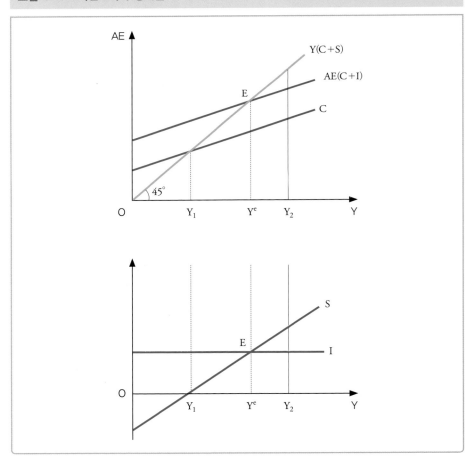

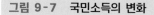

그림 9-7 국민소득의 변화

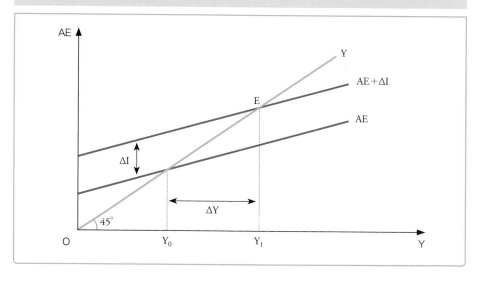

승수효과

여기서 주목해야 할 것은 투자가 국민소득에 미치는 효과는 1회에 끝나지 않는다는 점이다. 한 기업이 1억 원을 들여 새로운 기계설비를 구입했다고 가정해보자. 1억 원의 투자는 당연히 1억 원만큼의 국민소득을 증가시킨다. 그런데 국민소득이 1억 원 증가하면 그에 따라 소비가 증가할 것이다. 한계소비성향이 0.7이라고 가정하면, 1억 원의 국민소득 증가는 소비를 7,000만 원만큼 증가시킨다. 그런데 7,000만 원의 소비증가는 또 7,000만 원만큼 국민소득을 증가시키고, 7,000만 원의 국민소득 증가는 다시 7,000만×0.7 = 4,900만 원의 소비를 증가시킬 것이다. 이러한 과정을 무한히 계속하면 1억 원의 투자로 인한 국민소득의 증가는 무한등비급수의 공식에 따라 1/(1-0.7)×1억 원 = 3.333…억 원이 된다. 이처럼 투자의 증가가 그 이상의 국민소득 증가를 가져오는 효과를 **승수효과**(multiple effect)라고 부른다. 승수효과의 크기(k)는 한계소비성향(c)에 의해 결정된다. 한계소비성향이 클수록, 반대로 이야기하면 한계저축성향이 작을수록 승수효과는 커진다.[2] 소득-지출 분석에서 저축은 국민소득의 누출(leakage)로 간주하기 때문이다.

승수효과 투자나 정부지출처럼 소득 수준의 영향을 받지 않는 독립된 총수요지출이 증가하면 국민소득은 그보다 더 많이 증가하는 효과

---

2 승수효과는 투자에 의해서만 나타나는 것이 아니라 정부지출이나 조세의 변화에 의해서도 나타난다. 이에 대해서는 뒤에서 다시 보기로 한다.

$$k = \Delta Y/\Delta I = 1/(1-c) \qquad \text{〈식 9-12〉}$$

가속도원리 소득의 증가가 소비를 증가시켜 지속적으로 새로운 투자를 유발하는 효과

승수효과는 투자가 증가할 때 국민소득이 그 이상으로 증가함을 보여준다. 그런데 반대로 국민소득이 증가하면 투자가 증가하기도 한다. 이를 **가속도원리** (accelerating principle)라고 부른다. 가속도원리는 소득성장률의 변화가 투자 수준의 변화를 유발하는 과정을 분석하는 이론이다. 따라서 투자의 변화에 따른 소득의 변화를 분석하는 승수효과와 가속도원리는 서로 역의 관계라고 할 수 있다. 실제로 한 국민경제의 성장률 변화는 승수이론과 가속도원리가 서로 결합되어 누적적으로 나타난다.[3]

기업의 처지에서 보면 투자란 기업이 필요로 하는 적정 자본량과 지금 기업이 소유하고 있는 자본량의 차이만큼 새로운 자본을 축적하는 일이다. 그런데 얼마만큼의 자본이 필요한가는 국민소득의 크기에 따라 결정된다. 국민소득이 크면 더 많은 자본이 필요할 것이고 국민소득이 작으면 더 적은 자본으로 충분할 것이다. 이러한 관계를 수식으로 표현하면 〈식 9-13〉과 같다. 여기서 K*는 기업이 생각하는 적정자본량을, K_{t-1}은 투자하기 이전까지 기업이 소유하고 있는 자본량을 의미한다.

$$I = a(K^* - K_{t-1}) = a(k \cdot Y_t - K_{t-1}) \qquad \text{〈식 9-13〉}$$

경기변동에 대응해야 하는 정부나 가계의 처지에서 보면 경기가 불황일 때는 기업이 더 많은 투자를 하고, 반대로 경기가 호황일 때는 기업이 투자를 줄이기를 바란다. 그러나 가속도원리에 의하면 기업은 호황일 때 투자를 증가시키고 불황일 때는 투자를 감소시킴으로써 경기변동의 속도나 변동 폭이 더욱 커지도록 만든다. 가속도원리라는 용어도 여기서 나왔다. 기업의 처지에서는 더 많은 이윤을 얻기 위한 당연한 행동일 수 있으나 그 때문에 국민경제의 불안정성은 더욱 커지게 된다. 그래서 부분에 좋은 일이 반드시 전체에 좋지는 않다는 것이다.

---

3 가속도원리는 미국의 경제학자 존 클라크(John Maurice Clark, 1884-1963)가 처음 제안한 이후 영국의 경제학자 로이 해로드(Sir Henry Roy Forbes Harrod, 1900-1978)와 존 힉스, 그리고 폴 새뮤얼슨 등에 의해 국민소득과 경기변동을 설명하는 이론으로 발전했다. 특히 새뮤얼슨은 가속도원리와 승수이론을 조합하여 경기순환의 원리를 설명했다.

Shutterstock

투자 한계소비성향이 클수록, 한계저축성향이 작을수록 승수효과도 커진다.

9-4 소득-지출 분석의 확장

우리나라 1인당 국민총소득(GNI)이 9년째 2만 달러 늪에서 벗어나지 못하고 있다. 이에 박근혜 정부가 제시한 임기 내 3만 달러 달성이 국내외 경제 상황을 고려할 때 사실상 물건너 갔다는 지적이다. 28일 한국은행에 따르면 지난해 한국의 1인당 GNI는 전년보다 2.6% 줄어든 2만 7,340달러다. 1인당 국민소득이 감소한 것은 글로벌 금융 위기 직후인 2009년 이후 6년 만이다. 국민총소득(GNI)은 한 나라의 국민이 일정 기간 벌어들인 총소득을 말한다. 이를 인구수로 나눈 것이 1인당 국민소득이다. 일본, 유럽 등 주요 선진국들이 1인당 국민소득 2만 달러를 돌파한 뒤 4~6년 만에 3만 달러 시대를 열었다. 1인당 국민소득이 3만 달러를 넘어선 선진국 23곳은 2만 달러에서 3만 달러로 가는 데 평균 8년이 걸렸다. 반면, 한국은 오랜 기간 2만 달러대에 정체돼 있다. 박근혜 대통령은 임기 내 GNI 3만 달러 돌파를 비전으로 제시했지만, 임기 내 3만 달러 진입 목표를 이루지 못할 가능성이 커졌다. 앞서 국제통화기금(IMF)은 한국의 1인당 국민소득이 2017년에 3만 달러를 넘어설 것으로 예상했다. 하지만 이는 박근혜 정부 집권 기간(2013~2017) 동안 3%대 후반의 실질성장률과 달러당 800~900원대의 환율이 유지되어야 한다는 것을 전제 조건으로 했다. 대내외 여건이 악화해 정부가 목표로 내건 3.0% 성장률을 달성하기가 쉽지 않은 실정이다. 올해 성장률이 3%대 미만으로 떨어질 때 최근 5년간 한국 경제의 성장률은 2014년(3.3%)을 제외하고 2%대에 계속 머무는 셈이다. 지난해 경제성장률은 2.6%에 그쳤다. 전문가들은 한국 경제가 저성장의 경제체질을 바꾸지 않는 한 1인당 국민소득 3만 달러 시대 진입은 불가능하다고 입을 모았다. LG경제연구소는 "낮은 성장세와 통화 약세를 고려할 때 올해 1인당 국민소득은 2만 7,200달러 수준에서 정체될 것"으로 내다봤다. 한국경제연구원도 2017년부터 2020년까지 앞으로 5년 동안 우리나라 성장률은 연평균 2.7%로 제시했다. 잠재성장률이 반토막 난 데다 내수·수출 악화, 저출산·고령화 등 구조적 요인이 작용한다는 이유에서다. (《이투데이》, 2016. 3. 28)

지출국민소득

이제 정부부문과 해외부문을 포함시켜서 국민소득이 어떻게 결정되는지를 보기로 하자. 〈식 9-14〉는 정부부문과 해외부문을 포함한 지출국민소득이다.

$$Y = C + I + G + X_N \qquad \text{〈식 9-14〉}$$

〈식 9-14〉는 〈식 9-15〉처럼 쓰기도 한다.

$$Y + M = C + I + G + X \qquad \text{〈식 9-15〉}$$

〈식 9-15〉의 좌변은 국내 및 해외로부터의 총공급을 함께 표시한 것이다. 그런데 소득을 분배받아 처분하는 가계의 처지에서 보면 먼저 세금(T)을 내고 소득 가운데 일부는 소비하고 나머지는 저축(S)한다. 따라서 정부부문과 해외부문을 포함한 국민소득의 균형조건은 〈식 9-16〉과 같다.

$$Y = C + I + G + X_N = C + S + T \qquad \text{〈식 9-16〉}$$

단순한 소득-지출 분석에서는 국민소득의 균형조건이 I = S였다. 이제 확장된 소득-지출 모형에서 국민소득의 균형조건은 I + G + X = S + T + M이 된다. 〈식 9-16〉을 그림으로 그려보면 〈그림 9-8〉이 된다.

〈그림 9-8〉의 Y_0는 〈식 9-16〉의 조건에 따른 균형국민소득이다. 여기서 한 부문의 지출, 가령 정부지출이 ΔG만큼 증가하면 총지출곡선은 AE에서 AE + ΔG로 이동하고 균형국민소득은 Y_1으로 증가한다.

인플레이션 갭

국민소득은 언제나 저절로 균형상태를 유지하는 것이 아니다. 그렇다면 국민소득이

그림 9-8 소득-지출 분석의 확장

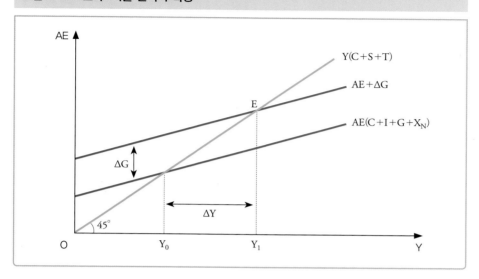

그림 9-9 인플레이션 갭과 디플레이션 갭

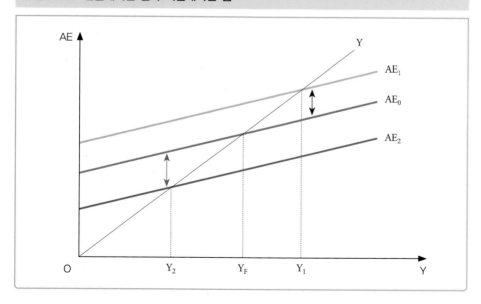

불균형일 때 어떤 현상이 일어나는지 보자. 〈그림 9-9〉에서 국민소득이 Y_F 수준이면 국민소득과 총지출이 일치한다. 이를 '완전고용(full employment) 국민소득'이라고 부른다. 자본과 노동 등 모든 생산요소가 남김도 부족함도 없이 모두 사용되는 상태라는 뜻이다. 흔히 완전고용이라는 용어는 노동에 대해서 사용하는 경우가 많지만 자본이나 다른 생산요소에 대해서 사용하기도 한다. 어떤 교과서에서는 소득과 지출 대신 총공급과 총수요로 설명하기도 한다. 이때는 〈그림 9-9〉의 45° 선이 총수요와 일치하는 총공급 수준을 의미한다.

만일 완전고용 국민소득을 달성하고 있다가 총지출곡선이 AE_2로 떨어지면 균형국민소득은 Y_2로 완전고용 국민소득 Y_F보다 작게 된다. 이때는 총지출(수요)이 부족하여 완전고용 국민소득을 달성하지 못한다. 이처럼 수요가 부족해 완전고용 수준의 생산에 이르지 못할 때 그 부족분을 디플레이션 갭(deflation gap)이라고 부른다. 디플레이션 갭이 나타날 때는 정부지출을 증가시키거나 조세를 줄여 소비나 투자가 증가하도록 유도함으로써 총지출이 AE_0까지 증가하게 만들어야 한다. 반대로 총지출이 완전고용 수준을 넘어 AE_1으로 상승하면 균형국민소득은 Y_1으로 완전고용 국민소득 Y_F보다 크게 된다. 이때는 총지출(수요)이 완전고용 국민소득을 초과한다. 이처럼 수요가 완전고용 수준의 국민소득을 넘어서 초과하는 부분을 인플레이션 갭(inflation gap)이라고 부른다. 인플레이션 갭이 나타날 때는 정부지출을 감소시키거나 조세를 늘려 소비나 투자가 감소하도록 유도함으로써 총지출, 즉 총수요가 AE_2까지 감소하게 만들어야 한다. 인플레이션 갭과 디플레이션 갭은 소비와 투자 및 수출 등과 같이 총수요를 구성하는 부문들이 적절히 관리되지 못하면 국민경제가 불균형 상태에 빠진다는 것을 보여준다. 총수요를 적절히 관리함으로써 가장 바람직한 완전고용 국민소득 수준을 달성하고, 경기변동에 대응하는 정책을 총수요정책(aggregated demand policy) 또는 총수요관리정책이라고 부른다. 이에 대해서는 뒤에서 더 자세히 보기로 한다.

9-5 총공급과 총수요

내수 경기 침체가 지속되고 있다. 소비심리는 좀처럼 살아날 기미를 보이고 있지 않다. 올 상반기 백화점과 대형마트 등 유통업계는 지난해 중동호흡기증후군(MERS·메르스)의 기저효과에도 불구하고 뚜렷한 매출 신장세를 보여주지 못했다. 1인 가구 증가로 인해 편의점만이 두 자릿수 성장세를 지속하고 있는 모습이다. 1인 가구는 다인가구보다 소비여력이 높고, 두 사람이 나눌 수 있는 것을 혼자 소비한다. 소비의 주축인 중산층 비중은 감소하는 반면 1인 가구가 소비업계 블루칩으로 떠오르고 있는 것이다. 경기 불황이 지속되면서 중산층 비중도 점차 감소하고 있다. 1990년대 중산층 비중은 74%였던 것이 2015년에는 67%까지 감소했다. 반면 저소득층은 1990년대 8%에서 2015년 14%까지 증가했다. 박현진 동부증권 연구원은 "경제협력개발기구(OECD)와 통계청이 정의하는 중산층은 단순히 소득 수준을 기준으로 한 것이기 때문에 국민들이 이상적으로 생각하는 중산층 기준과는 거리가 멀다는 것을 감안한다면, 개인이 체감하는 중산층 비중은 더 낮을 것으로 보인다"고 분석했다. 박 연구원은 경제 발전의 중심축이 되는 중산층이 지속적으로 감소하는 원인에 대해 복합적이겠지만 주로 비정규직 문제 등 노동시장의 불균형, 제조업 경기 침체, 높은 집값 혹은 전세비용 등 한국 경제의 구조적 문제를 꼽았다. 소비 관점에서 볼 때 중산층은 스스로 만족할 수 있는 수준의 구매력을 가진 소비계층으로 내수 진작에 기여할 수 있다는 측면에서도 중요하다는 설명이다. 박 연구원은 "전 세계 중산층 비중의 약 40%를 차지하는 미국, 유럽의 경우 지속적으로 중산층 감소가 예상되고, 반면 아시아 중산층 비중은 더욱 가파르게 증가할 것"이라며 "그 중심에 중국이 있고, 잠재적인 소비대국으로서 글로벌 소비재 기업들의 중국 시장 공략은 필수적"이라고 말했다. (《아시아경제》, 2016. 8. 2)

총수요

국민소득의 결정 과정을 설명하는 방식 가운데 가장 일반적인 것은 바로 총수요와 총공급을 이용한 모형이다. 총수요에 대해서는 이미 설명한 바 있지만, 다시 간단히 정의하면 '총수요(aggregate demand)'란 모든 경제주체들의 상품과 서비스에 대한 수요의 총계로서, 가계부문의 소비지출과 기업부문의 투자지출, 정부부문의 공공지출, 해외부문의 수출을 합한 것이다. 이에 대해 국민소득의 공급을 **총공급**(aggregated supply)이라고 부른다. 총공급은 일정한 기간 동안에 한 국민경제가 생산한 재화와 서비스에 대한 공급의 총합을 의미한다. 좀 더 쉽게 말하자면 빵, 구두, 자동차 등 우리나라에서 생산된, 또는 우리 국민이 생산한 모든 상품의 공급을 더한 것이다.

총공급은 국민소득 삼면등가의 원칙에서 이야기한 생산국민소득을 가리킨다. 생산국민소득은 간단히 Y로 표시하는 것이 보통이다. 이에 대해 총수요는 지출국민소득이다. 지출국민소득을 구성하는 것은 소비(C), 투자(I), 정부지출(G)이다. 외국과의 무역이 있는 개방경제 모형에서는 순수출(X_N)도 총수요의 구성부분이다. 순수출이란 수출(X)에서 수입(M)을 뺀 것이다. 그러므로 생산된 모든 재화는 민간, 즉 가계에 의해 소비되거나 기업에 의해 다시 투자되거나 정부에 의해 쓰이거나 아니면 수

총공급 일정한 기간 동안에 한 국민경제가 생산한 재화와 서비스에 대한 공급의 총합

출된다고 하겠다.

총공급곡선

이제 총공급과 총수요를 함께 고려하여 국민소득이 어떻게 결정되는지를 보기로 하자. 상품시장에서 빵의 균형가격과 균형수요공급량은 빵에 대한 수요와 공급에 의해 결정된다. 국민소득이 결정되는 과정도 이와 유사한 점이 많다. 균형국민소득과 균형물가는 총수요와 총공급이 일치하는 지점에서 결정된다. 물론 빵의 경우와 국민소득의 경우에는 전혀 다른 점도 많다. 빵의 가격이 하락할 때 빵의 수요가 증가하는 이유 가운데 가장 중요한 것은 바로 상대적으로 더 싸진 빵을 더 많이 구입하게 되는 대체효과이다. 그러나 국민소득의 수요에는 한 상품의 소비를 다른 상품으로 대체한다는 것이 불가능하다. 국민소득은 그 모든 상품에 대한 수요를 모두 합한 것이기 때문이다. 개별 상품시장에서의 균형과 국민소득 사이의 차이점들 가운데서도 가장 중요한 차이점이다.

빵이나 구두의 생산량은 생산요소의 투입량에 의해 결정된다. 총공급, 즉 국민총생산이나 국내총생산도 마찬가지다. 그런데 단기적으로 자본량이 고정되어 있다고 가정하면 총공급은 노동투입량, 즉 고용량(N)의 함수로 정의할 수 있다.

$$Y = f(N) \qquad \qquad \langle 식\ 9\text{-}17 \rangle$$

⟨식 9-17⟩을 그림으로 그려보면 ⟨그림 9-10⟩과 같다.

노동의 수요자인 기업은 물가변동에 관한 정보를 충분히 가지고 있는 것으로 가정한다. 따라서 노동의 수요는 실질임금(W/P)의 함수이다. 그러나 노동자들의 경우에 대해서는 학파들마다 다양한 견해가 있다. 단기적으로 노동자들은 기업만큼의 정보를 가지고 있지 못하다고 가정하면 노동공급은 명목임금(W)의 함수이다. 물가가 오를 때 노동자들의 공급에는 변화가 없지만 기업의 노동수요는 증가하게 된다. 물가는 오르지만 임금은 오르지 않으므로 그 차이만큼 이윤이 증가하고 기업은 고용량을 증가시킨다는 뜻이다. 물가와 고용량 및 생산량은 정(+)의 관계이며, 단기적으로 물가가 오를수록 총공급량은 증가한다. 단기적으로 총공급곡선은 우상향하는 형태가 된다. 그러나 시간이 지나면 노동자들도 물가가 상승했다는 사실을 알게 되고 노동의 공급량도 처음으로 돌아가게 된다. 물가가 상승했다고 기업의 노동수요가 증가하지도 총공급량이 증가하지도 않는다는 뜻이다. 따라서 장기적으로 총공

그림 9-10 노동시장의 균형과 총생산함수

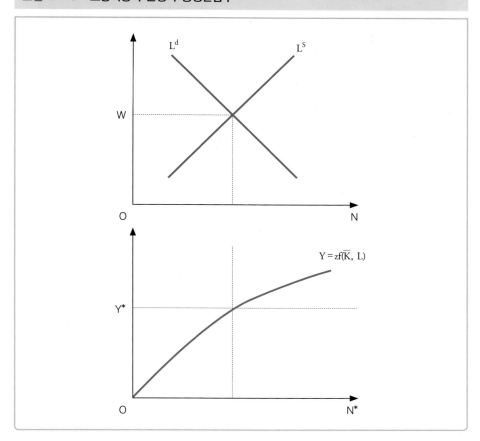

그림 9-11 총공급곡선

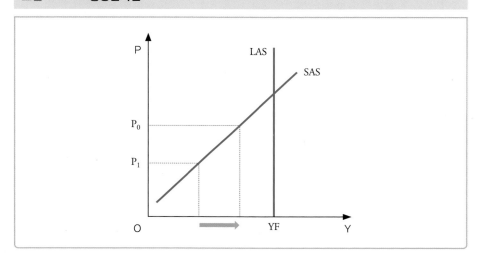

물가가 상승할수록 총공급이 증가하는 이유는, 기업은 물가에 관한 정보를 가지고 있지만 노동자들은 그렇지 못하기 때문이다.

급곡선은 물가의 변화에 대해 비탄력적인 수직선의 형태가 된다.[4]

총수요곡선

이제 총수요곡선을 보자. 총수요곡선이 우하향하는 이유는 개별 재화의 수요곡선이 우하향하는 기울기를 갖는 이유와 전혀 다르다. 빵이나 자동차 같은 개별 재화의 경우에 가격 하락은 다른 재화에 대한 상대가격의 하락을 의미하며 따라서 대체효과를 통해 수요가 증가한다. 그러나 총수요는 모든 상품에 대한 수요를 합계한 것이므로, 물가 하락이 상대가격의 변화를 의미하지 않는다. 따라서 물가가 하락함에 따라 총수요가 증가하는 것은 대체효과 때문이 아니라 다음과 같은 이유들 때문이다.

첫째, 물가 하락은 소비자들이 보유한 자산의 실질가치를 증가시키고, 더 부유해졌다고 생각하는 소비자들은 소비수요를 증가시키기 때문이다. 이를 '자산효과

---

4 앞에서 설명한 소득–지출분석에서는 물가가 고려되지 않기 때문에 Y가 명목국민소득을 의미하지만, 총공급–총수요 분석에서는 물가를 따로 고려하기 때문에 Y가 실질국민소득을 의미한다. 교과서에 따라서는 실질국민소득을 y로 표현하여 구분하기도 한다. 이 책에서는 필요에 따라 두 가지 표기법을 혼용하기로 한다.

(wealth effect)'라고 부른다. 자산효과가 있으면 물가가 하락할 때 소비가 늘어나고 물가가 상승할 때 소비가 줄어든다. 둘째, 물가 하락은 실질통화량을 증가시켜 이자율을 하락시키고, 이에 따라 투자수요를 증가시키기 때문이다. 물가가 하락하면 기업은 거래에 필요한 화폐보유를 줄이게 되고, 반대로 물가가 상승하면 화폐보유를 늘리게 된다. 화폐보유에 대한 수요가 감소하면 이자율이 하락하고 투자가 증가한다고 해서 이를 '이자율효과(interest rate effect)'라고 부르기도 한다. 셋째, 물가 하락은 국내생산물의 가격을 외국의 생산물에 대해 더 싸게 만든다. 따라서 물가가 하락하면 수출이 증가하고 수입이 감소한다. 즉 물가가 하락하면 순수출이 증가하므로 총수요도 증가한다. 그래서 이를 '국제무역효과(international trade effect)'라고도 부른다. 대체로 이러한 세 가지 이유에서 물가하락은 총수요를 증가시키고, 총수요곡선은 우하향하는 형태가 된다.

〈그림 9-12〉의 (a)에서 물가가 P_0일 때 총지출곡선은 AE_0이고 이때의 지출국민소득, 즉 총수요는 Y_0이다. 이제 물가가 P_0에서 P_1으로 상승하는 경우를 가정해보자. 물가 상승은 이미 설명한 것처럼 소비와 투자 및 순수출을 감소시킨다. 따라서 총지출곡선은 AE_1으로 이동하고 국민소득은 Y_1으로 감소한다. 이제 반대로 물가가 P_0에서 P_2로 하락하는 경우를 가정해보자. 물가 하락은 소비와 투자 및 순수출을 증가시키고, 총지출곡선은 AE_2로 이동한다. 이때의 국민소득은 Y_2가 된다. 물가의 변화에 따른 국민소득의 변화를 다시 그리면 〈그림 9-12〉의 (b)와 같이 물가의 변화에 대해 우하향하는 총수요곡선이 도출된다.

국민소득의 결정

총수요곡선과 총공급곡선이 일치하는 지점에서 균형국민소득과 균형물가가 결정된다. 그런데 개별 상품의 경우와 마찬가지로 물가가 변화하면 총수요는 총수요곡선 위에서 변화하지만, 물가 이외의 다른 요인들이 변화하면 총수요곡선 자체가 이동한다. 총공급곡선도 마찬가지다. 생산요소의 가격이 하락하거나 기술진보가 이루어지면 총공급곡선은 오른쪽으로 이동한다. 반대로 생산요소의 가격이 상승하면 총공급곡선은 왼쪽으로 이동한다.

총수요곡선이 이동하는 경우는 좀 더 다양하다. 먼저 정부가 세금을 인하하거나 주식시장이 호황이어서 소비자들의 실질자산이 증가하는 경우에는 소비가 증가하고 총수요곡선은 오른쪽으로 이동한다. 통화량이 증가하여 이자율이 하락하면 투자

그림 9-12 총수요곡선

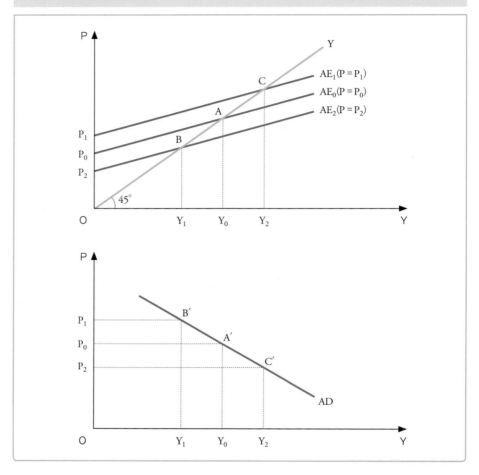

가 증가하고 총수요곡선은 오른쪽으로 이동한다. 투자에 영향을 미치는 요인 가운데는 당연히 경기변동에 대한 기업의 전망도 중요한 변수이다. 정부가 복지지출을 늘리거나 국방비를 증가시키는 경우에도 총수요곡선은 오른쪽으로 이동한다. 우리나라의 주요 수출시장인 중국의 경기가 호황이면 수출이 증가하고 총수요곡선은 오른쪽으로 이동한다. 환율의 변화도 순수출을 변화시키는 요인이다.

〈그림 9-13〉은 국민소득의 결정 과정과 총수요 및 총공급의 변화로 인한 국민소득의 변화를 보여준다. 가령 정부지출의 증가는 〈그림 9-13〉의 (a)에서처럼 총수요곡선을 오른쪽으로 이동시킴으로써 국민소득을 증가시킨다. 이때 물가는 상승한다. 물론 총수요곡선이 반대쪽으로 이동하게 되면 국민소득은 감소하고 물가는 하락한

그림 9-13 국민소득의 결정

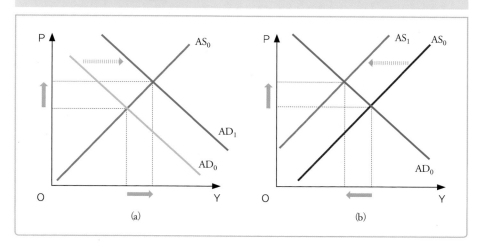

다. 반대로 에너지 가격의 상승과 같은 변화는 〈그림 9-13〉의 (b)에서처럼 총공급곡선을 왼쪽으로 이동시킴으로써 국민소득을 감소시키고, 이때 물가는 하락하지 않고 상승한다.

〈그림 9-14〉는 앞에서 설명한 인플레이션 갭과 디플레이션 갭을 총수요와 총공급곡선을 이용하여 다시 그린 것이다. 〈그림 9-14〉의 (a)에서 국민소득의 단기균형인 Y_0는 완전고용국민소득인 Y_F보다 높은 수준이다. 이처럼 단기균형국민소득이 완

그림 9-14 국민소득의 단기균형

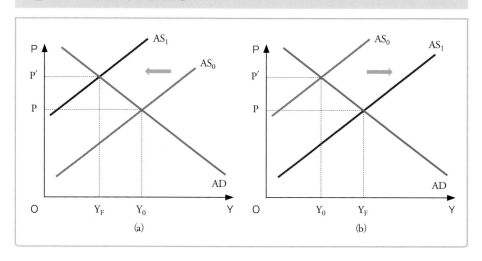

전고용 수준을 초과하는 상태를 이미 본 것처럼 인플레이션 갭이라고 부른다. 인플레이션 갭 상태에서는 생산요소에 대한 초과수요가 존재하므로 생산요소, 특히 노동의 가격이 상승하게 된다. 생산요소가격의 상승은 생산비용을 상승시키고 기업은 생산요소의 사용을 줄일 것이다. 따라서 총공급곡선은 AS_0에서 AS_1으로 이동하고, 균형국민소득도 Y_0에서 완전고용 수준인 Y_F로 감소하게 된다.

반대로 〈그림 9-14〉의 (b)에서는 국민소득의 단기균형인 Y_0가 완전고용국민소득인 Y_F보다 낮은 수준이다. 따라서 생산요소의 일부분이 사용되지 못하고, 특히 노동시장에서는 초과공급으로 인해 실업이 존재하게 된다. 이처럼 단기균형국민소득이 완전고용 수준에 못 미치는 상태를 디플레이션 갭이라고 부른다. 디플레이션 갭 상태에서는 생산요소의 초과공급이 나타나고 특히 노동시장에서는 실업이 나타나게 된다. 초과공급으로 생산요소의 가격이 하락하게 되면 기업은 생산요소의 사용을 늘릴 것이다. 따라서 총공급곡선은 AS_0에서 AS_1으로 이동하고, 균형국민소득도 Y_0에서 완전고용 수준인 Y_F로 증가하게 된다.

이처럼 단기적으로는 균형국민소득이 완전고용 수준을 초과하거나 못 미칠 수 있다. 그러나 생산요소의 초과공급이나 초과수요가 존재하면 가격이 하락하거나 상승함으로써 장기적으로는 균형국민소득이 완전고용 수준에서 결정되게 한다. 앞의 〈그림 9-12〉에서 본 수직선 형태의 장기총공급곡선은 이런 이유에서 나타난다.

이제 수직선 형태의 장기공급곡선에서 총수요곡선의 이동은 어떤 변화를 가져오

그림 9-15 국민소득의 장기균형

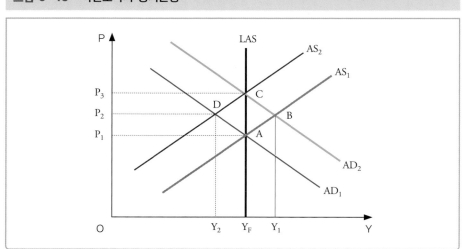

서로 모순되는 원리를 발견했다는 이유로 노벨상을 받는 학문이 경제학이다. 경제학의 진리는 대부분 정황적 진리이기 때문에 서로 모순될 수도 있다.

는지를 보기로 하자. 장기총공급곡선은 자본과 노동 등 그 국민경제가 사용할 수 있는 생산요소들을 모두 사용했을 때의 국민소득을 가리킨다. 수직선 형태의 총공급곡선은 국민경제의 생산능력이 그 수준에서 한정되어 있다는 뜻이다. 이제 정부가 경기진작을 위하여 정부지출을 증가시켜 총수요곡선을 AD_1에서 AD_2로 오른쪽으로 이동시키면, 〈그림 9–15〉에서처럼 단기적으로 국민소득은 Y_F에서 Y_1으로 증가한다. 그러나 국민소득의 증가는 생산요소에 대한 수요를 증가시키고 따라서 생산요소의 가격을 상승시킨다. 생산요소의 가격 상승은 다시 총공급곡선을 AS_1에서 AS_2로 이동시키게 되고 국민소득도 Y_F로 감소한다.

〈그림 9–15〉는 지금 국민경제가 어떤 상황에 있느냐에 따라 정책의 효과가 달라진다는 것을 보여준다. 만약 현재의 국민소득이 Y_F보다 낮은 수준, 즉 D점에 있다면 정부가 정부지출을 증가시켜 C점까지 국민소득을 증가시키는 정책의 효과는 클 것이다. 그러나 현재의 국민소득이 Y_F 수준, 즉 A점에 있다면 정부지출의 증가는 B점이 아니라 C점으로 이동함으로써 정책의 효과는 거의 없고 물가만 P_1에서 P_3로 상승하는 결과가 될 것이다. 경제학을 '정황적 진리(contextual truth)', 즉 상황에 따라 옳기도 하고 틀리기도 하다고 말하는 이유도 바로 여기에 있다.

랑나르 프리슈(Ragnar Anton Kittil Frisch, 1895-1973)

해마다 10월이면 세계의 주목을 받는 행사가 있다. 바로 노벨상 수상자의 발표이다. 경제학도 예외가 아니어서, 올해는 누가 상을 받을지 많은 경제학자들이 흥미롭게 지켜본다. 노벨상 가운데 유일하게 경제학상만이 노벨의 유언에 의해서가 아니라 그 후에 만들어졌다는 것은 잘 알려진 사실이다. 그런데 노벨 경제학상을 처음 받은 사람은 과연 누구일까? 바로 노르웨이의 경제학자 랑나르 프리슈와 네덜란드의 틴베르헨(Jan Tinbergen, 1903-1994)이다. 1919년 왕립프레더릭대학에서 경제학 학위를 받은 프리슈는 장학금을 받아 프랑스와 영국에서 3년 동안 경제학과 수학을 연구했다. 노르웨이로 돌아온 프리슈는 오슬로대학에서 강의하면서 확률이론에 대한 몇 편의 논문을 발표했다. 1926년 오슬로대학에서 수리통계학 분야의 박사학위를 받았다. 1927년 프리슈는 록펠러재단의 연구비를 받아 미국을 방문했는데, 이때 어빙 피셔(Irving Fisher, 1867-1947), 웨슬리 미첼 등의 저명한 경제학자들을 만나 함께 연구했다. 프리슈가 특히 관심을 가진 것은 물리학과 같은 근대적 과학으로서 경제학의 방법론을 수립하는 일이었다. 프리슈는 경제학이 물리학과 같과 같이 이론적이고 실용적으로 수량화되어야 한다고 생각했다. 프리슈는 수학과 통계학의 새로운 방법들을 경제학에 도입하고자 했다. 이 때문에 프리슈는 근대 경제학, 특히 계량경제학과 거시경제학의 연구 방법을 정립한 경제학자로 평가받는다. 1969년 '경제 과정의 분석을 위해 동태모형을 개발하고 응용한 공로'로 틴베르헨과 함께 최초의 노벨 경제학상을 받았다.

얀 틴베르헨(Jan Tinbergen, 1903-1994)

얀 틴베르헨은 1903년 4월 12일 네덜란드 헤이그에서 출생했다. 1929년 라이덴대학에서 물리학 박사학위를 받은 후 경제학 연구를 시작했다. 틴베르헨은 거시적 동학이론에 의한 경기순환의 통계적 검정을 처음 실시한 경제학자이다. 1933년부터 로테르담경제대학 교수로 재직하면서 틴베르헨은 경기순환을 계량경제학적 방법으로 연구한 여러 저서와 논문들을 발표했다. 『경제순환 통계에 대한 계량경제학적 접근(An Econometric Approach to Business Cycle Problems, 1937)』과 『미국에서의 1919~1932년 경기순환(Business Cycle in the United States of America 1919~1932, 1939)』은 계량경제학의 선구적 업적으로 평가받는다. 틴베르헨은 특히 경제정책의 수립에 수리경제학과 계량경제학을 응용하는 데 관심을 두었다. 『경제정책의 이론(On the Theory of Economic Policy, 1955)』에서는 경제정책 문제에 대한 계량경제학적 접근법을 체계화했으며, 『경제성장의 수학적 모델(Mathematical Models of Economic Growth, 1962)』에서는 경제개발계획을 수립하기 위한 수학적 모형을 제시했다. "n개의 정책과제를 해결하기 위해서는 n개의 정책수단이 필요하다"는 원리는 '틴베르헨의 법칙'으로 불린다. 틴베르헨은 또 UN을 비롯한 여러 국제기구에 참여하여 경제개발정책의 수립에 기여했다. 틴베르헨이 위원장으로 참여한 UN개발계획위원회가 1970년에 발표한 『제2차 유엔 개발의 10년을 위한 지침과 제안(Preparation of Guidelines and Proposals for the Second United Nations Development Decade by Committee for Development Planning)』, 즉 『틴베르헨 보고서(Tinbergen Report)』도 그 가운데 하나이다. 그는 1969년 노르웨이의 프리슈와 함께 최초의 노벨경제학상을 받았다.

🖊 주요 개념

가속도원리	상대소득가설
승수효과	유효수요
인플레이션 갭	저축
전시효과	절대소득가설
세의 법칙	총공급
총수요	총지출
톱니효과	투기
투자	평생소득가설
한계소비성향	항상소득가설

🖊 확인 학습 – 기초편

1. 다음 중 유효수요에 관한 설명으로 옳지 않은 것은 무엇인가?

   ① 유효수요의 부족은 경기침체를 초래한다.

   ② 유효수요는 의도된 수요이다.

   ③ 총수요와 총공급이 일치할 때 총수요는 유효수요이다.

   ④ 유효수요란 주관적인 욕망이 아니라 구매력이 뒷받침되는 수요이다.

2. 한계소비성향은 다음 중 무엇을 의미하는가?

   ① 소비증가분/소득증가분

   ② $C = a + cY$에서 계수 c의 값

   ③ 소비함수에서 기울기의 값

   ④ ①~③ 모두 해당됨

3. 단순한 국민소득결정 모형에서 $C = 20 + 0.6Y$, $I = 60$일 때 균형국민소득은 얼마인가? 단, Y, C, I는 각각 국내총생산, 소비수요, 투자수요를 가리킨다.

   ① 100

   ② 150

   ③ 200

   ④ 250

4. 단순한 국민소득결정모형이 다음과 같이 주어졌을 때 투자승수는 얼마인가?

$$Y = C + I$$
$$C = 200 + 0.75Y$$
$$I = 50$$

① 0.75

② 4

③ 2

④ 1

5. 인플레이션 갭(inflation gap)이란 무엇인가?

① 완전고용 국민소득이 균형국민소득을 초과하는 부분

② 총수요가 총공급을 초과하는 부분

③ 총수요가 완전고용 국민소득을 초과하는 부분

④ 완전고용 국민소득에서 저축이 투자를 초과하는 부분

6. C + S > C + I인 경우 국민소득수준은 어떻게 변화하는가?

① 증가한다

② 감소한다

③ 균형이 된다

④ 불균형이다

7. 항상소득가설에 대한 설명으로 옳지 않은 것은 무엇인가?

① 실제소득은 항상소득과 임시소득으로 구성된다.

② 실제소비는 항상소비와 임시소비로 구성된다.

③ 항상소득과 임시소득 사이에는 상관관계가 없다.

④ 임시소득과 임시소비 사이에는 상관관계가 없다.

8. 상대소득가설에 대한 설명으로 옳은 것은 무엇인가?

① 평균소비성향은 항상 일정하다.

② 전시효과란 소비행위에서 나타나는 일종의 외부효과이다.

③ 평균소비성향은 항상 증가한다.

④ 소득 수준이 변함에 따라 소비 수준이 가역적으로 변한다.

9. 소비함수에 관한 평생소득가설이란 무엇인가?

① 사람의 소비 수준은 일생을 통해 일정한 주기로 변동한다는 설

② 소비 수준은 소득 수준과 전혀 관계가 없다는 설

③ 개인의 소득 수준은 일생을 통해 변동하나 소비 수준은 일정하다는 설

④ 개인은 소득 수준이 가장 높은 중년에 소비를 가장 많이 한다는 설

10. 다른 조건이 일정할 때 총수요곡선이 우측으로 이동하게 되는 경우는 언제인가?

    ① 정부의 재정지출 감소   ② 물가의 상승

    ③ 조세의 증대   ④ 통화공급의 확대

11. 총공급곡선은 어디서 도출하는가?

    ① 생산물시장   ② 생산물시장과 화폐금융시장

    ③ 노동시장과 생산물시장   ④ 노동시장과 자본시장

12. 다음 중 총공급곡선을 이동시키는 주요 요인이 아닌 것은 무엇인가?

    ① 임금 상승   ② 물가 상승에 대한 예상

    ③ 환율 인상   ④ 수출의 증가

🖋 확인 학습 – 논술편

1. 소득이 증가할수록 한계소비성향이 점점 감소하는 이유는 무엇인가?

2. 부유층과 서민층 과소비의 원인은 무엇이며, 또 이들 과소비의 패턴은 어떻게 다른지 설명하라.

3. 총수요의 주요 구성요소는 무엇이며, 이 중 가장 큰 비중을 차지하는 것과 가장 변동이 심한 것은 각각 무엇인가?

4. 소득–지출분석에서 총지출이 총공급보다 클 경우 경제에 어떤 현상이 나타날지에 대해 간략히 설명하라.

5. 총수요곡선이 우하향하는 모양을 갖는 이유를 설명하라.

6. 총공급곡선이 우상향하는 모양을 갖는 이유를 설명하라.

제 10 장

화폐와 금융

10-1 화폐의 형태와 기능

가상화폐인 비트코인(Bitcoin)이 몸값 지불 수단으로 이용되고 있다고 뉴욕타임스가 26일(현지시간) 보도했다. 공공기관이나 금융기관의 웹사이트를 인질로 잡은 해커들이 인질을 안전하게 석방해주는 대가로 비트코인을 요구하는 일이 늘고 있다는 것이다. 미국의 몇몇 금융회사는 최근 DD4BC라는 해킹 조직으로부터 이메일을 받았다. 비트코인을 보내지 않으면 메시지 트래픽으로 이들 회사의 웹사이트를 공격하겠다는 내용이었다. DD4BC가 요구한 금액은 회사별로 1만 달러 수준인 것으로 전해졌다. 사법당국이 공개한 이메일은 "나의 요구를 무시했다가는 지불해야 할 돈의 규모만 커진다. 비트코인을 보내기만 하면 당신 회사 사이트는 영원히 나의 공격으로부터 자유로울 것이다"라고 적혀 있었다. 증권회사 시포트(Seaport)는 농담인 줄 알고 비트코인을 보내지 않았다가 하루 반 동안 웹사이트가 다운됐다. 이 회사는 기술 전문가의 도움으로 문제를 해결했지만, 웹사이트가 다운된 시간에 고객 서비스에 지장이 초래됐다. 경찰서도 해커들이 비트코인을 벌기 위한 타깃이 되고 있다. 뉴햄프셔주의 더럼 경찰서는 2014년 6월 해커조직인 크립투월로부터 비트코인을 요구받았지만 주지 않았다. 그러나 최근 테네시주 딕슨카운티 경찰과 매사추세츠주 턱스베리 경찰서는 각각 500달러를 주고 조용히 끝내는 길을 선택했다. 해커 조직이 이런 수법으로 얼마나 많은 소득을 올리는지는 집계가 어렵다. 해커의 몸값 요구가 있었다는 사실을 제대로 보고하지 않는 데다 조용히 몸값을 주고 끝내는 경우가 많기 때문이다. 러시아와 우크라이나에 근거를 둔 해커 조직은 1개월여 사이에 1,650만 달러를 번 것으로 컴퓨터 보안회사인 소포스(Sophos)는 추정하기도 했다. 해커들이 지불수단으로 비트코인을 좋아하는 것은 정부나 규제당국에 등록하지 않아도 되는 '전자 지갑'에 보관할 수 있기 때문이다. 또 진짜 돈으로 교환하기가 쉽다는 것도 비트코인이 가진 장점으로 거론된다. (〈연합뉴스〉, 2015. 7. 27)

화폐의 형태

우리나라 청소년들에게 10억 원을 주면 1년 동안 감옥살이를 하겠느냐고 물었더니 40% 이상이 그럴 수 있다고 대답했다고 한다. 옳다 그르다 말하기 참 어려운 질문이다. 예전에는 이런 질문을 체면에 관한 것으로 생각했기 때문에 솔직하게 대답하는 사람이 그리 많지 않았다. 그러나 요즘은 세태가 달라져서 그런지 돈에 관한 질문에도 솔직하게 대답하는 사람들이 많다. 그러니 우리도 솔직하게 이야기해보자. 10억 원을 받는다면 1년쯤 감옥살이를 해도 괜찮을 것 같지 않은가? 이 질문에 대한 대답은 그 사람의 처지에 따라 다를 것이다. 10억 원이 아니라 단돈 100만 원에 영혼이라도 팔아버리고 싶은 사람이 있고, 자유를 빼앗기고는 단 하루도 살 수 없다는 사람도 있을 테니 말이다. 다만 질문의 대상자가 청소년들이라는 점이 좀 많이 걱정된다.

그런데 우리는 왜 이토록 돈을 좋아할까? 강의시간에 경제학 교수들이 학생들을 놀리느라고 하는 우스갯소리 가운데 이런 이야기가 있다. 만약 여러분이 무인도에 떨어졌다고 하자. 그런데 램프의 요정이 나타나 10억 원과 빵 10개 가운데 한 가지를 선택하라고 한다면 여러분은 무엇을 선택하겠는가? 이 질문에 대부분의 학생들은 빵이라고 대답한다. 무인도에서는 돈이 쓸모없기 때문이다. 그러면 짓궂은 교수는 엉뚱한 답을 가르쳐준다. 어차피 무인도에서 구조되지 못할 바에야 빵 10개로 얼마나 버틸 수 있겠는가? 그러니 차라리 10억 원을 받아두었다가 구조된 이후에 부자로 사는 편이 더 낫다는 것이다. 물론 우스갯소리는 우스갯소리일 뿐이다. 당연히 학생들이 말한 답이 옳다. 돈은 그 자체로는 우리에게 아무런 행복도 주지 못한다. 그러나 돈은 우리를 행복하게 해주는 다른 모든 재화와 교환할 수 있다. 그래서 우리는 돈을 좋아한다.

그런데 사람들은 언제부터 화폐를 사용했을까? 원시시대를 소재로 한 영화를 보면 커다란 돌을 동그랗게 깎아서 돈으로 사용하는 장면이 나온다. 정말 원시인들은 돌을 돈으로 썼을까? TV의 인기 예능 프로그램인 〈정글의 법칙〉이 방문한 적도 있는, 미국의 보호령인 남태평양의 얍(Yap)이라는 섬의 원주민들은 달러($)와 돌을 함께 화폐로 사용한다고 한다. 물론 아무 돌이나 화폐로 사용되는 것은 아니고 특별한 종류의 석회석만 화폐로 사용된다. 당연히 돌이 클수록 그만큼 가치도 높다. 큰 것은 무게가 몇 톤이나 나가기도 한다. 그렇다면 얍 섬의 원주민들은 그 무거운 돌 화폐를 어떻게 주고받을까? 실은 돌은 늘 그 자리에 있다. 가령 어떤 사람이 이웃에게서 집을 산 대가로 그 돌을 주기로 했다면 "이제부터 그 돌은 네 것"이라고 말하면 그만이다. 어차피 너무 무거워서 아무도 훔쳐가지 못하기 때문이다.

얍 섬의 돌 돈은 돈의 본질이 무엇인가에 대한 질문을 던져준다. 오늘날 우리가 사용하는 법화처럼 돈이란 겉으로 보기에는 단지 사회적 약속에 불과하다고 생각된다. 한낱 종잇조각에 불과한 지폐가 사람들을 웃고 울게 만드니 말이다. 그러나 얍 섬의 돌 돈은 화폐의 본질이 노동의 생산물임을 보여주고 있다. 돌이 클수록 그만큼 더 큰 액면을 나타내는 것은 바로 화폐가 다른 상품들과 마찬가지로 그 속에 투하된 노동량만큼의 가치를 가진다는 것을 의미한다. 원시사회의 조개껍데기도 마찬가지고 쌀이나 베 같은 상품화폐도, 금화와 은화도 모두 마찬가지다.

화폐의 역사

최초의 금속화폐는 기원전 10세기까지 거슬러 올라가며, 최초의 주화는 기원전 7세기부터 사용된 것으로 추정된다. 그러나 돈의 역사는 이보다 더 오래되었다. 인간이 교환을 시작한 이래 교환을 매개해주는 돈은 언제나 존재했기 때문이다. 역사시대 이전에 이미 인류의 조상들은 조개껍데기를 돈으로 사용했다. 캐나다의 태평양 연안에 사는 인디언 부족들은 아직도 조개껍데기를 돈으로 사용한다고 한다. 경제생활이 복잡해지면서 사람들이 교환의 매개물로 사용한 것은 소금, 쌀, 옷감, 가축 등과 같은 필수품들이었다. 이를 **상품화폐**(commodity money)라고 부르는데, 가장 일반적으로 사용된 것은 쌀이나 옷감이었다. 유목민들은 그들이 기르는 가축을 돈으로 사용했다. 남대서양의 영국령인 트리스탄 다 쿤하(Tristan da Cunha)라는 섬의 주민들은 지금도 감자를 화폐로 사용한다.

상품화폐 화폐로서의 기능을 수행하는 고유의 사용가치와 교환가치를 지니는 화폐. 실물화폐, 자연화폐 등으로도 부른다.

그레셤의 법칙 동일한 명목가치를 지닌 복수의 화폐가 유통될 때, 실질가치가 큰 화폐는 축장되고 실질가치가 작은 화폐만 유통되는 현상

물물교환에 비하면 발달된 형태였지만 상품화폐 역시 돈으로 사용하는 데는 불편한 점이 많았다. 그래서 등장한 것이 바로 금이나 은과 같은 금속화폐이다. 금속은 일반 상품에 비해 휴대하기 편리하고 변질되지도 않기 때문에 화폐로서 널리 쓰이기에 유리한 조건을 갖추고 있다. 국가의 권력이 강화되면서 단순한 금속조각 대신 일정한 형태의 주조화폐를 유통시키기 시작했다. 그러나 주조화폐는 사람들이 주조에 들어가는 비용을 줄이거나 주조의 이익을 크게 하기 위해 점차 금속의 함량을 줄임으로써 명목가치에 비해 소재가치가 떨어지게 되었다. 그 결과 시중에 양화가 사라지고 귀금속 함유량이 적은 악화만 유통되는 현상이 초래되었다. "악화가 양화를 구축한다"는 말로 유명한 **그레셤의 법칙**(Gresham's Law)이 나타나는 것이다.[1]

트리스탄 다 쿤하에서는 대략 감자 4개와 1파운드가 교환되므로 왼쪽의 우표를 사기 위해서는 60개의 감자가 필요하다.

18세기에 들어오면서 종이돈, 즉 지폐가 금속화폐 대신 사용되기 시작했다. 지폐는 제조비용이 낮고 휴대가 간편해서 금속화폐 대신 광범

---

1 그레셤(Sir Thomas Gresham, 1519-1579)은 헨리 8세(Henry VIII, 1491-1547)에서 엘리자베스 1세(Elizabeth I, 1533-1603) 시대에 걸쳐 영국 왕실의 재무고문으로 활동했다. 런던의 왕립거래소 설립을 건의하는 등 영국의 금융제도 발전에 많은 기여를 했다.

위하게 사용될 수 있다. 그런데 최초의 지폐는 은행에 저장되어 있는 같은 금액의 금이나 은의 양에 따라 발행되었다. 이런 지폐를 '태환지폐(convertible money)'라 한다. 누구나 요구하면 지폐를 금이나 은으로 바꿔준다는 뜻이다. 그러나 지폐의 사용이 일반화되자 은행들은 실제로 금고에 보관한 금이나 은보다 훨씬 많은 양의 지폐를 발행할 수 있다는 사실을 깨닫게 되었다. 이에 따라 등장한 것이 오늘날과 같은 '불환지폐(unconvertible money)'이다. 불환지폐는 그 자체가 상품가치를 가지지 않기 때문에 '명목화폐'라고도 한다. 요즘은 대부분의 나라에서 국가가 지폐에 표시된 액수의 가치를 법으로 보장하고 있다. 이런 화폐를 **법정화폐**(legal tender) 혹은 간단히 '법화'라고 부른다.

법정화폐 법률에 의해 강제 통용력과 지불 능력이 주어진 화폐. 간단히 법화라고도 부름

화폐의 기능

화폐의 첫 번째 기능은 가치척도이다. 상품의 경제적 가치는 돈, 즉 화폐의 단위로 표시된다는 뜻이다. 예를 들어 빵 1개의 가격은 1,000원, 경제학 교과서 1권의 가격은 1만 원, 마이클 조던이 광고하는 운동화의 가격은 10만 원 하는 식으로 표시한다. 이 경우 빵의 가격은 운동화의 100분의 1이라고 말할 수도 있지만, 물건값을 모두 이런 식으로 표시하면 사회적으로 많은 불편과 비용이 뒤따를 수밖에 없다. 그래서 우리는 돈을 상품의 가치를 나타내고 계산과 회계를 하는 단위로 사용한다. 돈의 이런 여러 기능은 경제활동에 수반되는 거래비용을 줄여주기 때문에 경제주체들은 자신이 가장 저렴하고 질 좋게 생산할 수 있는 재화나 서비스의 생산을 전문화하게 되며, 그 결과 나라 전체로는 생산량과 소비량이 증가해 더욱 풍요로운 생활을 할 수 있게 된다.

두 번째로 화폐에는 가치의 저장기능도 있다. 가치의 저장기능이란 시간이 지나더라도 물건을 살 수 있는 능력, 즉 구매력을 보관해주는 역할을 말한다. 물론 돈만 유일하게 가치의 저장기능을 가진 것은 아니다. 주식, 채권 등 금융자산이나 귀금속, 건물, 쌀 등 실물자산도 가치를 저장하는 기능이 있다. 농민은 가을에 거둔 쌀을 저장해두었다가 다음 해에 팔아 생활비, 자녀의 학비 등에 사용할 수 있다. 그러나 쌀을 가을에 바로 팔아 돈으로 보관해두었다가 사용하는 편이 더 편리할 것이다. 쌀을 저장하기 위해서는 창고를 지어야 하는 등 많은 비용을 부담해야 하지만 돈을 보관하는 데는 조그만 금고만 있으면 되기 때문이다. 아울러 다른 금융자산은 단기에도 경제여건에 따라 가격변동이 크지만, 돈은 물가가 안정된 정상적인 경우 가치변

동이 미미해 상대적으로 가치 저장에 유리하다.

　세 번째로 화폐의 가장 중요한 기능은 교환의 매개물이라는 것이다. 돈의 중요성은 돈 없이 물건과 물건을 맞바꾸던 물물교환 경제를 상상해보면 쉽게 이해할 수 있다. 예를 들어 쌀을 가지고 생선과 교환하려고 할 경우를 생각해보자. 우선 이 사람은 쌀을 필요로 하면서 그 대가로 생선을 지불하려는 사람을 찾아야 할 것이다. 두 사람이 운 좋게 만난다면 쌀과 생선을 교환함으로써 각자 원하는 것을 손에 넣을 수 있지만, 현실에서는 거래하려는 두 사람의 욕구가 정확히 일치하는 경우가 매우 드물다. 생선을 가진 사람은 쌀 대신 고무신을 가진 사람과 교환하기를 원할 수도 있다. 고무신을 가진 사람은 옷을 가진 사람과, 옷을 가진 사람은 또 사과를 가진 사람과 교환하기를 원할 수 있다. 이런 사회에서 교환이란 거의 복권에 당첨되는 것만큼이나 우연한 행운이 아니면 이루어지기 어려운 일이다. 그러나 돈을 매개수단으로 해 자신이 가진 물건과 교환한다면 거래 상대를 찾기 위해 시간과 노력을 들일 필요가 없어지게 된다. 이것이 교환의 매개수단으로서 돈이 하는 기능이다.

　마지막으로 돈에는 지불수단의 기능이 있다. 가령 임금, 세금, 수수료 등을 지불할 때 돈을 사용하는 일은 교환을 매개하는 것과는 다르다. 이러한 기능을 지불수단이라고 부른다. 교환수단으로서 돈의 기능은 시간과 장소의 분리를 넘어 교환을 매개하는 것이지만, 지불수단으로서의 돈은 쌍방이 아니라 한 방향으로 돈의 흐름이 이루어진다는 차이가 있다.

원래 화폐의 본질은 노동의 산물이라는 데 있었지만 오늘날 우리가 사용하는 법화는 가상이다. 그런데 가상화폐라고 하면 가상의 가상이라는 뜻인가?

10-2 화폐의 수요와 공급

세계 금융시장의 불안으로 글로벌 자산운용사들의 현금 보유 비중이 지난해 중국 경제 리스크가 부각되던 시점 이후 가장 높아진 것으로 나타났다. 또 글로벌 투자자금은 주식 형에서 대거 빠져나갔고, 채권형으로는 유입된 것으로 집계됐다. 5일 미래에셋대우가 톰슨로이터에 기초해 작성한 자료에 따르면 6월 미국과 유럽, 일본 등 톱 운용사들의 글로벌 혼합형 펀드 주식 비중은 전달보다 1.4%포인트 줄어든 45%였다. 반면 채권과 현금 비중은 각각 0.3%포인트와 0.8%포인트 증가한 38.1%와 6.8%였다. 글로벌 톱 운용사들이 현금 비중을 크게 늘린 것은 중국 경기에 대한 우려가 짙어지던 지난해 6월 이후 처음이다. 브렉시트(영국의 유럽연합 탈퇴) 투표를 앞두고 금융시장의 불확실성이 커지자 주식 비중을 축소하고 채권과 현금 보유를 선호하게 된 것으로 풀이된다. 다만 일부 전문가들은 브렉시트 이후 글로벌 금융 시장이 다시 안정을 찾으며 위험자산 선호 현상이 높아질 수 있다고 전망한다. 이승우 미래에셋대우 글로벌자산배분전략팀장은 "브렉시트와 미국 통화정책 정상화라는 부담을 덜어낸 글로벌 유동성이 안전자산보다는 위험자산으로 움직일 것"이라며 "신흥국 증시로의 선별적인 유입이 일어날 가능성이 높다"고 내다봤다. (〈동아일보〉, 2016. 7. 6)

화폐의 수요

경제학의 가장 기초적 개념의 하나인 '수요'의 개념을 돈에 적용하면 많은 사람들이 혼란을 느낀다. 돈, 즉 화폐도 재화의 하나라고 보면 다른 물건과 마찬가지로 돈을 사려고 하는 것을 화폐의 수요라고 부를 수 있다. 그런데 여기서 문제가 생긴다. 돈을 사다니 그게 무슨 말인가? 만약 100원으로 돈을 산다면 얼마어치의 돈을 살 수 있을까? 그야 물론 100원이다. 이렇게 본다면 다른 상품이 아닌 돈을 수요한다는 말은 결국 돈을 쓰지 않는다는 것과 같다. 즉 자신이 가진 돈을 어떤 다른 재화를 사는 데 쓰기보다는 돈의 형태로 가지고 있으려고 하는 것을 화폐수요라고 하는 것이다.

사람들은 왜 화폐를 수요할까? 다시 말해서 사람들은 왜 자신의 자산을 돈의 형태로 가지려고 할까? 고전학파 경제학자들은 경제를 실물부문과 화폐부문으로 분류했다. 그리고 어떤 재화의 가치, 즉 상대가격은 수요와 공급에 의해 결정되고, 절대가격 및 일반물가 수준은 화폐부문에서 결정된다고 보았다. 가령 빵 1개의 가격이 1,000원이고 사과 1개의 가격이 2,000원이라는 말은 사과 1개와 빵 2개가 서로 교환된다는 뜻이다. 그래서 모든 상품의 가격은 상대적인 교환비율을 의미한다고 할 수 있다. 그런데 빵 1개의 가격은 왜 100원도 아니고 1만 원도 아니고 하필이면 1,000원일까? 바로 화폐량에 의해 빵 1개의 절대가격은 1,000원으로 결정된다는 것이다. 화폐량의 증가는 당연히 상품의 가격을 상승시킨다. 하지만 가격에 미치는 화폐량의 효과는 모든 상품에 똑같이 미친다. 가령 상품량은 변하지 않은 채 화폐량이 2배가 된다면 모든 상품의 가격도 똑같이 2배가 된다는 뜻이다. 이처럼 화폐량의 변화가 재화의 절대가격만 변화시킬 뿐 상대가격, 즉 실질적인 교환가치에는 전혀 영향을 미치지 않는다는 생각을 **화폐의 중립성**(neutrality of money)이라고 부른다. 이처럼 화폐는 실물부문에 영향을 미치지 못한다는 생각을 **화폐 베일관**(veil of money concept)이라고 부르기도 한다. 화폐는 실체를 가리는 베일과 같다는 뜻이다.

고전학파를 뒤이어 나타난 신고전학파의 화폐수요이론은 화폐수량설(quantity theory of money)이라고 부른다. 예를 들어 한 국민경제에서 상품의 총거래량(T)이 100개이고 가격(P)이 1,000원이라고 가정하면 필요한 돈(M)은 100개×1,000원 = 100,000원이 된다. 그런데 화폐는 한 번만 사용되는 것이 아니라, 흔히 하는 비유처럼 돌고돌아 여러 사람에게서 쓰이게 된다. 이때 화폐가 얼마나 자주 사용되는가를 화폐의 거래속도(V)라고 한다. 따라서 거래에 필요한 화폐량은 〈식 10–1〉과 같다.

$$MV = PT \qquad \text{〈식 10–1〉}$$

〈식 10–1〉은 미국의 경제학자 어빙 피셔가 제안했기 때문에 그의 이름을 따 '피셔의 교환방정식(equation of exchange)' 또는 '피셔의 수량방정식(quantity equation)'이라고 부른다. 〈식 10–1〉의 중요한 의미는 바로 통화량과 물가는 정(＋)의 관계에 있다는 것이다. 통화량과 물가 사이의 이러한 원리는 명목변수와 실질변수의 관계나 인플레이션의 원인과 대책 등과 같은 많은 경제문제들에 응용된다. 가령 명목금리의 격차는 단지 기대인플레이션율의 차이에 불과하다는 '피셔효과(Fisher effect)'가 좋은 예이다.

피셔가 제안한 거래형 화폐수량설은 화폐의 수요를 수요자와 공급자 간에 거래가 일어날 때 필요한 돈의 양으로 파악한다. 그런데 이미 이야기한 것처럼 화폐의 기능 가운데는 교환수단뿐 아니라 가치의 저장수단으로서의 기능도 있다. 이런 사실에 착안하여 앨프레드 마셜과 케임브리지학파의 경제학자들이 고안해낸 것이 '현금잔고방정식(cash balances equation)'이다.

화폐의 중립성 통화량의 변화가 실질변수에는 아무 영향을 미치지 못하고 명목변수만을 변화시킨다는 주장

화폐 베일관 화폐는 실체를 가리는 베일에 불과하므로, 경제활동에 대한 화폐의 역할은 중립적이라고 보는 주장

$$MV = Py \qquad\qquad \langle식\ 10\text{-}2\rangle$$

〈식 10-2〉는 〈식 10-1〉의 PT, 즉 거래총액 대신에 Py, 즉 명목국민소득을 넣은 것이다. 〈식 10-1〉이 교환수단으로서 화폐의 기능을 중시한 반면에 〈식 10-2〉는 축장수단으로서의 화폐의 기능을 중시한 것이다. 〈식 10-2〉는 국민소득의 증가에 따라 화폐가 얼마만큼 필요한가를 보여주는 화폐수요함수(money demand function)인 동시에 국민소득이 늘어날 때 중앙은행이 얼마만큼 화폐를 공급해야 하는지를 보여주는 화폐공급함수(money supply function)가 되기도 한다.

$$M = (1/V)Py = kPy \qquad\qquad \langle식\ 10\text{-}3\rangle$$

〈식 10-2〉는 〈식 10-3〉과 같이 쓰기도 한다. 화폐 유통속도의 역수인 1/V을 간단히 k로 쓰기도 하는데, 이를 '마셜의 k(Marshallian k)'라고 부른다. 마셜의 k는 국민들이 국민소득 가운데 일부를 화폐로 보유하려는 비율을 의미한다. 국민경제에서 마셜의 k는 대체로 안정적이다. 따라서 통화량은 물가와 정(+)의 관계이다. 현금잔고방정식은 피셔의 교환방정식에서 거래량 대신 실질국민소득을 넣은 것이다. 그러나 두 이론은 근본적으로 동일한 관점에서 출발한다. 경기부양을 위하여 인위적으로 통화량을 증가시켜도 실질국민소득에는 변화가 없고 물가만 상승한다는 것이다.

유동성선호

유동성선호 자산을 화폐의 형태로 보유하려는 욕구

유동성 자산을 필요한 시기에 손실 없이 화폐로 바꿀 수 있는 정도

화폐수요에 대한 새로운 이론은 마셜의 제자이면서 신고전파 경제학의 한계를 비판하고 자신의 경제학체계를 수립한 케인스에 의해 나타난다. 케인스는 자산을 화폐의 형태로 보유하려는 욕구, 즉 화폐에 대한 수요를 **유동성선호**(liquidity preference)라고 불렀다. **유동성**(liquidity)이란 금융자산을 얼마나 쉽게 현금으로 바꿀 수 있는가 하는 정도를 말한다. 은행예금이나 주식은 비교적 유동성이 큰 반면에 부동산은 유동성이 작다. 유동성이 가장 큰 금융자산은 당연히 현금이다. 따라서 현금을 곧 유동성이라고 부르기도 한다. 유동성선호란 곧 화폐선호라는 뜻이 된다. 사람들이 화폐를 선호하는 이유는 자산을 증권이나 다른 자산으로 가지는 것보다는 화폐로 가지고 있으면 언제든지 필요한 때에 다른 재화나 서비스와 교환할 수 있기 때문이라는 것이 케인스의 유동성선호이론이다.

화폐수요의 첫 번째 이유는 '거래적 동기(transaction motive)의 화폐수요'이다. 가

계나 기업은 수입과 지출 사이에 존재하는 시차를 메우기 위해 어느 정도의 화폐를 보유하고자 한다. 가계나 기업을 막론하고 일정 기간에 현금을 수취하는 시점과 지출하는 시점이 일치할 가능성은 크지 않다. 따라서 그 기간 동안 일상거래를 위해서 현금을 보유할 필요가 있다. 이것은 경제주체의 능동적인 수요라기보다는 화폐의 수취시점과 지출시점 사이의 간격을 메우고 거래하기 위한 필요에 의한 수요이다. 이렇게 거래를 위한 동기에서 보유하고자 하는 현금잔고에 대한 수요를 거래적 동기의 화폐수요라고 한다. 물론 현금으로 채권이나 다른 금융자산을 매입했다가 현금이 필요할 때마다 다시 팔아 필요한 현금을 만들 수도 있다. 그러나 수시로 금융자산을 사고파는 데 소요되는 시간과 비용, 그로 인한 불편 등을 감안하면 비록 이자소득을 포기하더라도 현금을 보유하는 편이 더 합리적이다.

거래적 동기의 화폐수요는 소득과 밀접한 관계를 갖는다. 거래의 규모나 빈도는 소득의 크기에 비례하므로 거래적 수요는 대체로 소득의 크기에 따라 결정된다는 것이다. 바꿔 말하면 돈 많은 사람의 지갑이 가난한 사람의 지갑보다 두껍다는 것이다. 일반적으로 소득이 증가하면 거래규모가 커져 거래적 화폐수요도 증가하고, 소득이 감소하면 화폐수요도 감소한다. 따라서 거래적 화폐수요는 소득에 대해 정(+)의 함수이다.

두 번째는 '예비적 동기(precautionary motive)의 화폐수요'이다. 사람들은 예기치 못한 현금지출에 대비하기 위해 현금을 보유하고자 한다. 불시의 지출에는 뜻밖에 유리한 구입을 위해 지출하는 경우, 또는 후일의 채무변제에 대비하기 위한 경우 등이 있다. 이러한 동기의 화폐수요를 예비적 동기의 화폐수요라고 부른다. 예비적 동기는 예상하지 못한 미래의 지출을 위한 것이다. 따라서 넓은 의미에서 보면 예비적 동기의 화폐수요는 거래적 동기의 화폐수요와 같이 볼 수도 있다.

마지막으로 '투기적 동기(speculative motive)의 화폐수요'이다. 케인스의 화폐수요 이론에서 가장 독창적인 부분이기도 하다. 케인스 이전의 경제학자들은 거래적 동기나 예비적 동기 이외의 목적으로 현금을 가지고 있는 것은 비합리적이라 보았다. 왜냐하면 현금보유는 채권을 매입했을 때 얻을 수 있는 이자를 포기하는 것이기 때문이다. 그러나 케인스는 자산을 현금의 형태로 보유하는 것이 채권이나 주식 등을 보유하는 것보다 유리할 때가 있다고 주장했다. 예컨대 낮은 가격으로 채권이나 주식을 매입해 비싼 가격으로 매각하면 매매차익, 즉 자본이득(capital gain)을 얻을 수 있다. 그런데 증권의 가격이 낮을 때 매입하려면 현금을 보유하고 있어야 한다. 이처럼 미래의 가격변동을 예측하고 현재가격과 미래가격의 차액을 얻기 위한 수단으로 화폐를 보유하려는 수요를 케인스는 '투기적 동기의 화폐수요'라고 불렀다. 말하자면 투기적 동기의 화폐수요란 현재의 투기를 위해서 보유하는 화폐라는 뜻이 아니라 반대로 자산의 일부를 자본이득이 생기는 기회가 올 때까지 현금의 형태로 보유한다는 뜻이다.

거래적 동기의 화폐수요나 예비적 동기의 화폐수요는 소득의 크기와 관련된다. 이에 반해 투기적 동기의 화폐수요는 이자율과 밀접한 관계가 있다. 증권가격이 하락해 이자율이 높아질 것으로 예측되면 현재는 화폐를 보유하고 있다가 미래에 방출하는 것이 유리하고, 반대로 장래에 증권가격의 상승과 금리 하락을 예측하는 사람은 이자율이 높은 현재에 화폐를 방출하려고 할 것이다. 따라서 이자율이 높으면 투기적 동기에 기인하는 화폐수요는 감소하고 이자율이 낮으면 투기적 동기에 기인하는 화폐수요는 증가한다. 이처럼 투기적 화폐의 수요는 이자율과 반대로 움직인다.

$$MD = L_t(Y) + L_s(r) = L(Y, r) \qquad \text{〈식 10-4〉}$$

〈식 10-4〉는 화폐수요함수를 수식으로 나타낸 것이다. 〈식 10-4〉는 케인스의 유

한 푼의 이자도 만들지 못하는데도 다른 어떤 금융자산보다 화폐, 즉 현찰이 좋은 이유는 바로 유동성 때문이다.

동성성호이론에 기초한 것이어서 유동성선호함수(liquidity preference function)라고 부르기도 한다. 〈식 10-4〉에서 $L_t(Y)$는 거래적 및 예비적 동기의 화폐수요를, $L_s(r)$ 은 투기적 동기의 화폐수요를 의미한다. $L_t(Y)$는 국민소득에 대하여 정(+)의 관계에 있으며, $L_s(r)$은 이자율에 대하여 부(−)의 관계에 있다. 이처럼 화폐수요는 국민소득과 이자율의 함수지만, 단기적으로는 국민소득이 고정되어 있으므로 화폐수요함수는 이자율의 함수라고 표현할 수도 있다. 따라서 〈식 10-4〉는 〈식 10-5〉처럼 쓸 수 있다.

$$MD = L(r) \qquad\qquad \text{〈식 10-5〉}$$

〈그림 10-1〉은 이자율과 화폐수요의 관계를 그림으로 나타낸 것이다. 상품시장에서의 수요곡선과 마찬가지로 이자율이 상승하거나 하락하면 화폐에 대한 수요는 화폐수요곡선을 따라 이동한다. 반면에 다른 변수들, 가령 국민소득의 변화나 여러 가지 금융상품들에 대한 선호의 변화는 화폐수요곡선 자체를 이동시킨다.

화폐의 공급

이제 화폐의 공급에 대해서 보기로 하자. 우리가 사용하는 화폐는 중앙은행, 즉 한

그림 10-1   화폐의 수요

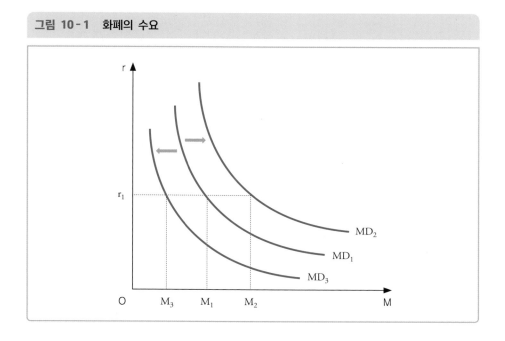

본원통화 중앙은행이 지폐 및 동전 등 화폐발행의 독점적 권한을 통하여 공급한 통화. 화폐발행액과 예금은행이 중앙은행에 예치한 지급준비예치금의 합계로 측정된다.

국은행에 의해서 공급된다. 중앙은행이 발행한 화폐는 민간에 의해 보유(화폐민간보유액)되거나 예금은행들에 의해 보유(예금은행 시재금)된다. 중앙은행의 화폐발행액에 예금은행들이 지급준비를 위해 가지고 있는 준비금 가운데 중앙은행에 예치해 둔 지급준비예치금을 더하여 **본원통화**(reserve base, reserve money)라고 부른다. 다시 말해서 본원통화란 한국은행이 발행하여 한국은행 밖으로 나간 화폐와 한국은행이 가지고 있는 화폐를 더한 것이다. 그런데 시중은행들의 시재금과 한국은행 예치금을 합하면 지급준비금이 되므로, 본원통화는 화폐민간보유액, 즉 현금통화와 금융기관들의 지급준비금을 합한 것과 같다. 본원통화를 다른 말로 기초통화, 1차통화, 고성능화폐(high-powered money)라고 부르기도 한다.

'파생통화(derivative money)'는 중앙은행이 공급하는 본원통화에 기초를 두고 시중은행들이 창조한 통화를 말한다. 시중은행이 본원통화를 기초로 해서 파생통화를 만들어내는 것을 '신용창조(credit creative)'라고 한다. 한국은행이 발행한 본원통화를 A원, 법정 지급준비율을 r이라고 하자. A원이 모두 시중은행에 예금된다고 가정하면, 은행은 법정지급준비금을 남기고 A(1 − r)원을 대출할 수 있다. 이 돈이 다시 은행에 예금되면 은행은 또 법정지급준비금을 남긴 A(1 − r)(1 − r)이 된다. 이러한 과정을 무한히 반복하면 시중은행의 신용창조액은 A/r원이 된다.

$$A + A(1-r) + A(1-r)(1-r) \cdots = A/r \qquad \langle 식\ 10\text{-}6 \rangle$$

그런데 현실에서는 화폐의 공급량, 즉 통화량을 나타내는 지표가 하나가 아니라 여럿이다. 먼저 통화(currency) 또는 협의의 통화는 간단히 M1으로 표기하는데 현금통화(currency in circulation)와 예금통화(deposit money) 및 수시로 입출이 가능한 저축성예금을 합한 것이다. 현금통화란 민간화폐보유액을 가리키며 금융기관들이 보유하고 있는 현금을 제외한 현금을 말한다. 예금통화란 언제든지 인출이 가능한 요구불예금을 말한다. 다시 말해서 M1이란 일반인들이 쓰고 있는 현금과 필요할 때 곧바로 현금으로 쓸 수 있는 예금을 말한다. 화폐를 지급수단의 목적으로만 본다면 M1은 이를 가장 잘 반영한 지표이다. 그러나 가치저장의 수단 등 화폐의 다른 기능들까지 고려한다면 M1은 통화량의 지표로서 한계를 가진다.

총통화(total currency)는 M2로 표기하는데 M1에 준통화(quasi-currency), 즉 저축성예금과 거주자 외화예금을 합한 것이다. 저축성예금이란 정기예금이나 정기적금 등을 말하며, 거주자 외화예금은 국내에 거주하는 외국인들이 우리나라 은행에 외화로 예금한 돈을 말한다. 준통화는 현금은 아니지만 쉽게 현금화할 수 있으므로 사실상 현금과 유사하다. 한국은행은 통화량의 기준지표로 M2를 사용하면서 다른 지표들을 보조지표로 사용하고 있다. M2에 사용량이 많은 양도성예금증서(CD)의 유통량을 더해 M2 + CD라고 부르기도 한다.

총통화(M2)에 비통화금융기관의 예수금과 금융기관이 발행하는 금융채, 표지어음매출, 상업어음매출 등을 합한 것을 금융기관유동성이라고 부르고 Lf(Liquidity Aggregates of Financial Institutions)라고 쓴다. 과거에는 총유동성이라고 부르고 M3라고 표기했으나 보다 광의의 유동성지표인 L이 개발되면서 Lf로 부르게 되었다. 비통화금융기관이란 투자신탁회사, 보험회사 등과 같은 제2금융권을 말한다. 이들이 발행한 금융자산들은 당장 현금화하기 어렵지만 금융시장에서 유통되고 있는 것은 분명하다. 그래서 Lf는 유통되고 있는 모든 통화량을 의미한다. 금융시장이 다양화되고 제2금융권의 비중이 커짐에 따라 Lf의 중요성도 더욱 커지고 있다.

마지막으로 광의의 유동성, 즉 L(Liquid Aggregates)은 Lf에 정부나 기업이 발행한 유동성상품들, 즉 국채, 지방채, 회사채 등을 더한 것이다. L은 가장 넓은 범위의 유동성지표이다. 이상의 내용을 표로 간단히 정리해보면 〈표 10-1〉과 같다.

이미 본 것처럼 화폐수요는 국민소득과 이자율, 특히 이자율의 함수이다. 그러나 화폐공급은 이자율의 함수가 아니라 정책당국의 필요에 의해 자의적으로 결정된다. 따라서 화폐공급곡선은 이자율에 대해서 수직선의 형태가 된다. 이에 대해서는 다음 절에서 보기로 하자.

표 10-1 여러 가지 통화

M1(협의의 통화)			
	M2(광의의 통화)		
		Lf(금융기관 유동성)	
			L(광의의 유동성)
- 현금통화 - 요구불예금 - 수시입출식 저축성 예금	- 만기 2년 이내의 정기 예·적금과 금융채 등의 금융상품	- 만기 2년 이상의 정기 예·적금과 금융채 - 예금은행 및 비은행 금융기관의 예수금	- 정부 및 기업 발행의 유동성 금융상품

10-3 이자와 이자율

일부 저축은행이 기존 대출자에게도 개정된 최고금리를 소급 적용하면서 대형 저축은행의 행보에 관심이 쏠리고 있다. 19일 저축은행 업계에 따르면 스타저축은행과 삼호저축은행은 대부업법 최고금리를 낮추기 이전에 대출을 받은 고객에게도 개정된 최고금리를 소급 적용하기로 했다. 앞서 모아, 대한, 인성, 키움, 페퍼, 한국투자 등 6개 저축은행은 지난 13일 기존 대출자에게도 개정된 대부업법 최고금리 소급 적용 방침을 밝혔다. 법정 최고금리는 지난 3월 3일 대부업법 개정안이 국회를 통과하면서 연 34.9%에서 연 27.9%로 7.0%포인트가 떨어졌다. 그러나 떨어진 최고금리는 법 개정 이후 새로 대출을 받은 사람에게만 적용되고 있다. 법 개정 이전에 27.9%보다 높은 금리로 대출을 받았다면 대출 만기를 연장하거나 재약정하지 않은 이상 기존 최고금리(연 34.9%)를 적용받는다. 저축은행이 법정 최고금리를 자발적으로 낮춰주는 것은 그동안 고금리 장사를 하고 있다는 여론의 비난이 커지면서 스스로 자성하는 모습을 보이기 위해서다. 최근 이순우 저축은행 중앙회장과 진웅섭 금융감독원장이 저축은행의 금리 인하를 요구하고 있는 것도 영향을 미쳤다. 관건은 신용대출 비중이 높은 대형 저축은행의 참여 여부다. 지금까지 최고금리를 소급 적용하기로 한 저축은행은 그동안 신용대출을 많이 취급하지 않은 업체다. 대형 6개 저축은행의 신용대출 잔액은 5조 원이 넘는다. 이는 전체 저축은행 신용대출의 3분의 2 수준이다. 업계에서는 지금처럼 작은 저축은행들이 최고금리를 인하하기 시작하면 대형 저축은행도 결국에는 동참할 수밖에 없다고 보고 있다. 실제 몇몇 대형 저축은행은 최고금리 소급 적용을 검토하고 있다. 지금까지 25% 이하의 금리를 적용한 대형 금융지주사 계열 BNK저축은행을 제외한 부산지역 대규모 저축은행도 소급 적용을 검토 중인 것으로 알려졌다. 〈국제신문〉, 2016. 7. 20)

이자의 발생

세계금융의 중심지인 맨해튼의 땅값은 얼마일까? 1625년 당시 그 지역에 진출한 네덜란드 총독은 이 땅을 원주민들에게 단돈 24달러를 주고 사들였다. 샀다는 표현에 조금 어폐가 있기는 하다. 백인들이 진출하기까지 아메리카 원주민들에게는 토지에 대한 소유의 개념이 없었으니 말이다. 아무튼 지금 맨해튼의 땅값은 모두 600억 달러에 이른다고 한다. 그런데 이 이야기에는 반전이 있다. 어느 금융 전문가의 계산에 따르면, 연 8%의 복리로 계산하면 당시의 24달러는 오늘날의 32조 달러에 이른다고 한다. 그렇다면 원주민들은 자신들도 몰랐지만 실은 엄청나게 현명한 투기꾼들이었던 셈이다.

　보통사람들도 경제활동을 하다 보면 남는 돈을 은행에 예금하거나 다른 사람에게 빌려줄 때도 있고 반대로 돈이 부족해 빌려야 할 때도 있다. 돈을 빌린 사람은 일정 기간 돈을 빌려 쓴 것에 대한 대가를 지급하는데 이를 이자(interest)라 부르며, 이자의 원금에 대한 비율을 금리 또는 이자율(interest rate)이라고 한다. 현실에서는 다양한 금융자산들마다 수익률이 다르지만, 교과서에서는 그것들을 모두 이자율과 같다고 가정한다. 한 금융상품의 수익률이 다른 금융상품의 수익률보다 높으면 당연히 여유자금은 낮은 수익률의 금융상품에서 높은 수익률의 금융상품으로 이동할 것이고, 결국은 모든 금융상품의 수익률이 기회비용인 이자율의 수준으로 수렴할 것이기 때문이다.

　현대인들은 은행이나 개인에게 돈을 빌리면 그에 대한 이자를 지불해야 한다는 것을 알고 있으며 이를 당연하게 여긴다. 하지만 적어도 중세까지는 이자에 대한 사람들의 생각이 달랐다. 가령 중세 교회에서는 고리대의 수취를 매우 강하게 비난했다. 고리대라는 말이 오늘날에는 과도한 이자의 수취를 의미하지만, 당시에는 이자를 받는 것은 어떤 경우든 고리대였다. 다른 어떤 이유보다 더 중요한 것은 바로 『성경』에 "너는 그에게 돈을 꾸어 주더라도 이자를 받지 말고 음식을 주더라도 돈을 더 받지 말라"(〈레위기〉)고 되어 있기 때문이다. 그러나 거꾸로 생각해보면 이처럼 고대나 중세에 이자를 부정적으로 생각해 비난하고 금지했다는 사실은 당시에도 이자의 수취가 성행했다는 것을 의미한다. 특히 중세로 접어들어 상업활동이 활발해지면서 상업자금을 빌려주는 은행업이나 고리대금업이 크게 성행했다. 당시 고리대금업자의 대부분은 유대인이었다. 이 때문에 셰익스피어(William Shakespeare, 1564-1616)의 유명한 희곡 『베니스의 상인(The Merchant of Venice, 1598)』에 나오는 샤일록처럼 중세사회에서는 유대인들이 이단자로 취급받았다. 이자에 대한 인식이 달라진 것은 역시 유럽 사회가 자본주의로 이행하면서부터이다. 적당한 수준의 이자에 대한 인정은 종교개혁의 지도자 칼뱅(Jean Calvin, 1509-1564)의 교리에서도 중요한 내용 가운데 하나였다.

　왜 이자가 발생하는가에 대해서는 몇 가지 견해가 있다. 아직 자본주의가 초기 단계이던 시대의 고전학파 경제학자들은, 노동에 임금이 지불되어야 하듯 자본에는 이자가 주어져야 한다고 생각하면서도 그 이유를 명확하게 설명하지 못했다. 당시에는 아직 이자와 이윤(profit)의 구분이 그다지 분명하지 않아서 두 가지를 같이 생각하는 경우가 많았다. 그 후 나소 시니어(Nassau William Senior, 1790-1864)가 이자를 자본가가 자신의 소비를 절약해 저축한 화폐를 자본으로 이용한 데 대한 보수라는 **제욕설**(abstinence theory)을 주장하면서 처음으로 이자에 관한 본격적인 이론이 나타나게 되었다. 그러나 현실의 자본가는 원하는 대로 소비하거나 보통 수준 이상으로 생활하고 있다. 이 때문에 제욕설은 윤리적 비난에 대항할 근거가 희박하다는 비판을 받았다. 그러자 신고전학파의 대가인 마셜은 제욕설을 보완하여 자본가가 현재의 향락을 완전히 희생한 것이 아니라 장래로 연기해 참고 기다리는 데 대한 대가가 이자라고 주장했다. 이를 **대인설**(waiting theory)이라고 부른다. 말하자면 자본가가 현재의 향락을 완전히 희생한 것이 아니라 참고 기다린 데 대한 대가라는 뜻이다.

이자와 이윤을 구분하는 현대경제학에서는 이자를 시간선호의 대가로 설명하는 것이 일반적이다. 대부분의 사람들은 미래보다 현재를, 먼 미래보다는 가까운 미래를 더 선호한다. 이처럼 미래보다 현재의 소비가 더 큰 효용을 주는 현상을 경제학에서는 **시간선호**(time preference)라고 부른다. 시간선호란 소비자가 소득을 지출과 저축에 어떻게 배분하느냐에 대한 심리적 태도를 의미한다. 잘 알려진 서양 속담을 잠시 빌리면 '손 안의 새 한 마리가 숲 속의 새 두 마리보다 낫다'는 것이다. 우리가 은행에 저금을 하면 이자를 받는 것도 간단히 말하면 바로 이 시간선호의 대가이다.

대부분의 소비자들은 오늘의 소득 모두를 오늘 소비하지는 않으며, 내일의 소비를 위해 일부를 저축한다. 저축은 오늘의 소비를 포기하고 내일의 소비를 선택한다는 뜻이다. 그러나 정확하게 말하면 내일의 소비를 더 선호하기 때문이 아니라 오늘의 소비를 포기하는 대가로 이자를 받기 때문이다. 결국 시간선호란 오늘의 소비와 이자를 포함한 내일의 소비 가운데 선택하는 문제이며, 대가가 어느 정도일 때 오늘의 소비를 포기할 수 있는가의 문제이다. 따라서 시간선호를 다른 방식으로 설명하면 이자는 포기한 현재의 소비에 대한 기회비용으로 설명할 수도 있다. 이자는 그 돈을 다른 곳에 투자해서 올릴 수 있는 수익, 즉 기회비용에 따라 결정된다는 것이다.

이해를 돕기 위하여 지금 1억 원을 가지고 제과점을 열었을 때 1년에 500만 원의 수익을 올릴 수 있다고 가정해보자. 돈을 가진 사람으로 하여금 수익을 포기하고 그 돈을 다른 사람에게 빌려주게 하려면 최소한 500만 원을 지불해야 한다. 그런데 우리는 왜 미래보다 현재를 더 선호할까? 더 정확하게 말하자면 왜 우리는 이자를 지불하면서까지 현재를 더 선호할까? 요컨대 미래는 불확실해서 미래에 일어날 일은

제욕설 자본에 대한 이자는 자본가 개인의 소비를 절약하여 저축한 화폐를 자본으로 이용한 것에 대한 보수라고 주장하는 학설. 절욕설이라고도 한다.

대인설 이자는 자본가가 자본을 현재 소비함으로써 얻을 수 있는 향락을 장래로 연기하여 참고 기다린 데 대한 보수라고 보는 학설

시간선호 소비자가 소득을 지출과 저축에 어떻게 배분하느냐에 대한 심리적 태도

아무것도 확정적으로 알 수 없다. 이자는 이런 불확실성과 위험성에 대한 대가라고 표현할 수도 있다.

이자율의 결정

미래보다 현재를 선호하는 것은 분명한데 과연 얼마나 더 선호하는가의 정도를 **할인율**(discount rate)이라고 부른다. 돈의 가치는 인플레이션 등의 이유로 시간의 흐름에 따라 변화한다. 할인율이란 미래의 가치를 현재의 가치와 같게 하는 비율이다. 이에 반해 수익률은 현재가치에 대해 발생하는 미래가치의 비율을 말한다. 보통의 경우에 이자율이 올라가면 나중에 더 많은 수익을 얻기 때문에 수익률이 높아지며, 미래가치를 현재가치와 일치시키는 비율도 높아지기 때문에 할인율도 상승하게 된다.[2]

이자율과 할인율이 정(+)의 관계에 있다 보니 두 가지 개념을 섞어 쓰는 경우도 많다. 지금의 100만 원이 1년 후에는 얼마인가를 계산할 때는 이자율이 되고, 반대로 1년 후의 100만 원이 지금 얼마인가를 계산할 때는 할인율이 된다. 지금 가지고 있는 자산이나 소득이 1년 후에 얼마인가는 현재 자산과 소득의 '미래가치(future value)'라고 부르고, 반대로 1년 후의 자산과 소득이 지금 가치로 얼마인가는 미래의 자산과 소득의 '현재가치(present value)'가 얼마인가 하고 말한다. 이야기가 꽤 어렵게 들리지만 실은 아주 단순하다. 미래가치를 계산할 때는 원금에 이자율을 곱해주고, 현재가치를 계산할 때는 미래의 소득을 할인율로 나눠주면 된다.

현재자산의 미래가치(future value) $= PV \times (1 + r)$ 〈식 10-7〉

미래자산의 현재가치(present value) $= FV / (1 + r)$ 〈식 10-8〉

이자율은 한 마디로 돈의 값이다. 그렇다면 이제 이자율이 화폐시장에서 어떻게 결정되는가를 보기로 하자. 앞에서 본 것처럼 대부자금시장에서 돈을 빌리려는 사람들과 돈을 빌려 주려는 사람들, 즉 대부자금의 수요와 공급에 의해 이자율이 결정된다는 이론을 대부자금설이라고 부른다. 이에 대해 화폐에 대한 선호에 따라 이자

할인율 미래의 가치를 현재의 가치와 같게 하는 비율

---

2 채권수익률은 대표적인 할인율 개념이다. 채권수익률이 높아진다면 채권을 상환해서 받을 현금의 현재가치가 떨어진 것이며, 따라서 현재의 채권가격이 떨어진다. 또한 채권수익률이 낮아진다면 앞으로 받을 현금의 현재가치가 높아진 것이므로 채권가격은 올라가게 된다. 이와 같이 채권가격은 채권수익률과 반비례관계에 있다.

율이 결정된다는 이론이 '유동성선호이론(theory of liquidity preference)'이다. 〈식 10
-5〉에서 보았듯이, 유동성선호설에 따르면 화폐수요는 이자율의 함수이다. 이자율
이 낮으면 사람들은 유동성이 큰 화폐를 더 선호한다. 반대로 이자율이 높으면 사람
들은 자산을 화폐가 아닌 다른 금융상품의 형태로 보유하려고 한다. 따라서 화폐수
요는 이자율에 대해 부($-$)의 관계에 있다. 다만 대부자금시장에서는 수요자와 공
급자들이 모두 실질금리에 따라 행동한다. 그러나 유동성선호이론에서의 이자율은
명목금리이다.

화폐에 대한 수요와 공급을 그림으로 나타내면 〈그림 10-2〉와 같다. 화폐공급곡
선이 수직선인 이유는 이미 설명한 것처럼 화폐의 공급이 이자율과 상관없이 금융
당국에 의해 결정되기 때문이다. 화폐의 수요와 공급이 일치하는 지점에서 균형이
자율과 통화량이 결정된다.

화폐시장

이제 정부가 화폐공급을 증가시킬 경우 어떤 변화가 일어나는지 보자. 〈그림 10-3〉
에서 통화량이 M_0에서 M_1으로 증가하면 이자율이 r_0에서 r_1으로 하락하게 된다. 이
자율의 하락은 투자를 증가시키고, 투자의 증가는 국민소득을 증가시킨다. 따라서

그림 10-2 화폐의 수요와 공급

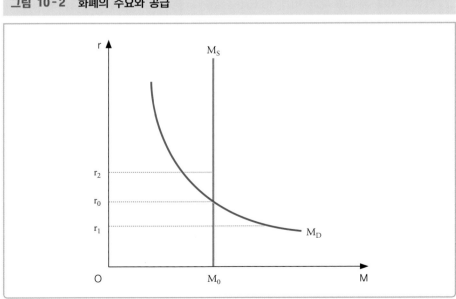

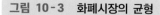

그림 10-3 화폐시장의 균형

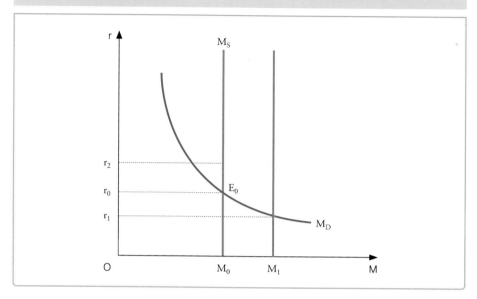

통화량의 증가는 국민소득을 증가시키는 효과가 있다. 그러나 다른 한편 통화량의 증가는 화폐의 가치를 하락시킴으로써 물가를 상승시킨다. 통화공급의 이러한 특성을 이용하여 경기를 조절하는 정책을 통화정책(monetary policy)이라고 한다. 통화정책에 대해서는 나중에 다시 자세히 보기로 하자.

고전학파의 화폐 베일관에 따르면 화폐는 실물경제에 영향을 미치지 못하며, 화폐경제와 실물경제는 분리되어 있다. 이를 '고전학파의 이분법(Classical dichotomy)'이라고 부른다. 그러나 케인스학파에 따르면 화폐시장에서 이자율이 결정되면, 이자율은 실물시장에서 투자와 저축에 영향을 주어 다시 국민소득과 같은 변수들의 결정에 영향을 미친다. 실물경제와 화폐경제는 서로 분리되어 있지 않은 것이다. 이러한 차이는 화폐에 대한 수요를 어떻게 정의하느냐의 차이에서 나타난다. 고전학파의 경우 거래적 동기의 화폐수요만 인정하기 때문에 피셔의 수량방정식에서 보았듯이 화폐수요는 국민소득의 함수가 된다. 그러나 케인스학파는 투기적 동기의 화폐수요가 있기 때문에 화폐수요와 이자율이 매우 밀접하게 연관된다는 것이다.[3]

---

3 케인스 이후에는 대부분의 경제학자들이 화폐에 대한 투기적 동기를 인정하고 있다. 이 경우에는 화폐도 주식이나 채권 등과 같은 금융자산의 하나가 된다. 따라서 화폐에 대한 수요는 화폐보유에 따르는 수익과 위험뿐 아니라 다른 금융상품들의 수익과 위험에도 영향을 받는다. 금융자산 가운데 화폐를 어느 비율로 보유할 것인가에 관한 이론을 '자산선택이론(portfolio theory)'이라고 한다.

10-4 금융기관과 금융시장

최근 브렉시트 여파로 환율은 하루하루가 변화무쌍하고, 안전자산 선호도는 높아지고 있다. 한국은행 기준금리도 동결됨에 따라, 안전성이 높으면서 금리가 높은 금융상품을 찾아보기가 어렵다. 과거 2008년 서브프라임 모기지에 의한 금융위기도 그렇고, 브렉시트가 두려운 것은 우리가 한 번도 경험해보지 못했기 때문이다. 예측이 가능한 위험은 공포가 줄어들 수 있지만, 앞으로 금융시장에 어떤 일이 생길지 예측이 불가능하다. 따라서 금융 소비자들은 수익도 중요하지만, 자산의 안전성 부분을 더 고려해서 금융상품을 신중하게 선택할 필요가 있다. '아는 만큼 보인다'라는 말처럼, 자산증식을 위해서 금융 소비자가 관심을 갖고 경제 상식을 취득하고 본인이 가입할 상품에 대해 인지할 필요가 있다. 현재는 초저금리 시대이기 때문에 소비자들의 수익 욕구를 충족시키기 위해 다양한 금융상품이 존재하고, 원금이 보존되지 않는 상품들이 주를 이루고 있기 때문에 가입하기 전 꼼꼼히 체크해야 한다. 금융상품 중에 원금보전이 안 되면 무조건 안 좋은 상품이라는 인식이 있는데, 꼭 그런 것은 아니다. 금융상품을 선택할 때 가장 중요한 것은 위험에 대한 인지이다. 금융상품에서 수익을 얻기 위한 위험이 내가 감수할 수 있을 것인지, 아니면 감수할 수 없는지에 대한 판단을 내리는 일이 쉽지 않기 때문에 금융상식을 갖고 있다면 훨씬 쉬워진다. 스마트 금융시대다 보니, 본인이 판단하고 스스로 상품을 가입하는 경우가 많은데 가능하다면 한 달에 한 번 정도는 금융기관 창구를 방문에서 상담을 받아 보기를 권한다. 시시각각으로 경제상황도 변하고 금융시장도 변화가 많기 때문에 경제동향을 파악하고 현재 상황에 맞는 금융상품을 선택하는 데 도움이 된다. 은행을 찾는 대다수의 금융 소비자들은 과거의 저축 패턴대로 정기 예·적금 상품에 가입을 한다. 이제는 1%대의 정기 예·적금으로는 자산을 증식한다는 것은 불가능한 일이다. 따라서 과거와는 다른 저축 방법을 선택해야 하고, 새로운 금융상품들에 대한 이해를 돕기 위해 기초적인 금융상식을 갖고 있다면 금융상품 선택의 폭이 넓어질 수 있을 것으로 보인다. 주가와 금리의 관계, 환율의 대한 이해, 채권 금리와 채권 수익률에 대한 기본적인 금융상식을 갖고 있다면 저금리·저성장 시대에 금융상품을 선택할 때 도움이 될 것으로 보인다. (〈전북일보〉, 2016. 7. 20)

금융기관의 종류

증권회사 앞에는 흔히 황소의 조형물이 있다. 황소(Bull)는 주식시장이 현재 강세라는 의미이고, 곰(Bear)은 약세라는 의미이다. 그 연원은 정확하지 않으나, 18세기 영국에서 곰 가죽 중개상(bear skin jobber)들이 실제로 곰 가죽을 가지고 있지도 않으면서 시세가 떨어질 것이라 믿고 곰 가죽을 팔았던 데서 유래한다고 한다. 오늘날로 치면 공매도를 한 셈이다. 여기서부터 곰이 약세 시장을 나타내게 되었다는 것이다. 반대로 황소는 한때 미국에서 황소와 곰을 서로 싸우게 한 내기가 유행했는데, 그 때문에 곰의 상대방인 소가 강세 시장을 나타내게 되었다고 한다.

금융기관은 오랜 역사를 통해 그때그때 사회의 요구에 부응하여 발전해 왔다. 이 과정에서 금융기관 사이에서도 다양한 형태의 역할 분담이 나타나게 되었다. 예전에는 금융기관이라고 하면 은행만 생각하는 것이 보통이었다. 그만큼 우리 주변에서 금융기관이 그리 흔하지 않았기 때문이다. 실은 은행도 지금처럼 동네마다 지점이나 영업점이 있는 것이 아니라, 예금 업무를 보려면 일부러 번화가까지 나가야 했다. 그러나 지금은 은행뿐 아니라 증권회사나 다른 금융기관들이 제법 익숙하다. 그만큼 국민들의 금융활동이 활발하고 다양해졌기 때문이다.

금융기관에는 통상적으로 은행(bank)이라 불리는 통화금융기관(monetary financial institution), 비통화금융기관 그리고 증권시장을 중심으로 한 기타 금융기관이 있다. 통화금융기관이란 직접 돈을 만들거나 혹은 예금을 받아 그를 기초로 시중에 계속 대출함으로써 실질적으로 시중에 돈의 공급을 확대해 나가는 통화창조기능이 있는 금융기관들이다. 여기에는 중앙은행과 예금은행(deposit bank)이 포함되며, 예금은행에는 일반은행과 특수은행이 있다. 비통화금융기관이란 통화창조, 즉 일반인들에게 예금과 대출의 기능이 없는 금융기관을 말하는데 여기에는 보험, 신탁, 우체국, 단기금융회사 등이 포함된다.

우리는 흔히 은행이라고 하면 예금과 대출을 담당하는 금융기관을 생각한다. 그런데 중앙은행의 기능은 일반은행과 다르다. 어느 나라 경제든 법정통화제도를 운영하려면 그 제도를 책임지고 운영하는 중앙은행이 있어야 한다. 우리나라에서는 한국은행이 이 역할을 맡고 있다. 미국에서는 연방준비제도이사회(FRB), 영국은 영란은행(English Dutch Bank), 일본은 일본은행, 그리고 유럽연합(EU)은 유럽중앙은행 등이 중앙은행의 역할을 하고 있다. 나라마다 중앙은행의 권한과 역할에 약간의 차이는 있지만, 기본적인 기능은 크게 다르지 않다. 가령 우리나라의 한국은행은 다음과 같은 특별한 기능을 담당하고 있다. 첫째, 한국은행은 유일한 발권기관으로서 여러 가지 은행권과 주화를 발행한다. 둘째, 한국은행은 다양한 정책수단을 이용하여 금융통화정책을 수행한다. 셋째, 한국은행은 일반은행들을 대상으로 예금과 대출을 한다. 넷째, 한국은행은 금융시장과 금융기관들에 대한 감시와 감독기능을 수행한다.

예금은행에는 예금과 대출업무를 주로 취급하는 기관으로서 은행법에 의해 설립된 일반은행과 각각의 개별법에 의해 설립된 특수은행이 있다. 일반은행은 시중은행과 지방은행 그리고 외국은행의 국내지점으로 구성된다. 일반은행은 주로 예금으로 조달한 자금을 단기대출로 운용하는 상업금융업무와 함께 장기금융업무를 취급한다. 특수은행은 일반은행이 대출재원이나 채산성의 제약으로 자금을 공급하기 어려운 특정 부문에 자금을 공급하기 위해 세워진 은행으로 대부분 정부계 은행이다. 특수은행에는 중요산업에 기술개발 등을 위한 장기시설자금을 공급하는 한국산업은행, 수출입금융을 전문적으로 취급하는 한국수출입은행, 중소기업금융 전문은행인 기업은행 등이 있다. 그리고 농축산업과 수산업금융을 취급하는 농업협동조합중앙회와 수산업협동조합중앙회의 신용사업부문도 특수은행에 포함된다.

한편 은행은 예금과 대출 이외에 별도로 분리된 신탁계정을 두어 고객에게 금전과 재산을 신탁받아 유가증권 등에 운용한 후 그 수익을 분배하는 업무도 하고 있다. 또 은행은 아니지만 예금을 취급하는 금융기관들도 있다. 종합금융회사, 자산운용회사, 상호저축은행, 신용협동기구 그리고 우체국예금 등이 그것인데, 이들을 비은행 예금취급기관이라고 부른다.

금융산업은 전통적으로 은행업, 보험업, 증권업을 세 가지 축으로 발전해 왔다. 과거에는 이러한 업무영역들이 금융기관들 사이에서 엄격히 분리되어 있었다. 그러나 오늘날 세계의 금융산업은 전자통신기술의 발달과 함께 고객수요의 다양화, 규제완화 등의 영향으로 대형화·겸업화·증권화 현상이 확산되고 있다. 특히 금융기관들 간의 인수·합병(M&A)과 전략적 제휴를 통한 겸업화가 급속히 확대되고 있으며 그 결과 은행, 증권, 보험업무를 통합하여 운용하는 금융 서비스가 나타나고 있다. 우리나라의 경우도 1997년 말 외환위기를 겪으면서 금융의 개방화와 국제화가 가속화되었고 다국적 금융기관들이 진출하여 사업영역을 확장하고 있다. 이러한 국내외 금융환경의 변화에 대응하여 우리나라의 금융기관들도 대형화와 겸업화를 추진하고 있다. 공동상품개발이나 공동마케팅과 같은 업무제휴의 확대, 지주회사의 탄생, 은행에서 보험상품을 판매하는 방카슈랑스(bancassurance)의 시행, 해외금융자본과 국내 우량은행 간의 포괄적인 전략적 제휴 등이 그 예이다.[4]

---

4 방카슈랑스(bancassurance)란 은행(Banque)과 보험(Assurance)을 합성한 프랑스어로, 은행이 보험회

표 10-2 금융기관의 종류

금융기관	분류	기능
중앙은행		한국은행
예금은행	일반은행	가계나 기업에서 예금과 신탁을 받거나 채권을 발행하여 모은 자금을 돈이 필요한 사람에게 빌려주는 업무를 한다. 예금 금리는 비교적 낮다.
	특수은행	채산성이 낮아 자금을 빌리기 어렵거나 지원이 필요한 분야에 자금을 빌려준다. 한국산업은행, 한국수출입은행, 농업협동조합중앙회 등이 있다.
비은행 예금취급기관	새마을금고	지역주민과 소기업을 대상으로 예금과 대출업무를 한다.
	상호저축은행	지역의 서민과 소기업을 대상으로 예금과 대출업무를 한다.
	신용협동조합	조합원에게 예금과 대출업무를 함으로써 조합원들의 상호부조를 도모한다.
	우체국 예금	전국의 우체국에서 운영하는 공영 예금기관이다.
보험회사	생명보험회사	다수의 보험계약자를 상대로 보험금을 받아 이 자금을 대출하거나 금융자산에 투자하여 보험계약자의 사망이나 사고 시 보험금을 지급하는 업무를 한다.
	손해보험회사	
금융투자회사	증권회사	주식이나 증권 등의 유가증권을 매매·인수·중개하는 업무를 한다.
	자산운용회사	증권투자대행기구의 역할을 하며, 전문지식이 부족하거나 직접투자를 하기 어려운 투자자들이 이용하기에 적합한 투자신탁펀드나 뮤추얼펀드를 운용한다.
기타 금융기관		기타 금융중개업무를 하는 기관으로서 여신전문금융회사, 증권금융회사, 증권투자회사, 선물회사, 자금중개회사, 투자신탁회사, 투자자문회사 등이 있다.

사와 연계해 보험의 성격이 짙은 상품을 개발, 판매하는 새로운 형태의 금융 서비스이다. 보험사는 은행의 전국전인 점포망을 통해 판매 채널을 손쉽게 확보할 수 있고, 은행으로서는 각종 수수료 수입을 기대할 수 있으며 부실채권을 방지할 수 있다. 방카슈랑스가 최초로 출현한 것은 1986년 프랑스 아그리콜은행이 프레디카생명보험사를 자회사로 설립하여 은행창구에서 보험상품을 판매하면서부터다. 프랑스의 경우 현재 생명보험상품의 절반 이상이 은행을 통해 판매되고 있다. 이후 영국, 독일, 네덜란드 등 금융업종 간 경계가 느슨한 유럽지역에서 유행하다가 최근에는 전세계 금융시장으로 확산되고 있다. 유럽 전체로는 20% 이상, 미국도 생명보험상품의 13%가 방카슈랑스 형태라는 통계가 있다. 우리나라에서도 2003년 제한적으로 도입되었다가 2008년부터 전면적으로 실시되었다.

증권 회사 앞에는 흔히 황소의 조형물이 있다. 황소(Bull)는 주식 시장이 현재 강세라는 의미이고, 곰(Bear)은 약세라는 의미이다.

금융시장과 금융상품

경제주체들 사이에서 돈의 융통, 즉 금융거래가 이루어지는 장소를 금융시장이라 하고, 그 매개수단인 증권 또는 채무증서 등을 금융상품이라고 한다. 물론 이때의 장소란 반드시 구체적인 공간을 가리키는 것이 아니라 그러한 거래가 이루어지는 추상적인 메커니즘을 의미한다. 금융시장의 역할은 자금의 수요자와 공급자 사이를 중개하는 것이다. 금융시장은 거래되는 금융상품의 성격에 따라 단기금융시장, 자본시장, 파생금융상품시장, 예금 · 대출시장, 외환시장 등으로 구분된다. 단기금융시장은 만기 1년 미만인 단기금융상품이 거래되는 시장으로 '화폐시장(money market)'이라고도 한다. 가계, 기업, 금융기관 등이 일시적으로 여유 있는 자금을 운용하거나 부족한 자금을 조달하는 시장이다.

사람들은 미래의 불확실성에 대비하기 위하여 현금을 가지고 있으려고 하는데, 이 경우 해당자금의 이자수입을 포기해야 한다. 그러나 단기금융시장이 발달해 있으면 여유 현금이 생길 경우 안전성과 유동성이 높은 단기 금융상품에 운용하고, 자금이 일시 부족한 경우에는 단기채무증서를 발행하여 조달함으로써 현금보유에 따른 기회비용을 줄일 수 있다. 또한 단기금융상품은 장기 상품에 비하여 금리변동에 따른 가격변동 폭이 크지 않아 원금 손실의 위험이 적으며, 유통시장에서 해당 상품을 팔아 쉽게 자금을 회수할 수 있어 유동성 위험도 크지 않다. 일반적으로 단기금융시장 참가자들은 대부분 위험을 회피하려는 경향이 높고 금융상품의 수익성보다는 안전성과 유동성을 중시한다고 할 수 있다. 중앙은행의 통화정책도 주로 단기금융시장을 중심으로 이루어진다. 가령 공개시장 운용을 통해 콜 금리를 조정하여 단기금리를 바람직한 방향으로 유도하는 것이 그 예이다. 우리나라의 단기금융시장으로는 **콜(call) 시장**, 환매조건부채권(repurchase agreement) 시장, 양도성예금증서(negotiable certification of deposit) 시장, 기업어음(commercial paper) 시장, 표지어음 시장, 통화안정증권 시장 등이 있다.

자본시장(capital market)은 주식과 채권이 거래되는 시장이다. 자본시장은 기업과 정부 등이 장기적으로 필요한 자금을 조달하는 시장이라는 넓은 의미에서 은행의 시설자금대출 등 장기대출시장을 포함하기도 하지만, 일반적으로는 주식과 채권이 발행되고 유통되는 증권시장을 말한다. 주식시장은 주주권을 표시하는 '주식(stock)'이 거래되는 시장이다. 주식시장에서 기업은 장기자금을 조달하고 투자자는 자금을 운용한다. 주식을 발행하여 조달한 자금은 기업의 자기자본으로 전환되어 기업 활동의 기초가 되고, 주식의 소유자는 주주로서 지분만큼 소유권을 갖게 된다. 기업이 주식을 발행시장에서 매각하고 나면 이 주식들은 조직화된 증권시장에서 거래된다. 우리나라의 증권시장은 한국증권선물거래소가 개설한 유가증권시장과 코스닥(KOSDAQ) 시장, 장외주식 호가중 시장(제3시장) 등이 있다.[5]

채권(bond)이란 기업과 정부 및 금융기관 등이 자금을 공급자로부터 직접 빌리기 위해 발행하는 채무증서의 일종이다. 돈을 빌리는 사람이 이 증서를 소유한 사람에게 정해진 이자와 원금을 갚아야 할 의무가 있음을 명시한 것으로서 차용증과 같다. 채권에는 빌린 자금을 갚는 시기, 즉 만기와 만기가 되기까지 정기적으로 지급되는 이자율, 만기일에 지급될 금액 등이 적혀 있다. 만기일까지 정기적으로 지급되는 이자를 표면이자(coupon rate), 만기일에 지급될 금액은 액면가(face value)라고 한다.

콜 시장 콜 거래가 이루어지는 추상적인 시장을 콜 시장(단기자금시장)이라고 한다. 콜이란 금융기관이나 증권회사 상호 간의 단기대부·차입으로 '부르면 대답한다'는 식으로 극히 단기로 회수할 수 있는 대차이기 때문에 콜(call)이라 한다.

---

5 코스닥(Korea Securities Dealers Automated Quotation)은 전자거래시스템으로 운영되는 우리나라의 장외 주식거래시장이다. 1996년 7월 1일 증권업협회에 의하여 개설되었다. 미국의 나스닥(National Association of Securities Dealers Automated Quotation, NASDAQ)과 유사한 기능을 하는 중소, 벤처기업을 위한 증권시장으로 코스닥위원회가 운영한다. 일반적으로 옛 증권거래소시장에 해당하는 유가증권시장을 통합거래소 상위시장, 코스닥시장을 하위시장이라고 부른다. 유가증권시장보다는 상장기준이 덜 엄격한 편이어서 중소기업이나 벤처기업이 많다.

채권도 주식처럼 산 사람이 그 채권을 만기까지 보유할 수도 있고 만기 이전에 유통시장에서 팔 수도 있다. 채권은 누가 발행하느냐에 따라 정부가 발행하는 국채, 한국은행이 발행하는 통화안정증권, 지방자치단체가 발행하는 지방채, 기업들이 발행하는 회사채, 은행이나 증권회사 등 금융기관들이 발행하는 금융채, 예금보험공사, 토지공사나 한국전력처럼 특별법에 의해 설립된 공공법인이 발행하는 특수채 등으로 구분한다.

기업이 필요로 하는 장기자금의 조달수단이라는 점에서 주식과 채권은 동일한 역할을 한다. 그러나 주식과 채권의 성격은 크게 다르다. 주식은 기업의 소유권을 나타내는 증서로서 자산에 대한 청구권을 갖는다. 주식을 보유한 사람은 해당 지분만큼 그 기업의 소유자인 것이다. 그러나 채권을 보유한 사람은 그 기업에 대한 채권자일 뿐이다. 따라서 기업이 많은 이익을 낼 경우 주주는 배당금을 많이 받을 수 있지만 채권을 가지고 있는 사람들은 정해진 이자만을 받는다. 그러나 반대로 손실이 나더라도 채권보유자는 정해진 이자를 받지만 주식보유자는 회사에 돈이 남지 않아 배당금을 받지 못할 수도 있다. 투자자의 입장에서 보면 일반적으로 주식은 채권보

표 10-3 금융상품의 종류

구분		내용
예금	요구불예금	예치기간 제한 없이 입출금이 자유로운 예금
	저축성예금	예치기간을 약정하여 자금증식을 목적으로 하는 예금
금전신탁	특정 신탁	위탁자(고객)가 지정한 방식으로 운용
	불특정 신탁	신탁회사가 임의로 운용
채권		자금이 필요한 기관이 발행한 채무증권
주식		주식회사에 출자한 지분에 대한 증서
펀드		법률상 명칭은 '집합투자기구'라고 함. 투자자의 자금을 모아 유가증권 등에 투자하여 그 수익을 투자지분별로 투자자들에게 배분함
보험(저축성)		비교적 장기계약으로 목돈마련과 노후생활자금을 만들기 위한 보험상품
연금	공적 연금	국가 또는 공적 기관이 운용하는 연금
	사적 연금	개인이 선택적으로 가입하고 민간회사가 운용하는 연금
파생금융상품		기초자산(주식, 채권, 통화 등)의 가치변동에 의하여 그 가치가 변동하는 금융상품

다 위험부담이 더 크며 자산 자체의 가격변동도 심하다.

　　그런데 최근 들어 금융시장의 주요한 현상 가운데 하나는 외환·예금·채권·주식 등과 같은 기초자산, 즉 본원적 금융상품보다 그로부터 파생된 금융상품들이 더 빠르게 성장하고 있다는 사실이다. 이러한 금융상품들을 흔히 **파생금융상품**(financial derivatives)이라고 부른다. 파생금융상품의 출현은 국제통화체제의 변화와 밀접하게 연관된다. 1971년 미국의 닉슨 대통령은 달러의 금 태환을 중지시키는 경제긴급조치를 발표했다. 이를 계기로 국제통화체제는 고정환율제에서 변동환율제로 전환되는데, 이로 인한 환차손을 피하기 위하여 1972년 미국에서 처음 도입된 것이 바로 파생금융상품이다.

　　파생금융상품은 경제여건의 변화에 민감한 금리·환율·주가 등의 미래가격을 예상하여 만든 상품으로, 변동에 따른 위험을 소액의 투자로 사전에 방지하고 위험을 최소화하는 목적에서 개발되었다. 발행자가 자금조달을 목적으로 발행하는 전통적인 금융상품들과 달리 계약 당시에는 거래당사자 사이에 자금의 흐름이 일어나지 않는 부외 거래를 특징으로 한다. 파생금융상품의 종류는 계약의 형태와 거래시장의 특성, 기초자산의 종류 등에 따라 다양한 유형으로 분류된다. 대표적인 거래형태로는 선물(future)[6], 선도(forward)[7], 옵션(option)[8], 스왑(swap)[9] 등이 있다. 또 이들 파

> **파생금융상품** 외환·예금·채권·주식 등과 같은 기초자산으로부터 파생된 금융상품. 경제여건의 변화에 민감한 금리·환율·주가 등의 장래가격을 예상하여 만든 상품으로, 변동에 따른 위험을 소액의 투자로 사전에 방지하고 위험을 최소화하는 목적에서 개발되었다. 발행자가 자금조달을 목적으로 발행하는 전통적인 금융상품들과 달리 계약 당시 거래당사자 사이에 자금의 흐름이 일어나지 않는 부외거래를 특징으로 한다.

---

6 장래의 일정 기일에 현품의 수도를 하거나, 그 기일까지 반대 매매로 결제할 것을 약속하는 거래. 미래의 특정 시점(만기일)에 수량과 규격이 표준화된 상품이나 금융자산(외환, CD, 국채 등)을 특정 가격에 인수 혹은 인도할 것을 약정하는 거래이다. 이러한 선물거래는 공인된 거래소에서 이루어지며 현 시점에 합의된 가격(선물가격)으로 미래에 상품을 인수 혹은 인도하는 것이다. 선물거래는 물건을 살 사람이나 팔 사람이 물건의 가격변동을 놓고 고민을 하거나 물건값을 미리 잘못 판단해 손해를 보는 위험을 피해 갈 수 있는 수단이 된다. 또 미래의 가격에 대한 여러 투자자들의 예측치가 만들어지고 기업이나 금융기관은 이를 토대로 투자하게 되므로 투자에 따른 위험을 줄인다. 현재 우리나라 선물거래소에는 국채, 옵션, CD, 증권금리, 주가지수, 달러, 금 등이 상장되어 있다.

7 거래당사자들이 통화, 채권, 주식 등의 자산을 미리 약정한 가격으로 미래의 일정 시점에 인수·인도하기로 약정하는 거래. 일반적으로 선물거래가 불특정 다수의 참가자가 한 장소에 모여 일정한 규칙 아래 거래하는 데 반해 선도거래는 매입자와 매도자 쌍방이 교섭하여 결제일과 거래량 등을 결정한다. 선도거래는 거래기간, 금액 등 거래방법을 자유롭게 정할 수 있는 주문자 생산형태로, 거래당사자가 전화로 상대방과 계약하는 은행 간의 외국환거래, 상품시장의 원유가격 등이 대표적인 사례이며 장외거래라고 부른다. 비유하면 농산물 중간상들이 출하시기보다 한참 앞서 미리 가격을 정해 '밭떼기'로 사 놓고 출하 때 그 가격에 농산물을 넘겨받는 것과 유사한 거래방식이다.

8 거래당사자들이 미리 정한 행사가격(strike price)으로 장래의 특정 시점 또는 그 이전에 일정 자산을 팔거나 살 수 있는 권리를 매매하는 계약으로 매입권리가 부여되는 콜옵션(call option)과 매도

증권회사의 전광판 앞에 앉은 이들의 마음은 모두 똑같다. 그러나 돈을 버는 사람이 있으면 돈을 잃는 사람도 있기 마련이다.

생상품을 대상으로 하는 선물옵션, 스왑선물, 스왑옵션 등 2차 파생상품과, 이밖에도 약 1,200여 종의 상품이 있다.

오늘날 전 세계 파생금융시장의 규모는 약 60조 달러에 이르는 것으로 추산되고 있다. 이처럼 파생금융상품의 시장규모가 크게 증대한 이유는, 경제의 국제화·자율화·증권화 등이 급속히 진전됨에 따라 국제금융시장에서의 리스크 증가에 따른 헤지(hedge), 즉 위험회피수요의 증가와 자산증가가 수반되지 않는 수수료 수익원으로서 파생상품수요의 증가 등을 들 수 있다. 또 다른 요인으로는 자본시장의 국제화가 확대되면서 단기차익을 노린 투기성 자금이 대거 유입되었기 때문이며, 컴퓨터

권리가 부여되는 풋옵션(put option)으로 나뉜다. 매입 또는 매도할 수 있는 권리를 보유하게 되는 옵션매입자는 시장가격의 변동상황에 따라 자기에게 유리한 경우 옵션을 행사할 수 있으며 불리한 경우에는 포기할 수 있다. 일반적으로 옵션매입자는 이러한 선택권에 대한 대가로 거래상대인 옵션매도자에게 프리미엄을 지급하며 옵션매도자는 프리미엄을 받는 대신 옵션매입자의 옵션행사에 따라 발생한 자신의 의무를 이행할 의무를 부담한다. 옵션거래의 손익은 행사가격, 현재가격 및 프리미엄에 의해 결정된다.

9 서로 다른 금리 또는 통화로 표시된 부채를 상호 교환하는 거래. 스왑거래에는 동일한 통화지만 금리가 다른 금리스왑과, 같은 금리지만 결제통화가 다른 통화스왑 등이 있다. 또 외환시장에서 외국통화현물과 같은 액수의 선물을 교환하기도 하는데, 수출입기업이 외국환 결제은행과 예약한 외환결제기간을 연장할 경우 등에 주로 이용된다.

및 인터넷 등 통신수단의 기술적 발전, 대형 은행 및 증권사 간의 경쟁 격화, 금융산업에 대한 각국 정부의 규제 완화 추세 등도 파생금융상품이 급신장하는 데 한몫을 담당했다.

최근 들어 세계금융시장은 아시아 금융위기, 유럽 단일통화의 출범, 달러 강세의 지속 등 국제금융시장이 불안정하고 불확실해짐에 따라 파생금융상품의 시장규모는 계속 늘어나고 있으며, 투자에 따른 위험 또한 높아지고 있는 추세이다. 파생금융상품 거래의 확대는 경제주체의 의사결정에서 불확실성을 줄임으로써 경제활동을 촉진한다는 면에서는 긍정적이지만 투기적 목적에 의한 거래의 증가와 더불어 이에 따른 리스크를 효과적으로 관리하지 못할 경우에는 금융시장의 안정성을 저해할 수도 있기 때문에 적절한 규제와 감독이 필요하다.

어빙 피셔(Irving Fisher, 1867-1947)

어빙 피셔에게는 '미국 경제학의 아버지'라는 명예로운 별명과 함께 경제학의 역사상 가장 어리석은 실언을 한 경제학자라는 불명예가 함께 따라다닌다. 자본주의 역사에서 가장 큰 위기였던 1929년 대공황의 방아쇠가 된 암흑의 화요일(Black Tuesday) 불과 며칠 전에 피셔는 미국 경제가 영원한 호황의 입구에 들어섰다는 의견을 주장했던 것이다. 솔직히 대공황이 일어나기 며칠 전까지 그런 사태를 예측한 경제학자는 아무도 없었으니 피셔로서는 억울할 만하다. 나중에 대공황의 원인을 두고 피셔는 '채무 인플레이션(debt inflation)' 이론을 주장하기도 했다. 아무튼 이런 에피소드에도 불구하고 슘페터(Joseph Alois Schumpeter, 1883-1950)의 말처럼 피셔가 '미국이 낳은 가장 위대한 경제학자' 가운데 한 사람이라는 사실은 너무나 분명하다. 피셔의 이름은 주로 그가 발표한 화폐수량설과 함께 인용된다. 명목금리의 격차는 예상 인플레이션율의 차이에 불과하다는 피셔효과(Fisher effect)와, 두 나라 사이의 통화가치와 명목금리는 반대방향으로 움직인다는 '국제피셔효과(international Fisher effect)' 등 피셔는 화폐와 금융경제이론의 발전에 특히 중요한 기여를 했다. 그러나 효용이론과 일반균형이론 등에도 피셔의 공헌은 작지 않다. 주요 저서로는 『자본과 소득의 본질(The Nature of Capital and Income, 1906)』, 『이자율(The Rate of Interest, 1907』, 『이자의 이론(The Theory of Interest, 1930)』 등이 있다.

제임스 토빈(James Tobin, 1918-2002)

제임스 토빈은 케인스주의 화폐이론의 발전에 특히 중요한 역할을 한 경제학자이다. 하버드대학에 입학하여 케인스의 『고용, 이자 및 화폐의 일반이론』을 읽고 깊은 영향을 받았다. 졸업 후에는 하버드대학과 예일대학의 교수로 재직하는 한편 연방준비제도이사회 등에서 활동하기도 했다. 케인스주의 경제학자로서 적극적인 정부개입을 지지했으며, 투자이론과 통화정책 등에서 중요한 업적을 남겼다. 특히 케인스주의의 화폐이론을 발전시킨 경제학자로 평가받는다. 사람들이 자산 가운데 얼마를 화폐로 보유하려 하는가에 대한 '자산선택이론', 기업의 신규설비 투자에 대한 유인의 지표로서 주식시장에서 평가된 기업의 시장가치를 실물자본의 대체비용(replacement cost)으로 나눈 '토빈의 q(Tobin's q)' 이론 등을 발표했다. 토빈의 이름을 특히 유명하게 만든 것은 역시 '토빈세(Tobin's tax)'일 것이다. 토빈세는 단기성 투기자본의 유입으로 인해 각국의 금융시장이 혼란을 겪는 데 대해 모든 국가가 자국으로부터 시작되는 모든 외환거래에 대해 0.1~0.5% 정도의 세율로 거래세를 부과하자는 것이다. 토빈이 1978년에 제안하여 그의 이름이 붙었다. '금융시장과 재정지출·고용·생산·가격과의 관계에 대한 연구'의 공로로 1981년 노벨 경제학상을 받았다.

🖉 주요 개념

거래적 동기의 화폐수요	그레셤의 법칙
금속화폐	금융시장
법정화폐	본원통화
상품화폐	시간선호
예비적 동기의 화폐수요	유동성
유동성선호	이자
이자율	제욕설
총통화	투기적 동기의 화폐수요
통화	파생금융상품
할인율	화폐
화폐 베일관	화폐의 중립성

🖉 확인 학습 – 기초편

1. 화폐의 기능 중 이자율과 가장 밀접한 관계가 있는 것은 무엇인가?

    ① 교환의 매개수단　　　　　② 회계의 단위 및 가치의 척도

    ③ 가치의 저장수단　　　　　④ 지불수단

2. 총통화(M2)에 관한 정의로 옳은 것은 무엇인가?

    ① 요구불예금에 현금통화를 합한 것을 의미한다.

    ② 현금통화와 요구불예금, 저축성예금을 합한 것을 의미한다.

    ③ 현금통화와 요구불예금, 준통화를 합한 것이다.

    ④ 현금통화와 준통화를 합한 것이다.

3. 현금통화와 요구불예금의 성격을 옳게 설명한 것은 무엇인가?

    ① 현금통화는 중앙은행의 부채이며, 요구불예금은 일반은행의 부채이다.

    ② 현금통화는 일반은행의 부채이며, 요구불예금은 중앙은행의 부채이다.

    ③ 현금통화나 요구불예금 모두 중앙은행의 부채이다.

    ④ 현금통화나 요구불예금 모두 일반은행의 부채이다.

4. 민간이 요구불예금에서 100만 원을 인출하여 정기예금을 하면 어떤 변화가 일어나는가?

   ① 통화량(M1)은 감소하고 총통화(M2)는 증가한다.

   ② 통화량(M1)은 감소하고 총통화(M2)는 불변이다.

   ③ 통화량(M1)도 감소하고 총통화(M2)도 감소한다.

   ④ 통화량(M1)은 증가하고 총통화(M2)는 감소한다.

5. 화폐수량설의 조정 과정은 기본적으로 다음에 의존한다. 가장 옳은 것은 무엇인가?

   ① 탄력적인 이자율과 투기적 동기에 의한 화폐수요

   ② 비탄력적인 이자율과 예비적 동기에 의한 화폐수요

   ③ 재정정책

   ④ 탄력적인 물가와 거래적 동기에 의한 화폐수요

6. 실질국민소득이 1,500, 통화량이 750, 물가 수준이 2일 때 통화의 소득유통속도는 얼마인가?

   ① 1/4　　　　　　　　　　② 1/2

   ③ 2　　　　　　　　　　　④ 4

7. 명목GDP가 180이며, 통화량이 40이라면 다음의 설명 가운데 가장 옳은 것은 무엇인가?

   ① 화폐유통속도가 4.5이다.　　② 화폐유통속도가 1/4.5이다.

   ③ 실질GDP는 4.5이다.　　　　④ 실질GDP는 4.5×180이다.

8. 화폐수량설에 따르면 다음 중 어떤 경우에 화폐공급이 2배로 증가하는가?

   ① 화폐유통속도는 50%로 감속된다.

   ② 화폐유통속도는 2배로 빨라진다.

   ③ 명목소득이 50%로 감소한다.

   ④ 명목소득이 2배로 증가한다.

9. 다음 중 유동성선호에 대한 설명으로 가장 옳은 것은 무엇인가?

   ① 현금을 빌리고 이자를 받으려는 경향

   ② 상품을 현금으로 사려는 경향

   ③ 현금을 기업에 투자하려는 경향

   ④ 자산을 현금으로 보유하려는 경향

10. 화폐에 대한 투기적 수요는 어느 경우에 증가하는가?

　① 이자율이 낮고 증권가격이 높을 때

　② 이자율과 증권가격이 동시에 오를 때

　③ 이자율과 증권가격이 동시에 떨어질 때

　④ 이자율이 높고 증권값이 낮을 때

11. 유동성함정이란 무엇인가?

　① 통화공급의 과잉상태를 말한다.

　② 부족한 통화공급을 말한다.

　③ 장기투자가 단기투자시장에 미치는 영향을 말한다.

　④ 통화공급을 증가시켜도 이자율이 하락하지 않는 것을 말한다.

12. 화폐수요에 대한 설명으로 가장 옳은 것은 무엇인가?

　① 소득에 정비례하고 이자율에 반비례한다.

　② 소득에 정비례하고 이자율에 무관하다.

　③ 소득에 반비례하고 이자율에 정비례한다.

　④ 소득에 반비례하고 이자율에 반비례한다.

13. 다음은 화폐수요이론에 대한 설명이다. 옳지 않은 것은 무엇인가?

　① 예비적 화폐수요란 미래의 불확실한 위험에 대비하기 위한 화폐수요로 국민소득의 증가함수이다.

　② 거래적 화폐수요란 예상되는 거래지출을 위해서 화폐를 보유하는 것으로 국민소득의 증가함수이다.

　③ 투기적 화폐수요란 자본이득을 얻을 기회를 확보하거나 자산손실을 볼 우려를 방지하기 위하여, 자산소유자가 재산의 일부를 화폐 형태로 보유하는 것으로서 이자율의 감소함수이다.

　④ 유동성선호설에 따르면 이자율이 상승할 경우 투기적 동기에 의한 화폐의 수요량은 증가한다.

🖉 확인 학습 – 논술편

1. 사용가치를 갖고 있는 상품화폐와 달리 단지 종잇조각에 불과한 지폐가 교환가치를 갖는 이유를 설명해보라.

2. 신용카드는 지불수단이지만 화폐로 분류되지 않는다. 그 이유는 무엇인가? 그렇다면 역시 지불수단으로 이용되고 있는 체크카드는 화폐인가 아닌가? 그 이유는 무엇인가?

3. 화폐의 기능에 비추어볼 때 비트코인 등 가상화폐는 화폐인지 아닌지 논하라.

4. 예금보험제도란 무엇인지 조사해보라. 그리고 그것이 필요한 이유를 설명해보라.

5. "이자율이 상승하면 투기적 화폐수요는 항상 감소한다."는 주장에 대해 논평해보라.

제 11 장

경기변동, 실업, 인플레이션

11-1 호황과 불황

여성들의 스커트 길이와 경기와는 상관관계가 있을까요? 불황의 골이 깊어지면서 미니스커트와 불경기의 함수관계가 궁금해집니다. 그렇다면 정말 불경기엔 미니스커트가 유행할까요? 아니면 위축된 심리가 미니스커트를 거부할까요? '불황에 미니스커트가 유행한다'는 속설에는 경기가 좋지 않을수록 초라해 보이기를 원치 않는 여성들의 심리상 되도록이면 짧고 도발적인 옷차림이 유행할 것이라는 추론이 깔려 있습니다. 옷을 살 돈이 없을수록 하나를 사더라도 튈 수 있는 옷을 사려는 심리 작용으로 불황일수록 여성들이 미니스커트를 찾을 것이라는 분석입니다. 그러나 사실 옷감이 적게 들어간다고 옷의 가격이 크게 싸지지 않는다는 점을 볼 때 이런 추론은 설득력이 다소 떨어집니다. 경제학자들도 이 함수 관계를 규명하려는 시도가 있었지요. 증시에서도 여성들의 스커트 길이와 주가변동을 예측하려는 분석가들이 있습니다. 증권가에 '치마 길이가 짧아지면 곧 주가가 오른다'는 '치마길이 이론(Skirt-length Theory)'이 있는 것을 보면 치마길이에 무엇인가가 있다고 보는 시각이 이론으로까지 발전한 게 흥미롭습니다. 미국의 경제학자 마브리(Mabry)는 지난 70년대 당시 뉴욕증시와 경기와의 상관관계를 연구해 눈길을 끌었습니다. 60년대에는 여성들이 짧은 치마를 입어 다리를 드러냈고, 오일쇼크 등으로 불황의 그늘이 짙던 70년대엔 긴 치마를 입었다는 분석을 내놓았습니다. 마브리 이전에도 20년대 미국 경기가 최대의 호황기를 맞았을 때 재즈의 발전과 함께 미니스커트가 붐을 이뤘고 대공황을 맞으면서 스커트 길이가 길어졌다고 분석한 학자도 있었습니다. 우리나라의 경우 최악의 경제 위기 상황이었던 IMF관리체제 당시 국내 패션업계에서는 회색톤의 무채색 계열 옷이 유행했습니다. 소비자 심리가 경기와 동반 하락해 보수적으로 변했고 이에 따라 옷차림도 무거워졌다는 분석입니다. 그렇다면 불경기에 미니스커트가 유행한다는 속설은 시대상에 비춰볼 때 맞는 얘기는 아닌 것 같습니다. 이와는 별개로 시대가 바뀌면서 여성들의 사회진출이 활발해져 스커트 자체가 간편해지고 짧아진 만큼 경기변동과는 무관하다는 분석도 있습니다. 또 미니스커트의 유행 자체가 경기와는 상관없이 20년마다 온다는 패션계의 분석이 있습니다. 60년대 세계적으로 미니스커트가 유행한 뒤 70년대 청바지의 시대가 열리고 다시 80년대 미니스커트가 유행한 것에 비추어 2000년에 미니스커트가 다시 유행할 것이라는 시각입니다. (〈머니투데이〉, 2004. 7. 2)

경기변동의 특징

불경기에는 미니스커트가 유행한다는 속설이 있다. 경기가 나쁘니 소비자들이 재료가 조금이라도 적게 드는 미니스커트를 더 선호한다는 이야기다. 불경기에는 립스틱이 유행한다는 속설이나 불황에는 야한 속옷이 많이 팔린다는 속설도 비슷한 이유에서이다. 불경기에 비싼 화장품이나 화려한 의상을 소비할 형편이 안 되니 립스틱이라도 바른다는 이야기다. 아마 이런 속설들을 만든 사람은 남성일 듯 싶다. 재료가 적게 든다고 해서 미니스커트가 긴 치마보다 싸지는 않다는 사실을 여성이라면 모를 리 없기 때문이다. 경험적으로도 그다지 신뢰성이 없는 이야기다. 불경기에는 소주가 많이 팔린다는 속설도 그렇다. 경기가 좋을 때는 비싼 술을 마시다가 불경기에는 값싼 소주를 많이 마신다는 이야기지만, 소주를 좋아하는 사람이 호경기라고 해서 소주 대신 다른 술을 마시는 경우는 그리 많지 않다. 차라리 불경기에는 속상한 일이 많다 보니 소주를 더 마시게 된다는 설명이 더 옳지 않을까? 불경기에는 복권이 많이 팔린다는 속설은 나름 그럴듯한 것 같기도 하다. 아무튼 맞다, 틀리다를 떠나 이런 속설들에는 공통점이 있다. 경기에 관한 속설들은 모두 불경기에 나온다는 것이다. 경기가 좋을 때는 사람들이 경제에 관심이 없다가, 경기가 나빠지면 그제야 관심을 갖기 때문이다.

경제학에서 자주 사용하는 균형이라는 상태는 매우 안정적이어서 외부충격이 없는 한 그 상태를 계속 유지하고자 하는 성질이 있다. 그러나 현실에서 보면 경제가 균형일 때가 거의 없다. 빵이나 구두 같은 개별 상품들의 가격도 그렇지만, 특히 국민경제는 더 그렇다. 오히려 한 자리에 머물러 있는 경우가 예외적이고 때로는 비정상적이라고 할 정도이다. 국민경제가 장기적으로 증가하는 현상을 경제성장이라고 부른다. 이에 대해 경제가 장기적인 성장 추세를 중심으로 반복해 오르고 내리고 하는 것을 **경기변동**(business cycle) 또는 '경기순환'이라고 부른다. 경제성장과 경기순환을 함께 묶어 경제변동이라 부르기도 한다.

경기변동에는 몇 가지 특징이 있다. 첫째는 주기성, 즉 경기가 일정한 주기를 가지고 상승과 후퇴를 반복한다는 것이다. 둘째는 공행성(co-movement)이다. 경기가 변동할 때는 여러 국민경제지표들이 함께 상승하거나 하락한다는 뜻이다. 셋째는 비대칭성이다. 경기가 변동할 때 상승기와 후퇴기의 진행속도나 지속기간이 대칭적이지 않다는 것이다.

경기변동의 원인은 매우 복잡하다. 과거에는 태양 흑점의 활동, 전쟁, 금광의 발견 등과 같은 요인들을 경기변동의 원인으로 생각하기도 했다. 하지만 이런 요인들로는 경기변동이 왜 일정한 주기를 가지고 변동하는지 설명할 수 없다. 경기변동에 관한 실증적 연구에 따르면 실제 일어났던 경기변동의 원인들은 저마다 달라서 한

경기변동　상품과 서비스의 생산·분배·소비 및 화폐거래 등으로 이루어지는 경제활동이 규칙성을 보이며 변동하는 것. 이런 현상이 되풀이되는 현상을 경기순환이라고 한다.

가지로 설명하기 어렵다는 결론을 내놓고 있다. 경기변동의 원인은 크게 실물적 요인과 화폐적 요인으로 구분된다. 실물적 요인은 민간기업의 투자지출이나 정부지출 등과 같은 수요측 변화, 즉 '수요충격(demand shock)'과, 기술진보나 생산요소가격의 변동 등과 같은 '공급충격(supply shock)'으로 다시 구분한다. 화폐적 요인 가운데 가장 중요한 것은 통화량의 변동이다. 이밖에 정보의 불완전성이나 경제주체들의 기대도 경기변동의 원인이 된다.

경기변동의 종류

경기순환에 대한 경제학자들의 관심은 주기적으로 일어나는 공황 때문이었다. 호황 국면에서 불황 국면으로의 전환이 매우 갑작스럽게 일어나는 경우를 **공황**(crisis)이라고 부른다. 산업혁명 이후 최초의 자본주의적 공황은 1825년에 일어났다. 그 후 자본주의 경제는 1837년, 1847년, 1957년, 1866년, 1873년 등 일정한 주기를 가지고 반복적으로 공황을 겪게 되었다. 그러다 보니 과거에는 경기순환에 대한 경제학자들의 관심이 거의 공황에 집중되어 있었다. 공황이 경기순환의 한 국면에 불과하다는 사실, 즉 '자본주의 경제에서는 고용, 소득, 생산량이 대폭적인 파상운동을 하고 그 파동의 모든 단계는 그 전 단계로부터 차례로 나타난다'는 사실을 처음 밝힌 경제학자는 프랑스의 쥐글라(Clement Juglar, 1819-1905)이다.

경기변동은 그 주기에 따라 몇 가지로 구분한다. 흔히 주순환(major cycle)이라고 부르는 쥐글라파동은 주기가 7~11년이다. 소순환(minor cycle) 또는 재고순환으로 불리는 키친파동은 40개월, 건축순환(한센파동)이나 성장순환(쿠즈네츠파동)은 18~20년, 그리고 장기순환(long-wave cycle)이라 불리는 콘트라티에프파동은 50~60년의 주기를 갖는다. 그러나 현실에서 경기순환이 반드시 규칙적이거나 대칭적인 모습으로 나타나는 것은 아니다. 1970년대 이후 우리나라의 경기순환에서 가장 긴 주기는 67개월, 가장 짧은 주기는 39개월로 차이가 컸다. 또 한 주기의 경기변동 안에서 상승 국면의 지속기간은 평균 33개월, 하강 국면의 지속기간은 평균 19개월로 차이가 컸다. 대체로 경기상승 국면은 상대적으로 오랜 기간에 걸쳐 서서히 진행된 반면 하강 국면은 짧은 기간 내에 급격하게 이루어지는 특징이 있다.

경기변동에서 경제활동이 가장 활발한 지점을 고점(peak) 또는 정점이라 부르고, 반대로 경제활동이 가장 부진한 지점을 저점(trough)이라고 부른다. 순환이라는 말에서 알 수 있듯 경기변동은 호황과 불황을 반복하는 특성이 있다. 경기변동의 주기

공황 경기순환의 한 국면으로서 호황에서 불황으로의 전면적·격발적·주기적인 전환을 수반한 경제적 위기. 신용거래의 붕괴, 상품 판매의 불황, 재생산의 감소와 대량실업 등의 현상이 나타난다.

는 한 고점에서 다음 고점까지, 저점에서 다음 저점까지, 균형점에서 다음 균형점까지의 기간이 모두 될 수 있다. 그러나 일반적으로는 저점에서부터 다음 저점까지를 경기변동의 주기로 부른다. 저점에서 시작하여 경제활동이 활발해지면서 경기가 추세선까지 회복되는 기간을 회복기(recovery), 추세선을 넘어 경기가 고점에 이르는 기간을 확장기(expansion)라고 부른다. 그러다 경제활동이 부진해지면서 경기가 하강하는 기간을 후퇴기(contraction), 그러다 경기가 추세선에서 저점까지 하강하는 기간을 수축기(recession) 또는 침체기라고 부른다. 경기가 추세선 위에 위치한 확장기와 후퇴기를 호황기, 수축기와 회복기를 함께 불황기라고 부른다.

우리는 일상생활에서 경기가 좋다거나 나쁘다는 말을 자주 한다. 경기는 인체에서 체온과 비슷하다. 체온이 너무 높거나 낮으면 몸에 이상이 생기는 것처럼 경기가 너무 과열되거나 침체되면 국민경제에 여러 가지 부작용이 나타나게 된다. 경기를 정확하게 예측하는 일이 중요한 이유도 여기에 있다. 예를 들어 가계가 부동산이나 주식과 같은 자산의 구입시기를 결정하는 데도 경기 예측이 필요하다. 더 나아가 기업이 수요를 전망해 이에 적합한 생산과 시설 투자계획을 수립하는 일도, 정부가 국민경제의 안정적이고 지속적인 성장을 위해 경제여건에 알맞은 경제정책을 운용하는 일도 모두 경기변동에 대한 적절한 분석과 예측에 기초해서 이루어진다.

그런데 개별 경제주체들이 느끼는 경기는 각자가 처한 여건과 판단 기준에 따라 서로 다를 수 있다. 가령 개인들은 소득이 높아지거나 가지고 있는 주식이나 부동산

그림 11-1 경기변동의 구조

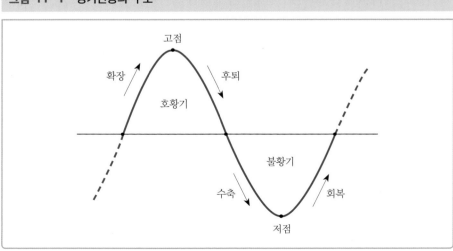

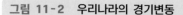

그림 11-2   우리나라의 경기변동

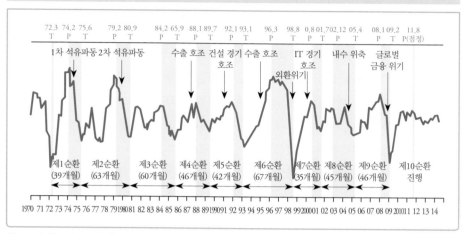

주 : P-정점(peak), T-저점(trough)
자료 : 통계청.

의 가격이 오르면 경기가 괜찮다고 생각한다. 또 개별 기업들은 자기 회사의 매출이 늘거나 수익성이 나아지면 경기가 좋다고 판단한다. 따라서 개별 경제주체들의 성과를 가지고 국민경제 차원의 경기를 판단하기는 곤란하다. 경기란 생산, 소비, 투자, 고용 등 실물부문 활동과 통화량, 금리, 주가, 환율 등의 금융활동, 그리고 수출입 등 해외부문의 활동을 망라하는 여러 가지 경제변수의 움직임을 종합한 것이기 때문이다.

경기변동의 지표

국민경제 차원에서 현재의 경기상황을 진단하거나 앞으로의 경기 흐름을 예측하는 방법에는 크게 이미 발표된 경제지표를 이용하는 방법, 종합경기지표를 새로 작성하는 방법, 설문조사하는 방법과 계량 모형에 의한 방법 등이 있다. 이런 방법들은 각각의 장점과 함께 단점도 있어서 현실경제를 분석할 때는 어느 한 가지 방식보다 다양한 분석 방법에 따른 결과를 종합적으로 활용해 판단하는 경우가 많다.

  먼저 이미 발표된 경제지표를 이용하는 방법에는 여러 가지 경제활동이 종합적으로 반영된 국민소득통계가 있다. 다만 국민소득통계는 해당 연도나 분기 후 약 2~3개월이 지나야 알 수 있기 때문에 이를 이용해 신속하게 현재의 경기상황을 파악하거나 장래의 경기흐름을 예측하기가 어렵다는 단점이 있다. 따라서 보통은 매월 발표되는 산업생산지수, 도소매판매액지수, 수출입통계 등의 개별지표들을 이용해 이런 지표들이 과거 경기순환 과정에서 움직여 온 경험적 사실로부터 얻은 규칙성이나 유사성 등을 가지고 경기를 진단하게 된다. 그러나 이 지표들 역시 각 부문의 동향을 파악하기에는 유용하나 전체 경기의 움직임을 포괄적으로 파악하기는 어렵다.

여러 부문의 경제동향을 잘 반영해주는 지표들을 활용해 종합경기지표를 새로 작성해 경기의 움직임을 판단하는 방법으로 널리 이용되고 있는 것으로는 경기종합지수와 경기동향지수 등이 있다. '경기종합지수(composite index)'는 비교적 가까운 장래의 경기동향을 예측하는 경기선행지수, 현재의 경기상태를 나타내는 경기동행지수, 경기의 변동을 사후에 확인하는 경기후행지수를 만들어 경기의 판단과 예측에 활용하고 있다. 이 방법은 현재의 경기 국면을 비교적 정확하게 파악하고 전환점을 예측하는 데 유용하게 활용할 수 있다는 장점을 가진 반면 경제구조가 빠르게 변화할 경우 경기지표의 대응성이 떨어질 가능성이 크다. 이에 따라 경제구조의 변화에 맞추어 경기지표를 구성하는 변수들이나 구성방법을 지속적으로 보완해야 하는 문제점이 있다.

경기분석의 또 다른 방법으로는 소비자나 기업가와 같은 경제주체들을 대상으로 설문조사를 실시하고 그 결과를 이용해 경기동향을 파악하는 경기동향지수(diffusion index)가 있다. 이런 방법은 경제주체들의 경기에 대한 주관적인 판단과 생산, 투자, 소비 등에 대한 계획이 단기적인 경기변동에 중요한 영향을 미친다는 경험적인 사실에 바탕을 둔 것이다. 우리가 자주 접하는 것으로 기업가를 대상으로 한 기업경기실사지수(business survey index)와 소비자를 대상으로 한 소비자태도지수(consumer survey index) 등이 있다. 이런 방법들은 비교적 손쉽게 경기변동을 판단할 수 있는 장점이 있다. 그러나 응답자의 주관과 심리적인 요인 등에 따라 조사 결과가 다르게 나타날 수 있으므로 정확히 경기상황을 판단하고 경기의 전환점을 예측하기 어렵다는 단점이 있다.

전문가들이 주로 사용하는 방법으로는 계량 모형을 이용해 경기를 분석하고 예측하는 방법이 있다. 이런 방법은 경기에 영향을 미치는 여러 가지 경제변수의 상관관계를 계량 모형을 통해 알아내어 경기를 예측하거나 경제정책의 효과를 체계적으로 분석하는 방법이다. 예를 들어 소득은 소비, 투자, 정부지출 및 수출입 차를 합한 것이고 소비는 가처분소득의 함수, 투자는 소득과 이자율의 함수라는 방식으로 모형을 설정해 분석하는 것이다. 이 방법은 주요한 거시경제변수들의 움직임을 정교하

경기실사 기업경기실사지수는 소비자들이 체감하는 장바구니 물가처럼 기업 경영자들이 체감하는 경기지표이다. 주관적이고 심리적인 요인에 영향을 받기도 하지만 경기를 진단하는 데 쉽고 편리한 방법이기도 하다.

고 치밀한 통계기법을 통해 구체적으로 측정할 수 있다는 장점이 있지만 경제 여건과 구조에 급격한 변화가 있을 경우 경제변수들 간의 상관관계가 변하게 되어 모형의 예측력이 떨어지는 단점도 있다.

우리는 흔히 호황은 반드시 좋은 일이며, 불황은 반드시 나쁜 일이라고 생각하기 쉽다. 그러나 실은 호황과 불황 모두 좋은 측면과 나쁜 측면이 있다. 그래서 경제는 균형이 좋다고 말하는 것이다. 물론 다른 사정이 모두 동일하다면 그렇다는 뜻이지 언제나 그렇다는 뜻은 아니다. 아무튼 좋든 싫든 경기변동을 피할 수 없다면, 중요한 것은 경기변동으로 인한 충격을 최소화하는 일이겠다. 경기변동과 관련해 언론에 자주 등장하는 말이 '연착륙(soft landing)'과 '경착륙(hard landing)'이다. 간단히 비유하자면 경착륙은 경기의 하강속도가 매우 급격한 경우를, 연착륙은 경기가 서서히 하강하는 경우를 가리킨다. 경착륙의 경우에는 당연히 갑작스러운 경기변동에 경제주체들이 미처 대응하지 못함으로써 경제의 불안정성이 커질 수 있다. 그래서 모든 정부가 경기대응정책을 만들고 추진하는 것이다. 다만 그 성과가 내 마음대로 잘 안 되는 이유는, 경기예측 자체가 그리 쉬운 일이 아니기 때문이다.

11-2 실업

20대 10명 중 4명이 심각한 우울증을 경험한 것으로 나타났다.

아르바이트 전문포털 알바천국은 전국 20대 남녀 1,362명을 대상으로 '20대 스트레스와 아르바이트 현황' 조사에서 '최근 1년 동안 연속적으로 2주 이상 일상생활에 지장을 줄 정도로 슬프거나 절망감을 느낀 적이 있습니까'라는 질문에 '그렇다'는 응답자가 전체의 38.9%에 달했다고 밝혔다. 20대의 우울증 경험률은 여자가 43.3%로 남자 32.9%보다 10.4%포인트 높은 것으로 나타났다. 학년별로는 졸업생의 우울증 경험률이 45%로 가장 높았고, 고학년보다 저학년이 오히려 우울증 경험률이 높게 나타났다. 1학년이 36.9%, 2학년 36.6%, 4학년 35.6%, 3학년 34.7% 순이었다. 교육수준에 따른 우울증 경험률은 '초대졸'이 51.6%로 가장 높았으며, 다음으로 '고졸'이 50.5%, '4년제 졸업'은 43%, '대학재학/휴학'은 33.8%로 나타났다. 그렇다면 20대의 우울증에 가장 크게 영향을 미치는 요인은 무엇일까? 평소 어떤 스트레스를 가장 많이 받는지에 대한 질문에 4명 중 1명(25%)은 '취업'을 1위로 손꼽았다. 다음으로 '생활비'(17.8%)가 2위에, '인간관계'(15.4%)가 3위에 올랐다. 이어 '집안·가족문제'(12%), '아르바이트'(10.4%), '성적'(7.4%), '외모'(3.9%), '등록금'(3.7%), '이성친구'(2.7%), '건강'(1.5%) 순으로 나타났다. 학년별로는 1학년은 '생활비'와 '인간관계'가 각각 18.9%로 공동 1위를 차지했고, 2학년은 '인간관계'(21.9%), 3학년(21.3%)과 4학년(46.6%), 졸업생(46.6%)은 모두 '취업'을 스트레스 요인 1위라고 응답했다. (〈파이낸셜 뉴스〉, 2013. 4. 9)

불황과 실업

사람마다 다양한 삶의 방식이 있지만, 대부분의 경우에는 학교를 졸업하고 직장을 구해 일을 해서 그 대가로 소득을 벌어 생활한다. 이런 점에서 직장은 사람들이 가계를 꾸려나가고 사회생활을 영위해 나가는 터전이라 할 수 있다. 그런데 현실에서는 여러 이유로 직장을 구하지 못하는 경우가 많다. 이와 같은 상태를 '실업(unemployment)'이라 한다. 불경기는 왜 나쁘냐고 물으면 누구라도 기업이 망하고 실업자가 늘어나기 때문이라고 대답할 것이다. 경기가 나빠지면 기업이 생산한 상품들이 안 팔려 재고가 쌓이고, 따라서 경영자들은 생산량을 줄이거나 조업을 단축할 수밖에 없다. 이런 상황에서 기업가들이 선택할 수 있는 수단들 가운데 비교적 손쉬운 것이 바로 고용을 줄이는 방법이다. 그래서 경기후퇴는 결국 노동자들의 일자리 상실, 즉 실업으로 이어진다. 경기후퇴가 장기화되면 당연히 대량실업이라는 문제가 나타나게 된다.

그런데 지금 우리가 살고 있는 자본주의 이전의 사회에도 실업문제가 있었을까? 과연 언제부터 실업이 중요한 사회문제가 되었을까? 산업혁명 이전에는 주요한 산업이 농업이었기 때문에 임금노동자의 비중이 매우 낮았다. 또 임금노동자의 성격도 대가족 내에서 가족의 일원으로서 품앗이 정도의 고용 수준을 넘어서지 않았기 때문에 실업문제가 거의 나타나지 않았다. 그러나 산업혁명 이후 자본주의가 발전하면서 생산수단을 소유한 자본가와 노동력을 제공하는 임금노동자 계층이 분화되고, 임금노동자가 전체 인구에서 높은 비중을 차지함에 따라 실업문제는 점차 중요한 사회문제로 대두하기 시작했다. 그럼에도 이때까지 아직 실업은 사회문제라기보다 개인의 게으름이나 도덕적 타락 때문이라고 생각하는 사람이 많았다.

실업문제에 대한 인식을 근본적으로 전환시킨 계기가 바로 1930년대의 세계 대공황이다. **대공황**(Great Depression)은 1929년 10월 24일 뉴욕 주식시장의 주가 대폭락을 계기로 시작되어 곧 미국 전역에 파급되었고, 해를 넘기면서 세계적인 대공황으로 확대되었다. 대공황으로 1932년 미국의 GNP는 불과 3년 만에 1929년의 절반 수준으로 떨어졌다. 파산하는 기업이 속출하면서 실업자도 1,300만 명에 이르렀다. 당시의 불황이 얼마나 심각했는지를 보여주는 사례로, 파산한 주식중개인들 때문에 '창문 하나마다 한 사람씩 떨어진다'는 끔찍한 농담이 유행하기도 했을 정도이다. 대

대공황 1929년에 시작되어 1939년까지 세계적으로 지속된 경제의 하강국면. 대공황은 산업혁명 이후 자본주의 국가들이 경험한 가장 길고 심한 공황이다. 대공황의 발단은 미국이었으나 거의 모든 국가들이 생산의 위축과 가혹한 실업, 그리고 심각한 수준의 디플레이션을 경험했다.

대공황 이전에는 실업을 노동자 개인의 도덕적 타락이나 무능력 때문이라고 생각하는 것이 보통이었다. 대공황은 수백만 명의 성실한 가장들을 거리로 내몲으로써 실업문제의 중요성을 부각시킨 계기가 되었다.

공황의 여파는 1939년까지 이어졌으며, 제2차 세계대전의 가장 주요한 원인이 되었다. 대공황은 어제까지 직장에서 성실하게 일하던 평범한 가장이 어느 날 갑자기 실업자가 될 수 있으며, 실업 때문에 가정이 해체되고 온 가족이 길거리에 나앉는 처지에 빠질 수 있다는 사실을 노골적으로 보여주었다.

우리나라도 1997년 말에 발생한 외환위기로 실직자가 크게 늘어나면서 실업률이 8% 넘게 상승한 적이 있다. 1970년대 이후 높은 경제성장률로 2~3% 수준의 실업률을 기록해 왔던 상황이 한순간에 반전되면서 우리나라에서도 실업이 가장 심각한 사회문제로 대두했다. 실업뿐 아니라 고용 형태도 달라지고 있다. 외환위기 이후 경제사정이 회복됨에 따라 실업률은 다시 낮아졌지만, 종래의 종신고용제가 상당히 줄어들고 단시간제 노동자와 임시직 및 일용직 노동자의 비중이 늘어나고 있다. 집단별로는 청년층의 실업률이 매우 높아진 반면 50대 이상 장년층과 노인인구의 고용률은 오히려 높아지고 있다. 이런 변화는 모두 경기후퇴와 경제구조의 변화에 따른 것이다.

실업률

그렇다면 현실에서 실업률은 구체적으로 어떻게 산출될까? 실업은 일할 의사와 능력을 가지고 있으나 일자리를 가지지 못한 상태를 말한다. 우리나라 통계청에서는 실업을 '조사대상주간에 수입 있는 일을 하지 않았고, 지난 4주간 일자리를 찾아 적극적으로 구직활동을 했던 사람으로서 일자리가 주어지면 즉시 취업이 가능한 사람'으로 정의한다. 사람들은 경제적 특성에 따라 다음과 같이 구분할 수 있다. 먼저 전체 인구를 나이가 너무 어려서 일할 능력이 없는 사람과 충분히 일할 수 있는 나이가 된 사람으로 나눈다. 이 중에서 우리나라에서는 **국제노동기구**(international labour organization, ILO)의 권고에 따라 대한민국에 상주하는 만 15세 이상 인구를 일할 능력을 갖춘 것으로 판단해 '노동가능인구(labor force)'로 분류하고 있다. 다만 현역 군인과 형이 확정된 재소자, 외국인 등은 제외한다.

노동가능인구는 일할 의사가 있는 경제활동인구와 일할 의사가 없는 비경제활동인구로 구분한다. 노동가능인구 가운데 주부, 노인, 학생 등 경제활동에 종사하기 어려운 사람들을 제외한 인구를 '경제활동인구(economically active population)'라고 부른다. 통계청의 정의에 따르면 경제활동인구란 "만 15세 이상 인구 가운데 조사대상기간 동안 실제로 수입이 있는 일을 한 취업자와 일을 하지 않았으나 그 일을 즉시

국제노동기구 1919년 4월 베르사유조약(Treaty of Versailles)에 의거해 국제연맹(League of Nations) 산하에 설립되었으며, 1946년 12월에 국제연합(United Nations)의 전문기구로 편입되었다. 사회정의에 기초한 세계평화를 실현하고 근로조건의 개선을 위한 국내적, 국제적 노력을 기울이며, 결사의 자유를 확보하는 것을 목적으로 한다.

하기 위하여 구직활동을 하는 실업자를 합한 인구"를 의미한다. 이때 경제활동인구가 노동가능인구에서 차지하는 비율을 '경제활동참가율'이라 부른다. 경제활동인구는 다시 취업 상태인지 실업 상태인지를 기준으로 취업자와 실업자로 구분한다. 여기서 취업자란 매월 15일이 속한 일주일 동안에 수입을 목적으로 한 시간 이상 일한 사람을 말한다. 여기에는 자신에게 직접적으로 이득이나 수입이 생기지 않더라도 자기 가구에서 경영하는 농장이나 사업체의 수입을 위해 급료 없이 일주일 동안에 18시간 이상 일한 가족과 원래 직장이나 사업체를 가지고 있지만 조사대상주간 가운데 일시적인 병, 날씨, 휴가, 노동쟁의 등의 이유로 일을 하지 못한 일시 휴직자가 포함된다.

공식적으로 발표되는 실업률은 피부로 느끼는 체감실업률보다 낮은 것이 보통이다. 이것은 현행 실업률 통계를 산출하는 데 적용되는 기준 때문이다. 공식통계에서 정의하는 실업자는 일반인이 생각하는 것과 상당한 차이가 있다. 보통 실업자라 하면 직장이 없는 모든 사람들을 떠올린다. 그러나 통계에서는 단순히 직장이 없는 사람을 뜻하는 것이 아니라 매월 15일이 속한 일주일 동안에 일할 의사가 있는데도 직장을 얻지 못한 사람으로서 즉시 취업이 가능한 자를 의미한다. 반면에 지난 1년간 일자리를 구한 적이 있지만 조사대상기간 중에 구직 의사가 없었던 이들은 실업자가 아닌 비경제활동인구로 분류한다. 또 임시직 또는 시간제로 일하면서 상용직 고용으로의 전환을 원하는 사람은 일주일에 한 시간 이상 수입이 있는 일에 종사한 경우에 해당되어 모두 취업자로 분류된다. 이처럼 불안정한 사실상의 실업상태에 있

표 11-1 경제활동인구

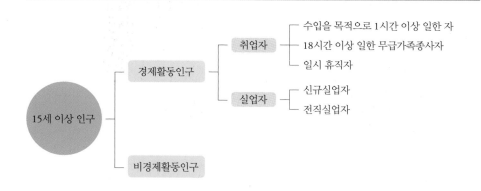

는 노동자들의 처지에서는 자신이 구직하고 있는 상황에 비추어 공식적인 실업률이 상대적으로 낮게 느껴지기도 한다.

여기서 특히 문제가 되는 것은 일할 의사가 없는 사람들, 즉 자발적 실업자이다. 실업자를 규정하는 데는 일할 의사가 있는지 여부가 중요한 기준이 된다. 자발적 실업자는 통계상 실업자에 포함하지 않고 비경제활동인구로 분류한다. 가령 압구정동의 오렌지족들은 실업자일까, 아닐까? 오렌지족들은 적극적 구직활동을 하지 않기 때문에 비경제활동인구에 속한다. 따라서 이들은 통계상 실업자가 아니다. 이미 설명한 것처럼 경제학에서는 이들을 자발적 실업자라 부르며, 실업통계에서는 이들을 포함시키지 않는 것이 보통이다. 다시 말해 엄밀한 의미에서의 실업자란 단지 현재 직업이 없는 사람들 전부가 아니라 그중에서 취업하고자 하는 의지를 가지고 구직활동을 했음에도 취업하지 못한 사람들, 즉 '비자발적 실업자(involuntary unemployment)'만을 가리키는 것이다.

그러나 실업자들 가운데는 오랫동안 직장을 구하려고 노력했지만 실패한 나머지 스스로 구직을 단념한 경우도 있을 수 있다. 이와 같은 경우를 경제학적 용어로는 **실망실업**(discouraged unemployment)이라 부른다. 이들은 스스로 구직활동을 포기했기 때문에 실업자에는 포함되지 않는다. 그러나 취업기회만 있다면 이들도 당연히 취업할 것이다. 또 농촌이나 도시 자영업에는 형식적으로는 취업자에 속하지만 사실상 실업자와 다르지 않은 **잠재실업**(latent unemployment) 또는 위장실업(disguised unemployment)인 경우가 적지 않다. 잠재실업이란 사실상 실업자이면서 형식적으로는 실업자가 아닌 경우를 말한다. 가령 농촌에서는 한정된 농지에 가족이 여러 명일 경우, 통계상으로는 가족 모두가 농업인구로 간주된다. 그러나 가족들 가운데 일부는 불필요한 노동력, 즉 사실상의 실업자인 셈이다. 경제학의 용어를 쓰면 이들은 한계생산력이 0인 노동자들이다.[1] 이들을 모두 실업통계에 포함시킬 경우 실업률은 당연히 더 높아질 것이다. 많은 사람들이 정부의 실업통계와 피부로 느끼는 체감실업률의 차이를 심각하게 받아들이는 이유이다.

경제활동인구는 취업자 + 실업자를 의미한다. 그런데 경제활동인구 가운데 실

실망실업 구직활동을 벌여도 직장을 얻기가 거의 불가능하다는 점을 알고 아예 구직활동을 포기한 경우. '구직단념자'라고 부르기도 한다.

잠재실업 형식적 · 표면적으로는 취업하고 있으나, 실질적으로는 실업 상태에 있는 경우. 실업통계에서는 실업으로 기록되지 않는 것이 보통이다.

---

1 잠재실업과 위장실업은 같은 의미로 사용하는 경우가 보통이지만, 때로는 다음과 같이 구분하기도 한다. 즉 잠재실업은 한계생산력이 0인 경우를, 위장실업은 자신의 능력에 비하여 생산력이 낮은 일자리에 비자발적으로 취업하는 경우를 의미한다.

업자의 비율을 '실업률(unemployment rate)'이라고 부르지만, '고용률(employment rate)'은 만 15세 이상 인구 가운데 취업자의 비율을 가리킨다. 따라서 실업률과 고용률의 합은 1이 아니다. 대개 실업정책의 주요한 대상은 실업률이다. 그러나 위장실업자나 실망실업자가 많을 때는 실업률보다 고용률이 더 중요한 지표가 되기도 한다.

$$실업률 = 실업자/경제활동인구 \times 100 \qquad \langle 식\ 11-1 \rangle$$

$$고용률 = 취업자/생산가능인구 \times 100 \qquad \langle 식\ 11-2 \rangle$$

금융자산이나 다른 소득수단을 가지지 못한 대부분의 노동자와 그 가족들에게 실업은 생계수단의 박탈을 의미한다. 실업은 개인적 차원에서뿐만 아니라 사회적으로도 유용한 생산자원의 낭비이다. 가령 미국의 경제학자 아서 오쿤은 실업이 1% 증가하면 약 2.5% 정도의 실질GNP의 감소를 가져온다는 사실을 발견했다. 요컨대 실업률과 경제성장률 간에는 부(-)의 상관관계가 있다는 것이다. 이를 **오쿤의 법칙**(Okun's Law)이라고 부른다. 또한 실업은 범죄와 같은 사회문제를 유발하고 정치적 불안을 야기하는 등의 경제 외적인 손실을 초래한다. 이런 이유로 경기후퇴가 시작되면 많은 사람들은 고용문제를 먼저 걱정하게 되는 것이다.

〈그림 11-3〉에서 시장에 공급된 노동량은 모두 N_F이다. 노동력의 수요와 공급이 일치하는 E점에서 균형이 결정되며, 이때의 균형임금은 W_0이고 균형고용량은

오쿤의 법칙 경기회복기에 고용의 증가속도보다 국민총생산의 증가속도가 더 크고, 불황기에는 고용의 감소속도보다 국민총생산의 감소속도가 더 큰 현상. 구체적으로는 실업률이 1% 늘어날 때마다 국민총생산이 2.5%의 비율로 줄어드는 현상으로, 이같은 실업률과 국민총생산의 밀접한 관계를 '오쿤의 법칙'이라 부른다.

그림 11-3 자발적 실업과 비자발적 실업

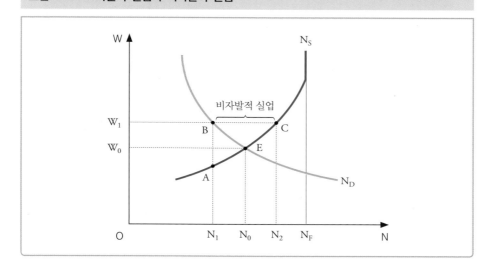

N_0이다. N_0의 오른쪽에 존재하는 노동자들, 즉 $N_F - N_0$만큼의 노동자는 실업상태지만, 이들이 고용되지 못한 이유는 균형임금보다 더 높은 임금을 요구하기 때문이다. 비유하자면 너무 비싸서 팔리지 않는 상품인 것이다. 이처럼 더 낮은 임금을 감수하면 고용될 수 있는데도 스스로 실업을 선택한 실업자들을 **자발적 실업**(voluntary unemployment)이라고 부른다. 스스로 실업상태를 선택했기 때문에, 정부가 작성하는 실업통계에서는 이들을 실업자에 포함시키지 않는다.

그러나 〈그림 11-3〉에서 어떤 이유로든 임금이 W_0가 아니라 W_1에 고정되어 있다면 노동의 수요와 공급 사이에 초과수요가 발생하고, B점과 C점 사이에 존재하는 노동자들은 그들의 의사와 상관없이 실업자가 된다. 이를 임금의 하방경직성(downward rigidity of wage)이라고 부른다. 현실에서 임금의 하방경직성이 있다는 데 대해서는 대부분의 경제학자들이 동의한다. 하지만 왜 그런 현상이 일어나는가 하는 데 대해서는 여러 가지 설명이 있다. 어떤 경제학자들은 노동조합의 단체교섭 같은 시장개입행위가 하방경직성의 이유라고 주장한다. 다른 경제학자들은 명목임금의 하락에 저항하는 노동자들의 화폐환상을 그 이유로 지적하기도 한다.

자발적 실업 일할 능력을 가지고 있으나, 현재의 임금 수준이 낮다고 생각하여 스스로 실업하고 있는 상태

Shutterstock

실망실업 취업할 의사는 있으나 오랫동안 직장을 구하지 못해 구직활동을 포기한 사람들을 실망실업자라고 부른다. 주로 여성과 중·장년층에서 많이 나타난다. 이들은 겉으로는 자발적으로 실업을 선택한 것 같이 보이지만 실은 자신의 의지와 상관없이 실업으로 내몰린 사람들이다.

실업의 종류

직장을 갖지 못한 사람을 실업자라고 부르지만, 그 내용을 보면 실업에도 다양한 유형이 있다. 가장 대표적인 실업은 역시 경기순환 과정에서 불황이 원인이 되어 발생하는 **경기적 실업**(cyclical unemployment)이다. 보통 호경기에는 고용이 늘어나고 불경기에는 일자리가 부족해져 실업이 늘어난다. 수요가 줄어들어 물건이 팔리지 않으면 기업들은 생산을 줄이게 되는데, 이 과정에서 발생하는 것이 경기적 실업이다. 우리가 실업문제라고 부르는 것은 대개의 경우 경기적 실업을 가리키는 경우가 많다. 정부가 의도하는 단기적인 경제안정화정책도 대부분 경기적 실업을 줄이는 데 목표를 두고 있다.

다음으로 **기술적 실업**(technological unemployment)은 기술진보에 따른 실업이다. 기술적 관계로 보면 노동과 자본은 대체적이다. 따라서 노동절약형 기술이 발전하면 고용이 줄어들게 된다. 이 때문에 발생하는 실업이 기술적 실업이다. 산업혁명 초기의 경제학자 토머스 맬서스(Thomas Robert Malthus, 1766-1834)는 『인구론(An Essay on the Principle of Population, 1798)』이라는 책에서 "인구는 기하급수적으로 증가하지만 식량은 산술급수적으로 증가한다"는 유명한 말을 남겼다. 맬서스는 국민경제가 절대적 과잉인구 때문에 실업이 나타난다고 주장했다. 그러나 반면에 사회주의 사상가인 마르크스는 실업의 원인을 자본축적에 대한 상대적 과잉인구 때문이라고 주장했다. 그래서 기술적 실업을 절대적 과잉인구로 인한 맬서스형 실업과 구분해 마르크스형 실업이라고 부르기도 한다.

구조적 실업(structural unemployment)은 산업구조가 변하고 그에 따라 사양산업이 나타남으로써 발생하는 실업이다. 가령 1970년대 우리나라 수출의 효자종목이었던 섬유나 신발산업 등이 사양화하면서 그 산업에 종사하던 노동자들이 일자리를 잃게 된 경우가 구조적 실업이다. 만일 사양산업을 대체하는 새로운 산업이 사양산업에서 해고된 실업자를 모두 흡수한다면 구조적 실업문제를 해결할 수 있으나 현실적으로는 쉽지 않다. 수십 년 동안 섬유공장에서 재단사로 일해 온 노동자가 어느 날 갑자기 전자나 자동차공장에 취업한다는 것은 매우 어려운 일이기 때문이다. 따라서 경제구조가 급속히 변화하는 경제에서는 구조적 실업이 불가피하게 생기며, 충분히 사용할 수 있는 노동력이 유휴화되는 데 따른 사회적 비용도 매우 크다. 특히 비교적 단기간에 일어나는 경기적 실업에 비해 구조적 실업은 장기화되는 경우가 많다. 구조적 실업을 줄이기 위한 대책으로는 산업구조의 개편이 원활하게 추진

경기적 실업 경기침체로 인해 유발되는 실업. 주로 불경기에 노동력에 대한 총수요의 부족으로 인해 발생한다.

기술적 실업 기술이 진보하면서 노동이 기계로 대체되는 자본의 유기적 구성의 고도화로 야기되는 실업

구조적 실업 산업구조의 변화로 인해 발생하는 장기적·대량적·만성적 실업

되도록 인력 재훈련을 지원하는 방법 등이 있다.

계절적 실업   산업의 생산 과정이 자연의 계절적 조건으로 인해 제약을 받아 노동의 투입이 계절에 따라 변동하기 때문에 생기는 실업

계절적 실업(seasonal unemployment)은 농업이나 어업처럼 계절에 따라 노동력에 대한 수요가 달라지는 산업에서 나타난다. 가령 대부분의 농산물은 파종에서 수확까지의 모든 작업이 일정한 기간 동안 진행된다. 따라서 이 기간이 지나면 고용이 불필요해진다. 다만 계절적 실업은 경기변동과 무관할뿐더러, 계절노동자들은 고용기간과 비고용 기간을 고려하여 1년 동안의 경제활동에 대한 계획을 세워 놓는 경우가 많다. 따라서 실업의 추이를 관측하기 위한 통계자료에서는 계절적 요인으로 인한 변동분을 제외하기도 한다.

마지막으로 좋은 일자리를 찾거나 직장을 바꾸는 과정에서 일시적으로 실업 상태인 사람들도 있다. 이를 **마찰적 실업**(frictional unemployment)이라고 한다. 말하자면 마찰적 실업은 직장탐색(job searching)을 위한 기회비용이라고 표현할 수 있다. 다른 형태의 실업들이 비자발적 실업인 반면에 마찰적 실업은 반드시 비자발적이라고 보기는 어렵다. 자신이 원하지 않는데도 직장을 옮겨야 하거나 새 직장을 구하는 데 처음 예상한 것보다 더 많은 기간이 걸리는 경우는 비자발적 실업이지만, 스스로 더 좋은 직장을 구하기 위해서 일시적으로 실업을 선택하는 경우도 있기 때문이다. 마찰적 실업에 대한 대책은 고용기회에 관한 정보흐름을 원활하게 하고 직장탐색에 필

마찰적 실업   노동자가 직업을 탐색하거나 바꾸는 직업의 이동에서 시간적 간격으로 발생하는 실업

Shutterstock

경기적 실업은 경기가 회복되면 해결될 수 있기 때문에 비교적 단기의 문제이다. 그러나 구조적 실업이나 기술적 실업은 경기와 상관없기 때문에 장기실업으로 전락할 가능성이 크다.

요한 시간과 비용을 단축시키는 방법이 있다. 다만 마찰적 실업은 호경기가 계속되는 경우라도 언제나 존재하므로, 굳이 많은 비용을 들여 해결해야 할 만큼 나쁜 것은 아니다.

자연실업률

고용이라는 측면에서만 보면 가장 좋은 상태는 '완전고용(full employment)'이다. 그런데 완전고용이란 한 나라 안의 모든 노동자가 완전히 고용되어 실업자가 하나도 없는 실업률 0%를 말하는 것이 아니다. 호경기에는 당연히 경기적 실업이 존재하지 않는다. 구조적 실업이나 기술적 실업은 경기와 무관하게 늘어날 수도 있고 줄어들 수도 있다. 그러나 아무리 호경기라 하더라도 마찰적 실업은 존재하기 마련이다. 따라서 일반적으로 마찰적 실업만 존재하고 있을 때를 완전고용이라고 하며, 이때의 실업률을 '물가안정 실업률' 또는 **자연실업률**(natural rate of unemployment)이라고 부른다. 자연실업률은 통화주의를 대표하는 경제학자인 밀턴 프리드먼이 처음 주장했다. 프리드먼에 의하면 자연실업률은 예상물가와 현재물가가 일치할 때의 균형노동량에 대응하는 실업률로서 다음과 같이 정의된다. 〈식 11-3〉에서 u^*는 자연실업률, N은 경제활동인구, N^*는 완전예상, 즉 예상물가와 현재물가가 일치할 때의 고용량을 의미한다.

자연실업률 노동시장이 정상적으로 기능하는 상태에서 노동에 대한 수요와 노동의 공급을 일치시키는 균형실업률

$$u^* = (N - N^*)/N \qquad \langle식\ 11\text{-}3\rangle$$

자연실업률을 다르게 정의하면 경기변동과 상관 없이 일정한 수준을 유지하는 실업률이다. 노동시장의 변화에 따라 취업자 중에서 일자리를 떠나거나 잃는 사람과 실업자 중에서 일자리를 찾는 사람이 생겨난다. 따라서 실직자 가운데 새로 취업하는 노동자의 수와 취업자 가운데 새로운 직장을 구하기 위하여 퇴직하는 노동자의 수가 일치할 때의 실업률이 바로 자연실업률이 된다. 이를 수식으로 나타내면 〈식 11-4〉와 같다. 〈식 11-4〉에서 N은 경제활동인구, E는 취업인구, U는 실업자라고 하면 N = E + U가 된다. e는 실업자 가운데 새로 취업하는 인구의 비율을, u는 취업자 가운데 퇴직하는 인구의 비율을 의미한다. 따라서 자연실업률은 eU = uE일 때의 실업률을 의미한다.

$$u^* = U/N = u/(u + e) \qquad \langle식\ 11\text{-}4\rangle$$

〈식 11-4〉를 보면 자연실업률은 취업자 가운데 퇴직하는 인구의 비율(u)이 클수록 높아진다. 가령 더 좋은 조건을 찾아 이직하는 것을 당연시하는 미국에서는 u가 높기 때문에 자연실업률도 높다. 노동시장의 유연성이 높다는 뜻이다. 반면에 '평생직장' 개념이 사회적으로 인정되던 과거의 일본이나 우리나라는 u가 매우 작기 때문에 자연실업률도 매우 낮았다.[2] 다만 요즘은 우리나라도 평생직장 개념이 희박해지면서 자연실업률이 높아지는 추세이다.

자연실업률은 잠재성장률과도 연관된다. 잠재성장률이란 인플레이션 없이 달성할 수 있는 최대의 성장률을 의미한다. 바꿔 말하면 자연실업률 수준에서 가능한 최대의 성장률이 잠재성장률이다. 자연실업률은 인플레이션 없이 달성할 수 있는 가장 낮은 실업률이다. 경기가 매우 호황이거나 정부가 인위적으로 정책수단들을 사용함으로써 실업률이 자연실업률 이하로 낮아지는 경우도 있다. 그러나 이를 위해서는 인플레이션과 같은 사회적 비용을 감수해야 하므로 반드시 바람직하다고 말할 수는 없다.

11-3 인플레이션

요즘 전세가가 미쳤다는 말로 표현될 정도로 오른다고 한다. 전세가가 오르는 이유는 당연히 전세의 수요는 많은데 공급은 부족하기 때문이다. 쉽게 말해서 집주인들이 전세보다 월세를 더 선호하다 보니, 월셋집은 남아도는데 전셋집은 부족하고 그래서 가격도 오르는 것이다. 집 없는 서민의 처지에서야 억울하기 짝이 없는 일이지만, 경제의 원리는 물이 높은 곳에서 낮은 곳으로 흐르는 원리와 같아서 언제나 내 마음과 같지는 않은 법이다. 전세는 전 세계적으로 우리나라와 일본에만 있는 제도라고 한다. 그런데 생각해보면 이 전세라는 제도는 참 재미있고 요상한 경우이다. 집주인들은 3억짜리 집을 사서 2억에 빌려준다. 그렇다면 대한민국의 집주인들은 모두 기부천사인가? 당연히 그렇지는 않을 터이다. 집주인들이 3억 짜리 집을 2억에 빌려주는 이유는, 집을 구입하는 이유가 전세금을 받는 데 있지 않기 때문이다. 아주 불가피한 사정이 있는 경우를 제외하면 자기는 길바닥에서 자면서 집을 전세로 내놓는 집주인은 없다. 전세를 내놓는 사람들은 자기 살 집은 따로 두고 집을 두 채, 세 채씩 가지고 있는 사람들이다. 심지어 우리나라에서 집을

---

2 1980년대의 경우 미국의 자연실업률은 4% 내외, 우리나라는 2% 내외로 매우 낮은 편이었다. 그러나 1997년의 외환위기 이후 우리나라도 노동시장의 유연성이 높아지면서 자연실업률도 상당히 높아지고 있다.

가장 많이 가진 사람은 무려 오십 채나 가지고 있다고 한다. 나는 한 채도 없는데 말이다. 이 사람들이 집을 여러 채 구입하는 이유는 간단하다. 과거 우리나라가 고도성장의 시기를 지나오면서 국민들의 소득도 늘어났지만 가장 크게 상승한 것은 바로 부동산 가격이다. 은행 대출을 받고 전세금을 보태서라도 부동산을 사 놓기만 하면 몇 년 후에는 그 값이 몇 배로 오르곤 했다. 대출금을 갚고 전세금을 돌려주고도 남는, 한 마디로 수지 맞는 장사였던 것이다. 그래서 돈 있는 이들은 물론 대출을 받아서라도 집을 사서 전세를 놓았던 것이다. 한 마디로 전세란 부동산 가격이 비정상적으로 오르던 시절의 비정상적인 현상이다. 그런데 요 몇 년 동안 우리나라의 부동산 경기는 바닥을 치고 있다. 부동산 가격이 오르기는커녕 내린 곳도 많다. 그러니 아파트를 가진 사람들은 전세를 줘 봐야 남는 게 없고, 그래서 현금 수입이 얼마라도 생기는 월세로 바꾸려 하는 것이다. 우리나라의 가구 수와 주택 수를 비교하면 주택 수가 가구 수보다 많다. 고루 나눠 가진다면 누구나 자기 집을 가지고 있어야 옳다는 뜻이다. 그러나 우리나라 가구의 절반은 자기 집이 없다. 정부나 언론에서는 부동산 가격이 떨어진다고 걱정하지만, 나는 우리나라의 부동산 가격은 더 떨어져야 한다고 믿는다. 그래서 누구든 전세 걱정, 월세 걱정 없이 자기 집에서 사는 사회가 되었으면 좋겠다. (조준현, '전세냐 월세냐 그것이 문제로다', 『샘터』, 2016년 2월호)

인플레이션과 디플레이션

심각한 재정위기를 안고 있는 미국에서는 요즘 1조 달러짜리 백금 동전을 발행하자는 논의가 뜨겁다. 물론 1조 달러 동전을 시장에 유통시키자는 뜻이 아니고, 이것을 연방준비제도이사회(Federal Reserve Board)에 예치하고, 그 담보로 1조 달러를 대출해 연방정부의 부채를 갚자는 이야기다. 공화당이 장악한 의회에 대한 비판의 의미도 있다. 노벨상 수상자인 폴 크루그먼도 이 청원에 참가하여 화제가 되었다. 그런데 왜 하필이면 금화도 아니고 은화도 아니고 백금화일까? 금화와 은화에는 발행액수의 제한이 있지만 백금화에는 없기 때문이다.

역사적으로 가장 유명한 인플레이션의 사례는 제1차 세계대전이 끝난 직후의 독일일 것이다. 당시 독일의 바이마르(Weimar) 공화국은 패전에 따른 배상금을 지불하기 위해 화폐를 마구 발행했다. 1921년에서 1924년 사이에 정부는 통화량을 무려 25조%나 증가시켰고, 그 결과 물가는 1년 반 사이 200억% 상승했다. 억만장자가 아닌 사람이 없었다. 하지만 모두 배고픈 억만장자였다. 벽장은 지폐로 가득 찼으나 식량 창고는 텅텅 비어 있었고, 식품을 사기 위해서는 수레에 가득한 만큼의 돈이 필

Shutterstock

돈으로 연료를 사느니 차라리 돈을 태워 요리를 하는 주부. 바이마르 공화국 시절에는 흔히 일어났던 장면이다.

요했다. 이처럼 화폐가 무용지물이 되었기 때문에 식량이나 다른 생활필수품들을 교환하기 위해 각 지역별로 별도의 지폐를 인쇄할 지경이었다. 그런데 최근 들어 바이마르 공화국의 기록을 단번에 넘어선 나라가 있으니 바로 아프리카의 짐바브웨다. 짐바브웨의 화폐 가운데 액면가격이 가장 높은 것은 무려 100조 달러이다. 문제는 이 돈으로 살 수 있는 상품이 겨우 계란 3개라는 사실이다.

경기변동은 국민경제가 불황과 호황을 반복하는 현상을 말한다. 불황이 나쁘다는 것은 누구나 안다. 그렇다면 호황은 무조건 좋은 일일까? 경제가 불황 없이 호황만 지속한다면 과연 좋은 일일까? 실은 그렇지 않다. 먼저 경제가 불황 없이 호황만 지속한다는 것부터가 불가능한 일이지만, 설령 그것이 가능하다 하더라도 반드시 바람직한 일은 아니라는 뜻이다. 호황이 반드시 좋은 일인 것만은 아닌 이유는 호황에는 물가가 상승하기 때문이다. 물가가 지속적으로 오르는 현상을 **인플레이션**(inflation)이라 부르고, 그 반대로 물가가 지속적으로 내려가는 경우를 **디플레이션**(deflation)이라고 한다. 일반적으로 호황기에는 물가가 지속적으로 상승하고 불황기

인플레이션 상품과 서비스의 가격이 지속적으로 상승하는 현상

디플레이션 상품과 서비스의 가격이 지속적으로 하락하는 현상

에는 그 반대이다. 그래서 흔히 인플레이션은 호황과, 디플레이션은 불황과 같은 의미로 사용되기도 한다.[3]

물가에 대한 관심은 대체로 디플레이션보다 인플레이션에 집중된다. 디플레이션의 경우에는 물가보다 경기침체가 더 주요한 문제가 되기 때문이다. 인플레이션이 경제에 미치는 영향은 경제주체들이 인플레이션에 대해 얼마나 정확하게 예상하느냐에 달려 있다. 인플레이션이 경제에 미치는 나쁜 영향은 첫째, 자원의 효율적인 배분을 왜곡한다는 것이다. 앞에서 이야기한 것처럼 모든 경제주체가 인플레이션에 대해 똑같이 예상하고 따라서 모든 가격이 같은 비율로 상승한다면 실생활에는 아무런 변화가 없다. 단지 같은 재화를 구입하는 데 더 많은 돈을 지불하기만 하면 된다. 이미 임금의 상승으로 소득이 그만큼 상승해서 재화의 소비량은 그대로이기 때문이다. 하지만 모든 재화의 가격이 같은 비율로 상승하지 않기 때문에 인플레이션은 경제에 여러 가지 문제를 일으킨다.

인플레이션이 진행되는 동안 가격 상승의 정도가 가장 큰 것은 구두나 자동차와 같은 공산품이 아니라 부동산이나 주식 등 투기적 자산들이다. 물가가 계속 오르면 사람들은 앞으로도 이런 현상이 계속되리라 예상하고 투기적 자산을 사려 한다. 이른바 '인플레이션 기대심리(inflation expectation psychology)'가 나타나는 것이다. 한정된 자원이 투기적 자산에 몰리게 되면 기업의 설비투자와 같이 국민경제의 성장에 반드시 필요한 부분에서는 자원이 부족해지고, 국민경제 전체적으로 자원의 배분은 더 비효율적이 될 수밖에 없다.

인플레이션이 국민경제에 나쁜 두 번째 이유는 소득을 불평등한 방향으로 재분배하기 때문이다. 국민소득이 자본과 노동의 한계생산력에 따라 분배되는 것이 소득분배이다. 그런데 소득이 분배된 이후에도 조세제도나 복지제도 등에 의해서 계층과 집단들 간의 소득격차는 더 확대되기도 하도 축소되기도 한다. 앞에서도 본 것처럼 이러한 변화를 소득재분배(income redistribution)라고 부른다. 소득재분배는 정부가 조세제도 등을 통해서 추진하기도 하지만 인플레이션도 소득재분배에 영향을 미

---

3 그런데 1970년대 초반에 일어난 석유파동(oil shock)을 계기로, 경기는 불황인데도 물가는 상승하는 스태그플레이션(stagflation) 현상이 나타나면서부터 경기와 인플레이션이 반드시 일치하지 않는 현상이 자주 일어나고 있다. 스태그플레이션은 경기침체를 뜻하는 스태그네이션(stagnation)과 물가 상승을 뜻하는 인플레이션의 합성어로, 경기불황 속에서 물가 상승이 동시에 나타나는 현상을 가리킨다.

친다.

물가가 오르면 임금노동자나 연금 생활자와 같이 정해진 화폐소득을 가지고 생활하는 가계는 급여나 연금이 뒤따라 오를 때까지 소득이 실제로 줄어드는 것과 같은 상황이 발생한다. 물가가 올라 돈의 가치가 떨어지면, 임금노동자들은 같은 금액으로 살 수 있는 상품의 양이 전보다 적어지고 씀씀이를 줄이지 않고는 이전만큼 저축하기 어려워진다. 연금생활자도 마찬가지다. 한 달에 100만 원을 받는 연금생활자의 경우 연간 10%의 인플레이션이 일어난다면, 지금 100만 원으로 구입하는 것도 1년 후에는 110만 원이 있어야 구입이 가능하다. 인플레이션으로 인해 구매력이 떨어진 것이다. 가만히 앉아서 10만 원을 손해 볼 수밖에 없다. 실제로 많은 공무원, 교원, 군인, 연금생활자, 금리생활자들은 이런 문제에 직면하게 된다. 이들은 인플레이션이 발생하면 알면서도 손해를 보게 되는 것이다. 반면에 인플레이션으로 투기적 자산의 가격이 상승하면 부동산 등을 소유한 돈 많은 사람들의 재산은 더 불어난다.

셋째로 인플레이션은 국민경제의 성장기반을 약화시킨다. 먼저 대내적으로 인플레이션이 지속되어 저축이 줄어들면 금융기관은 자금을 확보하기 위해 금리를 인상할 수밖에 없다. 하지만 금리인상은 기업의 설비투자를 어렵게 한다. 여유자금이 있는 기업도 직접 생산활동에 투자하기보다는 쉽게 돈을 벌 수 있는 부동산 투기 등 비

Shutterstock

역사상 가장 액면가가 큰 화폐는 짐바브웨의 100조 달러짜리 지폐이다. 문제는 1조 달러로 겨우 계란 3개를 살 수 있을 뿐이라는 사실이다.

생산적인 활동에 더 노력하게 되어 생산능력이 저하되고 일자리가 줄어들게 된다. 대외적으로도 인플레이션은 우리 제품의 가격경쟁력을 떨어뜨려 국제수지를 악화시킨다. 국내물가가 오르면 우리나라 상품이 외국상품에 비해 상대적으로 더 비싸지기 때문에 경쟁력이 떨어져 수출이 줄어들게 된다. 이와 반대로 국내시장에서는 상대적으로 저렴해진 외국상품에 대한 수요가 늘어나 수입은 증가하게 된다. 결국 물가 상승은 수출을 줄이고 수입을 늘림으로써 경상수지의 악화를 초래한다.

인플레이션의 원인

그렇다면 인플레이션은 왜 일어나는 것일까? 인플레이션의 원인은 크게 실물적 측면과 화폐적 측면에서 분석할 수 있다. 먼저 실물적 측면에서 보면 모든 상품의 가격은 시장에서 사람들이 모여서 물건을 사거나 파는 과정에서 결정된다. 이때 팔고자 하는 사람에 비해 사고자 하는 사람이 많거나, 사고자 하는 사람에 비해 팔고자 하는 사람이 적게 되면 가격이 오르게 된다. 마찬가지로 인플레이션, 즉 물가가 지속적으로 오르는 원인은 총수요가 총공급보다 크기 때문이다. 총수요란 앞에서 보았듯 가계, 기업, 정부 등이 구입하려는 재화와 서비스의 양을 나타낸다. 반면 총공급은 각 물가 수준에서 기업이 생산 및 판매하려는 재화와 서비스의 양을 나타낸다. 총수요가 계속 늘어나거나 총공급이 줄어들면 인플레이션이 발생한다. 총수요가 증가함으로써 나타나는 물가 상승을 **수요견인**(demand-pull) **인플레이션**이라 하고, 총공급 측면에서 원가 상승으로 인해 발생하는 물가 상승을 '비용인상 인플레이션' 또는 **비용압박**(cost-push) **인플레이션**이라고 한다. 일반적으로 우리가 접하는 인플레이션은 대부분 수요견인 인플레이션이다. 그래서 정부의 경기안정화정책을 흔히 수요관리정책이라고 부르기도 한다. 반면 1970년대에 일어난 석유파동은 갑작스러운 석유의 가격 상승이 인플레이션을 가져온 경우로 비용압박 인플레이션의 대표적인 사례이다.

일반적으로 물가 상승의 원인이 되는 총수요의 증가는 그 구성요소인 가계, 기업, 정부, 해외 등 여러 부문의 지출이 늘어날 때 발생한다. 경제부문들의 지출에 영향을 주는 요인으로는 소득의 변화, 지출구조의 변화, 인플레이션 기대심리 등이 있다. 먼저 소득은 가계의 구매력을 결정하는 요소로서 통상 가계의 소득이 증가하면 소비 수준도 높아져 상품과 서비스에 대한 수요가 늘어난다. 또 소득의 증가로 가계소비나 기업투자 등 수요가 늘어날 때 공급능력이 한계에 도달해 수요가 증가한 만큼 공급이 늘어나지 못하면 곧바로 물가 상승으로 이어지게 된다. 이밖에 물가가 계

수요견인 인플레이션
소득이 늘어남에 따라 수요가 증가하여 물가가 오르는 현상

비용압박 인플레이션
총공급의 감소 혹은 생산비용의 증가에 따라 물가가 오르는 현상

속 오를 것으로 생각하는 인플레이션 기대심리 역시 물건값이 더 오르기 전에 미리 사 두려는 가수요를 부추긴다. 이런 요인들로 인해 사회 전체의 총수요가 늘어나면 물가는 오르게 된다.

한편 총공급의 감소를 가져와 물가 상승을 유발하는 가장 중요한 원인으로는 생산원가의 상승이 있다. 생산원가는 주로 원자재가격, 환율, 임금, 세금, 이자, 부동산 임차료 등에 영향을 받는다. 특히 우리나라는 부존자원이 부족해 원자재와 에너지의 대부분을 외국에서 수입하기 때문에 원자재 수입 가격과 환율의 상승은 국내 물가에 매우 큰 영향을 미친다. 임금도 생산원가에서 차지하는 비중이 높아 물가에 영향을 크게 미치는데, 그 정도는 노동자의 생산성에 따라 달라진다. 예를 들어 임금이 10% 상승하더라도 노동자의 1인당 생산성이 20% 오른다면 상품 한 단위를 생산하는 데 드는 생산원가는 오히려 줄어들게 되어 기업은 가격을 내릴 수 있다. 그러나 임금이 10% 인상되었는데 1인당 생산성이 5% 증가에 그친다면 상품 한 단위당 인건비는 오히려 늘어나게 되어 기업은 생산품의 가격을 올리게 되고 결국 물가를 상승시키는 요인으로 작용한다.

총수요와 총공급의 변동 이외에 물가 상승을 가져오는 원인으로 복잡한 유통구조, 독과점 등과 같은 시장구조적 요인이 있다. 농수산물의 경우 생산자에서 소비자에게 전달되는 과정에 여러 중간 유통 단계를 거치면서 가격이 크게 높아진다. 독과점적인 시장구조에서는 기업이 가격이나 판매량을 조절해 물가 상승을 유발할 수도 있다. 반면 유통시장의 개방과 할인점, 인터넷 쇼핑몰의 등장 등으로 시장구조가 더욱 경쟁적으로 되면 유통비용이 경감되므로 물가 상승을 어느 정도 억제할 수 있다.

인플레이션의 원인이 중요한 이유는 원인에 따라 인플레이션의 효과가 다르기 때문이다. 〈그림 11-4〉에서 보듯이 수요견인 인플레이션의 경우에는 총수요의 증가에 따라 국민소득의 증가와 물가의 상승이 함께 나타난다. 우리가 흔히 인플레이션이라고 부르는 것도 수요견인 인플레이션이다. 반면에 비용압박 인플레이션의 경우에는 총공급이 감소함에 따라 물가 상승과 국민소득의 감소가 함께 나타난다. 1970년대의 석유파동이 좋은 예이다. 하지만 비용압박 인플레이션은 그리 자주 일어나는 현상이 아니다. 설령 공급 측면의 충격이 있더라도 석유파동 같은 사건이 아니라면 수요 측면의 충격이 더 커서 잘 드러나지 않기 때문이다. 비용압박 인플레이션은 스태그플레이션과 혼동하기 쉽다. 굳이 이야기하자면 비용압박 인플레이션은 스태그플레이션의 여러 가지 원인 가운데 하나지만, 동일한 현상은 아니다.

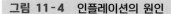

그림 11-4   인플레이션의 원인

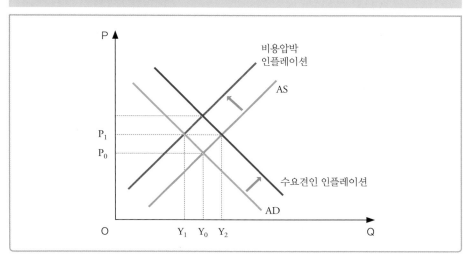

이처럼 인플레이션의 실물적 측면이란 경기변동과 관련된 것이다. 이에 반해 인플레이션의 화폐적 측면이란 통화량, 특히 화폐 발행과 연관된 현상이다. 화폐적 측면에서 보면 인플레이션은 생산되는 재화의 증가보다 돈의 증가가 더 빠를 때 발생한다. 재화의 양에 비해 돈의 양이 너무 많을 때 인플레이션이 발생한다는 뜻이다. 재화의 양은 증가하지 않는데 돈만 계속 많아지면 재화의 가격이 상승할 것이라는 것은 누구나 쉽게 예상할 수 있다. 대부분의 인플레이션에서는 통화량의 증가가 직접적인 원인이고, 물가 상승은 그 결과이다. 이렇게 볼 때 인플레이션의 핵심은 화폐적 현상이라 할 수 있다. 그러므로 인플레이션이 발생했을 때 가장 먼저 해야 할 일은 화폐량의 조절이다. 근본 원인인 화폐량을 줄이지 않고서는 물가를 잡을 수 없다. 물론 불황기에 통화량이 줄면 기업들이 자금난을 겪게 되고 부도 사태를 맞는 기업도 나타날 수 있다. 대부분의 인플레이션은 불황이 아니라 호황에 수반되는 현상이다. 무엇보다도 인플레이션이 예상되는 상황에서 정부가 돈을 더 풀면 일부 기업들을 위해 대다수의 서민에게 고통을 전가하는 결과가 된다.

그런데 인플레이션을 잡는 방법이 이처럼 매우 간단하다면 정부나 전문가들은 왜 그것이 어렵다고 말할까? 화폐가 증가하면 일시적으로 사람들은 소비지출을 증가시킨다. 그러면 일자리가 늘어나고, 사업도 활기를 띠면서 모든 사람의 모습이 활기차고 밝다. 그러다가 인플레이션이 지속되면 경제에도 비슷한 증세가 나타난다. 노동자들은 그들의 임금이 명목상으로는 상승했지만 실질 구매력이 떨어졌다는 것을 깨닫고 오히려 소비를 줄일 것이다. 반면 기업가들은 생산비의 상승으로 제품가격을 올리지 않고는 수지가 맞지 않는다고 판단해 제품가격을 올릴 것이다. 가격 인상과 수요 감소가 맞물리면서 인플레이션의 나쁜 효과들이 본격적으로 나타나기 시작한다. 일시적으로 실업이 증가하고 경제성장이 둔화된다. 이런 상황이 닥치면 정부는 화폐를 더욱 늘려 경기를 회복하려는 유혹에 처한다. 마치 알코올중독자가 해장술로 숙취를 풀려고 하는 것과 같다.

알코올중독과 인플레이션은 그 처방 면에서도 공통점이 있다. 알코올중독에 대한 처방은 다른 것이 없다. 한마디로 술을 끊으면 된다. 이것이 최선이다. 그러나 이 처방을 실행하기는 어렵다. 술을 끊어야 하는 줄 알면서도 한 잔의 유혹을 뿌리치지 못한다. 인플레이션에 대한 처방도 마찬가지다. 화폐량의 과도한 증가가 인플레이션의 중요한 원인이듯 화폐증가율의 감소가 인플레이션에 대응하는 가장 중요한 처방이다. 문제는 정부가 과연 그러한 정치적, 정책적 의지를 가지고 있느냐 하는 것이다. 기업이나 소비자들도 마찬가지다. 그래서 통화주의의 대가인 밀턴 프리드먼도 인플레이션을 퇴치하는 것은 알코올중독자가 술을 끊거나 마약중독자가 마약을 끊는 것처럼 어렵다고 말했던 것이다.

인플레이션 정부는 통화량을 늘려 경기를 부양하고자 하는 유혹을 언제나 느낀다. 이 유혹을 이기지 못하면 인플레이션은 막을 수 없다.

11-4 필립스곡선

이제는 연내 미국 금리인상이 확실시되고 있다. 19일(미국 현지시간) 스탠리 피셔 미국 연방준비제도(연준) 부의장이 미국 기준금리가 곧 오를 수 있음을 시사, 사실상 금리 인상을 예고했다. 이제는 시장에서는 미국의 실업률이 완전고용 수준에 근접하면서 향후 미국의 인플레 압력에 대한 관심이 높아지고 있다. 이날 미국 연준에 따르면 피셔 부의장은 샌프란시스코에서 열린 '아시아 경제정책 컨퍼런스'에서 강연하며 "비교적 가까운 장래에 주요국가 중앙은행 중 한 곳이 점진적으로 제로금리 정책에서 벗어날 것"이라고 밝혔다. 피셔 부의장은 "우리가 (금리를) 움직일 때 시장과 (다른 나라) 정부를 놀라게 하지 않도록 지금까지 모든 일을 해 왔기 때문에, 일부 국가 중앙은행에서는 한동안 '그냥 (인상을) 해라'라는 말을 하기도 했다"고 덧붙였다. 미국의 금융·전문 매체들은 이런 피셔 부의장의 발언에 대해 12월 금리 인상 가능성을 시사하는 발언이라고 해석했다. 피셔 부의장의 발언은 연준의 통화정책 결정기구 연방공개시장위원회(FOMC)의 지난달 정례회의 때 "다수의 참가자(FOMC 위원)는 고용시장과 물가 조건이 다음 회의(12월 정례회의) 때까지 대체로 충족될 수 있을 것"이라는 의견을 보였음이 지난 18일 발표된 정례회의록을 통해 나타난 뒤에 나왔다. 연준이 기준금리를 올리는 데 있어서 가장 중요하게 생각하는 지표는 실업률 지표와 인플레이션 지표다. 연준의 중장기 목표 인플레 수준은 2%다. 실업률 지표는 거의 목표에 도달했다. 지난 10월 미국의 실업률은 5%로 완전고용 실업률 수준인 4~4.9% 수준에 거의 다다랐다. 연말 소비와 계절적 고용 성수기 등을 감안하면, 연내 미국의 실업률은 완전고용 범주에 도달할 가능성이 높다. 문제는 인플레다. 통상 완전고용 수준에 근접할수록 인플레 압력이 상승한다. 통계적으로 세인트루인스 연준에서 발표하는 미국의 인플레 압력 확률이 4.9% 이하, 실업률에서 평균 30%까지 상승한다. 4% 이하 실업률에서는 40%에 육박한다. (〈세계일보〉, 2015. 11. 20)

두 마리 토끼

신문의 경제면이나 경제 뉴스 등을 보면 "두 마리 토끼를 다 잡기는 어렵다"는 말이 자주 나온다. 국민경제에서 두 마리 토끼란 대개 경제성장과 물가안정 또는 고용증가와 물가안정을 일컫는다. 한 나라 경제의 가장 바람직한 상태는 바로 물가가 안정되고 실업률이 낮은 상태라고 해도 틀리지 않다. 그래서 모든 나라의 정부는 물가안정과 고용안정을 경제운용의 목표로 삼는다. 문제는 이 두 가지 목표를 동시에 달성하기가 그다지 쉽지 않다는 데 있다. 정부가 물가 상승을 억제하기 위해 긴축정책을 쓰면 물가는 안정되겠지만 경기가 하락해 실업이 늘어날 것이다. 반면에 실업률을 낮추기 위해 정부가 마구 돈을 푼다면 실업률은 하락하겠지만 물가 상승을 막을 수 없게 된다. 물론 이미 본 것처럼 물가와 고용이 서로 상충하는 이러한 현상은 수요견인 인플레이션의 경우이고 비용압박 인플레이션의 경우에는 또 다르다. 하지만 비용압박 인플레이션은 자주 일어나지 않기 때문에 우리가 아는 인플레이션은 대부분 수요견인 인플레이션이다. 그렇다면 정말 물가안정과 경제성장 또는 고용안정이라는 두 마리 토끼를 다 잡을 수는 없을까?

필립스곡선 임금 상승률과 실업률의 상충관계를 나타내는 곡선

물가와 실업률 간의 이런 상충관계를 나타낸 것이 **필립스곡선**(Phillips curve)이다. 필립스곡선은 미국의 경제학자 올번 필립스(Alban William Phillips, 1914-1975)가 실업률이 높을수록 임금 상승률이 낮아지는 현상을 그림으로 나타낸 것이다. 〈그림 11-5〉에서 보듯이 실업률을 낮추기 위해서는 물가 상승을 피할 수 없고, 물가 상승률을 낮추기 위해서는 실업의 증가를 피할 수 없다. 다만 요즘은 임금 상승률보다 물가 상승률과 실업률의 관계로 보는 것이 일반적이다. 물가 상승률이 0이 되는 실업률, 즉 〈그림 11-5〉의 u_N의 실업률이 바로 앞에서 본 '자연실업률'이다.

〈식 11-5〉는 실업률과 물가 상승률의 관계를 수식으로 나타낸 것이다. 물가 상승률(π)은 현실의 실업률(u)이 자연실업률(u_N)보다 높으면 낮아지고 반대의 경우에는 높아진다. 물가 상승률과 실업률 사이에는 역의 관계가 성립한다는 뜻이다.

$$\pi = -\alpha(u - u_N) \qquad \text{〈식 11-5〉}$$

그림 11-5 필립스곡선

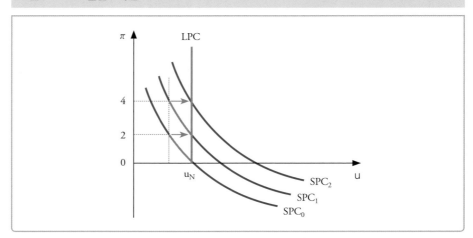

그런데 〈그림 11-5〉에서 만약 정부가 실업률을 자연실업률 이하로 하락시키기 위해 경기부양책을 쓰면 어떻게 될까? 단기적으로는 경제주체들이 인플레이션을 인지하지 못하기 때문에 물가 상승을 감수하는 대신 실업률을 낮출 수 있을 것이다. 하지만 시간이 지나면 경제주체들도 인플레이션을 인지하게 되고 물가 상승에 적응한 행동을 하게 되므로 실업률은 다시 높아지게 된다. 이전의 필립스곡선 SPC_0가 새로운 단기 필립스곡선 SPC_1으로 이동하면서 물가만 상승한 채 실업률에는 변화가 없는 것이다. 이런 과정을 반복하면 장기 필립스곡선은 〈그림 11-5〉의 LPC처럼 수직선의 형태가 된다.

〈그림 11-6〉은 1960년대부터 1980년대 미국의 필립스곡선을 그린 것이다. 얼핏 복잡해 보이지만 자세히 보면 1960년대에는 우하향하는, 즉 고용과 물가 사이에 상충관계가 있는 전형적인 필립스곡선이 나타나는 것을 확인할 수 있다. 다만 1970년대 이후에는 필립스곡선의 형태가 상당히 혼란스럽다. 필립스곡선은 고용과 물가 사이에 상충관계가 있는 수요견인 인플레이션의 경우에 나타나는데, 1973~1976년과 1979~1981년 사이에는 두 차례의 석유파동으로 인해 물가가 상승하면서 국민소득과 고용은 축소되는 스태그플레이션 현상이 일어났다. 그래서 이 기간 동안의 필립스곡선이 반대반향으로 나타난 것이다. 그런 점을 고려하면 필립스곡선은 대체로 현실과 부합한다고 말할 수 있다. 두 마리 토끼를 쫓는 일은 참으로 어렵다는 뜻이다.

그림 11-6 미국의 필립스곡선

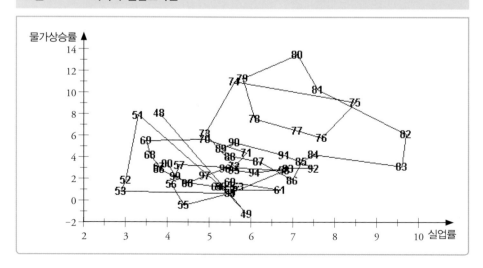

실업과 인플레이션은 둘 다 경제적 고통이지만 하나는 절대적 고통을 주고 다른 하나는 상대적 고통을 준다.

경제고통지수

물가와 실업이 국민경제가 해결해야 할 여러 과제 가운데 가장 중요한 것이라면, 과연 이 두 과제 가운데 더 중요한 것은 무엇일까? 여기에는 정답이 있을 수 없다. 경제 상황에 따라 다르고, 또 그 사회가 지나온 역사나 추구하는 가치가 다르기 때문이다. 우리나라의 경우를 보면 1970년대까지는 경제성장을 위해서라면 어느 정도의 인플레이션은 감수할 수밖에 없다는 생각이 비교적 만연했다. 그러다 1980년대 들어 인플레이션에 대한 우려가 크게 높아졌다가, 1997년 외환위기를 겪으면서부터는 반대로 실업이 가장 심각한 경제문제로 인식되고 있다. 보통 사람들이라면 당연히 실업을 더 큰 문제라고 생각하겠지만, 많은 경제학자들은 실업보다 인플레이션을 더 심각한 문제로 생각한다. 이태백부터 오륙도까지 실업의 위협에 쫓기며 사는 보통 사람들에게 인플레이션은 어느 정도 참을 수 있는 고통인 반면, 실업은 매우 심각한 현실적인 위협이다. 그러나 경제학자들은 실업보다 인플레이션이 더 많은 사람들에게 고통을 주기 때문에 더 중요한 과제라고 생각한다.

앞에서도 이야기한 적이 있는 미국의 경제학자 아서 오쿤은 대단히 재치있는 개념들을 만든 경제학자로 유명하다. 특히 오쿤은 기상통보관들이 온도와 습도를 더한 '불쾌지수'를 발표하는 데 착안해 **경제고통지수**(economic misery index)라는 개념

경제고통지수 실업률과 물가 상승률을 더한 지수. 이 지수가 높으면 높을수록 한 나라의 국민들이 체감하는 삶의 고통이 늘어난다는 의미이다. 때로는 여기서 실질 국내총생산(GDP) 증가율을 뺀 지수를 이용하기도 한다.

을 만들었다. 경제고통지수란 간단히 실업률과 소비자 물가 상승률을 더한 것이다. 이 지수가 높을수록 피부로 느끼는 삶의 고통도 높아진다. 2004년 6월 미국의 워싱턴 타임스(Washington Times)가 경제고통지수를 활용해 지난 반세기 동안 역대 미국 대통령의 경제 성적을 평가한 결과를 발표했다. 이 글에 따르면, 재임기간 동안 경제고통지수가 가장 크게 개선된 것은 전임 카터 시절의 17.9에서 10.1로 하락한 레이건 대통령 시절이라고 한다. 레이건 정부의 신자유주의 정책 때문에 미국 중산층의 삶이 붕괴되었다고 생각하는 사람들에게는 좀 뜻밖의 이야기일지도 모르겠다. 반대로 신자유주의 정책에도 불구하고 경제가 좋았기 때문에 레이건 대통령의 인기가 그만큼 높았는지도 모르겠다.

토머스 맬서스(Thomas Robert Malthus, 1766-1834)

애덤 스미스 시대의 가장 중요한 사회적 과제는 어떻게 생산력을 증대할 것인가 하는 문제였다. 그러나 산업혁명이 진행되면서 영국 사회는 증대한 생산력을 여러 사회계급과 계층들 사이에서 어떻게 분배할 것인가 하는 문제를 더 중요한 사회적 과제로 고민하기 시작한다. 특히 공업과 농업의 발전에 따라서 생산수단을 잃은 독립 소생산자들과 토지로부터 추방된 농민들은 대량의 실업자와 빈민층을 형성했다. 실업과 빈곤문제가 심각한 상황에서는 당연히 부의 분배와 여러 계급들 간의 대립과 갈등에 관한 문제가 등장하지 않을 수 없었다. 리카도와 맬서스의 경제학은 이러한 시대적 배경에서 출현했다. 맬서스가 경제학에 관한 저술을 하게 된 동기는 당시의 시대적 쟁점이었던 〈곡물법(Corn Law)〉의 개정 문제였다. 맬서스는 애덤 스미스의 영향을 받아 자유주의 경제학을 신봉했으나 자유무역에 대해서는 유보적이었으며, 특히 곡물의 수입문제에 대해서는 국내 농업을 보호해야 한다는 입장에서 보호주의를 주장했다. 맬서스의 가장 유명한 저서인 『인구론』이 담고 있는 핵심적인 논점은 빈곤과 실업을 인구의 증식력과 토지의 생산력 사이의 불균형에서 발생하는 불가피한 자연적 질서의 과정으로 파악한 것이다. 이밖에도 맬서스는 화폐이론과 지대이론의 발전에 크게 기여했다.

요제프 슘페터(Joseph Alois Schumpeter, 1883-1950)

슘페터는 지금은 체코의 영토인 오스트리아-헝가리 제국의 모라비아에서 태어났다. 비엔나대학에서 법학박사 학위를 받았지만, 비저와 뵘 바베르크의 세미나에 참석하여 경제학과 사회과학에 관한 지식과 이해를 넓히기도 했다. 졸업 후에는 영국으로 건너가 케임브리지대학과 옥스퍼드대학을 방문해 마셜과 에지워스를 만나기도 했다. 이후 독일의 본대학에서 강의와 연구에 몰두하면서 독일과 오스트리아의 경제상황, 사회계급, 공공재정 등의 이론과 현실분석에 관한 여러 논문을 발표했다. 슘페터는 기존의 정태분석에 대하여 '동태분석(dynamic analysis)'의 방법을 처음 제안한 경제학자이다. 그러나 경제학자로서 슘페터의 공헌은 무엇보다도 경제발전과 경기변동 분야이다. 슘페터는 경제체제의 운동양식을 순환(cycle)과 발전(development)의 두 가지로 분류했다. 그는 경제발전을 경제의 내적 요인에서 나타나는 비연속적인 혁신(innovation)이 그 원동력이 된다고 생각했다. 기업가(entrepreneur)의 창조적이고 영웅적인 혁신활동이 수행됨으로써 경제는 정태적 균형에서 순환의 과정을 벗어나 동태적 과정을 겪게 된다는 것이다. 특히 슘페터는 혁신의 창조와 파급에 따른 신용창조의 증대로 발생하는 호황 국면과 혁신의 소멸로 인한 구매력 등의 감소에 의해 발생하는 불황 국면을 상세히 분석하고, 이를 통해 자본주의 경제가 본질적으로 경기변동이라는 현상을 겪지 않을 수 없다는 것을 논리적으로 제시했다.

📎 주요 개념

경기변동	경기적 실업
경제고통지수	계절적 실업
공황	구조적 실업
국제노동기구(ILO)	기술적 실업
대공황	디플레이션
마찰적 실업	불황
비용압박 인플레이션	수요견인 인플레이션
실망실업	실업
실업률	오쿤의 법칙
인플레이션	자발적 실업
자연실업률	잠재실업
필립스곡선	호황

📎 확인 학습 – 기초편

1. 다음 중 경기변동의 주요 요인이라고 보기 힘든 것은 무엇인가?
   - ① 설비투자의 변동
   - ② 주택투자의 변동
   - ③ 소비지출의 변동
   - ④ 금융제도 운영의 불안정성

2. 첨단기술산업으로서의 전자업계는 호황을 누리고 있기 때문에 노동에 대한 초과수요가 발생하고 있으나 건설업의 침체로 인하여 많은 중장비 기사나 단순노동자가 실업 상태에 들어갔다. 이러한 현상은 다음 중 어느 경우에 해당하는가?
   - ① 마찰적 실업
   - ② 구조적 실업
   - ③ 계절적 실업
   - ④ 경기적 실업

3. 현재의 임금으로 노동할 의사와 능력을 갖고 있으나 일할 자리가 없어 고용되지 못하고 있는 사람들의 실업을 무엇이라고 하는가?
   - ① 자발적 실업
   - ② 비자발적 실업
   - ③ 구조적 실업
   - ④ 마찰적 실업

4. 노동자가 어떤 직업에서 다른 직업으로 일자리를 옮기는 과정에서 일시적으로 발생하는 실업은 무엇인가?

   ① 경기적 실업
   ② 마찰적 실업
   ③ 비자발적 실업
   ④ 계절적 실업

5. 다음 중 인플레이션의 직접적인 원인이 아닌 것은 무엇인가?

   ① 소비 증대
   ② 투자 증대
   ③ 수입가격 상승
   ④ 생산기술 향상

6. 임금 수준의 전반적 상승과 제품가격 상승 등의 원인으로 나타나는 인플레이션 현상은 무엇인가?

   ① 구조적 인플레이션
   ② 초과수요 인플레이션
   ③ 비용압박 인플레이션
   ④ 공급쇼크 인플레이션

7. 디플레이션이 일어나면 다음 중 어떤 현상이 일어나는가?

   ① 물가 상승, 생산 증가, 고용 증가
   ② 물가 하락, 생산 감소, 고용 증가
   ③ 물가 상승, 생산 증가, 고용 감소
   ④ 물가 하락, 생산 감소, 고용 감소

8. 다음 중 필립스곡선이 나타내는 것은 무엇인가?

   ① 생산과 소득의 관계
   ② 저축과 소비의 관계
   ③ 인플레이션과 실업의 관계
   ④ 생산과 저축의 상충관계

9. 인플레이션하에서 단기 필립스곡선은 어떻게 되는가?

   ① 하방으로 이동한다.
   ② 상방으로 이동한다.
   ③ 수평선이 된다.
   ④ 수직선이 된다.

10. 자연실업률 가설을 잘 설명해주는 것은 무엇인가?

    ① 단기적으로나 장기적으로 모두 인플레이션과 실업 사이에 상충관계가 존재한다.
    ② 단기적으로는 인플레이션과 실업 사이에 상충관계가 없으나 장기에서는 상충관계가 존재한다.
    ③ 단기적으로나 장기적으로 모두 인플레이션과 실업 사이에 상충관계가 존재하지 않는다.
    ④ 단기적으로는 인플레이션과 실업 사이에 상충관계가 있으나 장기에서는 상충관계가 없다.

✏️ **확인 학습 – 논술편**

---

1. 우리나라의 경기변동이 여타 선진국들의 경기변동 현상과 같은 점과 다른 점을 생각해보라.

2. "경기순환은 반복적이기는 하나 규칙적이라고 할 수는 없다."는 주장에 대해 논평하라.

3. 인플레이션의 정의를 쓰고 그것이 국민경제에 미치는 효과를 설명하라.

4. 실망실업자란 무엇을 의미하며, 이들의 존재가 실업률에 어떤 영향을 미치는지 설명하라.

5. 고용보험제도에 대해서 조사해보라. 그리고 이 제도의 긍정적 효과와 부정적 효과를 생각해보라.

제 12 장

경제정책

12-1 경제정책의 목표

새해에도 출구가 보이지 않는 불경기. 이 같은 불경기로 인해 직장인들은 고용 안정성과 물가 인상에 대해 많은 고민을 하고 있는 것으로 나타났다. 취업검색엔진 잡서치(www. jobsearch.co.kr)가 지난달 9일부터 12월까지 전국 남녀 직장인 572명을 대상으로 '새해 소망과 걱정'에 대해 설문조사를 실시했다. 조사 결과 응답자들의 최고 걱정거리는 '지금보다 치솟은 물가'(33.9%)였으며 뒤이어 '경기침체로 인한 고용 불안'(16.7%), '취업 및 이직 실패'(14.8%), '연애 및 결혼 문제'(14.3%), '연봉 동결·낮은 인상률'(13.9%), '보너스 미지급'(4.7%), '승진 실패'(1.7%) 등의 순이었다. 연령대별로 살펴보면 '지금보다 치솟은 물가'를 걱정거리로 꼽은 연령대는 40대(39.5%), 30대(35.8%), 20대(31.6%) 순으로 소비력이 높은 연령대일수록 물가에 대한 걱정이 많았다. '경기침체로 인한 고용 불안'을 걱정거리로 꼽은 연령대 역시 40대(26.7%), 30대(14.2%), 20대(11.9%) 순으로 집계돼 연령대가 높을수록 실직에 대한 불안감이 큰 것으로 확인됐다. 이에 비해 '취업 및 이직 실패'를 걱정거리로 꼽은 연령대는 20대(17.5%)와 30대(16.7%)가 많았으며 40대는 5.8%에 그쳐 세대 간 차이를 드러냈다. 응답자들이 가장 듣고 싶은 소식 또한 '경기회복·물가안정'(42.6%)이 가장 많았고 '최저임금 대폭 인상'(28.7%), '청년실업률 감소'(12.3%), '위안부 문제 해결'(7.0%), 'IS 격퇴 소식'(4.9%), '남북 화해·협력'(2.8%) 등이 뒤를 이었다. (〈헤럴드경제〉, 2016. 1. 10)

정부의 역할

물가가 장기간 상승하거나 실업률이 계속 높아지는 등 경제가 불안정해지면 국민은 고통을 겪기 마련이다. 그래서 정부는 여러 가지 정책 수단을 써서 경제를 안정시키고자 노력한다. 이런 정부의 정책적 노력을 '경제안정화정책(stabilization policy)'이라고 한다. 안정화정책의 대상이 주로 소비와 투자, 정부지출 등과 같은 총수요 측면이기 때문에 '총수요관리정책'으로 부르기도 한다.

경제안정화정책이란 경제가 불황에 빠지거나 인플레이션이 발생할 때 정부의 재정정책 수단이나 통화정책 수단 등을 이용해 물가안정과 경제성장을 달성하려는 정책을 말한다. 경제안정화정책이 정부의 중요한 역할 가운데 하나로 굳어지게 된 계기는 1930년대 세계경제가 혹독한 대공황을 겪고 나서부터이다. 대공황은 시장에 맡겨놓는다고 반드시 국민경제가 균형 상태를 유지하는 것은 아니라는 사실을 극명하게 보여주었다. 경제이론의 측면에서도 대공황을 계기로 국가의 적극적 개입을 주장하는 케인스주의 경제학이 출현하게 되었다.

경기가 과열되어 물가가 오르면 정부는 통화량 축소, 금리인상, 정부지출 축소 등 총수요를 줄이는 방법을 써서 경기를 억제시키려고 한다. 반대로 경기가 침체되어 실업자가 늘어날 때는 통화량 확대, 금리인하, 정부지출 확대 등 총수요를 늘리는 방법을 써서 경기를 부양하려고 한다. 이처럼 경제안정화정책은 총수요를 잠재 생산능력에 가깝게 조절해 경기변동의 진폭을 완화하려는 정책이다. 물론 총수요관리 정책과 마찬가지로 총공급 측면에서의 안정화정책도 생각해볼 수 있다. 그러나 단기적으로 총공급을 조절하는 정책 수단을 찾기는 현실적으로 쉽지 않다. 왜냐하면 총공급은 기본적으로 노동, 자본, 교육, 기술수준 등 구조적인 요인에 의해 결정되어 단기적인 정부정책으로 쉽게 조절하기 어렵기 때문이다. 그래서 대부분의 경제 안정화정책은 총수요를 조절하려는 정책이라고 할 수 있다.

경제안정화정책을 쓸 때 정부는 정책의 기본 방향과 경제상황에 대한 판단, 여론의 향방 등 여러 가지 요인을 종합적으로 고려한다. 그런데 이런 요인들은 시대와 나라에 따라 다르고, 각 요인별 중요도도 다르기 마련이다. 또한 어떤 정책이 경제안정을 위해 더 효과적인지, 어떠한 기준으로 경제안정 여부를 가릴지에 대해 명확한 해답을 내리기란 어렵다. 이는 현실적으로 총수요와 총공급 규모를 정확하게 파악하기 힘들고, 그것을 실질적으로 조절할 수 있는 수단도 충분하지 않으며, 무엇보다 예상하지 못한 외부 충격의 가능성이 항상 존재하기 때문이다. 따라서 경제가 안정적인가 아닌가는 경제성장률, 실업률, 물가 상승률 등 거시경제지표의 움직임을 통해 간접적으로 판단할 수밖에 없다. 경제안정화정책을 실시하는 시기나 정도, 방법 등에 관한 의견도 다양하다. 안정화정책 실시와 관련해 정부가 택할 수 있는 정형화된 기준은 없으며, 특히 그 시행시기에 대해서는 더욱 그러하다. 굳이 있다면 안정화 정책을 얼마나 실시하고, 어떤 방법을 쓸 것인가에 대한 상반된 태도 정도일 것이다.

안정화정책을 찬성하는 사람들은 경기변동이 지나칠 경우 정부가 직접 나서서 총수요를 조절해야 한다고 주문한다. 특히 예기치 않은 충격으로 경기침체가 계속될 때는 통화정책이나 재정정책은 총수요를 늘리는 데 매우 효과적이라는 것이다. 이들은 경제불안정을 시장실패의 결과로 보고, 이 실패를 보완하기 위해 정부가 장기는 물론 단기에도 경제에 적극적으로 개입해야 한다고 주장한다. 반면에 안정화정책을 반대하는 사람들은 경제를 안정시킬 목적으로 통화정책과 재정정책을 사용해서는 안 된다고 주장한다. 이런 정책은 성장기반 마련이나 물가안정 등과 같은 장기적인 목표를 달성하기 위해서만 사용되어야 하며, 단기적인 경기변동은 스스로 해결되도록 놓아두어야 한다는 것이다. 이들은 통화정책과 재정정책이 이론적으로는 경제를 안정시킬 수 있다고 인정하지만, 현실적으로 안정화정책이 경제에 영향을 미치기까지는 적지 않은 시일이 걸리며, 정부가 별도의 조치를 취하지 않아도 경기변동이 자동적으로 조절된다는 점 등을 들어 안정화정책에 반대한다.

자동안정화장치

정부개입을 통한 경제안정화정책에 비판적인 사람들은 **자동안정화장치**(automatic fiscal stabilizer)를 보완함으로써 시장이 자율적으로 불균형을 해소할 수 있다고 주장한다. 누진세제도가 그 한 예이다. 누진세는 소득이 많을수록 세율도 더 높아지는 제도이다. 따라서 호황기에는 필요한 것보다 더 많은 세금을 거둠으로써 자동적으로 가처분소득을 감소시키는 작용을 하고, 반대로 불황기에는 필요한 것보다 더 적은 세금을 거둠으로써 경기부양의 효과가 있다는 것이다. 중앙은행이 통화량 증가율을 일정하게 유지하라는 밀턴 프리드먼의 'k% 준칙(k% rule)'도 자동안정화장치의 한 예이다. 일반적으로 호황기에는 더 많은 통화량이 필요하다. 그러나 통화량을 증가시킬수록 인플레이션은 더욱 심화될 수 있다. 따라서 중앙은행이 통화량을 k%로 일정하게 증가시키면 호황기에는 통화량이 부족해 긴축정책의 효과가 있고, 반대로 불황기에는 통화증발로 경기부양의 효과가 있다는 것이다.

이런 주장에 대해 정부개입을 옹호하는 사람들은, 자동안정화장치의 효과는 예측하기 어려우며 대개 정책목표를 달성하기에 충분하지 않다고 주장한다. 때로는 자동안정화장치가 정책목표에 역행하기도 한다. 가령 누진세의 경우를 보더라도 경제가 이제 막 불황에서 벗어나 회복 국면에 접어들기 시작했을 때, 세금이 함께 늘어남으로써 경기회복을 지연시키는 요인으로 작용할 수 있다는 것이다. 현실적으로 보면 대부분의 나라에서 많든 적든 정부가 시장에 개입하고 있다. 달리 생각해보면 자동안정화장치만으로 경기변동을 충분히 완화한다면 정부가 구태여 더 개입할 필요가 없다. 자동안정화장치가 경제불안정을 완전히 해결할 만큼 강력하지는 못하다는 반증이다. 대부분의 나라에서 정부가 직접 시장에 개입해 경제안정화정책을 추진하는 이유도 바로 여기에 있다.

자동안정화장치　경기침체나 경기호황 때 정부가 의도적으로 정부지출과 세율을 변경시키지 않더라도 자동적으로 재정지출과 조세수입이 변하여 경기침체나 경기호황의 강도를 완화해주는 장치

12-2 재정정책

16일 정부가 올해 17조 3,000억 원의 추가 경정예산을 편성하기로 발표한 가운데 국회에서 추경 규모에 관한 논란이 이어지고 있다. 여당과 야당은 17조 3,000억 원에 이르는 추경 예산 가운데 세입 추경이 12조 원에 이르고 세출 추경은 5조 3,000억 원에 불과해 경기 부양효과가 적을 것이라는 입장에 서로 공감대를 형성했다. 관건은 세출 규모 확대 범위로 쏠리고 있다. 하지만 한편으로는 재정건전성을 감안하면 추경 규모가 과도하다는 지적도 남아 있는 것이 사실이다. 역대 추경 규모를 살펴보면 17조 3,000억 원도 적지 않은 규모다. 전체 추경 규모는 2009년에 이어 두 번째로 많고, 세출 규모만 따지면 2009년, 1998년에 이어 세 번째로 많다. 역대 추경 예산은 연도별로 얼마나 많았을까. 추경 규모가 가장 컸던 때는 2009년이다. 전체 28조 4,000억 원의 추경이 편성됐고, 그 가운데 세출을 위한 추경 예산은 17조 2,000억 원에 달했다. 세입 추경은 11조 2,000억 원이었다. 올해 추경 예산을 제외하고 두 번째로 많았던 추경 예산은 1998년이다. 1차에 걸쳐 세출 규모를 1조 4,000억 원을 줄였고, 2차 추경에서는 세출 추경은 6조 7,000억 원 편성했고, 세입 추경은 7조 2,000억 원 편성했다. 세 번째로 많은 추경 예산 규모는 2001년이다. 2001년에는 1차에 5조 1,000억 원, 2차 1조 6,000억 원이 편성됐다. 1~2차에 걸친 6조 7,000억 원은 세출에 쓰였다. 1차 추경은 지역건강보험 지원 확대 및 의료보호 지원, 재해대책 지원을 위해 주로 쓰였고, 2차 추경은 쌀값 안정 지원, 9 · 11 테러사태 관련 지원을 위해 활용됐다. 네 번째로 많은 추경은 2005년 4조 9,000억 원으로 4조 2,000억 원은 세수부족을 메우는 데 쓰였고, 나머지 7,000억 원은 주한미군기지 이전소요, 기초생계급여 부족분 등을 위해 활용됐다. 역대 다섯 번째로 추경이 많았던 해는 2003년이다. 1~2차에 걸쳐 4조 8,000억 원이 편성됐다. 1차 4조 5,000억 원은 경기침체에 따른 경제활성화를 위해 쓰였고, 2차 3,000억 원은 태풍 매미 등 재해대책 지원을 위해 추경 예산이 편성됐다. (《아시아경제》, 2013. 4. 20)

재정정책의 효과

경제안정화정책은 크게 통화정책과 재정정책으로 구분한다. '통화정책(monetary policy)'은 중앙은행이 통화량이나 금리를 조절해 경제를 안정시키고자 하는 정책이며, '재정정책(fiscal policy)'은 정부가 재정지출이나 세금조정 등을 통해 경제를 안정시키고자 하는 정책이다. 대부분의 나라에서 정부는 경제성장과 물가안정, 국제수지균형 등과 같은 거시경제의 안정은 물론 소득불균형 개선, 사회복지 증진 등을 위한 여러 가지 기능을 수행하고 있다. 이런 목표를 달성하기 위해 정부지출과 조세를 정책수단으로 사용하는 정부의 모든 정책을 통틀어 '광의의 재정정책'이라고 한다. 일반적으로는 정부지출과 조세수입의 양과 구조를 의도적으로 변화시켜 총수요를 조절함으로써 경제안정을 도모하려는 긴축적 또는 확장적 재정활동에 한해 재정정책이라고 말하는 경우가 많다.

정부재정의 세출항목은 매우 다양하지만, 크게 지출대상을 기준으로 재화와 서비스를 구입하기 위한 지출과 특정 개인이나 부문에 대한 보조금 및 융자금으로 나눌 수 있다. 모든 재정지출은 총수요를 증가시키지만, 경제안정화와 관련해 우리가 관심을 갖는 것은 재화와 서비스의 구입을 위한 정부지출이다. 이런 지출은 공무원의 급여, 비품구입 등을 위한 소비지출과 도로, 항만, 통신, 운수 등 유무형의 사회간접자본 형성을 위한 투자지출로 구성된다. 경제가 불황일 때 정부는 공공투자사업을 벌이는 등의 방법으로 재정지출을 확대해 총수요의 증가를 유도한다.

이제 재정정책의 효과를 〈그림 12-1〉을 통해 보도록 하자. 정부지출의 증가는 〈그림 12-1〉의 총지출곡선을 AE_0에서 AE_1으로 이동시킴으로써 국민소득을 Y_0에서 Y_1으로 증가시킨다. 일반적으로 재정정책이라고 하면 총수요를 증가시키는 확장적 재정정책을 의미하는 경우가 많다. 그러나 반대로 경기가 지나치게 과열일 경우에는 물가를 안정시키기 위해 재정지출을 줄일 수도 있다. 이런 경우에 총지출곡선은 AE_0에서 AE_2로 이동하고 국민소득은 Y_0에서 Y_2로 감소한다.

그림 12-1 재정정책의 효과 Ⅰ

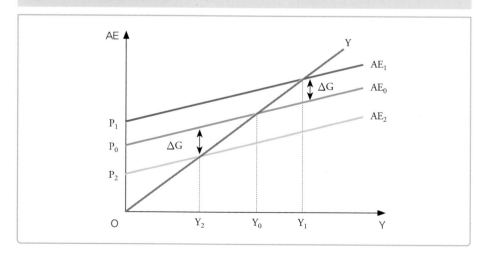

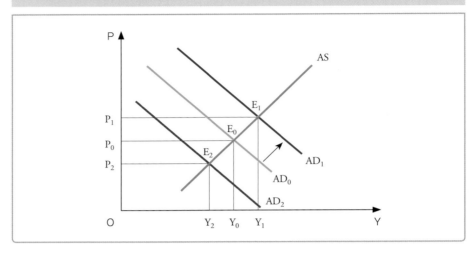

그림 12-2 재정정책의 효과 Ⅱ

〈그림 12-2〉는 재정정책의 효과를 총수요와 총공급을 이용하여 다르게 그린 것이다. 정부지출의 증가는 총수요곡선을 AD_0에서 AD_1으로 이동시킴으로써 국민소득을 Y_0에서 Y_1으로 증가시키고, 물가는 P_0에서 P_1으로 상승한다. 반대로 정부지출의 감소는 총수요곡선을 AD_0에서 AD_2로 이동시킴으로써 국민소득을 Y_0에서 Y_2로 감소시키고, 물가는 P_0에서 P_2로 하락한다. 〈그림 12-1〉과 〈그림 12-2〉는 설명방식이 다를 뿐 동일한 내용이다.

재정정책과 승수효과

투자함수에서 본 승수효과는 정부지출에서도 나타난다. 정부지출이 증가해 국민소득이 ΔG만큼 증가하면 국민소득도 ΔY만큼 증가한다. 그런데 국민소득의 증가는 다시 소비를 증가시키고, 소비의 증가는 다시 국민소득을 증가시킨다. 이런 과정을 무한히 반복할 때 정부의 재정지출이 국민소득을 얼마나 증가시키는가를 정부지출승수(government spending multipliers)라고 부른다. 정부지출승수는 앞에서 보았던 국민소득의 방정식을 이용해 다음과 같이 구할 수 있다.

$$Y = C + I + G + X_N \qquad \text{〈식 12-1〉}$$

〈식 12-1〉에서 소비 $C = c(Y - T)$를 대입하여 다시 정리하면 〈식 12-2〉가 된다.

$$(1 - c)Y = -cT + I + G + X_N \qquad \langle \text{식 } 12\text{-}2 \rangle$$

〈식 12-2〉에서 간단히 $\Delta Y / \Delta G = 1/(1-c)$임을 알 수 있다. 투자승수와 마찬가지로 정부지출의 승수효과도 한계소비성향(c)이 크면 클수록 더 커진다.

그렇다면 실제로 우리나라의 경제성장에 재정정책의 효과는 얼마일까? 〈표 12-1〉을 보면 2011년 우리나라의 성장률 3.7% 가운데 재정기여도는 정부소비 0.3%p, 정부투자 −0.3%p로 전체적으로는 0%p였다. 그러나 2012년 성장률 2.3% 가운데 재정기여도는 소비 0.5%p, 투자 −0.1%p로 0.4%p, 2013년은 2.9% 가운데 소비 0.5%p, 투자 0.1%p로 0.6%p, 2014년은 3.3% 가운데 소비 0.5%p, 투자 −0.2%p로 0.3%p에 이어 2015년에는 0.8%p까지 확대됐다. 2015년의 경우 정부재정의 기여도를 제외하면 우리나라의 경제성장률은 1%대로 떨어진다. 다만 정부재정의 기여도 가운데 정부소비의 기여도는 높은 반면 정부투자의 기여도는 낮으며 때로는 마이너스(−)인 경우도 있다. 이는 이전 정부의 '4대강 사업'이 그랬던 것처럼 정부의 공공사업이 매우 비효율적으로 수행되어서 경제성장에 기여하기는커녕 오히려 국민들의 아까운 세금만 낭비하고 있기 때문일 것이다.

재정지출을 늘리는 확장적 재정정책 때문에 적자재정이 필요한 경우도 있지만 가급적이면 균형재정을 유지하는 것이 재정운용의 중요한 원칙이다. 국가채무가 지나치게 늘어나지 않도록 해야 하기 때문이다. 그런데 경제가 불황일 때는 조세 등 재정수입도 줄어들기 마련이다. 따라서 정부지출은 늘려야 하는데 재정수입은 줄어드는 모순이 생긴다. 반대로 경제가 호황일 때는 인플레이션 억제를 위해 재정지출을 줄여야 옳다. 하지만 균형재정 원칙을 지키려면 늘어난 재정수입만큼 정부지출을 오히려 늘려야 하고, 따라서 인플레이션을 억제하기는 더욱 어려워진다. 경제정책이

표 12-1 우리나라의 경제성장률과 재정기여도

(전년 동기 대비 %, %p)

구분	2011년	2012년	2013년	2014년	2015년
경제성장률	3.7	2.3	2.9	3.3	2.6
정부소비 기여도	0.3	0.5	0.5	0.5	0.5
정부투자 기여도	−0.3	−0.1	0.1	−0.2	0.3

자료 : 한국개발연구원(《연합뉴스》, 2016. 7. 13).

어려운 것은 이처럼 현실상황에 따라서 원칙을 유연하게 적용할 줄 알아야 하기 때문이다.

12-3 조세정책

"올해 세금을 내려면 3월 27일까지 일을 해야 한다." 자유기업원이 21일 발표한 올해 세금해방일(Tax Freedom Day)이 85일이라는 자료를 상당수 언론이 인용보도했다. 연간 소득 가운데 23.52%를 세금으로 내야 한다는 의미다. 더 정확히 설명하자면 조세총액을 국민순소득(NNI)으로 나눈 조세부담률을 연간 일수로 분할해 산출한 날을 말한다. 올해 조세총액은 278조 5,693억 원, 국민순소득은 1,184조 3,441억 원으로 예상된다. 연합뉴스는 "따라서 우리 국민들은 85일이 지난 3월 27일부터 자신의 소득을 위해 일을 시작한다는 계산이 나온다"고 설명했다. 자유기업원에 따르면 국민순소득 통계가 나오기 시작한 1992년 세금해방일은 3월 10일이었다. 올해는 21년 전보다 세금해방일이 17일이 더 늦어진 셈이다. 김영삼 정부에서는 3월 15일로 5일이 늦춰졌고 김대중 정부 때는 3월 20일로 다시 5일이 늦춰졌다. 노무현 정부 때는 3월 30일로 10일이 늦춰졌고 이명박 정부 때는 3월 26일로 4일이 줄어들었다. 자유기업원은 새 정부가 복지 재원 27조 원를 마련하기 위해 올해 세수를 늘린다면 세금해방일이 4월 5일로 늦춰질 수도 있다고 설명했다. 1년에 석 달 가까이를 세금 내는 데 쓰다니. 세금이 많다고 투덜거리기 전에 몇 가지 살펴야 할 통계가 있다. 프랑스는 세금해방일이 7월 26일이다. 국민순소득의 56.4%를 세금으로 낸다. 독일은 7월 8일(48.3%), 네덜란드는 7월 3일(50.2%), 스웨덴은 6월 30일(49.4%)이다. 이 나라들은 우리나라보다 조세부담률이 2배 이상 많고 세금해방일도 2배 이상 늦다. 이탈리아는 6월 18일(46.0%), 핀란드는 6월 15일(45.2%), 캐나다는 6월 6일(42.6%), 영국은 5월 30일(40.9%) 등이다. 2010년 기준 자료다. 우리나라보다 가난한 나라들 가운데서도 세금해방일이 우리나라보다 늦은 나라들이 많다. 헝가리는 8월 6일, 벨기에는 8월 3일, 슬로바키아는 6월 16일, 리투아니아도 6월 16일이다. 우리나라보다 세금해방일이 더 빠른 나라를 찾아보기 어려울 정도다. 알바니아(3월 25일)와 인도(3월 14일) 정도다. 분명한 것은 세금 없는 복지도 없다는 사실이다. 우리나라의 국내총생산(GDP) 대비 복지지출 비중은 11.0%로 OECD(경제개발협력기구) 가운데 최하위다. 스웨덴은 38.2%, 덴마크는 37.9%, 프랑스는 34.9%, 독일은 33.2%, 노르웨이도 33.2%, 벨기에는 32.7%다. 23개국 평균은 27.4%다. 우리나라 복지지출 비중은 OECD 평균의 3분의 1 수준밖에 안 된다는 이야기다. 경제지들은 흔히 우리나라 복지지출 비중이 가파르게 늘어나고 있다고 비판하지만 애초에 우리나라 복지 수준이 선진국 평균에 크게 못 미친다는 사실을 언급하지 않는다. 유럽에서 복지지출을 줄이고 있는 건 사실이지만 과도한 복지를 줄이는 것과 턱없이 부족한 복지를 늘려가는 것을 동일하게 비교할 수는 없는 일이다. 언론이 이런 한심한 자료를 아무 비판 없이 맹목적으로 인용보도하는 것은 무책임할 뿐만 아니라 국민을 기만하는 일이다. (《미디어오늘》, 2013. 03. 21)

조세의 종류

공자(孔子)가 제자들과 함께 깊은 산중을 지나는데 웬 여인이 슬피 울고 있었다. 공자가 제자를 시켜서 물어보게 했더니 호랑이가 부모와 남편을 잡아먹고 이제 아들까지 잡아먹었다는 것이다. 이상하게 여긴 공자가 다시 제자를 시켜서 그렇게 무서운 호랑이가 있는데 왜 성읍에서 살지 않고 이 깊은 산중에 사느냐고 물어보자 여인이 대답하기를 "그래도 이 산중에는 탐관 오리의 가혹한 세금이 없기 때문"이라는 것이다.

동서고금을 보면 세금에 관한 이야기가 많다. 가령 미국의 언론인 벤저민 프랭클린(Benjamin Franklin, 1706-1790)은 "우리가 결코 피할 수 없는 두 가지는 바로 죽음과 세금이다"라는 유명한 말을 남겼다. 프랑스 절대주의의 전성기를 구가한 루이 14세(Louis XIV, 1638-1715) 정부의 재무장관을 맡았던 장 바티스트 콜베르(Jean Baptiste Colbert, 1619-1683)는 부국강병을 위한 강력한 중상주의 정책을 추진해 콜베르티즘(Colbertism)이라는 용어가 만들어진 계기가 되었다. 콜베르가 남긴 말 가운데 세금에 관한 것이 있는데, "세금이란 거위의 털을 뽑는 것처럼 해야 한다"는 것이다. 거위의 털을 너무 많이 뜯으면 거위가 도망가거나 죽을 것이고, 너무 적게 뜯으면 털을 뽑을 이유가 없다는 뜻이다. 그런데 콜베르보다 이미 2,000여 년 전에 중국의 정치가 관중(管仲, ?-기원전 645)은 "백성을 함부로 쓰면 백성은 피로해 그 힘은 언젠가는 다하고 만다. 너무 무거운 세금을 거두게 되면 백성은 위정자를 원망하게 된다. 백성의 힘이 다하게 되면 명령은 결코 시행되지 않는다"는 말을 남겼다. 관포지교(管鮑之交)로 유명한 바로 그 관중이다. 더 멀리로는 노자(老子, ?-?)의 『도덕경(道德經)』에도 "백성이 굶주리는 이유는 세금이 너무 많기 때문(民之饑, 以饑上食稅之多, 是以饑)"이라는 말이 나온다. 모두 근대 시민사회 이전에는 세금이 정부와 관리들의 자의에 의해 수탈된 데서 나온 이야기다.

정부가 다양한 재정활동을 하는 데 필요한 재원은 어디서 나올까? 정부재정의 일부는 공기업을 운영하여 얻는 수입과 국공채 발행 등으로 채우지만, 재원의 대부분은 민간부문에서 거두어들이는 세금으로 조달된다. 조세(tax)는 그 구조와 세율의 조정을 통해 경제안정, 소득분배 등에 영향을 미칠 수 있다. 특히 경기가 침체되면 정부는 세금을 감면하거나 세율을 인하해서 민간부문의 생산과 소비활동을 촉진하고 경제안정을 도모한다. 경우에 따라서는 재정정책의 효과를 높이기 위해 정부지출과 조세의 두 가지 수단을 동시에 사용하기도 한다. 예를 들어 정부지출을 늘리면서 세율을 낮추면 총수요를 보다 쉽게 늘릴 수 있다. 그러나 정부가 경제안정화를 위해 재정정책을 자주 쓰면 재정적자가 일어날 가능성이 높다. 현실에서 정부의 정책적 대응은 경기가 과열됐을 때보다는 침체됐을 때에 더 자주 발생하는데, 대부분 정부지출의 증가로 나타나기 때문이다. 한번 늘어난 정부지출을 다시 줄이기는 매우 어려워 정책과 관련된 예산과 이를 담당하는 인력이 늘어나고 다시 지출규모가 확대되는 악순환이 반복되기도 한다.

동서고금을 막론하고 국민들에게 조세부담을 얼마나 지울 것인지는 끊임없이 논쟁거리가 되어 왔다. 이런 논쟁은 '큰 정부'와 '작은 정부' 가운데 어느 것이 더 바람직한가 하는 문제와도 밀접한 관련이 있다. 큰 정부, 다시 말해 정부가 다양한 일을 해주기를 바라는 사람들은 조세부담의 증가를 감수해야 한다. 어떤 사람들은 한국의 경제 수준에서는 현재의 세금도 부담이 너무 무겁다며 세금을 더 줄여야 한다고 주장하기도 한다. 그러나 사회복지, 교육 등 정부의 역할이 더 강화되어야 할 부문이 아직 많기 때문에 조세부담이 어느 정도 높아지는 것은 불가피한 측면이 있다.

세금은 크게 징수주체에 따라 국세와 지방세로 나뉜다. 국세는 중앙정부인 국세청 소속의 세무서에 내는 세금이고, 지방세는 지방자치단체에 내는 세금이다. 또 세금은 세율에 따라 비례세, 누진세, 역진세로 구분한다. 비례세는 모든 납세자에게 일정한 비율을 정해서 받는 세금이고, 누진세는 벌이가 많으면 많을수록 높은 세율을 적용하는 것이다. 누진세는 소득재분배와 자동안정화장치의 역할을 하기 때문에 대부분의 나라에서 누진세 제도를 택하고 있다.

세금은 납부하는 사람에 따라서 직접세와 간접세로도 나뉜다. 직접세는 개인의 소득세, 재산세, 상속세, 증여세 등 재산의 증가에 따라 내는 세금이다. 간접세는 조세의 부담이 다른 사람에게 옮겨갈 수 있는 세금, 즉 납세의무자와 실제 납세자가 다른 세금을 의미한다. 물건이나 서비스에 부과되는 물품세(commodity tax)와 관세 등이 대표적인 간접세이다. 예를 들어 술값에 포함된 주세는 술 만드는 회사가 납세의무자지만 실제 돈을 내는 사람은 술을 마시는 사람이라 볼 수 있다. 이처럼 법률상의

"누구도 피할 수 없는 두 가지가 있다. 하나는 죽음이며, 다른 하나는 세금이다." 이는 미국의 언론인으로 100달러 지폐의 모델인 벤저민 프랭클린이 한 말이다.

납세의무자와 실제 조세부담자가 서로 다른 현상을 '조세의 전가' 또는 '조세의 귀착'이라고 부른다는 것은 앞에서 본 바와 같다. 형평성에서 보면 직접세를 많이 적용해 빈부격차를 줄이는 것이 좋으나, 직접세는 조세저항이 커서 걷기 어렵다. 그래서 대부분의 정부는 조세저항이 적고 징수가 손쉬운 간접세를 선호한다. 특히 선진국보다는 개발도상국일수록 더욱 그런 경향이 있다.

조세정책의 효과

이제 조세정책(tax policy)의 효과를 〈그림 12-3〉을 통해 보도록 하자. 총수요 가운데 소비는 소득에서 세금을 제한 가처분소득의 함수이다. 따라서 조세의 증가는 국민들의 가처분소득을 감소시키고 소비를 감소시킨다. 반대로 조세의 감소는 소비를 증가시키고 따라서 총수요를 증가시킨다. 〈그림 12-3〉의 총지출곡선 AD_0는 원래의 총지출을 의미한다. AD_1은 조세가 감소했을 때의 새로운 총지출이다. 이때 국민소득은 Y_0에서 Y_1으로 증가한다. AD_2는 반대로 조세가 증가한 경우의 총지출곡선이다. 이때 국민소득은 Y_0에서 Y_2로 감소한다.

〈그림 12-4〉는 조세가 증가하는 경우의 효과를 총공급과 총수요를 이용하여 다시 설명하고 있다. 조세 증가로 총수요곡선은 AD_0에서 AD_2로 이동하고, 이때 국민소득은 Y_0에서 Y_2로 감소하며 물가는 P_0에서 P_2로 하락한다. 조세의 증가가 국민소득을 얼마나 감소시키는가를 조세승수(tax multipliers)라고 부른다. 조세승수는 앞에서 보았던 〈식 12-2〉를 이용하여 간단히 $\Delta Y / \Delta T = -c/(1-c)$임을 알 수 있다. 그

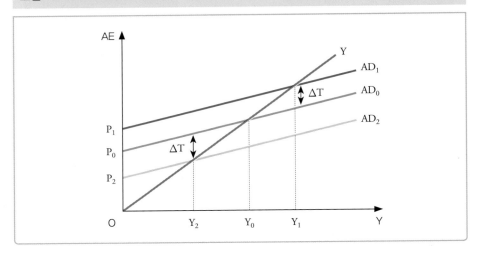

그림 12-3 조세정책의 효과 Ⅰ

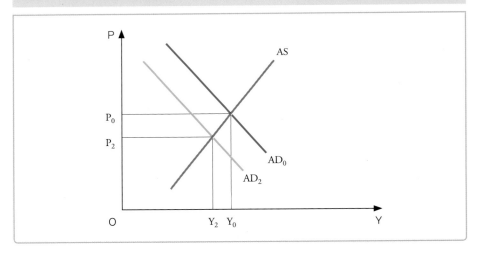

그림 12-4 조세정책의 효과 Ⅱ

런데 만약 정부가 균형재정을 유지하기 위하여 ΔG만큼 정부지출을 증가시키고 동일한 규모로 조세를 증가시키면 어떻게 될까? $\Delta G = \Delta T$일 때 국민소득의 변화를 균형재정승수(balanced-budget multiplier)라고 부른다. 균형재정승수는 다음과 같이 구할 수 있다.

$$\Delta Y/\Delta G + \Delta Y/\Delta T = 1/(1-c) + (-c/(1-c)) = (1-c)/(1-c) = 1 \quad \langle 식\ 12-3 \rangle$$

〈식 12-3〉에서 보듯이 균형재정승수는 1이다. 균형재정승수가 1이라는 말은 아무런 효과가 없다는 뜻이 아니라 ΔG = ΔT만큼 국민소득이 증가한다는 뜻이다. 다시 말해서 정부가 조세를 1억 원 더 거두고 동시에 정부지출을 1억 원 더 늘리면 국민소득은 1억 원만큼 증가한다. 정부지출과 조세가 똑같이 1억 원씩 증가한다면 정부의 재정수지에는 변화가 없다. 그런데 균형재정을 유지하면서도 재정정책은 국민소득을 증가시키는 효과가 있다. 금액이 같더라도 재정지출승수에 의한 정(＋)의 효과 크기가 조세승수로 인한 부(－)의 효과보다 크기 때문이다. 물론 정부가 재정지출을 증가시키는 동시에 조세를 줄이는 확장재정정책을 쓴다면 그 효과는 더 클 것이다. 하지만 이 경우에는 재정적자를 피할 수 없다.

정부의 재정적자를 메우는 방법에는 크게 세 가지가 있다. 첫째, 국민에게서 세금을 더 거두어들이는 방법이다. 그러나 이런 세금징수는 강제성을 띤 것으로 국회의 동의를 얻어 세법을 고쳐야 가능하기 때문에 생각처럼 간단한 문제가 아니다. 설사 가능하더라도 세금을 늘리는 것은 국민의 조세저항에 부딪힐 가능성이 높다. 특히 재정적자가 발생했을 때는 이미 경기가 부진한 상황이기 때문에 세금을 늘리는 것이 오히려 경기를 침체 상태로 떨어뜨릴 수 있어 집행하는 데 큰 어려움이 있다.

둘째, 중앙은행으로부터 자금을 빌리는 방법이다. 중앙은행으로부터의 차입을 통해 재정적자를 보전하는 것이 정부 입장에서는 훨씬 쉬운 방법일 수 있다. 중앙은행이 발행한 화폐를 가져다 쓰면 되기 때문이다. 그러나 이 방법은 고스란히 통화량 증가로 나타나 물가불안을 초래할 것이다.

셋째, 정부가 국채를 발행해 필요한 자금을 마련하는 방법이 있다. 그러나 국채발행에 따른 이자 부담은 결국 국민의 몫이기에 조세부담과 크게 다를 바 없다. 더욱이 국채의 만기가 도래하면 정부는 조세수입이나 또 다른 국채를 발행해 이를 상환하게 되는데, 조세수입을 통해 채무를 상환하면 다음 세대가 그 부담을 지게 된다. 다시 국채를 발행해 상환하는 경우에도 국채를 보유한 사람에게 계속 이자를 지급해야 하므로 부담이 후손들에게 떠넘겨지는 것은 마찬가지이다. 이처럼 재정조달을 조세로 하든 국채로 하든 그 결과는 동일하다는 원리를, 이런 사실을 처음 밝힌 경제학자 리카도의 이름을 따 **리카도의 동등정리**(Ricardian equivalence theorem)라고 한다.

조세는 정부를 운영하는 데 꼭 필요한 재정수입의 중요 수단이다. 더욱이 현대사회에서는 조세가 단순한 정부수입원 이상의 중요한 역할을 한다. 소득이 적은 계층에는 낮은 세율을 적용하거나 세금을 감면해 부담을 덜어주고, 소득이 많은 계층에

리카도의 동등정리 정부지출 수준이 일정할 때, 정부지출의 재원조달방법이 조세이든 채권이든 민간의 경제활동에는 아무런 영향도 주지 못한다는 이론

콜베르 콜베르(Jean Baptiste Colbert, 1619-1683)는 절대주의 시대 프랑스의 정치가이다. 루이 14세 때 재무장관에 올라 상공업·농업·토목·식민지·해군의 업무를 담당하여 총리와 다름없는 권력을 휘둘렀다. 강력한 중상주의 정책을 추진하여 프랑스의 국부를 증대시키는 데 기여했다. 콜베르는 세금과 관련해 유명한 말을 남겼다. "세금이란 거위의 털을 뽑는 것처럼 해야 한다"는 것이다. 거위의 털을 너무 많이 뜯으면 거위가 도망가거나 죽을 것이고, 너무 적게 뜯으면 털을 뽑을 이유가 없다는 뜻이다.

는 더 많은 세금을 부과함으로써 계층 간 소득을 재분배한다. 또한 조세는 기업 투자나 소비지출을 촉진하거나 억제하는 등 경제안정을 도모하기 위한 수단으로도 활용된다. 정부는 개인이나 기업의 행동을 일정한 방향으로 유도할 목적으로 조세를 활용하기도 한다. 예를 들어 교통세를 부과하면 사람들은 차량 운행을 줄이는 방향으로 반응한다. 요즘에는 정부의 경제활동 영역이 넓어지면서 조세부담이 늘어나는 경향이 있다.

조세제도

정부재정의 원천 가운데 가장 중요한 세금은, 국가재정에 필요한 재원을 마련하기 위한 목적으로 개별적인 보상 없이 국민에게서 강제로 징수하는 것이 특징이다. 국가와 국민 사이의 합의와 협력에 의해 강제로 거두어들이는 것이기는 해도 국방, 치안, 경제적 안정, 사회보장제도 등을 통해 간접적이고 일반적인 보상을 하기 때문에 결과적으로는 국민 모두에게 세금의 혜택이 돌아간다. 그러나 일방적으로 세금을 징수당하는 개개인의 입장에서 보면 상황은 달라진다. 국민 개인은 지금 당장 현실적인 세금 혜택을 본 것이 없기 때문에 세금을 그저 강제로 내는 돈이라 여기기 마련이다. 가능하다면 세금을 적게 내고 싶고, 줄이고 싶은 것이 모든 사람의 솔직한 심정일 것이다.

한 나라의 국민이 지불하는 조세부담이 얼마나 되는가를 나타내는 지표로는 흔히 **조세부담률**(ratio amount of taxes)이 사용된다. 조세부담률이란 국민소득에서 차지하는 조세의 비율을 말한다. 이는 국민 중 누가 얼마나 부담하는가를 나타내는 것은 아니며, 단지 국민경제 전체에서 조세의 비중을 나타낼 뿐이다. 정부는 국민으로부터 세금을 거둬들일 권리가 있지만 무제한적으로 걷지는 못한다. 경제활동을 교란시키거나 조세저항을 불러올 수 있기 때문이다. 바람직한 조세제도가 갖추어야 할 요건은 크게 효율성과 공평성의 두 가지를 꼽을 수 있다.

바람직한 조세제도는 먼저 가능한 한 효율성을 해치지 않아야 한다. 정부가 의도하건 하지 않건 조세의 부과는 개인과 기업의 행동에 어떤 영향을 주는 유인으로 작용하기 마련이다. 순수하게 재정수입을 늘릴 목적으로 부과한 세금도 개인과 기업

조세부담률 국민소득에서 조세가 차지하는 비율

의 행동을 변화시킨다. 문제는 조세 부과로 인한 경제주체의 행동 변화가 경제 전반의 효율성을 떨어뜨릴 수 있다는 점이다. 예를 들어 어떤 고가 품목에 특별소비세를 부과하면 사람들은 세금 부담을 줄이기 위해 그 품목을 덜 사게 될 것이다. 또한 소득세 부담을 완화하기 위해 사람들이 더 적게 일하거나 저축을 줄일 수도 있다. 이처럼 세금 부과는 소비자의 의사결정을 왜곡하고, 그 결과 소비자들이 자유롭게 자신의 소비를 결정할 때에 비해 효율성이 떨어질 수 있다. 따라서 경제적 효율성의 상실을 최소화할 수 있도록 개인과 기업의 행동을 덜 왜곡하는 조세제도를 찾아야 한다.

그런데 조세제도에서 효율성만이 유일한 관심사는 아니다. 어찌 보면 조세제도에서 가장 중요한 요건은 공평성의 확보일 것이다. 조세부담이 어떻게 분배되어야 공평하다고 할 수 있을까? 어떤 사람들은 정부가 제공하는 서비스에서 얻는 혜택에 비례해 세금을 걷는 것이 바람직하다고 말한다. 이는 납세자가 정부로부터 받는 서비스에 대한 대가로 세금을 납부해야 한다는 것을 반영한 입장으로, '편익원칙'이라고 한다. 또 다른 사람들은 편익원칙에 따를 경우 가난한 사람이 소득에 비해 상대적으로 많은 세금을 내고 부유한 사람은 오히려 적은 세금을 낼 수 있다고 비판한다. 이들은 납세자 자신이 받는 혜택과는 상관없이 각자의 경제적 능력에 맞게 세금을 내도록 하는 것이 공평하다고 주장한다. 이런 견해를 '능력원칙'이라고 한다. 오늘날 대부분의 나라에서는 능력원칙을 공평한 조세부담의 원칙으로 받아들이고 있다.

경제적 능력은 소득뿐만 아니라 재산의 많고 적음을 통해서도 판단할 수 있다. 어떤 경우에는 경제적 능력을 재는 데 소득보다 재산이 더 합당한 기준이 될 수 있기 때문이다. 세금은 생활의 일부라 해도 지나치지 않을 정도로 경제활동과 밀접한 관계를 맺고 있다. 우리는 돈을 벌어도, 물건을 사도, 예금이자를 받아도, 계약서를 작성해도 세금을 낸다. 국가나 지방자치단체는 재정 수요를 충당하기 위해 개별적인 보상 없이 국민으로부터 세금을 강제적으로 거둬들인다. 정부는 가능한 한 많은 세금을 거두려 하지만 국민은 가능하다면 세금을 적게 내고 싶어 한다. 그렇다고 무조건 적게 낼 수는 없다. 국민으로서 마땅히 지켜야 하는 법을 어길 수도 있기 때문이다.

조금이라도 세금을 적게 내고 싶은 것이 납세자들의 당연한 마음이다. 납세자가 자신의 세금 부담을 줄이려는 행위는 크게 절세와 탈세로 구분할 수 있다. 둘 다 행위의 목적은 같지만 법의 테두리 안에서 이루어지느냐 그렇지 않느냐에 따라 두 방법에 차이가 있다. '절세(tax saving)'는 세법이 허용하는 범위 내에서 세금부담을 줄이려는 행위를 말한다. 반면에 사기 등 기타 부정한 방법으로 세금을 줄이려는 행위는 '탈세(tax evasion)'가 된다. 탈세는 그 자체로서 범죄일 뿐 아니라, 이로 인한 세수 부족은 결국 다른 사람이 부담해야 하기 때문에 성실한 납세자에게 피해를 준다. 이 것도 앞에서 설명한 외부불경제의 한 예라고 할 수 있다.

한편 절세와 탈세 이외에 '조세회피(tax avoidance)'라는 말도 있다. 이것은 법의 미비점을 이용해 세금을 줄이는 행위를 의미한다. 조세회피는 사회적 비난의 대상 이 될 수는 있으나 법으로 처벌받지는 않는다. 따라서 조세회피는 어떤 의미에서 합 법적인 탈세라고도 할 수 있다. 물론 현실에서는 탈세와 조세회피의 경계가 모호 한 경우가 많다. 최근 사회적으로 논란이 되고 있는 몇몇 재벌의 불법적인 경영권 승계를 위한 비자금 조성 등이 그 예이다. 탈세와 조세회피를 묶어서 '조세불응(tax noncompliance)'이라고 부르기도 한다. 완전한 세법을 마련한다는 것은 현실적으로 불가능할지도 모른다. 그러나 국가는 공평과세를 실현하고 재정을 든든히 하기 위 해 조세회피와 탈세 행위를 막는 노력을 더욱 기울여 나가야 할 것이다.

사실 사람들이 얼마를 버는지 스스로 정확하게 밝히지 않는 한 소득 크기를 알아 내기는 쉽지 않다. 근로소득밖에 없는 사람들의 경우는 비교적 쉬우나 자영업자의 소득이나 금융자산, 부동산 등으로 얻는 소득은 더욱 그렇다. 신용카드 거래가 과거 에 비해 많이 증가했다고 하지만 아직도 현금거래의 비중이 높은 데다 영수증을 주 고받는 관행이 정착되지 않은 상황에서 교묘한 탈세 행위를 적발하기란 쉬운 일이 아니다. 그러나 완전한 해결책을 찾기는 힘들더라도 조금씩 개선해 나갈 방법은 있 다. 먼저 과세 당국 스스로 세금을 공정하고 투명하게 걷으려는 노력을 기울여야 하 겠다. 아울러 제도 면에서 소득세 이외에 다른 대안을 통해 보다 공평한 조세제도를 확립해야 하겠다.

12-4 통화정책

기준금리를 결정하는 한국은행 금융통화위원회 7월 정기회의를 이틀 앞둔 가운데 추가 금리 인하를 기대하는 시장 압박이 거세다. 6월과 같은 선제적 금리 인하로 경기부양에 나서야 한다는 논리다. 시장에서는 금통위가 7월은 아니더라도 하반기에 적어도 1차례 기준금리를 인하할 것에 배팅하는 분위기다. 그러나 추가 금리 인하에 신중을 기해야 한 다는 지적이 만만찮다. 미국의 금리 인상 등에 대비해 정책여력을 남겨둬야 한다는 논리 다. 사상 최저치인 기준금리 1.25%는 외자유출 가능성 등을 고려하면 거의 한계점에 임박한 상태다. 더구나 금리를 내리더라도 경기부양 효과가 과거와 같지 않다는 점도 부담이다. 오히려 풀린 돈이 투자와 소비로 이어지지 않고 금융권에만 고여 경기부양의 발목을 잡을 것이란 관측이 더 많다. '유동성 함정'에 빠질 것이란 우려다. 한국은행 관계자는 12일 "하반기에는 경기침체를 압박하는 국내외적 변수가 산적해 있어 추가 금리인하를 압박하는 요인이 많은 것이 사실"이라면서도 "최근 통계를 보면 금리를 조금 내린다고 해서 경기부양으로 이어지지 않고 있다는 점이 고민"이라고 토로했다. 금리 인하에 따른 경기부양 효과가 예전 같지 않다는 점은 최근 통계를 통해 거듭 확인되고 있다. 오히려 금리 인하가 가계부채 증가와 부동산 버블 등 부작용만 키우고 있다는 지적이다. 경기 불확실성 탓에 가계는 소비를 꺼리고, 기업은 투자에 신중하기 때문이다. (〈내일신문〉, 2016. 7. 12)

통화정책의 수단

이미 설명한 것처럼 중앙은행이 경제가 안정적으로 발전하는 것을 돕기 위해 돈, 즉 통화의 양이나 금리를 조절하는 정책을 통화정책이라고 한다. 통화정책과 금융정책(financial policy)은 비슷한 의미로 사용될 때가 많지만, 금융정책은 통화정책 이외에 금융기관의 감독이나 금융제도를 제정하는 정책 등을 모두 포함하므로 통화정책보다 더 넓은 의미이다. 그러나 금융정책의 가장 중요한 부분이 통화정책이라 같이 사용해도 크게 잘못된 것은 아니다.

국민의 경제활동에 필요한 돈보다 너무 많은 돈이 공급되거나 금리가 지나치게 낮을 경우 경기과열과 이에 따른 물가 불안이 나타나기 쉽다. 반대로 돈이 지나치게 적게 공급되거나 금리가 너무 높으면 경기가 침체되고 실업이 늘어나게 된다. 따라서 경기가 과열되거나 침체되지 않고 경제를 안정적으로 성장시키기 위해서는 돈의 양이나 금리를 적정한 수준으로 조절하는 것이 매우 중요하다. 통화정책은 물가안정, 경제성장, 국제수지균형, 고용안정 등을 달성하는 것을 목표로 한다. 그중에서도 특히 물가안정에 초점을 맞추는데, 이는 물가가 안정되지 않고서는 경제의 불확실성을 줄일 수 없고 장기적인 경제성장과 국제수지균형 등 다른 목표도 달성할 수 없기 때문이다.

중앙은행이 활용하는 통화정책수단은 직접적 조절수단과 간접적 조절수단으로 구분된다. 직접적 조절수단은 시장원리보다 정책당국의 행정적 권한에 의해 이루어지는 정책으로 은행 여수신금리 규제, 대출규모 통제 등이 있다. 간접적 조절수단은 중앙은행이 시중에 공급하는 돈의 양이나 금리를 변경함으로써 간접적으로 시중의 통화량을 조절하는 것이다. 공개시장조작정책과 대출정책, 지급준비율정책 등이 이에 속한다. 우리나라에서도 과거 경제개발시대에는 직접적 조절수단이 비교적 빈번히 사용되었지만, 요즘은 한국은행이 주로 간접적 조절수단을 이용해 통화정책을 수행하고 있다.

일반적으로 사용되는 통화정책의 수단은 공개시장조작, 재할인율, 지급준비율의 세 가지이다. '공개시장(open market)'이란 증권시장, 채권시장처럼 특별한 조건 없이 아무나 자유롭게 참가해 자금을 빌려 쓰거나 유가증권을 매매할 수 있는 시장을 의미한다. **공개시장조작**은 중앙은행이 공개시장에 참여해 시장가격으로 유가증권의 매매 등을 함으로써 통화량을 조절하는 정책수단이다.[1] 시중에 통화량이 너무 많다고 판단되면 중앙은행, 즉 우리나라의 경우에는 한국은행이 국공채 등을 판매해 통화를 환수하고, 반대의 경우에는 매입해 통화량을 증가시킨다. 한국은행이 금융시장에서 국공채를 사들이면 국채 매입 대금으로 지급한 돈이 시중에 유통되어 통화량이 증가하고, 반대로 한국은행이 시중의 돈을 줄일 필요가 있을 때는 금융시장에 국공채를 매각해 국공채를 매입한 금융기관이 현금이나 은행예금으로 구입 대금을 지급하게 되어 시중에 유통되는 돈의 양이 줄어들게 된다.

금융자유화가 진전되고 금융시장이 발달함에 따라 공개시장조작은 돈의 양을 조절하는 주된 수단이 되었다. 공개시장정책은 지급준비율정책이나 재할인율정책과 달리 은행과 비은행 금융기관 등 다양한 경제주체가 참여하는 금융시장에서 시장 메커니즘에 의해 이루어지기 때문에 경제원리에 부합하는 정책 수단인 데다가 그 효과가 금융시장을 통해 광범위하고 무차별적으로 파급되는 특성이 있기 때문이다. 또한 공개시장조작은 실시시기나 조작 규모 및 조건 등을 필요에 따라 수시로 조정할 수 있어 신축적인 정책운용이 가능하다.

재할인율(rediscount rate)은 중앙은행이 일반은행에 대출해줄 경우에 적용되는 이자율을 의미한다. 이를 재할인율이라고 부르는 이유는 중앙은행제도의 초기에는 은행이 기업에 할인해준 어음을 다시 할인하여 매입하는 형식으로 자금을 지원했기 때문이다. 재할인율정책은 일반은행이 기업이나 개인에게 자금을 대출해주듯이 중앙은행이 금융기관에 돈을 대출해주면서 그 금리를 변동시킴으로써 시중의 통화량

공개시장조작 중앙은행이 보유하고 있는 유가증권을 매매하는 방식으로 시장에 참여해 시중 통화량을 조절하는 정책수단

재할인율 시중은행이 할인해준 어음을 다시 중앙은행에서 할인받을 때 적용되는 할인율. 재할인율이 높으면 시장의 자금이 중앙은행으로 회수되고, 반대로 낮으면 자금이 시장으로 풀려나가게 된다.

---

1 한국은행은 2016년 1월부터 '공개시장조작'에서 '공개시장운영'으로 명칭을 변경했다.

을 조절하는 정책이다. 이때 한국은행은 시중은행에 빌려주는 돈의 금리뿐 아니라 돈의 양도 함께 조절하기 때문에 이를 좀 더 폭넓은 의미에서 '대출정책'이라고 부르기도 한다. 그러나 재할인율은 조금만 상승하거나 하락해도 경제에 미치는 영향이 크기 때문에 빈번하게 사용하기는 어려운 정책수단이다.[2]

마지막으로 **지급준비율**(cash reserve ratio)은 중앙은행이 예금은행으로 하여금 예금자의 예금인출 요구에 대비해 총예금액의 일정 비율을 지급준비금으로 보유하고 그 이상은 대출할 수 없도록 한 비율을 의미한다. 중앙은행이 시중에 통화량이 너무 많다고 판단해 지급준비율을 올리면, 은행들은 더 많은 지급준비금을 보유해야 하므로 예금 중에서 대출할 수 있는 금액이 줄어들고 따라서 시중에 유통되는 돈의 양도 줄어들게 된다. 반대로 지급준비율을 내리면 은행이 대출할 수 있는 금액이 커지고 시중의 돈은 늘어나게 된다. 지급준비율은 조금만 조정되더라도 국가 전체의 통화량이나 은행경영에 영향을 크게 미치기 때문에 일반적으로 중앙은행이 지급준비율을 자주 조정하지는 않는다.[3]

지급준비율 중앙은행이 예금은행으로 하여금 예금자의 예금인출요구에 대비하여 총예금액의 일정 비율 이상을 지급준비금으로 보유하여 대출할 수 없도록 규정한 비율

통화정책의 효과

이제 통화정책의 효과가 어떻게 나타나는지를 보기로 하자. 앞에서 이야기했듯이 통화량의 증가는 이자율을 하락시킴으로써 투자를 증가시키고, 투자의 증가는 승수효과를 통해 국민소득을 그 이상으로 증가시킨다. 따라서 통화정책의 효과는 통화량의 증가에 이자율이 얼마나 탄력적으로 반응하느냐에 따라 달라진다.

〈그림 12-5〉에는 두 가지 형태의 화폐수요곡선이 그려져 있다. MD_0는 탄력적인 화폐수요를, MD_1은 비탄력적인 화폐수요를 나타낸다. 이제 한국은행의 통화정책에 의해 통화량이 MS_0에서 MS_1으로 증가하면 이자율은 화폐수요가 탄력적일 경우에는 r_0로, 비탄력적인 경우에는 r_1으로 하락한다. 화폐수요곡선이 비탄력적일수록 통화정책의 효과가 더욱 크다는 것을 알 수 있다. 극단적으로 화폐수요곡선이 수평선

---

2 한국은행에서 통화정책수단으로 사용하는 수단 가운데 '기준금리(key rate)'는 재할인율과 비슷한 역할을 한다. 기준금리는 한국은행의 환매조건부채권 매매, 대기성 여수신 등 금융기관 간 거래의 기준이 되는 금리를 의미한다. 일반은행의 대출금리 등을 직접 떨어뜨리는 기준금리 인하와 달리 재할인율의 인하는 효과가 유동성 확대로 제한된다. 대개의 경우 재할인율은 기준금리보다 높다.

3 지급준비율에 따른 은행의 신용창조기능에 대해서는 이 책의 제10장에서 이미 보았으므로 참조하기 바란다.

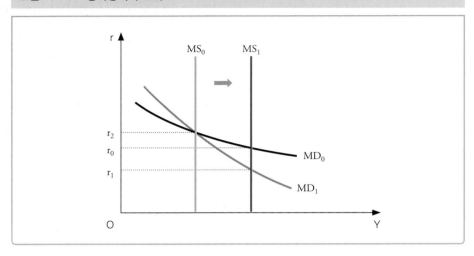

그림 12-5 통화정책의 효과

의 형태면 통화정책의 효과는 전혀 나타나지 않게 된다. 이처럼 이자율이 너무 낮아서 통화량이 증가해도 더 이상 이자율이 내려가지 않는 상태를 **유동성함정**(liquidity trap)이라고 부른다. 케인스주의 경제학자들은 불경기에는 이자율이 유동성함정 수준으로 낮은 것이 보통이므로 통화정책의 효과가 없다고 주장하기도 한다.[4]

일반적으로 통화정책은 통화량을 조정함으로써 이자율을 조정하는 정책이다. 그러나 때로는 통화정책이 이자율에 직접 영향을 미치는 경우도 있다. 기본적으로 금리, 즉 이자율은 시장에서 수요와 공급의 원리에 의해 결정된다. 시장에서 상품을 사려는 수요와 팔려는 공급이 변동함에 따라 상품가격이 달라지듯, 돈의 값인 금리도 돈을 빌리려는 수요가 공급보다 많으면 올라가고 반대로 돈을 빌려주려는 공급보다 수요가 적으면 떨어지게 된다. 돈의 수요는 주로 생산활동을 하는 기업의 투자가 좌우한다. 즉 경기전망이 좋으면 이익의 증가를 예상하는 기업들이 투자를 늘려 돈의 수요가 증가하고 금리는 올라가게 된다. 한편 돈의 공급은 주로 가계에서 이루어지는데, 가계의 소득이 적어지거나 소비가 늘면 돈의 공급이 줄어들어 금리가 오

---

4 대공황이 일어나자 케인스는 바로 이러한 근거에서 불경기에는 정부의 의도적인 개입에 의해서만 실업문제를 해결할 수 있다고 주장했다. 이에 대해 신고전학파의 이론을 옹호한 피구는, 불경기에는 물가가 하락하고 소비자들이 보유한 화폐의 실질가치가 증가함에 따라 소비와 총수요가 증가한다는 피구효과(Pigou effect)를 주장했다. 유동성함정이 존재한다고 하더라도 물가가 신축적이라면 시장이 자동적으로 불황을 극복하고 완전고용을 이룩할 수 있다는 것이다.

르게 된다. 또한 물가가 오를 것으로 예상되면 이자의 실질가치가 떨어지므로 금리는 상승하게 된다.

통화정책과 금리

금리는 돈의 가치변동, 즉 물가변동을 고려하느냐 하지 않느냐에 따라 실질금리와 명목금리로 구분한다. 명목금리는 물가 상승에 따른 구매력의 변화를 감안하지 않은 금리이며, 실질금리는 명목금리에서 물가 상승률을 뺀 금리이다. 우리가 돈을 빌리고 빌려줄 때는 보통 명목금리로 이자를 계산한다. 하지만 실제로 기업이 투자하거나 개인이 예금할 때는 실질금리가 얼마인가에 관심을 갖게 된다. 예를 들어 1년 만기 정기예금의 금리가 연 7%이고 물가 상승률이 연 5%라고 하면 실질금리는 2%에 불과해진다. 따라서 예금가입자가 받는 실질이자소득은 같은 금리 수준에서 물가 상승률이 낮을수록 늘어나게 된다.

금리의 움직임은 소비나 투자, 물가는 물론 국가들 간의 자금흐름 등 경제의 여러 분야에 중요한 영향을 미친다. 먼저 가계의 소비는 기본적으로 소득에 따라 결정되지만, 금리에도 영향을 받는다. 대체로 금리가 오르면 같은 액수의 돈을 은행 등 금융기관에 맡기더라도 더 많은 이자를 받을 수 있기 때문에, 다르게 표현하면 현재의 소비에 대한 기회비용이 커지기 때문에 저축을 늘리고 소비를 줄이게 된다. 반대로 금리가 떨어지면 소비를 늘리게 된다. 또 금리는 자금을 조달하는 데 드는 비용이기

그림 12-6 통화정책의 효과

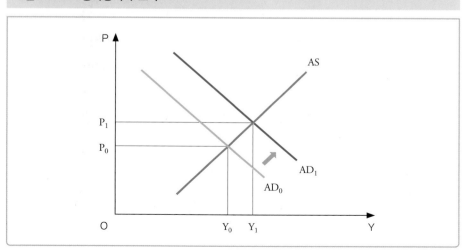

때문에 금리가 오르면 기업의 투자에 따른 비용부담이 커지게 되어 투자가 줄어들고, 반대로 금리가 낮아지면 투자는 늘어나게 된다.

금리변동은 물가에도 영향을 준다. 금리가 오르면 기업의 투자활동이 위축되고 개인도 소비보다는 저축을 많이 하는 등 전체적으로 수요가 줄어들어 물가를 하락시키게 된다. 그러나 이자가 상품의 생산원가에 포함되기 때문에 금리가 오를 경우 제품가격을 올리는 요인이 될 수도 있다. 이와 같이 금리가 물가에 미치는 영향은 서로 상반된 두 가지 요인 가운데 어느 쪽 영향이 더 큰가에 따라 달라지는데, 일반적으로 원가 상승이 주는 효과보다 수요 감소가 가져오는 효과가 더 크기 때문에 물가는 떨어지는 경우가 많다.

금리변동은 나라와 나라 사이 돈의 움직임, 즉 자본이동에도 영향을 미친다. 환율 등 다른 여건이 같은 경우에 우리나라의 금리가 올라 외국 금리보다 높아지면, 외국 사람은 자기 나라에서보다 우리나라에서 돈을 운용하는 것이 더 많은 이익을 얻을 수 있기 때문에 국내로 자금을 유입하게 된다. 반대로 외국의 금리보다 우리나라의 금리가 낮아지면 돈은 보다 높은 이익을 찾아 해외로 빠져나가게 된다.

이처럼 금리는 변동을 가져오는 여러 가지 요인과 서로 영향을 주고받으면서 투자, 소비, 물가 등 실물부문으로 파급된다. 금리가 국민경제에 미치는 영향이 폭넓고 다양하기 때문에 한국은행을 비롯한 세계 각국의 중앙은행은 금리를 바람직한

금리 금융에 관한 모든 것은 금리에 대한 이해로부터 시작된다.

수준으로 유지하기 위해 노력한다. 금리변동이 너무 심하면 불확실성이 커져 기업의 투자 등 경제주체들의 합리적인 의사결정을 어렵게 하므로 급격하게 변동되지 않도록 관리하는 것이다. 또 금리를 수단으로 해 과열된 경기를 진정시키거나 침체한 경기를 부양하는 일도 중앙은행의 역할이다.

12-5 안정화정책의 평가

"현재의 저물가는 상당 부분 공급충격(유가하락)에 기인한 바가 크다. 통화정책으로만 대응하는 데 한계가 있다. (중략) 통화정책뿐 아니라 정부의 공공요금 관리정책, 산업정책, 복지정책 등이 물가에 영향을 준다. 물가안정이 한국은행만의 책임이라는 시각은 잘못된 것이다." 이주열 한은 총재는 14일 사상 처음으로 열린 '물가안정목표제 운영 상황' 설명회에 나서 저물가의 주요인을 '낮은 국제유가'로 지목했다. 한은은 내년도 2% 물가목표치 달성을 전망했으나 불확실한 국제유가 상승 전망에 기댈 뿐 뾰족한 정책 수단을 내놓지는 못하는 한계를 드러냈다. 이주열 한은 총재는 이날 설명회에서 "지난 1~6월까지 소비자물가 전년 동기 대비 평균 0.9% 상승하는 데 그친 이유는 국제유가 등 국제 원자재가격이 큰 폭으로 하락한 데 주된 원인이 있다"고 설명했다. 앞서 한은은 지난해 말 2016~2018년 달성할 중기 물가안정 목표를 2%로 제시했다. 또 물가관리의 책임성을 높이기 위해 물가 상승률이 6개월 연속 0.5%포인트 이상 목표치를 벗어나면 총재가 직접 설명에 나서겠다고 밝혀, 이날 기자간담회가 마련됐다. 올 상반기 중 국제유가는 지난해 하반기보다는 다소 올랐지만 지난해 상반기에 견주면 35%가량(두바이유 기준) 낮은 수준이었다. 국내 석유류 가격의 하락이 상반기 물가 상승률을 0.8%포인트 정도 깎아먹었다는 게 한은의 설명이다. 이밖에 내수회복 지연과 수출 부진 등으로 성장세가 미약했던 점도 물가를 낮췄지만, 영향력은 그리 크지 않은 것으로 분석됐다. 한은은 하반기 소비자물가 상승률이 1.3%로 1% 초반대 상승률을 보이다 올해 말쯤 1%대 중반으로 높아지고 내년 상반기에는 2.0% 수준에 도달할 것으로 내다봤다. 그간 소비자물가를 끌어내린 국제유가의 초과공급이 완화돼 유가가 50달러 선까지 올라서면서 물가 상승세가 확대될 것이란 전망이다. 이 총재는 "올 하반기엔 유가가 물가를 0.5%포인트 내리는 요인으로 작용하지만 내년엔 오히려 유가가 물가를 0.2~0.3%포인트 높여주는 요인이 될 것"이라고 설명했다. 하지만 국제유가 상승 기대 같은 대외 환경 변화 이외에 한은은 저물가 대응 정책 수단을 별달리 내놓지 못했다. 한은이 쓸 수 있는 수단은 '통화정책(금리인하)'이지만 초저금리 상황에서 물가목표만을 바라보고 섣불리 통화정책을 하기는 어렵다는 곤혹스러움이 총재 설명회에서 묻어났다. 이 총재는 "물가목표는 모든 것을 제치고 달성하는 그런 목표는 아니다. (중략) 중앙은행의 책임성 회피로 이해하지는 말아 달라. 주된 설립 목적이기 때문에 (물가)목표 수준에 수렴하도록 통화정책을 펴나가겠다"고 말했다. (〈한겨레신문〉, 2016. 7. 16)

안정화정책의 효과

경기변동은 계절의 변화와 같이 시장경제에서 발생하는 자연스러운 현상이라고 생각하는 사람들이 있다. 시장경제란 매우 효율적인 시스템이며, 외부충격에 대해 자율적인 조정 능력이 있다고 믿기 때문이다. 그러나 현실의 시장경제는 완벽하지 않다. 과도한 물가 상승이나 대규모 실업과 같은 경제불안이 거듭되는 것은 시장경제의 불완전성을 말해준다. 정부는 경제를 안정시키기 위해 경제에 깊숙이 개입하지만 안정화정책의 효과가 제때에 나타나도록 하기는 쉽지 않다. 그러면 정부가 경제 안정화정책을 펼 때 겪는 어려움은 왜 생길까?

우선 '정책시차(policy lag)'의 존재를 들 수 있다. 정책당국이 안정화정책의 필요성을 느끼고 구체적인 정책을 수립해 시행하는 데는 적지 않은 시간이 소요된다. 이를 내부시차라고 부른다. 반면에 정책이 실행되기 시작하면서부터 실제로 정책효과가 나타나기까지의 외부시차도 있다. 일반적으로 통화정책은 정책의 수립과 집행이 비교적 간단하지만, 그 효과가 나타나기까지 비교적 긴 외부시차가 걸린다. 반면에 재정정책은 그 효과가 통화정책에 비해 빨리 나타나지만, 정부예산을 수립하고 집행하기 위해서는 국회의 심의와 동의를 거쳐야 하는 등의 이유로 내부시차에 긴 시간이 걸린다. 이처럼 경제문제를 인식한 후 정책을 수립하고 시행해서 그 효과가 나타나기까지 걸리는 시간은 가변적이다. 이 때문에 안정화정책 자체가 오히려 경제의 불안을 더욱 심화할 수 있다. 우리 속담처럼 소 잃고 외양간 고치는 꼴이 되기 십상이라는 것이다. 하지만 그래도 고칠 수 있을 때 외양간은 고쳐놓아야 옳지 않을까?

다음으로 정책목표들 간의 상충(trade-off) 관계도 안정화정책의 시행을 어렵게 한다. 통화정책과 재정정책은 생산, 물가, 고용 등 경제 전체에 영향을 미친다. 그런데 개별적인 정책이 의도하고 있는 정책목표는 서로 다른 경우가 많다. 이미 이야기한 것처럼 모든 나라는 물가 상승률과 실업률을 낮게 유지하는 것을 정책 목표로 한다. 그렇지만 일반적으로 실업률과 물가 상승률은 서로 반대방향으로 움직이는 경향이 있다. 즉 실업률이 높아지면 물가 상승률이 낮아지고, 실업률이 낮아지면 물가 상승률이 올라간다. 따라서 정부가 실업문제를 해결하기 위해 확장적 재정정책을 쓰면 실업률은 낮출 수 있지만 그 대가로 물가 상승이라는 희생을 치르게 된다. 반대로 물가 상승을 억제하기 위해 긴축적 재정정책을 펴면 물가 상승률을 낮추는 데는 성공하겠지만 실업자가 늘어날 수 있다. 그래서 물가안정과 완전고용은 현실적으로 동시에 잡기 어려운 '두 마리 토끼'인 것이다.

정부지출을 증가시키거나 조세수입을 감소시키는 확장적 재정정책은 단기적으로 고용과 생산의 증대에 도움이 되지만 장기적으로는 물가나 금리를 상승시킬 수 있다. 이자율의 상승은 민간투자를 감소시킴으로써 재정정책의 효과를 상쇄하는 **구축효과**(crowding-out effect)를 만든다. 물론 구축효과의 크기가 어느 정도인지에 대해서는 경제학자들 사이에서도 논란이 분분하다. 어떤 이들은 구축효과가 너무 커서 재정정책의 효과는 사실상 없다고 주장하는 반면, 다른 이들은 구축효과란 거의 무시해도 좋을 정도로 미미하다고 주장하기도 한다. 이러한 논쟁에는 정답이나 결론이 없다. 경제정책의 효과에 대한 평가는 이론적 쟁점이기도 하지만 경제학자들의 가치관을 반영하기도 하기 때문이다.

마지막으로 정책수단들이 서로 영향을 주고받는다는 점도 경제안정화정책을 실시하는 데 있어서 하나의 어려움이다. 통화정책과 재정정책은 정부의 예산제약에 의해 서로 연결되어 있다. 이런 정책수단의 제약은 정책의 선택과 강도에 관한 의사결정을 어렵게 할 수 있다. 예를 들어 경기과열을 방지하기 위해 통화를 긴축해야 하

구축효과 정부의 확대재정정책으로 이자율이 상승함으로써 민간의 투자활동이 위축되는 효과

그림 12-7   구축효과

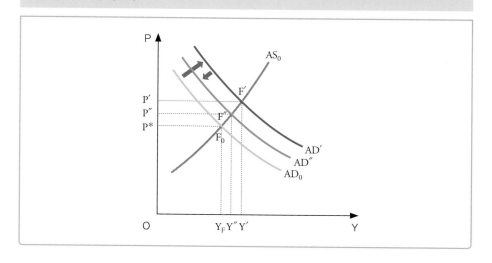

는 상황이 발생했는데, 이때 재정적자가 누적되고 있는 상태라면 중앙은행은 강력한 긴축정책을 펴기 어렵다. 왜냐하면 통화긴축으로 경기가 위축되면 정부의 조세수입이 감소해 재정적자가 더욱 확대될 것이기 때문이다. 더욱이 재정적자가 지속될 경우에는 보통 시장금리가 오르는데, 이런 상황에서 중앙은행이 통화긴축을 실시하기는 더욱 어렵다.

정책결합

이처럼 정책담당자들은 경제안정화정책을 시행할 때 여러 가지 문제에 직면하게 된다. 정책시차 문제를 어떻게 해결하고, 상반된 정책목표와 수단을 어떻게 조화시키는가가 바로 정책담당자들의 과제인 것이다. 통화정책과 재정정책은 기본적으로 국민경제의 안정적 성장을 도모하기 위한 정책 수단이라는 점에서는 동일하다. 그러나 정책의 주체와 시행 절차, 시차 등에서는 많은 차이가 있다. 두 정책은 유사한 기능을 가지지만 다른 특성도 있으므로 이를 잘 감안해 조화롭게 운용해야 한다. 가령 물가불안이 우려되는 시기에는 먼저 금리를 인상해 시장에 강력한 긴축 신호를 보냄으로써 경기가 과열로 이어지지 않게 하고 재정도 건전한 방향으로 운용해야 할 것이다. 반대로 극심한 경기침체기에는 효과가 빨리 나타나는 확장적 재정정책을 우선 사용하고 통화정책을 보완적인 수단으로 활용하는 **정책결합**(policy mix)을 생각할 수 있다. 재정정책으로 이자율이 상승하고 구축효과가 나타날 때 통화공급을 증가시킴으로써 다시 이자율을 하락시켜 주면 정책효과는 가중적으로 나타날 수 있다.

재정정책과 통화정책의 수단은 서로 영향을 미치기도 한다. 만약 중앙은행이 통화정책을 긴축적으로 운용해 금리가 상승하면 국채의 이자부담이 늘어나 정부의 재정운용에 영향을 미치게 된다. 만약 정부가 지출을 확대하고 그 재원을 국채 발행으로 마련하는 경우에는 시장에 국채 공급이 늘어나 금리가 상승하게 된다. 이는 중앙은행이 적절하다고 판단하는 금리 수준보다 높을 수 있어 통화정책의 교란 요인으로 작용할 수 있다. 따라서 통화정책과 재정정책은 서로의 특성과 상호연관성 등을 감안해 긴밀한 협조관계를 유지함으로써 국민경제 전체의 효용을 극대화하는 방향으로 조화롭게 운용되어야 한다.

과거 경제개발 시대에 경제정책을 추진할 때는 빠르고 신속하게 의사를 결정하고 한 번 결정한 정책은 과감하게 추진하는 것을 중시하기도 했다. 그러나 요즘은 경제상황이 가변적이고 불확실성을 늘 안고 있기 때문에 정책담당자는 경제정책의 집행

정책결합 경제성장과 안정을 동시에 실현하기 위해 재정정책, 금융정책, 외환정책 등 다양한 경제정책수단을 종합적으로 운영하는 일

방식을 달리해야 한다. 정책결정은 장기적 관점에서 신중하게 내려야 하고, 정책방향은 일관성을 유지해야 한다. 경제정책이 국민경제에 미치는 영향은 매우 클 뿐만 아니라 오랜 기간 지속되기에 더욱 그러하다. 많은 경제정책은 국민이 일정한 방식으로 반응할 것이라는 예상 아래 시행된다. 그런데 정책은 그 대상이 되는 민간경제 주체나 시장이 정책입안자의 의도대로 따라 줄 때에만 효과가 제대로 발휘될 수 있다. 정부가 일관되지 못하고 투명하지 않은 방식으로 정책을 수행할 경우 정책에 대한 시장 참가자의 신뢰가 사라지고 예상한 것과 다른 반응이 나타나게 된다.

그러면 경제안정화정책이 성공하기 위한 열쇠는 무엇일까? 우선 정부는 정책의 일관성을 유지해 시장에서 정책에 대한 신뢰를 얻어야 한다. 정부가 시장의 속성과 행태를 면밀하게 주시해 시장의 움직임과 어긋나지 않는 정책을 펼치면 국민은 정부와 정책을 신뢰한다. 정부는 이 점을 잘 인식해야 한다. 민간 경제주체들은 경제정책이 일관성 있게 수립되고 집행될 때 정부정책을 믿고 따른다. 정부의 정책이 일관되지 못하면 경제주체들은 시장의 움직임에 적응하기 어려워지고, 때로는 시장의 불확실성이 높아져 예기치 않은 동요를 초래할 수 있기 때문이다. 또한 정부는 정책의 일관성 못지않게 정책의 투명성을 높이는 노력을 기울여야 할 것이다. 특히 대외 개방이 크게 확대된 요즘의 경제현실에서는 더욱 그렇다.

폴 새뮤얼슨(Paul Anthony Samuelson, 1915-2009)

폴 새뮤얼슨은 케인스 이후 가장 영향력 있는 경제학자들 가운데 한 사람이다. 시카고대학에서 학사학위를 받고 하버드대학에서 경제학 석사와 박사학위를 받았다. 새뮤얼슨은 신고전학파의 미시적 시장균형이론과 케인스의 거시경제이론을 결합하여 '신고전파종합(Neoclassical Synthesis)'이라는 새로운 학문체계를 완성했다. 신고전파종합이론은 완전고용을 위해서는 적절한 정부개입이 필요하지만, 일단 완전고용이 달성되면 시장 메커니즘에 맡겨 경제를 자율적으로 운영해야 한다는 것이다. 새뮤얼슨의 업적은 경제학의 다양한 분야에 걸쳐 있다. 미시경제학의 소비자이론에서는 겉으로 드러난 소비자들의 행위를 관찰함으로써 그들의 효용함수를 정의할 수 있다는 현시선호이론(revealed preference approach)을 제안했다. 거시경제학에서는 경제주체들의 다기간에 걸친 행위를 분석하는 방법으로 다중세대모형(overlapping generations model)을 개발했다. 또 재정학 분야에서 공공재와 사적 재화 둘 다 있는 상황에서 자원의 최적분배결정에 대한 연구를 발표했으며, 후생경제학 분야에서는 어떤 행위가 후생을 증가시켰는지를 결정하는 기준인 린달-보웬-새뮤얼슨 조건(Lindahl-Bowen-Samuelson conditions)을 제안했다. 국제경제학에서는 더 풍부한 부존자원을 많이 사용하는 상품의 생산에 특화한다는 헥셔-오린 모형(Heckscher-Ohlin model)을 발전시켜 스톨퍼-새뮤얼슨 정리(Stolper-Samuelson theorem)를 발표했다. 새뮤얼슨은 경제이론의 개발과 경제분석 수준의 향상에 대한 업적으로 1970년 노벨 경제학상을 받았다.

밀턴 프리드먼(Milton Friedman, 1912-2006)

 밀턴 프리드먼은 미국의 경제학자로 미시경제학, 경제사, 경제통계학 등의 분야에서 큰 기여를 했다. 프리드먼은 오랫동안 시카고대학의 경제학 교수로 재직하면서 '항상소득가설'과 '적응적 기대가설', '자연실업률' 등의 경제이론을 발표했다. 특히 케인스주의 경제학을 비판하고 통화정책의 중용성을 강조한 통화주의(Monetarisim) 경제학을 창시했다. 프리드먼과 그의 동료들을 시카고학파(Chicago School of Economics)라고 부르는데, 이들은 20세기 후반 경제학의 가장 주요한 경향을 대표했다. 프리드먼은 경제학자로서뿐 아니라 여러 매체에 많은 글을 발표하기도 한 대중적인 지식인으로, 특히 신자유주의의 옹호자로 유명하다. 스스로를 고전적인 자유주의자로 생각했던 그는 자유로운 시장의 장점과 정부개입의 단점을 강조했다. 리처드 닉슨에서 로널드 레이건에 이르는 공화당 정부의 경제정책에도 큰 영향을 미쳤으며, 세계 여러 나라의 경제정책에 대해 자문하기도 했다. 주요 저서로는 『소비함수의 이론(A Theory of the Consumption Function, 1957)』, 『자본주의와 자유(Capitalism and Freedom, 1962)』, 미국 금융의 역사(A Monetary History of the United States, 1867-1960, 1963) 등이 있다. 소비분석, 통화의 이론과 역사 그리고 경제안정화 정책의 복잡성에 관한 업적으로 1976년 노벨 경제학상을 수상했다.

🖉 주요 개념

공개시장조작	구축효과
리카도의 동등정리	승수효과
자동안정화장치	재정정책
재할인율	정책결합
조세부담률	조세정책
지급준비율	통화정책

🖉 확인 학습 – 기초편

1. 다음 중 자동안정화장치에 해당하는 것은 무엇인가?

   ① 손해보험   ② 고용보험

   ③ 교육보험   ④ 건강보험

2. 다음 중 재량적 재정정책과 가장 관련이 먼 것은 무엇인가?

   ① 뉴딜(New Deal)정책이 한 예이다.

   ② 세율의 변경도 포함된다.

   ③ 경기부양을 위해 추가경정예산을 편성할 수도 있다.

   ④ 그 유효성에 대하여 모든 경제학자들이 동의한다.

3. 다음 중 자동안정화장치에 해당하는 것은 무엇인가?

   ① 소득세   ② 법인세

   ③ 실업수당   ④ ①, ②, ③ 모두

4. 경기안정을 위한 자동안정화장치에 해당되지 않는 것은 무엇인가?

   ① 누진적인 조세구조   ② 실업수당

   ③ 농산물가격 지지제도   ④ 임금 가이드라인

5. 통화정책과 재정정책에 관한 설명으로 타당한 것은 무엇인가?

   ① 경기침체기에는 재정지출의 증대, 증세, 이자율 인하 등의 정책이 유효하다.

   ② 재정정책 및 금융정책의 유효성과 경기변동 국면기의 관계는 거의 무시할 수 있다.

   ③ 경기호황기에는 재정지출의 증대, 감세, 이자율 인하 등의 정책이 유효하다.

④ 경기호황기에는 재정지출의 감소, 증세, 이자율 인상 등의 정책이 유효하다.

6. 불경기를 퇴치하기 위해 재정정책과 통화정책을 같이 실시하는 경우 나타날 수 있는 현상은 무엇인가?

① 재정적자와 공개시장에서의 증권 매입

② 재정흑자와 공개시장에서의 증권 매입

③ 재정적자와 공개시장에서의 증권 매각

④ 재정흑자와 공개시장에서의 증권 매각

7. 리카도의 등가정리가 성립한다면 국채를 발행하여 조세부담을 경감시킬 때 어떤 결과가 나타나겠는가?

① 이자율이 상승한다.   ② 이자율이 하락한다.

③ 총수요가 증가한다.   ④ 자원배분에 영향이 없다.

8. 단순한 국민소득결정모형, 즉 $Y = C + I + G$에서 소비함수 $C = 81 + 0.9(Y - T)$, 투자지출 $I = 50$, 정부지출 $G = 72$, 조세수입 $T = 72$이다. 이 모형에서 정부가 세금을 10만큼 더 징수하여 이를 정부지출로 충당하면 균형국민소득은 얼마나 더 증가하겠는가?

① 0.9   ② 8

③ 9   ④ 10

9. 다음 중 통화량을 증가시키기 위한 중앙은행의 조치가 아닌 것은 무엇인가?

① 국공채의 매각   ② 법정 지급준비율의 인하

③ 본원통화 공급의 확대   ④ 각종 정책금융의 확대

10. 실업률이 높은 경우에 중앙은행이 공개시장에서 유가증권을 매입하면 어떤 현상이 일어나는가?

① 부(富)의 감소 때문에 소비수요가 감소하고 국민소득이 감소한다.

② 화폐공급이 증가하여 이자율이 하락하고, 이에 투자가 증가하며 국민소득도 증가한다.

③ 화폐공급이 증가하여 이자율이 하락하고, 이에 투자는 증가하나 물가만 상승하고 국민소득에는 변동이 없다.

④ 화폐공급이 감소해 이자율이 상승하고, 이에 투자가 감소하여 국민소득도 감소한다.

확인 학습 – 논술편

1. 재정정책이란 무엇인지 설명하고, 재정정책의 구체적 예를 세 가지 이상 들어 보라.

2. 우리나라 정부 예산의 편성절차를 헌법에서 확인하라. 개선할 사항이 있다면 무엇이라고 생각하는가?

3. "구축효과로 인해서 정부의 재정적자는 경기부양에 효과가 없다."는 주장에 대해서 논평하라.

4. 중앙은행의 독립성이 갖는 장단점에 대해 논하라.

5. 재정정책과 통화정책의 보완관계에 관해 설명하라.

제 13 장

국제경제

13-1 자유무역과 보호무역

사실상 미국 공화당 대선 후보로 확정된 도널드 트럼프가 "한미자유무역협정(FTA) 때문에 미국의 대(對)한국 무역적자가 2배로 늘었고 미국 내 일자리도 10만 개나 사라졌다"고 주장했다. 트럼프는 28일(현지 시각) 펜실베이니아주(州) 피츠버그 외곽지역 모네센의 한 알루미늄 공장을 방문해 '미국의 경제적 독립'을 슬로건으로 하는 자신의 신(新)고립주의 무역정책을 발표하며 이같이 말했다. 트럼프는 이날 "한미 FTA와 북미자유무역협정(NAFTA) 등 민주당 행정부가 체결한 무역정책들은 모두 실패했다"고 맹비난을 퍼부은 뒤, 자신이 대통령이 되면 북미자유무역협정(NAFTA) 등 기존 무역협정을 재협상하겠다고 밝혔다. 또 힐러리 클린턴 민주당 대선 후보가 지지하는 환태평양동반자협정(TPP)이 미국 제조업에 '치명타(death blow)'가 될 것이라며 탈퇴 의사를 밝혔다. 미국의 최대 무역 적자국인 중국도 정조준했다. 트럼프는 "대통령이 되면 재무장관을 통해 중국을 환율 조작국에 지정하겠다"며 "중국의 불법적인 보조금 지원 행위를 미국 법정과 세계무역기구(WTO)에 제소하겠다"고 강조했다. 민주당 대선후보 클린턴에 대해서는 "2012년 클린턴 전 국무장관이 한미 FTA를 밀어붙였다"며 "그 여파로 대(對)한국 무역적자가 2배로 늘었고 미국 내 일자리도 10만 개나 사라졌다"고 주장했다. 그는 "우리 정치인들은 세계화 정책을 맹렬하게 추구해 일자리와 부, 그리고 우리의 공장들을 멕시코와 해외로 옮겼다"며 "이런 세계화는 정치인에게 기부하는 금융 엘리트들을 만들어냈고, 힐러리 클린턴은 그런 엘리트들의 지원을 받고 있다"고 비판했다. 트럼프의 이런 주장에 대해 미 상공회의소는 트위터를 통해 "트럼프의 무역정책이 350만 개의 일자리를 위협할 수 있다"며 "더 큰 비용을 지불하면서도 일자리는 줄어들고 경제는 약화될 것"이라고 반박했다. 월스트리트저널(WSJ) 역시 트럼프의 이같은 '신고립주의' 무역정책은 지금까지 자유무역을 지지해 온 공화당의 정통성을 거부하는 것이라고 꼬집었다. 트럼프가 방문한 펜실베이니아주는 제조업 부진으로 쇠락한 지역을 지칭하는 '러스트 벨트'의 대표격으로 꼽히며, 중하층 백인 유권자의 비중이 높다. (《조선일보》, 2016. 6. 30)

자유무역의 이익

미국의 45대 대통령으로 선출된 도널드 트럼프(Donald Trump)가 취임하자마자 앞으로 미국 정부가 강력한 보호무역 조치들을 추진할 것이라고 주장하고 나서 미국 국내에서나 국제적으로나 논란을 일으키고 있다. 지난 미국의 대통령선거에서 가장 뜨거운 이슈 가운데 하나는 뜬금없게도 한미 자유무역협정(Free Trade Agreement)이었다. 한미 FTA 때문에 미국의 일자리가 줄어들었다는 것이다. 공화당의 도널드 트럼프 후보가 한미 FTA부터 주한미군 분담금까지 마구잡이로 한국을 공격하는 것은 그렇다 치더라도, 한미 FTA를 추진하고 체결한 민주당의 힐러리(Hillary Rodham Clinton) 후보는 또 왜 그러는지 궁금하다. 그런데 돌이켜보면 한미 FTA가 체결될 당시 우리나라의 시민단체나 노동단체들은 반대로 한미 FTA 때문에 우리 노동자들의 일자리가 줄어든다고 격렬하게 반대했었다. 한미 FTA 때문에 한국 노동자의 일자리도 줄어들고 미국 노동자의 일자리도 줄어들었다면 과연 어느 나라 노동자들의 일자리가 늘어난 것일까?

한미 FTA만 그런 것이 아니다. 한중 FTA 때도 그랬고 한-EU FTA 때도 그랬으며, 심지어는 경제규모가 우리나라보다 훨씬 작은 한-칠레 FTA 때도 반대하는 주장들이 제법 만만치 않았다. 우리나라의 무역규모는 지난 2011년에 이미 1조 달러를 넘어섰다.[1] 우리나라의 **무역의존도**(degree of dependence upon foreign trade)는 거의 매년 80%가 넘으며 지난 2008년에는 100%를 넘은 적도 있다. 이런 의존도는 미국이나 일본 등 다른 나라들과 비교해보아도 매우 높은 편이다. 이런 나라에서 자유무역을 둘러싼 논쟁이 이토록 치열하다는 것은 조금 의아한 일이기도 하다. 그런데 이런 사정은 미국도 마찬가지다. 한미 FTA뿐 아니라 북미자유무역협정(North American Free Trade Agreement)처럼 미국이 다른 나라와 맺은 자유무역협정 모두에 대해 노동조합이나 시민단체들은 반대한다. 이쯤 되면 정말 궁금하다. 자유무역은 누구에게 좋은 일인가? 반대로 자유무역은 누구에게 나쁜 일인가?

무역의존도 한 나라의 국민소득 대비 수출과 수입 합계의 비율

$$무역의존도 = (수출 + 수입)/국민소득 \times 100 \qquad \langle 식\ 13\text{-}1 \rangle$$

처음 자본주의 사회가 발전하기 시작했을 때 사람들은 국경을 넘어서 이루어지는 무역도 한 나라 안에서 일어나는 교환과 다르지 않다고 생각했다. 이처럼 개인과 개인이 그렇듯 나라와 나라도 서로 교환을 많이 할수록 더 많은 효용을 얻게 된다는 생각이 자유무역주의(trade liberalism)이다. 앞에서 본 애덤 스미스의 절대우위이론이나 리카도의 비교우위이론 등이 바로 자본주의 초기의 무역이론들이다. 고전학파 경제학자들은 대개 당시의 가장 발전한 자본주의 국가인 영국을 배경으로 경제이론

---

1 우리나라의 무역규모는 2011년 이후 계속 1조 달러를 넘었으나 2015년에는 전 세계적인 경기침체의 영향으로 1조 달러에 못 미쳤다. 2015년도 수출은 5,488억 달러로 전년 대비 10.5% 줄었고 수입도 4,285억 달러로서 전년 대비 18.2% 급감했다. 그러나 무역수지는 904억 달러로 사상최대를 기록했다. 무역의존도는 88.1%로 전해의 98.6%에서 10.5%포인트 감소했지만 여전히 매우 높다.

을 전개했다. 그러나 자본주의가 발전하고 국가들 간의 무역이 증가할수록 한 나라 안에서 올바른 것이 반드시 국가와 국가 사이에서도 올바르지는 않다는 사실이 드러나게 되었다. 가령 영국처럼 당시의 가장 발전한 공업국가는 공산품을 수출함으로써 공업생산력이 점점 더 발전하는 반면에 독일과 같은 후진국은 공산품을 수입하고 농산물을 수출함으로써 무역을 할수록 공업발전이 지체되는 현상이 나타난 것이다. 이에 따라 사람들은 자기 나라의 산업을 발전시키기 위해서는 외국상품의 수입을 금지하거나 제한해야 한다고 생각하게 되었는데, 이것이 보호무역주의이다.

보호무역주의(trade protectionism)를 처음 주장한 이는 역사학파라고 불리던 사람들이다. 이들은 주로 당시의 후진국인 독일에서 활동한 경제학자들이었는데, 그 선구자는 바로 프리드리히 리스트(Friedrich List, 1789-1846)이다. 독일에서 역사학파가 보호무역주의를 주장할 당시 미국에서는 알렉산더 해밀턴(Alexander Hamilton, 1757-1804)이나 데이비드 레이먼드(David Raymond, 1786-1849) 같은 정치가와 경제학자들이 보호무역을 주장했다. 당시 미국은 영국으로부터 독립했지만 경제적으로 보면 아직 영국의 발전한 산업과 경쟁할 만한 조건이 못 되었다. 그래서 북부의 산업자본가들은 영국에서의 공산품 수입을 규제하고 높은 관세를 부과해야 한다고 주장했다. 반면에 남부의 농장주들은 자유무역을 통해 더 많은 식량과 공업 원료를 영국에 수출하고 영국의 값싼 공산품을 더 많이 수입하기를 원했다. 무역정책을 둘러싼 북부와 남부의 대립은 날이 갈수록 심해졌고, 결국은 남북전쟁(American Civil War, 1961~1965)으로까지 발전하게 되었다.

단순하게 생각해보면 무역이 일어나는 이유는 개인이 필요한 물건을 모두 스스로 만들어 쓸 수 없듯, 국가들 간에도 전문화와 분업을 통해 생산을 늘려 교환함으로써 서로 이익을 누릴 수 있기 때문이다. 오늘날 거의 모든 국가는 문을 열고 외국과 거래하고 있다. 현실적으로 우리나라처럼 부존자원이 부족한 나라는 자원을 외국에서 사들여 와야 하는데 이에 필요한 외화를 벌기 위해서도 외국과 무역을 하지 않을 수 없다. 그렇다면 무역은 단순히 부존자원의 유무나 부존자원의 양적 차이 때문에 발생할까? 자급자족할 자원이 있으면 무역을 통해 얻는 이득은 없을까? 자유무역을 주장하는 고전학파 경제학자들의 이론에 따르면, 필수자원을 모두 가진 나라도 외국과의 거래에서 이득을 볼 수 있다. 비교우위의 원리가 바로 그것이다.

자급자족하던 과거와 달리 자본주의 사회에서는 혼자서 경제생활을 꾸려나갈 수 없기 때문에 언제나 다른 사람들과 생산물을 서로 교환한다. 따라서 교환을 많이 할

수록 사람들은 더 다양한 물건을 소비할 수 있게 된다. 교환을 더욱 많이 할수록 사람들은 하나의 품목을 전문화해서 생산하게 된다. 농사를 짓는 사람은 농사에만, 고기를 잡는 사람은 고기잡이에만, 고무신을 만드는 사람은 고무신에만 전문화하게 되는 것이다. 한 나라 안에서만 보면 이런 전문화가 발전할수록 그 사회의 생산력은 더 커지고, 사람들은 더 많은 효용을 얻게 된다. 사람들 사이의 교환이 국경을 넘어서 이루어지는 것이 바로 무역이다. 무역의 이익을 이해하기 위해 앞에서 나온 절대우위와 비교우위의 차이를 조금 더 자세히 설명해보기로 하자.

절대우위와 비교우위

노동만이 유일한 생산요소라고 할 때 미국이 밀가루를 생산하는 데 한국보다 적은 양의 노동이 들어간다면, 쉽게 말해 한 해 동안 미국 농부 한 사람이 한국 농부 한 사람보다 더 많은 밀가루를 생산한다면 미국이 밀가루 생산에서 절대우위가 있다고 말한다. 거꾸로 한국이 자동차 생산에서 미국보다 적은 양의 노동을 사용한다면 한국이 자동차 생산에서 절대우위가 있다고 하겠다. 그러면 두 제품 모두 미국이 절대우위에 있어도 국가 사이에 무역이 일어날까? 답은 '그렇다'이다. 각국이 상대적으로 유리한 상품의 생산을 전문화해서 교역하면 두 나라 모두 이득을 볼 수 있다.

절대우위 어떤 재화의 생산비용이 한 나라가 다른 나라보다 낮을 때 국제분업에서 갖는 우위

〈그림 13-1〉은 **절대우위**(absolute advantage)가 있는 경우 무역의 이익을 보여준다. 미국은 X재의 생산에, 한국은 Y재의 생산에 각각 절대우위를 가지고 있다. 무역

그림 13-1 절대우위가 있는 무역의 이익

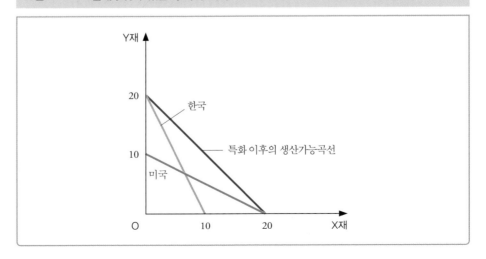

이 없는 경우 미국은 X재 20단위 또는 Y재 10단위를 생산할 수 있다. 마찬가지로 한국은 X재 10단위 또는 Y재 20단위를 생산할 수 있다. 그러나 각각 절대우위를 가진 재화의 생산에 특화한 이후 무역을 통해 교환하면 미국과 한국 모두 X재 20단위 또는 Y재 20단위를 소비할 수 있다. 두 나라 모두 사실상 X재 20단위 또는 Y재 20단위를 생산할 수 있게 된 것과 마찬가지의 이익이 생긴 것이다.

〈그림 13-2〉는 제1장에서 **비교우위**(comparative advantage)를 설명하면서 예로 들었던 〈표 1-1〉을 그림으로 그린 것이다. 여기서는 미국이 X재와 Y재 모두에 절대우위를 가지고 있다. 그 대신 한국은 X재의 생산에 비교우위를 가지고 있다. 무역이 없는 경우 미국은 X재 40단위 또는 Y재 24단위를, 한국은 X재 24단위 또는 Y재 8단위를 각각 생산할 수 있다. 두 나라의 가능한 생산량을 합하면 세계 전체로는 X재 64단위 또는 Y재 32단위를 생산할 수 있다. 하지만 두 나라는 모두 X재든 Y재든 한 재화를 생산하기 위해서는 다른 재화의 생산을 포기해야 한다. 그래서 미국은 직선 E_A 위의 어떤 점, 가령 X재 15단위와 Y재 15단위를 생산한다고 가정하고, 한국에서는 직선 E_K 위의 어떤 점, 가령 X재 6단위 또는 Y재 6단위를 생산한다고 가정하자. 세계경제 전체로는 X재 21단위와 Y재 21단위(E_W)를 생산하여 소비할 수 있다.

그런데 만약 미국은 비교우위가 더 큰 Y재에, 한국은 X재에 특화하면 얼마나 생산할 수 있을까? 한국은 X재 24단위를 생산할 수 있고 미국은 Y재 24단위(E_T)를 생산할 수 있다. 사회 전체적으로 더 많은 생산이 가능해진 것이다. 물론 이렇게 생산

비교우위 생산의 기회비용이 낮은 국가가 국제분업에서 갖는 우위

그림 13-2　비교우위가 있는 무역의 이익

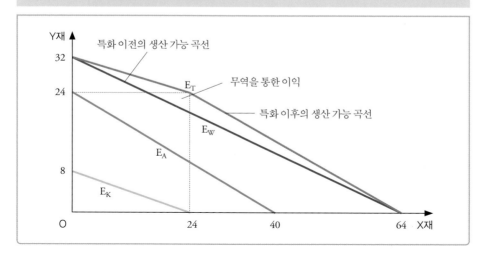

한 X재와 Y재를 어떤 비율로 교환할 것인가 하는 문제는 여전히 남는다. 그러나 시장에서 합리적으로 가격, 즉 교환비율이 결정된다면 그 비율이 어떻든 두 나라 모두 특화하기 이전보다 더 많은 재화를 소비할 수 있게 된다. 가령 X재 1단위와 Y재 2단위를 교환한다면 미국은 X재 18단위와 Y재 15단위를 생산하여 소비할 수 있으며, 한국은 X재 6단위와 Y재 9단위를 생산하여 소비할 수 있다. 세계경제 전체로는 X재 24단위와 Y재 24단위(E_T)를 생산하여 소비할 수 있게 된다. 어느 한 나라가 두 가지 상품 모두에 절대우위를 가지고 있더라도 비교우위의 원리가 적용된다는 것을 알 수 있다.

리카도의 비교우위이론을 현대적으로 발전시킨 것이 **헥셔-오린 정리**(Heckscher-Ohlin theorem)이다. 헥셔-오린 정리는 각 나라가 가지고 있는 생산요소의 부존 차이로 비교우위가 생긴다는 것이다. 각 나라들이 상대적으로 풍부한 생산요소를 집중적으로 사용하는 재화를 생산하면 상대적으로 낮은 가격으로 생산할 수 있으므로 비교우위를 갖게 되고, 따라서 이 재화를 수출하면 양국이 모두 이익이 된다는 것이다. 즉 원래 타고난 것이 경쟁력을 갖는다는 뜻이다. 예를 들어 한국은 미국에 비해 저렴한 노동력이 풍부하고 미국은 한국에 비해 저렴한 자본이 풍부하므로 상대적으로 노동집약적인 산업제품인 옷을 생산하여 미국에 수출하고 미국은 상대적으로 자본집약적 산업의 제품인 기계를 생산하여 수출하면 양국이 모두 이익이 된다는 것이다.[2]

비교우위의 원리는 실제 무역통계에서도 나타난다. 선진국과 개발도상국의 교역은 대체로 절대우위에 근거한 무역이라고 볼 수 있다. 그러나 오늘날 전 세계 무역량에서 선진국과 개도국 사이의 무역이 차지하는 비중은 30% 정도이며, 오히려 선진국과 선진국 사이의 교역이 50% 정도로 더 높은 비중을 차지하고 있다. 개도국과 개도국 사이의 무역은 대체로 20% 미만이다. 이러한 자료는 비교우위의 원리가 현실에서 매우 자주 적용되고 있다는 사실을 보여준다. 그래서 오늘날 세계 각국은 원칙적으로 자유무역을 기본 제도로 채택하고 있다. 그러나 현실에서는 여러 가지 보호

헥셔-오린 정리 두 나라의 요소부존비율이 상이한 경우, 각국은 타국에 비하여 상대적으로 풍부히 가지고 있는 생산요소를 집약적으로 사용하는 재화의 생산에 비교우위를 가지게 된다는 이론

---

2 헥셔-오린 정리에 대해 러시아 출신의 미국 경제학자 바실리 레온티예프(Wassily Wassilyovich Leontief, 1906-1999)가 미국의 무역에 대해 분석해보았더니 세계에서 자본이 가장 풍부한 나라인 미국의 수출품은 노동집약적인 상품들이라는 결과가 나왔다. 이를 '레온티예프의 역설(Leontief paradox)'이라고 부른다. 이에 대해 레온티예프는 미국 노동자들의 노동생산성이 높기 때문에, 미국은 자본보다 노동이 더 풍부한 나라라고 설명했다.

무역제도들도 동시에 존재한다. 가령 세계 각국에 자유무역을 확대할 것을 주장하는 가장 대표적인 나라인 미국도 대통령 직속기관인 무역대표부(United States Trade Representative)를 통해 자국의 이익에 맞추어 관세를 부과하는 방법으로 무역에 개입하고 있다. 무역을 통해 얻는 이득이 크다면 왜 선진국에서조차 완전한 자유무역이 이루어지지 않을까? 세계 각국이 보호무역을 취하는 가장 중요한 이유는 자국의 산업을 보호하기 위해서이다. 즉 비교우위가 없는 자국 산업이 외국 산업에 경쟁력을 갖출 때까지 일정 기간 보호하려는 것이다. 우리나라는 특히 쌀 농업에서 보호주의를 강력히 채택하고 있다. 우리의 주식인 쌀을 생산하는 농업이 비교우위가 없다고 해서 이를 모두 수입한다면 식량안보 차원에서 문제가 될 수 있으므로 국내 쌀농사를 전면적으로 포기할 수 없다는 논리이다.

관세

보호무역을 위한 정책수단에는 여러 가지가 있다. 보호무역정책은 기본적으로 수입품의 가격을 올리거나 수입량을 줄이려는 데 목적을 둔다. 이 가운데 가장 중요한 수단이 **관세**(tariff)이다. 관세는 해외에서 수입하는 재화에 일정 한도의 세금을 부과하는 것으로, 역사적으로 일찍이 사용되어 온 보호무역정책 수단이다. 그러나 몇 차례에 걸친 **관세 및 무역에 관한 일반협정**(General Agreement on Tariffs and Trade, GATT)의 다자간 무역협상 과정에서 전 세계적으로 관세를 대폭 인하함에 따라 무역정책에서 관세의 중요성은 점차 축소되어 왔다. 이렇게 관세의 중요성이 줄어들자 최근에는 **비관세장벽**(non-tariff barrier)이 많이 활용되고 있다. 비관세장벽의 주요 수단으로는 수량할당, 수출자율규제 등과 같은 수량규제와 수출보조금을 비롯한 가격규제가 있다. 이외에 복잡한 행정절차 등으로 무역을 규제할 수도 있는데, 자동차의 배기가스 방출량이나 안전성과 관련해 까다로운 기준을 설정하고 이 기준을 충족하는 경우에만 수입을 허가하는 것 등이 그 예이다.

〈그림 13-3〉은 관세의 효과를 보여준다. 지금 어떤 상품의 국내가격이 P_N이고 세계가격은 P_W라고 가정하자. 자유무역의 경우 외국으로부터의 수입에 의해 국내가격도 P_W까지 하락하게 되고, 국내수요 가운데 A만큼은 국내생산이, (D − A)만큼은 수입이 담당하게 된다. 그러나 정부가 이 상품의 수입에 관세를 부과하면 국내가격은 관세만큼 상승하여 P_T가 되고, 국내수요 가운데 B만큼을 국내생산이, (C − B)만큼은 수입이 담당하게 된다. 관세가 없는 경우와 비교해서 관세가 부과될 경우 국내

관세 세관을 통과하는 화물에 부과하는 조세. 수출세, 수입세, 통과세의 세 종류가 있으나 현재 우리나라에는 수입세만 있다.

관세 및 무역에 관한 일반협정 관세장벽과 수출입의 제한을 제거하고, 국제무역과 물자교류를 증진하기 위해 1947년 제네바에서 미국을 비롯한 23개국이 조인한 국제적인 무역협정. 1995년 세계무역기구(WTO)의 출범에 따라 해체되었다.

비관세장벽 정부가 관세 이외의 방법으로 자유무역을 저해하거나 교란하는 일을 의미함

그림 13-3 관세의 긍정적 효과

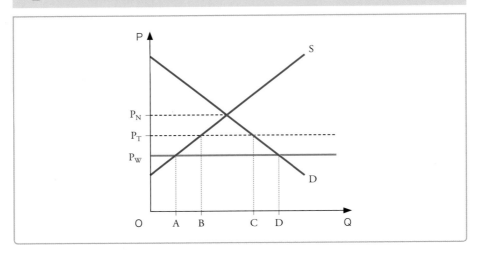

생산이 (B − A)만큼 증가하고 그만큼 수입이 감소한 것이다. 이처럼 관세는 국내생산자를 보호하는 효과가 있다.

하지만 관세의 부정적 효과도 간과할 수 없다. 〈그림 13-4〉에서 나타나듯이 관세부과 이전의 생산자잉여는 $P_W E_1 P_2$이고, 소비자잉여는 $P_W E_2 P_1$이다. 관세부과로 국내생산자의 생산자잉여는 $P_T A P_2$로 증가하지만 국내소비자의 소비자잉여는 $P_T B P_1$으로 감소한다. 뿐만 아니라 생산자잉여의 증가분보다 소비자잉여의 감소분이 더 크

그림 13-4 관세의 부정적 효과

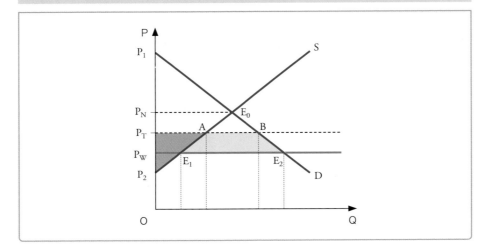

기 때문에 국민경제 전체로도 AE_1E_2B만큼의 자중손실을 감수해야 한다.

보호무역의 한계

그렇다면 자유무역과 보호무역 가운데 어느 것이 더 올바를까? 자유무역이 옳은가, 아니면 보호무역이 옳은가는 그 나라의 발전 단계나 국민경제의 목표와 관련된다. 두 나라가 서로 대등한 발전 단계에 있다면 자유무역은 모든 무역당사국에게 이익이 된다. 제2차 세계대전 이후 세계경제가 장기호황을 누리게 된 데는 전 세계적인 자유무역질서가 중요한 역할을 했다. 그러나 자유무역의 이익은 전 세계적으로 보면 크겠지만 모든 나라가 동일한 이익을 얻는 것은 아니다. 다시 말해서 어떤 나라는 자유무역의 이익을 많이 얻는 반면, 어떤 나라는 적게 얻는다는 뜻이다. 때로는 자유무역의 결과로 어떤 나라는 영원히 농산물이나 지하자원밖에 수출할 것이 없는 빈곤국가로 전락하기도 한다. 현실에서는 나라마다 발전 단계가 다르므로 산업에 따라 경쟁력에도 차이가 있기 때문이다. 이와 같이 보호무역은 경쟁력이 없는 자국의 산업을 보호하고 육성하기 위한 것이다.

　그러나 어떤 나라든 모든 산업에 보호무역을 적용할 수는 없다. 모든 산업에 보호무역을 실시한다는 것은 외국과의 무역이나 교류가 전혀 없는 폐쇄경제에서나 가능하다. 지금도 어떤 국가들은 폐쇄경제를 추진하고 있지만, 그 나라들의 경제사정은 세계에서도 가장 빈곤한 수준으로 떨어져 있다. 물론 그 나라에 꼭 필요한 산업이 아직 걸음마 단계일 때는 국가적으로 그 산업을 육성하고 보호해야만 하고, 따라서 어느 정도의 보호무역이 필요한 것은 사실이다. 그러나 이런 경우에도 장기적이나 영구히 보호무역을 실시할 수는 없다. 그 이유는 첫째, 장기적인 보호무역정책은 당연히 상대국의 보복조치를 부를 것이기 때문이다. 국제관계에는 항상 상대방이 있다. 우리가 다른 나라에 상품을 수출하기 위해서는 우리 또한 상대국의 상품을 사야 한다. 우리나라가 국내산업을 보호한다는 명분으로 수입을 무조건 거부한다면 다른 국가도 역시 똑같은 이유로 우리 상품의 수입을 거부할 것이기 때문이다. 어떤 이들은 국제사회란 냉혹하므로 우리나라는 우리의 이익만 추구하면 그만이라고 주장하기도 한다. 그러나 국제사회가 냉혹한 곳이기 때문에 더 호혜주의가 필요하다. 우리가 우리의 이익을 추구하는 것처럼 다른 나라도 자국의 이익을 추구한다. 그러니 그들의 이익을 충족시키지 않고서는 우리의 이익도 추구할 수 없다. 경제학의 아버지 애덤 스미스가 이야기한 것처럼 "우리가 식사할 수 있는 것은 정육점 주인, 양조장

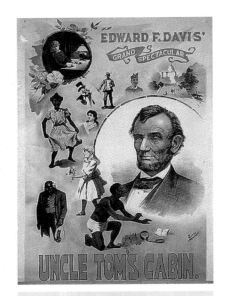

남북전쟁 톰 아저씨(Uncle Tom)는 해리엇 스토(Hariott Stowe, 1812-1896)의 소설 『톰 아저씨의 오두막(Uncle Tom's Cabin)』에 나오는 흑인 노예다. 이 소설은 노예제도의 비인간성을 가장 잘 비판한 소설로 꼽힌다. 그러나 노예 해방을 위하여 남북전쟁이 일어났다는 것은 다분히 과장된 이야기이다. 남북전쟁의 가장 주요한 원인은 보호무역을 주장한 북부와 자유무역을 주장한 남부 사이의 갈등 때문이다.

주인, 빵집 주인의 자비에 의한 것이 아니라 자기 자신의 이익에 대한 그들의 관심 때문이다. 우리는 그들의 인간성에 호소하지 않고 그들의 이기심에 호소하며, 그들에게 우리 자신의 필요를 이야기하지 않고 그들의 이익을 이야기한다."

한 나라가 장기적으로 보호무역을 유지할 수 없는 두 번째이자 더 중요한 문제는 보호무역이 반드시 자국 산업의 경쟁력을 증대시키는 데 기여하는 것은 아니라는 것이다. 외국 상품의 수입이 제한되거나 금지됨으로써 경쟁자가 없으면 기업은 기술혁신과 경영 합리화를 통해 품질을 개선하고 비용을 낮추기보다는 독점적으로 이윤을 얻는 데만 매달릴 수도 있기 때문이다. 이런 경우에는 국내 산업을 육성하기 위한 보호무역조치가 오히려 국내산업의 경쟁력을 더욱 저하하는 결과를 가져온다. 우리나라의 경우도 부분적인 보호무역조치를 오랫동안 실시해 왔음에도 아직 경쟁력을 갖추지 못한 일부 산업들이 바로 이런 예다.

물론 무조건적인 자유무역주의가 반드시 옳은 것도 아니다. 특히 쌀처럼 나라에 따라서는 단순한 상품 이상의 의미를 갖는 산업도 있고, 영화를 비롯한 문화산업에는 또 그 나름의 특수성이 있다. 그러나 경제의 글로벌화와 함께 국경 없는 무한 경쟁 시대로 불리는 오늘날에는 모든 나라가 개방화와 자유화를 피할 수 없게 되었다. 그동안 보호무역의 혜택을 보던 산업들이 이제는 외국산업과 동일한 조건에서 경쟁해야 하는 상황이 된 것이다. 이와 같은 글로벌화의 경쟁 환경에서는 더 이상 보호무역이냐, 자유무역이냐가 아니라 어떻게 산업의 경쟁력을 키울 것이냐에 문제의 핵심이 있다.

13-2 국제수지

5월 경상수지가 사상 최대 폭으로 늘며 51개월 연속 최장 흑자 기록을 이어갔다. 경상수지 흑자는 2012년 3월부터 51개월째 계속되면서 최장기간 흑자 기록을 이어갔다. 그러나 한 달 만에 수입 감소폭이 수출 감소폭보다 커지며 '불황형 흑자' 우려를 낳고 있다. 한국은행은 5월 경상수지 흑자가 103억 6,000만 달러로 잠정 집계됐다고 1일 밝혔다. 경상수지 흑자는 4월(33억 7,000만 달러)에 비해 69억 9,000만 달러 늘어난 것으로, 1980년 통계 이래 최대 증가폭을 기록했다. 5월 흑자 규모는 지난해 9월(108억 5,000만 달러) 이후 8개월 만에 가장 많은 수준이면서 역대 5번째로 많은 것이다. 사상 최대 규모 흑자는 지난해 6월(118억 7,000만 달러)이었다. 5월 수출은 434억 3,000만 달러로 1년 전보다 2.4% 줄었고 수입은 316억 9,000만 달러로 8.6% 줄었다. 이에 따른 상품수지 흑자는 107억 4,000만 달러로 4월(95억 6,000만 달러)에 비해 11억 8,000만 달러 늘었다. 수출·수입의 감소세 자체는 둔화됐지만 수출보다 수입 감소폭이 커지면서 경상수지 흑자가 유지되는 불황형 흑자 구조가 고착화되는 것 아니냐는 우려가 커지고 있다. 건설수지 흑자 규모가 5억 5,000만 달러에서 8억 4,000만 달러로 커졌다. 서비스 수지 적자는 11억 4,000만 달러로 4월의 16억 2,000만 달러보다 축소됐다. 여행수지 적자는 2억 5,000만 달러로 4월(－5억 3,000만 달러)에 비해 조금 개선됐다. 운송과 지식재산권 사용료는 각각 1억 6,000만 달러, 4억 5,000만 달러 적자를 기록했다. 한편 근로·투자소득으로 구성된 본원소득수지는 4월의 40억 7,000만 달러 적자에서 5월 9억 1,000만 달러 흑자로 전환했다. 배당소득 수지가 45억 1,000만 달러 적자에서 4억 7,000만 달러 흑자로 돌아선 영향이 컸다. 한은 관계자는 "12월 결산법인들의 배당금 지급이 3~4월에 집중됐다가 5월에는 이 같은 계절성이 사라졌다"고 설명했다. 상품·서비스 거래가 없는 자본 유출입을 나타내는 금융계정의 순자산은 89억 3,000만 달러 증가했다. 직접투자의 경우 내국인의 해외투자가 19억 1,000만 달러 증가했고 외국인의 국내투자는 11억 9,000만 달러 늘었다. 증권투자에서 내국인의 해외투자는 50억 7,000만 달러 늘어났고 외국인 국내투자는 7억 1,000만 달러 증가했다. 파생금융상품은 4억 6,000만 달러 감소했고, 외환보유액에서 환율 등 비거래 요인을 제거한 준비자산은 4억 달러 늘었다. (〈내일신문〉, 2016. 7. 1)

국제수지의 구성

가계는 수입과 지출의 관리를 위해 가계부에 그 내용을 기록한다. 마찬가지로 기업도 일정 기간의 매출, 비용, 이익금이나 일정 시점의 자산, 부채 등을 회계장부에 기록해 경영성과나 건전성을 판단하는 자료로 활용한다. 모든 정부도 국민경제의 살림살이 내용을 기록하는데 이것을 **국민계정**(national account)이라고 한다.

국민계정은 국민소득통계, 산업연관표, 자금순환표, 국제수지표, 국민대차대조표의 다섯 가지로 구성된다. 이 중에서 국제수지표는 일정 기간 동안 한 나라가 다른 나라와 행한 모든 경제적 거래를 체계적으로 분류한 장부이다. 이때 '일정 기간'은

국민계정 국민경제 전체를 종합적으로 분석하는 국가의 재무제표로 국민소득통계, 산업연관표, 자금순환표, 국제수지표, 국민대차대조표로 구성되어 있다.

통상적으로 1년을 지칭하지만, 분기별 집계에서처럼 1년 미만 또는 1년 이상으로 설정하는 때도 있다. 경제활동의 본거지가 어디에 있는가 하는 점이 분류의 중요한 기준이 된다. 또한 모든 형태의 거래를 포함하는 것으로 재화와 용역의 거래, 국가 간의 이전거래, 자본거래 등 일체의 거래를 포함한다.

오늘날에는 외국과 무역이나 자본거래를 하지 않는 나라가 거의 없다. 모든 장사가 그렇듯이 한 나라의 대외 거래도 많이 팔고 적게 사서 그 차익을 많이 남길수록 좋은 것이 기본이다. 우리나라가 외국과의 거래에서 얼마나 사고팔아 얼마를 남겼는가가 바로 **국제수지**(balance of payments)이다.

한 국가의 국제수지, 즉 수입과 지출은 균형을 이루는 것이 바람직하다. 지출이 수입보다 많으면 결국 국가가 보유한 외화가 고갈되고 긴급한 재화마저 수입하지 못해 경제가 파탄에 이를 수도 있기 때문이다. 반대로 수입이 지출보다 많은 경우도 반드시 바람직하지는 않다. 왜냐하면 획득한 외화는 단순히 축적하는 데 의의가 있는 것이 아니라 그것을 사용해 외국의 필요한 재화를 수입함으로써 국민의 생활 수준을 향상하고 경제발전에 도움이 되도록 이용하는 것이 바람직하기 때문이다.

국제거래는 각각의 거래가 일어나는 원인과 경제에 미치는 효과에 따라 경상계정(current account)과 자본계정(capital account)으로 나뉜다. 경상계정은 무역거래, 무역외거래, 이전거래로 구성된다. 무역거래는 국가 사이에 벌어지는 재화의 수출과 수입을 말한다. 무역외거래는 주로 용역의 수출과 수입 그리고 투자 수익을 포함한다. 이전거래는 국가끼리 주고받는 무상증여를 나타낸다. 이것은 민간이 정부나 국제기관과 주고받는 모든 증여를 포함한다. 자본계정은 직접투자와 포트폴리오투자로 나뉘는데, 해외투자의 유출입과 차관, 단기자본이동 등이 해당한다. 자본거래는 상환기간에 따라 장기자본거래와 단기자본거래로 나뉘며, 통상적으로 상환기간이 1년 이상인가 이하인가가 그 기준이 된다.

국제거래의 계정 구분에 따라 국제수지는 크게 경상수지와 자본수지로 구분한다. 외국과의 거래 가운데 재화와 서비스의 수출입, 임금 및 투자소득과 같은 실물거래 결과를 '경상수지(balance on current account)'라고 한다. 그런데 국가들 사이에서는 실물거래뿐 아니라 외국에 돈을 빌려주거나 빚을 얻어 오는 등 돈도 거래하기 마련인데, 이것을 '자본수지(balance on capital account)'라고 한다. 경상수지는 상품 및 서비스수지, 소득수지 그리고 경상이전수지로 구분한다. 그리고 상품 및 서비스수지는 다시 상품수지와 서비스수지로 구분한다. 상품수지는 자동차나 가전제품, 고

표 13-1   국제수지표

계정	거래 유형	내용
경상수지	상품수지	재화의 수출과 수입
	서비스수지	관광수입, 통신·보험요금, 항공·선박운임 등
	소득수지	임금, 해외투자에 따른 이자 및 배당금 등
	경상이전수지	해외교포의 송금, 기부금, 정부 간 무상원조
자본수지	투자수지	차관, 해외직접투자, 해외간접투자
	기타자본수지	해외 이주비, 특허권 등의 자산거래
	준비자산증감	통화 당국이 보유하는 외환, 금 SDR 등의 증감
오차와 누락		통계적 오차, 밀수거래, 자본도피 등

주 : SDR은 국제통화기금(IMF)이 발행하는 특별인출권(special drawing right)을 의미함.

무신, 쌀 등과 같이 눈에 보이는 상품의 거래 결과이며, 서비스수지는 서비스나 관광산업, 지적재산권에 대한 로열티 등과 같이 눈에 보이지 않는 상품의 거래 결과라고 간단히 정의할 수 있다. 논리적으로 따지면 경상수지와 자본수지는 크기가 같고 부호는 반대이다. 가령 우리나라가 무역 등에서 100억 원의 경상적자가 나면 100억 원을 외국에서 빌려 와야 하므로 그만큼 자본수지 흑자가 나야 한다. 다만 현실에서는 시차를 비롯해 여러 가지 요인이 있으므로 두 가지가 정확하게 일치하지는 않는다.

무역수지

우리가 일상생활에서 흔히 이야기하는 국제수지는 경상수지, 그 가운데서도 특히 '무역수지(trade balance)', 즉 상품수지를 의미하는 경우가 많다. 경상수지 가운데 서비스수지와 소득수지를 합해서 '무역외수지(invisible trade balance)'라고 부른다. 경상수지는 국민경제의 기초가 되는 실물부문의 대외거래 결과로, 국민소득이나 생산, 고용 등 국민경제 전체의 거시지표들과 관련이 높기 때문이다. 따라서 흔히 말하는 국제수지 흑자는 경상수지 흑자, 국제수지 적자는 경상수지 적자를 뜻하는 것이 보통이다. 경상수지는 그 나라 경제의 건강상태를 잘 나타내준다. 경상수지가 흑자면 수출을 통한 해외수요가 증가해 국내 경제성장에 도움이 되기에 긍정적인 면이 크다. 수출이 수입보다 많아 외화가 국내에 들어오게 되므로, 사람들은 경상수지 흑자를 항상 좋은 것으로 생각한다. 특히 우리나라처럼 수출입의 비중이 높은 나라는 국민소득의 증가와 고용안정을 위해 다소간의 경상수지 흑자가 필요하다고 말하기도 한다.

$$Y = C + I + G + X_N = C + S + T \qquad \langle식\ 13-2\rangle$$

〈식 13-2〉는 이미 여러 번 본 국민소득의 방정식이다. 이 식은 경상수지 흑자가 국민소득을 증가시킨다는 것을 보여준다. 반대로 경상수지 적자는 당연히 국민소득을 감소시킨다.

$$M - X = (G - T) + (I - S) \qquad \langle식\ 13-3\rangle$$

〈식 13-2〉를 경상수지를 의미하는 순수출, 즉 X_N을 중심으로 다시 써보면 〈식 13-3〉과 같다. 〈식 13-3〉은 경상수지가 적자일 때 국민소득을 균형수준에서 유지하려면 재정정책을 통해 정부지출을 증가시키든지 통화정책에 의해 투자를 증가시켜야 한다는 것을 보여준다.

경상수지 적자는 우리나라가 해외에 물건을 팔아서 벌어들이는 돈보다 외국 물건을 사기 위해 쓰는 돈이 많은 것을 의미한다. 따라서 국내의 생산활동이 위축되고 경기는 나빠진다. 그 결과 당연히 실업자가 늘어나고 국민의 생활 수준도 낮아진다. 세계 여러 나라가 서로 경상수지 흑자를 위해 경쟁하는 이유도 여기에 있다. 그러나 국민경제에서 경상수지의 흑자 규모가 크면 클수록 반드시 좋은 것만도 아니다. 경상수지의 흑자가 계속되는 것은 수입보다 수출이 많은 결과이므로 총수요가 늘어나고 국민소득이 증가하게 된다. 또 외화자산이 늘어나거나 외채상환이 가능해진다. 그러나 해외투자나 외채상환 등에 사용하고 남은 외화는 결국 국내에서 사용되는 원화로 바뀔 수밖에 없으므로 시중에 돈이 많이 풀리게 되어 부작용을 초래하기도 한다. 일반적으로 경상수지 흑자가 지속되면 통화량의 증가와 경기과열을 가져와 인플레이션을 유발한다. 또 국제거래는 상대적이어서 경상수지 흑자가 지속되면 적자가 발생하는 교역상대국으로부터 많은 불만을 사게 되어 결국은 무역마찰을 초래할 가능성이 커지게 된다. 따라서 단기적으로는 경상수지, 특히 무역수지 흑자가 좋을 수 있지만 장기적으로는 균형을 유지하는 것이 바람직하다.

13-3 환율

일본 프로야구를 평정할 기세로 질주하고 있는 '빅보이' 이대호(31). 그런 이대호도 환율 소식만 들으면 속이 쓰릴지 모른다. 이대호는 2011년 12월 연봉 2억 5,000만 엔을 포함, 2년간 총액 7억 6,000만 엔에 오릭스에 입단했다. 환율이 100엔당 1,500원에 육박하던 당시 기준으로 110억 원에 이르는 거액이었다. 하지만 최근 환율로 계산하면 84억 원으로 쪼그라든다. 이대호 입장에서 가장 부러운 사람이 이승엽이다. 이승엽은 요미우리에서 활약하던 시기 환율만으로 한 시즌 연봉을 더 버는 '홈런'을 터뜨렸다. 그는 2006년 말 요미우리와 4년간 매년 연봉 6억 엔에 재계약에 성공했다. 때마침 환율까지 치솟기 시작했다. 계약 당시 100엔당 8배 수준이던 연평균 환율은 2008년 10배, 2009~2010년 13배로 고공비행을 했다. 계약시점과 비교하면 그 3년간 이승엽은 가만히 앉아 76억 원 가까운 환차익을 챙긴 셈이다. 반면 일본 진출 1, 2호였던 선동열과 이종범은 재미를 못 봤다. 주니치 드래건스에서 4년을 뛴 선동열은 두 번째 시즌인 1997년 외환 위기 때 원화 가치가 폭락하면서 연봉이 잠시 급등했지만 누적으로는 4억 원이 넘는 환차손을 기록했다. 역시 주니치에서 뛴 이종범도 일본에서 뛴 3년 반 동안 환율 때문에 1억 원 가까이 손해를 봤다. (〈조선일보〉, 2013. 4. 27)

환율의 기능

외국과 무역을 하거나 자본거래를 할 때 과연 우리나라 돈으로 직접 결제할 수 있을까? 원화는 국제통화로 거의 사용하지 않기 때문에 대부분 직접 결제할 수 없다. 현재 세계적으로 자유롭게 결제용으로 사용되는 국제통화는 미국 달러, 유로, 파운드, 엔, 캐나다 달러, 오스트레일리아 달러 정도이며, 우리나라 원화는 외국에서 거의 사용되지 않는다. 따라서 우리가 외국에서 재화나 서비스를 수입하고 그 대가를 지급하려면 상대국의 수출업자가 받아들일 수 있는 돈으로 환전해야 한다. 현재 우리나라 은행에서 환전할 수 있는 통화는 약 30개 내외이다.

　한 나라의 돈과 다른 나라 돈 사이의 교환비율을 **환율**(exchange rate)이라고 하며, 대개는 미국 달러화를 기준으로 나타낸다. 환율을 표시하는 방법은 '1달러 = 1,000원'과 같이 외국 통화 1단위와 교환할 수 있는 자국 통화의 단위 수를 표시하는 것이 일반적인데 이를 '자국통화표시법'이라고 한다. 우리나라 환율도 자국통화표시법을 사용하는데, 달러당 원화 금액이 커지는 경우 원화 환율은 상승하고 원화 가치는 하

환율 자기 나라 통화와 다른 나라 통화의 교환 비율

락했다고 한다. 이처럼 자국통화표시법에 따른 환율은 그 나라 돈의 대외 가치와 반비례한다. 예를 들어 환율이 달러당 1,000원에서 1,100원으로 변동한 경우, 원화 환율은 상승하고 반대로 원화의 가치는 달러화에 대해 하락한 셈이다. 환율을 '0.001달러/원'으로 표시할 수도 있는데 이것을 '외국통화표시법'이라고 한다. 현실에서는 잘 사용하지 않는다.

환율은 국제무역이나 자본거래에서 매우 중요한 역할을 한다. 물론 환율이 더 좋은 물건을 만들게 하지는 않는다. 그러나 환율은 때로 물건을 더 싸게 만들기도 하고 비싸게 만들기도 한다. 환율은 단지 우리나라 돈의 값을 정할 뿐만 아니라 외국에서 우리 물건이 얼마에 팔릴지, 또 외국의 상품이 우리나라에서 얼마에 팔릴지를 결정하기 때문이다. 예를 들어 우리나라에서 9,000원 하는 물건이 있다고 가정해보자. 환율이 1달러 = 900원일 때는 이 물건이 미국에서 10달러에 팔리게 된다. 그러나 환율이 1달러 = 1,000원이 되면 같은 물건이 미국 시장에서 9달러에 팔리게 된다. 물건의 값이 떨어지면 그만큼 많이 팔릴 것은 당연하므로 우리나라의 수출은 늘어나게 된다. 반대로 지금까지 우리나라에서 900원에 팔리던 미국 상품은 1,000원이 되고 그만큼 수입은 줄어들게 된다. 따라서 여러 나라의 정부는 서로 자국의 통화가치를 낮게 평가하려고 외환시장에 개입하게 되고, 때로는 그 때문에 국가들 사이에서 심각한 외교적 마찰이 일어나기도 한다.

환율 화폐에 정치가나 유명인의 초상이 들어가는 이유는, 과거 금화나 은화가 통용되던 시절에 금속의 함량을 속이는 경우가 많아 왕이나 영주의 초상을 넣어 화폐의 가치를 보증했던 데서 유래한다.

이런 환율의 마술에서 생각해보면 모든 나라가 수출증대를 위해서 환율의 상승, 즉 자국 통화가치의 하락을 추구할 것 같지만 실제로는 반드시 그렇지만도 않다. 이 것은 환율이 부리는 또 하나의 마술 때문이다. 가령 우리나라의 1인당 국민소득이 900만 원이라고 가정할 때, 환율이 1달러 = 900원이면 국민소득은 1인당 1만 달러 가 되지만, 환율이 1달러 = 1,000원이 되면 국민소득은 1인당 9,000달러밖에 되지 않는다. 따라서 우리 통화가치가 강세일수록 우리나라의 국민소득은 많은 것처럼 보인다. 흔히 후진국일수록 공식환율과 시장환율의 차이가 몇 배씩 나는 이유도 여 기에 있다. 물론 이런 경우는 더 많은 물건을 생산하거나 수출한 것이 아니라 똑같은 900만 원의 소득을 단지 달러로 표시할 때에 1만 달러가 되느냐 9,000달러가 되느 냐의 차이밖에 없으므로 단지 눈속임에 불과하다고 생각할 수도 있다. 그러나 현실 에서는 이런 경우가 드물지 않게 일어난다. 1997년 말의 외환위기도 직접적인 원인 을 분석해보면, 우리 정부가 환율 상승을 막기 위해서 이용가능한 달러를 모두 동원 해 외환시장에 쏟아부었다가 순식간에 외환보유액이 바닥나면서 결국은 위기를 자 초했다는 지적이 많다.

환율제도

그렇다면 환율은 어디서 어떻게 결정될까? 환율제도는 나라마다 결정방식이 다른 데, 크게 **고정환율제**(fixed exchange rate system)와 **변동환율제**(floating exchange rate system)로 나뉜다. 고정환율제는 정부 또는 중앙은행이 외환시장에 개입해 환율을 일정한 수준으로 유지하는 제도이다. 반면에 변동환율제는 환율이 고정되지 않고 시장의 추세에 따라 변동하는 제도이다. 제2차 세계대전이 막 끝나기 직전인 1944 년 미국의 브레튼우즈에서 연합국의 대표들이 모여 전쟁이 끝난 이후에 국제금융체 제를 어떻게 재건할 것인가를 두고 회의를 열었다. 이 회의의 영국 대표가 바로 경제 학자 케인스였고 미국 대표는 재무차관이던 해리 화이트(Harry Dexter White, 1892 −1948)였다. 이 회의에서 국제통화기금(International Monetary Fund)과 국제부흥개 발은행(International Bank of Reconstruction and Development), 즉 세계은행(World Bank)의 설립이 결정되었다. 브레튼우즈 회의에서는 또 IMF의 회원국이 되기 위한 조건으로 고정환율제를 의무화했다. 이 때문에 1976년 자메이카의 킹스턴에서 열 린 회의에서 변동환율제로 이행할 때까지 대부분의 국가들에서는 고정환율제를 채 택했다. 우리나라도 정부 수립 이후 고정환율제도로 출발해 경제여건의 변화에 따

고정환율제 외환시세 의 변동을 전혀 인정하 지 않고 고정해놓은 환 율제도. 금본위제도 아 래에서 시행되는 전형적 인 환율제도이다.

변동환율제 환율이 고정되지 않고 시장의 추세에 따라 변동하는 제도

라 관리변동환율제 등을 채택해 오다가 1997년 외환위기를 계기로 변동 폭에 제한이 없는 자유변동환율제도로 변경했다. 그러나 일부 국가에서는 지금도 고정환율제도를 사용하고 있다.

고정환율제에서는 정부가 환율을 결정하므로 상승이나 하락이라는 표현보다 평가절상(revaluation)이나 평가절하(devaluation)라는 표현을 쓴다. 평가절하는 자국통화의 가치를 인하하는 것이므로 환율 상승과 같은 개념이다. 변동환율제에서 환율은 식품이나 텔레비전과 같은 상품의 가격이 시장에서 정해지듯이, 외환이 거래되는 시장에서 외환의 수요와 공급에 따라 결정된다. 여기서 외환이란 외국의 화폐나 외국화폐를 청구할 수 있는 외화표시예금과 수표 등으로, 외환시장에서 거래대상이 되는 모든 것을 말한다. 국내기업이 외국기업에서 물건을 사고자 할 때나 국내 소비자가 해외여행을 하고자 할 때, 자녀의 유학자금을 송금하고자 할 때 또는 국내투자가들이 외국의 주식이나 채권을 사고자 할 때 외환시장에서 달러를 산다. 또 반대로 우리나라 기업들이 수출대금으로 받은 달러나 외국투자가들이 우리나라 주식이나 채권에 투자하고자 할 때는 달러를 외환시장에서 팔기도 한다. 이런 거래를 매개하는 것은 대개 은행과 같은 금융기관들인데, 달러를 사고자 하는 금융기관의 외환수요와 달러를 팔고자 하는 금융기관의 외환공급이 균형을 이루는 수준에서 그때그때의 시장환율이 결정된다. 물론 금융기관은 고객을 대신해서 거래할 뿐만 아니라 주식을 사고팔 듯 외환 자체의 매매차익을 목적으로 거래할 수도 있다.

그림 13-5 환율의 결정

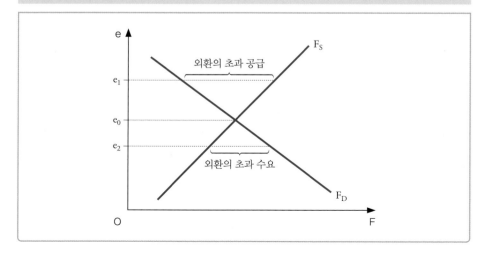

환율의 결정원리

환율이 오르내리는 이유는 상품시장에서의 균형가격 결정 원리와 같다. 즉 환율은 외환시장에서 외환의 수요와 공급에 따라 결정되므로 그 화폐에 대한 수요가 커지면 가격이 오르고 그 수요가 작아지면 가격은 내려간다. 물론 공급 측면에서 보면 그 반대이다. 따라서 화폐의 수요와 공급에 영향을 주는 요인들이 바로 환율의 변동요인이라고 할 수 있다. 외환시장에서 외환의 수요와 공급에 영향을 주는 요인은 다양하다. 먼저 환율을 결정하는 첫 번째 요인은 여러 국가들의 물가이다. 편의상 물가 대신 특정 상품의 가격을 예로 들어보자. 가령 동일한 자동차가 미국에서는 1만 달러인데 한국에서는 1,000만 원이라면 두 나라 사이의 환율은 1$ = 1,000원으로 결정될 것이다. 물론 물가는 특정 상품이 아니라 모든 상품의 가격을 평균한 것이므로 한두 가지 상품가격의 변화로 설명하는 것은 정확하지 않다. 하지만 이러한 설명방법은 전문가가 아닌 일반인들도 쉽게 이해할 수 있다는 장점이 있다. 그래서 만들어진 것이 바로 '빅맥지수(Big Mac Index)'이다. 영국의 경제주간지 〈이코노미스트〉는 1986년부터 매년 빅맥지수를 발표한다. 이것은 맥도날드 햄버거의 대표 상품인 빅맥의 가격이 전 세계 각 지역에서 똑같다는 전제로 각국의 적정 환율을 산출한 것이다. 맥도날드는 전 세계적인 체인망을 구축했을 뿐만 아니라 햄버거 품질이 세계적으로 표준화되어 있어서 각국의 물가와 환율을 비교하는 지표로 이용된다. 예를 들어 미국에서 3달러에 팔리는 빅맥이 우리나라에서 3,000원에 팔린다면 그 비율은 '1달러 = 1,000'원이 된다. 즉 우리나라의 환율은 '1달러 = 1,000'원이 적당하다는 뜻이다. 그런데 만약 공식환율이 '1달러 = 1,100'원이라면 환율이 물가에 비해 높은 셈이다. 반대로 공식환율이 '1달러 = 900'원이라면 환율이 물가에 비해 낮은 셈이다. 이처럼 빅맥의 가격을 이용해서 환율을 비교하는 것을 빅맥지수라고 부른다.[3]

각국의 경제활동 수준, 즉 경기의 좋고 나쁨도 외환수요에 영향을 준다. 특히 환율에 중요한 영향을 미치는 것은 바로 무역수지이다. 국내경기가 좋아지면 수입이

---

3 빅맥지수는 각국의 물가를 비교하거나 임금 수준을 비교하는 데도 사용된다. 빅맥 하나를 사 먹기 위해 몇 시간을 일해야 하느냐, 또 거꾸로 하루 8시간을 일하면 빅맥을 몇 개 사 먹을 수 있는가를 비교하는 것이다. 최저임금을 받고 하루 8시간을 일하면 미국에서는 빅맥을 15개, 일본에서는 19개, 오스트리아에서는 무려 31개를 사 먹을 수 있다고 한다. 그럼 우리나라에서는 몇 개일까? 겨우 9개이다. 빅맥지수와 비슷한 아이디어로는 스타벅스지수, 코카콜라지수 등이 있다. 우리나라 기업들이 생산하는 상품들 가운데서도 한때 '애니콜지수'라는 말이 나온 적이 있고, 또 세계 70여 개 나라에서 팔리는 라면 가격을 비교한 '신라면지수'도 매년 발표되고 있다.

증가하고 따라서 수입품의 결제에 필요한 외환수요가 증가한다. 반면에 외국의 경기가 좋아지면 수출이 증가하므로 외환의 공급이 증가하게 된다. 무역수지가 흑자면 자국통화가 강세로 되어 환율이 하락하고, 적자면 그 반대로 상승한다. 우리나라의 무역수지가 흑자일 때는 벌어들인 달러가 사용한 달러보다 많아져 외환시장에 달러의 공급을 늘리므로 달러 가치가 떨어지고 원화 가치는 올라간다. 예를 들어 환율은 '1달러 = 1,000원'에서 '1달러 = 900원'으로 내려가게 된다.

무역과 함께 환율에 영향을 미치는 요인은 자본이동이다. 자본자유화가 본격화되기 이전에는 수출입 등 실물거래와 관련된 달러의 수요와 공급이 외환시장 거래의 대부분이었다. 그래서 환율을 결정하는 데는 경상수지가 가장 중요한 요소였다. 그러나 요즘은 자본거래가 더 큰 비중을 차지하고 있다. 각국의 주식이나 국공채 등을 사고팔기 위한 외화의 수요와 공급이 늘어서 자본이동이 경상수지 변동보다 환율에 더 큰 영향을 미치고 있다. 따라서 균형환율을 말할 때는 경상수지뿐만 아니라 자본수지를 포함한 종합적인 입장에서 국제수지를 파악해야 한다. 국가들 사이에 자본이동이 생기는 중요한 요인 가운데 하나는 국내외의 실질금리 차이다. 자본이 아무런 규제 없이 자유롭게 움직일 수 있다면 당연히 금리가 낮은 나라에서 높은 나라로 이동한다. 따라서 국내의 실질금리가 외국의 실질금리보다 더 높으면 외국자본이 들어와 국내통화의 가치가 올라가고 자국통화표시법에 의한 환율은 내려가게 된다.[4]

환율에 영향을 미치는 물가 상승률이나 경기변동은 또 경제성장률이나 경제정책 등과 연관되어 있다. 따라서 환율은 참으로 다양하고 복잡한 요인들에 의해 움직이는 셈이다. 이밖에 투기적인 거래와 함께 외환시장 참여자의 심리적인 요인 등도 환율의 움직임에 영향을 미친다. 따라서 단기적인 환율 움직임을 예측하는 것은 매우 어렵다. 더군다나 전문가가 아닌 일반인으로서는 미래의 환율 움직임을 예측하기가 더욱 어렵다. 실제 외환시장에 참가해 외환을 사고파는 사람들은 경제성장률, 물

---

4 우리나라는 아직 채권시장 규모가 작아 외국의 투자자금이 주로 주식시장을 통해 들어오고 나가기 때문에 실질금리의 차이가 환율에 미치는 영향은 작다. 예를 들어 국내금리를 올려 국내외의 실질금리 차이가 더 커진다 하더라도 반드시 원화가 강세로 되지는 않는다. 인상된 금리가 지속될 것이 예상되면 기업의 이자부담 증가로 생산비용이 상승한다. 결국 기업의 수익성은 떨어지고, 미래수익에 민감한 주식시장에서 이것이 반영되어 주가가 하락한다. 그러면 외국인들은 우리나라 주식을 매도해 외국통화로 교환해 갈 것이므로 원화가 도리어 약세를 보일 수도 있다. 우리나라 상장주식의 외국인 보유비중이 40%대를 넘고, 우량기업 주식은 외국인이 60% 이상을 보유하고 있다는 점은 이런 가능성을 더욱 높게 한다.

가 상승률, 경상수지, 실질금리 차이 등과 같은 경제의 기초여건(fundamentals)뿐만 아니라 지정학적 위험이나 **컨트리 리스크**(country risk)라고 하는 위험도를 고려하고 또 이런 모든 변수의 장래 움직임까지 고려한다.

환율변동의 효과

환율이 수출입 기업을 비롯한 경제주체들의 해외거래에 큰 영향을 미치기 때문에 많은 사람은 환율변동에 큰 관심을 보인다. 그렇다면 환율변동은 국민경제에 어떤 영향을 미칠까? 환율의 가장 중요한 효과는 역시 국제수지에 있다. 일반적으로 환율이 오르면 경상수지가 개선된다. 환율이 오르면 수출에서 우리나라 제품의 가격경쟁력이 높아진다. 예를 들어 달러당 900원이면 채산성이 맞는 상품을 제조해서 수출하는 기업의 처지에서는 달러당 1,000원이 되면 순이익이 전보다 더 많아진다. 수출하는 상품의 단가를 낮추어도 물량증가의 효과가 더 크므로 수출액(수출물량×수출단가)이 증가하는 것이다.

환율이 상승할 때 수출하는 상품의 단가를 낮추어도 물량증가효과가 더 크다고 보는 근거는 국제시장에서 공산품은 경쟁적이므로 수요의 가격탄력성이 크다고 가정할 수 있기 때문이다. 이를 **마셜-러너 조건**(Marshall-Lerner condition)이라고 부른다. 조금 더 자세히 이야기하면 환율 상승(평가절하) 때 수출품에 대한 상대국의 수입수요의 탄력성과 해당국의 수입수요의 탄력성의 합이 1을 넘어야 한다. 즉 EX + EM > 1이어야 국제수지가 개선된다는 것이 '마셜-러너 조건'이다. 그러나 수출단가의 하락에 비해 수출물량의 증가에는 시간이 걸리므로 단기적으로는 경상수지가 악화될 수도 있다. 이를 **J-커브 효과**(J-curve effect)라고 한다. 환율 상승 초기에는 수출입물량은 큰 변동이 없는 반면 수출품가격은 하락하고, 수입물가격은 상승함으로써 무역수지가 악화된다. 어느 정도 기간이 경과한 후에야 수출입상품의 가격경쟁력 변화에 맞춰 물량조정이 일어나면서 무역수지가 개선되기 때문에 이런 현상이 일어난다.

환율이 오르면 반대로 수입액은 감소한다. 달러표시 수입단가가 같더라도 환율이 오르면 원화로 환산한 수입품가격이 오르게 되어 국내소비자는 수입품을 덜 사용하기 때문이다. 따라서 수입감소도 경상수지를 개선하는 데 기여한다. 그러나 환율 상승의 효과가 긍정적인 것만 있지는 않다. 환율이 오르면 원화로 환산한 수입원자재와 부품의 값이 올라 국내물가 수준이 높아지고, 반대로 환율이 하락하면 국내물가

컨트리 리스크 금융기관의 해외융자에 있어서 융자대상국의 신용도를 말한다. 컨트리 리스크의 정도를 판단하기 위해서는 대상국의 1인당 국민소득, 외화준비, 국제수지, 대외채무 등을 기초로 하고 정치적인 안정성이나 발전성 또는 변제능력 등을 종합적으로 고찰해 결정한다.

마셜-러너 조건 환율 상승(평가절하)이 무역수지를 개선하도록 하려면 환율절하국과 외국의 수입수요의 탄력성의 합이 1보다 커야 된다는 조건

J-커브 효과 환율변동과 무역수지의 관계를 나타낸 것으로, 무역수지 개선을 위해 환율 상승을 유도하더라도 초기에는 무역수지가 오히려 악화되다가 상당 기간이 지난 후에야 개선되는 현상

그림 13-6 J-커브 효과

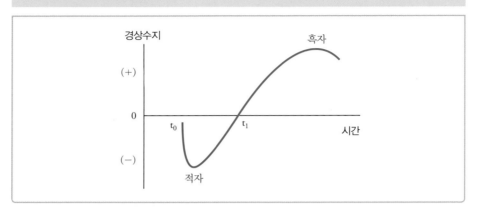

수준이 낮아진다. 특히 우리나라는 수입의존도가 높아 환율변동이 국내물가에 미치는 영향이 크다. 또 환율 상승은 외채상환부담을 악화시키기도 한다.

그런데 한 가지 주의해야 할 일은 우리나라의 무역수지에 영향을 미치는 것은 우리나라와 상대국의 환율뿐 아니라 경쟁국의 환율도 영향을 미친다는 사실이다. 가령 우리나라의 대미국 무역수지는 한국과 미국 통화의 가치뿐 아니라 미국 시장에서의 주요한 경쟁국인 일본 통화의 가치에도 크게 영향을 받는다. 일본 엔(¥)화의 환율이 오르면, 즉 엔화의 가치가 하락하면 일본 상품의 수출경쟁력이 커지고 우리나라 상품의 대미 수출은 감소한다. 반대로 일본 엔화의 환율이 내리면 일본 상품의 대미 수출이 줄어들고 그 대신 우리 상품의 수출이 증가한다.[5]

경제주체들 개개인도 환율의 움직임에 많은 영향을 받는다. 예를 들어 원화의 환율이 오르면 수출업체의 채산성이 좋아지므로 수출과 관련된 업체의 노동자는 환율 상승의 수혜자가 될 수 있다. 반면에 수입업자는 일반적으로 환율이 오른 만큼 고스란히 국내공급가격에 반영하기 어려워 자신의 이익에서 원가인상요인을 상당 부분 흡수할 수밖에 없으므로 결국 수입상품을 소비하는 소비자와 함께 환율 상승의 피해자가 될 수 있다. 또 해외여행을 하거나 해외에 거주하는 가족에게 송금할 때도 환율 상승은 이전보다 더 많은 원화가 소요되므로 불리해진다.

환율제도는 거시경제정책의 효과에 중요한 영향을 미친다. 1999년 노벨상 수상자

---

5 1980년대 후반 한국 경제는 이른바 '3저 호황'을 누렸다. 여기서 '3저'란 세 가지가 낮다, 즉 저유가·저금리·저달러를 의미하는데, 정확하게 말하면 이때의 저달러는 '엔고(円高)'를 의미한다.

인 캐나다 출신의 경제학자 로버트 먼델(Robert Alexander Mundell, 1932~)은 IMF
의 경제연구원 마커스 플레밍(John Marcus Fleming, 1911-1976)과 함께 개방경제
체제에서 환율제도와 경제정책의 관계에 대하여 분석했다. 이를 먼델-플레밍 모형
(Mundell-Fleming Model)이라고 한다. 먼델-플레밍 모형이 함축하는 의미는 고정환
율제에서는 재정정책이, 변동환율제에서는 통화정책이 더 효과적이라는 것이다.

고정환율제에서 재정정책으로 총수요가 증가하면 물가와 이자율이 상승하고, 외
환공급의 증가로 환율 하락의 압박이 생긴다. 이에 정책당국이 환율을 유지하기 위
해 외환의 매입에 나서면 통화량이 증가하게 되어 총수요가 더 크게 증가한다. 따라
서 고정환율제에서는 재정정책의 효과가 크다. 반면에 고정환율제에서 통화정책으
로 이자율이 하락하면 환율 상승의 압박이 생기고, 이를 막기 위해 정책당국이 외환
매도에 나서면 통화량 감소로 이자율이 상승함으로써 통화정책의 효과를 상쇄시킨
다. 따라서 고정환율제에서는 통화정책의 효과가 크지 않다. 한편 변동환율제에서
는 재정정책으로 이자율이 상승하면 환율이 하락하여 순수출이 감소함으로써 효과
를 상쇄시킨다. 반대로 통화정책은 이자율 하락으로 환율이 상승하고 총수요가 증
가하므로 효과가 가중된다. 다시 말해서 변동환율제에서는 고정환율제와 반대로 통
화정책의 효과가 크고 재정정책의 효과가 작다. 석유파동 이후 재정정책을 중시하
는 케인스주의 경제학이 퇴조하고 통화정책을 강조하는 통화주의가 유력해진 데는
국제환율제도의 변화도 한 이유가 되었다.

1997년 외환위기 이후 우리나라의 환율제도는 자유변동환율제도로 바뀌었지만
일부에서는 여전히 정부와 중앙은행이 외환시장에 개입하는 것으로 보는 시각도 있
다. 사실 외환시장을 완전히 방임하는 국가는 거의 없다. 일반적으로 정부나 중앙은
행은 환율을 안정화하거나 균형환율을 유지하기 위해 외환시장에 개입한다. 우리나
라도 환율의 갑작스러운 변동을 초래하는 외부충격이 발생할 때에 한해 정부나 중
앙은행이 외환시장에 개입하고 있다. 이는 환율의 급격한 변동으로 수출입업체나
일반국민이 큰 피해를 입거나 경제의 불확실성이 확대되는 것을 방지하기 위해 실
시하는 외환정책수단이다.

경상수지가 지속적으로 적자나 흑자의 불균형을 보일 때처럼 시장에서 형성되는
환율은 한 나라 경제의 대외균형을 이루는 환율과 상당히 차이날 수도 있다. 예를 들
어 경상수지가 만성적인 적자를 보이면 정부와 중앙은행은 환율을 약세로 유도해
대외균형을 맞출 수 있다. 또 내수부족으로 경제가 침체되면 정책당국이 수출증가

로 경기를 부양하기 위해 외환시장에 개입해서 환율의 상승을 유도하기도 한다. 그러나 현실에서는 환율의 상승이 경상수지를 개선하는 효과가 크지 않거나 상당한 시간이 소요되고, 수입비용 상승 등으로 내수가 위축되는 부작용도 있어 환율정책의 한계를 일부 드러내기도 한다. 또한 우리나라처럼 물가 목표를 중앙은행이 사전에 공표하고 이를 달성하기 위해 단기금리를 조절하는 물가안정목표제를 도입한 경우에는 외환시장에 개입할 수 있는 여지가 크지 않다. 환율안정을 위해 금리를 자주 변경하면, 금리의 변동성 확대로 금융시장이 더욱 불안정해지는 문제가 발생해 득보다 실이 더 클 수 있기 때문이다. 요컨대 정부가 마음대로 환율정책을 적극적으로 펴기는 어렵다는 것이다. 한 나라의 경제를 운용하는 데는 쉬운 일이 없다.

프리드리히 리스트(Friedrich List, 1789-1846)

역사학파는 19세기 중엽에서 20세기 초에 걸쳐 독일을 중심으로 일어난 경제학파이다. 영국 자본주의가 선진적 지위를 이용해 후발 자본주의인 독일에 침투해 오는 것을 막고 독일의 유치산업을 보호하기 위해 탄생했다. 이 학파의 선구자인 프리드리히 리스트는 독일의 정치가이자 경제학자이다. 1817년 튀빙겐대학의 정치학 교수가 되었으나 '통과세' 폐지를 주장해 곧 교수직에서 해임되고 말았다. 1824년에는 비텐베르크에서 국회의원으로 당선되었으나, 여기서도 봉건적인 세제의 폐지와 관세감면, 공공영지의 매각을 주장하다가 의회에서 제명당했으며, 급기야 국외로 추방되었다. 미국으로 망명한 그는 농장과 신문사, 광산 등을 경영해 크게 성공했다. 당시 미국에서는 영국에서 수입되는 값싼 공산품 때문에 자국의 유치산업이 심각하게 타격을 받고 있었다. 이 때문에 자유무역과 보호무역의 문제가 정치적, 경제적으로 중요한 쟁점이 되었다. 리스트는 알렉산더 해밀턴을 비롯한 미국의 보호무역주의자들과 함께 보호관세로 국내산업을 육성해야 한다는 주장을 강력하게 제기했다. 1832년 라이프치히 주재 미국 영사의 자격으로 독일로 귀국한 리스트는 몇 년 뒤 영사직을 그만두고 다시 언론계에 투신해 독일의 관세동맹과 철도망 완성을 위해 노력했다. 그러나 계속되는 세상의 비난과 생활고를 비관해 57세가 되던 1846년 자살로 불행한 생을 마감하고 말았다.

알렉산더 해밀턴(Alexander Hamilton, 1755-1804)

알렉산더 해밀턴은 조지 워싱턴 정부의 재무장관으로 임명된 이후 미국의 관세제도와 은행제도 및 화폐제도 등의 기초를 닦는 데 많은 공헌을 했다. 미국의 10달러 지폐에 그의 초상이 있는 것도 그런 이유에서이다. 정치적으로는 미국 정치 초기의 양대정파 가운데 하나인 연방파(Federalists)의 지도자로, 각 주의 독립성을 주장한 토머스 제퍼슨 등의 민주파(Democratists)와 대립했다. 주로 북동부 산업자본가의 이해를 대변했다. 해밀턴은 오랜 정적이었던 당시 제퍼슨 정부의 현직 부통령 애런 버(Aron Burr, 1756-1836)와의 권총결투에서 목숨을 잃었다. 이 결투로 살인자가 된 버는 멕시코로 도망갔다가 빈곤한 도피생활을 견디지 못하고 귀국해 감옥에서 남은 생을 보냈다고 한다.

미국 지폐의 인물들을 살펴보면, 1달러 조지 워싱턴(George Washington, 1732-1799) 초대 대통령, 2달러 토머스 제퍼슨(Thomas Jefferson, 1743-1826) 3대 대통령, 5달러 에이브러햄 링컨(Abraham Lincoln, 1809-1865) 16대 대통령, 10달러 알렉산더 해밀턴 초대 재무장관, 20달러 앤드루 잭슨(Andrew Jackson, 1767-1845) 7대 대통령, 50달러 율리시스 그랜트(Ulysses Simpson Grant, 1822-1885) 18대 대통령, 그리고 100달러는 언론인인 벤저민 프랭클린이다. 얼마 전 미국 재무부는 2020년부터 새로 발행될 20달러 지폐의 인물로 잭슨 대통령 대신 흑인 여성 인권운동가인 해리엇 터브먼(Harriet Tubman, 1820-1903)을 넣기로 결정했다고 발표했다.

🖊 주요 개념

고정환율제	관세
국제수지	마셜-러너 조건
무역의존도	변동환율제
비관세장벽	비교우위
절대우위	컨트리 리스크
헥셔-오린 정리	환율
GATT	J-커브 효과

🖊 확인 학습 - 기초편

1. 비교우위론에 대한 서술로 옳은 것은 무엇인가?

   ① 생산요소의 이동이 없더라도 생산물의 무역을 통해서 생산요소의 가격이 나라 사이에 서로 일치하게 된다.

   ② 각국은 자국에 상대적으로 풍부하게 부존된 생산요소를 많이 사용하여 생산되는 재화를 수출하게 된다.

   ③ 어느 상품의 생산비가 다른 나라에 비해 절대적으로 낮으면 그 상품을 수출하게 된다.

   ④ 어느 상품의 절대적 생산비가 다른 나라에 비해 높더라도 다른 상품에 대한 상대적 생산비가 다른 나라에 비해 낮으면 그 상품이 수출될 수 있다.

2. A국이 B국에 비하여 식품을 생산하는 데 3배가량 더 효율적이고, 의류를 생산하는 데 5배 더 효율적이라면?

   ① A국은 B국에 비하여 식품생산에서 비교우위에 있다.

   ② A국은 B국에 비하여 의류생산에서 비교우위에 있다.

   ③ A국은 B국에 비하여 식품과 의류생산에서 모두 절대우위와 비교우위에 있다.

   ④ B국은 A국에 비하여 식품과 의류생산에서 모두 절대우위에 있다.

3. 다음 표는 한국과 일본에서 X, Y 두 생산물의 1단위당 생산비를 나타낸다. 리카도의 무역이론에 따르면 어떻게 되겠는가?

	X	Y
한국	30	40
일본	20	10

① 한국은 일본에 X, Y 모두 수출한다.

② 한국은 일본에 X를 수출하고 일본에서 Y를 수입한다.

③ 한국은 일본에 Y를 수출하고 일본에서 X를 수입한다.

④ 두 나라 사이에 무역이 이루어지지 않는다.

4. 헥셔-오린 정리에 대한 설명으로 옳은 것은 무엇인가?

① 생산요소가 국가 간에 이동하지 않더라도 생산요소가격이 국가 간에 균등해 진다는 것이다.

② 자본풍부국은 자본집약재를 수출하고 노동풍부국은 노동집약재를 수출한다 는 것이다.

③ 노동이 일정한 채 자본이 풍부해지면 자본집약재 생산이 늘고 노동집약재 생 산이 줄어든다는 것이다.

④ 무역자유화를 통해 노동풍부국에서 노동의 상대가격이 높아진다는 것이다.

5. 수입에 관세를 부과하면 관세를 부과한 경제에 나타나는 영향은 무엇인가?

① 교역조건을 악화시키고 무역을 축소시킨다.

② 교역조건을 악화시키고 무역을 확대시킨다.

③ 교역조건을 개선하고 무역을 확대시킨다.

④ 교역조건을 개선하고 무역을 축소시킨다.

6. 다음 중 비관세장벽에 해당하지 않는 것은 무엇인가?

① 반덤핑관세   ② 수출자율규제

③ 수입할당제   ④ 위생, 안전 등에 관한 규제

7. 다음 중 경상수지에 포함되지 않는 것은 무엇인가?

① 해외관광 지출   ② 해외건설인력의 소득

③ 차관 도입   ④ 해외교포의 국내 친지에 대한 송금

8. 기본적으로 외환에 대한 수요와 공급에 의해 환율이 결정되지만 외환당국이 때 때로 외환시장에 개입하여 환율에 영향을 미치는 환율제도는 무엇인가?

① 단일변동환율제도   ② 관리변동환율제도

③ 고정환율제도   ④ 금본위제도

9. 브레튼우즈체제 수립 시 만들어진 국제기구는 무엇인가?
　　① OECD   ② EU
　　③ WTO   ④ IMF

10. 평가절하가 경상수지 개선을 가져올 수 있는 경우는 무엇인가?
　　① 자국 수입수요탄력성 = 0, 해외 수입수요탄력성 = 0
　　② 자국 수입수요탄력성 = 0.6, 해외 수입수요탄력성 = 0.1
　　③ 자국 수입수요탄력성 = 0.1, 해외 수입수요탄력성 = 0.6
　　④ 자국 수입수요탄력성 = 0.4, 해외 수입수요탄력성 = 0.4

11. 평가절하의 경우 단기적으로는 국제수지가 악화되지만 장기적으로는 국제수지가 개선되는 현상은 무엇인가?
　　① U자 가설   ② J-커브 효과
　　③ 레온티예프 역설   ④ 물가정화유동장치

🖉 확인 학습 - 논술편

---

1. 자유무역은 무역의 이익을 통한 후생의 증대라는 측면에서 강조된다. 그러나 현실적으로 한계가 있다는 주장도 있다. 그 한계란 무엇인지 논하라.
2. 우리나라 쌀시장과 기타 농산물시장의 개방의 내용과 파급효과를 조사해보라.
3. 국제무역이 네덜란드나 스위스처럼 아주 작은 나라에서 특히 중요성을 갖게 되는 이유를 말해보라.
4. 고정환율제도와 변동환율제도의 장단점을 요약해 설명하라.
5. 우리나라의 환율제도가 어떻게 변천해 왔는지 조사해보라.

제 14 장

경제체제

14-1 경제체제의 목표

미국 어느 대학교 경제학 교수가 재미있는 실험을 했다. 이 교수는 지금까지 경제학을 가르쳐 오면서 단 한 명에게도 F학점을 줘 본일이 없었는데 놀랍게도 이번 학기에 수강생 전원이 F를 받았다고 한다. 학기 초에 학생들은 오바마의 복지정책이 올바른 선택이고 국민이라면 그 어느 누구도 가난하거나 지나친 부자로 살아서는 안 된다고 했다. 평등한 사회에서는 누구나 다 평등한 부를 누릴 수 있어야 한다고 주장했다. 그러자 교수가 한 가지 제안을 했다.

"그렇다면 이번 학기에 이런 실험을 해보면 어떨까? 수강생 전원이 클래스 평균점수로 똑같은 점수를 받으면 어떻겠나?"

학생들은 모두 동의를 했고 그 학기 수업이 진행되었다. 얼마 후 첫 번째 시험을 보았는데, 전체 평균점이 B가 나와서 학생들은 모두 첫 시험 점수로 B를 받았다. 공부를 열심히 한 애들은 불평했고 놀기만 했던 애들은 좋아했다. 그리고 얼마 후 두 번째 시험을 쳤다. 공부 안 하던 학생들은 계속 안 했고 전에 열심히 하던 학생들도 이제는 자기들도 공차를 타고 싶어 시험공부를 적게 했다. 놀랍게도 전체 평균이 D학점이 나왔고 모든 학생이 이 점수를 받게 되었다. 이번에는 모든 학생이 학점에 대해 불평했지만 그래도 공부를 열심히 하려는 학생은 없었다. 그 결과 다음 세 번째 시험은 모두가 F를 받았으며 그후 학기말까지 모든 시험에서 F학점을 받았다. 학생들은 서로를 비난하고 욕하고 불평했지만 아무도 남을 위해 더 공부하려고는 하지 않았다. 결국 모든 학생이 학기말 성적표에 F를 받았다. 그제야 교수가 말했다.

"이런 종류의 무상복지 정책은 필연적으로 망하게 되어 있다. 사람들은 보상이 크면 노력도 많이 하지만 열심히 일하는 시민들의 결실을 정부가 빼앗아서 놀고먹는 사람들에게 나누어준다면 아무도 열심히 일하지 않을 것이다. 이런 상황에서 성공을 위해 일할 사람은 아무도 없을 것이니까." (http://ppss.kr/archives/18357)

효율성과 공평성

경제학 교과서에 가장 자주 나오는 말 가운데 하나가 바로 합리성(rationality) 또는 효율성(efficiency)이라는 말이다. 합리적이라는 말은 여러 의미로 사용될 수 있다. 그러나 경제학에서는 거의 대부분 합리성과 효율성을 같은 의미로 사용한다. 그렇다면 도대체 경제학에서 말하는 합리성 또는 효율성의 의미는 무엇일까? 일부를 제외한 대부분의 경제학자들이 동의하는 효율성의 의미는, 바로 어떤 목표를 달성하는

데 어떤 수단이 가장 적은 비용을 요구하느냐는 것이다. 가령 오늘 저녁식사를 해결하는 데 빵의 비용이 150, 떡의 비용이 100, 밥의 비용이 50이라면 밥이 가장 효율적이라는 뜻이다. 대부분의 경제학자는 이런 효율성의 개념에 대체로 동의한다. 요컨대 효율성이란 목표와 수단의 관계이다.

그런데 여기서 다시 의문이 생긴다. 어떤 목표를 달성하는 데 어떤 수단이 더 효율적인가 하는 문제는 이해할 듯한데, 도대체 그 목표란 무엇인가 하는 것이다. 그 목표는 누가 어떻게 결정하는가? 당신의 목표와 나의 목표는 과연 똑같은가? 그렇지 않다면 그때 수단의 효율성은 어떻게 측정할 수 있는가? 경제학 교과서에는 흔히 한정된 자원을 가장 효율적으로 배분하는 수단은 바로 시장이라고 말한다. 물론 때에 따라서는 시장이 실패할 수도 있지만, 그런 문제는 차치하고서라도 남는 문제는 가장 효율적인 자원의 배분이 과연 가장 바람직한 사회적 분배인가에 대해서는 여러 의견이 있을 수 있다는 것이다. 가령 선진국과 후진국을 구분할 때는 흔히 1인당 국민소득 같은 지표들을 이용한다. 그러나 1인당 국민소득이 얼마라고 해서 그 나라의 모든 국민이 그만큼의 소득을 버는 것은 아니다. 선진국에도 가난한 사람들이 있고 후진국에도 부유한 사람들이 있다. 더 중요한 것은 1인당 소득이 그 나라 국민의 행복 정도를 나타내는 지표는 아니라는 사실이다. 그렇다면 다른 어떤 지표가 있느냐고 물으면 대답하기는 어렵다.

경제학에서 자주 이용하는 지표들은 1인당 국민소득처럼 합계적인, 또는 평균적인 지표들이다. 이런 지표들의 배경에 있는 사고방식은 바로 공리주의적 가치관이다. 흔히 '최대 다수의 최대 행복'이라고 요약되는 바로 그 **공리주의**(Utilitarianism)이다. 공리주의의 창시자인 제러미 벤담(Jeremy Bentham, 1748-1832)은 "최대 다수의 최대 행복이 실현된다면 가장 공정한 분배"라고 주장했다. 공리주의에서 말하는 '공리(utility)'란 경제학의 기본 개념 가운데 하나인 효용과 같은 뜻이라고 생각해도 좋다. 근대 경제학의 출발점인 고전학파 경제학도 실은 벤담의 공리주의 원칙에 기초하고 있다. 경제학이 공리주의를 기본 원리의 하나로 받아들인 이유는, 그럼으로써 효용과 행복의 크기를 객관적으로 비교할 수 있기 때문이다. 경제학이 1인당 국민소득과 같은 지표로 행복을 측정하는 이유도 바로 여기에 있다.

그러나 같은 이유에서 오늘날 벤담의 객관적 공리주의는 많은 비판을 받기도 한다. 행복을 어떻게 양적으로 측정할 수 있느냐는 것이다. 하지만 벤담이 행복의 척도를 오직 양적인 측면에서만 파악했다고 단언하기는 어렵다. 벤담이 자유방임주의

공리주의 가치판단의 기준을 효용과 행복의 증진에 두어 '최대 다수의 최대 행복'의 실현을 윤리적 행위의 목적으로 보는 사회사상

를 주장한 것은 사실이지만, 그는 한계효용의 원리에 따라 쾌락, 즉 효용이 물질의 양에 비례하는 것이 아니라고 주장하기도 했다. 즉 부가 주는 행복은 부의 양이 늘어날수록 줄어드는 한계효용체감의 법칙이 적용되므로, 다른 조건이 동일하다면 보다 평등하게 이를 분배하는 편이 사회 전체의 효용을 증가시킨다는 것이다.

벤담의 공리주의는 존 스튜어트 밀의 주관적 공리주의로 계승된다. 밀은 사회과학적 의미에서 공리주의라는 용어를 처음 사용한 사람이기도 하다. 벤담이 쾌락을 감각적이고 물질적인 것으로 일원화한 데 반해, 밀은 인간의 내적 교양이나 예술 등의 다양한 정신적 쾌락을 중시했다. 행복과 복지를 물질적, 감각적인 기준에 의하여 양적으로 환산하고 비교한다는 것은 매우 어려운 일이기 때문에 그 종류에 따라서 다양한 질적 차이를 보다 풍부하게 고려하여 평가해야 한다는 것이다. 또한 벤담은 쾌락이 개인의 행위의 결과에 대한 자기만족이라고 생각했으나, 밀은 오히려 행복을 인류의 향상이라든가 학문의 발전과 같은 보다 고상한 목적들을 위한 행위에서 결정된다고 생각했다. 밀은 벤담이 역설했던 인간 행위에 대한 4개의 외적 제재, 즉 물리적, 정치적, 도덕적, 종교적 제재 이외에 '선의에 의한 내적 제재(internal sanction of goodwill)'를 포함시켜 내면적인 교양을 중시했다. "만족해하는 돼지보다 불만족스러워하는 인간이 되는 것이 더 낫고, 만족해하는 바보보다 불만을 느끼는 소크라테스가 더 낫다"는 유명한 명제도 여기서 나온 것이다. 하지만 주관적 공리주의에도 여전히 문제가 남는다. 주관적 효용의 크기를 어떻게 측정하고 비교하는가 하는 문제이다.

최대 다수의 최대 행복이 경제학이 추구하는 가장 바람직한 상태가 아니라면, 무엇이 그 자리를 차지할 수 있을까? 경제학은 효율성에 대해 자주 말한다. 그렇다면 경제학이 추구하는 목표는 효율성일까? 그렇다고 말할 수도 있고 아니라고 말할 수도 있다. 엄밀히 말하자면 효율성이란 어떤 목표를 달성하기 위해 채택된 수단이 얼마나 적절한가의 문제이다. 가령 경제학은 나의 효용을 극대화하기 위해서는 한정된 예산으로 어떤 상품 묶음을 선택하는 것이 가장 효율적인지를 묻는다. 그러나 그 목표가 과연 얼마나 타당한가에 대해서는 아무것도 묻지 않는다. 어떤 목표가 다른 목표보다 더 가치 있는지 아닌지에 대해서 경제학은 말하지 못한다. 다만 그 목표를 달성하는 데 어떤 수단이 더 효율적인가만 말할 수 있을 뿐이다. 그러다 보니 경제학이 추구하는 궁극의 목표가 마치 효율성인 것처럼 여겨지기도 한다. 그러나 경제학이라고 왜 우리 사회가 추구해야 할 더 고귀한 가치가 많다는 사실을 모르겠는가?

단지 경제학이 그것에 대해 말하지 못할 뿐이다.

파레토 효율

많은 경제학자는 이러한 문제의식을 효율성과 공평성의 문제로 정리한다. 공평성은 확실히 우리 사회가 추구해야 할 소중한 가치 가운데 하나다. 다만 그것이 경제학이 추구하는 궁극의 목표여야 하는가에 대해 모든 경제학자가 동의하는 것은 아니다. 더 어려운 일은 설사 공평성을 경제학의 목표라고 가정하더라도, 효율성과 공평성 가운데 무엇을 취하고 무엇을 버릴 것인지가 아니라 어떻게 하면 효율성과 공평성을 동시에 실현할 수 있느냐는 것이다. 이탈리아의 경제학자 빌프레도 파레토 (Vilfredo Pareto, 1848-1923)는 다른 사람의 효용을 감소시키지 않고 어떤 사람의 효용을 증가시킬 수 있는 상태를 **파레토 효율**(Pareto efficiency)이라고 불렀다. 거꾸로 다른 사람의 효용을 감소시킴으로써 나의 효용을 증가시킬 수 있다면 그것은 파레토 효율적이지 않다는 뜻이다. 현재보다 파레토 우월적인 상태로의 변화를 '파레토 개선(Pareto improvement)'이라고 부른다.

파레토 효율 하나의 자원배분 상태에서 다른 어떤 사람에게도 손해가 가도록 하지 않고서 다른 사람에게 이득이 되는 변화가 가능할 때의 분배 상태

파레토는 한 사람의 효용을 증가시키기 위해 다른 사람의 만족을 감소시키지 않을 수 없는 상태라면 분배가 효율적으로 이루어졌다고 정의했다. 다른 사람의 만족을 감소시키지 않고도 사회 전체의 만족을 증가시킬 수 있다면 이는 아직 자원배분이 완전히 효율적이지 못하다는 것을 의미하기 때문이다. 따라서 자원이 그처럼 효율적으로 배분되어 있다면 이 사회는 최적의 자원배분이 달성된 상태라고 해도 좋을 것이다. 이와 같은 최적의 자원배분 상태를 **파레토 최적**(Pareto optimum)이라고 부른다.

파레토 최적 하나의 자원배분 상태에서 다른 누군가에게 손해가 가도록 하지 않고서는 어떤 한 사람에게 이득이 되는 변화를 만들어내는 것이 불가능할 때의 배분 상태

경제학이 벤담의 공리주의 원칙에 기초하고 있는 것은 이미 말한 대로이다. 그런데 파레토 최적은 현대 경제학이 벤담주의에서 더 나아가고 있음을 보여준다. 파레토의 경제학이 공리주의를 완전히 부정한다는 것이 아니라 파레토가 공리주의의 새로운 차원을 보여준다는 뜻이다. 현대 경제학에서 파레토 최적이란, 자원이 가장 효율적으로 분배된 상태이자 가장 공평하게 분배된 상태를 의미한다. 왜냐하면 현재의 상태보다 더 나은 상태로 자원을 배분할 방법을 찾을 수 없기 때문이다. 한 사람의 행복을 10만큼 감소시켜서 다른 사람의 행복을 100만큼 증가시킨다 하더라도, 그것이 반드시 옳은 일은 아니라는 의미로 해석할 수도 있다. 모름지기 희생이란 자발적이어야지 강제되어서는 안 되기 때문이다.

〈그림 14-1〉의 곡선은 한 사회를 구성하는 모든 사람의 효용을 나타낸 것으로 효용가능곡선(utility possibility frontier)이라고 부른다. 효용가능곡선은 생산 영역에서 그 사회가 생산할 수 있는 재화의 총량을 나타낸 생산가능곡선(production possibility frontier)을 분배의 영역으로 옮겨 놓은 것이다. 한 사회의 분배는 당연히 효용가능곡선의 경계와 그 내부에서만 가능하다. A점에 대해 B, C, D점은 모두 파레토 우월적이다. 두 사람 모두의 상태가 개선되지 않더라도, 한 사람의 상태가 개선될 때 다른 사람의 상태가 악화되지 않으면 파레토 효율적이다. A점으로부터 B, C, D점으로의 변화는 파레토 개선이다. B점에 대해서는 파레토 우월적인 상태가 존재한다. 그러나 C점과 D점에 대해서는 파레토 우월적인 상태가 존재하지 않는다. 따라서 C점과 D점은 파레토 최적이다. C점이나 D점에서는 어디로 이동하든 최소한 한 사람의 상태가 더 악화되기 때문이다. C점과 D점만이 아니라 효용가능곡선 위의 모든 점은 파레토 최적이다. 한편 E점은 A점과 비교할 때 갑의 상태가 개선된 반면에 을의 상태가 악화되었기 때문에 파레토 효율적이지 않다. 하지만 벤담의 기준에서 보면 E점은 A점보다 더 나은 분배이다. 갑의 상태가 개선된 정도가 을의 상태가 악화된 정도보다 크기 때문이다.[1]

파레토는 '파레토 법칙(Paretto's law)' 또는 '20 대 80의 법칙'으로 유명하다. 파레토의 법칙은 소득이 y 이상인 인원수 $N(y)$와 y와의 사이에는 $\log N(y) = B - \alpha \log y$라

그림 14-1 파레토 최적

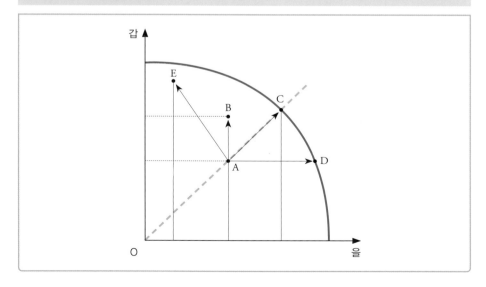

는 경험적 법칙이 존재한다는 것이다. 여기서 α를 파레토 상수(Pareto's constant)라고 부르는데, 파레토는 α가 작을수록 소득분배가 평등하다고 했다. 그러나 이후의 많은 연구들에 의하면 오히려 α가 클수록 분배는 균등하다고 해석한다. 〈그림 14-2〉에서 곡선이 수직선의 형태가 되면 소득분배가 완전히 균등하다는 뜻이다. 파레토 법칙의 해석에 대한 이러한 차이는 불평등의 정의가 다르기 때문이다.[2] 또 파레토의 법칙이 성립하는 것은 중류층 이상의 소득을 가진 사람들에게만 한정된다는 지적도 있다.

20 대 80의 법칙은 파레토가 실증적으로 분석하여 얻은, 그 당시 이탈리아 인구의 20%가 전체 국부의 80%를 보유하고 있다는 사실을 토대로 만들어진 경험법칙이다. 이 법칙을 일반화한 사람은 루마니아 출신의 경영 컨설턴트인 조지프 주란(Joseph Moses Juran, 1904-2008)이다. 주란은 20%의 주요 문제를 해결하면 나머지 80%는

20 대 80의 법칙   인구의 20%가 전체 국부의 80%를 보유한다는 법칙

그림 14-2   파레토 법칙

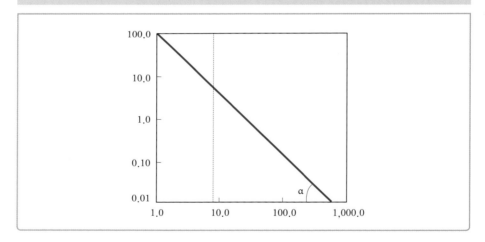

---

1 영국의 경제학자 칼도(Nicholas Kaldor, 1908-1986)와 노벨상 수상자인 힉스는 효용 대신 부(wealth)를 기준으로, 갑이 가진 부의 증가량이 을의 부의 감소량보다 더 커서 갑이 을을 보상해줄 수 있다면 더 효율적이라는 '칼도-힉스 효율(Kaldor-Hicks efficiency)'이라는 개념을 제안했다. 다만 이때의 보상은 실제적이 아니라 잠재적인 의미이다. 가령 〈그림 14-1〉의 A점에서 E점으로의 이동 이후에 갑이 을에게 보상함으로써 B점으로 다시 이동한다면 이는 굳이 칼도-힉스 효율의 개념을 이용하지 않더라도 파레토 효율적이다. 따라서 칼도-힉스 효율은 굳이 실제로 보상이 이루어질 것을 요구하지는 않는다.

2 파레토는 소득자 수에 주목하여 "x 이하의 소득인원이 x 이상의 소득인원에 비하여 감소할 때에 소득의 불평등이 감소된다"라고 정의했다. 따라서 α가 작을수록 분배는 평등하다. 그러나 소득자 수가 아니라 금액을 기준으로 분석하면 오히려 α가 클수록 소득분배는 균등하다는 해석이 나온다.

저절로 해결된다는 '주요한 소수와 사소한 다수(the vital few and the trivial many)'라는 주장으로 유명하다. 20 대 80 법칙은 여러 가지로 응용되어, 기업의 조직 업무 가운데 80%는 성실한 구성원 20%가 수행한다거나, 핵심 상품 20%가 기업 매출의 80%를 창출한다거나, 백화점 매출의 80%는 상위 20%의 고객이 만든다는 등의 이야기가 있다. 심지어 어떤 이는 범죄의 80%는 인구 가운데 20%의 범죄자가 만든다고 주장하기도 한다.

파레토 법칙이나 20 대 80의 법칙은 파레토가 소득불평등을 옹호했다는 오해를 부르기도 했다. 심지어는 그를 이탈리아 파시즘(Facism)의 사상적 원조라고 주장하는 사람도 있다. 그러나 파레토의 연구는 불평등을 옹호한 것이 아니라, 대부분의 조직이나 사회에서 자원이 비효율적으로 이용되고 있다는 사실을 지적했다고 보아야 옳다.

파레토 효율이나 파레토 최적은 현재의 분배 상태가 어떻게 만들어졌는지는 묻지 않는다. 단지 현재보다 더 나은 분배 상태가 무엇인지만 이야기할 뿐이다. 그러나 가난한 사람의 처지에서 보면 다른 사람의 효용과 행복을 지켜주기 위해서 자신이 현재의 빈곤을 감수해야 하는 상태가 그다지 공평한 것으로 여겨지지 않을 수도 있다. 한 사람은 배불리 먹고 다른 사람은 굶어야 하는데도, 과연 그것이 공평한가 하는 문제이다. 따라서 공평성을 위해서는 다른 기준이 필요하다고 생각하는 이가 많다. 『정의론(A Theory of Justice, 1971)』의 저자인 존 롤스(John Rawls, 1921-2002)도 그들 가운데 한 사람이다. 롤스는 공리주의를 대신할 실질적인 사회정의의 원리를 '공정으로서의 정의'라는 이론으로 전개했다. 롤스가 제시한 사상의 핵심은 가장 불리한 상황에 있는 사람들의 이익을 최대화하기 위해서는 사회경제적 불평등이 정당화된다는 원리로 요약된다.[3]

현실에서 롤스가 주장하는 것과 같은 공정성의 원리를 적용하는 일은 그리 쉽지 않다. 생산력이 아주 낮았던 원시사회에서는 자연의 위력을 인간 개개인이 극복할 수 없으므로 무리를 이루어 생활했다. 대개는 모든 구성원이 공동으로 생산활동에 종사하고 그 결과도 동등하게 분배했다. 왜냐하면 낮은 생산력 탓에 생산물이 충분

---

3 롤스와 반대로 사회적으로 우월한 지위에 있는 사람일수록 더 많은 몫을 차지하는 분배도 있을 수 있다. 고의로 분배를 악화시킨다는 것은 얼핏 생각하기 어렵지만, 가령 개발도상국에서 경제성장을 위하여 대기업에 더 많은 자원을 배분해주는 경우가 여기에 해당한다.

하지 않았고, 따라서 한 사람에게 더 배분된다는 것은 다른 사람이 굶어야 한다는 것을 의미했기 때문이다. 하지만 현대에도 이런 원칙이 적용될까? 그렇다면 남보다 더 열심히 일한 사람도 남들과 똑같이 분배받아야만 할까? 만약 그렇다면 누가 남들보다 더 열심히 일하겠는가? 사람들은 곧잘 이렇게 말한다. "왜 부자들이 더 많은 돈을 내지 않는가?" 혹은 "부자들이 더 많은 세금을 내서 가난한 사람들에게 나누어주어야 한다"라고. 이런 생각을 과세에 적용한 것이 바로 누진세 제도이다. 고소득층에서 세금을 많이 거두어 저소득층으로 재분배하면 사회 전체의 효용이 증대한다는 주장은 단순히 인정에 호소하는 주장이 아니라, 나름대로 경제학적 원리에 근거한 것이다. 그러나 파레토 최적의 기준에서 보면 부자의 효용을 10만큼 감소시켜 빈자의 효용을 100만큼 증가시키는 것이 반드시 더 공평하다고도, 더 효율적이라고도 말할 수 없다.

독일의 사회경제학자 막스 베버(Max Weber, 1864-1920)는 사회과학은 '몰가치적'이라고 말했다. 사회과학자는 가치판단을 해서는 안 된다는 뜻이 아니라, 주관적 가치판단이 과학적 이론의 논거로 제시되어서는 안 된다는 뜻이다. 공평성이나 공정성의 문제가 어려운 것은 여기에는 지극히 철학적이고 주관적인 가치관이 개입되어 있기 때문이다. 경제학자들이 객관적으로 비교할 수 있는 파레토 최적을 가장 효율적이며 공평하다고 간주하는 이유도 이런 주관적 가치관의 문제를 경제학에서 배

Shutterstock

20 대 80의 사회 상위 20%의 사람들이 80%의 부를 가져간다고 해서 80%의 평범한 사람들이 행복하지 말라는 법은 없다.

제하기 때문이다. 경제학은 가치 판단을 하지 않는다는 뜻이다. 그것이 과연 옳은가 아닌가는 한 마디로 말하기 어렵다.

14-2 경제체제와 경제질서

자본주의 시장경제가 지배적 구조를 형성하고 있는 미국에 사회주의 바람이 불고 있다. 미국의 진보적 성향의 시사주간지 〈더 네이션(The Nation)〉은 영국 여론조사기관 '유거브(YouGov)'의 최신 자료를 인용, "미국 민주계 유권자들의 사회주의 선호도가 자본주의 선호도를 12%P나 앞질렀다"고 전했다. 특히 젊은 층과 유색인종의 사회주의 선호 경향이 눈에 띄게 높았다. 지난달 유거브가 18세 이상 유권자를 대상으로 자본주의 대 사회주의 선호도를 조사한 바에 따르면 민주계 유권자의 49%가 "사회주의를 선호한다"고 답했다. 반면 "자본주의를 선호한다"는 유권자는 37%에 그쳤다. 전체적으로 보면 48%가 자본주의를, 25%가 사회주의를 택했다. 공화당 유권자 가운데도 사회주의를 선호한다는 사람이 11%나 됐다. 자본주의 선호도는 72%였다. 독립 유권자의 경우 43%가 자본주의를, 18%가 사회주의를 택했다. 이같은 경향은 '민주적 사회주의자'를 자처하는 버니 샌더스(74) 연방상원의원이 미국 대통령 선거 민주당 경선 출마를 선언하고 캠페인을 진행하면서 점차 뚜렷해졌다. 샌더스가 대선 출마를 선언하고 한 달 후인 지난 5월 조사 결과, 민주계 유권자의 사회주의 · 자본주의 선호도는 각 43%로 같았다. 공화계의 경우 유권자 9%가 사회주의를, 79%가 자본주의를 택했다. 〈더 네이션〉은 "분명한 건, 미국에서 사회주의가 더 이상 '불온한' 단어가 아니며 꽤 큰 인기를 모으고 있다는 점"이라고 설명했다. 그렇다면 미국인들이 실제 민주적 사회주의자에게 투표할까? 〈더 네이션〉은 "민주계 유권자의 59%, 독립유권자 49%, 공화계 유권자 26%가 민주적 사회주의자에 대한 지지 의향을 밝혔다"며 "샌더스 의원의 정책이 유권자들에게 알려지면 알려질수록 이 숫자는 점점 더 높아질 가능성이 높다"고 전망했다. 이어 "유권자들은 사회주의에 대한 대화를 진행하는 과정에서 정치인들의 어떤 점을 가장 혐오하는지를 새삼 깨닫게 된다"며 "거대 자본 · 대기업과 너무 밀착되어 있는 점"이라고 지적했다. 그러면서 "민주적 사회주의자들은 거대 기업의 횡포를 막으려 하기 때문에 심지어 보수주의자들까지 '의미 있다'는 생각을 갖게 만든다"고 부연했다. 아이오와주 지역사회 개선을 위한 시민단체(CCI) 설립자 조 패건은 "(민주적 사회주의자) 샌더스는 사람들이 이상적으로 생각하는 것, 원하는 것을 위해 싸우고 있다"며 "대학 무상교육과 대형은행 해체, 불평등에 대한 문제제기, 누가 이것들을 원하지 않겠는가"라고 덧붙였다. (〈연합뉴스〉, 2015. 11. 10)

경제의 기본 문제

모든 경제문제가 희소성의 원칙에서 비롯된다는 것은 이미 여러 번 말한 대로이다. 그렇다면 현실에서 나타나는 수많은 경제문제 가운데 가장 중요하거나 가장 기본 적인 문제는 무엇일까? 우리는 흔히 경제문제라고 하면 실업이나 인플레이션, 국제 수지적자, 경기불황 등과 같은 문제를 머리에 떠올린다. 그러나 이런 문제들은 언제 어디서나 똑같이 발생하지 않는다. 가령 지난 1990년대 후반 우리나라는 국제수지 적자가 누적되고 외환 보유액이 부족해 외환위기를 겪은 적이 있다. 반면에 최근에 는 오히려 외환보유액이 적정 수준을 넘어서서 문제가 되고 있다. 또 최근 우리나라 에서는 실업문제, 특히 청년실업문제가 심각하지만, 경기가 호황일 때는 오히려 실 업보다 고용의 어려움이 더 큰 문제가 되기도 한다. 요컨대 우리가 일상적으로 생각 하는 실업이나 인플레이션 등과 같은 경제문제는 시간이나 장소에 따라서 있기도 하고 없기도 하는 문제이다. 따라서 이런 것들은 모두 중요한 경제문제이긴 하지만 기본적인 문제는 아니다. 그렇다면 시대와 장소, 체제나 질서에 관계없이 모든 사회 가 안고 있으며, 반드시 해결해야 하는 문제는 무엇일까?

자원의 희소성은 언제나 선택의 문제를 제기한다. 유한한 자원을 가지고 무한한 욕망을 충족시키려면 우리는 몇 가지 선택을 해야 한다. 앞에서 잠시 소개했지만 미 국의 경제학자 폴 새뮤얼슨은 다음과 같은 세 가지 문제야말로 경제의 기본 문제라 고 언급했다. 첫 번째는 어떤 욕구를 얼마나 충족시킬까, 즉 무엇을 얼마나 생산할 것인가(What many?)의 문제이다. 한 사회가 생산하는 재화들의 종류와 생산량은 그 구성원들의 필요와 욕구에 따라서 결정된다. 사람들은 자신의 편익이나 효용을 극 대화하기 위해 다양한 재화를 필요로 한다. 물론 필요는 개인마다 다르지만, 개인들 의 필요를 합산하면 사회적 필요를 계산할 수 있다. 그러나 이용할 수 있는 자원이 한정되어 있으므로 구성원들이 욕구하는 재화를 모두 생산할 수는 없다. 더 많은 빵 을 생산하기 위해서는 구두의 생산량을 줄여야 한다. 그래서 무엇을 얼마나 생산할 것인지가 경제의 첫 번째 문제인 것이다.

두 번째는 어떻게 생산할 것인가(How?)의 문제이다. 생산물의 종류와 수량이 결 정되면 그다음에는 어떤 방법으로 그것들을 생산할 것인가 하는 문제가 나타난다. 이용할 수 있는 자원, 즉 생산요소가 한정되어 있으므로 어떤 자원을 어떻게 사용 할 것인가를 결정해야 한다. 자원의 배분이 효율적이면 더 많은 재화를 생산할 수 있 지만, 비효율적인 생산방법이 사용되어 자원이 낭비되면 재화의 생산이 줄어들고 그만큼 구성원들의 욕구도 덜 충족될 수밖에 없다. 효율적인 생산방법의 원칙은 같은 비용이 들어간다면 최대한 많이 생산하는 방식을 택하고, 같은 양을 생산할 때는 최소의 비용으로 생산해야 한다는 것이다. 흔히 '최소의 비용으로 최대의 효과(maximum profits from minimum capital and labor)'라는 원리가 바로 그것이다.

세 번째는 누구를 위해 생산할 것인가(For whom?)의 문제이다. 생산물의 종류와 수량 그리고 생산방법이 결정되어 재화가 생산되면, 생산된 재화를 누가 얼마나 가질 것인가, 즉 어떻게 분배할 것인가 하는 문제가 나타난다. 사회적 필요는 구성원들의 필요를 합산한 것이다. 하지만 욕구와 욕구의 충족이 반드시 일치하는 것은 아니다. 자원의 희소성 때문에 구성원들의 욕구를 모두 충족시킬 만큼의 재화를 생산할 수는 없기 때문이다. 따라서 한정된 생산물을 분배하다 보면 자신의 욕구를 충족하지 못한 구성원들이 불만을 가지게 되는 경우도 많다. 분배에 대한 불만은 사회 갈등의 주요한 원인이 된다.

이 세 가지 기본 문제는 모든 시대와 사회에서 공통된 것이다. 하지만 시대와 사회에 따라서 이 문제들을 해결하는 방식은 다양한 형태로 나타난다. 이 문제들을 해결하는 방식의 차이를 '경제체제(economic system)' 또는 '경제질서(economic order)' 등으로 부른다. 경제체제란 특정한 사회나 국가가 경제의 세 가지 근본문제를 해결하기 위하여 운영하는 장기적이고 안정적인 구조적 특징을 의미한다. 경제체제는 경제재를 생산하고 공급하고 이를 분배하면서 희소성에서 비롯된 경제문제를 해결하고자 한다. 경제체제를 구성하는 부분들이자 경제체제의 하위개념들로는 경제제도, 경제질서, 경제윤리, 경제조직 등이 있다. 경제체제와 경제질서의 관계는, 경제체제를 건축물로 비유할 경우 그 건축물을 지탱하고 유지해주는 골격이 바로 경제질서라고 할 수 있다. 경제체제는 경제제도(economic institution)와 경제법(economic law) 등과 같은 다양한 조직과 제도와 질서 등을 포함하는 총체적인 원리이다. 경제제도는 경제법과 관습 및 윤리 등을 포함한 다양한 규범으로 구성되며, 다양한 제도를 서로 정합적이게 해주는 것이 경제질서이며, 서로 정합성을 가진 여러 경제제도의 총체가 바로 경제체제이다.

경제체제의 역할

한 사회와 경제가 추구하는 다양한 경제적 목표들을 달성하는 데 경제체제는 매우 중요한 역할을 한다. 경제체제의 첫 번째 기능은 자원의 희소성을 극복하기 위한 자원배분과 이용의 기술적 구조를 직간접적으로 결정한다는 것이다. 이는 곧 특정한 경제문제를 해결하는 데 어떤 경제체제가 더 효율적인가 하는 문제가 될 수 있다. 둘째, 경제체제는 그렇게 생산된 결과를 어떻게 분배하고 이용할 것인가를 결정하는 데도 직접 및 간접적으로 중요한 역할을 한다. 마지막으로 경제체제는 그 경제의 구성원들, 즉 경제주체들에게 특정한 가치정향과 행동준칙을 부여한다는 것이다. 물론 이때의 가치정향은 특정한 제도나 법률 등으로 구체화될 수도 있지만 경우에 따라서는 비제도적인 것일 수도 있다. 경제체제의 이러한 역할은 한정된 자원을 더 효율적으로 배분하고 사회구성원들의 후생을 극대화하는 데 서로 다른 경제체제들이 과연 적절한가를 비교하도록 한다.

근대 이전의 사회에서는 대체로 자급자족이 이런 문제들을 해결하는 가장 주요한 방식이었다. 우리가 살아가는 자본주의(Capitalism) 사회에서는 이런 문제들이 기본적으로 시장에서 결정된다. 자본주의 경제체제는 사유재산제도와 개인의 이익 추구에 따른 자유로운 의사결정을 근간으로 한다. 무엇을 얼마나 생산할지, 어떻게 생산할지, 또 생산된 재화를 어떻게 나누어야 할 것인지 등의 경제문제를 시장에서 형성되는 가격이 해결해주는 것이 바로 시장경제이다. 그래서 자본주의 경제질서를 달리 시장경제질서라고도 부른다.

오늘날 세계는 자본주의 경제체제가 주류를 이루고 있다. 자본주의 시장경제와 대비되는 경제체제로는 사회주의(Socialism) 계획경제가 있다. 옛 소련이나 시장경제로 전환하기 전의 중국, 베트남 등이 이에 해당한다. 북한과 쿠바 등 몇몇 국가에서는 아직 계획경제를 실시하고 있다. 계획경제에서는 중앙계획당국이 무엇을 얼마나 생산하고 어떻게 분배할 것인가를 결정한다. 사회주의 경제체제에서는 국민들의 기본생활을 위한 필수품의 가격이 시장경제보다 낮거나 아예 무상으로 분배되는 경우가 많다. 하지만 그 때문에 수요에 비해 공급이 부족한 현상이 자주 나타난다. 또 사회주의 경제체제에서는 개인의 창의성이나 추가적인 노력을 자극하는 유인이 없기 때문에 경제성장의 원천이 되는 기술진보와 생산성 향상이 이루어지지 못할 가능성이 크다. 또 시장의 가격 기능이 없기 때문에 자원이 적재적소에 배분되지 않아 개인과 사회의 효용이나 후생 극대화가 실현되지 않는 문제점도 있다.

계획경제와 반대로 시장경제는 경쟁을 통해 효율성을 높이고 나아가 높은 성장을 달성하는 데 유용한 제도지만, 소득분배의 차이를 줄이지 못하는 단점이 있다. 또 경기변동과 실업 등으로 경제가 안정된 상태를 유지하지 못할 수 있으며, 시장의 가격 기능에 맡기다 보니 수익성은 낮지만 사회적으로 필요한 공공재가 충분히 공급되기 어려워질 수도 있다. 시장경제의 이런 문제점을 완화하거나 해결하기 위해서는 정부가 시장에 개입할 필요가 생긴다. 그래서 오늘날 많은 나라는 시장경제질서를 기본으로 하되 필요한 경우에는 정부가 시장에 일정 부분 개입하는 경제체제를 채택하고 있기도 하다. 이를 **혼합경제**(mixed economy) 또는 **수정자본주의**(revised capitalism)라고 부르기도 한다. 다만 혼합경제나 수정자본주의에 대한 개념은 학자마다 서로 다르기 때문에 하나의 이론으로 확립되어 있지는 못하다. 다만 1929년 대공황 시기에 실시된 미국의 뉴딜(New Deal) 정책이나 영국의 복지국가(welfare state) 정책 등을 수정자본주의의 구체적인 예로 볼 수 있기는 하다.

　자본주의와 사회주의 그리고 여러 경제체제 가운데 어떤 경제체제나 경제질서가 더 바람직한가 하는 문제를 판단하기 어려운 것은, 이제 좀 더 자세히 보게 되겠지만 자본주의와 사회주의 국가들 사이에도 서로 다양성과 차별성이 존재하기 때문이다. 경제체제의 가치를 평가하는 기준은 결국 효율성과 다양성이다. 흔히 자본주의 경제체제는 효율성을, 사회주의 경제체제는 공평성을 더 중시한다고 말하기도 하지만 이는 잘못이다. 자본주의든 사회주의든 모든 경제체제는 그 나름의 기준에서 효율성과 공평성을 추구하기 때문이다. 문제는 효율성이든 공평성이든 모든 사회, 모든 개인이 공유할 만한 절대적인 기준은 아직 존재하지 않는다는 사실이다.

혼합경제 시장경제에서 정부가 민간의 경제활동에 적극적으로 개입하는 경제체제

수정자본주의 자본주의 체제 자체의 본질적인 변혁을 거치지 않고 일부 원리를 수정하거나 개량한 자본주의 경제체제

14-3 경제체제의 비교

사과 3개만 한 키에 작업복 멜빵바지, 프랑스대혁명 이후 자유의 상징이 된 프리지안(Phrygian) 모자 차림의 파란 요정 스머프(The Smurfs)가 1958년 10월 23일 벨기에 소년 만화잡지 〈스피루(Spirou)〉를 통해 태어났다. 작가 페요(Peyo, 본명은 피에르 퀼리포르, 1928-1992)가 동료 만화가와 함께 식사를 하다가 소금(프랑스어로 sel)이란 단어가 생각나지 않아 '슈트롬프(schtroumpf)'라는 정체불명의 단어를 썼고, 유쾌한 농담이 이어진 뒤 그 단어를 네덜란드어 투로 바꿔 자신의 새 요정 이름으로 썼다고 한다. 최초의 스머프는 99명이었다. 빨간 모자를 쓴 파파 스머프를 비롯, 똘똘이 스머프, 투덜이 스머프, 허영이 스머프…. 여성 스머프 '스머페트'는 악당 마법사 가가멜(Gargamel)이 스머프들을 교란시키기 위해 만들어 스머프 마을에 잠입시킨 검은 머리칼의 심술쟁이였는데, 파파 스머프가 교화(?)해서 금발의 멤버가 됐고, 처음에는 없던 아기 스머프 등 일부가 나중에 합류했다. 연재가 인기를 끌면서 단행본, TV 애니메이션, 드라마, 영화 등으로 만

들어져 1960년대 이후 유럽과 북미, 아시아, 중동으로까지 수출됐다. 한국에서는 KBS에서 '한나 바버라(Hanna & Barbara)'가 제작한 TV시리즈를 수입해 1983년 '개구쟁이 스머프'라는 제목으로 방영했다. 스머프는 잦은 시비에 휩싸이곤 했다. 이파리 전염병으로 피부색이 검게 변화는 에피소드를 삽입했다가 인종차별 논란을 빚었고, 여성 스머프가 드물어 성차별 비난을 받기도 했다. 압권은 공산주의 선전물 시비였다. 빨간색 옷을 입은 파파 스머프의 외모가 칼 마르크스를 닮았고, 화폐와 사적 소유 없이 능력껏 일하고 필요에 따라 분배되는 공동체이며, 이름 뒤에 '스머프'라는 공통호칭이 붙는 게 사회주의 국가의 '동무(comrade)'를 연상시킨다는 것. 'Smurf'가 'Socialist Men Under Red Father'의 약자라는 해석도 있었고, 스머프 수프에 혈안이 돼 있는 마법사 가가멜이 원래는 스머프를 황금으로 만들려는 연금술사였다는 점을 들어 자본주의의 상징으로 보기도 한다. 억지스러운 면이 없지 않지만, 저 모든 시비를 편집증적 해석이라 접어 두기도 힘들다. 물론 판단은 각자 몫이다. 다만 스머프가 공산주의 찬양물이라면 그 효과가 썩 훌륭했던 것 같지는 않다. 클론 공동체가 이상향이라니. (〈한국일보〉, 2015. 10. 23)

경제체제의 비교 기준

서로 다른 경제체제를 구분하고 비교하는 기준에는 여러 가지가 있지만, 일반적으로 가장 중요한 두 가지는 첫째, 생산수단의 소유양식 또는 소유제도가 무엇인가 하는 것과 둘째, 자원의 배분제도, 즉 수요공급의 조정방식이 무엇인가 하는 것이다. 소유제도는 크게 사적 소유와 집단적 소유의 두 가지로 구분된다. 소유권은 대체로 세 가지 권리를 포함한다. 즉 대상물의 처분, 대상물의 사용, 그리고 그 대상물이 발생시킨 생산물이나 서비스를 사용할 수 있는 권리이다. 생산수단의 소유권이 누구에게 있는가는 경제활동의 목적과 동기에는 물론 의사결정방식에도 중요한 영향을 미친다. 사유제도는 말 그대로 개별 경제주체에게 생산수단의 소유권을 부여한다는 뜻이다. 집단적 소유, 즉 공유제도는 다시 국가적 소유와 사회적 소유로 구분된다. 다만 어떤 이들은 집단적 소유를 국가적 소유나 사회적 소유와 다른 형태의 소유제도로 구분하기도 한다. 가령 근대 국가가 발생하기 이전의 공동체적 소유가 바로 그것이다.

한편 자원을 배분하고 수요와 공급을 조정하는 방식에는 크게 전통기구, 시장기구, 그리고 계획기구 또는 명령기구가 있다. 이 가운데 주로 비교의 대상이 되는 것은 역시 시장기구에 의한 조정방식과 계획기구에 의한 조정방식이다. 어떤 이들은 이를 분권적 조정체계와 집권적 조정체계로 구분하기도 한다. 흔히 시장기구는 자본주의 경제체제와, 계획기구는 사회주의 경제체제와 대응하는 것으로 간주된다. 그러나 한 사회 안에서도 시장기구에 의해 자원을 배분하는 교환체계와 여러 구성원들의 협력에 의해 이루어지는 통합체계, 그리고 국가권력의 정치영역에 의해 이루어지는 협박체계가 동시에 작동하는 경우가 많다. 다만 이 세 가지 체계 가운데 어느 것이 얼마나 더 주요한가는 모든 사회에서 똑같지 않을 것이다. 자본주의 경제에서는 일반적으로 시장기구, 즉 교환체계가 현저하게 우월한 것이 보통이다.

경제체제를 구분하는 데 두 가지 기준 가운데 어느 것이 더 중요한가는 한 마디로 말하기 어렵지만, 일반적으로는 소유제도가 자원배분방식보다 더 기본적인 역할을 한다고 간주한다. 앞에서도 서술한 것처럼 소유제도는 경제주체들의 동기나 의사결정방식에 중요한 영향을 미치기 때문이다. 물론 소유제도보다 조정양식을 더 중요한 기준으로 간주하는 경우도 적지 않다. 사유재산제도를 기본으로 하면서 계획 또는 명령기구에 의존하여 자원의 배분을 시도한 경제체제의 대표적인 예는 제2차 세계대전 당시 독일의 나치스(Nazis) 정부를 들 수 있다. 나치스의 경제정책을 두고는 '동원(economic mobilization)'이라는 표현이 자주 사용되는데, 말 그대로 국가가 자의적으로 경제적 자원들을 동원하고 재배분한다는 뜻이다. 그럼에도 나치스는 자신들이 추구하는 경제체제를 국가사회주의라고 불렀는데, 이때의 사회주의는 소유제도가 아니라 자원배분방식을 기준으로 정의한 것이다. 1930년대의 경제학자들과 언론 가운데는 케인스의 경제이론이나 대공황 당시 루스벨트(Franklin D. Roosevelt, 1882-1945) 정부의 '뉴딜(New Deal)' 정책을 사회주의라고 비판하는 이들이 많았는데, 이 또한 무엇을 경제체제를 구분하는 기본적인 기준으로 고려할 것인가에서 비롯된 일이다.

자본주의와 사회주의

소유제도가 사유제도인가 공유제도인가, 조정기구가 시장기구인가 계획기구인가 하는 두 가지 기준을 가지고 여러 경제체제를 개략적으로 구분해보면 〈표 14-1〉과 같다.

자본주의 경제체제의 가장 중요한 특징은 대체로 다음과 같이 요약된다. 첫째는 생산수단에 대한 사적 소유제도이다. 둘째는 자원의 배분과 소득의 분배가 주로 시장과 가격기구에 의해 이루어진다. 셋째, 생산은 이윤획득을 동기로 시장에서의 판매를 위해 이루어진다. 이에 반해 사회주의 경제체제에서는 생산수단이 대부분 국가와 사회에 의해 공유된다. 다만 사회주의에서도 소비재는 사적으로 소유될 수 있다. 둘째, 자원의 배분과 소득의 분배는 주로 계획기구에 의해 이루어진다. 셋째, 생산의 동기는 사적 이익의 추구가 아니라 사회적 필요의 충족에 있다. 자본주의를 비판하는 이들이 가장 집중적으로 비판하는 대상은 바로 사유재산제도이다. 그러나 다른 한편에서 인류 역사의 보다 더 긴 시간을 두고 보면 사유재산제도는 개인의 자유의 신장이라는 측면과 밀접하게 연관된다. 가령 프랑스 대혁명의 구호가 '자유, 평등, 박애'라는 것은 잘 알려진 사실이지만, 이때의 자유에는 '인신의 자유'뿐 아니라 '소유의 자유'라는 개념도 당연히 포함되어 있었다.

생산수단의 소유제도와 자원의 배분방식이라는 가장 기본적인 차이점 이외에 자본주의와 사회주의는 경제기구의 기능이라는 측면에서도 몇 가지 중요한 차이점을 가진다. 자본주의는 첫째, 경제활동의 결과로 생산되는 잉여는 사적 이윤으로서 사적 자본가에게 귀속된다. 둘째, 경제발전을 위한 자본축적의 대부분은 이렇게 얻어진 사적 이윤으로 이루어진다. 셋째, 소비재의 배분은 노동자들이 생산한 한계생산물에 따라 이루어진다. 반면에 사회주의에서는 경제활동의 결과로 얻어진 잉여는 사회적으로 소유된다. 둘째, 경제발전을 위한 자본축적은 대부분 이렇게 사회적으로 소유된 잉여로 이루어진다. 마지막으로 소비재의 배분은 노동자들이 지출한 노동량에 따라 이루어진다.

매우 개략적인 수준에서지만, 자본주의 경제체제의 장점으로는 일반적으로 다음과 같은 점들이 지적된다. 첫째, 시장기구는 자원에 대한 수요와 공급을 자동적으로 일치시키는 데 효율적이다. 이윤과 가격 등의 지표는 자원의 효율적인 배분을 위해 이용된다. 둘째, 시장은 경제활동에 참가하는 모든 경제주체들에게 비교적 차별 없이 경제적 기회를 제공한다. 이로써 소비자 선택의 자유, 직업선택의 자유, 기업활동의 자유 등이 가능하게 된다. 셋째, 시장기구 아래서의 자유로운 경쟁은 사람들의

표 14-1　여러 가지 경제체제

조정기구＼소유제도	공유제	사유제
계획기구	집산사회주의	통제자본주의
시장기구	시장사회주의	자유자본주의

표 14-2   자본주의와 사회주의

	자본주의	사회주의
자원배분기구	시장기구	계획기구
생산수단의 소유	사유 · 사영	공유 · 공영
경제활동의 목적	개인의 효용 극대화	사회적 편익 극대화
생산의 동기	이윤 동기	사용 동기
경제활동의 자유	개인의 선택 폭이 넓음	개인의 선택 폭이 좁음
유인체계	물질적 보상	정신적 보상
국제분업	개방경제체제	폐쇄경제체제

창의를 자극하고 혁신과 진보를 이끌어내는 강력한 유인이 된다. 특히 사유재산제도는 이러한 경향을 자극하는 데 기여한다. 반면에 자본주의 경제체제의 단점으로는 다음과 같은 문제들이 비판된다. 첫째, 재산 및 소득의 분배가 불평등하게 이루어진다는 점이다. 둘째, 경제적 불안정이 나타날 가능성이 높다는 점이다. 주기적으로 일어나는 경제공황이 바로 그런 예다. 셋째는 기업의 이윤추구가 다른 사회적 가치나 자산들을 경시하는 경향이 있다는 점이다.

한편 이러한 자본주의 경제체제의 특징에 대해 사회주의 경제체제의 장점은 다음과 같이 평가된다. 첫째, 자산 및 소득분배의 불평등이 작다는 점이다. 둘째, 중앙계획당국의 조정으로 극단적인 경기변동을 예방하는 등 경제적 불안정의 가능성이 낮다는 점이다. 셋째, 넓은 의미에서의 사회적 자본에 대한 배려가 비교적 폭넓게 이루어진다는 점이다. 반면에 사회주의 경제체제의 단점은 다음과 같다. 첫째는 자원의 효율적 배분을 평가하기 위한 적절한 지표가 없어서 자원의 낭비가 일어나기 쉽다는 점이다. 둘째, 개개인의 경제적 욕구를 반영하고 적절한 기회를 부여할 기구가 없다는 점이다. 셋째, 개인의 창의를 자극하고 혁신과 진보를 이끌 만한 유인이 자본주의보다 부족하다는 점이다. 사회주의 국가들에서 추진되고 있는 체제전환의 배경도 바로 이러한 문제점들에 있다고 하겠다.

서로 다른 경제체제를 비교하는 일은 자연스럽게 어떤 경제체제가 더 우월한가 하는 문제로 이어지기 쉽다. 그러나 이미 본 것처럼 경제체제는 다양하고 복잡한 제도와 조직들의 총체여서, 한 마디로 어느 체제가 더 우월하거나 열등하다고 평가하기 어렵다. 경제체제의 우월 여부를 비교하는 일이 어려운 이유는 무엇을 평가의 객관적 기준으로 한 것인가를 결정하기가 어렵기 때문이다. 가령 경제학이 자주 사용하는 기준은 '효율성'이지만, 무엇이 효율성의 기준이 되는가 하는 문제가 다시 제기될 수 있다. 정태적 효율성인가 동태적 효율성인가, 양적 효율성인가 질적 효율성인가, 또 효율성과 공평성의 문제는 어떻게 평가할 것인가 등의 문제가 바로 그것이다. 가령 국민소득과 같은 지표는 객관적으로 비교 가능한 것으로 생각하기 쉽지만, 실은 서로 다른 경제체제에서는 국민계정의 체계가 다르기 때문에 그조차도 그리 쉬운 일이 아니다. 하물며 개별 경제주체들이 누리는 경제적 자유의 정도나 경제활동으로부터의 만족감 등은 참으로 평가하기 어렵다. 경제적 자유라는 개념을 직업선택의 자유나 자신의 자산을 처분할 수 있는 자유로 한정하지 않고, 빈곤과 위험으로부터의 자유까지를 포함하는 개념으로 고려하고자 한다면 더욱 그러할 것이다. 이러한 기술적 곤란을 넘어서 경제체제의 우열을 평가하기 어려운 진정으로 근본적인 문제는, 좀바르트의 설명처럼 경제체제에는 그 사회가 추구하는 정신적인 가치 정향이 포함되어 있기 때문일 것이다.

경제체제의 비교가 어려운 또 하나의 이유, 달리 말하면 경제체제의 비교가 간과하기 쉬운 치명적인 함정은 자본주의든 사회주의든 현실에 존재하는 다양한 경제체제들의 차이를 무시하고 하나의 이념형으로 획일화하기 쉽다는 것이다. 가령 대부분의 경제학 교과서들이 설명하는 자본주의 체제는 애덤 스미스와 고전학파 경제학이 지배하던 시대의 자유방임적 자본주의지만, 그러한 자본주의는 독점자본주의의 출현 이후로 이미 현실에서는 찾을 수 없는 것이 사실이다. 케인스 경제학의 배경이 된 사건은 잘 알려진 것처럼 1930년대의 세계대공황이다. 대공황은 특히 경제학이 실업문제에 관심을 갖는 주요한 계기가 되었다. 이전까지는 실업을 개인의 나태나 무능력 탓으로 돌리는 것이 사회적 통념이었다. 그러나 대공황이 일어나면서 성실한 가장들이 대량으로 실업자가 되면서 실업문제가 개인이 아닌 사회구조적 문제라는 인식이 시작된 것이다. 정부개입을 통하여 실업과 빈곤문제를 극복할 것을 주장한 케인스의 새로운 경제이론은 이른바 **복지국가**(welfare state)의 이론적 근거가 되었다.

복지국가란 정치적으로는 대의민주주의 체제를, 사회적으로는 다원적 가치체계를 주장하면서 경제적으로는 혼합경제체제를 추구하는 국가 형태이다. '혼합경제'라는 용어는 고의적으로 개념의 혼란과 오해를 부르기 쉬운 표현지만 아무튼 여기

복지국가 국민 전체의 복지증진과 행복추구를 국가의 가장 중요한 임무로 보는 국가 형태. 일반적으로 완전고용, 최저임금제, 사회보장제도 등이 복지국가의 가장 중요한 정책이다.

서의 의미는 소유제도에서는 사유제도를, 미시경제 차원의 조정방식에서는 시장경제를 유지하면서 거시경제의 조정방식으로는 정부개입에 의한 유도방식을 혼용한다는 뜻이다. 복지국가가 추구하는 경제적 목표는 크게 세 가지이다. 고용의 보장, 노동시장의 질서화, 그리고 기본 생활의 보장이 바로 그것이다. 여기서 노동시장의 질서화란 집단적 교섭구조를 의미하며, 기본 생활의 보장은 재정정책을 통한 소득 재분배와 사회보장제도를 의미한다.

그러나 현실에서 자본주의의 변화는 경제체제에 관한 학문적 연구와 토론에서도 새로운 문제와 쟁점들을 만든다. 가령 1970년대 들어 국제통화위기가 일어나고 석유파동으로 인한 새로운 경제위기에 케인스주의 경제학은 제대로 대처하지 못했고, 그 결과 '신자유주의(neo-liberalism)' 경제학이 주류로 부상하게 되었다. 신자유주의에 사상적·이론적 기초를 제공한 이는 바로 오스트리아 출신의 경제학자 프리드리히 하이에크이다. 물론 신자유주의의 출현 이후에도 스웨덴을 비롯한 북유럽의 여러 나라들에서는 여전히 복지국가가 추구되고 있지만, 과연 이들이 추구하는 사회민주주주의적 복지자본주의가 대안의 자본주의가 될 수 있을 것인가는 경제학의 주요한 쟁점 가운데 하나이다.

존 스튜어트 밀(John Stuart Mill, 1806-1873)

존 스튜어트 밀은 당시의 대표적인 경제학자이자 사회학자이던 제임스 밀(James Mill, 1773-1836)의 아들로 태어났다. 세 살 때부터 부친으로부터 엄격한 천재 교육을 받으면서 그리스어, 라틴어, 문학, 역사, 수학, 물리학, 심리학, 화학, 논리학, 그리고 경제학 등에 관한 방대한 지식을 습득했다. 벤담주의자이자 리카도 경제학의 신봉자였던 부친의 영향으로 20세 이전까지 벤담의 사회사상과 리카도의 경제이론을 연구했다. 밀의 경제이론에서 가장 특징적인 것은 고전학파 경제학에서는 자연법 사상에 의해 통일되어 있던 생산의 원리와 분배의 원리를 분리시켜 고찰하고 있다는 것이다. 밀에 의하면 생산의 원리는 물리적 법칙을 따르지만 분배의 원리는 사회의 법률과 관습에 의존한다. 이러한 분리를 통해 밀은 이제까지 자연법칙처럼 영구불변한 것이라고 간주되어 왔던 사유재산제도와 경쟁원리에 의한 사회경제질서를 제도적으로 개혁할 수 있다고 주장했다. 밀은 부인인 해리엇 테일러(Harriet Taylor Mill, 1807-1858)와의 사랑 이야기로도 유명하다. 자신의 가장 주요한 저서인 『자유론(On Liberty, 1859)』의 서문에서 이 책은 전년에 사망한 부인과의 공저라고 밝힌 바 있다. 해리엇 부인은 여성문제의 해결과 여성의 인권신장 등에 관하여 여러 편의 글을 발표했다.

빌프레도 파레토(Vilfredo Federico Damaso Pareto, 1848-1923)

빌프레도 파레토는 이탈리아 통일운동에 참가했다가 프랑스에 망명한 이탈리아인 아버지와 프랑스인 어머니 사이에서 태어났다. 토리노공과대학을 졸업하고 거의 20여 년간 엔지니어로서 생활하면서 독학으로 경제학을 연구했다. '파레토 최적'의 개념을 도입하여 후생경제학의 효시가 되었다. 그는 레옹 발라의 뒤를 이어 로잔대학의 교수가 되었다. 기수적 효용가치이론 대신 계측 가능한 선호에 의한 선택의 이론을 전개함으로써 발라가 수립한 일반균형이론을 재구성했다.

경제학의 역사에서 파레토의 기여는 다양하지만, 가장 주요한 것은 파레토 효율(Pareto efficiency)과 파레토 최적(Pareto optimality) 등의 개념을 도입함으로써 후생경제학의 새로운 영역을 개척했다는 데 있다. 또 소득분배에 대해서도 통계조사에 입각하여 소득분포의 불평등도를 나타내는 경험적인 경제법칙을 도출했다. 이를 '파레토 법칙(Pareto's law)'이라고 부른다. 파레토는 사회학 분야에도 강한 관심을 가져, 로잔대학 은퇴 후에는 제네바에서 사회학 연구와 집필에 몰두했다. 파레토의 사회학은 사회현상의 연구에 자연과학적인 분석방법을 도입했다는 점에서 새로운 의의를 찾을 수 있다. 그러나 인간 행동의 불합리한 측면을 중시하고 자유주의 사상을 비판하기도 했다.

주요 개념

경제체제	공리주의
공평성	복지국가
사회주의	시장경제
자본주의	파레토 효율
혼합경제	효율성

확인 학습 – 기초편

1. 생산가능곡선에 대해 설명하라.

2. 파레토 효율과 파레토 최적을 설명하라.

3. 시장경제에 대한 다음 설명 중 가장 적절한 것은 무엇인가?

   ① 가격기구에 의해 자원의 배분이 이루어지는 경제체제이다.

   ② 시장경제에서 상품의 가격은 계획당국에 의해 결정된다.

   ③ 시장경제에서 정부는 아무런 역할도 하지 않는다.

   ④ 분배의 평등이 자동적으로 보장되는 경제체제이다.

4. 시장경제에 대한 설명으로 적절하지 않은 것은 무엇인가?

   ① 시장경제에서 대부분의 교환은 시장에서 이루어진다.

   ② 상품시장에서는 기업이 공급자가 된다.

   ③ 기업은 생산요소를 제공하는 대가로 소득을 얻는다.

   ④ 눈에 보이지 않는 시장도 있을 수 있다.

5. 시장경제에서 가격의 역할이 아닌 것은 무엇인가?

   ① 신호의 전달   ② 유인의 제공

   ③ 자원의 배분   ④ 소득의 분배

6. 다음 가운데 시장경제와 가장 관련이 적은 것은 무엇인가?

   ① 계획적인 자원배분   ② 보이지 않는 손

   ③ 재산권의 보장   ④ 이윤의 추구

7. 자본주의의 여러 유형에 대해 설명하라.

8. 사회주의의 여러 유형에 대해 설명하라.

9. 시장과 정부가 적절하게 역할을 분담하는 경제체제를 무엇이라고 부르는가?

10. 복지국가에 대해 설명하라.

✎ 확인 학습 – 논술편

1. 파레토 효율이 자원의 최적 배분을 보장하는가?

2. 효율성과 공평성 가운데 무엇이 더 중요한가?

3. 객관적 공리주의와 주관적 공리주의에 대해 설명하라.

4. 경제체제와 경제질서의 역할에 대해 설명하라.

5. 시장경제에서는 어떤 문제점이 나타날 수 있는가? 그런 문제를 해결하기 위한 방안은 무엇인가?

찾아보기

지은이 (가나다순)

김현석
경제학 박사/부산대학교 경제학부 부교수

박수남
경제학 박사/부산대학교 경제학부 연구교수

장지용
경제학 박사/부산외국어대학교 경제학부 외래교수

정경숙
경제학 박사/부산대학교 경제학부 연구교수

조준현
경제학 박사/참사회경제교육연구소 소장

최성일
경제학 박사/한국해양대학교 국제통상학부 교수